Henry Hamilton

An English-Greek lexicon

Fifth Edition

Henry Hamilton

An English-Greek lexicon
Fifth Edition

ISBN/EAN: 9783337223441

Printed in Europe, USA, Canada, Australia, Japan

Cover: Foto ©Paul-Georg Meister /pixelio.de

More available books at **www.hansebooks.com**

AN

ENGLISH-GREEK LEXICON,

CONTAINING

ALL THE WORDS IN GENERAL USE,

WITH THEIR VARIOUS SIGNIFICATIONS CLASSIFIED.

BY

HENRY R. HAMILTON.

Fifth Edition.

LONDON:
VIRTUE & CO., 26, IVY LANE,
PATERNOSTER ROW.
1868.

ENGLISH AND GREEK LEXICON.

A

A or An, *indefinite article, is not expressed in Greek, as* στρατηγὸς, a commander; *but when* a certain object *is intended,* τις *is used, as* στρατηγός τις, a (certain) general

Aback, *adv.* ἄψ, αὖ, αὖθις

Abacus, ἄβαξ, *m.*

Abalienate, *v.* ἀπαλλοτριόω

Abalienation, ἀπαλλοτρίωσις, *f.*

Abandon, *v.* λείπω, ἀπολείπω, προλείπω, καταλείπω, ἀφίημι, μεθίημι, ... *i.. mid.,* προδίδωμι, προΐημι, ἀφίστ μαι: abandon a claim or at... pt, ὑπεξίσταμαι, ἀφίσταμαι: one must abandon, προετέον, ἀπο-... έον: one who abandons, προ-... ;s, *m.*

Abandoned, πρόδοτος: (*wicked*) μυσαρὸς, ἀθέμιστος, κακοῦργος

Abandonment, ἔκλειψις, *f.* ἀπόλειψις, *f.* προδοσία, *f.* ἀπόστασις, *f.*

Abase, *v.* ταπεινόω, συστέλλω

Abasement, ταπείνωσις, *f.*

Abash, *v.* αἰσχύνω, καταισχύνω: be abashed before, αἰδέομαι, αἰσχύνομαι, ὑπαισχύνομαι, καταιδέομαι, καταισχύνομαι, ἐπαιδέομαι, ἐπαισχύνομαι, σέβομαι

Abate, *v.* ἐλασσόω, μειόω; *intrans.* λωφάω, ἀπολείπω, κοπάζω, ὑπονοσ... έω

Abatement, μείωσις, *f.* ἐλάττωσις, *f.*

Abbacy, ἀββάτεια, *f.*

Abbess, ἀρχιμανδρῖτις, *f.*

Abbey, κοινόβιον, *n.* [δρίτης, *m.*

Abbot, κοινοβιάρχης, *m.* ἀρχιμαν-

Abbreviate, *v.* ἐπιτέμνω, συντέμνω,

Abbreviation, ἐπιτομὴ, *f.* [βραχύνω

Abbreviature, ἐπιτομὴ, *f.*

Abdicate, *v.* ἀπεῖπον, *aor.* 2; ἀποτίθημι, ἐξόμνυμι τὴν ἀρχὴν, ἀφίσταμαι τῆς ἀρχῆς

Abdication, ἀποκήρυξις, *f.* ἀπόρρησις, *f.*

Abdomen, ὑπογάστριον, *n.* ἦτρον, *n.*

Abduce, *v.* ἀπάγω, παράγω, διάγω, ἀφίπτημι

ABL

Aberration, ἀποπλάνησις, *f.*, (*esp. of mind*) παρακοπὴ, *f.* παράλλαξις, *f.* πλάνος, *m.* φοῖτος, *m.*

Abet, *v.* (*aid, cooperate,*) συμπράσσω, συμπονέω, συνεφάπτομαι, συγκατεργάζομαι, προσλαμβάνω, συλλαμβάνω, συνδράω, προστίθεμαί τινι; (*set on, encourage,*) παρακαλέω, παραινέω; (*concur with*) ὁμόψηφος εἶναι

Abetment, σύμπραξις, *f.* παραίνεσις, *f.*

Abetting, μεταίτιος

Abettor, μεταίτιος, σπουδαστὴς, *m.* συλλήπτωρ, *m.* βοηθὸς, *m.* ὁμογνώμων, *m.*

Abhor, *v.* δυσχεραίνω, στυγέω, μυσάττομαι, μισέω, ἀπεχθαίρω, ἐχθαίρω,

Abhorred, στυγητὸς [ἐχθραίνω

Abhorrence, ἔχθος, *n.* μῖσος, *n.* προσοχθισμὸς, *m.*

Abhorrent, ἀλλότριος, ἐναντίος

Abide, *v.* μένω, *poet.* μίμνω: abide with, παραμένω; (*await*) προσμένω: abide in, dwell, οἰκέω, ἐνοικέω, ἐμμένω, φιλοχωρέω, καταγίγνομαι: abide in *or* by, be constant, ἐμμένω: abide an attack, *also* submit to, endure, ὑπομένω

Abject, ταπεινὸς, ἀσύφηλος, φαῦλος, ἄτιμος, ἀδόκιμος, καταβεβλημένος, *part.,* κακὸς [μένως

Abjectly, *adv.* ταπεινῶς, καταβεβλη-

Abjectness, ταπεινότης, *f.* ἀγένεια, *f.*

Ability, δύναμις, *f.* δύνασις, *f.* βία, *f.*; (*only of mental ability*) σοφία, *f.* νοῦς, *m.* φρόνησις, *f.*: according to the ability of each, κατὰ τὴν ἰδίαν ἑκάστου μοῖραν

Abjugate, *v.* ἀποζεύγνυμι

Abjuration, ἀπωμοσία, *f.* ἐξωμοσία, *f.*

Abjure, *v.* ἀπόμνυμι, ἐξόμνυμι

Ablactate, *v.* ἀπογαλακτίζω

Ablactation, ἀπογαλακτισμὸς, *m.*

Ablation, ἀφαίρεσις, *f.* ἔξαρσις, *f.*

Ablative, ἀφαιρεματικός: ablative case, ἡ ἀφαιρετικὴ πτῶσις

ABL — ABS

Able, δυνατὸς, ἱκανὸς, οἷος, οἷός τε, τοῖος, φερέγγυος, ἀξιόχρεως, αὐταρκής; (*clever*) εὐφυής: to be able, δύναμαι, οἷός τε εἰμί, ἔχω, σθένω, σωκέω, ἰσχύω, εὐπορέω, ῥώννυμαι, οἶδα, ἐπίσταμαι, ἀκμάζω

Able-bodied, ῥωμαλέος, σθεναρὸς, σῶκος, εὐσώματος

Ablegate, *v.* ἀποπέμπω

Ableness, ῥώμη, *f.* δύνασις, *f.* δύναμις, *f.* βία, *f.*

Ablocate, *v.* ἐκμισθόω

Abluent, καθάρσιος, καθαρτικὸς

Ablution, πλύσις, *f.* ἀπόλουσις, *f.* ἔκνιψις, *f.*

Ably, *adv.* δυνατῶς, (*cleverly*) εὐφυῶς

Abnegate, *v.* ἀρνέομαι, ἀπαρνέομαι, ἐξαρνέομαι

Abnegation, ἄρνησις, *f.* ἐξάρνησις, *f.* ἀπάρνησις, *f.*

Abnegator, ἀπαρνητὴς, *m.*

Aboard, *adv.* ἀνὰ νηὸς, ἐν νηΐ: to go aboard, embark, ἐμβαίνω, εἰσβαίνω: to put aboard, ἐμβιβάζω, εἰσβάλλω, ἀναβιβάζω, ἐπιβιβάζω

Abode, οἴκησις, *f.* οἴκημα, *n.* οἶκος, *m.* ἦθος, *n.* θᾶκος, *m.* ἕδος, *n.* ἕδρα, *f.* ἕδρανον, *n.* αὖλις, *f.* σκήνημα, *n.* οἰκητήριον, *n.* κατοίκησις, *f.* ἐδώλιον, *n.* ἀναστροφὴ, *f.* [προφαίνω

Abode, *v.* προγιγνώσκω, προφητεύω,

Abodement, πρόγνωσις, *f.* οἰωνισμὸς, *m.* οἰωνὸς, *m.*

Abolish, *v.* ἀφανίζω, καταπαύω, φθείρω, ἀπόλλυμι, λύω, καταλύω, διαλύω, ἀποψηφίζομαι, ἀποχειροτονέω, ἀναιρέω, ἐξαιρέω, ἐξαλείφω, ἀκυρόω

Abolishable, ἐξαιρέσιμος

Abolisher, ἀναιρετὴς, *m.* καταλυτὴς, *m.*

Abolition, ἀναίρεσις, *f.* λύσις, *f.* διάλυσις, *f.* ἀφανισμὸς, *m.* ἀφάνισις, *f.* ἄρσις, *f.*

Abominable, μυσαρὸς, βδελυκτὸς, βδελυρὸς, βδελύκτροπος, κατάπτυστος, ἄλαστος, ἐξώλης, ἄπευκτος, ἀπεύχετος, μιαρὸς, ἀξιόμισος, ἀπότροπος, ὀλέθριος, δύσφατος, θεομυσὴς, θεομισὴς, θεοστύγητος, θεόπτυστος, ἄρρητος, ἔχθιστος, μυσαχθὴς, κατάρατος, παμμύσαρος, παμμίαρος, παμβδέλυρος, παγκατάρατος

Abominableness, βδελυρία, *f.* μυσαρία, *f.* ἔκθετμος, *m.*

Abominably, *adv.* βδελυρῶς, βδελυκτῶς, μυσαρῶς

Abominate *v.* βδελύττομαι, μυσάττομαι, ἀποτρέπομαι, ἀποτρυπιάζομαι, ἀφοσιόομαι

Abomination, μύσος, *n.* μύσαγμα, *n.* ἄγος, *n.* βδέλυγμα, *n.* μίασμα, *n.* στύγημα, *n.* στύγος, *n.* στὺξ, *f.*

Aboriginal, αὐτόχθων, παλαίχθων, ἰθαγενὴς, γηγενὴς, αὐθιγενὴς, ὠγύγιος

Aborigines, αὐτόχθονες

Abortion, ἔκτρωμα, *n.* ἄμβλωμα, *n.* ἐξάμβλωμα, *n.* ἐξάμβλωσις, *f.*

Abortive, ἐκβόλιμος, ἐκβολιμαῖος, ἔκβολος, ἐκτρωματαῖος, ἀμβλωθρίδιος, ἀμβλωτικός; ἄπρακτος, μάταιος: to render abortive, ἐξαμβλόω, ἐξαμβλώσκω: be abortive, ἀμβλόομαι, ἀμβλίσκω

Above, *prep.* & *adv.* ὑπὲρ, *poet.* ὑπεὶρ, ὕπερθε, καθύπερθε, ἐφύπερθε, ἄνω, ἄνωθεν, ὑπεράνω, ἐπάνω, ἐπάνωθεν, ἐπὶ

Abound, *v.* θάλλω, περιουσιάζω, εὐπορέω, περισσεύω, ἀνθέω, πληθύνω, πληθύω, εὐθηνέω, πλουτέω, πληθύνω, ὑποπίμπλαμαι, εὐοχθέω, περιρρέω, φλέω, ἀκμάζω, πλεονάζω, δαψιλεύομαι, βρύω, ἐξαναβρύω, διαστείχω, γέμω [πίων

Abounding, ἀμφιθαλὴς, περιούσιος,

About, ἀμφὶ, περὶ, παρὰ, κατά; (*with numerals*) ὡς, ὡσεὶ, ὅσον, ὅσοντε, εἰς, ἐπὶ [ρἀω

Abrade, *v.* ἀποτρώγω, ἀποξύω, ἀποξυ-

Abridge, *v.* συντέμνω, ἐπιτέμνω

Abridgment, ἐπιτομὴ, *f.* συντομία, *f.*

Abroad, *adv.* ἔξω, ἔξωθεν, ἔκτος, ἔκτοσθεν, ἔκτοθεν, θύραθεν, θύραζε: from abroad, θύραθεν, ἔξωθεν, ἔκτοσθεν, ἔκτοθεν: abroad, *adj.* θυραῖος, ὑπερόριος, ἔκδημος, ἀπόδημος: to go *or* be abroad, ἐκδημέω, ἀποδημέω, ξενόομαι, θυραυλέω, ἐπιξενόομαι

Abrogate, *v.* ἀναιρέω, ἀποχειροτονέω, λύω, καταλύω, ἀκυρόω, ἀποκυρόω, ἄκυρον ποιέω, διαγράφω, ἀποδοκιμάζω, καθαιρέω, ἀφαιρέομαι, μεταγράφω

Abrogation, ἀποχειροτονία, *f.* ἀναίρεσις, *f.* ἀκύρωσις, *f.* ἀποκύρωσις, *f.*

Abrupt, ἀπόκρημνος, ἀπότομος, ἀποτμὴξ, ἀπορρὼξ, προαλὴς, ἐξαιφνίδιος, αἰφνίδιος

Abruptly, *adv.* ἐξαίφνης, ἐκ τόμως, αἰφνιδίως

Abruptness, ἀποτομία, *f.*

Abscess, ταγγὴ, *f.* ἀπόστημα, *n.*

Abscind, *v.* ἀποτέμνω, ἀποκόπτω, ἀνακείρω, ἀποσχίζω, ἐκκόπτω

Abscission, ἀποκοπὴ, *f.* ἀπόσχισις, *f.*

ABS

Abscond, *v.* κρύπτομαι, ἀποκρύπτι,μαι, ἀποδιδράσκω, φεύγω, συγκρύπτομαι
Absence, ἀπουσία, *f.* ἀπεστώ, *f.* ἀπόστασις, *f.* ἔκστασις, *f.* ἐρημία, *f.*
Absent, ἀπότροπος, ἄπουρος, ἔξεδρος, ἔκδημος, ἀπόδημος: to be absent, ἄπειμι, ἀποίχομαι, ἐκδημέω, ἀποδημέω
Absent, *v.* ἀφίσταμαι, ἀποστατέω
Absolve, *v.* ἀπολύω, ἀφίημι, ἀνίημι, ἀπογιγνώσκω, ἀποψηφίζομαι
Absolute, αὐτοκράτωρ, αὐτοκρατὴς, δεσποτικὸς, δεσπόσυνος, μονόσκηπτρος; ἄκρατος
Absolutely, *adv.* ἁπλῶς, ἀνέδην, ἀποτόμως, τελέως, ἀτεχνῶς
Absolution, ἀπόλυσις, *f.* λύσις, *f.*
Absonant, ἄλογος
Absonate, *v.* ἀποτρέπομαι, ἐκκλίνω
Absorb, *v.* καταπίνω, ροφέω, ἀπορροφέω, λαφύσσω
Absorption, ἀνάπωτις, *f.* ῥόφησις, *f.*
Abstain, *v.* ἀπέχω, ἀπέχομαι, ἔχομαι, ἔργομαι, ἀπερύκομαι, ἐπέχω, φείδομαι, ἀφίσταμαι, ἐξίσταμαι
Abstemious, ἐγκρατὴς, μέτριος, νηφάλιος, ἄοινος   [λίως, ἀοίνως
Abstemiously, *adv.* ἐγκρατῶς, νηφα-
Abstemiousness, ἐγκράτεια, *f.* ἀπόσχεσις, *f.*
Absterge, *v.* σμάω, σμήχω, ῥύπτω, ἀποσμάω, ἀπομάσσω, ἐκκαθαίρω
Abstergent, ῥυπτικὸς, σμηκτικὸς
Abstersion, σμῆξις, *f.* ἀπόμαξις, *f.*
Abstinence, ἐγκράτεια, *f.* ἀπόσχεσις, *f.*
Abstinent, ἐγκρατὴς, νηφάλιος
Abstract, *v.* ἀποσπάω, ἀποχωρίζω, ἀφαιρέω, ἀποτέμνω, διακρίνω, ἀπάγω
Abstract, ἐπιτομὴ, *f.* σύνοψις, *f.*
Abstractedly, *adv.* ἀποτόμως, ὅλως, διακεκριμένως, ἀφαιρέτως
Abstraction, ἀφαίρεσις, *f.* ἀπόσπασις, *f.* διάκρισις, *f.*   [λυπτὸς, ἀνόητος
Abstruse, ἀπόκρυφος, κρυπτὸς, κα-
Abstrusely, *adv.* κρυφαίως, κρυφίως, ἀποκρύφως, ἀνοήτως [*f.* ἀνοητία, *f.*
Abstruseness, ἀποκρυφὴ, *f.* κρυφιότης
Absurd, ἄτοπος, ἄλογος, ἀλόγιστος, ὑπερφυὴς, καταγέλαστος: very absurd, ὑπεράτοπος   [γελως, *m.*
Absurdity, ἀλογία, *f.* ἀτοπία, *f.* κατά-
Absurdly, *adv.* ἀτόπως, ἀλόγως, καταγελάστως
Abundance, περιουσία, *f.* ἀφθονία, *f.* εὐθηνία, *f.* εὐπορία, *f.* πλῆθος, *n.* βάρος, *n.* πλησμονὴ, *f.* ἀψύξεις, *f.* ἁδροσύνη, *f.* σθένος, *n.* δαψίλεια, *f.* εὑπέτεια, *f.* ὑπεροχὴ, *f.* πολυοψία, *f.*

ACC

πλεονασμὸς, *m.* πολυπληθία & -θεια, *f.* πλήρωμα, *n.* περισσεία. *f.* περισσότης, *f.*: to have abundance, εὐπορέω, εὐθηνέω, δαψιλεύομαι
Abundant, δαψιλὴς, περιούσιος, βαθὺς, εὔπορος, περισσὸς, πολὺς, πλεῖστος, ἀθέσφατος, ἄφθονος, ἀδινὸς, θαλερὸς, λιπαρὸς, ἐπίῤῥυτος, ἀθρόος, πίων, ἐπηετανὸς, ἔκπλεος, πολύμετρος, πλεόναστος: to be abundant, περισσεύω, περίειμι, πλεονάζω
Abundantly, *adv.* ἄλις, ἰλαδὸν, ῥυδὸν, ῥύδην, δαψιλῶς, περισσῶς, εὐπόρως, ὑπερβαλλόντως, ἀφθόνως, ἀδινῶς, ἀδινὸν, ἀδινὰ, ἄδην, πολὺ, πολλὸν, πολλὰ, πλεῖστον, πλεῖστα
Abuse, *v.* (*to misuse*) καταχράομαι, ἀποχράομαι, χράομαι κακῶς, παραχράομαι, ἐναποχράομαι; (*to revile*) ὑβρίζω, λωβάομαι, λοιδορέω, ὀνειδίζω, νεικέω, κερτομέω, ἐνίσσω, ἐξονειδίζω, κακηγορέω, διαλοιδορέομαι, κακολογέω, κακοστομέω, δυσφημέω, δυστομέω, δεννάζω, ἐπιρροθέω, κακίζω, κακορροθέω, προπηλακίζω
Abuse, (*misuse*) κατάχρησις, *f.* ἀπόχρησις, *f.* παράχρησις, *f.*; (*censure*) ὕβρις, *f.* λοιδορία, *f.* κερτομία, *f.* κακολογία, *f.* κακηγορία, *f.* νεῖκος, *n.* ὄνειδος, *n.* ὀνείδισμα, *n.* ὀνειδισμὸς, *m.* λοιδόρημα, *n.*
Abuser, λωβητὴρ, *m.* ὑβριστὴς, *m.* λοίδορος, *m.* ὀνειδιστὴρ, *m.*
Abusive, ὕβριστος, ὑβριστικὸς, λοίδορος, λωβητὸς, κέρτομος, κερτόμιος, σκέρβολος, αἰσχρὸς, ἐπίρροθος, κακολόγος, κακόστομος, ἐπεσβόλος, φιλολοίδορος
Abusively, *adv.* ὑβριστικῶς, λοιδόρως
Abut, *v.* συνάπτω, παράκειμαι, ὁμουρέω, συνορέω
Abutting, ὅμορος, *Ion.* ὅμουρος, ὁμόριος, ὁμούριος, πρόσουρος, σύνουρος, συναπτὸς
Abyss, βάραθρον, *n.* ἄβυσσος, *f.*
Acacia, ἄκανθα, *f.* ἀκακία, *f.*: of the acacia, ἀκάνθινος
Academy, ἀκαδήμεια *or* –δημία, *f.*
Acanthus, *or* bear's foot, ἄκανθος, *f.*
Acatalectic, ἀκατάληκτος
Acataleptic, ἀκατάληπτος
Accede, *v.* συγχωρέω, προσχωρέω, προσγίγνομαι, συνίσταμαι, παραγίγνομαι, συγκατατίθεμαι
Accelerate, *v.* σπεύδω, ἐπισπεύδω, ταχύνω, ἐπιταχύνω, ἐπείγω
Acceleration, ἐπιτάχυνσις, *f.*

ACC — ACC

Accend, *v.* καίω, ἀνακαίω, ἅπτω, ἀνάπτω, πίμπρημι, καταπίμπρημι, διαπυρόω [ἄναψις, *f.* πρῆσις, *f.*
Accension, καῦσις, *f.* ἀνάκαυσις, *f.*
Accent, προσῳδία, *f.* τόνος, *m.*
Accentuate, *v.* τονόω
Accentuation, προσῳδία, *f.* τόνωσις, *f.*
Accept, *v.* παραδέχομαι, δέχομαι, ἀποδέχομαι, ὑποδέχομαι, λαμβάνω, παραλαμβάνω
Acceptable, ἀρεστὸς, δέκτος, εὐπρόσδεκτος, δεκτικὸς, καταθύμιος, εὐχάριστος, ἡδὺς, ἐπίχαρις, ἄρμενος
Acceptably, *adv.* ἀρεστῶς, εὐπροσδέκτως, εὐχαρίστως, ἡδέως
Acceptance, λαβὴ, *f.* λῆψις, *f.* παραδοχὴ, *f.* ἀποδοχὴ, *f.* [ἀξίωσις, *f.*
Acceptation, ἀποδοχὴ, *f.* λῆψις, *f.*;
Access, πρόσβασις, *f.* πρόσοδος, *f.* ἔφοδος, *f.* εἴσοδος, *f.* ἐμβολὴ, *f.* εἰσβολὴ, *f.*
Accessary, παραίτιος, συναίτιος
Accessible, εὐπρόσοδος, βατὸς, εὔβατος, εἰσβατὸς, ἐπιβατὸς, προσβατὸς, ἐμβατὸς, βάσιμος, ἔφοδος, εὐέφοδος, ἐπίδρομος, πρόσπλατος or πρόσπλαστος, εὐαγωγὸς, προσιτὸς, εὐπρόσιτος, προσπλωτὸς, ἀμβατὸς
Accession, (*addition*) πρόσοδος, *f.* πρόσθεσις, *f.* προσθήκη, *f.* ἐπιβολὴ, *f.* ἐπιδοχὴ, *f.* αὔξησις, *f.*; (*arriving at*) ἄφιξις, *f.* ἐπέλευσις, *f.*
Accessory, παραίτιος, συναίτιος
Accidence, στοιχεῖα, ων, *n. pl.*
Accident, συμφορὰ, *f.* τύχη, *f.* σύμπτωμα, *n.* σύμβασις, *f.* πτῶμα, *n.* τὸ συμβεβηκὸς, τὸ τυχὸν, τὸ αὐτόματον, τὰ καίρια
Accidental, αὐτόματος, τυχηρὸς, τυχαῖος, ὁ τυχὼν, ὁ ἐντυχὼν
Accidentally, *adv.* αὐτομάτως, τυχὸν, τυχηρῶς, τυχόντως, διὰ τύχην
Accipient, δεκτήρ, *m.* ληπτήρ, *m.* [νος
Accipient, λαμβανόμενος, προσδεχόμε-
Accite, *v.* μεταπέμπω, καλέω, κατακαλέω, ἀνακαλέω, παρακαλέω, προσκαλέω, κικλήσκω, κλητεύω
Acclamation, εὐφημία, *f.* θόρυβος, *m.*
Acclivity, ἄμβων, *m.* [κρότος, *m.*
Acclivous, ἀνωφερὴς
Accoil, *v.* συναθροίζω
Accommodate, *v.* προσαρμόζω, ἐφαρμόζω, ἁρμόζω: to accommodate oneself to, προσχωρέω & *mid.*, συμπεριφέρομαι, συμβιβάζω
Accommodating, εὐχερὴς, ῥᾴδιος, εὐμαρὴς, ἐπιτήδειος, ἁρμόδιος, ἱκανὸς, οἰκεῖος

Accommodation, ἐφαρμογὴ, *f.*
Accompaniment, ἀκολουθία, *f.* συνακολουθία, *f.* ὀπάδησις, *f.*
Accompany, *v.* ἀκολουθέω, συνακολουθέω, συμπαρακολουθέω, συνεπακολουθέω, ὀπαδέω, ἕπομαι, συνέπομαι, συμπαρέπομαι, παρέπομαι, ὁμαρτέω, συμπαρομαρτέω, παρομαρτέω, προσομαρτέω, ἑταιρίζω, μετασεύομαι, παρακολουθέω, μετέρχομαι
Accompanying, ἀκόλουθος, ὀπαδὸς
Accomplice, συμπράκτωρ, *m.* κοινωνὸς, *c.* συλλήπτωρ, *m.* σύνεργος, *c.*; μεταίτιος, πάρεδρος, παραίτιος, συναίτιος, μέτοχος, *subst.* & *adj. with gen.*
Accomplish, *v.* ἐπιτελέω, διατελέω, ἀποτελέω, διαπράσσω, πράσσω, καταπράσσω, διατελευτάω, τελέω, τελευτάω, ἐκτελέω, ἐκτελευτάω, κατεργάζομαι, ἐξεργάζομαι, ἀπεργάζομαι, περαίνω, περάω, πειραίνω, συμπεραίνω, κραίνω, ἐπικραίνω, ἐκφέρω, ἄνω, ἀνύω, *Att.* ἀνύτω, κατανύω, ἐξανύω, διανύω, ἐκπονέω, ἐξικνέομαι, καθαιρέομαι, καρανόω; to accomplish, (i. e. to fill up the full measure of destiny, woe, or misery, &c.) ἀναπίμπλημι: to come to accomplishment (of oracles, prophecies, dreams, &c.), ἱκάνω, ἐξέρχομαι, ἐξήκω: to accomplish successfully, κατορθόω: to be accomplished or learned, μουσόομαι, διακριβόω
Accomplished, τελεῖος, ἐπιτελής; (*learned*) μουσικὸς, χαρίεις, διηκριβωμένος
Accomplishment, τέλος, *n.* τελείωσις, *f.* ἐπιτελείωσις, *f.* διάπραξις, *f.* ἄνυσις, *f.* κύρωσις, *f.* πλήρωσις, *f.*
Accord, *v.* συναρμόζω, συγχωρέω, ὁμογνωμονέω, συντρέχω, συμφέρω, συμφωνέω, ὁμοδοξέω, ὁμολογέω, συνομολογέω, ὁμοφρονέω, ὁμορροθέω, συμβούλομαι, συμφρονέω, δίδωμι
Accord, ὁμόνοια, *f.* ὁμοφροσύνη, *f.* συμφωνία, *f.* ὁμολογία, *f.* ἁρμονία, *f.*: of one's own accord, *adj.* αὐτόματος, αὐτὸς, αὐτοκέλευστος, αὐτεπάγγελτος, ἑκούσιος, ἑκὼν, αὐθαίρετος, αὐτοκελής: of one's own accord, *adv.* ἑκουσίως, ἑκουσίᾳ, καθ᾽ ἑκουσίαν, αὐτομάτως, ἐκ τοῦ αὐτομάτου, ἐθελουσίως, ἐθελοντὴν: to do of one's own accord, αὐτοματίζω

Accordance, συγγνώμη, f. συνῳδία, f. ἀκολουθία, f.
Accordant, σύμφωνος, ὁμόλογος, ὁμόφωνος, ἀκόλουθος, συνῳδός [πρὸς
According to, prep. κατὰ, μετὰ, παρὰ,
Accordingly, adv. οὖν, οὐκοῦν, τοιγὰρ, τοιγαροῦν
Accost, v. προσαυδάω, προσεῖπον, προσμυθέομαι, προσφωνέω, προσφθέγγομαι, προσαγορεύω, αὐδάω, ἀγοράομαι, καθάπτομαι, κικλήσκω, εἶπον, μεταυδάω, μεταφωνέω, φωνέω, προσηγορέω, παραυδάω, ἐξάρχω
Accoucheur, μαιευτήρ, –τῆς, –τωρ, & μαιήτωρ, m.: midwife, μαῖα, f. μαιεύτρια, f.
Account, v. νομίζω, λογίζομαι, δοκιμάζω, οἴομαι, ἡγέομαι, ἐναριθμέω, ποιέομαι, ἀριθμέω: to reckon up or give an account, ἀπολογίζομαι: to call to account, εὐθύνω, λογοθετέω
Account, λόγος, m. ἔλεγχος, n. λογισμὸς, m. γράμμα, n.: on account of, ἕνεκα, διὰ, περὶ, οὕνεκα, ὑπὲρ, χάριν
Accountable, ὑπεύθυνος, ὑπαίτιος, ἔνοχος, ὑπέγγυος, ὑπόλογος
Accountant, λογιστὴς, m. ψηφιστὴς, m.
Accouple, v. ζεύγνυμι, συζεύγνυμι, ἁρμόζω, συναρμόζω, συνάπτω, συνάγω
Accoutre, v. σκευάζω, κατασκευάζω, ἐπισκευάζω, διασκευάζω, στέλλω, κορύσσω, ὁπλίζω, ἐξοπλίζω, ἑτοιμάζω, στολίζω, ἐντύνω
Accoutrement, σκευὴ, f. παρασκευὴ, f. κατασκευὴ, f. στολὴ, f. ὅπλα, n. pl. ἔντεα, n. pl.
Accredit, v. δέχομαι, προσδέχομαι
Accretion, ἐπαύξησις, f. ἐπίδοσις, f.
Accrue, προσαρτάομαι, ἐπιγίγνομαι, προσγίγνομαι, περιΐσταμαι
Accubation, ἀνάκλισις, f. κατάκλισις, f.
Accumbent, ἐπικλινὴς, προσκλινὴς, κατακλινὴς
Accumulate, v. ἀθροίζω, νέω, νηέω, συννέω, συνάγω, συμφορέω, συντίθημι, κατασωρεύω, συγχώννυμι, συγκομίζω [ρευτὸς, συμφορητὸς
Accumulated, νητὸς, πάνσυρτος, σω-
Accumulation, (heap) ἄθροισμα, n. σύναγμα, n. συμφόρημα, n.; (a heaping up) ἄθροισις, f. συμφόρησις, f. [κὸς
Accumulative, συνακτικὸς, ἀθροιστι-
Accumulator, συνακτὴρ, m.

Accuracy, ἀκρίβεια, f. ἀτρέκεια, f. ἀκριβολογία, f.
Accurate, ἀκριβὴς, ἀτρεκὴς, ἀκριβολόγος: to be accurate, ἀκριβολογέομαι
Accurately, ἀκριβῶς, ἀτρεκέως: to make, do, investigate, understand or express accurately, ἀκριβόω
Accurse, v. καταράομαι, ἀράομαι, ἐπαράομαι
Accursed, ἀρατὸς, κατάρατος, ἐπάρατος, ἀγὴς, θεοστυγὴς, θεοστύγητος, στυγητὸς, στυγερὸς
Accusable, αἴτιος, ἐπίκλητος, ἔγκλητος, εὐκατηγόρητος, ἐγκλητέος, ἐπιμεμφὴς, ἐπίμομφος
Accusation, κατηγορία, f. ἐπιμομφὴ, f. γραφὴ, f. φάσις, f. εἰσαγγελία, f.; (blaming, charging,) αἰτίασις, f. ἔγκλησις, f. ἐπίκλησις, f. κατάμεμψις, f.; (charge, guilt imputed,) κατηγόρημα, n. αἰτία, f. αἰτίαμα, n. ἔγκλημα, n. ἐπίκλημα, n.: false accusation, διαβολὴ, f. διαβολία, f.: a bringing and accusing before a magistrate, ἀπαγωγὴ, f.
Accusative case, ἡ αἰτιατικὴ πτῶσις
Accusatory, κατηγορικὸς
Accuse, v. κατηγορέω, αἰτιάομαι, ἐπαιτιάομαι, καταιτιάομαι, ἐπιμέμφομαι, ἐπικαλέω, ἐγκαλέω, καταγορεύω, προβάλλομαι, διαβάλλω, ἐλέγχω, προσκαλέομαι, συκοφαντέω, φαίνω, κατεῖπον, καταγιγνώσκω, μέμφομαι, κρίνω, εἰσαγγέλλω, ἀπάγω, ὑπάγω, ἄγω αἰτίαν ἐπί τινα, ἐπάγω αἰτίαν τινὶ, ἐν αἰτίᾳ βάλλω, δι' αἰτίας ἔχω, αἰτίαν ἐπιφέρω, ἀποφέρω γραφὴν κατὰ, ἀπογράφομαι δίκην: to be accused, φεύγω, κρίνομαι, φεύγω δίκην, αἰτίαν ἔχω, αἰτίαν ὑπέχω, ὑπομένω αἰτίαν, ἐν αἰτίᾳ εἰμὶ, αἰτίαν φέρομαι
Accused, ὑπόδικος, ὑπαίτιος, ἐπίκλητος, ἔγκλητος: accused person, φευγὼν, ὁ αἰτίαν ἔχων
Accuser, κατήγορος, m. κατηγορικὸς, m. ὁ διώκων, εἰσαγγελεὺς, m.: false accuser, συκοφάντης, m.
Accustom, v. ἐθίζω, προσεθίζω, γυμνάζω, παρασκευάζω, παιδεύω, συνεθίζω: to be accustomed, ἔθω, εἴωθα, ἐθέλω, φιλέω, νομίζω, ἐθίζομαι, συνεθίζομαι [εἰωθὼς part.
Accustomary, νόμιμος, σύντροφος,
Accustomed, εἰωθὼς part., ἠθὰς, συνήθης, ἰθὰς
Ace, μονὰς, f.

ACE

Acerb, στρυφνός, πικρός, ἀηδής, ἀδευ-κής, αὐστηρός, στυφελός
Acerbate, v. πικραίνω, παροξύνω, στρυφνόω, ὀξύνω
Acerbity, στρυφνότης, f. ὀξύτης, f. πικρότης, f. πικρία, f.
Acervate, v. σωρεύω, ἐκσωρεύω, νηέω, συννέω, καταμάομαι
Acervation, σώρευσις, f. [αὐστηρός
Acescent, στρυφνός, στυφελός, ὀξύς,
Acetose, Acetous, ὀξύς, στρυφνός, στυφελός, αὐστηρός
Ache, ὀδύνη, f. ἄλγος, n. ἀλγηδών, f.: headache, κεφαλαλγία, f.
Ache, v. ἀλγέω: to have headache, κεφαλαλγέω
Achieve, v. τολυπεύω, κατεργάζομαι, φέρω, πράσσω, ἐκπράσσω, τελέω, ἐκτελέω, ἐπιτελέω, κραίνω, ῥέζω, διαπράσσω, χειρουργέω
Achievement, ἔργον, n. ἀγώνισμα, n.; τὰ πεπραγμένα
Achiever, πράκτωρ, m.
Acicular, βελονοειδής
Acid, ὀξύς, στρυφνός, στυφελός, αὐστηρός, πικρός
Acidity, στρυφνότης, f. ὀξύτης, f. αὐστηρότης, f.
Acidulate, v. ὀξύνω, στρυφνόω
Acknowledge, v. ἐπιγιγνώσκω, ἀναγιγνώσκω, νομίζω, γνωρίζω, ὁμολογέω, προσομολογέω, ἐξομολογέομαι, συγγιγνώσκω
Acknowledgment, ἀνάγνωσις, f. ἐπίγνωσις, f. ὁμολογία, f. προσομολογία, f. ἀναγνώρισις, f.
Acme, ἀκμή, f. ἄνθος, n. ἄκρον, n.: to be at the acme, ἀκμάζω
Aconite, ἀκόνιτον, n.
Acorn, βάλανος, f. ἀδήν, c.; n. pl. ἀκρόδρυα, δρυός ἄκρα: made of acorns, βαλάνινος: of the acorn kind, βαλανηρός: like acorns, βαλανώδης: bearing acorns, βαλανηφόρος
Acoustics, ἀκουστικά, n. pl.
Acquaint, v. ἀγγέλλω, ἐξαγγέλλω, εἰσαγγέλλω, ἐπαγγέλλω, ἐμφαίνω· ἐκφέρω τι πρός τινα· γνωρίζω τί τινι: to be acquainted with (of people), χράομαι, συγκέραννυμι: to be acquainted with, experienced in, ἐμπειρέω
Acquaintance, συνήθεια, f. γνῶσις, f. γνώρισις, f. χρεία, f. χρῆσις, f. κοινωνία, f.: acquaintance with, skill in, ἐμπειρία, f.: an acquaintance, γνώριμος, γνωστός,

ACT

συνήθης, adjectival subst.; ἑταῖρος, m.
Acquainted with or skilful in, ἔμπειρος, ἐμπειρικός
Acquest, ἀπόλαυσις, f.
Acquiesce, v. στέργω, συγχωρέω, αἰνέω, ἀγαπάω, ἀρέσκομαι, ἐφησυχάζω, συμφέρομαι, ὁμολογέω
Acquiescence, συγχώρησις, f. ὁμολογία, f. [τος, ἐπιτευκτέος, ἁλωτός
Acquirable, περιποιητέος, εὐπρόιτοισ-
Acquire, v. κτάομαι, εἰσκτάομαι, κτεατίζω, πορίζομαι, προσποιέομαι, περιποιέομαι, κομίζομαι
Acquirement, κτῆμα, n. κτῆσις, f. λῆμμα, n.
Acquisition, (act of acquiring) κτῆσις, f. ἐπίτευξις, f. τεῦξις, f. λῆψις, f. προσποίησις, f. προσαγωγή, f.: (object acquired) κτῆμα, n. κτῆσις, f. λῆμμα, n.
Acquisitive, κτητικός, χρηματιστικός, περιποιητικός
Acquit, v. ἀπολύω, ἀνίημι, ἐλευθερόω, ἀποχειροτονέω, ἀποψηφίζομαι, ἀπογιγνώσκω, ἀθῳόω, ἀφίημι: to be acquitted, νικάω, ἀποφεύγω, ἐκφεύγω
Acquitment, ἄφεσις, f. ἀπόλυσις, f. ἐλευθέρωσις, f. ἀποψήφισις, f.
Acquittal, ἀπόλυσις, f. ἄφεσις, f. ἀποψήφισις, f. ἀθῴωσις, f.
Acquittance, λύσις, f. ἀποψήφισις, f. ἀπόφευξις, f. ἀθῴωσις, f.
Acquitted, ἀπόλυτος, ἄφετος, ἄθῳος
Acre, πλεθρόν, n.
Acrid, δριμύς, ὀξύς, πικρός, στρυφνός
Acrimonious, δριμύς, δακνώδης
Acrimony, ὀξύτης, f. στρυφνότης, f. δριμύτης, f. πικρότης, f. πικρία, f.
Acritude, Acrity, ὀξύτης, f. πικρία, f. δριμύτης, f.
Across, prep. with gen. διά, ὑπέρ, πέρα; adv. πλαγίως, ἐγκαρσίως
Act, δρᾶμα, n. πρᾶγμα, n. πρᾶξις, f. ἔργον, n. κτίσις, f. ποίημα, n.
Act, v. πραγματεύω, ἐργάζομαι, ῥέζω, πράσσω, δράω: (act on the stage), μιμέομαι, ὑποκρίνομαι, ἀγωνίζομαι
Action, πρᾶγμα, n. πρᾶξις, f. πρᾶγος, n. ἔργον, n. ἔργμα, n. κτίσις, f. ποίημα, n. δρᾶμα, n.: action at law δίκη, f. διαδικασία, f. κατηγορία, f. ἔγκλημα, n. ἀγών, m.: to bring an action, γράφω or ἀπογράφομαι διαδικασίαν, ποιέω ῥᾳδικασίαν, δίκην ἐπάγω or εἰσάγω
Actionable, ὑπόδικος, κατηγορικός

Actionary, γραφεύς, m.
Active, ἐνεργὸς, ἐνεργητικὸς, δράσιμος, δραστικὸς, δραστήριος, ἕτοιμος, σπουδαῖος, πρακτικὸς, ὀτρηρὸς, ἐλαφρὸς, ἐργάτης, ἐργάτις, εὔκολος, εὔστροφος, εὐκίνητος, εὐστρεφής, εὐάγητος, ἄοκνος, δεξιὸς, δειόγυιος, εὔζωνος, διερὸς, εὔφορος, λαιψηρὸς
Actively, adv. σπουδαίως, ἐνεργητικῶς, ἀόκνως, ἐλαφρῶς, δεξιῶς, λαιψηρῶς
Activity, εὐστροφία, f. εὐκολία, f. εὐκινησία, f. ἐνεργεία, f. ἐλαφρότης, f.
Actor, πρακτὴρ, m. πράκτωρ, m. ἐργάτης, m. ποιητὴς, m. δραστὴρ, m. ἀγωνιστὴς, m. ῥεκτὴρ, m.: (stage-actor) ὑποκριτὴς, m. μίμος, m.
Actual, ἀληθὴς, ἀληθινὸς, ἔτυμος, ἐτήτυμος, γνήσιος
Actuality, ἀλήθεια, f. ἐντελέχεια, f.
Actually, adv. ὄντως, δικαίως, ἐτύμως, ἐτητύμως, πάνυ, τῷ ὄντι, ὕπαρ, ἀληθῶς
Actualness, ἀλήθεια, f. ἐντελέχεια, f.
Actuary, καταλογεὺς, m.
Actuate, v. παρορμάω, ὀτρύνω, ἐποτρύνω, ὀξύνω, παροξύνω, θαρσύνω, πείθω [τρος
Aculeate, κεντρωτὸς, κεντρώδης, ἔγκεν-
Acumen, ὀξύτης, f. δεινότης, f. ἀγχίνοια, f. σύνεσις, f.
Acuminated, κεντρωτὸς
Acute, ὀξὺς (in every sense); (sharp, clear, shrill) λιγὺς, λιγυρὸς, λίγειος; (fine, subtle, refined, delicate) λεπτὸς; (piercing, keen) δριμὺς; (clever, shrewd, intelligent, of quick perception) ἀγχίνοος, νοητικὸς, ὀξύφρων, ὀξυήκοος, δριμὺς
Acute accent, ὀξεῖα, f.
Acutely, adv. ὀξὺ, ὀξέως
Acuteness, ὀξύτης, f. δριμύτης, f. λεπτότης, f. ἀγχίνοια, f. σύνεσις, f.
Adage, παροιμία, f. μῦθος, m. ἔπος, n. γνώμη, f. λόγος, m. ῥῆμα, n.
Adamant, ἀδάμας, m.
Adamantine, ἀδαμάντινος
Adapt, v. ἁρμόζω, Att. ἁρμόττω, ἐναρμόζω, συναρμόζω, προσαρμόζω, ἀναρμόζω, ἄρα προσάπτω, ἐπιτηδειόω
Adaptation, Adaption, (fitness) ἐπιτηδειότης, f.; (adapting) ἅρμοσις, f.
Adapted, (suitable) ἐπιτήδειος; (fitted, suited, arranged) ἁρμοστὸς
Add, v. προστίθημι, ἐπιτίθημι, συντίθημι, ἐπιβάλλω, ἐμβάλλω, συμβάλλω, προσδίδωμι, προσλαμβάνω, προσφέρω, ἐφαρμόζω, ἐπεισάγω: to be added, πρόσειμι, πρόσκειμαι, προσγίγνομαι: to add (in speaking), ἐπιλέγω, ἐπεῖπον, προσεπιλέγω: to add (in writing) προσγράφω
Addecimate, v. δεκατεύω, δεκατόω
Added, part. πρόσθετος, ἐπείσακτος
Addeem, v. τιμάω, δοκιμάζω, οἴομαι, ἡγέομαι, ἔχω, νομίζω, εἰστιμάω, ἀναλογίζομαι
Adder, ἔχιδνα, f. ἔχις, m. ἐχίδνιον, n.
Addice, Adze, κοπὶς, f. σκέπαρνον, n.
Addict, v. ἐπιβάλλω, ἐπιδίδωμι, καθιερόω, σχολάζω, προΐημι, προσέχω, ἐπιφέρω: to be addicted to, ἀποκλίνω, ῥέπω, εὐκατάφορος εἶναι [εἱμένος
Addicted, ἐπίφορος, εὐκατάφορος, ἀν-
Additament, προσθήκη, f. πρόσθεμα, n. ἐπίβλημα, n. παρενθήκη, f.
Addition, (an adding) πρόσθεσις, f. προσθέτησις, f.; (what is added) προσθήκη, f. πρόσθημα, n. ἐπίβλημα, n. προσφορά, f. παρενθήκη, f.
Additional, πρόσθετος, ἐπίθετος, ἐπίβλητος
Addle egg, ζεφύριον or ὑπηνέμιον ᾠὸν
Address, v. προσαγορεύω, προσμυθέομαι, ἀγοράομαι, προσαυδάω, πρόσφημι, προσφωνέω, προσεῖπον, προσηγορέω, προσφθέγγομαι, προσεννέπω, αὐδάω, μεταυδάω, εἶπον, κικλήσκω, μετάφημι, παραυδάω, παράφημι, παρηγορέω, 'ξάρχω, ὑπεῖπον, προσλέγομαι
Address, πρόσρημα, n. προσφώνημα, n. πρόσφθεγμα, n ; (act of addressing) παρηγορία, f. προσηγορία, f. προσαγόρευσις, f. προσφώνησις, f. πρόσρησις, f.; (direction or title) ἐπιγραφὴ, f. ἐπίγραμμα, n.; (skill, dexterity) τέχνη, f. ἐπιστήμη, f. ἐμπειρία, f. ἰδρεία, f.
Addressing, προσήγορος, προσαγορευτικὸς, παρήγορος
Adduce, v. παραφέρω, ἐπάγομαι, παρέχομαι, προάγω, προφέρω, ἀνάγω, ἐνάγω, προβάλλομαι, προέχω
Ademption, στέρησις, f. ἀποστέρησις, f. ἀθέτησις, f.
Adept, σοφιστὴς, m. τεχνίτης, m. τρίβων, m. ἐπιστήμων adj. εἰδὼς part.
Adequate, ἱκανὸς, ἐπιτήδειος, ἴσος, ἀντίπαλος, ἄξιος
Adequately, adv. συμμέτρως, ἀξίως, ἀντιπάλως, ἴσως, ἐπιτηδείως
Adequateness, ἰσότης, f. ἐπιτηδειότης, f.
Adhere, v. ἐμφύομαι, ἐμμένω, ἔχομαι,

ADH   ADU

προσέχομαι, προσκαρτερέω, κολλάομαι, προσκολλάομαι, πρόσκειμαι, ἀμφιζάνω, περιφύω
Adherence, πρόσφυσις, f. προσκόλλησις, f.; (friendship) φιλότης, f.
Adherent, ἀκολουθέων
Adherent, Adherer, ἀκόλουθος, m. στασιώτης, m. συστασιώτης, m. ὀπαδός
Adhesion, προσκόλλησις, f.
Adhesive, γλισχρὸς, κολλητικὸς
Adhibit, v. παραλαμβάνω, προσφέρω, προσέχω
Adhibition, χρῆσις, f. προσφορά, f. παράληψις, f.
Adjacent, ὅμορος, μεθόριος, ἀστυγείτων, πρόσουρος, πρόσχωρος, περίχωρος, προσόμουρος; πέλας, adv.: to be adjacent, ὁμουρέω, συνάπτω
Adiaphorous, ἀδιάφορος
Adiaphory, ἀδιαφορία, f.
Adject, v. ἐπιτίθημι, προσβάλλω
Adjection, ἐπιβολή, f. προσβολή, f. ἐπίθεσις, f. πρόσθεσις, f. ἐπίβλημα, n.
Adjectitious, ἐπίθετος, προσβλητὸς
Adjective, ἐπιθετικὸν, n. [πρόσθετος
Adieu, χαῖρε, ἔῤῥωσο, ὑγίαινε
Adjoin, v. προστίθημι, προσάπτω, συνάπτω; intransitive, παράκειμαι, πρόσκειμαι, ἐφάπτομαι, ἅπτομαι, καθάπτομαι
Adjoining, ὅμορος, πρόσουρος, μεθόριος, πρόσχωρος, προσαφὴς, πρόσοικος
Adjourn, v. ἀποτίθημι, ἀνίστημι, ἀφίημι, ἀναβάλλω, ἐκκρούω, παρωθέομαι, διάγω, διατρίβω
Adjournment, ἀναβολὴ or ἀμβολὴ, f.
Adipose, στεατώδης
Adjudge, v. ἐπιδικάζω, ἐπικρίνω, προσκαταγιγνώσκω, ψηφίζομαι
Adjudicate, v. κρίνω, διαδικάζω, δικάζω, διακρίνω
Adjudication, ἐπίκρισις, f. κρίσις, f. διάκρισις, f.
Adjugate, v. ἐπιζεύγνυμι
Adjunct, πάρεργον, n. [πρόσθεσις, f.
Adjunction, ἐπίζευξις, f. ἐπίθεσις, f.
Adjuration, ἐξορκισμὸς, m.
Adjure, v. ὁρκίζω, ἐξορκίζω, ὁρκόω, ἐξορκόω, ἐπόμνυμι
Adjust, v. καταρτάω, καταρτύω, καταρτίζω, ἁρμόζω, καθίστημι, πορσύνω, συντίθημι, συντάσσω, συμβιβάζω
Adjusting, Adjustment, κατάρτισις, f. σύνταξις, f. σύνθεσις, f. ἅρμοσις, f.
Adjutor, Adjutrix, ἐπίκουρος, βοηθὸς, βοηδρόμος, συνεργὸς, ἀλεξητήρ
Adjuvate, v. ἐπικουρέω, βοηθέω, βοηδρομέω, ὀφέλλω, ἐπωφελέω

Admeasurement, μέτρησις, f.
Administer, v. (perform) πράσσω, διατίθημι, διαχειρίζω: administer the affairs of the state, ἐπευθύνω or πολιτεύομαι τὰ κοινὰ: administer an oath, ἀποδίδωμι; (supply) παρέχω, διακονέω, πορσύνω, ἐπαρκέω
Administration, οἰκονομία, f. διοίκησις, f. διαχείρισις, f. ὑπηρεσία, f.
Administrative, πολιτικὸς
Administrator, οἰκονόμος, m. ὑπηρέτης, m. ἐπίτροπος, m. διάκονος, m.
Administratrix, ὑπηρέτις, f.
Admirable, θαυμαστὸς, ἀγαστὸς, θαυμάσιος, θεσπέσιος
Admirably, adv. θαυμαστῶς, θαυμασίως, ἀγαστῶς, θεσπέσιον
Admiral, ναύαρχος, m. στόλαρχος, m. στρατηγὸς, m. ἄρχων, m. [βας, .
Admiration, θάμβος, n. θαῦμα, n. σέβας
Admire, v. θαυμάζω, ἄγαμαι, θαυμαίνω, ζηλόω, θάομαι, κατατέθηπα: admire greatly, ὑπερθαυμάζω, ἐκπαγλέομαι
Admired, ἀγαστὸς
Admirer, θαυμαστὴς, m. ἐραστὴς, m.
Admissible, προσδεκτέος, ἀποδεκτὸς, ὁμόλογος [ἔφοδος, f. πρόσδεγμα, n.
Admission, εἰσδοχή, f. πρόσοδος, f.
Admit, v. εἰσδέχομαι, προσδέχομαι, ἐνδέχομαι, ὑποδέχομαι, παραδέχομαι, ἀποδέχομαι, ἐφίημι, προσίημι, παρίημι, προσάγω, ἐγκρίνω, εἰσαφίημι, εἰσίημι; (own) ὁμολογέω: one must admit, ἀποδεκτέον, ἐγκριτέον, ὁμολογητέον
Admittable, προσδεκτέος
Admittance, εἰσδοχή, f. ἔφοδος, f.
Admitted, ἔγκριτος, προσδεκτὸς
Admix, v. συγχέω, ἐπιμίγνυμι, συγκεράννυμι, κεράννυμι, προσμίγνυμι
Admixtion, ἐπίμιξις, f. πρόσμιξις, f. μίξις, f. σύγχυσις, f. κρᾶσις, f. σύγκρασις, f. [μίξις, f.
Admixture, σύγκρασις, f. μίξις f. πρόσ-
Admonish, v. νουθετέω, παραγγέλλω, παραινέω, ὑποτίθημι, πινύσσω [m.
Admonisher, νουθέτης, m. παραινέτης,
Admonition, νουθέτημα, n. νουθέτησις, f. νουθεσία, f. παραίνεσις, f.
Admonitory, νουθετικὸς, νουθετητικὸς, παραινετικὸς
Ado, ταραχή, f. ἀνία, f. θόρυβος, m. ὄχλος, m. σύγχυσις, f. ταραγμὸς, m. συντάραξις, f. [βία, f.
Adolescence, νεότης, f. ἥβη, f. ἐφηβεία
Adopt, v. ποιέομαι, προσποιέομαι, αἱρέομαι. τίθημι, υἱοθετέω: give to be adopted, εἰσποιέω, ἐκποιέω

Adopted, εἰσποίητος, ποιητὸς, ἐκποίητος, θετὸς, υἱόθετος
Adoption, θέσις, f. ποίησις, f. εἰσποίησις, f. υἱοθεσία, f. [σεβαστικὸς
Adorable, προσκυνητὸς, σεβάσμιος,
Adoration, προσκύνησις, f. σέβας, n.
Adore, v. προσκυνέω, σέβομαι, σέβω, σεβίζω, σεβάζομαι, προσεύχομαι
Adorn, v. κοσμέω, ἐπικοσμέω, κατακοσμέω, ἀσκέω, ἐπασκέω, ἐξασκέω, ἐκστέλλω, ἐκπονέω, ἀγάλλω, καλλωπίζω, καλλύνω, ἐντύω, ἐντύνω : who adorns, κοσμητὴς, m. καλλωπιστὴς, m.
Adornment, ἀγλαΐα, f. ἀγλάϊσμα, n. καλλωπισμὸς, m. κόσμησις, f.
Adown, adv. κάτω [δέξιος
Adroit, δέξιος, εὔχειρ, εὐχερὴς, ἐπι-
Adroitly, adv. δεξίως, ῥᾳδίως, εὐχερῶς, ἐπιδεξίως, προχείρως
Adroitness, δεξιότης, f. εὐστροφία, f. εὐχειρία, f. εὐχέρεια, f. ἐπιδεξιότης, f.
Adscititious, ἀλλότριος, εἰσποίητος
Advance, v. προβαίνω, χωρέω, προχωρέω; (progress, as in power, skill, age, &c.) προέρχομαι, προκόπτω, πρόειμι, προελαύνω, προάγω; (bring forward, state, adduce, propose) προφέρω; (aid, aggrandize) αὐξάνω, προβαίνω, προάγω; (advance money) προδίδωμι, προαναλίσκω, δανείζω
Advance, πρόοδος, f. προκοπὴ, f. προέλασις, f. προχώρησις, f.
Advancement, αὔξησις, f. προκοπὴ, f.
Advantage, κέρδος, n. ὄφελος, n. ὠφελεία, f. ὠφέλημα, n. πλεονεξία, f. ὄνησις, f. ὄνειαρ, n. κτῆμα, n. συμφέρον, n.
Advantage, v. ὠφελέω, ὀνίνημι: to receive advantage from, ἀπολαύω, πλεονεκτέω
Advantageous, κερδαλέος, ὠφέλιμος, λυσιτελὴς, σύμφορος, ἐπίκαιρος : to be advantageous, συμφέρω, λυσιτελέω
Advantageously, adv. κερδαλέως, λυσιτελούντως, ὠφελίμως, συμφερόντως
Advent, ἐπιφάνεια, f. ἄφιξις, f. [τως
Adventitious, ἐπεισόδιος, προσβλητὸς, ἐξωτικὸς, ἐπείσακτος, εἰσαγώγιμος, ἐπακτὸς, ἔπηλυς, ἐπίρρυτος
Adventure, v. πειράω, κινδυνεύω, τολμάω, ἐπιχειρέω
Adventure, κίνδυνος, m. κινδύνευμα, n. πεῖρα, f. τόλμημα, n. ἰθὺς, f. ἐπιχείρημα, n.

Adventurer, πειραστὴς, m. κινδυνευτὴς, m.
Adventurous, κινδυνευτικὸς, τολμηρὸς, τολμητικὸς, κινδυνώδης, φιλοκίνδυνος, μεγαλοκίνδυνος
Adventurously, adv. τολμηρῶς
Adverb, ἐπίρρημα, n.
Adverbial, ἐπιρρηματικὸς
Adverbially, adv. ἐπιρρηματικῶς
Adversable, ἐναντίος, ἀντίθετος, ἐξίτηλος
Adversary, ἀνταγωνιστὴς, m. ἀντίδικος, m. ἀντιστάτης, m. ἐνστάτης, m. πολέμιος, m. παλαιστὴς, m. ἀντίπαλος, m. ὑπεναντίος, m.
Adverse, ἐναντίος, παλίγκοτος, ἀπεχθὴς, ἐχθρὸς [τικειμένως
Adversely, ἐναντίως, παλιγκότως, ἀν-
Adversity, δυστυχία, f. ἀτυχία, f. δυσπραξία, f, κακὸν, n.
Advert, v. σκέπτομαι, φροντίζω, αἰσθάνομαι
Advesperate, ἑσπέρα γίνομαι
Advice, βουλὴ, f. βούλευμα, n. συμβούλευμα, n. συμβουλὴ, f. συμβουλία, f. φραδὴ, f. παραίνεσις, f. ὑποθημοσύνη, f.
Advisable, ἐπιτήδειος, ἄξιος, ἱκνούμενος, καθήκων
Advisableness, ἰδιότης, f. ἐπιτηδειότης, f. [λεύω, νουθετέω
Advise, v. βουλεύω, παραινέω, συμβου-
Advisedly, adv. εὐλαβῶς, φρονίμως, βεβουλευμένως
Adviser, βουλευτὴς, m. σύμβουλος, m. συμμήστωρ, m. συμφράδμων, m.
Adulation, θωπεία, f. κολακεία, f.
Adulator, θώψ, m. κόλαξ, m. κολακὶς, f.
Adulatory, θωπευτικὸς, κολακευτικὸς
Adult, ἔφηβος, ἀκμαῖος, τέλειος
Adulterate, v. κιβδηλεύω, παρακόπτω, μοιχάω, καπηλεύω, διαφθείρω
Adulterated, κίβδηλος, ἀδόκιμος
Adulteration, κιβδηλεία, f. : an adulteration, κιβδήλευμα, n.
Adulterer, μοιχὸς, m. [μοιχὰς, f.
Adulteress, μοιχαλὶς, f. μοιχευτρία, f.
Adulterous, μοιχικὸς, μοίχιος, λιπόγαμος [adultery, μοιχεύω, μοιχάω
Adultery, μοιχεία, f. : to commit
Adumbrate, v. σκιαγραφέω
Adumbration, ἀποσκίασμα, n. ὑπογραφὴ, f. σκιαγραφία, f.
Adunation, ἕνωσις, f.
Aduncity, καμπυλότης, f.
Advocacy, συνηγορία, f. συνδικία, f.
Advocate, συνήγορος, m. σύνδικος, m. ἀγωνιστὴς, m.

Advocate, v. ἐπαινέω, παραινέω; (act as advocate for another) συναγορεύω; (for accuser) συνηγορέω; (for defendant) συνδικέω
Adure, v. ἐπικαίω
Adustion, ἐπίκαυσις, f, σύγκαυσις, f.
Ægis, αἰγὶς, f.
Aërial, ἀέριος, αἰθέριος
Afar, adv. ἑκὰς, ἔκαθεν, τηλόθι, τηλοῦ
Affability, εὐπροσηγορία, f. κοινότης, f. φιλοφροσύνη, f.
Affable, εὐπροσήγορος, εὐπρόσοδος, φιλόφρων, ὁμιλητικὸς, φιλοπροσήγορος: to be affable, φιλοφρονέομαι [γορία, f.
Affableness, φιλοφροσύνη, f. εὐπροσηAffably, adv. φιλοφρόνως, εὐπροσηγόρως
Affair, πρᾶγμα, n. ἔργον, n. χρέος, n.
Affect, v. (move the passions) ἐκπλήσσω, ἅπτομαι; (pretend to be, gesticulate) ὑποκρίνομαι, σχηματίζομαι: to be affected (in mind) πάσχω, συνέχομαι: to be well affected, εὖ φρονέω, εὐφρονέων εἰμὶ: to be affected or conceited, put on, gesticulate, θρύπτομαι, σχηματίζομαι, σχηματοποιέομαι, προσποιέομαι
Affectation, ζήλωσις, f. σχηματισμὸς, ;τ.: affectation in speech, λεξιθηρία, f. λογοδαιδαλία, f. ὑπόκρισις, f.
Affected, part. (assumed,) προσποιητὸς [νημα, n.
Affectedness, σχηματισμὸς, m. φρόAffecting, (the mind) ταρακτικὸς: (imitating) προσποιητικὸς
Affection, ἀγάπησις, f. φιλοφροσύνη, f. εὔνοια, f. ἔρως, m. φιλότης, f. στοργὴ, f. φιλοστοργία, f. ἀγαπὴ, f.: without affection, ἀφιλόστοργος: affection (of mind or body) πάθος, n. πάθημα, n.
Affectionate, φιλόστοργος, φιλητικος
Affectionately, adv. φιλοστόργως, εὐνοϊκῶς, φιλικῶς, φιλίως
Affiance, πίστις, f. πεποίθησις, f.
Affiance, v. ἐγγυάω, ὑπισχνέομαι, κατεγγυάω
Affidavit, ἐπιμαρτυρία, f. ὅρκιον, n.
Affiliation, υἱοθεσία, f.
Affined, (related) συγγενὴς, προσήκων
Affinity, ἀγχιστεία, f. συγγενεία, f. κηδεία, f: to contract affinity, κηδεύω [μαι, διῐσχυρίζομαι, βεβαιόω
Affirm, v. φημὶ, κατάφημι, διαβεβαιόAffirmation, κατάφασις, f. διαβεβαίωσις, f. φάσις, f. [κατηγορικὸς
Affirmative, καταφᾱτικὸς, δηλωτικὸς,

Affirmatively, adv. καταφατικῶς, ιππ- τηγορικῶς
Affix, v. προσπήγνυμι, προσάπτω, προσηλόω, προσπασσαλεύω, συμπλέκω
Afflation, πρόσπνευμα, n. ἐπίπνοια, f.
Afflict, v. θλίβω, ἀποθλίβω, ἀλγύνω, λυπέω, κήδω, κακόω, προπτιέζω, ταλαιπωρέω, ὀδυνάω, ἀνιάω: to be afflicted, ἀλγέω
Afflicted, τεθλιμμένος, παθῶν, ταλαίπωρος, κακοπαθῶν, ἀλγεινὸς, προσταραχθεὶς
Affliction, θλίψις, f. ὀδύνη, f. ἄλγος, n. ἄλγημα, n. ἀλγηδὼν, f. πένθος, n. κακοπαθεία, f. κάκωσις, f. ταλαιπωρία, f. κακότης, f. ἀνία, f. λύπη, f. πάθος, n. [ρὸς
Afflictive, ἀλγινόεις, ἀλγεινὸς, ὀδυνηAffluence, πλοῦτος, m. περιουσία, f. πλεόνασμα, n. εὐπορία, f. ἀφθονία, f.
Affluent, πλούσιος, πολυόλβιος, παμπλούσιος: to be affluent, ἔχειν περιουσίαν τῶν χρημάτων [ροή, f.
Afflux, Affluxion, ῥεῦμα, n. ῥεῦσις, f.
Afford, v. παρέχω, ἐπαρκέω, προσαρκέω, ἐκπορίζω, χορηγέω
Affranchise, v. ἐλευθερόω
Affray, θόρυβος, m. ταραχὴ, f. τάραχος, m. νεῖκος, n. ἔρις, f.
Affright, v. φοβέω, ἐκφοβέω, ταράσσω, πτήσσω, ἐκπλήσσω, ἐκταράσσω: to be affrighted, πτήσσω, καταπτήσσω, ταρβέω, ἐκπλήσσομαι, φοβέομαι [f. κατάπληξις, f.
Affright, φόβος, m. δέος, n. ἔκπληξις,
Affront, ὕβρις, f. ὕβρισμα, n. αἰκεία, f. λωβὴ, f.
Affront, v. ὑβρίζω, καθυβρίζω, αἰκίζω, ἀτιμάζω, ἐπονειδίζω, λωβάομαι, λοιδορέω [ἀσελγὴς, λωβήεις
Affronting, ἀεικὴς, αἰκὴς, ὑβριστυς,
Affrontingly, adv. ὑβριστικῶς, ἀεικῶς, ἀσελγῶς [ἀεικὴς, λωβήεις
Affrontive, βλαβερὸς, ὕβριστος,
Affy, v. (to trust in, confide) πιστεύω, πέποιθα; (to betroth) ἐγγυάω
Afield, adv. ἀγρόθι, ἀγρόδε, θυράζε
Afloat, adv. ἐπιπολῆς, ἐπιπολαίως
Afoot, adv. πεζῇ
Afore, πάλαι, πρὶν; πρότερος, ἐνάντιος
Aforehand, adv. προτέρως, πρὶν
Aforesaid, προλεχθεὶς
Afraid, περίφοβος, περιδεὴς, ἄτολμος, φοβερὸς: to be afraid, δείδω, δέομαι, φοβέομαι, ἀθυμέω, καταδείδω
Afresh, adv. νέον, πάλιν, αὖ, δισσῶς, ἐκ δευτέρου
Africa, Λιβύη, f.

After, *prep.* (*with gen.*) ἀπὸ, διὰ: (*with acc.*) μετὰ, κατὰ; (*with dat.*) ἐπὶ: *adv.* μετὰ, ὄπισθε, ἐξοπίσω, ὕστερον: *adj.* δεύτερος, ὕστερος: to be after, ὑστερέω [noon, δειλινὸς
Afternoon, δείλη, *f.*: in the after-
Afterthought, ἐπίνοια, *f.*
Afterwards, *adv.* ὕστερον, ὄπισθε, κατόπισθε, ὀπίσω, μεθύστερον, ἔπειτα
Again, *adv.* πάλιν, αὖ, αὖθις, αὖτε, εἰσαῦθις, ἂψ, ἔμπαλιν, δισσῶς
Against, *prep.* (*with dat.* & *acc.*) ἐπὶ; (*with acc.*) παρὰ; (*with gen.* & *acc.*) πρὸς; (*with gen.*) κατὰ; (*in opposition to*) ἀντὶ, ἄντιον, ἄντα, ἐνάντιον, ἄντια, ἀντιβίην; (*over against, before, in front*) ἄντα, ἄντην; (*in comparison with*) ἄντα
Against, *adj.* ἄντιος, ἐνάντιος
Agast or Aghast, ἀτενιζόμενος; ἐκπεπληγμένος, ἀπόπληκτος, ἐμβρόντατος
Agate, ἀχάτης, *m.* [τητος, ἔκπληκτος
Age, αἰὼν, *m.* ἡλικία, *f.* χρόνος, *m.* γένος, *n.*: old age, γῆρας, *n.* πρεσβεία, *f.*: middle age, ἡ καθεστηκυῖα ἡλικία: sameness of age, ὁμηλικία: of the same age, ὁμῆλιξ, συνομῆλιξ, ἰσῆλιξ, ἧλιξ, ὀλέτης: of such an age, τηλίκος, τηλικοῦτος
Aged, γέρων, πρεσβύτερος, γεραιὸς
Agency, ἐπιτροπὴ, *f.* ἐπιμέλεια, *f.* ταμιεία, *f.*
Agent, ἐπίτροπος, *m.* ἐπιμελητὴς, *m.*: to be an agent, προξενέω
Aggelation, κρυσταλλόπηξις, *f.*
Agglomerate, *v.* συνάγω, συναγείρω
Agglutinate, *v.* προσκολλάω, συνάπτω
Agglutination, προσκόλλησις, *f.* σύναψις, *f.* συνάφεια, *f.* συμπλοκὴ, *f.*
Aggrandize, *v.* αὐξάνω, μεγαλύνω
Aggrandizement, αὔξησις, *f.*
Aggravate, *v.* ἐπιβαρέω, ἐπιβαρύνω, μεγαλύνω, ἐρεθίζω [*m.*
Aggravation, ὑπερβολὴ, *f.* ἐρεθισμὸς,
Aggregate, *v.* ἀθροίζω, ἀγείρω, συνάγω, συναθροίζω, ἀολλίζω
Aggregate, συναγωγὴ, *f.* συμφόρημα, *n.* ἄθροισμα, *n.*
Aggregate, ἀθρόος, ἀολλὴς, συμφερτὸς, ἀνάλεκτος
Aggregation, συλλογὴ, *f.* ἄθροισις, *f.* ἀθροισμὸς, *m.* συνάθροισις, *f.* συναθροισμὸς, *m.* συναγωγὴ, *f.* ἀγυρμὸς, *m.*
Aggress, *v.* προσβάλλω, πολιορκέω, ἀδικέω
Aggression, ἐπιβολὴ, *f.* ἐφόρμησις, *f.* ἐπιχείρησις, *f.*

Aggressor, πολιορκητὴς, *m.* ἐπιβολεὺς, *m.* αἴτιος, *m.*
Aggrievance, ἀδικία, *f.* ἐνόχλησις, *f.* ὕβρις, *f.* λώβη, *f.* χαλεπότης, *f.* δυσχερεία, *f.* [ἀνιάω
Aggrieve, *v.* ἀδικέω, λυπέω, ἐνοχλέω,
Aggroup, *v.* συλλέγω, συνάγω
Aghast, *see* Agast
Agile, ἐλαφρὸς, εὐκίνητος, εὐστρεφὴς
Agileness, ἐλαφρία, *f.* ἐλαφρότης, *f.* εὐκινησία, *f.* εὐστροφία, *f.*
Agility, εὐκινησία, *f.* ἐλαφρότης, *f.* ταχύτης, *f.*
Agitate, *v.* ἐλαύνω, δονέω, πτοέω, ὀρίνω, κινέω, ἀνακινέω, ταράσσω, συνταράσσω: to be agitated, ἄημαι, σαλεύω, δαίομαι, κινύσσομαι
Agitation, δόνησις, *f.* κίνησις, *f.* ἀνακίνησις, *f.* σάλευσις, *f.*
Agitative, κινητήριος, κινητικὸς
Agitator, ἀγωγεὺς, *m.* ἐλατὴρ, *m.*
Agnation, ἀγχιστεία, *f.* [κινητὴς, *m.*
Agnition, ἐπίγνωσις, *f.* ὁμολογία, *f.*
Agnize, *v.* ὁμολογέω, συγγινώσκω
Ago, *adv.* πάλαι, πρότερον
Agonistes, ἀγωνιστὴς, *m.* ἀθλητὴς, *m.*
Agonize, *v.* ἀνιάω, ἀλγύνω
Agony, ἀγωνία, *f.* ἄχθος, *n.*: to be in agony of mind, δυσθυμέομαι, ἀγωνιάω, ἄχθομαι
Agrarian, ἀγρεῖος, ἄγριος, γεωμορικὸς
Agree, *v.* ὁμοφρονέω, ὁμογνωμονέω, ὁμολογέω, ὁμονοέω, ὁμοφωνέω, συνίεμαι, συντίθεμαι, συγχωρέω, συναινέω, συντρέχω, συνεῖπον, συμβούλομαι
Agreeable, τερπνὸς, ἀρεστὸς, ἐπιχαρὴς, ἐπίχαρις, ἡδὺς, χαρίεις, σύμφωνος, ἐπίχαρτος, εὐμελὴς, κεχαρισμένος, κρήγυος, θυμηδὴς, ἁρμόδιος: to be agreeable, χαρίζομαι, ἡδύνομαι
Agreeableness, τερπνότης, *f.* ἡδύτης, *f.* χάρις, *f.* χαριεντότης, *f.*
Agreeably, *adv.* ἀρεσκόντως, κεχαρισμένως, ἡδὺ, ἡδέως, εὐχαριστῶς, χαριέντως [νος
Agreed upon, ῥητὸς, τακτὸς, εἰρημέ-
Agreement, ὁμολογία, *f.* ὁμοφροσύνη, *f.* ὁμόνοια, *f.* συνημοσύνη, *f.*: (*a compact*) συνθήκη, *f.* συναλλαγὴ, *f.* ὁμολογία, *f.* σύνθημα, *n.* σύνθεσις, *f.*
Agricultural, γεωργικὸς
Agriculture, γεωργία, *f.*
Agriculturist, γεωργὸς, *m.* ἀγρότης, *m.*
Aground,—(*act.* & *intrans.*) to run aground, bring to shore, ἐπικέλλω, ὀκέλλω, ἐποκέλλω, ἐξοκέλλω

Ague, ἠπίαλος, m. πυρετός, m. ψυχμός, m.
Ah! ἆ, ἆ, or ἀᾶ
Ahead, adv. ἔμπροσθεν, πέραν: to be ahead, προλαμβάνω
Aid, βοηθεία, f. ἐπωφέλημα, n. ἐπικούρημα, n. ἀλκή, f. ἐπικουρία, f.
Aid, v. βοηθέω, ἐπικουρέω, ὑπηρετέω, παρίσταμαι, ἐπωφελέω, ὑπουργέω: to come to the aid of, προσβοηθέω, προσαμύνω, παραβοηθέω [κουρος
Aidant, Aiding, βοηθός, βοηθόος, ἐπί-
Aide-de-camp, ὑπηρέτης, m. συμφορεύς, m.
Aider, ὑπηρέτης, m. ἀμύντωρ, m.
Ail, v. νοσέω, ἀσθενέω
Ailment, νόσος, f. ἀσθένεια, f.
Aim at, v. ὀρέγνυμι, τοξεύω, στοχάζομαι, ἐπέχω; (to try to obtain) μελετάω, διώκω, ἐπιβουλεύω, σπεύδω, περιέχομαι
Aim, (mark, guess) στόχος, m. στοχασμός, m.; (desire) βούλευμα, n.
Air, ἀήρ, c. αὔρα, f. αἰθήρ, c.: the open air, αἰθρία: to live in the open air, θυραυλέω, ἐνδιάω: moving in air, αἰθερόδρομος, διίπετής, ἀεροφόρητος
Air, v. διαψύχω, θερμαίνω
Airily, adv. (swiftly, gaily) προθύμως, ὀξέως, σφόδρα, τερπνῶς
Airing, περιπάτησις, f. ἡλίασις, f.
Airless, ἀνήνεμος
Airy, αἰθέριος, ἀέριος; (of a place) προσήλιος, εὔπνοος
Akin, ὁμογενής, συγγενής
Alabaster, ἀλάβαστρος, m.
Alacriously, adv. προθύμως, ἑτοίμως
Alacrity, προθυμία, f. ἑτοιμότης, f.: with alacrity, ἑτοίμως, προθύμως
Alarm, φόβος, m. κατάπληξις, f.
Alarm, v. ἐκπλήσσω, καταπλήσσω, ταράσσω, πτοέω: to be alarmed, πτοέομαι, περιφοβέομαι, θαμβέω, καταπλήσσομαι
Alarming, ἐκπληκτικός
Alas, interj. φεῦ, αἷ, αἰαῖ, οἴ, οἴμοι, ἰώ
Albeit, adv. καίπερ, εἰ καί, περ [n.
Alcove, οἴκημα, n. σκηνή, f. σκιάδιον,
Alder, κλήθρα, f.
Alderman, φυλάρχης, m. πρέσβυς, m.
Ale, ζῦθος, m. οἶνος κρίθινος, βρύτον, n. βρύτος, m.
Alehouse, καπηλεῖον, n.
Alert, φυλακτικός, πρόθυμος, ἑτοῖμος
Alertly, adv. ἑτοίμως, προθύμως
Alertness, ἑτοιμότης, f. προθυμία, f.
Aletude, λιπαρότης, f. [τήρησις, f.

Alexipharmic, Alexiteric, ἀλεξιφάρ-
Algid, κρυερός, κρυόεις [μακος
Algidity, ψύχος, n. ῥῖγος, n. κρύος, n.
Alias, adv. ἄλλοτε, ἄλλως, ἄλλῃ, ἀλλοτρόπως
Alibi, adv. ἄλλῃ, ἀλλαχοῦ, ἄλλοθι
Alible, τρόφιμος, σιτικός [ξένικος
Alien, ἀλλότριος, ἐξωτερικός, ξένος,
Alien, subst. μέτοικος, c. ξένος, m.
Alienable, χωριστός
Alienate, v. ἀλλοτριόω, ἀπαλλοτριόω: alienated, part. ἀλλοτριούμενος
Alienation, ἀλλοτρίωσις, f. ἀπαλλοτρίωσις, f. ἀλλοτριότης, f.
Alight, v. καταβαίνω, ἐκβαίνω
Alike, ὅμοιος, προσόμοιος, ἐναλίγκιος, εἴκελος, κατείκαστος, ἴσος, σύμμετρος
Alike, adv. ὁμοίως, ἴσον, προσομοίως
Aliment, τροφή, f. βρῶμα, n. βόσκημα, n.
Alimental, τρόφιμος
Alimentary, τρόφιμος, τροφώδης
Alimonious, τρόφιμος
Alive, ζωός, ἔμψυχος, ἔμπνοος
All, πᾶς, ἅπας, σύμπας, ὅλος: in all ways, πανταχῇ: not at all, οὐδαμῶς, μηδαμῶς [κοιμάω
Allay, v. παύω, κατέχω, κουφίζω,
Allectation, ἐπαγωγή, f. πειρασμός, m.
Allegation, φάσις, f. διαβολή, f. ἀπολογία, f. αἰτία, f.
Allege, v. προφέρω, προτείνω, προβάλλω, ὑπέχω, προέχομαι, ὑποφέρω
Allegiance, πειθαρχία, f. πίστις, f. πιστότης, f. [πιστός, εὔορκος
Allegiant, πειθαρχος, πειθαρχικός,
Allegorical, Allegoric, ἀλληγορικός, μυθώδης
Allegory, ἀλληγορία, f. μῦθος, m.
Alleviate, v. κουφίζω, ἐπικουφίζω
Alleviation, ἀνακούφισις, f. κούφισις, f. κούφισμα, n.
Alley, στένωπος, f. λαύρα, f.
Alliance, κοινωνία, f. σπονδή, f. συμμαχία, f. ὁμαιχμία, f.: to make an alliance, σπονδοποιέομαι, συνόμνυμι, συμμαχίαν ποιέομαι: to break an alliance, συμμαχίαν διαλύειν: in alliance, ἔνσπονδος: of alliance, συμμαχικός [κός
Allied, σύμμαχος, συμμαχίς, ἐπικουρι-
Alligation, ἐπίδεσμος, m. πρόσθεσις, f.
Alligator, κροκόδειλος, m.
Allocation, ἐπίθεσις, f. πρόσθεσις, f.
Allocution, προσαγόρευσις, f.
Allodial, Allodian, ἐλεύθερος, αὐτόνομος
Allonge, (in fencing) πληγή, f.

ALL

Allot, v. κληρόω, κληροδοτέω, νέμω, κατανέμω, μερίζω: to have allotted to, κληρουχέω
Allotment, κλήρωσις, f. κληρουχία, f.: (*lot, portion allotted*) κλῆρος, m. λῆξις, f. κληρούχημα, n.
Allow, v. (*permit*) ἐάω, περιοράω, ἐπιτρέπω: (*confess*) ὁμολογέω: it is allowed, impers. παρέχει, ἔξεστι, ἐκγίγνεται   [νόμιμος
Allowable, θεμιστός, ἔννομος, δίκαιος,
Allowance, (*quantity allotted for any use, quota*) μέτρημα, n. σιτομέτριον, n.: (*sanction*) κύρωσις, f.: (*licence*) ἐξουσία, f.
Allowed, ἔννομος, δίκαιος
Alloy, κιβδηλία, f. κιβδηλίς, f.
Alloy, v. κιβδηλεύω
Alloyed, κίβδηλος
Allude, v. ἀναφέρω, προσάγω, ὑποσημαίνω, σημαίνω, ἀποσημαίνω, αἰνίσσομαι
Alluminate, v. κοσμέω, ἐπικοσμέω
Allure, v. ἐπάγω, ἐφέλκομαι, θέλγω, δελεάζω, κηλέω, ψυχαγωγέω
Allurement, δέλεαρ, n. δελέασμα, n. θελκτήριον, n. θέλκτρον, n. φίλτρον, n.: an alluring, ἐπαγωγή, f. ψυχαγωγία, f.   [ἀγωγός, ἐφολκός
Alluring, ἐπαγωγός, ἐπαγωγικός, προσ-
Alluringly, adv. ἐπαγωγικῶς
Allusion, ἀναφορά, f.   [ἀναφορικός
Allusive, σημαντικός, σημειωτικός,
Ally, σύμμαχος, m. ἐπικουρός, m. κοινωνός, m. συνασπιστής, m.: to be an ally, συμμάχομαι, ἐπικουρέω, συμπράσσω: an allied force, ἐπικουρία, f. συμμαχία, f.
Almanac, ἡμερολόγιον, n. ἐφήμερις, f.
Almighty, παγκρατής, παμβίας, πανεργέτης
Almond, ἀμύγδαλον, n. ἀμυγδάλη, f.: almond-tree, ἀμύγδαλος, f. ἀμυγδαλέα, f.: of almonds, ἀμυγδάλινος
Almost, adv. σχεδόν, ὀλίγου, μόνον
Alms, ἐλεημοσύνη, f.   [οὐ
Almshouse, πτωχοτροφεῖον, n.
Aloe, ἀλόη, f.   [ἄνωθι, ὑψοῦ, ὑψόθι
Aloft, ὑψηλός, μετέωρος: adv. ἄνω,
Alogy, ἀλογία, f. ἀγνωμοσύνη, f. ἀφροσύνη, f.
Alone, μόνος, οἶος, μονάς, καθ' αὑτόν· adv. οἰόθεν, μόνον, μόνως
Along, adv. παρά
Alongside, adv. παρά
Aloof, adv. χωρίς, ἀπάνευθε, διαστάδον: to stand aloof, ἀφίσταμαι, ἀποστατέω, ἐξίσταμαι

AMA

Alopecy, ἀλωπεκία, f. ἀλωπεκίασις, f.
Aloud, adv. μακρόν, μακρά, ὄρθιον
Alphabet, τὰ γράμματα
Alphabetical, κατὰ τάξιν
Already, adv. ἤδη, δή, πάλαι
Also, adv. καί, καὶ δέ, ἔτι, τε ὁμοίως, ὡσαύτως
Altar, βωμός, m. θυμέλη, f. θυσιαστήριον, n.: of, at or on the altar, βώμιος, ἐπιβώμιος: having the same altar, ὁμοβώμιος: before the altar, προβώμιος: sacrifice offered at the altar, ἐπιβώμιον, n.
Alter, v. μεταλλάσσω, παραλλάσσω, ἀλλάσσω, ἀλλοιόω, ἑτεροιόω, μετακινέω, μετασκευάζω, μετατίθημι, μεταβάλλω, τρέπω, μεταφέρω: to alter a writing, μεταγράφω: to be altered, τρέπομαι, μεταπίπτω, μεθίσταμαι: to alter one's mind, μεταγιγνώσκω, ἀπογιγνώσκω, μεταβουλεύω, ἐξίσταμαι
Alterable, μετάβολος, μεταβολικός, μετακινητός, μεταλλακτός, ἀλλοιωτικός, ἀλλοιωτός
Alteration, μεταβολή, f. μετάστασις, f. μετάθεσις, f. ἀλλοίωσις, f. ἑτεροίωσις, f.   [ζομαι
Altercate, v. νεικέω, ἐρίζω, διαδικά-
Altercation, ἀντιλογία, f. νεῖκος, n. ἔρις, f.
Alternate, v. ἀμείβω, ἀμείβομαι, ἐπαμείβω, παραλλάσσω, ἐπαμφοτερίζω
Alternate, ἀμοιβαῖος, ἐπημοιβός
Alternately, adv. ἀμοιβαδίς, ἐναλλάξ, παραλλάξ, ἐναλλάγδην, πρὸς μέρος
Alternation, παράλλαξις, f. ἀμοιβή, f.
Alternative, no alternative, μηδὲν ἄλλο πλὴν ὅτι: two balancing weights or alternatives, δύο ῥοπαί
Although, adv. καίπερ, εἰ καί, περ, ὅμως, καὶ ἄν, contr. κἄν   [λός
Altisonant, ὑψηχής, κελαδεινός, ὑψη-
Altitude, ὕψος, m. ὑψηλότης, f.
Altogether, adv. παντελῶς, πάνυ, παράπαν, πάντως, ὅλως, ἔμπας, πανταχῆ, ἐπίπαν
Alum, στυπτηρία f.
Aluminous, στυπτηριώδης
Always, adv. ἀεί, αἰεί, εἰσαεί, ἑκάστοτε,
Am, εἰμί. See Be   [ἐν παντὶ χρόνῳ
Amability, χαριεντισμός, m. ἐρατύς, f. εὐτραπηλία, f.   [ὡμῶς
Amain, adv. δεινῶς, σφόδρα, ἀγρίως,
Amalgamate, v. κεράννυμι, συγκεράννυμι, συγχωνεύω
Amand, v. ἀποπέμπω, ἀποστέλλω [f.
Amandation, ἀποπομπή, f. ἀπόπεμψις.

AMA

Amaranth, ἀμάραντος, m.
Amaranthine, ἀμάραντος, ἀμαράντινος
Amaritude, πικρία, f. πικρότης, f.
Amass, v. ἀθροίζω, συγχώννυμι, συμφέρω, συλλέγω, συνάγω, ἀγείρω, συμβάλλω
Amassment, σωρὸς, m. σώρευμα, n. ἄθροισμα, n. θωϋδς, m. σύγχωμα, n.
Amateur, φίλος, m.
Amatory, ἐρωτικὸς
Amaurosis, ἀμαύρωσις, f.
Amaze, ἔκπληξις, f. θάμβος, n.
Amaze, v. ἐκπλήσσω, καταπλήσσω, ἀτύζω: to be amazed, θαμβέω, θαυμάζω, ἀτύζομαι
Amazed, ἀπόπληκτος, καταπλὴξ
Amazement, θάμβος, n. ἔκπληξις, f.
Amazing, θαυμαστὸς, θαυμάσιος
Amazingly, adv. θαυμαστῶς
Amazon, ἀμάζων, f.
Ambassade, see Ambassage
Ambassador, πρεσβευτὴς, m. ἀπόστολος, m. πρεσβεὺς, m.: ambassador sent by the state to consult an oracle or to attend the games, θεωρὸς, m.: fellow-ambassador, συμπρεσβεὺς, m.: to be an ambassador, πρεσβεύω
Ambassadress, πρέσβειρα, f.
Ambassage, πρεσβεία, f. πρέσβευσις, f. ἀποστολὴ, f.
Amber, ἤλεκτρον, n. ἤλεκτρος, m.
Ambidexter, ἀμφιδέξιος, περιδέξιος
Ambidextrous, ἀμφιδέξιος, περιδέξιος, πανοῦργος   [ἑδρος
Ambient, περίβολος, περιαχθεὶς, πρόσ-
Ambifarious, ἀμφίλογος, ἀμφίβολος
Ambiguity, ἀμφιλογία, f. ἀμφιβολία, f.
Ambiguous, ἀμφίλογος, ἀμφίβολος, ἀμφίδοξος, δύσκριτος, ἀμφιδέξιος, ἀτέκμαρτος, ἄσημος, δισσὸς
Ambiguously, adv. ἀμφιβόλως, δυσκρίτως, ἀμφιδεξίως
Ambiguousness, ἀμφιβολία, f.
Ambit, περίοδος, f. περιβολὴ, f.
Ambition, φιλοτιμία, f. φιλοδοξία, f.
Ambitious, φιλότιμος, φιλόδοξος: to be ambitious, φιλοτιμέομαι   [ξως
Ambitiously, adv. φιλοτίμως, φιλοδό-
Amble, v. βάδην πορεύομαι, πλίσσομαι, βαδίζω
Ambrosia, ἀμβροσία, f.
Ambrosial, ἀμβρόσιος
Ambulation, πορεία, f. βάδισις, f.
Ambulatory, πορευτικὸς
Ambuscade, Ambuscado, Ambush, ἐνέδρα, f. λόχος, m.: to lie in ambuscade, ἐνεδρεύω, λοχάω, ἧμαι,

AMP

ὑποκαθίζομαι: to place in ambush, λοχίζω, εὐνάω, εὐνάζω
Ameliorate, v. βελτιόω, ἐπιδίδωμι
Amen, adv. ἀμὴν   [θυνος
Amenable, παραίτιος, ὑπαίτιος, ὑπεύ-
Amenance, τρόπος, m. ἐπιτήδευμα, n. ἦθος, n.   [θόω
Amend, v. ἀκέομαι, διορθόω, ἐπανορ-
Amendment, ἐπανόρθωσις, f.
Amends, ἀμοιβὴ, f. ἄποινα, n. pl.
Amenity, χάρις, f. εὐφροσύνη, f. τερπνότης, f.
Amerce, v. ζημιόω, τιμάω
Amercement, Amerciament, ζημία, f καταδίκη, f. τιμὴ, f. τίμημα, n.
Amethyst, ἀμέθυστος, f.
Amiable, ἐρατεινὸς, ἐρατὸς, ἐράσμιος φίλος, ἡδὺς, χαριεὶς, ἐραστὸς, ἀξιο φίλητος, προσφιλὴς
Amiableness, φιλοφροσύνη, f. χάρις, f
Amiably, adv. ἡδέως, ἐρασμίως
Amicable, φίλος, φιλικὸς, φιλόφρων, εὔνοος   [φιλοφροσύνη, f.
Amicableness, εὔνοια, f. φιλότης, f
Amicably, adv. προσφιλῶς, φιλίως φιλικῶς, φιλοφρόνως
Amid, Amidst, adv. ἐν, μετὰ, μεταξὺ
Amiss, adv. φλαύρως, κακῶς, φαύλως
Amission, στέρησις, f. ἄφεσις, f. ἀφαίρεσις, f. ζημία, f. βλάβη, f.
Amity, φιλία, f. φιλότης, f. φιλοφροσύνη, f.
Ammunition, παρασκευὴ, f.
Amnesty, ἄδεια, f. ἀμνηστία, f.
Amomum, ἄμωμον, n.
Among, Amongst, prep. ἐν, μετὰ, παρὰ, ἐπὶ, κατὰ
Amorist, Amoroso, ἐραστὴς, m.
Amorous, ἐρωτικὸς, ἑταιρεῖος, φίλερως
Amorously, adv. ἐρωτικῶς
Amorousness, φιλεραστία, f.
Amort, δύσθυμος, ἄθυμος, ἀμβλὺς
Amount, v. αὐξάνομαι, ἀλδαίνομαι: amount to, γίγνομαι, δύναμαι
Amount, δύναμις, f. ἀριθμὸς, m.
Amphibious, ἀμφίβιος
Amphibolous, ἀμφίβολος   [pl.
Amphictyons, The, Ἀμφικτύονες, m.
Amphisbæna, ἀμφίσβαινα, f.
Amphitheatre, ἀμφιθέατρον, n.
Ample, μέγας, εὐρὺς, πλατὺς, εὐμεγέθης, πολὺς   [εὐρύτης, f. ὕγκος, m.
Ampleness, μέγεθος, n. πλατύτης, f.
Ampliate, v. μεγαλύνω, μεγεθύνω, πλατύνω, αὐξάνω
Ampliation, αὔξησις, f. πλατυσμὸς, m.
Amplificate, v. πλατύνω, μεγεθύνω, αὐξάνω. μεγαλύνω

Amplification, αὔξησις, f. παραύξησις, f. [θύνω, μεγαλύνω
Amplify, v. αὐξάνω, πλατύνω, μεγε-
Amplitude, ὄγκος, m. μέγεθος, n. πλατύτης, f. [μεγαλωστὶ
Amply, adv. ἅλις, ἀφθόνως, δαψιλῶς,
Amputate, v. ἀποκόπτω, τέμνω, ἐκτέμνω, ἀποτέμνω, κολοβόω
Amputation, ἀποκοπή, f. ἀποτομή, f. τομή, f.
Amulet, περίαμμα, n. περίαπτον, n. ἀλεξητήριον, n. φυλακτήριον, n.
Amuse, v. τέρπω, εὐφραίνω [παιδιά, f.
Amusement, τέρψις, f. ἡδονή, f.
Amusing, ἡδύς, κομψός
Anachronism, ἀναχρονισμός, m.
Anagram, ἀνάγραμμα, n.
Analeptic, ἀναληπτικός [ὅμοιος
Analogous, ἀνάλογος, ἀναλογικὸς,
Analogy, ἀναλογία, f.
Analysis, ἀνάλυσις, f.
Analytic, Analytical, ἀναλυτικός
Analyze, v. ἀναλύω
Anarchy, ἀναρχία, f.
Anastrophe, ἀναστροφή, f.
Anathema, ἀνάθεμα, n.
Anathematize, v. ἀναθεματίζω
Anatomical, ἀνατομικός
Anatomy, ἀνατομή, f.
Ancestor, προπάτωρ, m. προγεννήτωρ, m. γενούστης, m.: ancestors, πρόγονοι, πατέρες, οἱ προγεγονότες, οἱ προγεγενημένοι [τρώιος, προγονικός
Ancestral, πάτριος, πατρῷος, πα-
Ancestry, γένος, n.
Anchor, ἄγκυρα, f. εὐναία, f.: at anchor, ἔφορμος
Anchor, v. (to bring to anchor, moor) ὁρμίζω, ἐφορμίζω, καθορμίζω, intrans. ὁρμέω, ἐφορμέω, ὁρμίζομαι, ἐφορμίζομαι: to cast anchor, ἄγκυραν βάλλειν, ἀφιέναι or καθιέναι: to weigh anchor, ἄγκυραν αἴρεσθαι or αἴρειν: to ride at anchor, ἐπὶ ἀγκύρας ἀποσαλεύειν or ὁρμεῖν: to anchor near to, ὑφορμίζομαι, παρορμίζω
Anchorage, ὅρμος, m. ἀγκυροβόλιον, n. ναύσταθμον, n.: with good anchorage, ναύλοχος, εὔορμος: with bad anchorage, δύσορμος
Anchoret, ἀναχωρητής, m.
Anchoring, ὅρμισις, f. ἐφόρμησις, f.
Anchovy, ἀφύη, f. τριχίς, f.
Ancient, παλαιός, παλαίφατος, ὠγύγιος, ἀρχαῖος, πρεσβύς, γεραιός, παλαιγενής: the ancients, οἱ ἀρχαῖοι, οἱ πάλαι

Anciently, adv. πάλαι, ἀρχαίως, ἄνω-
And, conj. καὶ, δὲ, καὶ δὲ, ἠδὲ, τε [θεν
Anemone, ἀνεμώνη, f.
Anew, adv. αὖ, αὖθις
Angel, ἄγγελος, m.
Angelic, Angelical, ἀγγελικός
Anger, ὀργή, f. θυμός, m. χολή, f. χόλος, m. κότος, m. μῆνις, f. νέμεσις, f.: in anger, ὀργῇ, ἐξ ὀργῆς, πρὸς ὀργήν
Anger, v. ὀργίζω, παροξύνω, χολόω
Angle, γωνία, f. ὄγκος, m. (fishing-rod) καλαμίς, f.
Angle, v. ἰχθυάω, ἁλιεύω
Angler, ἁλιεύς, m. [ἁλιευτική, f.
Angling, ἀγκιστρεία, f. ἁλιεία, f.
Angrily, adv. ὀργίλως, χαλεπῶς, ἐπικότως: very angrily, ὑπερθύμως, περιθύμως
Angry, χαλεπός, ἐπίκοτος, κοτήεις, ζάκοτος, βαρύθυμος, βαρυμήνιος: very angry, περιοργής, ὑπέρκοτος, περίθυμος: not angry, ἀμήνιτος, ἄνοργος: to be angry, ὀργίζομαι, χαλεπαίνω, ἄχθομαι, χολόομαι, νεμεσάω, θυμαίνω, θυμόομαι, κοτέομαι, νεμεσίζομαι, χώομαι, ὀχθέω, ὀδύσσομαι, ἀγανακτέω
Anguish, ὀδύνη, f. ἄχθος, n. λύπη, f. θλῖψις, f.: to be in anguish, ἀδημονέω, ἄχθομαι
Angular, γωνιώδης, ἐγγώνιος
Anhelation, ἄσθμα, n. [f. ἐνιπή, f.
Animadversion, μέμψις, f. ἐπιστροφή,
Animadvert, v. διανοέομαι, αἰσθάνομαι, ἐπιστρέφομαι, αἰτιάομαι, ψέγω, μέμφομαι
Animal, ζῶον, n. θρέμμα, n. ἑρπετὸν, n. ζῴδιον, n. ζωδάριον, n. βόσκημα,
Animal, ζωικός, ψυχικός [n.
Animate, v. θαρσύνω, ἐπιθαρσύνω, ὀρνύω, ἐμψυχόω, παροξύνω [κὸς, ζωὸς
Animate, Animated, ἔμψυχος, ψυχι-
Animating, παρακλητικός, ζωοφόρος
Animation, ἐμψύχωσις, f. ψύχωσις, f. παράκλησις, f. [νεια, f. κακόνοια, f.
Animosity, ἔχθρα, f. μῖσος, n. δυσμέ-
Anise, ἄνηθον, n.
Ankle, σφυρόν, n. ἀστράγαλος, m.: with beautiful ankles, καλλίσφυρος, λευκόσφυρος, εὔσφυρος
Annalist, χρονογράφος, m.
Annals, τὰ χρονικά, οἱ λόγοι
Anneal, v. φαρμάσσω
Annex, v. προσποιέω, περιάπτω, ἐξαρτάω, καταζεύγνυμι, προστίθημι: annex in writing, ὑπογράφω
Annexation, παράθεσις, f. πρόσθεσις, f.

Annihilate, v. ἐξαλείφω, ἐξαφανίζω, ὄλλυμι, ἀναιρέω
Annihilation, ἀφάνεια, f. ἀναίρεσις, f. ἐξώλεια, f. ἀνάστασις, f.
Anniversary, s. ἐνιαύσιος ἑορτή: adj. (annual) ἐνιαύσιος [μειόω
Annotate, v. παρασημαίνω, παρασημαίνω
Annotation, παραγραφή, f. ἐπισημείωσις, f. παρασημασία, f. παρασημεῖον, n. σχόλιον, n.
Annotator, σχολιαστής, m.
Announce, v. ἀγγέλλω, ἀπαγγέλλω, εἰσαγγέλλω, προσαγγέλλω, ἐξαγγέλλω, διαγγέλλω, κηρύσσω, εἶπον, ἐξεῖπον, λέγω, ἀναγορεύω: to announce beforehand, προεῖπον, προαγορεύω, προλέγω: announce besides, προσανεῖπον, προσαπαγγέλλω
Annoy, v. λυπέω, βαρύνω, δάκνω, κηδέω, ἐνοχλέω, λυμαίνομαι: to be annoyed, δυσχεραίνω, δυσχερῶς ἔχω, βαρέως φέρω or ἔχω
Annoyance, ὄχλος, m. ὄχλησις, f. ἀχθηδών, f. δυσχέρεια, f. [ἀηδής
Annoying, βαρύς, λυπηρός, ἀχθεινός,
Annual, ἐτήσιος, ἐνιαύσιος, ἐπέτειος,
Annually, adv. κατ᾽ ἔτος [ἔτειος
Annul, v. λύω, καταλύω, καθαιρέω, ἐξαλείφω, ἀναιρέω, ἀφαιρέω, ἄκυρον ποιέω
Annular, δακτύλιος [ρον ποιέω
Annumerate, v. προσαριθμέω
Annumeration, προσαρίθμησις, f.
Annunciate, v. προσαγγέλλω, ἐξαγγέλλω, λέγω
Annunciation, προσαγγελία, f.
Anodyne, νωδυνία, f. ἀνώδυνον, n.
Anodyne, ἀνώδυνος, νώδυνος
Anoint, v. ἀλείφω, χρίω, ἐναλείφω, ἐπαλείφω, ὑποχρίω: to anoint oneself, σμάομαι: anoint with oil, ἐλαιόω [λιπαρός, κατάλειπτος
Anointed, χριστός, ἐπικεχρισμένος,
Anointing, ἄλειψις, f. κατάχρισις, f. χρίσις, f.: who anoints, ἀλείπτης, m. ἀλειπτρία, f. [f.
Anomalism, ἀνωμαλία, f. ἀνωμαλότης,
Anomalous, ἀνώμαλος [f.
Anomaly, ἀνωμαλία, f. ἀνωμαλότης,
Anon, adv. εὐθύς, ἐξαίφνης, αὐτίκα
Anonymous, ἀδέσποτος, ἀνώνυμος
Another, ἄλλος, ἕτερος: one another, ἀλλήλων: of or belonging to another, ἀλλότριος: in another place, elsewhere, ἄλλῃ, ἀλλαχῇ, ἄλλοθι: to another place, ἄλλοσε, ἄλλην: at another time, ἄλλοτε: from another place, ἄλλοθεν
Answer, v. ἀμείβομαι, ἀπαμείβομαι, ὑποκρίνομαι, ἀντεῖπον, ἀποκρίνομαι, ὑπολαμβάνω, ἀνταγορεύω: to write in answer, ἀντεπιστέλλω, ἀντιγράφω: answer as an oracle, χράω, ἀναιρέω: to give an answer after deliberation, χρηματίζω
Answer, ἀπόκρισις, f. ὑπόκρισις, f. ἀμοιβή, f.: answer of an oracle, χρησμός, m.: answer in writing, ἀντιγραφή, f.
Answerable, (accountable) ὑπεύθυνος, ὑπέγγυος; (suitable, proportionate) ἀκόλουθος
Answering to, ἀντίφωνος, ἀντῳδός
Ant, μύρμηξ, m.
Ant-hill, μυρμηκία, f. [παλος, m.
Antagonist, ἀνταγωνιστής, m. ἀντίπαλος
Antarctic, ἀνταρκτικός
Antecedent, προγεγενημένος, προηγούμενος, προειργασμένος
Antecedently, adv. πρότερον, προηγουμένως [ρον, n.
Antechamber, προκοίτιον, n. ἀμφίθυρον
Antediluvian, ὠγύγιος [λίς, f.
Antelope, δορκάς, f. δορκή, f. βουβαλίς
Antemeridian, προμεσημβρινός
Antemundane, προκόσμιος
Antepast, πρόγευμα, n. πρόληψις, f.
Anterior, πρότερος, πρόχρονος [f.
Anteriority, προτέρημα, n. προτέρησις,
Anthem, ψαλμός, m. ὕμνος, m.
Anthology, ἀνθολογία, f.
Anthropophagi, ἀνθρωποφάγοι, m. pl.
Antic, γελωτοποιός, γελοῖος
Antic, μῖμος, m. μιμητής, m. γελωτοποιός, m. πίθηκος, m.
Anticipate, v. (to take or get before another, be beforehand with, outstrip) προλαμβάνω, φθάνω, προφθάνω, ὑποφθάνω, προκαταλαμβάνω; (to anticipate or prevent, as an attack) προκαταλαμβάνω; (to know or enjoy beforehand) προλαμβάνω, προλάζυμαι [ληψις, f.
Anticipation, πρόληψις, f. προκατάληψις
Anticly, adv. γελοίως, μιμητικῶς
Antidotal, ἀλεξιφάρμακος
Antidote, ἀντίδοτον, n. ἀντίδοτος, f. ἀντιφάρμακον, n. ἀλεξιφάρμακον, n.
Antimony, στίμμι, n. στίβι, n.
Antipathetical, ἀντιπαθής
Antipathy, ἀντιπάθεια, f. ἐναντιότης, f.
Antiphrasis, ἀντίφρασις, f.
Antipodes, ἀντίποδες, m. pl. [m.
Antiquarian, Antiquary, ἀρχαιολόγος,
Antiquate, v. παλαιόω, ἄκυρον ποιέω
Antique, ἀρχαῖος, παλαιός
Antiquity, ἀρχαιότης, f. παλαιότης, f.

ANT ... APP

στροφή, f.
:σις, f. ἀντίθετον, n.
:θετικός, ἀντίθετος
τον, n.
Γονομασία, f.

f. μερίμνα, f. μελέ-
σύννοια, f. ἀγωνία, f.
s, μέρμερος, σύννοος :
προθυμέομαι, με-
ζω, μερμηρίζω
τὶ : any one who,
ιg, ὁτιοῦν : any what-
σοῦν, ὁστισδήποτε :
τοῦν, πη, πῶς : any-
; πόθι : at any time,
πω
m.

, θοῶς, ὦκα
νόσφι, χωρὶς, ἄτερ,
αὐτόν, ἰδίᾳ

ition is expressed by
ἀπολαμβάνω, to take
ημαι, to set apart;
) apart or to stand

ιρον, n. οἶκος, m.
ιτητήριον, n. δόμος,
: the inmost or
ment, μυχός, m.
s
f.
πίθων, m.

κός
f. διέξοδος, f. [m.
n. διέξοδος, f. πόρος,
ἄκρον, n.
μός, m. γνώμη, f.
, m. μελισσουργεῖον,
καθ' ἕκαστον [n.
, μιμητικός
ἄλυψις, f.
η, f.
:ρυφος
v. ἀποκρύφως
εικτικός, φανερός
, n.
ιν, m. Φοῖβος, m.
ίας, m. : of Apollo,
Ιύθιος, Πυθιὰς : the
in honor of Apollo,
: the Temple of
ώνιον, n.
λογητικός

Apologize, v. ἀπολογέομαι, παραιτέο-
Apologue, ἀπόλογος, m.   [μαι
Apology, ἀπολογία, f. παραίτησις, f.
Apophthegm, ἀπόφθεγμα, n.
Apoplectic, ἀποπληκτικός
Apoplexy, ἀποπληξία, f.
Apostasy, ἀπόστασις, f.   [m.
Apostate, ἀποστάτης, m. ἀποστατήρ,
Apostate, adj. ἀποστάς, ἀφεστώς
Apostatize, v. ἀποστατέω, ἀφίσταμαι
Apostle, ἀπόστολος, m.
Apostolic, ἀποστολικός
Apostrophe, ἀποστροφή, f.
Apothecary, φαρμακοπώλης, m.
Apothegm, see Apophthegm
Apotheosis, ἀποθέωσις, f.
Apozem, ἀπόζεμα, n.
Appal, v. ἐκπλήσσω, ταράσσω
Apparatus, κατασκευή, f. παρασκευή, f. ἀφορμή, f.
Apparel, ἐσθής, f. ἔσθημα, n. ἔσθος, n. ἱμάτιον, n.   [ἱματίζω
Apparel, v. ἔννυμι, ἀμφιέννυμι, ἐσθέω,
Apparent, δῆλος, κατάδηλος, φανερός, ἐμφανής : it is apparent, δοκεῖ, δῆ-
λον ἐστί   [δηλονότι, ὡς ἔοικε
Apparently, adv. ὡς δοκεῖ, ὡς ἐδόκει.
Apparition, φάσμα, n. φάντασμα, n. ὄψις, f.
Appeach, v. αἰτιάομαι, ἐγκαλέω, ἐπαιτιάομαι, μέμφομαι, ὀνειδίζω, κατηγορέω   [f. αἰτίασις, f.
Appeachment, ἔγκλημα, n. κατηγορία,
Appeal, ἔφεσις, f. παράκλησις, f.
Appeal, v. ἀνακαλέω, ἐπικαλέω ; (in law) ἐφίημι δίκην εἰς
Appear, v. φαίνομαι, ἐπιφαίνομαι, διαφαίνομαι, ἀναφαίνομαι, προφαίνομαι, καταφαίνομαι, φάω, δοκέω : it appears that, δῆλον ἐστὶ ὅτι
Appearance, (the act of coming into sight) ἐπιφάνεια, f. ; (outward look or appearance) φαντασία, f. ὄψις, f. εἶδος, n. μορφή, f. σχῆμα, n. ; (apparition, image) φάντασμα, n. φάσμα, n. ὄψις, f. ; (semblance, not reality) ἐπίφασις : (good appearance) εὐπρέπεια, f.
Appease, v. ἱλάσκομαι, ἀρέσκω, πεπαίνω, θέλγω, καταπραΰνω, μαλάσσω, πείθω, μειλίσσω
Appeasing, θελκτήριος, ἄχολος, μειλίχιος, ἱλάσιμος
Appeasing, κατάστασις, f. ἱλασμός, m.
Appellant, ἐπικλητήρ, m. ἐκκλήτωρ, m.
Appellation, ὄνομα, n. ἐπίκλησις, f.
Append, v. προσαρτάω, προστίθημι, προσκρεμάννυμι, προσάπτω

Appendage, ἐφόλκιον, n. ἐφολκίς, f. προσάρτημα, n.
Appended, πρόσθετος, ἐκκρεμής
Appending, προσάρτησις, f. [n.
Appendix, προσθήκη, f. παράγραμμα,
Appertain, v. προσήκω, ὑπάρχω, τείνω
Appertinent, προσήκων
Appetence, Appetency, ὄρεξις, f. ὁρμή, f. ἐπιθυμία, f.
Appetite, ὄρεξις, f. ὁρμή, f. ἐπιθυμία, f.
Applaud, v. κροτέω, ἀνακροτέω, θορυβέω, ἀναθορυβέω, ἐπισημαίνω
Applause, κρότος, m. θόρυβος, m.
Apple, μῆλον, n.
Apple-tree, μηλέα, f.: of apples or an apple-tree, μήλινος
Applicable, χρήσιμος, ἁρμόδιος, ἱκανός, ἐπικαίριος, ἐπιτήδειος [f.
Applicability, χρῆσις, f. ἐπιτηδειότης,
Applicably, adv. χρησίμως, ἐπιτηδείως, ἐπικαιρίως
Applicant, αἰτητής, m. ἱκέτης, m.
Application, (the act of applying) προσβολή, f. πρόσθεσις, f.; (diligence, zeal, pains) ἐπιμέλεια, f. σπουδή, f. προθυμία, f. προσεχεία, f.; (use) προσφορά, f.; (request) αἴτησις, f. ἱκετεία, f.
Apply, v. ἁρμόζω, ἐπιτίθημι, προσφέρω, μεταφέρω, προστίθημι, προσάπτω, προσαρμόζω; (of the mind) ἐπέχω, προσέχω; (make application for,) αἰτέω, ἐξαιτέω
Appoint, v. καθίστημι, τίθημι, προτίθημι, τάσσω, διατάσσω, ἀποτάσσω, διορίζω, ἀποδείκνυμι: to appoint any one to an office, ἐφίστημι, ὀνομαίνω, ἐπικληρόω: to be appointed, πρόκειμαι, πρόσκειμαι, διάκειμαι
Appointed, τεταγμένος, ἀποδεδειγμένος, διατεταγμένος, part.; ῥητός, τακτός, κύριος, ἀπότακτος, κληρω-
Appointment, κατάστασις, f. [τός
Apportion, v. κληρόω, νέμω, διανέμω, μερίζω [ἱκανός
Apposite, ἐπιτήδειος, εὐάρμοστος,
Appositely, ἐπιτηδείως, εὐαρμόστως
Appraise, v. ἀποτιμάομαι
Appraiser, τιμητής, m. λογιστής, m.
Appreciate, v. λογίζομαι, τιμάω, δοκιμάζω
Apprehend, v. (seize on, arrest) ἀπάγω, ἄγω; (apprehend in the mind, understand, comprehend) καταλαμβάνω, ὑπολαμβάνω; (to suspect that, fear) ὑποπτεύω
Apprehension, (seizure bringing to justice) ἀπαγωγή, f.; (comprehension, perception) νόησις, f. ἀντίληψις, f.; (fear) φόβος, m. δέος, n.
Apprehensive, ὕποπτος, περιδεής
Apprentice, πρωτόπειρος, m.
Apprize, v. ἀναδιδάσκω, εἰσαγγέλλω, ἐξαγγέλλω
Approach, v. πελάζω, πρόσειμι, ἔπειμι, πάρειμι, προσέρχομαι, προσβαίνω, προσάγω, ἱκέομαι, προσνίσσομαι, προσμίγνυμι, χρίμπτομαι, προσπελάζομαι, προσεγγίζω: to make to approach, πελάζω, προσπελάζω πιλνάω, ἐγχρίμπτω, ἐγγίζω
Approach, πάροδος, f. ἔφοδος, f. πρόσοδος, f. εἴσοδος, f. πρόσβασις, f. προσανάβασις, f. [τός
Approachable, εὔβατος, εἰσβατός, βα-
Approbation, ἔπαινος, m. αἶνος, m. συναίνεσις, f. ἐπαίνεσις, f.
Appropriate, v. νοσφίζομαι, σφετερίζομαι, ἐξιδιόομαι, ὑφαιρέομαι, οἰκειόομαι, ἰδιόομαι [μοστος
Appropriate, ἐπιτήδειος, ἱκανός, εὐάρ-
Appropriating, οἰκειωτικός
Appropriation, οἰκείωσις, f. σφετερισμός, m. ἰδιοποίησις, f.
Appropriator, σφετεριστής, m.
Approval, ἔπαινος, m. αἶνος, m. συναίνεσις, f.
Approve, v. ἐπαινέω, ἀποδέχομαι, αἰνέω, φιλέω, ἐνδέχομαι, δοκιμάζω, συνεῖπον: join in approving, συνεπαινέω, συναινέω
Approved, δόκιμος [m.
Approver, δοκιμαστής, m. ἐπαινετής,
Approximate, v. προσπελάζω, ἐγγίζω
Approximate, ἐγγύς [ἐγγισμός, m.
Approximation, ἐγγύτης, f.; προσ-
Appurtenance, προσθήκη, f.: appurtenances, τὰ προσήκοντα
Apricot, μῆλον Ἀρμηνιακόν, n.
Apron, προγαστρίδιον, n. [εὐθετῶς
Apropos, adv. εὐκαίρως, ἐπιτηδείως,
Apt, (fit, suited, quick at, qualified, clever) εὐφυὴς πρός, εὐάρμοστος πρός, ἐπιδέξιος, εὐμαθής; (ready for, prone to, inclined) προπετής, προνωπής, ῥοπικός
Aptitude, (fitness, qualification, disposition for) δεξιότης f. εὐφυΐα, f. ἱκανότης, f.; (tendency, proneness to) προπέτεια, f.
Aptly, adv. ἐπιτηδείως, εὐαρμόστως
Aptness, εὐφυΐα, f. ἱκανότης, f. εὐαρμοστία, f.; (quickness of apprehension) εὐμάθεια, f.
Aquatic, ἔνυδρος, ὑγροτροφικός

AQU

Aqueduct, ὀχετός, m. ἀμάρα, f. ἀγωγὸς ὕδατος, m. [δης, ὑδαλέος, ὑδαρής
Aqueous, ὑδάτινος, ὑδηλὸς, ὑδατώ-
Arabia, Ἀραβία, f.
Arabian, Ἄραψ, m. Ἀράβιος, m.: of an Arabian, Ἀραβικὸς: to speak Arabic, Ἀραβικὸς [bic, Ἀραβίζω
Arable, ἀρόσιμος, ἀροτήσιος
Arable land, ἄρουρα, f. ἄρωμα, n.
Arbiter, διαιτητὴς, m. κριτὴς, m. βραβεὺς, m.
Arbitrament, βουλὴ, f. γνώμη, f.
Arbitrarily, adv. δεσποτικῶς
Arbitrariness, δεσποτεία, f. δεσποσύνη, f. τυραννὶς, f. τυραννία, f.
Arbitrary, αὐτοκράτωρ, δεσπόσυνος, δεσποτικὸς, τυραννικὸς
Arbitrary power, αὐτοκράτεια, f.
Arbitrate, v. διαιτάω
Arbitration, δίαιτα, f.
Arbitrator, διαιτητὴς, m. κριτὴς, m.
Arbour, δενδρὼν, m.
Arbutus, κόμαρος, f.
Arcade, στοὰ, f.
Arch, ψαλὶς, f. τόξον, n. ἁψὶς, f.
Arch, v. (curve, bow) κυρτόω; (vault or arch over, καμαρόω; (arch the eyebrows) τοξοποιέω; (arch the neck) κυφαγωγέω
Arch, adj. ἐμμελὴς
Archaism, ἀρχαϊσμὸς, m.
Archangel, ἀρχάγγελος, m.
Archbishop, ἀρχιεπίσκοπος, m.
Archdeacon, ἀρχιδιάκονος, m.
Arched, κυρτὸς, καμαρωτὸς
Archer, τοξότης, m. τοξευτὴς, m. τοξευτὴρ, m. τοξοφόρος, m. τόξαρχος, m.: captain of archers, τόξαρχος, m.: archer on horseback, ἱπποτοξότης, m.
Archery, τοξοσύνη, f. τόξον, n. τοξικὴ, f.: skilled in archery, κλυτότοξος
Archetype, ἀρχέτυπον, n.
Architect, ἀρχιτέκτων, m. τεκτονάρχος, m. οἰκοδόμος, m.
Architective, ἀρχιτεκτονικὸς [μία, f.
Architecture, ἀρχιτεκτονία, f. οἰκοδο-
Architrave, ἐπιστύλιον, n.
Archives, τὰ ἀρχεῖα
Archprelate, ἀρχιερεὺς, m.
Arctic, ἀρκτικὸς [θυμία, f.
Ardency, Ardentness, σπουδὴ, f. προ-
Ardent, (fierce, fiery) μαλερὸς, φλεγυρὸς, διάπυρος; (eager, zealous) πρόθυμος
Ardently, adv. σφόδρα, προφρόνως
Ardour, προθυμία, f. ὁρμὴ, f. μένος. n. σφοδρότης, f.

ARM

Arduous, δυσχερὴς, ὑψηλὸς, χαλεπὸς
Area, προστασία, f. αὐλὴ, f. ἅλως, f. ἁλωὴ, f.
Arefaction, ξηρασμὸς, m. ξήρανσις, f.
Arena, ἀγὼν, m.
Arenaceous, Arenose, ψαμμαθώδης. ψαμμώδης, ἀμμώδης, ἀμαθώδης
Areopagite, Ἀρειοπαγίτης, m.
Areopagus, or hill of Ares, also the highest judicial court, which was held there, Ἄρειος πάγος, Ἄρεος πάγος, Ἄρειος ὄχθος
Argent, ἀργύρεος, ἀργυροειδὴς
Argil, ἄργιλλος, f.
Argillaceous, ἀργιλλώδης
Argive, Ἀργεῖος
Argonaut, Ἀργοναύτης, m.
Argos, Ἄργος, n.
Argue, v. διαλέγομαι, διαλογίζομαι, ἀμφισβητέω, ἀγωνίζομαι
Argument, λογισμὸς, m. πίστις, f. ἐνθύμημα, n.
Argumental, διαλεκτικὸς [μὸς, m.
Argumentation, διάλεξις, f. συλλογισ-
Argumentative, ἐνθυμηματικὸς, διαλεκτικὸς
Arid, ξηρὸς, ἄβροχος
Aridity, ξηρότης, f.
Aries, κριὸς, m.
Aright, adv. ὀρθῶς, ὀρθὰ, πανδίκως
Arise, v. ἀνίσταμαι, ἐπανίσταμαι, ὄρνυμαι, ἐγείρομαι; (of the sun, moon, or stars, of a river, of events, &c.) ἀνατέλλω, τέλλομαι; (of a report or conversation) ἐμπίπτω; (be born, spring) γίνομαι, φύομαι
Arisen, part. γεγονὼς
Aristocracy, ἀριστοκρατία, f.
Aristocratical, ἀριστοκρατικὸς: to have an aristocratical government, ἀριστοκρατέομαι
Arithmetic, οἱ λογισμοὶ, ἡ λογιστικὴ or ἀριθμητικὴ (viz. τεχνὴ), f.
Arithmetical, ἀριθμητικὸς, λογιστικὸς
Arithmetician, λογιστὴς, m. ἀριθμητὴς, m.
Arm, (from the elbow to the shoulder) βραχίων, m.; (from the elbow to the wrist) πῆχυς, m.; (the bent arm) ἀγκάλη, f. ἀγκαλὶς, f. ὠλένη, f.: to take or carry in one's arms, ἀγκάζομαι, ἀγκαλίζομαι
Arm, v. ὁπλίζω, ἐξοπλίζω, καθοπλίζω, θωρακίζω, θωρήσσω, στολίζω,
Armada, στόλος, m. [φράσσω
Armament, στόλος, m. ὅπλισμα, n.
Armed, ἔνοπλος, ἐνόπλιος, ὁπλοφόρος: well armed, εὔοπλος: fully armed, πάνοπλος: heavy armed,

ARM

ὁπλίτης: heavy armed soldier, ὁπλίτης, m. ὁπλιτοπάλης, m.: belonging to a heavy armed soldier, ὁπλιτικὸς: a leader of heavy armed troops, ὁπλιταγωγὸς, m.: a combat of heavy armed troops, ὁπλιτεία, f.: to serve as a man-at-arms, ὁπλιτεύω, ὁπλομαχέω: a heavy armed force, τὰ ὅπλα, τὸ ὁπλιτικὸν, n.: light armed soldier, ψιλὸς, m. γυμνὴς, m. γυμνήτης, m.: belonging to a light armed soldier, γυμνητικὸς: light armed force, γυμνητία, f. [καθόπλισις, f.

Arming, ὅπλισις, f. ὁπλισμὸς, m.

Armistice, ἀνοχὴ, f. σπονδὴ, f. ἀνακωχὴ, f. ἐκεχειρία, f.: to make an armistice, σπονδὰς ποιέομαι

Armlet, ψέλλιον, n. περιβραχιόνιον, n.

Armour, Arms, ὅπλα, n. pl. ἔντεα, n. pl. τεύχεα, n. pl. ὅπλισις, f.: complete armour, πανοπλία, f. παντευχία, f.: to bear arms, ὁπλοφορέω

Armour-bearer, ὑπασπιστὴς, m. [ρέω

Armourer, ὁπλοποιὸς, m. ὁπλοφύλαξ, m. [θήκη, f. ὁπλοθήκη, f.

Armoury, ὁπλοφυλάκιον, n. σκευο-

Arm-pit, μασχαλὴ, f. μασχαλὶς, f. μάλη, f.

Army, στρατὸς, m. στρατία, f. στράτευμα, n. φάλαγξ, f. στόλος, m. στρατόπεδον, n.: a force for war, δύναμις, f.: with the whole army, (as adv.) πανστρατιᾷ, Ion. -τιῇ

Aromatic, Aromatical, ἀρωματικὸς, ἀρωματώδης

Around, prep. ἀμφὶ, περὶ; usually adv., also as prep. ἀμφὶς, πέριξ

Arouse, v. ὄρνυμι, ἐκκινέω, ἀνίστημι, ἐγείρω, ἀνεγείρω, ἐρεθίζω

Arow, adv. κατὰ τάξιν, ἐν τάξει

Aroynt, adv. ἄπαγε, ἔρρε

Arraign, v. αἰτιάομαι, ἐπικαλέομαι, κατηγορέω, διώκω, εἰσάγω δίκην

Arraignment, κατηγορία, f. ἔγκλημα, n. αἰτίασις, f. αἰτία, f.

Arrange, v. τάσσω, διατάσσω, συντάσσω, κοσμέω, διακοσμέω, διατίθημι, καθίστημι, ῥυθμίζω, στοιχίζω, συνίστημι

Arrangement, (arranging) τάξις, f. σύνταξις, f. θέσις, f. διάθεσις, f. κόσμησις, f.; (form, constitution of a thing, mode of arrangement) σύνταγμα, n. κατασκευή, f.

Arrant, ὅλος, ἄκρατος; it is also rendered by the superlative

Array, v. (put in order, as an army)

ART

τάσσω, διατάσσω, ἐκτάσσω, παρατάσσω, στέλλω, τίθημι εἰς τάξιν, κοσμέω; (dress, deck) κοσμέω, ἐνδύω, στέλλω: array against, ἀντιτάσσω, ἀντικαθίστημι: to be arrayed, ταξίδομαι, διατάσσομαι

Array, (order) τάξις, f. σύνταξις, f. παράταξις, f.: in battle array, παρατεταγμένος: (dress) στολὴ, f. ἐσθὴς, f. ἔσθημα, n. [χρέα

Arrears, λεῖμμα, n. ἔλλειμμα, n. τὰ

Arrest, v. συλλαμβάνω, ἐπιλαμβάνομαι, ἀπάγω [ἀπαγωγὴ, f.

Arrest, σύλληψις, f. κατάληψις, f.

Arriere, ὀπισθοφύλακες

Arrival, ἄφιξις, f. ἵξις, f. ἐπείσοδος, f.

Arrive, v. ἀφικνέομαι, ἐξικνέομαι, ἱκνέομαι, ἐπέρχομαι, διέρχομαι, ἐπιβαίνω, κιχάνω, παραγίγνομαι: to be arrived, ἥκω, προσήκω

Arrogance, ἀλαζονεία, f. ὑπερηφανία, f. αὐθάδεια, f. ἀτασθαλία, f. φρόνημα, n. μεγαλοφροσύνη, f. ἀναφύσημα, n.

Arrogant, ὑπερήφανος, ὑπερήνωρ, ἀλάζων, ὑπέραυχος, ἀτάσθαλος, ἀγήνωρ, ὑπερφίαλος: to be arrogant, ὑπεραυχέω, ἀναφυσάομαι, ὑπερηφανέω [λοφρόνως, ὑπερφιάλως

Arrogantly, adv. ὑπερηφάνως, μεγα-

Arrogate, v. προσποιέομαι, οἰκειδόομαι, σφετερίζομαι

Arrow, βέλος, n. τόξευμα, n. δϊστὸς, m. ἰὸς, m. ἰά, n. pl. κῆλον, n. ἄτρακτος, c.: to shoot arrows, τοξεύω

Arsenal, ἐπίνειον, n. νεώριον, n.

Arsenic, ἀρσενικὸν, n.

Art, τέχνη, f. παλάμη, f.: famous for art, κλυτοτέχνης: practising the same art, ὁμότεχνος: to make by

Artery, ἀρτηρία, f. [art, τεχνάω

Artful, τεχνικὸς, δόλιος, δολερὸς, δολοείς, κερδαλέος, ἀγκυλομήτης, ποικίλος, ποικιλόβουλος, ποικιλόμητις [ρῶς

Artfully, adv. δολίως, τεχνικῶς, δολε-

Artfulness, ποικιλία, f. δολοφροσύνη, f.

Arthritic, ἀρθριτικὸς [λυμος, c.

Artichoke, κυνάρα, f. κινάρα, f. σκό-

Article, (the article in grammar) ἄρθρον, n.; (vessel or implement of any kind) σκεῦος, n.; (clause of a law, &c., stipulation) σύγγραμμα, n.

Article, v. συγγράφω, διομολογέομαι

Articulate, μέροψ, ἀρθρώδης, τρανὸς

Articulate, v. ἀρθρόω, διαρθρόω

Articulation, (utterance) φωνὴ, f.

ART

ἐκφώνησις, f. (joint) σπόνδυλος, m. ἀστράγαλ⸱, m. ἄρθρον, n. ἅμμα, n. συμπλοκή, f.

Artifice, μηχανή, f. τέχνημα, n. σόφισμα, n. δόλος, m. κερδοσύνη, f. πολυκέρδεια, f.

Artificer, τεχνίτης, m. τέκτων, m. δημιουργός, m. ἐργάτης, m.

Artificial, τεχνικός, πλαστός, σκευαστός, τευκτός or τυκτός, χειροποίητος [νης, πλαστῶς

Artificially, adv. τεχνικῶς, διὰ τέχ-

Artisan, ἐργάτης, m. δημιουργός, m. χειροτέχνης, m. χειρῶναξ, m.

Artist, τεχνίτης, m. τέκτων, m.

Artless, ἄδολος, ἄκακος, εὐήθης, ἀφυής, ἁπλοός

Artlessly, adv. ἀδόλως, ἀκάκως, εὐήθως

Artlessness, ἁπλότης, f. εὐήθεια, f.

As, ὡς, ὥστε, ὅσπερ, ὡσεί, ὅπως, ὅπωσπερ, εὖτε, ἧυτε, κατά, καθάπερ, ᾗ, ἅπερ, οἷάπερ, ἅτε, οἷον, οἷα : as if, ὡσεί, ὥσπερεί : as far as, μέχρι : as many as, ὅσοι, ὅσοιπερ : as much as, τοσούτον ὅσον, κάθοσον : as long as, μέχρι οὗ, ἕως ἄν : as often as, ὁσάκις ἄν : as yet, μέχρι τοῦ νῦν : as usual, ὡς ἔχει : as quickly as possible, ὅτι τάχος

As, adj. οἷος, ὅσος

Asafœtida, σίλφιον, n.

Asbestos, ἄσβεστος, m.

Ascend, v. ἀναβαίνω, προσαναβαίνω, ὑπερβαίνω, προσβαίνω, ἀνέρχομαι, εἰσάνειμι [ἐξουσία, f.

Ascendancy, δύναμις, f. κῦρος, n.

Ascendant, ὕψος, n. ὑψηλότης, f.

Ascendant, ἐπικρατής, κρείττων, ἀνώτερος

Ascension, ἀνάβασις, f. ἐπίβασις, f.

Ascent, ἀνάβασις, f. ἐπίβασις, f. ἄνοδος, f.

Ascertain, v. ἀκριβόω, καταμανθάνω, εὑρίσκω, ἐκπυνθάνομαι : hard to ascertain, δυσεύρετος, ἀνεξεύρετος

Ascribe, v. ἐπιφέρω, ἀνατίθημι, καταλογίζομαι, ἐπιφημίζω

Ash, μελία, f. : mountain ash, ἡ μελία ἡ ὀρεινή

Ashamed, αἰσχυντηλός, αἰσχυντηρός : to be ashamed, αἰσχύνομαι, ἐπαισχύνομαι, αἰδέομαι, καταισχύνομαι : to be ashamed before, ὑπαισχύνομαι

Ashen, μέλινος, μείλινος, μελέϊνος

Ashes, κόνις, f. σποδός, f. τέφρα, f. σποδία, f. : to reduce to ashes, v. τεφρόω, ἀμαθύνω, ἀμαλδύνω : ash-coloured, σπόδιος, σποδοειδής,

ASS

τεφρός, τεφραῖος, ἔνσποδος : baked in ashes, σποδίτης

Ashore, ἀκταῖος, ἐπάκτιος, ἐπ' αἰγιαλῷ : to run ashore, ὀκέλλω, κέλλω,

Asia, Ἀσία, f. [ἐξοκέλλω

Asiatic, Ἀσιάς, αδος, f. adj. : of Asiatic descent, Ἀσιαγενής, Ἀσιατογενής

Aside, adv. (apart from) χωρὶς, νόσφι ; (to one side) ἀπό, ὑπό, ὕπαιθα ; ἀπό in composition, as ἀποβάλλω· to cast aside

Ask, v. ἐρωτάω, ἀνερωτάω, ἐπερωτάω, πυνθάνομαι, ἐρέω, ἐπείρομαι, ἐρεείνω ; (request, beg) αἰτέω, ἐξαιτέω, ἀπαιτέω ; (ask or request besides) ἐπαιτέω, προσαιτέω

Askance, adv. λοξὸν, παραβλήδην, ὑπόδρα : to look askance, παραβλέπω, παρεμβλέπω

Askew, adv. παραβλήδην, πλαγίως

Aslant, adv. λοξὸν, πλαγίως

Asleep, κοιταῖος, νύχιος, κάθυπνος

Asp, ἀσπίς, f.

Asp or Aspen tree, κερκίς, f.

Asparagus, ἀσπάραγος, m.

Aspect, ὄψις, f. πρόσοψις, f. εἶδος, n.

Aspen tree, see Asp

Asperate, v. τραχύ⸱⸱. πικραίνω, ὀξύνω

Asperity, τραχύτης, f. ὀξύτης, f. χαλεπότης, f.

Asperse, v. καταμέμφομαι, διαβάλλω

Aspersion, μέμψις, f. διαβολή, f. ὄνειδος, n. [asphalt, ἀσφαλτόω

Asphalt, ἄσφαλτος, f. : to cover with

Asphaltic, ἀσφαλτίτης, ἀσφαλτώδης

Asphodel, ἀσφόδελος, m.

Aspic, see Asp

Aspirate, v. δασύνω

Aspiration, (pronouncing with the aspirate) δασύτης, f. : (ardent desire) ζῆλος, m. [ἐφίεμαι

Aspire, v. φιλοτιμέομαι, ἐπιθυμέω,

Asquint, adv. παραβλήδην, λοξόν

Ass, ὄνος, c. : little ass, ὀνάριον, n. ὀνίδιον, n. ὀνίσκος, m. : little she ass, ὀνίσκη, f. : wild ass, ὄναγρος, m. : ass driver, ὀνηλάτης, m. : of or belonging to an ass, ὄνειος, ὀνικός

Assail, v. ἐπέρχομαι, ἐπίκειμαι, ἐπιχειρέω, ἐπιτρέχω, ἐπιπίπτω, ἐπιβάλλω, ἐπιφέρομαι

Assailable, ἐπίμαχος, ἐπίδρομος

Assassin, φονεύς, m. παλαμναῖος, m. σφαγεύς, m.

Assassinate, v. κατακτείνω, φονεύω, κτείνω : waylay, λοχάω

Assassination, σφαγή, f. φόνος, m.

Assault, *v.* ἐπιχειρέω, ὑβρίζω, αἰκίζω: to assault a city, πολιορκέω, τειχομαχέω

Assault, ἐμβολή, *f.* ἐπιβολή, *f.* ὕβρις, *f.* αἰκία, *f.* καταπολέμησις, *f.* πολιόρκησις, *f.*: assault of a city, τειχομαχία, *f.*

Assay, πεῖρα, *f.* ἀπόπειρα, *f.*

Assay, *v.* δοκιμάζω, πειράζω

Assayer, δοκιμαστής, *m.*

Assemblage, ἄθροισμα, *n.* ὅμιλος, *m.*

Assemble, *v.* συλλέγω, ἀγείρω, συναγείρω, συγκαλέω, ἀθροίζω, ἐκκλησιάζω; *intrans.* συναγείρομαι, συνέρχομαι, συνίσταμαι, προσρέω [τος

Assembled, ἀθρόος, ὁμηγερής, σύγκλη-

Assembling, (*bringing together*) ἄθροισις, *f.* συλλογή, *f.* σύλλεξις, *f.*; (*coming together*) σύνοδος, *f.*

Assembly, ἐκκλησία, *f.* ἀγορά, *f.* πανήγυρις, *f.* σύλλογος, *m.* ὁμήγυρις, *f.*: to hold an assembly, ἐκκλησιάζω, ποιεῖν συλλογήν

Assent, *v.* συγχωρέω, σύμφημι, συνεπαινέω, ὁμογνωμονέω, συγκατατίθεμαι: to nod assent, κατανεύω, ἐπινεύω [συγχώρησις, *f.*

Assent, συγκατάθεσις, *f.* ὁμολογία, *f.*

Assert, *v.* διαβεβαιόομαι, ἰσχυρίζομαι, διϊσχυρίζομαι, φημί

Assertion, φάσις, *f.* διαβεβαίωσις, *f.*

Assess, *v.* τάσσω, συντάσσω, συντιμάομαι [*f.*

Assessment, τάξις, *f.* τίμησις, *f.* τιμή,

Assessor, πάρεδρος: to be an assessor, παρεδρεύω [ζομαι, βεβαιόω

Asseverate, *v.* διαβεβαιόομαι, διϊσχυρί-

Asseveration, διαβεβαίωσις, *f.* βεβαίωσις, *f.*

Assiduity, σπουδή, *f.* ἐπιμέλεια, *f.*

Assiduous, φιλόπονος, ἐπιμελής, σπουδαστικός, ἀδιάλειπτος

Assiduously, *adv.* σπουδαίως, ἐνδελεχῶς, ἀδιαλείπτως

Assign, *v.* κατανέμω, διανέμω, προσνέμω, ἐπικληρόω, προστάσσω, μερίζω, καταμερίζω, διαμετρέω [ἀπονομή, *f.*

Assignation, καταμέρισις, *f.* διανομή, *f.*

Assignment, ἐπικλήρωσις, *f.* ἀπονέμησις, *f.* [ζω, προσεικάζω, ἐξεικάζω

Assimilate, *v.* ὁμοιόω, ἐξομοιόω, εἰκά-

Assimilation, ὁμοίωσις, *f.*

Assist, *v.* ἐπαρκέω, ὠφελέω, συλλαμβάνω, ὑπηρετέω, βοηθέω, ἐπιβοηθέω, ἐπικουρέω, ὀνίνημι, παραγίγνομαι, συμμαχέω, ἀλέξω, ἀρήγω, τιμωρέω, ἐπαρήγω, ἐπαμύνω: to go to assist, ἐκβοηθέω, προσβοηθέω:

to assist in return, ἀντιβοηθέω, ἀντεπικουρέω

Assistance, βοήθεια, *f.* ἐπικουρία, *f.* ὠφέλημα, *n.* ὠφέλεια, *f.* ἄρηξις, *f.*

Assistant, συμπράκτωρ, *m.* ἀμύντωρ *m.* συνεργάτης, *m.* συλλήπτωρ, *m.* βοηθός, *m.* ἐπίκουρος, *m.* σύμμαχος, *m.* [γος, ἐπίρροθος, βοηθόος

Assisting, ἐπίκουρος, ἀρωγός, σύνερ-

Assizes, συνέδριον, *n*: to hold assizes, δικάζω, κρίνω

Associate, *v.* συνοικίζω, συναλλάσσω, προσαιρέομαι, προστίθημι: to associate with, ὁμιλέω, προσομιλέω, προσέρχομαι, προσεταιρίζομαι, πλησιάζω [πάρεδρος, *m.*

Associate, ἑταῖρος, *m.* σύμμαχος, *m.*

Association, ἑταιρία, *f.* σύνοδος, *f.*

Assonance, συμφωνία, *f.* [κοσμέω

Assort, *v.* διατίθημι, διατάσσω, δια-

Assortment, συλλογή, *f.* σύνταξις, *f.* σύνταγμα, *n.*

Assuage, *v.* κουφίζω, πραΰνω, καταπραΰνω, ἡμερόω, παραθέλγω

Assuagement, κούφισις, *f.* ἡμέρωσις, *f.* κουφισμός, *m.*

Assuager, θελκτήρ, *m.* κουφιστής, *m.*

Assuasive, ἤπιος, μειλίχιος, πρᾶος, προσηνής [πος, *m.* ἔθος, *n.*

Assuetude, ἦθος, *n.* συνήθεια, *f.* τρό-

Assume, *v.* (*in argument*, &c.) ὑπολαμβάνω, ὑποτίθημι; (*in appearance*) ὑποδύομαι [ὑπερήφανος

Assuming, ὑπέρφρων, ὑπέρκομπος,

Assumption, πρόσληψις, *f.* ὑπόθεσις, *f.* λῆμμα, *n.*

Assurance, (*confidence*) πίστις, *f.*; (*certainty, firmness*) βεβαιότης, *f.*; (*security, pledge*) βεβαίωμα, *n.* πίστωμα, *n.* τὸ πιστόν, *n.* πίστις, *f.*; (*impudence, boldness*) θαρσαλεότης, *f.* τὸ θαρσαλέον, *n.* θρασύτης, *f.*

Assure, *v.* βεβαιόω, ἐπικυρόω, κυρόω, θαρσύνω: I am well assured, εὖ οἶδα [θῶς, ἦ μήν, δῆτα

Assuredly, *adv.* βεβαίως, σάφα, ἀλη-

Asterisk, ἀστερίσκος, *m.*

Astern, *adv.* πρύμνηθεν

Asthma, ἄσθμα, *n.* ὀρθόπνοια, *f.*

Asthmatic, ἀσθματικός, ὀρθόπνοος

Astonish, *v.* ἐκπλήσσω, καταπλήσσω

Astonished, ἀπόπληκτος, κατάπληξ: to be astonished, ἀτύζομαι, θαμβέω, θαυμάζω, ἄγαμαι

Astonishment, θάμβος, *n.* also *m.* θαῦμα, *n.* κατάπληξις, *f.* ἔκπληξις, *f.*

Astragal, (*a moulding in the capital of an Ionic column*) ἀστράγαλος, *m.*

AST

Astral, ἀστρικὸς, ἀστρῷος, ἀστερόεις, ἀστερωπὸς
Astray, adv. —ἐξ ὁδοῦ: to lead astray, πλάζω, πλανάω, παράγω: I go astray, πλάζομαι, πλανάομαι, ἁμαρτάνω τῆς ὁδοῦ
Astringent, στρυφνὸς, στυπτικὸς [m.
Astrologer, ἀστρόμαντις, ἀστρολόγος,
Astrology, ἀστρομαντεία, f. ἀστρομαντικὴ, f. [γος, m.
Astronomer, ἀστρονόμος, m. ἀστρολόγος,
Astronomical, ἀστρονομικὸς, ἀστρολογικὸς
Astronomy, ἀστρονομία, f. ἀστρολογία, f.: to study astronomy, ἀστρονομέω, ἀστρολογέω [ἀπονόσφι
Asunder, adv. χωρὶς, ἄνδιχα, δίχα,
Asylum, ἄσυλον, n. καταφυγὴ, f.
At, ἐπὶ, παρὰ, πρὸς, κατὰ, ὑπό: at noon, εἰς τὴν μεσημβρίαν: at what time, εἰς ὁπότε
Atheism, ἀθεότης, f. ἀθεΐα, f.
Atheist, ἄθεος, m. ἀρνησίθεος, m.
Atheistical, ἄθεος, ἀρνησίθεος
Athenian, Ἀθηναῖος, Ἀττικός: to side with the Athenians, ἀττικίζω
Athens, Ἀθῆναι, f. pl.: at Athens, Ἀθήνησι
Athirst, δίψιος, διψαλέος, πολυδίψιος
Athlete, ἀθλητὴς, m. ἀσκητὴς, m.
Athletic, ἀθλητικὸς, ἀσκητικὸς
Athwart, adv. ἐγκαρσίως
Atlas, Ἄτλας, m.
Atmosphere, ἀὴρ, c.
Atom, ἄτομος, f., pl. n.
Atone, v. λύω, ἀποτίνω, τίνω, ἀναμάσσω, καθαίρω, ἀφοσιόω
Atonement, (act of atoning) ἀφοσίωσις, f.; (an atonement) ἄποινα, n. pl. ἱλασμὸς, m. ποινὴ, f. τίσις, f. λύτρον, n. καθαρμὸς, m.
Atrabilious, μελαγχολικὸς
Atrocious, δεινός: (of people) κακοῦργος, πάγκακος
Atrociously, adv. ὠμῶς, παγκάκως
Atrocity, δεινότης, f. χαλεπότης, f. ὠμότης, f.
Atrophy, ἀτροφία, f.
Attach to, v. προσάπτω, προσποιέω: attach to oneself, (win or gain over, take to oneself, pretend to) προσποιέομαι; (devote oneself to, cling to) προσέχομαι, προσνέμω
Attached or devoted to, προσφυὴς
Attachment, προσκόλλησις, f. φιλία, f.
Attack, προσβολὴ, f. ὁρμὴ, f. ἐμβολὴ, f. ἐπιδρομὴ, f. ἔφοδος, f.; (by sea) ἐπίπλοος, m.

ATT

Attack, v. προσβάλλω, ἅπτομαι, ἐπέρχομαι, ἔγκειμαι, ἐπιφέρω, ἔπειμι, ἐπιβαίνω, προσφέρομαι, εἰσπίπτω, ἐπιμάχομαι: attack with words, ἐνίσσω, ἐνίπτω
Attacked, easy to be, εὐέφοδος, ἐπίδρομος: hard to be attacked, δυσπρόσοδος
Attain, v. τυγχάνω, ἐπιτυγχάνω, ἅπτομαι, ἐφάπτομαι, ἐφικνέομαι.
Attainable, ἁλωτὸς, εὐπρόσοιστος, προσληπτέος
Attainder, κατάκρισις, f. ἀτιμία, f. λώβη, f. ἀδοξία, f.
Attainment, (acquisition) τεῦξις, f. ἐπίτευξις, f. κτῆσις, f. πρόσκτησις, f.
Attaint, v. κατακρίνω, ἀποτιμάω
Attemper, Attemperate, μίγνυμι, κεράννυμι, πραΰνω, κατηπιάω
Attempt, v. πειράομαι, ἐπιχειρέω, ἐγχειρέω, ἐμβαίνω
Attempt, πεῖρα, f. πείρασις, f. ἀπόπειρα, f. ἐγχείρημα, n. ἐπιχείρημα, n.
Attend, v. (take notice of, pay attention to) προσέχω, ἀκροάομαι, ἐπέχω, συνίημι, ἐπιμελέομαι; (look after, take care of, pay regard to) κομέω, κομίζω, ἀμφιέπω, μετέρχομαι; (attend to advice) ὑπακούω; (accompany, escort) παραπέμπω, πέμπω; (attend as a physician) ὑπουργέω; (wait upon) θεραπεύω, ἀκολουθέω
Attendance, (waiting upon) ἀκολουθία, f. θεραπεία, f.; (medical attendance) ὑπουργία, f. (accompanying, convoying) παραπομπὴ, f.
Attendant, (one who attends or escorts) πομπὸς, m.; (companion, as an armour-bearer or esquire) ὁπαδὸς, m. ὀπάων, m.; (follower, servant) ἀκόλουθος, m. ἀμφίπολος, θεράπων, m. δοῦλος, m. ὑπηρέτης,
Attending on, ἀκόλουθος [m.
Attention, ἐπιμέλεια, f. μελέτη, f. ἐπιστροφὴ, f. σπουδὴ, f. προσοχὴ, f. προσέχεια, f.; (attention to, service) θεραπεία, f. θεράπευμα, n.
Attentive, προσεκτικὸς, ἐπιμελὴς, φιλήκοος, θεραπευτικὸς
Attentively, adv. προσεκτικῶς, ἐπιμελῶς, σπουδαίως
Attenuant, λεπτοντικὸς [ἰσχναίνω
Attenuate, v. λεπτύνω, καταλεπτύνω,
Attenuation, λέπτυνσις, f. [μαρτυρέω
Attest, v. ἐπιμαρτυρέω, μαρτυρέω, διαAttestation, μαρτυρία, f. ἐπιμαρτυρία, f. [κομψὸς
Attic, Ἀττικὸς, Ἀτθὶς, εὐπρεπὴς,

ATT

Attic dialect, Ἀτθὶς (γλῶσσα), f.
Attica, Ἀττική, f. Ἀτθὶς (γῆ), f.
Attire, ἐσθής, f. ἔνδυμα, n.
Attire, v. κοσμέω, ἀμφιέννυμι, ἐφέννυμι, στέλλω, ἐνδύω
Attitude, σχῆμα, n.
Attorney, συνήγορος, m. σύνδικος, m.
Attract, v. ἕλκω, ἐφέλκω, προσέλκω, προσάγομαι, ἐπισπάω
Attraction, ἕλξις, f. ἔφελξις, f. ὁλκή, f. ἐπίσπασις, f. [ἤγορος
Attractive, ἑλκτικός, ὁλκός, εὐπροσ-
Attribute, τὸ ἐνύπαρχον [ἐπιφέρω
Attribute, v. ἀνατίθημι, ἀναφέρω,
Attrition, τρίψις, f. πρόστριψις, f.
Attune, v. ἁρμόζω
Avail, ὄφελος, n. ὠφέλεια, f.
Avail, v. ὠφελέω, ἐπωφελέω, ἀρκέω, χραισμέω, ῥέζω, προέχω : to avail oneself of, ἀποχράομαι
Available, χρήσιμος, ἐπίκαιρος, ὠφέλιμος, συμφέρων
Avarice, πλεονεξία, f. φιλαργυρία, f. φιλοχρηματία, f. φιλοκέρδεια, f. αἰσχροκέρδεια, f.
Avaricious, φιλάργυρος, φιλοκερδής, πλεονεκτικός, φιλοχρήματος, αἰσχροκερδής : avaricious man, πλεονέκτης, m. : to be avaricious, πλεονεκτέω, φιλοκερδέω [λοχρημάτως
Avariciously, adv. πλεονεκτικῶς, φι-
Avaunt, interj. ἄπαγε, ἔρρε, ἄπερρε
Auburn, ξανθός
Auction, πρᾶσις, f. ἀποκήρυξις, f. : to put up to auction, ἀποκηρύσσω
Audacious, τολμηρός, τολμήεις, λεωργός, σχέτλιος, πάντολμος, θαρσαλέος [λέως, θρασέως
Audaciously, adv. τολμηρῶς, θαρσα-
Audacity, Audaciousness, τόλμη, f. θρασύτης, f. ἀναίδεια, f.
Audible, ἀκουστός, ἀκούσιμος, λιγυρός
Audience, (a hearkening, listening to) ἀκρόασις, f. (assembly) ἀκροατήριον, n.
Audit, εὔθυνα or εὐθύνη, f. λογισμός, m.
Audit, v. εὐθύνω, λογιστεύω, λογίζομαι
Auditor, ἀκροατὴς, m. ἀκουστής, m. : auditor of accounts, εὐθυντήρ, m. εὔθυνος, m. λογιστής, m.
Auditory, ἀκροατήριον, n.
Avenge, v. ἐκδικέω, ἐκδικάζω, τιμωρέω, τίνομαι, ἐκτίνομαι, ἐκπράσσω : to avenge oneself, ἀμύνομαι, ἐπέξειμι
Avenger, τιμωρός, m. ἀμύντωρ, m. ἔκδικος, m. ἐκδικητής, m. ἀλάστωρ, m. πράκτωρ, m.

AUS

Avenging, τιμωρός, δικηφόρος, πρόδικος : an avenging, τιμωρία, f. ἐκδίκησις, f.
Avenue, λαύρα, f.
Aver, v. φημί, βεβαιόω, διαβεβαιόομαι, ἰσχυρίζομαι
Average, τὸ μέσον
Averment, διαβεβαίωσις, f. λόγος, m.
Averse, ἀντικείμενος, ἀπότροπος, ἀέκων, ἄκων, ἀπρόθυμος : to be averse to, ἀποστρέφομαι, ἀποτρέπομαι
Aversion, μῖσος, n. ἔχθρα, f. ἔχθος, n. ἀπέχθεια, f.
Avert, v. ἀποτρέπω, ἀποστρέφω, εἴργω, ἀλέξω, ἀποπέμπομαι
Averted, ἀπότροπος, ἀπόστροφος
Averter, ἀποτροπιαστής, m.
Averting, ἀπότροπος, ἀποτρόπαιος, ἀλεξητήριος : averting evil, ἀλεξίκακος : an averting, ἀποτροπή, f.
Auger, τρύπανον, n. τέρετρον, n.
Aught, τὶ
Augment, v. αὐξάνω, ἐπαύξω, αὔξω, ἐπαυξάνω, μεγεθύνω, ἐπιτείνω [f.
Augmentation, αὔξησις, f. ἐπαύξησις,
Augur, οἰωνοσκόπος, m. οἰωνιστής, m. οἰωνοπόλος, m. οἰωνόμαντις, m.
Augur, v. οἰωνίζομαι, οἰωνοσκοπέω, μαντεύομαι
Augury, οἰωνός, m. ὄρνις, c. οἰώνισμα, n. οἰωνιστήριον, n. μαντεία, f. : the art of taking auguries, οἰωνιστική, f.
August, σεβάσμιος, σεμνός, σεβαστός, πότνια, fem.
August, (latter part of the month) Μεταγειτνιών, m.
Aviary, ὀρνιθών, m. ὀρνιθοκομεῖον, n.
Avidity, ἐπιθυμία, f. προθυμία, f.
Aunt, τηθίς, f. θεία, f.
Avocation, διατριβή, f. μελέτη, f. ἐπιτήδευμα, n.
Avoid, v. φεύγω, ἐκφεύγω, ἀφίσταμαι, ὑπεκτρέχω, ἀλύσκω, ὑπαλύσκω
Avouch, v. φημί, κατάφημι, βεβαιόω, ἰσχυρίζομαι
Avow, v. ὑφίσταμαι, βεβαιόω, καταβεβαιόομαι, κατάφημι, προσομολογέομαι
Avowal, ὁμολογία, f. βεβαίωσις, f. καταβεβαίωσις, f.
Aurelia, χρυσαλλίς, f. [μένος
Auricular, λαθραῖος, λάθρα λελεγ-
Auriferous, χρυσοφόρος
Aurora, ἠώς, f. ἕως, f.
Auspice, οἰωνός, m. οἰώνισμα, n.
Auspicious, αἴσιος, δεξιός, εὔφημος, εὔσημος, εὐδαίμων

Auspiciously, *adv.* εὐδαιμόνως, αἰσίως
Austere, αὐστηρὸς, στρυφνὸς [της, *f.*
Austerity, αὐστηρότης, *f.* στρυφνό-
Austral, νότιος, μεσημβρινὸς
Authentic, αὐθεντικὸς, ἀληθής
Authenticate, *v.* κυρόω
Authenticity, κῦρος, *n.* ἀλήθεια, *f.*
Author, (*writer of a book, &c.*) συγγραφεὺς, *m.* ποιητὴς, *m.* λογογράφος, *m.* (*perpetrator, originator*) αἴτιος, *m.* αὐτόχειρ, *m.* αὐθέντης, *m.* ἀρχηγὸς, *m.* ἀρχηγέτης, *m.*
Authorise, *v.* ἐξουσίαν δίδωμι, ἐξουσίαν παρέχω, ἐπιτρέπω
Authoritative, κύριος, δεσποτικὸς
Authority, ἀρχὴ, *f.* κῦρος, *n.* ἀξίωμα, *n.* ἐξουσία, *f.* κυριότης, *f.* τέλος, *n.* : having authority, κύριος, τέλειος, ἀρχικὸς ; οἱ ἐφεστηκότες
Autography, τὸ αὐτόγραφον
Automaton, αὐτόματον, *n.*
Automatous, αὐτόματος
Autumn, ὀπώρα, *f.* : late autumn, φθινόπωρον, *n.*
Autumnal, ὀπωρινὸς, φθινοπωρινὸς
Auxiliary, ἐπικουρικὸς, βοηθὸς, βοήθοος, ἐπίκουρος : *subst.* ἐπίκουρος, *m.* βοηθὸς, *m.* σύμμαχος, *m.* ἀλεξητήρ, *m.* : auxiliary force, ἐπικουρία, *f.* βοήθεια, *f.* συμμαχία, *f.*
Await, *v.* ἀναμένω, ὑπομένω, προσμένω, περιμένω, μένω, προσδέχομαι, δέχομαι
Awake, *v.* ἐγείρω, ἀνεγείρω, ἐξεγείρω, ὄρνυμι, ἀφυπνίζω, ἀνίστημι : to lie awake, ἀγρυπνέω : to be awake, watch, ἐγρήσσω
Awake, ἄυπνος, ἄγρυπνος, ἐγρηγορόων, ἐγρηγορικὸς
Awake, *adv.* ἐγρηγορτὶ
Awakening, ἐγερτικὸς : an awakening, ἔγερσις, *f.* ἀνάστασις, *f.*
Award, δίκη, *f.* κρίσις, *f.* κρίμα, *n.*
Award, *v.* ἐκδικάζω, ἐπικρίνω, τιμάω
Aware, προειδὼς
Away, *adv.* (*absent*) ἐκποδὼν : away from, (*w. gen.*) ἀπὸ, ἀμφὶς, ἄτερ, ἀπονόσφι ; (*begone*) ἴθι, ἔρρε, ἔξερρε, ἄπαγε
Away, *adj.* ἔκτοπος : to be away, ἄπειμι : to go away, ἄπειμι, ἀπέρχομαι
Awe, αἰδὼς, *f.* δέος, *n.* σέβας, *n.* θάμβος, *n. & m.* : to stand in awe, αἰδέομαι, σέβομαι, δείδω
Awful, αἰδοῖος, φοβερὸς, δεινὸς, αἰνὸς
Awfully, *adv.* αἰνῶς
Awfulness, δεινότης, *f.* αἰνότης, *f.* φοβερότης, *f.*
Awhile, *adv.* τέως

Awkward, σκαιὸς, ἄτεχνος, ἀγύμναστος [πέλως, ἀγυμνάστως
Awkwardly, *adv.* σκαιῶς, δυστραAwkwardness, σκαιότης, *f.*
Awl, ὄπεας, *n.* κεντήριον, *n.*
Awless, ἀθαμβὴς, ἄφοβος
Awn, ἀνθέριξ, *m.* ἀθήρ, *m.*
Awning, πέτασμα, *n.*
Awry, σκόλιος, πλάγιος, λοξὸς
Axe, πέλεκυς, *m.* ἀξίνη, *f.* σκέπαρνον, *n.* : to cut with an axe, πελεκίζω, πελεκάω
Axiom, ἀξίωμα, *n.* ὁμολόγημα, *n.*
Axis, ἄξων, *m.*
Axle, ἄξων, *m.*
Ay, *adv.* ναί
Aye, *adv.* ἐς ἀεὶ, εἰς τὸν αἰῶνα
Azure, κυάνεος, γλαυκὸς

B.

Baa, *v.* βληχάομαι, μηκάομαι
Babble, *v.* λαλαγέω, λαλάζω, στωμύλλομαι, βαττολογέω
Babbler, λάλαξ, *m.* στώμυλμα, *n.*
Babbling, στωμύλος, φλυαρὸς, πολυBabe, Baby, βρέφος, *n.* [λόγος
Baboon, πίθηκος, *m.*
Bacchanalian, βακχευτὴς, *m.* βακχᾶς, *m.* βάκχος, *m.* βάκχη, *f.* : to be a bacchanalian, βακχεύω, βακχιάζω : *adj.* βάκχειος, βάκχιος, βακχεύσιμος, εὔιος : a bacchanalian shout, ἴακχος, *m.* εὔασμα, *n.*, (*adv.*) εὐοῖ [*n.*
Bacchanals, διονύσια, *n. pl.* βάκχευμα,
Bacchus, Βάκχος, *m.* Διόνυσος, *m.* Ἴακχος, *m.* Εὔιος, *m.*
Bachelor, ἄγαμος, ἀγάμητος
Back, νῶτος, *m.* νῶτα, *n. pl.* μετάφρενον, *n.* : to turn one's back, νωτίζω : on the back, ὕπτιος [συτος
Back, Backwards, *adj.* ἄψορρος, παλίσBack, *v.* (*to thrust or push back*) ἀνακρούω, ἀπωθέω ; (*mount a horse*) ἐπιβαίνω ; (*to second, uphold*) βοηθέω, ἀνέχω
Back, *adv.* ἄψ, ὀπίσω, ἐξοπίσω, αὖθις, ἔμπαλιν, πάλιν, ἄψορρον
Backbite, *v.* βασκαίνω, διαβάλλω
Backbiter, βάσκανος, *m.*
Backbone, ῥάχις, *f.* [θυμος
Backward, (*unwilling*) ὀκνηρὸς, ἀπρόBackwardness, ὄκνος, *m.*
Backwards, *adv.* ὄπισθεν, ἀνάπαλιν (see Back)
Bad, κακὸς, πονηρὸς, φαῦλος, μοχ-

BAD

θηρὸς, φλαῦρος : very bad, πάγκακος, παμπόνηρος [σημον, n.
Badge, σημεῖον, n. παράσημον, n. ἐπί-
Badger, τρόχος, m.
Badly, adv. κακῶς, φαύλως
Badness, κακότης, f. κακία, f. φαυλότης, f. πονηρία, f. μοχθηρία, f.
Baffle, v. σφάλλω, παρακρούω
Bag, θύλακος, m. μάρσιπος, m. σάκκος, m. βαλάντιον, n. : a small bag, θυλάκιον, n. σάκκιον, n.
Baggage, σκεῦος, n., pl. σκεύη
Bagnio, βαλανεῖον, n. λουτρὸν, n.
Bagpiper, βομβαύλιος, m. ἀσκαύλης, m.
Bail, ἐγγύη, f. κατεγγύη, f. διεγγύα, f. : one who gives bail, surety, ἐγγυητής, m. ἔγγυος, m. : a giving bail, ἐξεγγύησις, f. διεγγύησις, f.
Bail, v. (to give bail) ἐγγυάομαι, διεγγυάω, ἐξεγγυάω; (admit to bail) διεγγυάομαι; (require bail) κατεγγυάω : to be bailed, διεγγυάομαι
Bailiff, (land steward) αὐλήτης, m. ; (officer who distrains) δήμαρχος, m.
Bait, δέλεαρ, n. : to catch with a bait, δελεάζω [ἀρτοποιέω
Bake, v. ὀπτάω, ἐξοπτάω, πέσσω,
Baked, ὀπτὸς, ἔξοπτος : baked in the oven, ἰπνίτης, κλιβανίτης [n.
Bakehouse, ἀλφιτεῖον, n. ἀρτοκοπεῖον,
Baker, ἀρτοποιὸς, m. σιτοποιὸς, m.
Baker's shop, ἀρτοπώλιον, n.
Baking (bread), ἀρτοποιΐα, f.
Balance, τρυτάνη, f. πλάστιγξ, f. σταθμὸς, m.
Balance, v. ἀντισηκόω, σταθμάω, ἀντικαταλλάσσω : to be equally balanced, ἰσορροπέω
Bald, φαλακρὸς, μαδαρὸς, ψιλὸς, ψεδνὸς : to make bald, ψιλόω, φαλακρόω : to be bald, μαδάω, μαδίζω, ψιλόομαι
Baldness, φαλακρότης, f. ψιλότης, f.
Baldrick, τελαμὼν, m. ζωστὴρ, m. ζώνη, f.
Bale, (misery) ὄλεθρος, m. φθορὰ, f.
Baleful, λυγρὸς, λυπηρὸς, ὀλέθριος
Balk, (disappointment, defeat) σφάλμα, n. [τάω
Balk, Baulk, v. σφάλλω, ψεύδω, ἐξαπα-
Ball, σφαῖρα, f. τροχὸς, m. : little ball, σφαιρίον, n. σφαιρίδιον, n. τροχίσκος, m. : ball of the hand or foot, στῆθος, n. : like a ball, σφαιροειδὴς, adv. σφαιρηδὸν : to play at ball, σφαιρίζω
Ball, (entertainment of dancing, music, &c.) μολπὴ, f. χορεία, f.

BAN

Ballad, μέλος, n. ᾆσμα, n. ᾠδὴ, f.
Ballast, ἕρμα, n.
Ballast, v. ἑρματίζω
Ballot, ψῆφος, f.
Ballot, v. ψηφίζομαι
Ballot-box, κάδος, m. καδίσκος, m.
Balloting, ψηφοφορία, f.
Balm, μελισσοβότανον, n. μελισσόφυλλον, n. μελίτεια, f. μελίταινα, f.
Balsam, (the ointment) βάλσαμον, n. (the shrub) βάλσαμος, f. βαλσαμίνη, f.
Baluster, κάμαξ, c. στηλίδιον, n.
Balustrade, κάμακες, m. pl.
Ban, (public notice) παράγγελμα, n. (curse) κατάρα, f.
Banana-tree, πλάτανος, n.
Band, (bandage or tie) τελαμὼν, m. δεσμὸς, m. σύνδεσμος, m. σύναμμα, n. (headband, fillet) ταινία, f. στρόφιον, n. (company) εἴλη, f. ἴλη, f. στῖφος, n. φῦλον, n. τέλος, n. χείρ, f. οὐλαμὸς, m. στρατὸς, m. : band of dancers, &c. χορὸς, m.
Bandage, τελαμὼν, m. ἐπίδεσμος, m.
Banditti, λησταὶ, m. pl. κλέπται, m. pl.
Bandy-legged, βλαισὸς, ῥαιβὸς
Bane, λυγρὰ, n. pl. ὄλεθρος, m. κακὸν, n. πῆμα, n. φθορὰ, f.
Baneful, λυγρὸς, ὀλέθριος, ἀταρτηρὸς, ἀτηρὸς, κακὸς, θανάσιμος
Banefully, adv. λυγρῶς, κακῶς
Bang, πληγὴ, f. πλῆγμα, n. ῥάπισμα, n.
Bang, v. κρούω, ῥαπίζω, πλήσσω
Banish, v. ἐξελαύνω, ἐλαύνω, ἐκβάλλω, ἀπωθέω, ἐξορίζω, ἀπορρίπτω; (by ostracism) ἐξοστρακίζω, ὀστρακίζω : to banish a polluted person, ἀγηλατέω : to be banished, ἐκπίπτω, φεύγω, ἀποξενόομαι [ἐξόριστος
Banished, ἄπολις, ἄπωστος, ἄποικος,
Banishment, ἔλασις, f. ἐξέλασις, f. ἐκβολὴ, f. φυγὴ, f. ἐξορισμὸς, m. (by ostracism) ἐξοστρακισμὸς, m. : perpetual banishment, ἀειφυγία, f.
Bank, ὄχθη, f. χεῖλος, n. : mound of earth, χῶμα, n. : bank for money, τράπεζα, f.
Banker, τραπεζίτης, m.
Bankrupt, χρεωκοπίδης, m. ὁ ἀνεσκευασμένος, m. : to be bankrupt, ἀνασκευάζομαι
Bankruptcy, χρεωκοπία, f.
Banner, σημεῖον, n. [n.
Bannian, στολὴ, f. ἀμπεχόνη, f. εἷμα,

Banquet, δαίς, f. ἑστίαμα, n. ἑστίασις, f. εὐωχία, f. [ἑστιάομαι, n.
Banquet, v. δαίνυμαι, εὐωχέομαι,
Banqueting, ἑστίασις, f.
Banter, v. σκώπτω, χλευάζω, ἀποσκώπτω, καταγελάω, προσπαίζω
Bantering, χλευασία, f. χλευασμός, m. καταγέλως, m.
Bantling, παιδίον, n. παιδάριον, n.
Baptise, v. βαπτίζω
Baptism, βαπτισμός, m. βάπτισμα, n. βάπτισις, f.
Baptist, βαπτιστής, m.
Baptistry, βαπτιστήριον, n.
Bar, μοχλός, m. κλεῖθρον, n. (in a court of law) δρύφακτον, n. -ος, m. κιγκλίς, f. [κωλύω
Bar, v. κλείω, μοχλόω; (to forbid)
Barb, ὄγκος, m.
Barb, v. ἀγκιστρόω
Barbacan, προτείχισμα, n.
Barbarian, βάρβαρος, m.: to speak or act like a barbarian, βαρβαρίζω
Barbaric, βαρβαρικός
Barbarism, βαρβαρισμός, m.
Barbarity, ὠμότης, f. πικρότης, f.
Barbarous, βάρβαρος, σχέτλιος, ὠμός, ἀμείλιχος
Barbarously, adv. ὠμῶς, βαρβαριστί
Barbed, ἀγκιστρωτός, ἐπίλογχος
Barber, κουρεύς, m. κορσωτεύς, m.
Barber's shop, κουρεῖον, n. κορσωτήριον, n.
Bard, ἀοιδός, m. ποιητής, m.
Bare, γυμνός, ψιλός
Bare, v. γυμνόω, ψιλόω, ἀπογυμνόω
Barefaced, ἀναίσχυντος, ἀναιδής: to be barefaced, ἀναισχυντέω
Bare-footed, ἀνυπόδητος, νηλίπους, νήλιπος
Barely, adv. (hardly, scarcely) μόγις
Bargain, (a purchase) ὠνή, f. ἐμπόλημα, n. (stipulation, agreement) συνθήκη, f. ὁμολογία, f. συμβόλαιον, n. σύμβολον, n.
Bargain, v. (bargain for, buy) ὠνέομαι; (covenant, agree to) συντίθεμαι, συμβαίνω, ὁμολογέω
Barge, ὁλκάς, f.
Bark, (rind of a tree) φλοιός, m. (little ship) ἄκατος, f. ἀκάτιον, n. κέλης, m. (as of a dog) ὕλαγμα, n. κλαγγή, f.
Bark, v. (strip trees of their bark) λέπω, λεπίζω, φλοΐζω; (as a dog) ὑλακτέω, ὑλάω, κλάζω, κλαγγαίνω
Barker, ὑλακτής, m.
Barking, (of a dog) ὑλαγμός, m. ὑλακή, f. κλαγγή, f. (stripping off the bark) φλοϊσμός, m.
Barley, κριθή, f. κρῖ, n.: barley-bread or cake, μάζα, f.: barley-water, πτισάνη, f.: barley-meal, ἄλφιτον, n.: of barley, κρίθινος
Barm, ζύμη, f. [θήκη, f.
Barn, καλιά, f. σιτοβολών, m. ἀπο-
Barrack, ἔπαυλις, f. στέγη, f.
Barrel, πίθος, m.
Barren, (in all senses) ἄκαρπος, στέριφος, στεῖρος; (of animals) ἄτοκος, ἄγονος; (of land) χέρσος, στερρός, ἀτρύγετος; (of trees) ἄφορος; (unproductive, fruitless) ἀνωφέλητος, ἀργός
Barrenness, στείρωσις, f. ἀφορία, f. ἀκαρπία, f.
Barricade, φραγμός, m. σταύρωμα, n. ἕρκος, n. ἔρυμα, n. μοχλός, m.
Barricade, v. σταυρόω, περισταυρόω, φράσσω, ἐπιτειχίζω [μοχλός, m.
Barrier, ἔμφραγμα, n. φραγμός, m.
Barrister, συνήγορος, m. παράκλητος, m. σύνδικος, m. δικολόγος, m.
Barrow, (hand-barrow) φορεῖον, n. (mound of earth, grave) τύμβος, m. ὄχθος, m. χῶμα, n. [λῃστής, f.
Barter, ἀλλαγή, f. ἐμπορία, f. ἐμπόρο-
Barter, v. ἀλλάσσω, ἀντικαταλλάσσω, καταλλάσσω, ἀπεμπολάω
Base, βάσις, f. θεμέλιον, n. θέμεθλα, n. pl. βάθρον, n. ἔδαφος, n.
Base, αἰσχρός, ταπεινός, μιαρός, κακός, πονηρός; (counterfeit) κίβδηλος, νόθος, παράσημος
Basely, adv. αἰσχρῶς, κακῶς
Baseness, αἶσχος, n. κακία, f. κακότης, f. αἰσχρότης, f. πονηρία, f.
Bashful, αἰδήμων, αἰσχυντηλός, αἰσχυντηρός [λῶς
Bashfully, adv. αἰδημόνως, αἰσχυντη-
Bashfulness, αἰδημοσύνη, f. αἰδώς, f. αἰσχυντηλία, f.
Basil, (a plant) ὤκιμον, n.
Basil, v. ὀξύνω
Basilisk, βασιλίσκος, m.
Basin, Bason, χεῦμα, n. πελίκη, f.: washhand-basin, χειρόνιπτρον, n. χέρνιβον, n.
Basis, βάσις, f. βάθρον, n. ἔδαφος, n.
Bask, v. εἰληθερέομαι, ἡλιάζομαι, ἡλιόω
Basket, ἄρριχος, m. κόφινος, m. σπυρίς, f. τάλαρος, m. κάλαθος, m. φορμός, m. κάνεον, n.: a little basket, καλαθίσκος, m. σπυρίδιον, n.
Basket-maker, λυγιστής, m.
Basking, εἴλησις, f. ἡλίασις, f.

BAS

Bass, (*in music*) βαρύς [νόθος, m.
Bastard, νόθος, πορνογέννητος; *subst.*
Baste, v. (*beat*) ῥαπίζω, ῥαβδίζω, μαστιγόω, τύπτω, παίω
Bastinado, μαστίγωσις, f.
Bastion, τύρσις, f. προβολή, f.
Bat, νυκτερίς, f. [καθίημι
Bate, v. ἐλασσόω, μειόω, μινύθω,
Bath, βαλανεῖον, n. λουτρόν, n.: swimming-bath, κολυμβήθρα, f.: vapour-bath, πυρία, f. πυριατήριον, n.: bathman, βαλανεύς, m. λουτροχόος, m.
Bathe, v. λούομαι
Bathing, λοῦσις, f.
Baton, σκῆπτρον, n. κορύνη, f. ῥόπαλον, n. [n. φάλαγξ, f.
Battalion, λόχος, m. τάξις, f. τέλος,
Batten, v. πιαίνομαι, παχύνομαι
Batter, v. τύπτω, καταβάλλω, αἰκίζω: batter down, ῥήγνυμι, καθαιρέω, κατασκήπτω
Battering-ram, κριός, m.
Battery, (*a besieging*) πολιόρκησις, f. προσβολή, f. (*bulwark*) πρόβλημα, n. ἐπιτείχισμα, n. προβολή, f. φρούριον, n.
Battle, μάχη, f. ἄμιλλα, f. χάρμη, f. πόλεμος, m. συμβολή, f. νεῖκος, m. ὑσμίνη, f.: naval battle, ναυμαχία, f.: land battle, πεζομαχία, f.: battle of cavalry, ἱππομαχία, f.: a fair battle, ἰθυμαχία, f.: without a battle, ἄμαχος; (*adv.*) ἀμαχητί: to engage in battle, συμμίγνυμι τῇ μάχῃ, εἰς χεῖρας ἔρχομαι, ἔρχομαι
Battle-array, τάξις, f. [εἰς μάχην
Battle-axe, πέλεκυς, m. τύκος, m.
Battle-field, μάχη, f.
Battlement, κρόσση, f. ἔπαλξις, f.
Bauble, ἄθυρμα, n. [πυργός, m.
Bawd, μαστροπός, c. προαγωγός, m.
Bawl, v. βοάω, κράζω, κραυγάζω, ἀλαλάζω
Bawling, βοή, f. κραυγή, f.
Bay, (*in the sea*) κόλπος, m. (*colour*) φοῖνιξ, m.
Bay, v. ὑλακτέω, ὑλάω, βαΰζω
Bay-tree, δάφνη, f.
Bazaar, δεῖγμα, n. παντοπώλιον, n.
Bdellium, βδέλλιον, n.
Be, v. εἰμί, γίγνομαι, ὑπάρχω, πέλομαι, τυγχάνω; ἔχω, as, to be well, εὖ ἔχειν: to be ill, κακῶς ἔχειν: to be naturally, ἔχειν κατὰ φύσιν; (*to be established, be set, be, exist*) ἵσταμαι, κεῖμαι: be on, set over, added, ἔπειμι: be besides, be in or near,

BEA

πρόσειμι, πρόσκειμαι, προσυπάρχω: be with, σύνειμι: be at hand, ὕπειμι
Beach, ἀκτή, f. αἰγιαλός, m. θίς, also θίν, c. ψάμαθος, f.
Beacon, φρυκτός, m. λαμπάς, f.
Beadle, ῥαβδοῦχος, m. [πανός, m.
Beak, (*of a bird*) ῥάμφος, n. ῥύγχος, m. (*of a ship*) ἔμβολος, m. ἀκρωτήριον, n. στόλος, m.
Beam, (*rafter*) δοκός, f.: sunbeam, ἀκτίς, f. αὐγή, f. σέλας ἡλίου; (*of a pair of scales*) ζυγόν, n. [τράπτω
Beam, v. ἀκτινοβολέω, λάμπω, ἀστράπτω
Bean, κύαμος, m.
Bear, ἄρκτος, c.
Bear, v. (*in all senses*) φέρω; (*carry, support*) βαστάζω; (*endure*) ὑπομένω, πάσχω, ἀνέχω, στέργω, ἀναδέχομαι: to bear young, τίκτω
Beard, πώγων, m. ὑπήνη, f. γενειάς, f. (*of corn*) ἀθήρ, m. ἀνθέριξ, f.: goat's-beard, τραγοπώγων, m.
Bearded, πωγωνίας, πωγωνίτης, γενειάτης
Beardless, ἀπώγων, ἀγένειος
Bearer, φορεύς, m. βαστακτής, m.
Beast, θήρ, m. θηρίον, n. κνώδαλον, n. (*of burden*) ὑποζύγιον, n. (*cattle*) βόσκημα, n. κτῆνος, n. θρέμμα, n.: a noxious beast, δάκος, n. θηρίον, n: of wild beasts, θήρειος: without wild beasts, ἄθηρος: having wild beasts, θηριώδης, πολύθηρος, θηροτρόφος
Beastly, (*filthy, obscene*) μιαρός, ἀκάθαρτος, ῥυπαρός
Beat, v. κόπτω, συγκόπτω, τύπτω, ἀράσσω, πατάσσω, πλήσσω; (*especially with a stick*) ῥαπίζω, ῥαβδίζω, μαστιγόω, σποδέω, ἀλοάω: beat out, ἐκκόπτω: beat out metal, ἐλαύνω: beat back, ἀνακόπτω, ἀπωθέω: beat the breast or head, ἀράσσω, κόπτομαι, ἐπικόπτομαι, πλήσσομαι, πλαταγέω; (*outstrip, surpass*) προέχω; (*conquer*) ἡσσάω, κρατέω, νικάω: to be beaten or defeated, ἡσσάομαι, πλήσσομαι; (*throb, of the heart*) ὀρεχθέω, ὀρχέομαι
Beatific, μάκαρ, μακάριος, ὄλβιος, εὐδαίμων
Beatify, v. μακαρίζω, εὐδαιμονίζω
Beating, (*striking*) ῥαπισμός, m. μαστίγωσις, f. (*of the breast*) ἀραγμός, m. (*defeat*) ἧσσα, f. (*beating noise*) κτύπος, m.
Beatitude, εὐδαιμονία, f. μακαριότης, f.

Beau, κομψός, m.
Beaver, κάστωρ, m.: of the beaver, καστόριος
Beaufet, ποτηροθήκη, f.
Beautiful, Beauteous, καλός, εὐειδής, ἀραῖος, ἀγλαός, χαρίεις, λιπαρός, εὔμορφος, εὐπρεπής, ἐπαφρόδιτος, (only of things) ἀμβρόσιος: very beautiful, περικαλλής, πάγκαλος, ὑπερκαλλής, κάλλιστος, superl.; (beautifully wrought, variegated) δαιδάλεος, δαίδαλος: beautifully shaped, καλλίμορφος, εὔμορφος: beautiful-haired, καλλίκομος, καλλιπλόκαμος: with beautiful cheeks, καλλιπάρῃος: with beautiful limbs, ἀγλαόγυιος: with beautiful eyes, καλλιβλέφαρος
Beautifully, adv. καλῶς, παγκάλως
Beautify, v. κοσμέω, ἀγάλλω, καλλύνω, καλλωπίζω
Beauty, κάλλος, n. ἀγλαΐα, f. ὥρα, f. χάρις, f. καλλονή, f. καλλοσύνη, f. μορφή, f. εὐμορφία, f.
Becalm, v. γαληνίζω, ἠρεμέω, ἠρεμίζω
Because, adv. ὅτι, οὕνεκα, ὁτιή, διότι, ἐπειδή: because of, διὰ, ἕνεκα, ἕνεκεν, παρὰ, ὑπὲρ
Beccafico, συκαλίς, f.
Beck, νεῦσις, f. νεῦμα, n.
Beckon, v. νεύω, κατανεύω, ἐπινεύω, νευστάζω, κατασείω, σημειόω
Beckoning, ἐπίνευσις, f. νεῦμα, n.
Become, v. γίγνομαι; (to become, be changed to) μεθίσταμαι, μεταφύομαι; (to become, fit, suit) πρέπω, ἁρμόζω: (impers.) it becomes, is fitting, proper, χρὴ, προσήκει, δεῖ, συμπρέπει, ἁρμόζει, μέτεστι [πων
Becoming, συμπρεπής, πρεπώδης, πρέ-
Becomingly, adv. πρεπόντως, προσηκόντως
Becomingness, εὐπρέπεια, f. εὐσχημοσύνη, f.
Bed, κλίνη, f. κοίτη, f. εὐνή, f. λέχος, n. λέκτρον, n. στρωμνή, f. κλιντὴρ, m.: bed on the ground, palletbed, low bed, χαμεύνη, f.: bed of straw or leaves, στιβὰς, f. φυλλάς, f.: to put to bed, κοιμάω, λέγω, ἐγκατακλίνω: to make a bed, στρώννυμι, ὑποστορέννυμι
Bedaub, v. ὑποχρίω
Bedchamber, θάλαμος, m. κοιτὼν, m. κοιμητήριον, n.
Bedding, στρῶμα, n. εὐνή, f.
Bedeck, v. κατακοσμέω, κοσμέω, ἐκστέλλω, ἀσκέω, τέγγω, ὑγραίνω;

Bedew, v. βρέχω, δροσίζω
Bed-fellow, παρακοίτης, m. σύγκοιτος, c. σύνευνος, c. ὁμευνέτης, m. -τις, f.
Bed-post, ἑρμίς, or ἑρμίν, m.
Bed-ridden, κλινήρης, κλινοπετὴς
Bedroom, see Bedchamber
Bedstead, λέχος, n. & pl., δέμνιον, n. χαμεύνη, f.
Bee, μέλισσα, f. ἀνθρήνη, f.: humble-bee, βομβύλιος, m.: swarm of bees, σμῆνος, n. ἑσμὸς, m.: to swarm, (of bees) σμηνουργέομαι: keeper of bees, μελισσεύς, m. μελισσουργός, m.
Bee-hive, σίμβλος, m. σίμβλη, f. σμῆνος, n. κυψέλη, f.
Bee-house, μελισσὼν, m. μελιτουργεῖον, n. μελισσοτροφεῖον, n.
Bees'-wax, μίτυς, f.
Beech, ὀξύα, f.
Beechen, ὀξύϊνος
Beef, βόειον κρέας
Beer, βρῦτον, n. βρῦτος, m. ζύθος, m. οἶνος κρίθινος, m.
Beestings, πυετία, f. πύος, n.: beestings pudding, πυριάτης, m.
Beet, τεῦτλον, n.
Beetle, κάνθαρος, m.
Beeves, βόες, m. pl. [ὑποδέχομαι
Befal, v. περιτυγχάνω, προσπίπτω,
Befit, v. πρέπω, ἁρμόζω
Before, prep. (in all senses) πρὸ; (in advance, farther onward) πρόσθεν, ἔμπροσθεν, προπάροιθε, πρόπαρ, παρὲκ; (of old) πάλαι; (in front of, before the face) ἄντα, ἄντην, ἀντίον, ἀντὶ, ἐναντίον, παρὰ, πάροιθε, προπάροιθε, ἐνωπαδίως, κατενώπιον; (earlier, sooner) πάρος, προπάροιθε, πάροιθε, πρὶν, πρὶν ἂν, πρόσθεν, ἔμπροσθεν, πρόσθεν πρὶν ἂν or ἢ, πρότερον πρὶν ἂν or ἢ; (in preference, rather than) ἀντὶ, ἔμπροσθεν, πάρος: to be or live before, προγίγνομαι: to be, lie or be placed before, παράκειμαι, ὑπόκειμαι: to be before or in front of, πρόκειμαι: to be beforehand, anticipate, φθάνω, προφθάνω, προτερέω, προποιέω
Before, adj. (sooner, earlier, former) πρότερος, προτεραῖος, προτεραίτερος, παροίτερος; (in advance) πρότερος, παροίτερος; (in front of) ἀντίος, ἐναντίος, ἐνώπιος; (superior to) πρότερος (with dat. or πρὸς)

Beforehand, *adv.* πρώτως, πρῶτον, προτέρω, ἀρχήν
Befoul, *v.* ῥυπαίνω, μιαίνω
Befriend, *v.* προσγίγνομαι, φιλοφρονέομαι, εὐποιέω
Beg, *v.* αἰτέω, παραιτέομαι, δέομαι; (*esp. to ask alms*) πτωχεύω, πτώσσω, προσαιτέω, ἐπαιτέω: beg off, ἐξαιτέομαι
Beget, *v.* φυτεύω, γεννάω, τίκτω, σπείρω, παιδοποιέομαι, φιτύω
Begetting, τέκνωσις, *f.* γέννησις, *f.* παιδοποιΐα, *f.*
Begetting, παιδοποιὸς, τεκὼν (*part.*)
Beggar, πτωχὸς, *m.* προσαίτης, *m.* προΐκτης, *m.* ἐπαίτης, *m.*
Beggar, *v.* πτωχίζω
Beggarly, (*poor*) πτωχικὸς, πτωχὸς: (*mean, shabby*) ταπεινὸς, φαῦλος, μικρολόγος; (*stingy*) γλίσχρὸς, φειδωλὸς, πτωχοπλούσιος
Beggarly, *adv.* πτωχῶς, πτωχικῶς, φαύλως, ταπεινῶς
Beggary, χρεία, *f.* πτωχεία, *f.*
Begging, προσαίτησις, *f.* πτωχεία, *f.*
Begging, *adj.* ἐπίμαστος
Begin, *v.* ἄρχω -ομαι, ἐξάρχω -ομαι, κατάρχω, -ομαι, ὑπάρχω, ἀπάρχομαι, προβάλλομαι, ἐνίστημι; (*join, enter upon, as battle, conversation, &c.*) συνάπτω; (*to enter on, commence, as an office, the stage, a lawsuit, &c.*) εἴσειμι
Beginner, (*first cause, commencer*) ἀρχηγέτης, *m.* ἀρχηγὸς, *m.* πρωτουργὸς, *m.* (*novice*) πρωτόπειρος, *m.*
Beginning, ἀρχὴ, *f.* προοίμιον, *n.* ὑπαρχὴ, *f.* εἰσβολὴ, *f.*: from the beginning, ἀρχὴν, ἀρχῆθεν, καταρχὰς [γενῆς
Beginning, *adj.* πρώταρχος, ἀρχη-
Begird, *v.* ζώννυμι, περιβάλλω
Begone, *interj.* ἔρρε, ἄπαγε, ἄπιθι, φθείρου, ἔξερρε, ἔρρ' ἐς κόρακας
Begotten, γεννητὸς, γεγενημένος
Begrime, *v.* ῥυπαίνω, καταμιαίνω, ἀπομελαίνω
Beguile, *v.* ἀπατάω, ἐξαπατάω, παράγω, παρακρούω; (*soothe, as suffering, grief, &c.*) βουκολέω, ποιμαίνω
Behalf, in behalf of, πρὸ, ὑπὲρ, πρὸς
Behave, *v.* ἔχομαι, παρέχω, προσφέρομαι, διάκειμαι; (*act*) πράσσω
Behaviour, τρόπος, *m.* σχῆμα, *n.* ἤθεα, *n. pl.*
Behead, *v.* ἀποκεφαλίζω, καρατομέω, τραχηλοκοπέω
Behest, ἐπίταγμα, *n.* ἐντολὴ, *f.*

Behind, ὀπίσω, ὕπισθεν, ἐξόπισθεν, κατόπιν, ὕστερον: to be behind, ὑστερέω, ὑστερίζω
Behindhand, (*too late*) ὀψὲ, μεθύστερον; (*defective, in arrears*) ἐκδεὴς: to be behindhand, ὑστερέω; (*put off, hesitate, scruple*) μέλλω, ὀκνέω, ῥαδιουργέω
Behold, *v.* θεάομαι, θεωρέω, ὁράω, εἰσοράω, προσοράω, εἶδον, ἐπεῖδον, προσεῖδον, προσδέρκομαι, ἀποβλέπω, προσβλέπω, λεύσσω
Behold, ἴδε, ἰδοὺ, *pl.* ἴδετε: painful to behold, δυσθέατος
Beholder, θεάτης, *m.* κατόπτης, *m.* θεωρὸς, *m.*
Behoof, ὠφέλεια, *f.* σύμφορον, *n.* λυσιτέλεια, *f.* [χρὴ
Behove, *impers.* δεῖ, προσήκει, καθήκει,
Being, (*essence, state or constitution of anything, existence*) οὐσία, *f.* φύσις, *f.* (*a creature*) ζῶον, *n.* φύσις, *f.* *especially collectively, as*, θνητὴ φύσις, mankind
Belabour, *v.* παίω, κόπτω, ἀράσσω
Belay, *v.* περιμένω, ὑπομένω
Belch, *v.* ἐρεύγομαι, ἐρυγγάνω
Belching, ἐρυγὴ, *f.* ἐρυγμὸς, *m.*
Beldame, γραῦς, *f.* γραῖα, *f.* γραΐδιον, *n.*
Beleaguer, *v.* πολιορκέω, περικάθημαι
Belie, *v.* κατελέγχω, ψεύδομαι
Belief, πίστις, *f.*: worthy of belief, ἀξιόπιστος
Believe, *v.* (*trust, credit*) πιστεύω, πείθομαι, ἐνδέχομαι; (*think, suppose*) ἡγέομαι, νομίζω
Believed, πιστὸς
Believing, πιστὸς, πίσυνος, εὐπειθὴς
Belike, *adv.* εἰκότως, ἴσως, τυχὸν
Bell, κώδων, *m.*
Belle, ἡ κάλη
Belligerent, πολεμικὸς
Bellow, *v.* μυκάομαι, βρυχάομαι, ἐρεύγω
Bellowing, μυκηθμὸς, *m.* μύκημα, *n.* βρύχημα, *n.*
Bellows, φῦσα, *f.* φυσητὴρ, *m.*
Belly, γαστὴρ, *f.* κοιλία, *f.* ἦτρον, *n.*: lower belly, ὑπογάστριον, *n.*: pot-bellied, γαστρώδης
Belong, *v.* (*be possessed, as property*) κτάομαι; (*be the property or wont of*) προσήκω, πρόσκειμαι, ὑπάρχω; (*be inherent, be in, belong to*) εἰμὶ, πρόσειμι; (*belong to a class, appertain to, be reckoned among*) τελέω, ἕπομαι
Belonging, προσήκων

Beloved, φίλος, προσφιλής, ἐρατὸς, ἀγαπητὸς
Below, adv. κάτω, ἔνερθε, ὑπένερθε, νέρθε; prep. ὑπὸ: from below, κάτωθε, ἔνερθε, νέρθε
Below, adj. νέρτερος, ἐνέρτερος: the gods below, or the dead, ἔνεροι, m. pl., οἱ νέρτεροι [τελαμών, m.
Belt, ζωστήρ, m. ζώνη, f. μίτρα, f.
Bemire, v. ῥυπαίνω, καταμιαίνω
Bemoan, v. στοναχέω, στενάζω, στεναχίζω, στένω, οἰμώζω, θρηνέω, ὀδύρομαι, ὀλοφύρομαι
Bench, θρᾶνος, m. βάθρον, n. σέλμα, n. ζυγὸν, n. ἐδώλιον, n.
Bend, καμπὴ, f. ἀγκὼν, m.
Bend, v. κάμπτω, κυρτόω, γνάμπτω; (a bow or sail) ἕλκω, τείνω, ἐντείνω, ἐντανύω: bend back, ἀνακάμπτω, ἀποστρέφω: bend down, κατακάμπτω, ἐκκλίνω: bend down, (intrans.) κύπτω, συγκύπτω, νεύω
Bending, κάμψις, f. καμπὴ, f.
Beneath, adv. κάτω, ἔνερθε; prep. ὑπὸ: from beneath, κάτωθε, ὑπένερθε, ὑπὲκ
Benediction, εὐλογία, f. εὐφημία, f.
Benefaction, εὐεργεσία, f. εὐεργέτημα, n.
Benefactor, εὐεργέτης, m.
Benefactress, εὐεργετὶς, f.
Beneficence, εὐεργεσία, f. εὐποιΐα, f. τὸ εὐεργετικὸν
Beneficent, εὐεργετικὸς, εὐποιητικὸς, εὐεργέτης
Beneficial, λυσιτελὴς, σύμφορος, ὠφέλιμος, χρήσιμος [εὐεργεσία, f.
Benefit, ὄνησις, f. ὄφελος, n. χάρις, f.
Benefit, v. εὐεργετέω, ὠφελέω, εὖ ποιέω, λυσιτελέω: to be benefited, εὖ πάσχω, ὠφελέομαι: to requite a benefit, ἀντευποιέω, ἀμείβομαι χάριν: to be benefited in return, ἀντευπάσχω
Benevolence, εὔνοια, f. φιλανθρωπία, f. εὐμένεια, f.
Benevolent, εὔνοος, εὐνοϊκὸς, φιλάνθρωπος, εὐμενὴς: to be benevolent, εὐνοέω, φιλανθρωπεύω
Benevolently, adv. εὐνοϊκῶς
Benighted, to be, ὀψίζομαι
Benign, πρόφρων, μείλιχος, ἤπιος, ἐνηὴς, πρευμενὴς, εὐμενὴς
Benignity, χρηστότης, f. ἐνηείη, f. πρευμένεια, f. εὐμένεια, f.
Bent, καμπύλος, καμψὸς, κυρτὸς
Bent, (purpose, inclination) ὁλκὴ, f. λῆμα, n.

Benumb, v. συμπεδάω, ναρκόω: to be benumbed, ναρκάω, μαλκιάω
Benumbing, ναρκώδης, ναρκωτικὸς
Bequeath, v. παραδίδωμι, διατίθεμαι, καταλείπομαι
Bequeathing, παράδοσις, f. διάθεσις, f.
Bequest, δόσις, f. καταλειπόμενον, n.
Bereave, v. ἀποστερέω, στερέω, στερίσκω, ὀρφανίζω, χηρόω, τητάω: to be bereaved, χηρεύω, χηρόομαι, τητάομαι, ἐκπίπτω
Bereaved, Bereft, χῆρος, ὀρφανὸς
Berry, ἀκρόδρυον, n.: the juniper-berry, ἀρκευθὶς, f.: laurel-berry, δαφνὶς, f.
Beryl, βήρυλλος, f.
Beseech, v. ἱκετεύω, δέομαι, λίσσομαι, λιτανεύω, αἰτέω, ἄντομαι, γουνάζομαι, παραιτέομαι, παρακαλέω
Beseem, v. πρέπω, καθήκω, ἁρμόζω
Beset, v. περιΐσταμαι
Beside, (by the side of) παρασταδὸν: to be beside oneself, ἀλύω, παραφρονέω
Besides, ἐπὶ, πρὸς, παρὰ, χωρὶς, παρὲξ, προσέτι, ἔτι
Besiege, v. πολιορκέω, περικάθημαι, ἀμφιμάχομαι, τειχομαχέω
Besieged, τειχήρης
Besieging, πολιορκία, f. περικάθησις, f. προσεδρεία, f. τειχομαχία, f.
Besieging, adj. τειχομάχης
Besmear, v. ἀλείφω, χρίω, καταχρίω
Besom, κόρηθρον, n. σάρος, m.
Besot, v. μωραίνω, μεθύσκω τινὰ οἴνῳ
Besotted, ἀναίσθητος, ἀνόητος, μεθύων, οἰνόληπτος, οἰνόφλυξ
Bespangle, v. ποικίλλω
Bespatter, v. ῥαίνω; (asperse with reproach, slander) βλασφημέω, λοιδορέω [ραίνω
Bespot, v. σπιλόω, καταμιαίνω, ῥυ-
Besprinkle, v. ῥαίνω, καταρραίνω, ἐμπάσσω
Best, κράτιστος, βέλτιστος, ἄριστος, φέρτατος: adv. ἄριστα: to be the best, ἀριστεύω, κρατιστεύω
Bestial, θήρειος, θηριώδης
Bestir, v. ἐπείγω, σπεύδω, ἐγκονέω, ταχύνω
Bestow, v. δίδωμι, δωρέομαι [νυμι
Bestrew, v. καταστρώννυμι, σκεδάν-
Bestride, v. ἐπιβαίνω
Bet, v. περιδίδομαι
Bet, περίδοσις, f. [χωρέω
Betake, v. τρέπομαι, ἀπαντάω, ἀπο-
Bethink, v. ἀναμιμνήσκομαι, μεριμνάω, μελετάω

BET

Betide, v. περιτυγχάνω, προσπίπτω, συμβαίνω
Betimes, adv. (soon, early) πρωΐ, πρώϊον, ὄρθριον; (seasonably) ὡρικῶς, ὡραίως, πρὸς καιρόν; (in good time) ἐν καιρῷ, εὐκαίρως, κατακαίριον
Betoken, v. δείκνυμι, ἀποδείκνυμι, σημαίνω, προσημαίνω, προφαίνω
Betray, v. (deliver up treacherously) προδίδωμι, παραδίδωμι, ἐκδίδωμι, προΐεμαι, πωλέω; (divulge, disclose) ἀναφαίνω, μηνύω, ἐκφέρω, καταγγέλλω: to be betrayed, πιπράσκομαι
Betrayal, πρόδοσις, f. προδοσία, f. (divulging) ἐκφορά, f.
Betrayed, πρόδοτος, ἔκδοτος; (divulged) κατάγγελτος, ἔκφορος
Betrayer, προδότης, m. -τις, f. (divulger) κατήγορος, m. μηνυτής, m.
Betroth, v. ἐγγυάω, νυμφεύω, ἐκδίδωμι, ὑπίσχομαι, μνηστεύω
Betrothal, ἐγγύησις, f. ἐγγυή, f.
Betrothed, μνηστός, ἐγγυητός
Better, ἀμείνων, βελτίων, βέλτερος, κρείσσων, φέρτερος; adv. ἄμεινον, κρεῖσσον, περαίτερον; (preferable) μᾶλλον, αἱρετώτερον
Between, Betwixt, adv. μεταξύ, μεσηγύ, μετά, ἐν μέσῳ; adj. μέσος, μετ-
Beverage, πότος, m. πῶμα, n. [αἴχμιος
Bevy, ἀγέλη, f.
Bewail, v. θρηνέω, στενάχω, ὀδύρομαι, οἰμώζω, ἀνοιμώζω, πενθέω, ὀλοφύρομαι, ἀναστενάζω, ἀποκωκύω
Bewailing, κλαυθμός, m. στεναγμός, m. ὀδυρμός, m.
Beware, v. εὐλαβέομαι, φυλάσσομαι, ὁράω, σκοπέω, τηρέομαι
Bewilder, v. ἀτύζω, σφάλλω: to be bewildered, ἀτύζομαι, σφάλλομαι, πλανάομαι
Bewitch, v. βασκαίνω, φαρμάσσω, μαγγανεύω, γοητεύω
Bewray, v. ἀνοίγω, φανερόω, δηλόω
Bey, κυβερνήτης, m. ἄρχων, m.
Beyond, adv. πέρα, πέραν, ἐπέκεινα, παρά, περαιτέρω, ὑπέρ
Bias, v. ῥέπω, κλίνω, ἀποκλίνω
Bias, ῥοπή, f. εὐκαταφορία, f.
Bibacious, μεθυστικός, οἰνόφλυξ
Bibber, πότης, m. πολυπότης, m.
Bible, βιβλίον, n.
Bicker, v. ἐριδαίνω, ἐρίζω, ἀμφισβητέω, ἀμιλλάομαι, νεικέω, διαφέρομαι
Bid, v. (order) κελεύω, φράζω, κατ-αξιόω, προστάσσω; (offer a price)

BIR

ὠνέομαι; (bid against) ἀντωνέομαι [f.
Bidding, ἐπίταξις, f. ἐφετμή, f. ἐντολή,
Bide, v. μένω, ὑπομένω, ἀνέχομαι,
Biding, μονή, f. [ὑφίσταμαι
Biennial, διετής
Bier, φέρετρον, n. κλίνη, f.
Big, μέγας, πλατύς, ἀμφιλαφής, πελώριος; (pregnant) ἐγκύμων: very
Bigamy, διγαμία, f. [big, ὑπέρογκος
Bigger, (compar. of Big) μείζων
Bigness, μέγεθος, n.
Bigot, ὁ αὐθάδης
Bigotry, αὐθάδεια, f.
Bile, χολή, f. χόλος, m.
Bilious, χολώδης, χολικός, ἐπίχολος: somewhat bilious, ὑπόχολος
Bill, (account) γράμμα, n. (beak of a bird) ῥύγχος, n. ῥάμφος, n.
Bill, v. κυνέω, φιλέω
Billet, (log) φιτρός, m. ξύλον, n. (letter or note) γράμμα, n. ἐπιστολή, f.
Billet, v. ἐνοικίζω, κατευνάζω: to be billeted, σκηνέω
Billow, κῦμα, n. κλύδων, m. οἶδμα, n.
Billowy, οἰδματόεις, κυματώδης, κυ-
Bin, θήκη, f. ἀποθήκη, f. [μαίνων
Bind, v. δέω, ἀναδέω, συνδέω, ἐνδέω, ἐπιδέω, δεσμεύω, πεδάω, κλείω, ὀχμάζω, σφίγγω: to bind round, περιδέω: to bind down, καταδέω: to bind (by oath), καταλαμβάνω, ἐγκαταλαμβάνω
Binding, δέσις, f. δεσμός, m. σύνδεσμος, m.: binding on, ἀνάδεσις, f.
Binding, δέσμιος
Biparous, διτόκος
Bipartite, διχοτόμος, διμερής
Bipartition, διχοτομία, f.
Biped, δίπους
Birch, σημύδα, f.
Bird, οἰωνός, m. ὄρνις, c. ὄρνεον, n. πετεηνόν, n. πετεινόν, n.: young bird, νεοσσός, m. ὀρτάλιχος, m.: of or belonging to birds, ὀρνίθειος: without birds, ἄορνος
Bird-catcher, ὀρνιθοθήρας, m. ὀρνιθολόχος, m.: to catch birds, ὀρνιθεύω, ὀρνιθοθηράω [bird-lime, ἰξεύω
Bird-lime, ἰξός, m.: to catch with
Bird-market, ὄρνεα, n. pl.
Birth, γένεσις, f. γενετή, f. γενεά, f. (lineage, descent) γενεά, f. γενέθλη, f. γένεθλον, n. γονή, f. σπέρμα, n.: belonging to birth, γενέθλιος
Birth-day, γενέθλια, n. pl.: belonging to a birth-day, γενεθλιακός
Birthplace, γενέθλη, f. γενεά, f.

Birthright, πρωτοτόκια, n. pl.
Bisect, v. διχοτομέω
Bisected, διχοτόμος
Bisection, διχοτομία, f.
Bishop, ἐπίσκοπος, m.
Bishopric, ἐπισκοπή, f.
Bit, ψωμός, m.: little bit, ψώθιον, n.
Bit, (of a bridle) στόμιον, n. χαλινός, m. ψάλιον, n.: jagged bit, λύκος, m.
Bitch, κύων, f.: bitch-puppy, κυνίσκη, f.
Bite, v. δάκνω, ἀντιδάκνω, ἀποδάκνω, ἐνδάκνω; (sting) ὀδάξω; (sting, itch) ὀδάξομαι
Bite, δῆγμα, n. δῆξις, f.
Biter, δήκτης, m.
Bitter, πικρός, δριμύς; (grievous) λευγαλέος, πευκεδανός; (sour) ἀδευκής: very bitter, κατάπικρος: to make bitter, πικραίνω
Bitterly, adv. πικρῶς, στρυφνῶς, χαλεπῶς, δεινῶς
Bittern, ἐρωδιός, m.
Bitterness, πικρία, f. πικρότης, f.
Bitumen, ἄσφαλτος, f.
Bituminous, ἀσφαλτώδης
Bivalve, δίθυρος, δικλίς
Bivouac, v. αὐλίζομαι
Blab, v. ἐκλαλέω
Blab, φλύαρος, m. λάλος, m.
Black, μέλας, κελαινός, κελαινεφής; (black, sooty) αἰθαλόεις: dressed in black, μελανείμων, μελαγχίτων: with black hair, μελαγχαίτης: to be black, μελαίνομαι, κελαινιάω: to black (shoes), περικωνέω
Blackamoor, μελάμβροτος, m.
Blackbird, κόσσυφος, m.
Blackcap, (bird) μελαγκόρυφος, m.
Blacken, v. μελαίνω
Blackguard, μιαρός, m.
Blackness, μελανία, f. μέλασμα, n. μέλανσις, f.
Black Sea, πόντος Εὔξεινος
Blacksmith, σιδηρεύς, m. σιδηρουργός, m. χαλκεύς, m. [ρεῖον, n.
Blacksmith's shop, χαλκεῖον, n. σιδηBlacksmith's trade, χαλκευτική, f. χαλκεία, f. σιδηρεία, f.
Bladder, κύστις, f.
Blade, (of a sword, oar, shoulder-blade) σπάθη, f. (of an oar) ταρσός, m.
Blain, πέμφιξ, f.
Blame, v. αἰτιάομαι, καταιτιάομαι, ἐπαιτιάομαι, μέμφομαι, καταμέμφομαι, ψέγω, ἐπιτιμάω, καταγιγνώσκω, ὄνομαι, ἐν αἰτίᾳ ἔχω

Blame, αἰτία, f. μέμψις, f. ψόγος, m. μομφή, f.
Blameable, αἴτιος, ἐπαίτιος, μεμπτός, μωμητός, ψεκτός, ἐπίμομφος: to be blameable, ἐν αἰτίᾳ εἰμί
Blameably, adv. κατάμεμπτα, n. pl.
Blameless, ἀναίτιος, ἄμεμπτος, ἀμεμφής, ἀμώμητος, ἀνεπιτίμητος, ἀμύμων, ἀναμάρτητος
Blamelessly, adv. ἀμέμπτως, ἀμωμήτως, ἀναμαρτήτως
Blamelessness, ἀμεμφία, f.
Blanch, v. λευκαίνω
Bland, ἀγανός, μαλακός, ἤπιος, μείλιχος, πρᾶος or πραΰς, ἥμερος
Blandish, v. σαίνω, ἀρεσκεύομαι, παράφημι [λομήτης
Blandishing, αἱμύλος, αἱμύλιος, αἱμυBlandishment, ἄρεσκευμα, n. παράBlank, adj. κενός, λευκός [φασις, f.
Blank, κένωμα, n.
Blanket, σισύρα, f. χλαῖνα, f.
Blaspheme, v. βλασφημέω, λοιδορέω
Blasphemous, βλάσφημος
Blasphemy, βλασφημία, f. [ἆημα, n.
Blast, πνοή, f. ἀϋτμή, f. ἀήτης, m.
Blast, v. πλήσσω
Blaze, v. φλέγω, φλεγέθω, φλογίζομαι, δαίομαι
Blaze, φλόξ, f. σέλας, n. αὐγή, f.
Blazing, φλογερός, φλόγεος, πυριφλεγής
Blazon, v. (embellish, paint) ποικίλλω, δαιδάλλω; (make public, celebrate) κλείω, ἐμφανῆ ποιέω
Bleach, v. λευκαίνω
Bleak, ὑπήνεμος, προσήνεμος, ψυχρός
Blear-eyed, γλάμων, γλαμυρός: to be blear-eyed, λημάω
Blear-eyes, λῆμαι, f. pl.
Bleat, v. βληχάομαι, μηκάομαι
Bleating, βληχή, f.
Bleating, adj. μηκάς
Bleed, v. σχάζω, φλεβοτομέω; intr. (to lose blood) αἱμορροέω, αἱμορραγέω
Bleeding, σχάσις, f. φλεβοτομία, f. intr. (a losing blood) αἱμορραγία, f.
Bleeding, adj. intr. (losing blood) αἱμόρροος, αἱμορραγής
Blemish, κηλίς, f.
Blemish, v. κηλιδόω
Blend, v. μίγνυμι, κεράννυμι
Bless, v. μακαρίζω, εὐλογέω, εὐφημέω
Blessed, Blest, μάκαρ, μακάριος, εὐδαίμων, ὄλβιος, εὐτυχής
Blessedness, εὐδαιμονία, f. μακαριότης, f. εὐτυχία, f.
Blessing, (good wish) εὐφημία, f. εὐ-

BLI   BOA

λογία, f. (benefit) χάρις, f. εὐεργεσία, f.
Blight, ἐρυσίβη, f. λειχήν, m.
Blight, v. (spoil, blast) διαφθείρω, ἐξαυαίνω: to be blighted, λειχνιάω, ἐρυσιβάω
Blind, τυφλός, ἀλαός, ἀμαυρός, ἄδερκτος
Blind, v. τυφλόω, ἐκτυφλόω, ἀλαόω, ἐξομματόω: to be blind, τυφλώττω, τυφλόομαι, ἀμβλυώσσω   [μα, n.
Blind, παραπέτασμα, n. προκάλυμ-
Blinding, τύφλωσις, f. ἀλαωτὺς, f.
Blindly, adv. τυφλῶς
Blindness, τυφλότης, f. τύφλωσις, f.
Blindworm, σκώληξ, m. τυφλίνης
Blink, v. σκαρδαμύσσω, μύω [ὄφις, m.
Blinkard, σκαρδαμυκτής, m.
Blinking, adj. σκαρδαμυκτικὸς
Blinking, σκαρδαμυγμός, m.
Bliss, εὐδαιμονία, f. εὐτυχία, f. ὄλβος, m.
Blissful, μάκαρ, μακάριος, ὄλβιος
Blister, φλύκταινα, f. φλυκταινὶς, f. φῷς, f.   [νόομαι
Blister, v. (rise in blisters) φλυκται-
Blithe, Blithsome, ἱλαρός, φαιδρός,
Blithely, adv. ἱλαρῶς   [γηθόσυνος
Bloat, v. οἰδέω, οἰδαίνω, ἐξοιδέω
Block, φάλαγξ, f. κορμός, m. : chopping-block, ἐπικόπανον, n. ἐπίξηνον, n.   [ἀποκλείω
Block up, v. φράσσω, ἐμφράσσω,
Blockade, πολιορκία, f. ἀποτείχισις, f. ἐφόρμησις, f.
Blockade, v. πολιορκέω, περικάθημαι, ἀποτειχίζω, ἐφορμέω, κατακλείω
Blockhead, τυφεδανός, m. ψῆσσα, f.
Blocking up, ἀπόφραξις, f. ἀπόκλεισις, f.
Blood, αἷμα, n. ἰχώρ, n. (blood that has been shed) φόνος, m. βρότος, m. : gush of blood, αἱμὰς, f. : clotted blood, πάχνη, f. : having much blood, πολύαιμος, ¯ πολυαίματος: lacking blood, ὀλίγαιμος, λίφαιμος: having no blood, ἄναιμος, ἀναίματος: to stain with blood, make bloody, αἱμάσσω, αἱματόω, ἐξαιμάσσω, φοινίσσω   [f.
Blood-guiltiness, μιαρία, f. μιαιφονία,
Bloodless, ἄναιμος, ἀναίμων, ἀναίμακτος
Bloodshed, φόνος, m. κτόνος, m. σφαγή, f.
Bloodshot, ὕφαιμος   [νιος
Blood-thirsty, φιλαίματος, φοίνιος, φό-
Bloody, αἱματώδης, αἱματόεις, καθαίμακτος, αἱμακτός; (cruel) μιαιφόνος, δαφοινός, φοίνιος, φόνιος
Bloom, ἄνθος, n. (bloom of age,

prime of anything) ἀκμή, f. (bloom, as of a peach) χνόος, m.
Bloom, v. ἀνθέω, ἐξανθέω; (be at the prime) ἀκμάζω; (flourish) θάλλω
Blooming, (flowery) εὐανθής, εὐάνθεμος; (in the bloom of life, at the prime) ἀκμαῖος, ὡρικὸς
Blossom, ἄνθος, n.
Blot, κηλίς, f. σπίλος, m.
Blot, v. ἀφανίζω, μιαίνω
Blotch, φλύκταινα, f. φλυκτὶς, f.
Blow, v. πνέω, ἐπιπνέω, φυσάω, ἄημι; (as a fire) ἐκφυσάω, ῥιπίζω : to blow upon, ἐπιφυσάω, ἐπιπνέω : to blow one's nose, ἀπομύσσομαι, ὑλίζομαι
Blow, πληγή, f. τύμμα, n. [τὰς ῥῖνας
Blowpipe, φυσητήρ, m.
Blowzy, ξανθὸς
Blubber, πιμελή, f.
Blubber, v. δακρύω
Bludgeon, ῥόπαλον, n. κορύνη, f.
Blue, (dark blue) κυάνεος; (pale blue) γλαυκός
Blue-eyed, γλαυκώψ, γλαυκῶπις
Blueness, γλαυκότης, f.
Blunder, ἁμάρτημα, n. ἁμαρτία, f. πλημμέλημα, n.
Blunder, v. ἁμαρτάνω, πλημμελέω
Blunt, v. ἀπαμβλύνω, καταμβλύνω: to be blunt, ἀμβλύνομαι
Blunt, ἀμβλύς; (dull) ἀναίσθητος
Bluntness, ἀμβλύτης, f. (dullness) ἀναισθησία, f.
Blur, σπίλος, m. κηλίς, f.   [θιάω
Blush, v. ἐρυθριάω, ἐρυθραίνομαι, ἐρευ-
Blush, ἐρύθημα, n. ἔρευθος, n.
Bluster, v. ἐμβρέμομαι, παφλάζω
Blustering, βύκτης, m.   [κελαδεινὸς
Blustrous, θορυβητικός, ταραχώδης,
Boar, κάπρος, m. σῦς, m. ὗς, m.
Boar-hunt, συαγρεσία, f.
Board, πίναξ, m. σανίς, f. (slab, draught-board, sideboard, &c.) ἄβαξ, m. : to go on board a ship, ἀνὰ νηὸς ἐμβαίνω : to put on board, ἀναβιβάζομαι ἐπὶ ναῦν
Board, v. (to pave with boards) σανι-
Boarish, συαγρώδης   [δόω
Boast, v. κομπέω, κομπάζω, αὐχέω, μεγαλαυχέω, εὔχομαι, μεγαληγορέω, ὑψηλολογέομαι, καυχάομαι
Boast, κόμπος, m. αὔχημα, n. εὖχος, n. εὐχωλή, f. ἀλαζόνευμα, n.
Boaster, ὑψαγόρας, m. κομπαστής, m. κομπός, m. ἀλάζων, m.
Boastful, μεγάλαυχος, ἀλαζών, ὑπέρκομπος, μεγαλήγορος, ἀλαζονικὸς

BOA

Boastfully, *adv.* ὑψικόμπως, ὑψηλά
Boasting, κόμπος, *m.* αὐχή, *f.* αὔχησις, *f.* καύχησις, *f.* μεγαλαυχία, *f.* ἀλαζονεία, *f.*
Boat, πλοιάριον, *n.* πορθμεῖον, *n.* κύμβη, *f.* ἄκατος, *f.* σχεδία, *f.* βᾶρις, *f.* σκάφη, *f.*
Boatman, πορθμεύς, *m.*
Boatswain, κελευστής, *m.*
Bode, *v.* ὄσσομαι, προσημαίνω
Bodement, οἰωνός, *m.* οἰώνισμα, *n.*
Bodiless, ἀσώματος
Bodily, σωματικός, σωματοειδής
Body, σῶμα, *n.* χρώς, *m.* δέμας, *n.*: a dead body, νεκρός, *m.* νέκυς, *m.*: body of men, λόχος, *m.* κῶμος, *m.* στῖφος, *n.* πλῆθος, *n.*
Bog, ἕλος, *n.* λίμνη, *f.*
Boggle, *v.* ἀπορέω, ἀμφισβητέω, ὀκνέω
Boggy, λιμνώδης, ἑλώδης
Boil, φῦμα, *n.* ἐμπύημα, *n.* ἕλκος, *n.*
Boil, *v.* ἕψω, ζέω: to boil down, ἀφέψω, καθέψω, καταπέσσω: boil over, ἐπιζέω, ὑπερζέω: boil up, ἀναζέω, βράσσω, ἀναφλύω, παφλάζω: boil around, περιβλύω
Boiled, ἑφθός, ἑψητός, ἀνάβραστος
Boiler, πύελος, *f.*
Boiling, ἕψησις, *f.* ζέσις, *f.*
Boisterous, λάβρος, ἄβρομος, βύκτης
Boisterously, *adv.* λάβρως
Bold, θρασύς, τολμηρός, θαρσαλέος, τλήμων, εὐθαρσής, τολμήεις, θαρσύνος, κραταιός, φιλοκίνδυνος; (*impudent*) ἀναίσχυντος, ἀναιδής: exceedingly bold, ὑπέρτολμος, περιθαρσύς: bold in speech, θρασύστομος, ἁπτοεπής: to be bold, τολμάω, θαρσέω, θαρσύνω: to make bold, θαρσύνω
Boldly, *adv.* τολμηρῶς, θαρσαλέως, φιλοκινδύνως; (*rashly*) ἀπερισκέπτως, ἀβούλως; (*impudently*) ἀναιδῶς, ἀναισχύντως; (*freely*) ἐλευθέρως, μετὰ παρρησίας
Boldness, θράσος, *n.* θρασύτης, *f.* τόλμη, *f.* εὐτολμία, *f.*: boldness of speech, παρρησία, *f.*
Boll, *v.* (*to rise in a stalk*) ὀγκόω, ἐξογκόομαι; (*to swell out*) οἰδαίνω, οἰδάω, ἐκφυσάω
Bolster, *v.* ὑπερείδω, ὑποστηρίζω
Bolster, προσκεφάλαιον, *n.*
Bolt, μοχλός, *m.* κλεῖθρον, *n.* κλείς, *f.* ὀχεύς, *m.*: thunder-bolt, κεραυνός, *m.* σκηπτός, *m.*
Bolt, *v.* κλείω, μοχλόω
Bolus, βῶλος, *f.*

BOR

Bombast, διθύραμβος, *m.* στομφασμός, *m.*
Bombastic, διθυραμβώδης, στόμφος,
Bonasus, βούβαλος, *m.* [ὑπέρογκος
Bond, δέσμιος, δεσμώτης, δοῦλος, δουλόσυνος
Bond, δεσμός, *m.* δέσμα, *n.* σύνδεσμος, *m.* (*written contract*) συμβόλαιον, *n.* συγγραφή, *f.*
Bondage, δουλεία, *f.* δουλοσύνη, *f.* θεραπεία, *f.*
Bondmaid, δούλη, *f.* παιδίσκη, *f.*
Bondman, δοῦλος, *m.* ἀνδράποδον, *n.*
Bone, ὀστέον, *n.*: little bone, ὀστάριον, *n.*: backbone, ῥάχις, *f.*: hip-bone, ἰσχίον, *n.*: shin-bone, κνήμη, *f.*: shoulder-blade, ὠμοπλάτη, *f.*
Boneless, ἀνόστεος
Bonfire, πῦρ, *n.* πυρά, *f.*
Bonnily, *adv.* κομψῶς, χαριέντως
Bonny, κομψός, χαρίεις, ἀστεῖος
Bony, ὀστώδης, πολυόστεος
Booby, μαμμακύθος, *m.* βερέσχεθος, *m.*
Book, βίβλος, *f.* βιβλίον, *n.* σύγγραμμα, *n.* συγγραφή, *f.* (*division of a work*) λόγος, *m.*
Book-case, βιβλιοθήκη, *f.*
Bookkeeper, λογιστής, *m.*
Bookseller, βιβλιοπώλης, *m.*
Bookseller's shop, βιβλιοπωλεῖον, *n.*
Bookworm, (*insect*) σίλφη, *f.* (*close student*) φιλόβιβλος, *m.*
Bookwriter, βιβλιογράφος, *m.*
Boom, (*bar laid across the mouth of a harbour*) ζεῦγμα τοῦ λιμένος
Boon, χάρις, *f.* χάρισμα, *n.* δῶρον, *n.* δωρεά, *f.* [ἀστεῖος, κομψός
Boon, (*cheerful, gay*) φαιδρός, ἱλαρός,
Boor, ἄγροικος, *m.*
Boorish, ἄγροικος, ἄγριος [λία, *f.*
Boorishness, ἀγροικία, *f.* ἀπειροκα-
Boot, (*tall boots*) κρηπίς, *f.* κόθορνος, *m.* (*short boots*) ἀρβύλη, *f.* ἀρβυλίς, *f.* πέδιλον, *n.* [γέρρον, *n.*
Booth, σκηνή, *f.* (*wattled booth*)
Bootless, (*useless, unavailing*) ἀνωφελής, ἄχρηστος, μάταιος
Booty, λεία, *f.* ληΐς, *f.* ἁρπαγή, *f.* ἅρπαγμα, *n.* λάφυρα, *n. pl.* ἄγρα, *f.*: to take as booty, ληΐζομαι, λαφυραγωγέω, λεηλατέω: to sell booty, λαφυροπωλέω
Border, ὅρος, *m.* ὅρια, *n. pl.* ἐσχατία, *f.* μεθόρια, *n. pl.* (*of a garment*) κράσπεδον, *n.* [ἅπτω
Border, *v.* πρόσκειμαι, ὁμουρέω, συν-
Borderer, πάροικος, *m.* πρόσοικος, *m.* περίοικος, *m.*

Bordering, ὅμουρος, ὅμορος, μεθόριος, πρόσορος, ἀστυγείτων, πρόσοικος
Bore, v. τρυπάω, τορέω, διατρυπάω, τετραίνω
Boreal, βόρειος
Boreas, Βορέας, m.
Bored, τρητός
Borer, τρυπητής, m. (auger, gimlet) τέρετρον, n. τρύπανον, n. τρυπάνη, f.
Born, part. γεγονώς, πεφυκώς, τεχθείς : new-born, νεόγονος, νεογενής : high-born, εὐγενής : to be born, γίγνομαι, φύομαι, βλαστάνω, τεκνόομαι : to be born of, εἰμὶ ἐκ, ἐκφύομαι, ἐκγίγνομαι, ἀποβλαστάνω
Borne, φερτός, τλητός : not to be borne, οὐκ ἀνασχετός
Borough, δῆμος, m.
Borrow, v. (take on credit) δανείζομαι, ἀναιρέομαι ; (ask a loan) αἰτέω
Borrowed money, δάνεισμα, n.
Borrower, δανειζόμενος, m.
Boscage, ἄλσος, n. βῆσσα, f. λόχμη, f.
Bosky, ἀλσώδης, ὑλήεις
Bosom, κόλπος, m.
Boss, ὀμφαλός, m.
Botanic, Botanical, βοτανικός
Botany, βοτανική (τέχνη)
Botch, v. ῥάπτω
Botcher, ἀκεστής, m. ῥάπτης, m.
Both, adj. ἄμφω, ἀμφότερος, ἑκάτερος, συναμφότερος : on both sides, ἀμφοτέρωθεν, ἑκατέρωσε, ἀμφοτέρωσε : from both sides, ἑκατέρωθε
Both, adv. καὶ, τὲ, ἀμφότερον
Bottle, (leathern bottle or bag) ἀσκός, m. (oil-bottle, casket for unguents, cosmetics, &c.) λήκυθος, f. (earthen bottle or jar) στάμνος, c.
Bottom, ἔδαφος, n. πυθμήν, m. ; adj. πρυμνός : from the bottom, νειόθεν, πεδόθεν : at the bottom, νειόθι : to the bottom, πέδονδε
Bottomless, ἄβυσσος, ἀπύθμενος
Bough, κλάδος, m. θαλλός, m.
Bought, part. ἐμπόλητος, ὠνητός : to be or that can be bought, ὠνητέος, ὤνιος
Bounce, v. (leap) ἄλλομαι, πηδάω
Bound, σύνδετος, σφιγκτός ; (of a ship) τεταγμένος
Bound, (leap) ἅλμα, n. πήδημα, n.
Bound, Boundary, ὅρος, m. ὅρισμα, n. ὅριον, n. τέρμα, n. τέκμαρ, n. μεθόριον, n. -α, n.pl. : of boundaries, ὅριος, μεθόριος : beyond the boundaries, ὑπερόριος
Bound, v. (limit) ὁρίζω, ἀφορίζω ; (leap) σκιρτάω, πηδάω, ἄλλομαὶ :

to be bound, i.e. it is proper that, ἔοικα, δίκαιός εἰμι, ἄξιός εἰμι [μένος
Bounded, part. ὡρισμένος, ἀφωρισ-
Boundless, ἄπλετος, ἄπλατος, ἄμετρος, ἄσπετος, ἀμέτρητος, ἀπείρων, ἀπειρέσιος, ἀτέρμων
Boundlessly, adv. ἀμέτρως, ἄσπετον
Bounds, ὅροι, m. pl. πέρας, n. τέλος, n. νόμος, m. μέτρον, n. μέσον, n. : to exceed bounds, ὑπερβάλλω τὸ μέτριον : to keep within bounds, αἱρέομαι τὸ μέσον
Bounteous, Bountiful, ἐλευθέριος, φιλόδωρος, μεγαλόδωρος, δωρητικός
Bountifully, Bounteously, adv. δωρηματικῶς, δαψιλῶς
Bounty, πολυδωρία, f. μεγαλοδωρία, f. ἐλευθεριότης, f. ἀφειδία, f.
Bourgeon, v. βλαστάνω, θάλλω
Bourn, (limit) ὅρος, m. ὅρισμα, n. ὅρια, n. pl. τέρμα, n. (torrent, stream) χαράδρα, f. χειμάρρους, m.
Bouse, Boose, v. διαπίνω, φιλοποτέω
Bousy, πάροινος, μεθυστικός
Bout, (a drinking bout) ποτός, m. συμπόσιον, n.
Bow, τόξον, n. : having a bow, τοξο-
Bow, (of a ship) πρῶρα, f. [φόρος
Bow down, v. ἠμύω, νεύω, κύπτω
Bow-case, γωρυτός, m.
Bowelless, ἄσπλαγχνος, ἀνελεήμων
Bowels, σπλάγχνον, n. -να, n. pl.
Bower, σκιάς, f. [ἔντερον, n. νηδύς, f.
Bowery, σκιερός, σκιερός
Bowl, κρατήρ, m. δέπας, n. (ball) σφαῖρα, f. [κνήμας
Bowlegged, ῥαιβός or ῥοικὸς περὶ
Bowler, σφαιριστής, m.
Bowling-green, σφαιριστρα, f. σφαι-
Bowman, τοξότης, m. [ριστήριον, n.
Bowshot, τόξευμα, n.
Bowstring, ἀγκύλη, f. ἅμμα, n.
Box, (tree) πύξος, f. : boxwood, πύξος, f. : boxwood tablet, πυξίον, n. : boxwood box, πυξίς, f. : made of boxwood, πύξινος
Box, (chest) ζύγαστρον, n. κιβωτός, f. ἀντίπηξ, m. κάψα, f.
Box, (blow) κόλαφος, m. ῥάπισμα, n.
Box, v. πυκτεύω, ῥαπίζω, κολαφίζω
Boxer, πυκτής, m. πύγμαχος, m.
Boxing, πυγμή, f. πυγμαχία, f.
Boy, παῖς, m. κόρος, m. παιδίον, n. παιδάριον, n. παιδίσκος, m. : big boy, lad, μειράκιον, n. : of boys, Boyhood, παιδεία, f. [παίδειος
Boyish, παιδικός, (youthful) μειρακιώδης

BRA

Brabble, θόρυβος, m. ὄχλυς, m.
Brabble, v. ἐρίζω
Brace, (a pair) ζεῦγος, n. (bandage) ἐπιδεσμὸς, m. ἱμὰς, m. τελαμών, m.
Brace, v. σφίγγω, δέω [σφενδόνη, f.
Bracelet, ψέλιον, n. περιβραχιόνιον, n.
Brackish, ἁλμυρὸς [χλιδών, m.
Brad, γόμφος, m.
Brag, v. καυχάομαι, μεγαλαυχάομαι, ἀλαζονεύομαι
Braggart, Bragger, ἀλάζων, m. ἀλαζονικὸς, m. καυχηματίας, m.; adj. ἀλάζων
Bragging, μεγαλαυχία, f. καύχησις, f. ἀλαζονεία, f. [κὰς, f. ἅμμα, n.
Braid, πλόκαμος, m. πλόκος, m. πλο-
Braid, v. πλέκω, συμπλέκω
Braided, πλεκτός
Brain, ἐγκέφαλος, m.
Brainless, ἀνόητος, ἄνοος
Brake, ἀκανθεών, m. λόχμη, f.
Bramble, ἄκανθα, f. ῥάχος, f.
Bran, ἄχυρα, n. pl. πίτυρα, n. pl.: heap of bran, ἀχυρῶν, m. ἀχυρμιὰ, f.
Branch, κλάδος, m. ὄζος, m. κλῆμα, n. ἔρνος, n. θαλλὸς, m.: branch of a river, κέρας, n. ἀπορρὼξ, m.: to branch off, (of a river) ἀποστρέφω
Branching, Branchy, κλαδώδης, πολύοζος: (of roads, rivers, &c.) σχιστός, δίστομος
Brand, (firebrand) δαλὸς, m. δαΐς, f. λαμπὰς, f. (mark of disgrace) στίγμα, n. ἔγκαυμα, n.
Brand, v. στίζω, ἐγκαίω
Branded person, στιγματίας, m.
Brander, στιγεὺς, m.
Brandish, v. σείω, ἀνασείω, πάλλω, τινάσσω, κραδαίνω
Brandished, παλτός
Brandishing, ἐπανάσεισις, f.
Brasier, χαλκεὺς, m. χαλκουργὸς, m. χαλκοτύπος, m. (pan of hot coals) ἐσχάρα, f. ἐσχαρὶς, f. ἐσχάριον, n.
Brass, χαλκὸς, m.: anything made of brass, χάλκευμα, n.: made of brass, brazen, χάλκεος, χαλκήρης, χαλκότευκτος: armed with brass, χαλκοτευκὴς: to work in brass, χαλκεύω
Brassy, χαλκώδης, πάγχαλκος
Bravado, ἀλαζονεία, f. ἀπειλή, f.
Brave, ἄλκιμος, ἀγαθὸς (compar. ἀρείων, superl. ἄριστος), εὔψυχος, ἐσθλὸς, κρατὺς (compar. κρείσσων, superl. κράτιστος), κραταιὸς, μεγαλήνωρ, ἴφθιμος: to be brave, εὐθαρσέω: to be the bravest, ἀριστεύω

BRE

Brave, v. ἰσχυρίζομαι, κρατύνομαι
Bravely, adv. θαρσούντως, εὐψύχως, κρατερῶς, γενναίως
Bravery, ἀρετὴ, f. εὐψυχία, f. θάρσος, n. μένος, n. εὐτολμία, f. φρόνημα, n.
Brawl, λογομαχία, f. ἔρις, f. κολῳὸς, m.
Brawl, v. ἐρίζω, ἀμφισβητέω, λογομαχέω, κολῳάω
Brawler, ἐριστὴς, m. φιλονεικῶν, m.
Bray, v. (make a noise like an ass) βρωμάομαι, ὀγκάομαι; (rub, bruise) θλίβω, τρίβω
Brayed, τριπτὸς, συντετριμμένος
Braying, (noise) ὀγκηθμὸς, m. βρώμησις, f. (bruising) τρίψις, f.
Brazen, χάλκεος, (bold) θαρσαλέος: brazen-footed, χαλκόπους
Brazenness, (boldness, impudence) θρασύτης, f. ἀναισχυντία, f. ἀναίδεια, f.
Breach, ῥῆγμα, n. (of friendship) ἀλλοτρίωσις, f.
Bread, ἄρτος, m. (wheaten bread) σεμιδαλίτης ἄρτος, πύρνον, n.: to make bread, σιτοποιέω: to eat bread, ἀρτοσιτέω, ἀρτοφαγέω
Bread-basket, ἀρτοθήκη, f. κάνεον, n.
Breadth, εὖρος, n. πλάτος, n. εὐρύτης, f. πλατύτης, f.
Break, v. ῥήγνυμι, θραύω, θρύπτω, κλάω, κατάγνυμι, ἄγνυμι; (break off, break out or forth) ἐκρήγνυμι, κατακλάω; (break off) ἀπορρήγνυμι, ἀποκαυλίζω; (break, split) διαρρήγνυμι; (break down, rend, break out) καταρρήγνυμι, διαθρύπτω, κατακλάω; (intrans. break out, as pain, grief, war, &c.) ἀναρρήγνυμαι, καταρρήγνυμαι, ἐξορμάω; (break through) διεξελαύνω, διακόπτω; (break, as a treaty, laws, &c.) λύω, καταλύω; (break off, terminate, as enmity, friendship, &c.; disperse, as an assembly) διαλύω, λύω; (break, an oath) δηλέομαι, ψεύδομαι; (be bankrupt) ἀνασκευάζω; (break in a horse) πωλοδαμνέω, πωλεύω
Break of day, περίορθρον, n. λυκαυγὲς, n.: at break of day, ἅμα ἡμέρᾳ, ἅμα ἕῳ: from break of day, ἐξ ἕω
Breakage, ἀνάρρηξις, f.
Breaker, ῥόθιον, n. οἶδμα, n.
Breakfast, ἄριστον, n. ἀκράτισμα, n. ἔμβρωμα, n. [μαι
Breakfast, v. ἀριστοποιέομαι, ἀκρατίζο-
Breaking, κλάσις, f. ῥῆξις, f. (breaking up of an assembly) διάλυσις, f.
Breast, στέρνον, n. στῆθος, n. θώραξ,

f. μαστὸς, m.: with wide breast, εὐρύστερνος
Breastplate, θώραξ, f.: to arm with a breastplate, θωρήσσω, θωρακίζω
Breath, πνοὴ (Ep. and Ion. πνοιή), f. πνεῦμα, n.
Breathe, v. πνέω, φυσάω, ἀναπνέω, ἐκπνέω, ἄημι: to breathe on, ἐμπνέω, ἐπιπνέω: to breathe forth, ἐκφυσάω, φυσιάω, ἐκπνέω
Breathing, ἀναπνοὴ, f. ἀασμὸς, m.
Breathless, ἄπνοος
Breeches, ἀναξυρίδες, f. pl. περισκελῆ, n. pl.
Breed, γένος, n. γενεὰ, f. γενέθλη, f.: high-breeding, εὐγένεια, f.: highbred, εὐγενής
Breed, v. τίκτω
Breeze, οὖρος, m. ἄνεμος, m. αὔρα, f. πνοὴ (Ep. and Ion. πνοιή), f. πνεῦμα, n.
Breezy, ἀνεμόεις
Brevity, βραχύτης, f. συντομία, f.
Brew, v. βρύζω
Bribe, δῶρον, n. μισθὸς, m. δωροδόκημα, n.
Bribe, v. διαφθείρω, πείθω χρήμασι, δεκάζω, ὠνέομαι, καταργυρόω: to receive a bribe, δωροδοκέω, διαφθείρομαι ἐπὶ χρήμασι: accepting a bribe, δωροδόκος
Bribery, (giving bribes) διαφθορὰ, f. (receiving bribes) δωροδοκία, f.: indictment for bribery, δωροδοκίας γραφὴ, f.
Brick, πλίνθος, f.: small brick, πλίνθιον, n.: made of brick, πλίνθινος: to make bricks, πλινθεύω, πλινθουργέω: to build of brick, πλινθεύω, πλινθόω
Brick-kiln, πλινθεῖον, n.
Bricklayer, οἰκοδόμος, m. τέκτων, m.
Brickmaker, πλινθουργὸς, m.
Bridal, νυμφεῖος, νυμφικὸς, νυμφευτήριος, γαμήλιος, γαμικὸς: bridal ceremonies, νύμφια, n. pl.
Bride, νύμφη, f.: to dress a bride, νυμφοκομέω, νυμφοστολέω
Bride-chamber, νυμφεῖον, n. νυμφῶν, m.
Bridegroom, νύμφιος, m.
Bridesmaid, νυμφεύτρια, f. παράνυμφος, f.
Bridesman, πάροχος, m.
Bridge, γέφυρα, f. γεφύριον, n.: bridge of rafts, σχεδία, f.: bridge of a lyre, δόναξ, m. κέρας, n.: to bridge over, γεφυρόω

Bridle, χαλινὸς, m. ἡνία, f. ἀμπυκτὴρ, m.: curb-bridle, ψάλιον, n.: snaffle bridle, ὑποχαλινίδια, f.: with golden bridle, χρυσήνιος, χρυσοχάλινος
Bridle, v. χαλινόω, ἐκχαλινόω
Brief, βραχὺς, σύντομος
Briefly, adv. συντόμως, βραχέως, ἐν κεφαλαίῳ
Briefness, βραχύτης, f. συντομία, f.
Brier, ἄκανθα, f. ῥάχυς, f.
Briery, ἀκανθώδης
Brigade, τάγμα, n. τάξις, f.
Brigadier, ταξιάρχης, m. ταξίαρχος, m.
Brigand, λῃστὴς, m. συλητὴρ, m.
Brigantine, κέλης, m. σκαφίδιον, n.
Bright, φωτεινὸς, φαεινὸς, λαμπρὸς, λιπαρὸς, ἀγλαὸς, λευκὸς, φανὸς, παμφαὴς, ἀργινόεις: very bright, ὑπέρλαμπρος: brightest, φαάντατος: to be bright, λάμπω
Brighten, v. λαμπρύνω, φαιδρύνω, λευκαίνω
Bright-eyed, χάροπος, χρυσῶπις, f.
Brightly, adv. λαμπρῶς, φαιδρῶς, ἀγλαῶς
Brightness, λαμπρότης, f. σέλας, n. αὐγὴ, f. αἴγλη, f. [θος, n.
Brilliancy, λαμπρότης, f. αἴγλη, f. ἄνBrilliant, ἀγλαὸς, αἰγλήεις, λαμπρὸς
Brim, χεῖλος, n.
Brimstone, θεῖον, n.
Brindled, ποικίλος, αἰόλος
Brine, ἅλμη, f. ἁλμαία, f.: to steep in brine, ἁλμεύω
Bring, v. φέρω, ἄγω, κομίζω, ὑπάγω, φορέω, καθίστημι: to bring back, ἀποφέρω, ἀπάγω, κατάγω: to bring in, to upon, &c. εἰσφέρω, εἰσφορέω, εἰσάγω, ἐπάγω, εἰσκομίζω, προσάγω, προσφέρω, ἐπιφέρω: to bring forward, forth, out, before, &c. ἐκφέρω, προσφέρω, προφέρω, παραφέρω, προάγω, προεξάγω: to bring away, ἀπάγω, ἐκφορέω, ἀποφέρω: to bring together, συνάγω, συμφορέω, συγκομίζω, συμβάλλω: to bring round, περιφέρω, περιάγω: to bring down, καταφέρω, κατακομίζω: to bring down, humble, ἰσχναίνω, καθαιρέω: to bring out of, ἐξάγω: to bring near to, πελάζω, ἐμπελάζω, προσάγω: to bring up from below, ἀναφέρω: to bring under, ὑπάγω: to bring to land, κατάγω, καθορμίζω, προσορμίζω: to bring before, produce, παρέχομαι, προβάλλομαι: to bring a message, ἐπαναφέρω: to

bring on oneself, ἐπάγομαι, ἐπαυρίσκομαι: to bring over, persuade, προσβιβάζω, προσάγομαι: to bring profit, money, &c. εὑρίσκω, ἐπιφέρομαι: to bring up, rear, τρέφω, ἐκτρέφω, ἐπιτροπεύω, παιδεύω: to bring forth offspring, τίκτω, ἐκτίκτω, τεκνόομαι, γίγνομαι, ἐκφύω: to bring about, ἀποτελέω, διαπράττομαι: to bring to life, ἀναβιώσκω, ἐγείρω: to bring to an end, τελέω, διάγω, διανύω

Bringing, ἀγωγή, f. ἐπαγωγή, f. εἰσαγωγή, f.: bringing up of children, τροφή, f. παίδευσις, f. ἐπιτροπεία, f. ἐπιτρόπευσις, f.: bringing forth children, τόκος, m.: bringing over to one's side, προσαγωγή, f.

Brink, χεῖλος, n.
Briny, ἁλμυρός, ἁλμήεις
Brisk, ἕτοιμος, πρόθυμος: to be brisk, προθυμέομαι
Briskly, adv. ἑτοίμως, προθύμως
Briskness, ἑτοιμότης, f. προθυμία, f.
Bristle, θρίξ, f.
Bristle, v. φρίσσω
Bristling, φρίξις: a bristling up, φρίκη,
Bristly, φριξόθριξ [f. φρίξ, f.
Brittle, κραῦρος, θραυστός
Brittleness, κραυρότης, f.
Broad, εὐρύς, πλατύς, εὐπλατής; (of a river) broad-flowing, εὐρυρέων, πλατύρροος; (of land, cities, &c.) εὐρύχορος; (of the sea) εὐρύπορος: broad-backed, εὐρύνωτος
Broadness, εὖρος, n. πλάτος, n.
Broider, Broidery, see Embroider
Broil, νεῖκος, n. θόρυβος, m.
Broil, v. φρύγω
Broken, κεκλασμένος
Bronchocele, βρογχοκήλη, f.
Bronze, χαλκός, n.
Brooch, περόνη, f. ἐνετή, f.
Brood, τροφή, f. νεοσσία, f.
Brood, v. νοσσεύω: brood over, think on, πέσσω
Brook, ῥέεθρον or ῥεῖθρον, n. νᾶμα, n.
Brook, v. ἀνέχω, τλάω, ὑπομένω
Broom, κόρηθρον, n. σάρωθρον, n. σάρος, m.
Broth, ζωμός, m.
Brothel, πορνεῖον, n.
Brother, ἀδελφός, m. κασίγνητος, m.: brother-in-law, δαήρ, m. κηδεστής, m.
Brotherly, ἀδελφός, ἀδελφικός, ὁμόβρος, ὀφρύς, f. [σπλάγχνος
Browse, v. βόσκομαι, νέμομαι

Bruise, ὑπώπιον, n.
Bruise, v. θλάω, τρίβω, ὑπωπιάζω
Bruised, part. θλαστός
Brumal, χειμερινός
Brunt, to bear the, προκινδυνεύω
Brush, κόρηθρον, n.
Brush, v. κορέω, σαίρω; (touch slightly) ψαίρω
Brushwood, ὕλη, f.
Brutal, θηριώδης, ἄγριος
Brutalise, v. ἐξαγριαίνω, θηριόω
Brutality, θηριότης, f. θηριωδία, f. ἀγριότης, f. βαρβαρισμός, m.
Brute, θήρ, m. θηρίον, n.
Brutish, (like a beast) θηριώδης, κτηνώδης; (irrational) ἄλογος, ἀναίσθητος
Bubble, πομφόλυξ, f. πέμφιξ, f.
Bubble, v. πομφολύζω, πομφολυγέω, παφλάζω, ζέω, βράσσω, ἀναζέω, ἀναβλύζω: to make to bubble, πομφολυγόω
Buck, ἔλαφος, m.
Bucket, ὑδρία, f. ὑδρεῖον, n. ἄντλημα, n.
Buckle, περόνη, f. πόρπη, f.
Buckle, v. πορπάω, ἐμπορπάω, ἐμπερονάω
Buckler, ἀσπίς, f.
Bucolic, βουκολικός [f.
Bud, βλαστός, m. βλάστημα, n. κάλυξ,
Bud, v. βλαστάνω
Budding, βλάστησις, f.
Budget, θύλακος, m.
Buffalo, βούβαλος, m. [ώπιον, n.
Buffet, κόλαφος, m. πληγή, f. ὑπ-
Buffet, v. κολαφίζω, ὑπωπιάζω, ῥαπίζω
Buffoon, βωμολόχος, m. γελωτοποιός, m. μῖμος, m.: to play the buffoon, βωμολοχεύομαι, γελωτοποιέω, κωμῳδολοιχέω
Buffoonery, βωμολόχευμα, n. γελωτοποιΐα, f.
Bug, κόρις, m.
Bugbear, μορμώ, f. μορμών, f. μορμολυκεῖον, n.
Buglehorn, σάλπιγξ, f.
Build, v. οἰκοδομέω, κτίζω, ἀνίστημι, τειχίζω, τεκταίνω, ὀρθόω, ναίω, δέμω, κατασκευάζω: to build near, παροικοδομέω: to build round, περιοικοδομέω, περιβάλλομαι: to build in, ἐνοικοδομέω, εἰσιδρύω: to build again, ἀνοικοδομέω: to build across, διοικοδομέω: to build ships, ναυπηγέω
Builder, οἰκοδόμος, m. τέκτων, m. ἀρχιτέκτων, m.

Building, (an edifice) οἰκοδόμημα, n. κτίσμα, n. δῶμα, n. κατασκεύασμα, n. (act of building) οἰκοδομία, f. οἰκοδόμησις, f.: art of building, τεκτοσύνη, f. ἡ οἰκοδομική, f.
Built : well built, εὔδμητος, εὔκτίμενος: new-built, νεόκτιστος, νεόδμητος
Bulb, βόλβος, m.
Bulbous, βολβώδης
Bulge, v. ὑπερτείνω, προέχω, πρόκειμαι, ἐξανέχω
Bulk, μέγεθος, n. ὄγκος, m. πλατύτης, f.
Bulky, μέγας, ὀγκηρός, εὔογκος
Bull, ταῦρος, m.: belonging to a bull, ταύρειος: like a bull, ταυρηδόν
Bullet, μολυβδὶς, f. μολύβδαινα, f.
Bullion, (silver, gold) ἄργυρος, m. χρυσός, m.
Bullition, ἔψησις, f. ζέσις, f. ἀνάζεσις, f.
Bullock, μόσχος, m.
Bully, v. ἀπειλέω
Bulrush, σχοῖνος, m.
Bulwark, ἐπιτείχισμα, n. ἔρυμα, n. προβολή, f. πρόβλημα, n. ἔπαλξις, f.
Bump, (swelling) οἴδημα, n. (thump, blow) ῥάπισμα, n. τύμμα, n.
Bumpkin, ἀγροιώτης, m. ἄγροικος, m.
Bunch, (pad, hump) τύλη, f. (bundle of herbs, &c.) τροπαλίς, f. : bunch of grapes, βότρυς, m. σταφυλίς, f. σταφυλή, f.
Bundle, δέσμη, f. ἀγκαλίς, f. φάκελος, m.
Bung, βύσμα, n.
Bung up, v. βύω
Bungle, ἀτύχημα, n.
Bungle, v. παραχορδίζω, ἀμηχανοποιέομαι
Bungler, αὐτοσχεδιαστὴς, m. φλαυρουργὸς, m. φαυλουργός, m.
Bunglingly, adv. ἀπείρως, ἀτεχνῶς
Buoy up, v. μετεωρίζω
Buoyant, ἐλαφρός, κοῦφος
Burden, φόρτιον, n. φόρτος, m. βάρος, n. φόρημα, n. ἄχθος, n.: ship's burden, γόμος, m.: beast of burden, ὑποζύγιον, n.: bearing burdens, σκευοφόρος, ἀχθοφόρος
Burden, v. γεμίζω, φορτίζω, βαρύνω
Burdensome, ἐπαχθής, φορτικός, ἐμβριθής
Burgess, δημότης, m. πολίτης, m.
Burglar, τοιχωρύχος, m.
Burglary, τοιχωρυχία, f.: to commit burglary, τοιχωρυχέω
Burial, ταφή, f. τάφος, m. κηδεία, f. κῆδος, n. ἐκφορά, f.
Burial-place, τάφος, m. ταφή, f.
Buried, τυμβήρης, ὑποκατώρυχος:

buried with, σύνταφος: buried together, ὁμόταφος
Burlesque, σκῶμμα, n.
Burlesque, γελοῖος, παιγνιώδης
Burlesque, v. σκώπτω, καταγελάω
Burly, παχύς, μεγαλόσωμος
Burn, καυσαλίς, f.
Burn, v. καίω, κατακαίω, προσκαίω, πίμπρημι, ἐμπίμπρημι, φλέγω, καταφλέγω : to burn from below, ὑποκαίω, ὑποπίμπρημι, ὑφάπτω : to burn down, κατακαίω, ἐκκαίω, καταφλέγω : to burn through, διακαίω : to burn together, συγκαίω, συγκατακαίω, συμφλέγω : to burn around, ἀμφιδαίω : to burn off, ἀποκαίω : to burn before, προκατακαίω : to burn or long for, ποθέω, ἐπιποθέω
Burner, καυτήρ, m. ἐμπρηστής, m.
Burning, ἔμπρησις, f. καῦσις, f.
Burning, φλεγυρός, φλογώδης, καυματώδης, περικαής; (hot, like caustic) καυστικός
Burnish, v. λαμπρύνω, λεαίνω, ξέω
Burnisher, λεαντήρ, m. λαμπρυντής, m.
Burr, λοβός, m.
Burrow, ὑπόρυγμα, n. φωλεός, m.
Burrow, v. ὑπορύσσω, φωλεύω, τρυπάω
Bursar, ταμίας, m.
Burst, διάρρηξις, f. διεκβολή, f.
Burst, v. ῥήγνυμι, καταρρήγνυμι, διαρρήγνυμι, ἀναρρήγνυμι: burst forth, ἐξορμάω, ἀπορρέω, ἀνακοντίζω: to burst in upon, ἐμπίπτω, εἰσπίπτω
Bursting out, ἀνάρρηξις, f.
Burthen, see Burden
Bury, v. θάπτω, καταθάπτω, κατορύσσω, περιστέλλω, ἐκφέρω, ἀναιρέομαι, καταχώννυμι : to bury with or near, συνθάπτω, συνκαταθάπτω
Bush, θάμνος, m. βάτος, f.
Bushel, μέδιμνος, n.
Bushy, (of a place, of animals, hair, &c.) δασύς, λάσιος; (of a plant) θαμνώδης
Busily, adv. ἀσχόλως, σπουδαίως
Business, (an affair) πρᾶγμα, n. ἔργον, n. (employment) ἀσχολία, f. (an occupation, trade) πραγματεία, f. : to be one's business, concern, μέλει, μέτεστι
Buskin, κόθορνος, m. ἐμβάτης, m.
Bust, ἄγαλμα, n. εἰκών, f.
Bustard, ὠτίς, f.
Bustle, ταραχή, f. τύρβη, f. θόρυβος, m.
Bustle, v. ἐπείγω, σπεύδω, θοάζω
Busy, περίεργος, ἄσχολος, σπουδαῖος,

πολυπράγμων : not busy, ἀπράγμων : a being busy, ἀσχολία, f. πολυπραγμοσύνη, f.: to be busy, ἀσχολέομαι, σπουδάζω, πραγματεύομαι : to be over busy, be a busybody, πολυπραγμονέω, περιεργάζομαι, ἀσχολίαν ἔχω
But, ἀλλὰ, αὐτὰρ, δὲ, τὲ καὶ, ἄρα, ἤτοι
Butcher, κρεοπώλης, m. ἄρταμος, m. : to be a butcher, κρεουργέω, κρεωκοπέω
Butchery, (slaughter) σφαγὴ, f. φόνος, m. ; (butcher's shop) κρεωπώλιον, n.
But-end, οὐρίαχος, m.
Butt, κάδος, m.
Butt, v. κερατόω, κεροτυπέω [τύρινος
Butter, βούτυρον, n. : of butter, βουButterfly, ψύχη, f.
Buttermilk, ὀῤῥὸς, m.
Buttocks, γλουτοὶ, m. pl. πυγαὶ, f. pl. σφαιρώματα, n. pl.
Button, περόνη, f.
Button, v. πορπάω, περονάω
Buttress, ἔρεισμα, n. ὑπέρεισμα, n. ἔπαλξις, f.
Buy, v. ὠνέομαι, ἀγοράζομαι, πρίαμαι : to buy up, συνωνέομαι : to buy besides, προσωνέομαι
Buyer, ἀγοραστὴς, m. ὠνητὴς, m.
Buying, ὠνὴ, f. ἐμπολὴ, f.
Buzz, βόμβος, m. : with a buzz, βομβηδὸν
Buzz, v. βομβέω
Buzzing, βόμβος, m. βόμβησις, f.
Buzzing, βομβητικὸς, βομβήεις
By, prep. w. gen. ὑπὸ, πρὸς, ὑπαὶ, μετὰ, ἐκ ; w. gen. and acc. διὰ, παρὰ, πρὸς, μετὰ ; w. acc. κατὰ
By, (by the side of) παρασταδὸν
By and by, μικρῷ ὕστερον, διὰ χρόνου, αὐτίκα
Byword, παροιμία, f.

C.

Cabbage, κράμβη, f.
Cabin, καλύβη, f.
Cabinet, κιβώτιον, n. κίστη, f.
Cable, κάλως, m. πεῖσμα, n. δεσμὸς, m.
Cachectical, καχεκτικὸς
Cachexy, καχεξία, f.
Cackle, v. κακκαβίζω
Cacodemon, κακοδαίμων, m.
Cactus, κάκτος, f.
Cadaverous, νεκρώδης
Cadence, ῥυθμὸς, m. φθόγγος, m.

Cadger, παλιγκάπηλος, m.
Cag, κάδος, m. πίθος, m.
Cage, οἰκίσκος, m.
Caitiff, κόβαλος, m.
Cajole, v. θέλγω, θωπεύω, θεραπεύω
Cajoler, θελκτὴρ, m.
Cajolery, θωπεία, f. θεραπεία, f.
Cake, πλακοῦς, m. μάζα, f. φθόϊς, m. ἄμυλος, m.
Calamitous, οἰκτρὸς, λευγαλέος, δυστυχὴς, λυγρὸς, ὀϊζυρὸς, ἄθλιος
Calamitously, adv. δυστυχῶς, οἰκτρῶς, λευγαλέως, κακῶς
Calamity, συμφορὰ, f. δυστυχία, f. κακὸν, n. ἄτη, f. πάθημα, n. πῆμα, n.
Calculate, v. λογίζομαι, ἀριθμέω, συλλογίζομαι, μετρέω
Calculation, λογισμὸς, m. ἐπιλογισμὸς, m. ἀρίθμησις, f.
Calculator, λογιστὴς, m. ἀριθμητὴς, m.
Caldron, λέβης, m.
Calendar, ἡμερολόγιον, n. ἐφημερὶς, f.
Calender, v. ξύω
Calends, νουμηνία, f.
Calf, μόσχος, c.
Calf-skin, μόσχειον, n. μοσχέη, f.
Calico, βύσσος, f.
Calid, θερμὸς, καυματηρὸς
Calidity, Calidness, θέρμη, f. θερμότης, f. καῦμα, n. καῦσις, f.
Call, κλῆσις, f.
Call, v. καλέω, φωνέω : to call to or for, summon, προσκαλέω, παρακαλέω, ἐπικαλέω, κικλήσκω : to call forth, elicit, ἐκκαλέω : to call back, call away or aside, ἀποκαλέω : to call or speak to, address, προσφωνέω, προσεῖπον : to call by name, name, speak of, προσφωνέω, προσεῖπον, προσαγορεύω, κικλήσκω : to call back, recal, ἀνακαλέω : to call on, encourage, ἀνακαλέω : to call aloud, call out, ἀναβοάω, ἀναφωνέω : to call to arms, παραγγέλλω : to call to witness, ἐπιμαρτύρομαι
Called, part. κλητὸς, ἐπίκλητος
Calligraphy, καλλιγραφία, f.
Calling, κλῆσις, f. (employment) διατριβὴ, f.
Callosity, τύλος, m. κονδύλωμα, n.
Callous, (hard, knobby) τυλόεις ; (insensitive) ἀνάλγητος : to make callous, τυλόω
Callow, ἀπτὴν, ἄπτερος
Calm, εὐδία, f. γαλήνη, f. νηνεμία. f
Calm, v. (still, quiet) ἠρεμέω, ἠρεμίζω, γαληνίζω ; (pacify, compose, of the mind, of anger, &c.) πραΰνω, παύω,

CAL

στορέννυμι, σβέννυμι: to become calm, σβέννυμαι: to be calm or tranquil, (*of the air, sea, weather, &c.*) εὑδιάω, γαληνιάω, γαληνίζω; (*of water, persons, &c.*) καθίσταμαι
Calm, εὔδιος, νήνεμος, γαληνὸς, γαληναῖος, ἠρεμαῖος; (*of the sea*) ἄκυμος, ἀκύμων
Calmly, *adv.* (*quietly*) ἠρέμα, ἠρεμαίως, γαληνῶς; (*without passion, coolly*) εὐκόλως [μία, *f.*
Calmness, γαλήνη, *f.* εὐδία, *f.* νηνε-
Calorific, καυστικὸς
Calumniate, *v.* διαβάλλω, βλασφημέω, συκοφαντέω
Calumniator, συκοφάντης, *m.* βλάσφημος, *m.*
Calumnious, συκοφαντικὸς, διάβολος, ψίθυρος, βάσκανος
Calumniously, *adv.* διαβόλως, συκοφαντικῶς
Calumny, διαβολὴ, *f.* συκοφαντία, *f.*
Calyx, κάλυξ, *f.* [βλασφημία, *f.*
Cambric, σινδών, *f.*
Camel, κάμηλος, *c.*
Camel-driver, καμηλίτης, *m.*
Camelopard, καμηλοπάρδαλις, *f.*
Camp, στρατόπεδον, *n.* σκηνὴ, *f.* (*pl.*), κλισία, *f.* (*pl.*): to pitch a camp, στρατοπεδεύω: to shift camp, μεταστρατοπεδεύομαι
Campaign, στρατεία, *f.* στράτευμα, *n.*
Can, σκύφος, *m. & n.*
Can, *v.* δύναμαι, οἷός τ' εἰμὶ
Canal, ὀχετὸς, *m.* ὀχέτευμα, *n.* διῶρυξ, *f.* διόρυγμα, *n.*: to conduct water by a canal, ὀχετεύω: a conducting by a canal, ὀχετεία, *f.*
Cancel, *v.* καθαιρέω, ἀπαλείφω; (*to strike or blot out*) διαγράφω
Cancer, (*ulcer, sore; crab, sign of the zodiac*) καρκῖνος, *m.*
Cancerous, καρκινώδης, ἄγριος
Candent, θερμὸς, φλεγυρὸς, πύρινος
Candid, (*open, frank*) ἁπλόος; (*kind*) εὐγνώμων; (*pure*) καθαρὸς: to be candid, ἁπλοΐζομαι
Candidate, ἀγωνιστὴς, *m.*: to be a candidate, ἀγωνίζομαι
Candidly, *adv.* ἁπλῶς, ἀδόλως, ἀφελῶς
Candle, λύχνος, *m.* [*n.*
Candlestick, λυχνοῦχος, *m.* λυχνίον
Candour, ἁπλότης, *f.* εὐγνωμοσύνη, *f.*
Cane, κάλαμος, *m.* κάννα, *f.* νάρθηξ, *m.* ῥάβδος, *f.*: made of cane, καλάμινος
Cane, *v.* ῥαβδίζω

CAP

Canine, κύνειος
Canister, κάνεον, *n.*
Canker, λειχὴν, *m.*
Cannibal, ἀνδροφάγος, *m.* ἀνθρωποφάγος, *m.*
Canoe, σχεδία, *f.* σκαφίδιον, *n.*
Canon, κανὼν, *m.*
Canonical, κανονικὸς
Canopy, κωνωπεὼν, *m.*
Cant, *v.* θωπεύω
Cantharides, κανθαρὶς, *f.*
Canthus, κάνθος, *m.*
Canticle, μέλος, *n.* ψαλμὸς, *m.*
Canton, δῆμος, *m.* φυλὴ, *f.* χώρα, *f.*
Canton, Cantonise, *v.* διανέμω, διαιρέω: to canton an army, διασκηνάω, -έω, -όω
Canvass, *v.* μνηστεύομαι, παραγγέλλω, σπουδαρχέω
Canvasser, σπουδάρχης, *m.*
Canvassing, παραγγελία, *f.* σπουδαρχία, *f.*
Cap, κυνέη, *f.* κυνῆ, *f.* ἐπίκρανον, *n.*
Cap, *v.* ἐπικαλύπτω, περιστέγω
Capability, δύναμις, *f.*
Capable, δυνατὸς, οἷός τε, ἱκανὸς
Capacious, μέγας, εὐρύχωρος
Capaciousness, μέγεθος, *n.* εὐρυχωρία, *f.*
Capacitate, *v.* ἱκανόω
Capacity, (*ability*) δύναμις, *f.* (*understanding*), νοῦς, *m.*
Caparison, *v.* στέλλω, στολίζω, ἐπισκευάζω, σκευάζω, ἐντύνω
Cape, ἄκρα, *f.* ἀκρωτήριον, *n.*
Caper, (*both plant and berry*) κάππαρις, *f.*
Caper, *v.* σκιρτάω, σκαίρω
Capital, (*principal sum, stock*) κεφάλαιον, *n.* ἀρχαῖα, *n. pl.* ἀφορμὴ, *f.* (*chief city*) ἄστυ, *n.* πόλις, *f.* (*summit of a pillar*) ἐπίκρανον, *n.* κιόκρανον, *n.*
Capital, (*excellent*) ἐκπρεπὴς, δόκιμος; (*costing life*) κεφαλικὸς: a capital crime, ἀδίκημα φονικὸν: a trial for capital crime, θανάτου δίκη
Capitally: to punish capitally, κεφαλικῶς κολάζειν: to be punished capitally, θανάτῳ ζημιόομαι: to be prosecuted for a capital crime, θανάτου κρίνομαι
Capitular, κεφάλαιον, *n.*
Capitulate, *v.* ὁμολογέω, παρίσταμαι, ἐνδίδωμι
Capitulation, ὁμολογία, *f.*
Caprice, μετάγνωσις, *f.* φαντασία, *f.*
Capricious, φανταστικὸς, παλίμβολος, μετάβουλος, ἀβέβαιος

Capriciously, *adv.* ἀβεβαίως
Capricorn, αἰγόκερως, m.
Captain, λοχαγὸς, m. ταξίαρχος, m. ἄρχων, m. (*of a ship*) τριήραρχος, m.: to be a captain, λοχαγέω, ἄρχω · (*of a ship*) τριηραρχέω
Captaincy, λοχαγία, f.
Caption, ἀπαγωγὴ, f. ἅλωσις, f.
Captious, ἐριστικὸς, σοφιστικὸς
Captiously, *adv.* ἐριστικῶς, ἀπατηλῶς
Captivate, *v.* τέρπω, θέλγω, αἱρέω
Captive, δεσμώτης, m.
Captive, *adj.* αἰχμάλωτος, δοριάλωτος, δορίληπτος, δορίκτητος: to take captive, ληΐζομαι: to be taken captive, ἁλίσκομαι
Captivity, δουλεία, f. αἰχμαλωσία, f.
Capture, ἅλωσις, f. λῆψις, f. αἵρεσις, f.
Capture, *v.* λαμβάνω, αἰχμαλωτεύω : easily captured, ἁλώσιμος, ἁλωτὸς
Car, ἅρμα, n. ὄχημα, n. ἅμαξα, f. δίφρος, m. ὄχος, m.
Carat, κεράτιον, n.
Caravan, ὄχημα, n. ἅρμα, n. ἅμαξα, f.
Carbuncle, ἄνθραξ, m.
Carcase, σῶμα, n. νέκυς, m. ἐρείπια,
Card, *v.* ξαίνω, κνάπτω [n. *pl.*
Cardamom, καρδάμωμον, n.
Carder, ξάντης, m.
Cardinal, κράτιστος, ἀρχικὸς
Carding, ξάνσις, f.: trade of carding, ἡ ξαντικὴ
Care, μέριμνα, f. φροντὶς, f. μελέτη, f. ἐπιμέλεια, f. πρόνοια, f. ὥρα, f. μέλημα, n. σπουδὴ, f. μερίμνημα, n. κῆδος, n. : without care, ἀκηδὴς
Care, *v.* (*care for, take care of, attend to*) μελετάω, μέλομαι, ἐπιμελέομαι, ἐπιμέλομαι, περιστέλλω, κομίζω ; (*care for, be anxious about*) κήδομαι, φροντίζω ; (*take care, be cautious, beware lest*) ὁράω (μὴ), προσκοπέω (μὴ), φρουρέω, φυλάσσομαι (μὴ), προνοέομαι (*with gen. or* ὅτι, ὅπως, *or* μὴ), σπουδάζω, διαφυλάσσω, ἐπιτηδεύω (ὅπως) : to be a care, object of thought or anxiety, μέλω : one must care, or take care, μελητέον, ἐπιμελητέον, φυλακτέον, προνοητέον, φροντιστέον : one who takes care, κηδεμών, c. μελεδωνὸς, c. μεριμ-
Career, δρόμος, m. [νητὴς, m.
Careful, ἐπιμελὴς, ἐπιστρεφὴς, περιφραδὴς, φρόνιμος, ἀκριβὴς, σπουδαῖος
Carefully, *adv.* ἐπιμελῶς, σπουδαίως, μεμελημένως, φροντιστικῶς
Carefulness, ἐπιτήδευσις, f. σπουδὴ, f. ἐπιμέλεια, f.

Careless, ἀμελὴς, ἀφρόντιστος, ἀλόγιστος, ἀκηδὴς, ὀλίγωρος : to be careless, ἀμελέω, μεθίημι, ἀποκηδέω
Carelessly, *adv.* ἀμελῶς, ὀλιγώρως, ἀφροντίστως [ἀεσιφροσύνη, f.
Carelessness, ἀμέλεια, f. ἀφυλαξία, f.
Caress, ἔφαψις, f. ἄσπασμα, n. ἀσπασμὸς, m.
Caress, *v.* ἀσπάζομαι, κορίζομαι
Caresser, ἐφάπτωρ, m.
Cargo, φόρτος, m. φορτίον, n. γόμος, m.
Carious, σαπρὸς
Carmine, φοῖνιξ, φοινικόεις, ἐρυθρὸς ; *subst.* φοῖνιξ, f.
Carnage, φόνος, m. σφαγὴ, f.
Carnal, σαρκικὸς
Carnally, *adv.* σαρκικῶς, πονηρῶς
Carnivorous, σαρκοφάγος, σαρκοβόρος, κρεοφάγος : to be carnivorous, σαρκοφαγέω, ζωοφαγέω
Carol, μολπὴ, f. ᾆσμα, n. μέλος, n.
Carol, *v.* ἀείδω, μελίζω, μέλπω, ὑμνέω
Carousal, κῶμος, m. συμπόσιον, n. εὐωχία, f.
Carouse, *v.* κωμάζω, εὐωχέομαι
Carpenter, ξυλουργὸς, m. τέκτων, m. τεκτονικὸς, m.
Carpentry, ξυλουργία, f. τεκτονικὴ, f.
Carpet, τάπης, m. ταπὶς, f. δάπις, f.
Carriage, ἅμαξα, f. ζεῦγος, m. ἅρμα, n.: of a carriage, ἁμαξήρης, ἁμαξικὸς
Carriage-builder, ἁμαξουργὸς, m.
Carriage-road, ἁμαξιτὸς, ἁμαξιτὸς ὁδὸς
Carrier, φορεὺς, m. φορτηγὸς, m.
Carrot, σταφυλῖνος, c.
Carry, *v.* φέρω, φορέω, ὀχέω, βαστάζω, κομίζω : to carry away, ἀποφέρω, ἀποκομίζω, ἐκφέρω, ἐκφορέω, ἀποκομίζω, ἐκκομίζω, ἀφαιρέω, ἀπάγω : to carry back, ἀναφέρω, κατάγω : to carry down, καταφέρω : to carry out, ἐκφέρω, ἀναιρέομαι, ἐξάγω : to carry across *or* over, διακομίζω, διαφέρω, διαβιβάζω, διαπορθμεύω, διάγω : to carry round, περιφέρω, περιάγω : to carry to, εἰσφέρω, προσκομίζω, εἰσβιβάζω : to carry up, ἀναρπάζω, ἀνακομίζω : to carry away privily, ὑπεκφέρω, ὑπεκκομίζω : carried off *or* away, λῃστὸς, ἀναρπαστὸς
Carrying, φορά, f. ὄχησις, f. ἀγωγὴ, f. κομιδὴ, f.: carrying away, κατακομιδὴ, f. ἀναίρεσις, f. ἐκκομιδὴ, f. ἀπαγωγὴ, f. ἐκφορά, f.: carrying round, περιφορά, f.: carrying over, διακομιδὴ, f. παραγωγὴ, f.

CAR

Cart, ἅμαξα, f. ὄχημα, n.
Carter, ζευγηλάτης, m.
Carthage, Καρχηδὼν, f.
Carthaginian, Καρχηδόνιος
Cartilage, χόνδρος, m.
Cartilaginous, χονδρώδης
Carve, v. γλύφω, κολάπτω, ἐγκολάπτω, σμιλεύω; (carve meat) δαιτρεύω, κρεανομέω
Carved, σμιλευτὸς, γλυπτὸς: carved work, σμίλευμα, n. δαίδαλμα, n.
Carver, γλύπτης, m. γλυφεὺς, m.
Carving, γλυφὴ, f.
Cascade, καταρράκτης, m.
Case, (chest) θήκη, f. κάψα, f. κάλυμμα, n. (condition) κατάστασις, f. συμβαῖνον, n. τὸ συμβὰν, τύχη, f. συμφορά, f. (in grammar) πτῶσις,f.
Case, v. καλύπτω, ἐπικαλύπτω
Cash, ἀργύριον, n. κέρμα, n. χρήματα, n. pl. [λαξ, m.
Cashier, θησαυροφύλαξ, m. χρυσοφύ-
Cask, πίθος, m. κάδος, m.
Casket, κιβώτιον, n.
Casque, πήληξ, f. κόρυς, f.
Cassia, κασία, f.
Cassock, χιτὼν, m.
Cast, βολὴ, f.
Cast, v. βάλλω, ῥίπτω, ἵημι: to cast away, ἐκβάλλω, ἀποβάλλω: to cast about, περιβάλλω, (of the eyes) διαφέρω, διαρρίπτω: to cast down, καταβάλλω, (of the spirits) ταπεινόω, κατημύω; to be cast down, (of the spirits) ἀδημονέω, καταθυμέω: to cast up, (of the sea) πτύω, ἀποπτύω, (calculate) λογίζομαι: to cast metal, χοανεύω: cast, (of metal) χυτὸς: cast up or out, ἔκβλητος
Castanet, κρόταλον, n.
Castigate, v. κολάζω
Castigation, κόλασις, f.
Casting, (of metal) χώνευσις, f. χωνεία, f.: casting away, ἀποβολὴ, f. ἀπόρριψις, f.: casting up, (of accounts) λογισμὸς, m.
Castle, φρούριον, n. πύργος, m.
Castor, Κάστωρ, m. [νουχίζω
Castrate, v. ἐκτέμνω, ὀρχοτομέω, εὐ-
Castrater, εὐνουχιστὴς, m.
Castration, ἐκτομὴ, f. εὐνουχισμὸς, m.
Casual, τυχὼν, ἐντύχων, συμβὰς, αὐτόματος [τομάτου
Casually, adv. αὐτομάτως, ἐκ τοῦ αὐ-
Casualty, συμφορὰ, f. τύχη, f.
Casuist, σοφιστὴς, m.
Casuistry, σοφιστεία, f.
Cat, αἴλουρος, m.

CAU

Catalogue, κατάλογος, m.
Catapult, καταπέλτης, m.
Cataract, καταρράκτης, m. (in the eye)
Catarrh, κατάρροος, m. [λεύκωμα, n.
Catarrhal, καταρροϊκὸς
Catastrophe, καταστροφὴ, f. συμφορὰ, f. ἀποτυχία, f.
Catch, (a song) ᾆσμα, n. ᾠδὴ, f.
Catch, v. λαμβάνω, περιλαμβάνω, ἐγκαταλαμβάνω, μάρπτω; (to light upon, meet with, come up to as in a race) κιχάνω; (intercept, catch) ὑποτρέχω; (detect) ἐπιτυγχάνω, αἱρέω; (ensnare, as game) αἱρέω, θηράω, ἐκθηράομαι, ἀγρεύω; (catch in a net) σαγηνεύω: to be caught (as game), be detected, ἁλίσκομαι: easily caught, ἁλώσιμος, εὐάλωτος: hard to be caught, δυσθήρευτος
Catching, λῆψις, f. κατάληψις, f. ὑπαγωγὴ, f.
Catechise, v. κατηχίζω
Catechist, κατηχητὴς, m.
Categorical, κατηγορικὸς
Category, κατηγορία, f.
Cater, v. ὀψωνέω
Caterer, ὀψώνης, m.
Caterpillar, τρὼξ, m. κάμπη, f.
Cathartic, καθαρτικὸς
Cathedral, καθέδρα, f.
Catholic, καθολικὸς [θρέμμα, n.
Cattle, βόσκημα, n. πρόβατα, n. pl.
Cavalcade, διέλασις, f.
Cavalier, ἱππότης, m. ἱππεὺς, m.
Cavalry, ἵππος, f. τὸ ἱππικὸν, οἱ ἱππεῖς, ἱππεία, f.: a division of cavalry, φυλὴ, f.: to be a cavalry soldier, ἱππεύω: general of cavalry, ἵππαρχος, m.: to be a general of cavalry, ἱππαρχέω: commander of a division of cavalry, φύλαρχος: to be commander of a division of cavalry, φυλαρχέω: cavalry engagement, ἱππομαχία, f.
Cave, Cavern, ἄντρον, n. σπηλαῖον, n. σπέος, n. αὔλιον, n.
Cavernous, ἀντρώδης
Cavil, λεπτολογία, f.
Cavil, v. λεπτολογέω, φιλονεικέω, ἐρίζω, ἀμφιλογέω
Cavity, κεῖθος, n. κύτταρος, m. κόλπος, m. γύαλον, n.
Caul, ἐπίπλοον, n.
Cauldron, λέβης, m.
Caulk, v. πακτόω
Cause, αἰτία, f. αἴτιον, n. ἀρχὴ, f.; (the causing person, author) αἴτιος, τέκτων, m. ἡγεμὼν, m.: in part the

?, μεταίτιος, συν-
cause), ἀναίτιος,
t cause? διὰ τί;
διὰ τοῦτο, διότι,

bring about) τί-
, φυτεύω; (work,
ργάζομαι, ἐξεργά-
) τίκτω, ποιέω,
c, cause, afford)
among, ἐντίκτω,
μαι
μάταιος
ἀναιτίως, μάτην,
[πρὸς οὐδὲν

ιάζω, καίω

εὐλάβεια, f. φυ-
[γέλλω
, παραινέω, παραγ-
φυλακτικὸς, προ-
γμένος, πρόνοος :
λαβέομαι, ἐξευλα-
αι, φυλακὴν ἔχω
ὑλαβῶς, διεσκεμ-
[περίσκεψις, f.
ιεια, f. φυλακὴ, f.
ᾠζω

:απαύομαι, λήγω,
κλείπω, ἀπολείπω,
u, ἐπέχω, ἀνέχω,
v ; (put a stop to)
ταλύω, λήγω
, συνεχὴς, μύριος,
ἀνήνυτος, ἀτέρμων
νεχῶς, ἀπαύστως,

? cedar, κέδρινος
ἄκω, λύω
ία, f. Σάμος, f.
καταστέγασμα, n.

άζω, ὑμνέω, ἀείδω
ινέω, πανηγυρίζω,

rious, ὑμνητὸς,
ητος, κλεῖτυς, εὐ-

υρισμὸς, m.
. εὐδοξία, f. κλέος,
ι.
ταχύτης, f.
ἐπουράνιος : the
gods, οὐρανίωνες,
οἱ
μοναυλία, f.

Cell, ἀποθήκη, f. κρύπτη, f. (of a honeycomb) κύτταρος, m.
Cellar, οἰνὼν, m.
Cement, χάλιξ, c.
Cement, v. κολλάω
Cemetery, τάφη, f. κοιμητήριον, n.
Cenotaph, κενοτάφιον, n.
Censer, θυμιατήριον, n.   [τιμητεύω
Censor, τιμητὴς, m. : to be a censor,
Censorious, ψεκτικὸς, φιλαίτιος, ἐπι-
τιμητικὸς, ψογερὸς, φιλόψογος,
φιλοτώθαστος: to be censorious,
φιλοτωθάζω: censorious person,
φιλεπιτιμητὴς, m.
Censorship, τιμητεία, f.
Censurable, μεμπτὸς, κατάμεμπτος,
ἐπιμώμητος, ἐπαίτιος, ψεκτὸς
Censure, μέμψις, f. αἰτία, f. ψόγος, m.
Censure, v. μέμφομαι, καταμέμφομαι,
ἐπιμέμφομαι, ψέγω, ἐπιτιμάω, αἰτιά-
ομαι, ἐπαιτιάομαι, ἐλέγχω
Censurer, ἐπιτιμητὴς, m. ψεκτὴς, m.
Cent, (Lat. centum) ἑκατὸν
Centaur, κένταυρος, m.
Centaury, (a plant) κενταυρὶς, f.
Centenary, ἑκατοντὰς, f. ἑκατοστὺς, f.
Centennial, ἑκατονταέτηρος, ἑκατον-
Centesimal, ἑκατοστὸς   [ταετὴς
Centifolious, ἑκατοντάφυλλος
Centipede, ἴουλος, m.
Central, μεσόμφαλος, μέσος
Centre, ὄμφαλος, m. μεσομφάλιον, n.
κέντρον, n.
Centuple, ἑκατονταπλασίων
Centurion, ἑκατόνταρχος, ἑκατοντάρ-
χης, m.: to be a centurion, ἑκα-
τονταρχέω
Centurionship, ἑκατονταρχία, f.
Century, ἑκατονταετηρὶς, f. : of or
lasting a century, ἑκατονταετὴς,
ἑκατονταέτηρος
Cerastes, κεράστης, m.   [τὴ, f.
Cerate, κηρωτὸν, n. κήρωμα, n. κηρω-
Cerberus, Κέρβερος, m.
Cere, v. κηρόω
Cerebellum, παρεγκεφαλὶς, f.
Ceremonies, (religious) τελεταὶ, f. pl.
Ceres, Δημητὴρ, f.   [τὰ ἱερὰ, n. pl.
Certain, βέβαιος, σαφὴς, ἀσφαλὴς,
πιστὸς : certain one, τις, (thing) τι
Certainly, adv. ἀκριβῶς, βεβαίως,
σάφα, σαφῶς ; (indeed) μὲν, μέντοι,
μὴν, ἦ μὴν
Certainty, βεβαιότης, f. ἀσφάλεια, f.
ἀκρίβεια, f. σαφήνεια, f.
Certificate, γράμμα, n.
Certify, v. βεβαιόω, μαρτύρομαι
Cerulean, γλαυκὸς, κυάνεος

CES

Cessation, ἀνάπαυσις, f. παῦσις, f. διάλυσις, f. λῆξις, f.
Cession, ἀπόδοσις, f. ὑποχωρησις, f.
Cestus, κεστὸς, m. ζώνη, f.
Cetaceous, κητώδης
Chafe, v. (to fret, be angry) ἀγανακτέω, δυσχεραίνω, χολόομαι; (make angry) κνίζω, ἐξορίνω, δάκνω, χαλεπαίνω; (warm by rubbing) θάλπω
Chaff, ἄχυρον, n. κάρφος, n.: heap of chaff, ἀχυρμιὰ, f. ἀχυρῶν, m.: to eat chaff, ἀχυροφαγέω: to strew with chaff, ἀχυρόω: without chaff, ἀναχύρωτος
Chaff-bin, ἀχυροδόκη, f. ἀχυροθήκη, f.
Chaffer, v. ὠνέομαι, ἀλλάσσομαι, μετ-
Chafferer, ἔμπορος, m. [ἀμείβω
Chaffy, ἀχυρώδης
Chafing-dish, πύραυνον, n.
Chagrin, ἀχθηδὼν, m. δυσθυμία, f. δυσχέρεια, f. ἀνία, f. δάκνον, n. ἄχθος, n.
Chagrin, v. δάκνω, κνίζω, θυμοβορέω, ἀνιάζω: to be chagrined, δυσχεραίνω, βαρέως ἔχω or φέρω, δυσχερῶς ἔχω
Chain, δεσμὸς, m., pl. δεσμὰ, -μοὶ, ἅλυσις, f. πέδη, f.
Chain, v. δέω, δεσμεύω, πεδάω
Chained, δέσμιος, δεσμώτης
Chair, ἕδρα, f. δίφρος, c. θᾶκος, m. θρόνος, m. καθέδρα, f.
Chairman, (president of an assembly) πρόεδρος, m. ἐπιστάτης, m.: to be chairman, ἐπιστατέω, προεδρεύω
Chaise, δίφρος, m. ἅρμα, n.
Chalice, κύλιξ, m. [γυψόω
Chalk, γύψος, f.: to chalk over,
Challenge, πρόκλησις, f.
Challenge, v. προκαλέομαι
Chalybeate, χαλυβδικὸς, χαλυβικὸς
Chamber, θάλαμος, m. οἴκημα, n.
Chamber-pot, ἀμὶς, f. οὐράνη, f. οὐρη-
Chameleon, χαμαιλέων, m. [τρὶς, f.
Chamois, δορκὰς, f.
Chamomile, χαμαίμηλον, n.
Champ, v. μασάομαι
Champaign, πεδιὰς, ἄπεδος, ὁμαλὸς
Champignon, μύκης, m.
Champion, πρόμαχος, m. προστάτης, m. ἀγωνιστὴς, m.: to champion, προμάχομαι
Chance, τύχη, f. (a chance, casualty) σύμβαμα, n.: by chance, adv. τυχὸν, τυχόντως, ἐκ τοῦ αὐτομάτου, αὐτομάτως, τῇ τύχῃ, κατὰ τύχην, κατὰ δαίμονα: to have a chance, κινδυνεύω

350

CHA

Chancel, ἄδυτον, n.
Chancellor, ἀρχιγραμματεὺς, m.
Chancre, ἕλκος, n.
Chandelier, λυχνοῦχος, m.
Change, μεταβολὴ, f. ἀλλαγὴ, f. μεταλλαγὴ, f. ἀλλοίωσις, f. ἑτεροίωσις, f.: change of mind, μετάγνωσις, f. μετάνοια, f. μεταβουλία, f. (of fortune) κίνημα, n. (of the wind) μετάρροια, f.: small change, (money) κέρματα, n. pl.
Change, v. (exchange, remove, &c.) ἀμείβω, μεταμείβω, ἀλλάσσω, μεταλλάσσω, παραλλάσσω, ἀνταλλάσσω; (alter) μεθίστημι, μετατίθημι, ἀλλοιόω, μετακινέω, μετασκευάζω, μεταβάλλω, στρέφω, μεταστρέφω; (to change in form, mind, opinion; also, of condition, circumstances, political changes, &c.) μεταπίπτω, ἐκπίπτω, ἑτεροιόομαι, μεταβαίνω: to change one's mind, μετανοέω, μεταμέλομαι, μεταγιγνώσκω, μεταβάλλομαι, μεταδοξάζω, ἀγχίστροφα βουλεύομαι, ἐξίσταμαι: to change money, διακερματίζω, χρυσωνέω: to change one's course, μετάγω: to change one's abode, μετοικέω
Changeable, ἀγχίστροφος, μετάβολος, μεταβλητὸς, εὐμετάβολος, αἰόλος, ποικίλος, μετάτροπος: changeable in mind, μετάβουλος, μεταμελητικὸς
Changed, μεταλλακτὸς, διάστροφος
Changeling, ὑποβολιμαῖος, m.
Channel, ὀχετὸς, m. αὐλὼν, m.
Chant, μολπὴ, f.
Chant, v. ἀείδω, ᾄδω, ὑμνέω
Chanticleer, ἀλεκτρυών, m. ἀλέκτωρ,
Chaos, χάος, n. [m.
Chap, (crack in the hand) χειρὰς, f.: to have chapped hands, χειριάω: with chapped feet, χειροπόδης; (jaw) γένυς, f.
Chapel, ναΐδιον, n. ναὸς, m. [μα, n.
Chaplet, στέφος, n. στεφάνη, f. στέμ-
Chapman, κάπηλος, m. ὠνητὴς, m.
Chapter, κεφαλὶς, f.
Character, (mark, stamp, letter, character of a person or thing, characteristic, style of an author) χαρακτὴρ, m. (letter) σῆμα, n. (nature, disposition) ἦθος, n. τρόπος, m. ὀργὴ, f. φυὴ, f. (reputation) δόξα, f. φήμη, f. φάτις, f. ἀκοὴ, f.: good character, εὐδοξία, f.: bad character, κακοδοξία, f.

CHA

Characterise, v. χαρακτηρίζω
Characteristic, χαρακτήρ, m.
Characteristic, χαρακτηριστικὸs
Charcoal, ἄνθραξ, m. ἀνθρακία, f.: to make charcoal, ἀνθρακεύω
Charge, (expense, cost) τιμὴ, f. ὦνos, m. (trust, charge to overlook, office) ἐπίστασις, f. (command) παράγγελμα, n. ἐπίταγμα, n. (attack, onset) δρόμος, m. ἐμβολὴ, f. (an accusation) κατηγορία, f. κατηγόρημα, n. ἔγκλημα, n. γραφὴ, f. (thing committed to one's care) φρούρημα, n.: to have the charge of, ἐπιστατέω: who has the charge of, ἐπιστάτης, m. ἐπίσκοπος, m.
Charge, v. (entrust) ἐπιτρέπω, ὑπερτίθημι; (command, enjoin) ἐντέλλομαι, ἐπιτέλλω, προστάσσω, παραγγέλλω; (accuse) κατηγορέω, ἐγκαλέω; (make an attack on) ἐπιτρέχω, ἔπειμι, ἐφορμάω, ἐμβάλλω, ἐλαύνω: to charge (as the price or worth), τιμάω, ἀπεμπολάω
Chargeable, (blameable) αἴτιος, ἐπιμεμφὴς; (expensive) δαπανηρὸς, πολυτελὴς
Charger, (horse) ἵππος, m. (large dish) πίναξ, m. λοπὰς, f.
Charily, adv. ἀκριβῶς
Chariness, ἀκρίβεια, f. προμηθία, f.
Chariot, ἅρμα, n. ὄχημα, n. δίφρος, m. ὄχος, m.: covered chariot, λαμπήνη, f.: four-horsed chariot, τετραορία, f.: two-horsed chariot, συνωρὶς, f.: of a chariot, ἁρμάτειος, ἁρματόεις: of a four-horsed chariot, τετράορος, τέτρωρος: having a beautiful chariot, εὐάρματος, καλλίδιφρος: having a swift chariot, ῥιμφάρματος: to drive a chariot, ἁρματηλατέω, διφρηλατέω, ἁρματεύω: chariot-driving, ἁρματηλασία, f. διφρεία, f.
Charioteer, ἡνίοχος, m. ἁρματηλάτης, m. διφρηλάτης, m. ὑφηνίοχος, m. ἡνιοστρόφος, m.: to be a charioteer, ἡνιοχέω, ἡνιοστροφέω: chariot-builder, ἁρματοπηγὸς, m. ἁμαξουργὸς, m.: chariot's track, ἁρματροχία, f. ἁματροχία, f.
Charitable, (benevolent, liberal, making allowance) φιλάνθρωπος, ἐπιεικὴς; (merciful, compassionate) ἐλεήμων, ἐλεημονικὸς
Charitably, adv. ἐλεημόνως, φιλοφρόνως, φιλανθρώπως, εὐμενῶς

CHE

Charity, (benevolence, humanity, clemency, liberality) φιλανθρωπία, f. εὐγνωμοσύνη, f. (alms) ἐλεημοσύνη, f.
Charlatan, ἀγύρτης, m.
Charles's Wain, ἄρκτος, f. ἅμαξα, f.
Charm, φίλτρον, n. θελκτήριον, n. ἐπαοιδὴ, contr. ἐπῳδὴ, f. φάρμακον, n. θέλγητρον, n. κήλημα, n.
Charm, v. (appease, delight) θέλγω, κηλέω; (bewitch, use charms) ἐπαείδω, contr. ἐπᾴδω, φαρμακεύω: to charm away, ἐξεπᾴδω [κηλητὴς, m.
Charmer, θελκτὴρ, m. θέλκτωρ, m.
Charming, θελκτήριος, κληητήριος, ἐπῳδὸς; (pleasing, delightful) χαρίεις
Chart, πίναξ, m. χάρτης, m.
Chary, ἀκριβὴς
Chase, δίωξις, f. (hunting) θήρα, f.
Chase, v. διώκω, θηράω; (carve, engrave) γλύφω, ἐντέμνω, χαράσσω
Chasm, χάσμα, n.
Chaste, ἁγνὸς, καθαρὸς, παρθένειος
Chastely, adv. ἁγνῶς, καθαρῶς
Chasten, v. σωφρονίζω, παιδεύω
Chastise, v. κολάζω, ἰθύνω
Chastisement, κόλασις, f. κόλασμα, n.
Chastiser, εὔθυνος, m. εὐθυντὴρ, m. παιδευτὴς, m.
Chastity, ἁγνεία, f. παρθενία, f.
Chat, λαλιὰ, f. στώμυλμα, n.
Chat, v. στωμύλλομαι, λαλέω, κωτίλλω
Chattel, κτῆμα, n. οὐσία, f. χρήματα, n. pl.
Chatter, v. λαλέω, στωμύλλομαι, κωτίλλω [λία, f.
Chattering, παγγλωσσία, f. στωμυ-
Chattering, adj. λάβρος, κωτίλος, λάλος, λάλιος, λαλητικὸς, στωμύλος, τανύγλωσσος, ἀθυρόστομος [n. pl.
Chawdron, ἔντερα, n. pl. σπλάγχνα,
Cheap, εὐτελὴς, εὔωνος [προικα
Cheaply, adv. εὐτελῶς, μικροῦ, ἀντί-
Cheapness, εὐτέλεια, f. εὐωνία, f.
Cheat, (rogue) φηλήτης, m. ἀπατεὼν, m. ἀποστερητὴς, m. (juggler, impostor) γόης, m. φέναξ, m. (deceiver) ἠπεροπευτὴς, m. (a trick, deceit) φήλωμα, n. φενάκισμα, n.
Cheat, v. φενακίζω, ἀποστερέω, παρακόπτω, φηλόω, παρακρούω: to help to cheat, συναποστερέω: to be cheated, θάλπομαι
Check, κώλυμα, n. ἐμπόδισμα, n. ἐμπόδιον, n.
Check, v. ἐφίστημι, ἐρύκω, ἔργω, Att. εἴργω, ἔχω, ἐπέχω, ἴσχω, καταπαύω, κωλύω, καταλαμβάνω

CHE

Checker, Chequer, *v.* ποικίλλω
Cheek, παρειά, *f.* παρήϊον, *n.* παρηΐς, *f.* γένειον, *n.* γενειάδες, *f. pl.* : rosy cheek, ῥοδόμηλον, *n.* : with rosy cheeks, μηλοπάρειος : with beautiful cheeks, καλλιπάρηος, εὐπάρειος
Cheek-pieces, (*of a helmet or of a horse's harness*) φάλαρα, *n. pl.* παρήϊον, *n.* μέτωπον, *n.*
Cheer, (*an encouragement*) ἐγκέλευσμα, *n.* παρακέλευσμα, *n.* (*good cheer, festivity*) εὐφροσύνη, *f.*
Cheer, *v.* (*make cheerful*) φαιδρύνω, ἰαίνω, εὐθυμέω ; (*incite, urge on*) θαρσύνω, παραθαρσύνω, κελεύω, παρακελεύομαι, διακελεύομαι, παρακαλέω, παραγγέλλω : to cheer up, take courage, θαρσέω
Cheerful, εὔθυμος, ἱλαρός, φαιδρός, ἵλαος : of cheerful countenance, φαιδρωπός : to be cheerful, φαιδρόομαι, εὐθυμέω, φιλοφρονέομαι
Cheerfully, *adv.* φαιδρῶς, ἱλαρῶς, ἀγαπητῶς
Cheerfulness, εὐθυμία, *f.* φαιδρότης, *f.*
Cheering, παραμυθητικός, παρακελευστικός
Cheering, παρακέλευσις, *f.* παράκλησις, *f.*
Cheerless, ἄχαρις, δύσχιμος [*sis, f.*
Cheerly, Cheery, ἱλαρός, φαιδρός, εὐτράπελος, τερπνός
Cheese, τυρός, *m.* : new cheese, τροφαλίς, *f.* τροφάλιον, *n.* : small cheese, τυρίδιον, *n.* τυρίσκος, *m.* : of cheese, cheesy, τυρόεις : to make cheese, τυρεύω, τυρέω : to make into cheese, τυρόω : the making of cheese, τυρεία, *f.* τύρευσις, *f.*
Cheese-basket, τυροβόλιον, *n.*
Cheese-cake, τυρακίνης, *m.* τυροκόσκινον, *n.*
Cheesemonger, τυροπώλης, *m.* : to sell cheese, τυροπωλέω
Cheese-scraper, τυρόκνηστις, *f.*
Chemistry, χημεία, *f.* χημευτική, *f.* χυμική, *f.*
Cherish, *v.* τρέφω, θάλπω, ἀτιτάλλω ποιμαίνω, πορσαίνω ; (*of the feelings, as anger, desire*) φυλάσσω, τίθεμαι, νέμω
Cherisher, τροφεύς, *m.*
Cherry, κεράσιον, *n.*
Cherry-tree, κέρασος, *f.*
Chervil, σκάνδιξ, *f.*
Chesnut, *see* Chestnut
Chess, πεσσός, *m.* : game at chess, πεσσεία, *f.* πέσσευμα, *n.* : to play

CHI

at chess, πεσσεύω : chess-player, πεσσευτής, *m.*
Chess-board, πεσσόν, *n.* ἄβαξ, *m.*
Chess-men, πεσσοί, *m. pl.* πεσσεύματα, *n. pl.*
Chest, (*box*) κίστη, *f.* κιστίς, *f.* λάρναξ, *f.* κιβωτός, *f.* κιβώτιον, *n.* θήκη, *f.* κυψέλη, *f.* (*chest of a man*) στέρνον, *n.* στῆθος, *n.* : broad-chested, εὐρύστερνος : deep-chested, βαθύστερνος : narrow-chested, βαρύτονος [βοΐκόν
Chestnut, κάστανα, *n. pl.* κάρυον Εὐ-
Chestnut, (*colour*) *adj.* ξανθός
Chevalier, ἱππεύς, *m.* ἱπποβάτης, *m.*
Cheveril, ἔριφος, *m.* ἐρίφιον, *n.*
Chew, *v.* μασάομαι, ἀναμασάομαι : to chew the cud, μηρυκάομαι, μηρυκάζω [σιον, *n.*
Chicken, Chick, νεοσσός, *m.* νεόσ-
Chide, *v.* μέμφομαι, ἐπιμέμφομαι
Chiding, μέμψις, *f.* κατάμεμψις, *f.* μομφή, *f.*
Chief, ἄρχων, *m.* προστάτης, *m.* ἀριστεύς, *m.* κάρανος, *m.* ἀρχέτης, *m.* ταγός, *m.* ; *pl.* τὰ πρῶτα, οἱ κορυφαῖοι
Chief, *adj.* πρῶτος, κράτιστος, κεφάλαιος, ἄκρος, ὕψιστος, ἀρχικός : to be chief, προΐσταμαι, προέχω : to be chief among, περίειμι
Chiefly, *adv.* μάλιστα, μέγιστον
Chief-priest, ἀρχιερεύς, *m.*
Chieftain, κάρανος, *m.*
Chilblain, χείμετλον, *n.* χίμετλον, *n.* : to have chilblains, χιμετλιάω
Child, παῖς, *c.* τέκνον, *n.* βρέφος, *n.* τέκος, *n.* νεοσσός, *m.* : a little child, παιδάριον, *n.* παιδίον, *n.* : of or belonging to children, παίδειος, παιδικός : to beget children, τεκνόω, τεκνοποιέω : begetting children, τεκνοποιός : the begetting of children, τεκνοποιΐα, *f.* παιδοποιΐα, *f.* : abundance of children, εὐγονία, *f.* πολυπαιδία, *f.* : having good children, εὔτεκνος, εὔπαις : the having good children, εὐπαιδία, *f.* εὐτεκνία, *f.* : having many children, πολύτεκνος : fond of children, φιλόπαις, φιλότεκνος
Childbed, Childbirth, λοχεία, *f.* τόκος, *m.* ὠδίς, *f.* λόχος, *m.* γονή, *f.* : of or belonging to childbirth, λόχιος, λοχεῖος, λεχώϊος : to be in childbed, ὠδίνω : woman in childbed, λεχώ, *f.* λεχωΐς, *f.*
Childhood, παιδεία, *f.* νηπιότης, *f.* :

CHI

od, ἐκ παιδὸς, ἐκ νέας,

, παιδικὸς, παίδειος :
, νηπιάχω
ηπιότης, f.
os, ἄπαις, ἄτοκος
παιδία, f.
όδης [f. ῥῖγος, n.
. κρύος, n. ψυχρότης,
, περιψύχω; (esp. of
f) παχνόω : to be
to get a chill, μετα·

(esp. of the feelings,
&c.) κρυερὸς, κρυόεις,
d) ψυχρὸς, ῥίγιος
illness, (of the air)
ιὸς, m. (of the body)

)s
ρα, f.
ιe in with, v. προσᾴδω
ασματώδης, μυθώδης,
[μένως
dv. πλαστῶς, πεπλασ-
·οδόχη, f. κάπνη, f.
, τηλία, f. [ὀπὴ, f.
ένειον, n. ἀνθερεών, m.
. νῶτα, n. pl.
ι. κλειθρία, f. : full of
οιώδης [ζω, ἠχέω
'e like money) κωδωνί-
ώδης
, κάρφος, n. ἀπόκομμα,
n.
τω, ἀποτέμνω
·ειρόμαντις, c.
ειρομαντεία, f.
, v. πιππίζω, τερετίζω,
έω
ιέτισμα, n.
ιρουργὸς, m.
ιρουργικὸς
n. σμίλη, f. γλύφανον,

ὰ, f. κωτιλία, f.
ικὸς, γενναῖος
ι, f. οἱ ἱππεῖς
s, ἐπίλεκτὸς, ἐκλεκτὸς,
[λεξις, f.
, f. ἐπιλογή, f. ἐπί-

, ἀποπνίγω, ἄγχω
s, πνιγώδης
μὸς, m. πνῖγος, n.
; f. ἀγχόνη, f.
of throttling and heat)
γόεις, πνιγώδης

CHU

Choler, χολὴ, f. χόλος, m.
Choleric, ὀργίλος, χολερικὸς, ὀξύθυμος
Choose, v. ἐξαιρέω, αἱρέομαι, ἐκλέγω, διαλέγω, ἐπιλέγω, ἀπολέγω, καταλέγω, ἀποκρίνω, ἐκκρίνω : to choose by lot, ἀποκληρόω : to choose between two persons or things by show of hands, or open vote, διαχειροτονέω ; (deem right to do) ἀξιόω, δικαιόω
Chop, τέμαχος, n.
Chop, v. κόπτω, πελεκίζω : to chop off, ἀποτέμνω
Chopper, κοπὶς, f. πέλεκυς, m.
Choral, χορικὸς : choral song, χορῳδία, f. : choral dance, χόρευμα, n. : choral dancer, χορευτὴς, m.
Chord, χορδὴ, f.
Chorography, χωρογραφία, f.
Chorus, χορὸς, m. : to dance a round or choral dance, dance in the chorus, χορεύω : leader of the chorus, χορηγὸς, m. : to lead a chorus, χορηγέω
Chosen, αἱρετὸς, ἐξαίρετος, λεκτὸς, ἀπόλεκτος, ἔκλεκτος, ἔκκριτος
Chough, κορώνη, f.
Chrism, χρῖσμα, n.
Christ, Χριστὸς, m.
Christen, v. βαπτίζω
Christening, βάπτισμα, n.
Christian, χριστιανὸς, m. : to be a christian, χριστιανίζω
Christian, adj. χριστιανικὸς : like a christian, χριστιανικῶς
Christianity, χριστιανισμὸς, m.
Christmas, τὰ γενέθλια τοῦ Κυρίου
Chromatic, χρωματικὸς
Chronic, χρόνιος
Chronicle, λόγος, m. χρονικὰ, n. pl.
Chronicle, v. ἀναγράφω, διαμνημονεύω
Chronicler, χρονογράφος, m.
Chronicles, χρονικὰ, n. pl. ἱστορία, f.
Chronologer, χρονολόγος, m.
Chronological, χρονολογικὸς
Chronology, χρονολογία, f.
Chrysalis, χρυσαλλὶς, f.
Chrysanthemum, χρυσάνθεμον, n.
Chrysolite, χρυσόλιθος, f.
Chubbed, (stupid) ἀναίσθητος, ἀνόητος
Chuckle, v. καχάζω
Chump, στέλεχος, n.
Church, ἐκκλησία, f.
Churl, (a rustic) ἀγρότης, m. ἄγριος, m. (niggard) ἰξὸς, m. γλίσχρων, m. φειδωλὸς, m.
Churlish, (rude, uncultivated, harsh) ἄγριος, ἄγροικος ; (avaricious, nig-

Q

gardly) ἀνελεύθερος, γλίσχρὸς, φειδωλὸς
Churlishly, *adv.* ἀγροίκως
Churlishness, (*rudeness, boorishness*) ἀγροικία, *f.* (*stinginess*) ἀνελευθερία, *f.* γλισχρότης, *f.*
Chyle, χυλὸς, *m.*
Cicatrice, οὐλὴ, *f.* ὠτειλὴ, *f.*
Cicatrised, ὕπουλος
Cider, μηλίτης οἶνος
Cincture, ζώνη, *f.* ζωστὴρ, *m.*
Cinder, τέφρα, *f.*
Cinerous, τεφρώδης
Cinnabar, κιννάβαρι, *n.*
Cinnamon, κιννάμωμον, *n.*
Cinquefoil, πεντάφυλλον, *n.*
Cion, κλάδος, *m.* κλαδίον, *n.*
Cipher, ψῆφος, *f.*
Cipher, *v.* ἀριθμέω
Ciphering, ἀριθμητικὴ, *f.* ἀριθμὸς, *m.*
Circle, κύκλος, *m.* κύκλα, *n. pl.* : in a circle, *adv.* κυκληδὸν, κυκλικῶς, κυκλόσε
Circle, *v.* (*to encircle, move in a circle*) κυκλέω, κυκλόω, κυκλεύω, κυκλοφορέομαι; (*to form into a circle*) κυκλόω, κυκλοποιέω [περίοδυς, *f.*
Circuit, περιβολὴ, *f.* περίβολος, *m.*
Circuit, *v.* κυκλέω, κυκλόω
Circuitous, κυκλοφορητικὸς
Circular, κύκλιος, κυκλικὸς, κυκλόεις, κυκλοειδὴς: any circular body or motion, κύκλος, *m.* : circular motion, κυκλοφορία, *f.*
Circulate, *v.* περιρρέω
Circulation, περίρροος, *m.* περίρροὴ, *f.*
Circumambulate, *v.* περιέρχομαι, ἀμφιβαίνω, περιβαίνω
Circumcise, *v.* περιτέμνω
Circumcision, περιτομὴ, *f.*
Circumference, περιβολὴ, *f.* περιφέρεια, *f.* περίμετρον, *n.*
Circumflex, περισπωμένη, *f.* [τος
Circumfluent, Circumfluous, περίρρυ-
Circumfuse, *v.* ἀμφιχέω, περιχέω
Circumjacent, κυκλὰς, *fem.* πρόσχωρος, πρόσορος [λέξις, *f.*
Circumlocution, περίφρασις, *f.* περί-
Circumnavigate, *v.* περιπλέω
Circumnavigation, περίπλοος, *m.*
Circumscribe, *v.* περιγράφω, ὁρίζω
Circumscribed, περίγραπτὸς [διορίζω
Circumscription, περιγραφὴ, *f.* ὁρισμὸς, *m.* διορισμὸς. *m.*
Circumspect, εὐλαβὴς, πρόνοος, προνοητικὸς, περίσκεπτος: to be circumspect, εὐλαβέομαι, προνοέω, περισκοπέω

Circumspection, εὐλάβεια, *f.* πρόνοια, *f.* φυλακὴ, *f.* περίσκεψις, *f.*
Circumspective, πρόνοος, ἐπιμελὴς
Circumspectly, *adv.* περιεσκεμμένως, πεφυλαγμένως, εὐλαβῶς
Circumstance, (*event, fact*) πρᾶγμα, *n.* (*incident, chance*) συμφορὰ, *f.* τὸ πῖπτον: a person's circumstances, περίστασις, *f.* τὰ ὑπάρχοντα, τὰ πράγματα: under the circumstances, ἐκ τῶν ὑπαρχόντων or ἐνόντων
Circumstanced, κείμενος [βὴς
Circumstantial, (*minute, exact*) ἀκρι-
Circumstantiate, *v.* (*to describe exactly*) ἀκριβολογέομαι, ἀκριβόω
Circumvallation, περιτείχισις, *f.* περιτειχισμὸς, *m.* ἀποτείχισμα, *n.*
Circumvent, *v.* περιέρχομαι, περιτρέχω, καταπολιτεύομαι [λος, *m.*
Circumvention, παράκρουσις, *f.* δό-
Circumvolution, περιφορὰ, *f.* περιστροφὴ, *f.*
Circus, στάδιον. *n.* ἀγὼν, *m.*
Cistern, δεξαμένη, *f.* λάκκος, *m.*
Cistus, κίστος, *m.*
Citadel, ἀκρόπολις, *f.* ἄκρα, *f.*
Cital, Citation, κλῆσις, *f.* πρόσκλησις, *f.* ἔγκλημα, *n.*
Cite, *v.* ἀνακαλέω, προσκαλέομαι, παρακαλέω, κλητεύω, ἀνίσταμαι
Citizen, πολίτης, *m.* πολῖτις, *f.* πολιήτης, *m.* ἀστὸς, *m.* ἀστίτης, *m.* ἀστὴ, *f.* : fellow-citizen, δημότης, *m.* συμπολίτης, *m.*: to be a citizen, πολιτεύω, ἐμπολιτεύομαι: to be a fellow-citizen, συμπολιτεύομαι: the rights of a citizen, πολιτεία, *f.*
City, πόλις, *f.* ἄστυ, *n.* πόλισμα, *n.* : mother city, capital, μητρόπολις, *f.* : great city, μεγαλόπολις: of a city, ἀστικὸς
Citron, κίτρον, *n.*
Citron tree, κιτρέα, *f.*
Civil, (*relating to the state*) πολιτικὸς, ἀστικὸς ; (*intestine, of war, discord, &c.*) ἐμφύλιος, ἐπιδήμιος ; (*polite*) ἀστεῖος, εὐμενὴς, εὔχαρις
Civilise, *v.* ἡμερόω, καταπραΰνω, τιθασσεύω
Civility, ἀστειότης, *f.* εὐμένεια, *f.* τὸ εὔχαρι: civilities (*kindnesses*), τὰ χρηστὰ
Civilly, *adv.* χαριέντως, εὐμενῶς
Clack, κτύπος, *m.* κόναβος, *m.* ψόφος, *m.*
Clack, *v.* κτυπέω, κοναβέω, ψοφέω; (*of the tongue*) στωμύλλω

CLA

Claim, αἴτησις, f. ἀξίωσις, f. ἀντίληψις, f.
Claim, v. προσποιέομαι, ἀξιόω, αἰτέω, ἀντιλαμβάνομαι, ἀντέχομαι
Clammy, ἰξώδης, ὑπόγλισχρος
Clamorous, κρακτικὸς, θορυβητικὸς, περιβόητος, κραυγαστικὸς
Clamour, βοὴ, f. κραυγὴ, f. ἰαχὴ, f. θόρυβος, m. : to raise a clamour, θορυβέω
Clamour, v. κράζω, ἀνακράζω, βοάω, ἀϋτέω, ἰάχω
Clan, φράτρα, f. φῦλον, n. : clansman, φράτηρ, m. : chief of a clan, φρατρίαρχος, m.
Clancular, κρυπτὸς, κρύφιος, κρυφαῖος, λαθραῖος
Clandestine, κρυφαῖος, κρυπτὸς, κρύφιος, λαθραῖος, σκότιος
Clandestinely, adv. κρύβδην, κρυφῇ, κρυφηδὸν, λάθρα, λαθραίως, κλοπῇ
Clang, Clangour, κλαγγὴ, f. καναχὴ, f. κόναβος, m.
Clang, v. κλάζω, κροτέω, κοναβέω, καναχέω [τος, m.
Clank, κλαγγὴ, f. ψόφος, m. κρόClank, v. κλάζω, ψοφέω, κροτέω
Clap, κρότος, m. ψόφος, m. κτύπος, m. : clap of thunder, βρόντημα, n.
Clap, v. κροτέω, συγκροτέω, ἐπικροτέω, συγκρούω
Clapper, κρόταλον, n.
Clapping, κρότος, m. πλατάγημα, n.
Clarion, σάλπιγξ, f.
Clash, (a clatter, noise, as of arms, &c.) κόμπος, m. κτύπος, m. πατάγημα, n.
Clash, v. (to clatter, make a noise) κομπέω, παταγέω, καναχέω ; (to bring or come into collision) συγκρούω, κατακρούω, ἀράσσω ; (to be opposed, disagree) ἐναντιόομαι, διαφωνέω, διΐσταμαι
Clashing, (clattering, din) πάταγος, m. κύναβος, m. ἀραγμὸς, m. (striking together, collision) σύγκρουσις, f.
Clasp, περόνη, f. πόρπη, f.
Clasp, v. (buckle) περυνάω, πορπάω, ἐμπορπάω ; (to grasp, embrace) μάρπτω, διαλαμβάνω
Class, τάξις, f. μέρος, n. μοῖρα, f.
Class, v. κατατάσσω
Clatter, κρότος, m. δοῦπος, m. κτύClatter, v. δουπέω, κροτέω [πος, m.
Clattering, πάταγος, m. ἀραγμὸς, m.
Clattering, adj. παταγητικὸς
Clause, (a sentence) κῶλον, n.

CLE

(clause of a law, stipulation) σύγγραμμα, n.
Claw, ὄνυξ, m. χηλὴ, f.
Clay, πηλὸς, m. : potter's clay, ἄργιλος, f. : made of clay, πήλινος, πηλόπλαστος
Clayey, πηλώδης, ἀργιλώδης
Clean, καθαρὸς, φανὸς
Clean, v. καθαίρω, ἐκκαθαίρω, διακαθαίρω : to be clean, καθαρεύω
Cleaning, κάθαρσις, f. διακάθαρσις, f.
Cleanliness, καθαριότης, f.
Cleanly, καθάριος
Cleanness, καθαρότης, f.
Cleanse, v. καθαίρω, ἀποκαθαίρω,
Cleanser, καθαρτὴς, m. [ῥύπτω, σμάω
Cleansing, κάθαρσις, f. ῥύψις, f.
Clear, (in all senses) λαμπρὸς ; (transparent, bright) φαεννὸς, διαφανὴς, λευκὸς, ἀγλαὸς ; (manifest, evident) δῆλος, φανερὸς, ἐναργὴς, σαφὴς ; (as a sound or voice) λιγὺς, λιγυρὸς ; (innocent) καθαρὸς ; (of the weather or air) αἴθριος, εὔδιος, πολιὸς ; (net) ἀτελὴς
Clear, v. (remove, purify) καθαίρω, ἐκκαθαίρω ; (acquit) ἀπολύω ; (elucidate) σαφηνίζω, διασαφηνίζω, δηλόω : to be clear, λαμπρύνομαι
Clearance, καθαρμὸς, m. (acquittal) ἀπόλυσις, f.
Clearly, adv. σαφῶς, σάφα, φανερῶς, λαμπρῶς, ἐναργῶς, προδήλως ; (of sound) λιγέως, λιγυρῶς
Clearness, λαμπρότης, f. σαφήνεια, f.
Clearsighted, κριτικὸς, δικαστικὸς
Cleave, v. (to split) σχίζω, διασχίζω, διατέμνω, διαρρήγνυμι ; (cling to) ἀντέχομαι, προσκολλάομαι, προσφύομαι
Cleaver, κοπὶς, f.
Cleaving, σχίσις, f. σχισμὸς, m.
Cleft, σχιστὸς, σχισθεὶς, διαρρὼξ
Cleft, σχισμὴ, f. σχισμὸς, m. κλειθρία, f. χάσμα, n. πτυχὴ, f. χηραμὸς, m. ῥωγμὴ, f.
Clemency, ἐπιείκεια, f. οἶκτος, m. ἔλεος, m. φιλανθρωπία, f. [μων
Clement, ἐλεήμων, ἐπιεικὴς, οἰκτίρClemently, adv. φιλανθρώπως
Clench, v. κατακάμπτω, καταπηγνύω
Clergy, κλῆρος, m.
Clerical, κληρικὸς
Clerk, γραμματεὺς, m.
Clever, δεξιὸς, σοφὸς, δεινὸς, εὐφυὴς, συνετὸς, ἐπιδέξιος, κομψὸς
Cleverly, adv. κομψῶς, εὐφυῶς, δεξιῶς, σοφῶς, συνετῶς

Cleverness, σύνεσις, f. δεξιότης, f. ἀγχίνοια, f. σοφία, f. δεινότης, f ἐπιστήμη, f.
Clew, ἀγαθὶς, f.
Client, πελάτης, m.
Cliff, πέτρα, f. κρημνὸς, m. σπιλὰς, f.
Climacter, κλιμακτὴρ, m.
Climacteric, κλιμακτηρικὸς
Climate, οὐρανὸς, m. (clime) κλίμα, n.
Climax, κλίμαξ, f. ἐποικοδόμησις, f.
Climb, v. ἀναβαίνω, ἀνέρχομαι : to climb over, ὑπερβαίνω, ὑπερακρίζω
Clime, κλίμα, n.
Cling to, v. ἀντέχομαι, προσφύομαι, προσκολλάομαι, ἐπιφύομαι, ἔχομαι
Clinging to, ἄνθεξις, f. πρόσφυσις, f.
Clinging to, προσφυὴς
Clinical, κλινικὸς, κλινήρης
Clink, v. κροτέω, ἀραβέω
Clip, v. κείρω, περικόπτω, πέκω
Clippings, περικόμματα, n. pl.
Cloak, χλαμὺς, f. χλαῖνα, f. χλανὶς, f. ἀμπεχόνη, f. πέπλος, m. φᾶρος, m. τρίβων, m. (screen, pretext) προκάλυμμα, n. πρόσχημα, n. παραπέτασμα, n.
Cloak, v. (dissemble) παρακαλύπτω, ἀποκρύπτομαι, περιβάλλω, συσκιάζω
Clock, ὡρολόγιον, n. (water-clock) κλέψυδρα, f. : what o'clock is it? πηνίκα μάλιστα ;
Clod, βῶλος, f. βῶλαξ, f. βώλιον, n. : full of clods, βωλάκιος, βωλοειδὴς
Clog, ἐμπόδισμα, n. ἐμπόδιον, n. : clogs, καλοπέδιλα, n. pl.
Clog, v. ἐμποδίζω
Clogged, ἐμποδισμένος, ἔμφρακτος
Cloister, στοὰ, f.
Close, (close together, thick) πυκνὸς, ταρφὺς, σύγκωλος ; (of a fight) στάδιος : close to, προσφυὴς
Close, v. (shut fast) κλείω, κατακλείω, συγκλείω ; (make close, pack close) πυκνόω, πυκάζω ; (to close, shut up, of a theatre, house, shop, &c.) συγκλείω, πυκάζω ; (to conclude, of a speech) κατακλείω, συγκλείω ; (of doors) ἐπιτίθημι, προστίθημι, πακτόω; (to close the eyes) μύω, καταμύω ; (of the eyes, wounds, &c.) συμμύω
Closely, adv. πυκινῶς, στεγανῶς
Closeness, πυκνότης, f.
Closet, μυχὸς, m.
Closing, σύγκλεισις, f. κατάκλεισις, f.
Clot, θρόμβος, m. πέλανος, m.
Clot, v. πήγνυμι, τρέφω
Cloth, (linen cloth) λὶς, f. λίνον, n.

ὀθόνη, f. ὀθόνιον, n. (piece of cloth, sheet, sail, &c.) φᾶρος, n.
Clothe, v. ἐνδύω, ἀμφιέννυμι, ἐπιέννυμι, ἕννυμι, ἀμφιβάλλω, περιβάλλω, ἀμπέχω
Clothed, ἔνδυτος, ἐσθημένος
Clothes, Clothing, ἐσθὴς, f. ἱμάτιον, n. εἷμα, n. ἀμφιέσματα, n. pl. ἔσθημα, n. στολὴ, f. ἔσθος, n.
Clotted, θρομβώδης, ἀμφίθρεπτος
Cloud, νεφέλη, f. νέφος, n.
Cloud, v. ἐπινεφέω, συννεφέω, περικαλύπτω, ἐπισκιάζω
Cloudless, ἀνέφελος
Cloudy, ἐπινέφελος, συννέφελος, νεφώδης, νεφελώδης
Clove, καρυόφυλλον, n.
Cloven, σχιστὸς : cloven-footed, δισχιδὴς, δίχηλος
Clover, τρίφυλλον, n.
Clout, ῥάκος, n.
Clown, ἄγροικος, m. ἀγριώτης, m.
Clownish, ἄγροικος, ἄγριος, ἀπαίδευτος
Clownishly, adv. ἀγροίκως, ἀπειροκάλως [καλία, f.
Clownishness, ἀγροικία, f. ἀπειροCloy, v. κορέννυμι, ὑπερκορέω
Cloyless, ἀκόρεστος
Cloyment, κόρος, m. πλησμονὴ, f.
Club, (thick stick) κορύνη, f. ῥόπαλον, n. βάκτρον, n. (a society) ἑταιρεία, f. σύστασις, f. συντέλεια, f. συνωμοσία, f.
Club, v. (join together, combine) συστρέφομαι, ἐρανίζω [φόρος, m.
Club-bearer, κορυνήτης, m. κορυνηClumsily, adv. σκαιῶς, δυστραπέλως
Clumsiness, σκαιότης, f. παραφορότης, f. [ἄρρυθμος, ἀμήχανος
Clumsy, σκαιὸς, αἰσχρὸς, ἀγύμναστος
Cluster, ὅρμαθος, m. : cluster of grapes, βότρυς, m. σταφυλὴ, f. σταφυλὶς, f. : in clusters, βοτρυδὸν
Clustering, βοτρυόεις, βοτρυώδης
Clutch, εἰσάφασμα, n.
Clutch, v. μάρπτω, ἐπιμαίομαι
Clutter, see Clatter [ἔνεμα, n.
Clyster, κλυστὴρ, m. κλύσμα, n.
Coach, ἁρμάμαξα, f. δίφρος, m.
Coach-builder, ἁρματοπηγὸς, m. ἁμαξοπηγὸς, m.
Coach-building, ἁμαξοπηγία, f. : to build coaches, ἁμαξοπηγέω
Coachman, ἡνίοχος, m. ἁρματηλάτης, m. διφρηλάτης, m.
Coadjutant, συνεργὸς, m. ἐπίκουρος, m.
Coadjutor, συνεργάτης, m. συμπράκτωρ, m. συλλήπτωρ, m. πάρεδρος, m.

Coadjutrix, συνεργάτις, f. συλλήπτρια, f.
Coagulate, v. πήγνυμι, τρέφομαι
Coagulated, πηκτός
Coagulation, πῆξις, f.
Coal, ἄνθραξ, m.: a small coal, ἀνθράκιον, n.: heap of coals, hot coals, ἀνθρακιά, f.: like coal, ἀνθρακοειδής, ἀνθρακόεις
Coal-cellar, ἀνθρακοθήκη, f.
Coalesce, v. ὁμογνωμονέω, ὁμόομαι, συγκεράννυμι [σύστασις, f.
Coalition, συζυγία, f. σύζευξις, f.
Coal-merchant, ἀνθρακοπώλης, m.
Coal-scuttle, ἀνθράκιον, n.
Coaly, ἀνθρακοειδής
Coaptation, συναρμογή, f.
Coarse, παχύς; (of manners) ἄγροικος, ἀφελής, ἀπαίδευτος
Coarsely, adv. παχυλῶς, παχέως; (in manner) ἀφελῶς, ἀγροίκως
Coarseness, παχύτης, f. (of manners) ἀγροικία, f. ἀπαιδευσία, f. ἀμουσία, f.
Coast, ἀκτή, f. αἰγιαλός, m. θίς, f. παραλία, f.: of or on the coast, παράλιος, πάραλος, παραθαλάσσιος, ἐπιθαλάσσιος, ἀγχίαλος, παράκτιος: to coast along, παραπλέω
Coasting, παράπλοος, f.
Coat, χιτών, m. [κωτίλλω
Coax, v. θωπεύω, σαίνω, ὑποσαίνω,
Coaxer, θώψ, m. κόλαξ, m.
Coaxing, θωπεία, f. κολακεία, f.
Cobble, v. ῥάπτω [τεύς, m.
Cobbler, ῥαφεύς, m. ῥάπτης, m. σκυ-
Cobweb, ἀράχνιον, n. ἀράχνη, f.
Cock, ἀλέκτωρ, m. ἀλεκτρυών, m.; (of a water-pipe) ἐπιστόμιον, n. σίφων, m.
Cockchafer, μηλολόνθη, f.
Cockcrow, ἀλεκτοροφωνία, f.
Cockhorse, ἱππαλεκτρυών, m.
Cockle, κόγχη, f. κόγχος, m.: like a cockle, κογχώδης
Cockle-shell, κογχύλιον, n.: like a cockle-shell, κογχυλιώδης
Cockroach, μυλακρίς, f.
Coction, ἕψησις, f. ζέσις, f.
Code, (of laws) νομοθεσία, f.
Codicil, παράγραμμα, n.
Coefficient, συμπεριαγωγός, συνεργητικός
Coequal, ἴσος, ὁμαλός
Coerce, v. ἀναγκάζω, εἰσαναγκάζω, ἐπαναγκάζω
Coercion, ἀνάγκη, f. βία, f.
Coercive, ἀναγκαστικός, βιαστικός
Coessential, ὁμοφυής

Coetaneous, ἧλιξ, ὁμῆλιξ, ἰσῆλιξ
Coeval, ἰσημέριος
Coexist, v. συνυπάρχω
Coexistence, συνύπαρξις, f.
Coexistent, συνύπαρχος
Coffer, κίστη, f. λάρναξ, f. κιβωτός, f.
Coffin, σόρος, m. νεκροθήκη, f.
Cogency, ἀσφάλεια, f.
Cogent, ἀναγκαῖος, ἀσφαλής
Cogently, adv. ἀσφαλῶς
Cogitate, v. ἐννοέω, φρονέω
Cogitation, νόημα, n. φροντίς, f.
Cognition, γνῶσις, f. ἐπίγνωσις, f. σύνεσις, f.
Cognizable, εἰσαγώγιμος
Cognizance, ἐπίγνωσις, f. κρίσις, f.
Cohabit, v. συνοικέω, συνναίω, σύνειμι
Cohabitation, συνοίκησις, f. συνουσία, f.
Coheir, συγκληρονόμος, c. ὁμόκληρος, c.
Coheiress, συγκληρονόμος, f.
Cohere, v. συναρμόζω, ἐφαρμόζω, συμφύομαι, συγκολλάομαι
Coherence, ἐφαρμογή, f. ἐφάρμοσις, f. συναρμογή, f. [ἀκόλουθος
Coherent, εὐσύνθετος, εὐάρμοστος,
Coherently, adv. συγκόλλως
Cohesion, σύμφυσις, f. συνάφεια, f.
Cohesive, συναρμοστικός, κολλητικός
Cohort, λόχος, m.
Coif, κεκρύφαλος, m. κρήδεμνον, n.
Coil, σπείρημα, n. σπεῖρα, f. ἕλιξ, f. πλεκτή, f.: in coils, σπειρηδόν
Coil, v. σπειράω, συστρέφω, ἀμφελίσσω; intrans. ἐλίσσομαι
Coiled, ἀμφελικτός
Coiling, (of reptiles) σπειραχθής
Coin, νόμισμα, n. κόμμα, n.: counterfeit coin, παραχάραγμα, n.
Coin, v. κόπτω, κατακόπτω, χαράσσω
Coincide, v. συντρέχω, συμβαίνω
Coincidence, συγκληρία, f. συνδρομή, f.
Coined, ἐπίσημος
Coiner, ἀργυροκόπος, m.
Coition, σύνοδος, f.
Colander, ἠθμός, m.
Cold, ψύχος, n. κρύος, n. ῥῖγος, n.; (a disorder) κορύζα, f.
Cold, ψυχρός, κρυερός, ῥίγιος, κρυόεις: to be cold, ῥιγόω, ψύχομαι: to make cold, ψύχω
Coldly, adv. ψυχρῶς
Coldness, ψυχρότης, f.
Colic, στρόφος, m.
Collapse, v. συμπίπτω
Collar, κλοιός, m. δέραιον, n. στρεπ-
Collar-bone, κλείς, f. [τός, m.
Collate, v. παραναγιγνώσκω, παραβάλλω, συμβάλλω

COL

Collateral, (*side by side, parallel*) παράλληλος ; (*indirect*) πλάγιος, λοξός
Collation, (*comparison*) παρανάγνωσις, f. (*repast*) δεῖπνον, n. ἔρανος, m.
Colleague. συνεργός, m. ὁ συνάρχων : to be a colleague, συνάρχω
Colleague, v. συνίσταμαι, συμμίγνυμαι, μίγνυμαι
Collect, v. συλλέγω, ἀγείρω, συναγείρω, συνάγω, συμφορέω, συμφέρω, ἀθροίζω, συναθροίζω, συγκομίζω : to collect (*taxes*), εἰσπράσσω : to collect subscriptions *or* contributions, ἐρανίζω ; (*to come together*) *intrans.* συντρέχω, ἀγείρομαι, συνέρχομαι, συνήκω ; (*to recover from fright or anger, gain command over one's thoughts*) συναγείρομαι ἑαυτόν, ἐμαυτόν, &c., ἔνδον γίγνομαι, συναγείρομαι θυμόν
Collectanea, ἀνάλεκτα, n. pl. ἔκλεκτα, n. pl.
Collected, ἀθρόος, συναγυρτός, ὁμηγερής, ἀολλής ; (in mind) ἔνδον ἑαυτοῦ ὤν
Collection, ἄθροισις, f. συλλογή, f. συγκομιδή, f. συναγωγή, f. (*of taxes*) εἴσπραξις, f. πρᾶξις, f. (*of subscriptions*) ἔρανος, m.
Collectively, adv. συλλήβδην, ἀθρόως
Collector, ἀποδεκτήρ, m. πράκτωρ, m.
College, ἀκαδήμεια, f. [ἐκλογεύς, m.
Collier, ἀνθρακεύς, m.
Colliquate, v. κατατήκω, ἐκτήκω
Collision, συμβολή, f. σύγκρουσις, f.
Collocate, v. τίθημι, καθίζω, τάσσω
Collocation, θέσις, f. τάξις, f.
Collop, τόμος, m. ψωμός, m.
Colloquial, λεκτικός, ὁμιλητικός
Colloquy, λόγοι, m. pl. διατριβή, f.
Collusion, συνεργία, f. προστασία, f. κακούργημα, n. πανουργία, f.
Collusive, ἀπατητικός, δολερός
Collyrium, κολλύριον, n.
Colon, κῶλον, n.
Colonial, ἀποίκιος
Colonise, v. (*to found*) κτίζω, πολίζω, ἱδρύω ; (*to settle with inhabitants*) οἰκίζω, ἀποικίζω, κατοικίζω ; (*to inhabit*) οἰκίζομαι, κατοικίζομαι, ἐνοικίζομαι
Colonising, οἴκισις, f. οἰκισμός, m. κατοίκισις, f. κατοικισμός, m.
Colonist. ἄποικος, m.
Colony, ἀποικία, f. ἄποικος, f.
Colophony, κολοφωνία, f.
Colossal, κολοσσιαῖος, κολοσσικός

COM

Colossus, κολοσσός, m.
Colour, χρῶμα, n. χροιά, f. χρώς, m. : of two colours, δίχροος : of the same colour, ὁμόχροος : of various colours, ποικίλος, ποικιλόχροος : changing colour, ἀλλόχροος
Colour, v. βάπτω, χρυΐζω, χρώζω, χρωματίζω
Colourable, εὐπρόσωπος, εὐπρεπής
Colouring, χρῶσις, f. [λευκός
Colourless, ἄχροος, ἀχρωμάτιστος,
Colt, πῶλος, c. πωλίον, n.
Column, κίων, m. στήλη, f. στύλος, m. (*of men*) στῖφος, n. φάλαγξ, f. κέρας, n.
Co-mate, ἑταῖρος, m. κοινωνός, m.
Comb, κτείς, m.
Comb, v. κτενίζω
Combat, μάχη, f. συμβολή, f. ἅμιλλα, f.
Combat, v. ἀγωνίζομαι, μάχομαι, μάρναμαι, συμφέρομαι, συρράσσω
Combatant, μαχητής, m. ἀγωνιστής, m.
Combination, (*union, confederacy*) σύστασις, f. συνωμοσία, f. (*of words, ideas, &c.*) συμπλοκή, f. (*uniting, conjunction*) σύζευξις, f. σύναψις, f. σύνδεσις, f.
Combine, v. ζεύγνυμι, συνάπτω, συνίστημι, συστρέφω, συμπλέκω
Combustible, καύσιμος, καυστός : combustible matter, ὑπέκκαυμα, n.
Combustion, καῦσις, f. ἐμπρησμός, m.
Come, v. ἔρχομαι, ἐπέρχομαι, παρέρχομαι, πρόσειμι, εἴσειμι, πάρειμι, ἥκω, νέομαι, ἱκνέομαι, ἀφικνέομαι : to come forward, προΐσταμαι, παραβαίνω : to come out, ἐξέρχομαι, ἔξειμι, ἐκβαίνω : to come together, συνέρχομαι, συμπαραγίγνομαι : to come over (*as a gloom, sadness, &c.*) ἐμπίπτω, ὑπέρχομαι, εἴσειμι, ὑποδύομαι : to come round, περιήκω, περιέρχομαι
Comedian, κωμῳδός, m. τρυγῳδός, m.
Comedy, κωμῳδία, f. : to write comedies, κωμῳδέω
Comeliness, κάλλος, n. εὐπρέπεια, f. εὐμορφία, f.
Comely, καλός, εὐπρεπής, εὔμορφος, εὐσχήμων
Comely, adv. καλῶς, εὐπρεπῶς, εὐειδῶς
Comet, κομήτης, m.
Comfort, (*consolation*) παραμυθία, f. παραμύθιον, n. παρηγορία, f. (*ease*) εὐπάθεια, f. εὐμάρεια, f.
Comfort, v. παραμυθέομαι, παρηγορέομαι, ἐπιμυθέομαι
Comfortable, (*of condition*) λιπαρός ;

(*of people*) εὔκολος ; (*consolatory*) παραμυθικός, παραμυθητικός
Comforter, παρήγορος, *m.* παραμυθητής, *m.* [παραμυθητικός
Comforting, παυσίπονος, παρήγορος,
Comfortless, (*inconsolable*) δυσπαραμύθητος, ἀπαράμυθος
Comfrey, σύμφυτον, *n.*
Comic, κωμῳδικός, κωμικός : comic poet, κωμῳδός, *m.* κωμῳδοποιός, *m.* κωμῳδοποιητής, *m.* : comic actor, κωμῳδός, *m.*
Comical, γελοῖος, γελαστός
Comically, *adv.* γελοίως
Coming, ἄφιξις, *f.* ἔλευσις, *f.*: a coming forward, πάροδος, *f.* παράβασις, *f.* : a coming in, εἴσοδος, *f.*
Comma, κόμμα, *n.*
Command, (*injunction, order*) ἐντολή, *f.* ἐπίταγμα, *n.* παράγγελμα, *n.* κέλευσμα, *n.* μῦθος, *m.* ἐπιστολή, *f.* ἐφετμή, *f.* πρόσταγμα, *n.* (*act or office of commanding*) ἀρχή, *f.* ἡγεμονία, *f.* στρατηγία, *f.*
Command, *v.* (*order*) κελεύω, κέλομαι, ἐντέλλω, ἐπαγγέλλω, μυθέομαι ; (*be commander*) ἄρχω, ἄγω, ἡγέομαι, ἡγεμονεύω, στρατηγέω, κοσμέω, ταγεύω, κρατέω : to give the word of command, παρεγγυάω, παραγγέλλω
Commanded, ἐγκέλευστος, ἐπίτακτος
Commander, ἡγεμών, *m.* στρατηγός, *m.* στρατάρχης, *m.* : a fellow-commander, συστρατηγός, *m.* : a commander of cavalry, ἵππαρχος, *m.* : commander of a thousand, χιλίαρχος or -ης, *m.* : commander of ten thousand, μυρίαρχος or -ης, *m.*
Commandment, ἐντολή, *f.* ἐπίταγμα, *n.* [μιμνήσκω
Commemorate, *v.* μνημονεύω, ἀνα-
Commemoration, ἀνάμνησις, *f.*
Commence, *v.* ἄρχω, κατάρχω, ἵστημι, ἐπιχειρέω, καταβάλλω
Commencement, ἀρχή, *f.* προοίμιον, *n.* ἀφορμή, *f.* καταβολή, *f.*
Commend, *v.* ἐπαινέω, αἰνέω, ἐγκωμιάζω, εὐλογέω [ἀξιέπαινος
Commendable, ἐπαινετός, αἰνητός,
Commendation, ἔπαινος, *m.* αἶνος, *m.* ἐγκώμιον, *n.* ἐπαίνεσις, *f.* εὐλογία, *f.*
Commendatory, συστατικός, ἐπαινετικός
Commended, εὐαίνητος, πολύαινος
Commender, ἐπαινετής, *m.*
Commensurable, σύμμετρος
Commensurate, σύμμετρος, ἰσόμοιρος
Commensurate, *v.* συμμετρέω

Commensuration, συμμέτρησις, *f.*
Comment, παραγραφή, *f.* σχόλιον, *n.* ὑπόμνημα, *n.* [ματίζω
Comment, *v.* παρασημαίνω, ὑπομνη-
Commentary, ὑπομνηματισμός, *m.* : commentaries, ὑπομνήματα, *n. pl.*
Commentator, σχολιαστής, *m.*
Commerce, συναλλαγή, *f.* συνάλλαξις, *f.* ἐμπορία, *f.* ἐμπόλησις, *f.* (*friendship*) ὁμιλία, *f.* συνουσία, *f.* μῖξις, *f.*
Commerce, *v.* συναλλάσσω, συμμίγνυμι
Commercial, ἐμπορικός, ἐμπορευτικός
Commination, ἀπειλή, *f.*
Commingle, *v.* συμμίγνυμι, μίγνυμι, κεράννυμι, συγκεράννυμι
Commingled, συμμικτός [*f.*
Commingling, σύμμιξις, *f.* σύγκρασις,
Comminute, *v.* συντρίβω
Comminution, σύντριψις, *f.*
Commiserable, οἰζυρός, δειλός
Commiserate, *v.* οἰκτείρω, κατοικτείρω, οἰκτίζω, σπλαγχνίζομαι, ἐλεέω, ἐλεαίρω [οἰκτιρμός, *m.*
Commiseration, ἔλεος, *n.* οἶκτος, *m.*
Commissary, ἐπίτροπος, *m.*
Commission, ἐπιτροπή, *f.* ἐπίστασις, *f.* (*act of doing*) πρᾶξις, *f.* διάπραξις, *f.*
Commission, *v.* ἐπιτρέπω, ἐφίστημι
Commissioner, ἐπιστάτης, *m.* ἐπίτροπος, *m.*
Commit, *v.* (*entrust*) ἐπιτρέπω, παραδίδωμι, παρατίθημι ; (*do, perform*) πράσσω, ποιέω, ἐργάζομαι, δράω
Commix, *v.* συμμίγνυμι, συγκεράννυμι
Commixture, σύμμιξις, *f.* σύγκρασις, *f.*
Commodious, ἐπιτήδειος, σύμφορος, σύμμετρος, εὔκαιρος
Commodiously, *adv.* συμμέτρως, συμφόρως, εὐκαίρως
Commodiousness, εὐκαιρία, *f.* ἐπιτηδειότης, *f.*
Commodity, σκεῦος, *n.* χρῆμα, *n.*
Common, σύμβοτος ἀγρός, *m.* νομή κοινή, *f.*
Common, κοινός, κοινωνός, πάγκοινος, ὅμοιος, ξυνός, δήμιος ; (*usual*) νόμιμος, συνήθης, εἰωθώς [ὄχλος, *m.*
Commonalty, δῆμος, *m.* πλῆθος, *n.*
Commoner, δημότης, *m.* -τις, *f.*
Commonly, *adv.* (*in common*) κοινῶς, κοινῇ ; (*usually*) εἰωθότως, ὡς ἐπίπαν
Commonwealth, τὸ δημόσιον, τὸ κοινόν ; (*republic*) δημοκρατία, *f.*
Commotion, τάραχος, *m.* ταραχή, *f.* κίνησις, *f.* ἀνακίνησις, *f.* θόρυβος, *m.*
Commune, *v.* διαλέγομαι, διαμυθολογέω
Communicable, μεθεκτός, κοινωνικός
Communicate, *v.* κοινόω, ἀνακοινόω,

COM

ἐπικοινωνέω, συγκοινόομαι, συμμίγνυμι
Communication, (*information communicated*) εἰσαγγελλόμενα, n. pl. (*intercourse, dealings*) κοινώνημα, n. & pl. κοινωνία, f. (*society, intercourse*) ὁμιλία, f. ἔντευξις, f. (*conversation*) λόγος, m. μῦθος, m. (*meeting, joining, junction*) σύνοδος, f. (*connection by a passage or channel*) σύντρησις, f.: to have communication with, συγγίγνομαι
Communicative, διηγητικὸς, μεταδοτικὸς [ἐπιμιξία, f. ὁμιλία, f.
Communion, κοινωνία. f. συνουσία, f.
Community, (*common possession*) κοινωνία, f. κοινώνησις, f. κοινότης, f. (*the commonwealth*) τὸ κοινὸν, δῆμος, m.
Commutable, μεταλλακτὸς
Commutation, μεταβολὴ, f. ἀλλαγὴ, f. μεταλλαγὴ, f.
Commute, v. μεταβάλλω, μεθίστημι, μεταλλάσσω
Compact, συνθήκη, f. συνθεσία, f. σύνθημα, n. σύμβασις, f. συγγραφὴ, f.
Compact, πυκνὸς, πυκινὸς, εὐπαγὴς
Compact, v. συμπήγνυμι, συνάπτω
Compactly, adv. πυκινῶς, πύκα
Compactness, πυκνότης, f.
Companion, ἑταῖρος, m. ἔτης, m. παραστάτης, m. -τις, f. πάρεδρος, m. σύννομος, c. ὁμόστολος, m. συνουσιαστὴς, m. [ρικὸς
Companionable, συνουσιαστικὸς, ἑται-
Company, (*companionship*) ἑταιρεία, f. ὁμιλία, f. συνουσία, f. (*assembly*) ὁμιλία, f. συνουσία, f. ὁμήγυρις, f. ἴλη, f. θίασος, m. χείρ, f. (*band, of soldiers*) λόχος, m. τάξις, f. (*club, company*) συντέλεια, f. συμμορία, f.
Comparable, ὅμοιος, συμβλητὸς
Comparative, συγκριτικὸς
Comparatively, adv. συγκριτικῶς
Compare, v. παραβάλλω, ἀντιτίθημι, παρίστημι, εἰκάζω, ἀπεικάζω, ὁμοιόω
Comparison, παραβολὴ, f. σύγκρισις, f.
Compartment, μέρος, n. μερισμὸς, m.
Compass, περίοδος, f.: a pair of compasses, τόρνος, m. διαβήτης, m.
Compass, v. περαίνω, περιέρχομαι, περιέχω, διαπράσσω
Compassion, οἶκτος, m. οἰκτιρμὸς, m. ἔλεος, m. κατοίκτισις, f.
Compassionate, ἐλεήμων, οἰκτίρμων, φιλοικτίρμων [ἐλεέω
Compassionate, v. οἰκτίζω, οἰκτείρω,
Compassionately, adv. ἐλεημόνως

COM

Compatible, σύμφωνος, σύμφορος, ἁρμόδιος, ἱκανὸς
Compatriot, πολίτης, m. πατριώτης, m.
Compeer, ἧλιξ, c. ἡλικιώτης, m.
Compeer, v. παρισόομαι, ἰσόομαι
Compel, v. ἀναγκάζω, ἐπαναγκάζω, προσαναγκάζω, βιάζω
Compendious, σύντομος, βραχὺς
Compendiously, adv. συντόμως, βραχέως
Compendium, συντομία, f. σύνοψις, f.
Compensate, v. ἀντισηκόω, ἀντιρρέπω, ἀμείβομαι
Compensation, ἀντισήκωσις, f. -κωμα, n. ἀμοιβὴ, f. ποινὴ, f.: to make compensation, τίμην τίνω, τίνω ἀμοιβὴν: to exact compensation, τίμην ἄρνυμαι
Compensatory, ἀντίρροπος, ἰσόρροπος
Competence, Competency, (*ability to do, fitness for*) δύναμις, f. ἱκανότης, f. (*sufficiency, independence*) αὐτάρκεια, f.
Competent, (*able to do*) δυνατὸς; (*fit, qualified, adequate, suitable*) ἱκανὸς, αὐταρκὴς. ἄξιος: to be competent, δύναμαι, ἀρκέω, ἱκανός εἰμι [m.
Competition, ἀγώνισις, f. ἀγωνισμὸς,
Competitor, ἀγωνιστὴς, m. ἀντἀγωνιστής, m.: to be a competitor, ἀγωνίζομαι, ἀνταγωνίζομαι
Compilation, συγγραφὴ, f.
Compile, v. συγγράφω
Compiler, συγγραφεὺς, m.
Complacency, ἡδονὴ, f. τέρψις, f.: with complacency, ἡδέως
Complacent, ἡδὺς, ἄρεσκος, εὐπρος-ήγορος, εὐμενὴς
Complain, v. ἐπιμέμφομαι, ἀγανακτέω, μινυρίζω, μέμφομαι: to complain loudly, δεινολογέομαι, ἀποικτίζομαι
Complaining, μεμπτικός, ἀγανακτικὸς
Complaint, μομφὴ, f. ἐπιμομφὴ, f. (*accusation*) αἰτία, f. ἔγκλημα, n.
Complaisance, ἀρέσκεια, f. θωπεία, f. ἐπιείκεια, f.
Complaisant, ἄρεσκος, εὐπειθὴς
Complaisantly, adv. ἀρέσκως, εὐμενῶς
Complement, πλήρωμα, n.
Complete, τέλειος, ἐντελὴς, πλήρης
Complete, v. τελέω, ἀποτελέω, ἐκτελέω, πληρόω, ἀναπληρόω, ἐξεργάζομαι, διαπράσσω
Completely, adv. πάνυ, πάντως, πάγχυ, παντελῶς, ὅλως, τελέως
Completeness, τελειότης, f.
Completion, πλήρωσις, f. τελείωσις, f. ἀπεργασία, f.

Complex, συμπεπλεγμένος, σύμπλοκος
Complexion, χρῶμα, n. χροιά, f.:
 having a good complexion, εὔχροος
Complexity, σύμπλεξις, f.
Compliance, πειθαρχία, f. ὕπειξις, f.
Compliant, εὐπειστὸς, εὐπειθής, ὑπήκοος
Complicate, v. συμπλέκω, ἐπαλλάσσω
Complication, καταπλοκὴ, f. συμπλοκὴ, f.
Compliment, θώπευμα, n. ἡδυλογία, f.
Compliment, v. θωπεύω, κολακεύω
Complimentary, Complimentary, ἡδυλόγος, χρηστολόγος [συνωμοσία, f.
Complot, σύστασις, f. ἐπιβουλὴ, f.
Complot, v. συνόμνυμι, συνεπιβουλεύω
Comply, v. πείθομαι, ὑπακούω, ὑπηρετέω, χαρίζομαι, συγχαρίζομαι
Component, συνθετικὸς
Comportment, τρόπος, m. ἤθεα, n. pl.
Compose, v. (put together) συντίθημι, συγγράφω, ποιέω; (settle) παύω, ἀναπαύω, ἐξευμενίζω [εὔδιος
Composed, (calm) ἔκηλος, ἀτρεμὴς,
Composer, συνθέτης, m. συγγραφεὺς, m.
Composition, σύνθεσις, f. ποίησις, f.
Composure, ἀτρεμία, f. ἀταραξία, f. εὐδία, f.
Compound, σύγκριμα, n. σύμμιγμα, n.
Compound, σύνθετος, σύγκριτος, μικτὸς
Compound, v. συγκρίνω, συμμίγνυμι, συγκεράννυμι, κεράννυμι [f.
Compounding, σύγκρισις, f. σύγκρασις,
Comprehend, v. (understand) καταλαμβάνω, ἐννοέω, γιγνώσκω, μανθάνω; (include) περιλαμβάνω, συμπεριλαμβάνω
Comprehensible, καταληπτὸς, εὐμαθὴς
Comprehension, κατάληψις, f. γνώμη, f.
Comprehensive, (understanding) καταληπτικὸς; (capacious) χωρητικὸς
Comprehensively, adv. συλλήβδην, συλληπτικῶς [πυκνόω
Compress, v. συμπιέζω, συνθλίβω,
Compressible, πιεστὸς
Compression, συμπίεσις, f. σύνθλιψις, f.
Comprise, v. συνέχω, συλλαμβάνω, περιλαμβάνω, περιέχω
Compromise, συγχώρησις, f.
Compromise, v. συγχωρέω
Compulsion, ἀνάγκη, f. βία, f.
Compulsive, βίαιος [ἐπάναγκες
Compulsorily, adv. βιαίως, ἀναγκαίως,
Compulsory, βίαιος, ἀναγκαῖος
Compunction, μεταμέλεια, f.
Computable, εὐαρίθμητος, συλλογιστὸς

Computation, λογισμὸς, m. ἀρίθμησις, f.
Compute, v. λογίζομαι, ἀριθμέω, μετρέω
Comrade, συστρατιώτης, m. παραστάτης, m. παραβάτης, m.
Concatenate, v. συνδέω
Concatenation, σύνδεσις, f.
Concave, κοῖλος
Concavity, κοίλωμα, n. κοιλότης, f.
Conceal, v. κρύπτω, ἀποκρύπτω, καλύπτω, συγκαλύπτω, ἀφανίζω, κλέπτω, στέγω
Concealed, ἀποκεκρυμμένος, κρυπτὸς, κατάσχετος
Concealment, κατάκρυψις, f. κρύψις, f.
Concede, v. παραχωρέω, ἐκχωρέω, παρίημι, ἐπιτρέπω
Conceit, αὐθαδία, f. φρόνημα, n.
Conceited, δοκησίσοφος, αὐθάδης
Conceivable, νοητὸς
Conceive, v. (be pregnant) κυέω, κύω, συλλαμβάνω; (comprehend, imagine) συλλαμβάνω, νοέω, περινοέω, περιβάλλω τῷ νῷ
Concentrate, v. συναθροίζω, συναγείρω
Conceptible, καταληπτικὸς
Conception, (pregnancy) κύησις, f. σύλληψις, f. (thought, idea) νόημα, n. νόησις, f. σύλληψις, f.
Concern, πρᾶγμα, n.
Concern, v. προσήκω, τείνω, ἔχω: it concerns, ἥκει, διαφέρει: to be concerned about, or busy with, ἀντιλαμβάνομαι, πάρειμι: to be concerned or affected with sorrow, ἄχθομαι, λυπέομαι
Concerning, περὶ, ἀμφὶ, πρὸς
Concert, συμφωνία, f. ὁμόνοια, f. ὁμοφροσύνη, f. (a musical concert) συναυλία, f.: in concert, ἐκ συνθήκης, ἀθρόος: to act in concert, κοινῇ ἐργάζομαι
Concert, v. κοινολογέομαι, συμβάλλω
Concession, συγχώρησις, f.
Conciliate, v. προσποιέομαι, προσάγομαι, ἱλάσκομαι, προσκτάομαι, ἀρέσκω
Conciliation, προσαγωγὴ, f.
Conciliator, συναλλακτὴς, m. [κὸς
Conciliatory, προσαγωγὸς, ψυχαγωγιConcise, σύντομος, βραχυλόγος
Concisely, adv. βραχέως, συντόμως
Conciseness, βραχύτης, f. συντομία, f. βραχυλογία, f.
Conclave, συνέδριον, n. βουλὴ, f.
Conclude, v. (infer, decide) τεκμαίρομαι, λογίζομαι, συλλογίζομαι; (end, finish) διεκπεραίνω, ἐπιτελέω
Conclusion, σύγκλεισις, f. τέλος, n.

Conclusive, συλλογιστικὸs, συμπερασματικὸs [τυρόω, συνάπτω, πλέκω
Concoct, v. πέσσω; (contrive) συν-
Concoction, πέψις, f. (contrivance) ἐξεύρημα, n.
Concomitance, συνακολούθησις, f.
Concomitant, ἀκόλουθος, m. συνέμπορος, m.
Concomitant, συνακόλουθος
Concord, ὁμόνοια, f. ὁμοφροσύνη, f.
Concordant, ὁμογνώμων, ὁμόνους
Concourse, σύνοδος, f. σύλλογος, m. συνδρομὴ, f. σύστασις, f.
Concrete, συμπηκτὸς, σύμφυτος
Concrete, v. πήγνυμι
Concretion, πῆξις, f. σύμπηξις, f.
Concubinage, παλλακεία, f. παλλάκισμα, n. [ἑταίρα, f.
Concubine, παλλακὴ, f. παλλακὶς, f.
Concupiscence, ἐπιθυμία, f.
Concupiscent, ἀκόλαστος, ἀκρατὴς
Concur, v. (of things or events) συντρέχω, συμβαίνω, συμπίπτω; (to agree) ὁμολογέω, συμφωνέω, συγχωρέω
Concurrence, σύμπτωμα, n. (agreement) ὁμόνοια, f.
Concurrent, σύνδρομος
Concussion, ἔνοσις, f. σεισμὸς, m.
Condemn, v. καταγιγνώσκω, καταψηφίζομαι, καταδικάζω, κατακρίνω: to condemn to death, θανατόω
Condemnation, κατάγνωσις, f. καταχειροτονία, f. κατάκρισις, f.
Condemned, κατάκριτος, κατάδικος
Condensate, πυκνὸς, παχὺς [πήγνυμι
Condensate, v. πυκνόω, πιλέω, συμ-
Condense, πυκνὸς, παχὺς
Condense, v. πυκνόω, πιλέω
Condescend, v. συγκαθίημι, συγκαταβαίνω, συγχωρέω [διος
Condescending, συγκαταβατικὸς, ῥᾴ-
Condescension, συγκατάβασις, f. χαριστία, f. ῥᾳστώνη, f.
Condign, ἄξιος, ἐπάξιος, ἀξιοπρεπὴς
Condignly, adv. ἀξίως, ἐπαξίως
Condiment ἄρτυμα, n. ἔμβαμμα, n.
Condition, (state of anything) κατάστασις, f. (ability, rank, circumstance) στάσις, f. τάξις, f. ἀξίωμα, n. (of mind or body) πάθημα, n. πάθος, n. ἕξις, f. (a stipulation) λόγος, m.: conditions, ῥητὰ, n. pl. διακείμενα, n. pl.: good condition, εὐεξία, f.: in good condition, ἐντελὴς: on condition that, ἐφ' ᾧ
Conditional, Conditionary, ὑποθετικὸs
Conditionally, adv. ὑποθετικῶς

Condole, v. συνάχθομαι, συμπενθέω, συμπάσχω, συμπαθέω, συναλγέω
Condolence, συμπάθεια, f. συναλγηδὼν, f. [λέω
Conduce, v. συμφέρω, συντείνω, ὠφε-
Conducive, προσφερὴς, συμφέρων, χρήσιμος
Conduct, (the conducting of) πομπὴ, f. κομιδὴ, f. (behaviour) τρόπος, m. ἐπιτήδευμα, n.
Conduct, v. ἡγέομαι, πέμπω, παραπέμπω, πορεύω, ἄγω, κομίζω, στέλλω
Conductor, ἡγεμὼν, m. ἡγητὴς, m. πομπὸς, m.
Conduit, ὑδραγωγεῖον, n. χαράδρα, f.
Cone, κῶνος, m. [χειμάρροος, m.
Confabulate, v. διαλαλέω, διαμυθολο-
Confectioner, ὀψοποιὸς, m. [γέομαι
Confederacy, συνωμοσία, f. συμμαχία, f.
Confederate, συνωμότης, m. σύμμαχος, m. ἐπίκουρος, m.
Confederate, σύμμαχος, ὁμόσπονδος
Confederate, v. συνόμνυμι [μαχία, f.
Confederation, συνωμοσία, f. συμ-
Confer, v. (bestow) δίδωμι; (to bring in or upon, as honour, shame, &c.) εἰσφέρω, περιτίθημι, περιάπτω; (discourse with) διαλέγομαι, συμβάλλομαι, κοινολογέυμαι, συλλαλέω
Conference, κοινολογία, f.
Confess, v. ὁμολογέω, προσομολογέω, συγγιγνώσκω [γία, f.
Confession, ὁμολογία, f. προσομολο-
Confide, v. πείθομαι, πιστεύω, ἐπιτρέπω, παραδίδωμι [πίστις, f.
Confidence, θάρσος, n. εὐθαρσία, f.
Confident, θάρσυνος, εὐθαρσὴς, πίσυνος, πιστὸς: to be confident, πιστόομαι, θαρσέω, εὐθαρσέω
Confidential, πιστὸς, πιστικὸς
Confidently, adv. θαρσαλέως, εὐθαρσῶς, ἀδεῶς
Confiding, πιστὸς, πιστευτικὸς
Confidingly, adv. πιστευτικῶς
Confine, v. εἴργνυμι, εἴργω or ἔργω, καθείργνυμι, κλείω
Confinement, κάθειρξις, f. εἱργμὸς, m.
Confines, ὅρος, m. ὅρια, n. pl.
Confirm, v. βεβαιόω, κυρόω, κρατύνω
Confirmation, βεβαίωσις, f.
Confirmative, Confirmatory, βεβαιωτικὸς [ἀφαιρέω
Confiscate, v. δημεύω, δημοσιόω,
Confiscation, δήμευσις, f. ἀφαίρεσις, f.
Conflagration, ἔμπρησις, f. πύρωσις, f.
Conflict, συμβολὴ, f. ἀγὼν, m. ἅμιλλα, f. μάχη, f.

Conflict, v. ἀνταγωνίζομαι, ἐναντιόο-
Conflicting, ἐναντίος [μαι, ἀνθίσταμαι
Confluence, σύρρευσις, f. συρροὴ, f.
Confluent, σύρροος [σύρροια, f.
Conflux, συρροὴ, f. σύρροια, f.
Conform, v. ἀκολουθέω, ὁμοιόομαι : to be conformed to, συμμορφόομαι
Conformable, ἀκόλουθος, σύμμορφος, σύμμετρος, ὁμοιοπρεπὴς
Conformably, adv. ἀκολούθως, οἰκείως, προσηκόντως, ἐμμέτρως
Conformation, μορφὴ, f. μόρφωσις, f.
Conformed to, σύμμορφος
Conformity, ὁμοιότης, f. συμμορφὴ, f. προσάρμοσις, f.
Confound, v. συνταράσσω, διαταράσσω, συγχώννυμι, συγκεράννυμι, διασείω [ἐναντιόομαι
Confront, v. ἀντιφερίζω, συμβάλλω,
Confuse, v. ταράσσω, διαταράσσω, κυκάω, συγκυκάω, συγχέω, φύρω
Confused, ἄτακτος, ταραχώδης, σύμφυρτος
Confusedly, adv. ἀτάκτως, φύρδην, ἀναμὶξ, τεταραγμένως
Confusion, ἀταξία, f. σύγχυσις, f. ταραχὴ, f. συντάραξις, f. : in confusion, ἄτακτος, ταραχώδης ; adv. τεταραγμένως, χύδην : not in confusion, ἀτάρακτος, ἀτάραχος
Confutation, ἔλεγχος, m. ἐξέλεγξις, f. διάλυσις, f.
Confute, v. ἐλέγχω, διελέγχω : that can be confuted, εὐέλεγκτος, εὐεξέλεγκτος : not to be confuted, ἀνεξέλεγκτος
Congeal, v. πήγνυμι, συμπήγνυμι
Congealed, πηκτὸς
Congealing, πῆξις, f.
Congenial, ὁμότροπος, ὁμόφρων
Conger, γόγγρος, m.
Congest, v. συμφορέω, συναθροίζω
Congestion, συμφόρησις, f.
Conglobulate, v. ἀθροίζω, συνελίσσω, σφαιρόω [σφαιρόω
Conglomerate, v. ἀθροίζω, συνελίσσω,
Conglomeration, ἄθροισμα, n. συμφόρημα, n.
Conglutination, συγκόλλησις, f.
Congratulate, v. συγχαίρω, μακαρίζω
Congratulation, μακαρισμὸς, m.
Congratulatory, συγχαρητικὸς, συγχαρτικὸς
Congregate, v. σύνειμι, συνέρχομαι, συνήκω, ἀθροίζω, ἀγείρομαι, συνίσταμαι [πανήγυρις, f.
Congregation, ἐκκλησία, f. σύνοδος, f.
Congress, πανήγυρις, f. σύνοδος, f.

Congruity, ἐπιτηδειότης, f. συναρμογὴ, f. [τρος
Congruous, ἁρμόδιος, συνήκων, ἔμμετρος
Congruously, adv. ἐμμέτρως, ἀκολούθως [δης
Conic, Conical, κωνικὸς, στροβιλοειδης
Conjectural, στοχαστικὸς
Conjecture, στοχασμὸς, m. στόχος, m. ὑπόνοια, f. εἰκασία, f.
Conjecture, v. τεκμαίρομαι, στοχάζομαι, εἰκάζω, συμβάλλω
Conjectured, συμβεβλημένος
Conjecturer, εἰκαστὴς, m. στοχαστὴς, m. [ζεύγνυμι, συνάπτω
Conjoin, v. συναρμόζω, συζεύγνυμι,
Conjointly, adv. ὁμοῦ, ἅμα, συνημμένως
Conjugal, γαμήλιος [νως
Conjugate, v. συζεύγνυμι
Conjugation, συζυγία, f.
Conjunction, σύζευξις, f. σύναψις, f. (part of speech) σύνδεσμος, m.
Conjunctive, συναπτικὸς
Conjunctively, adv. ὁμοῦ
Conjuncture, ἀκμὴ, f. [νεία, f.
Conjuration, μαγευτικὴ, f. μαγγανεία
Conjure, v. μαγγανεύω, μαγεύω : to conjure up the dead, ψυχαγωγέω
Conjure, v. (to call on earnestly, entreat) ἐπιμαρτύρομαι, γουνάζομαι
Conjurer, μάγος, m. μαγγανευτὴς, m.
Connect, v. συνάπτω, συνείρω, συγκολλάω, ἐπιζεύγνυμι
Connection, (junction) σύζευξις, f. συμπλοκὴ, f. συναφὴ, f. (alliance by marriage) κηδεία, f. κῆδος, n. (a relation by marriage) γαμβρὸς, m. κηδεμών, m. κηδεστὴς, m.
Connivance, (acquiescence) συγχώρησις, f. (overlooking) περιόρασις, f.
Connive, v. (overlook) περιοράω, aor. περιεῖδον ; (be a party to) συγχωρέω
Connubial, γαμήλιος, γαμικὸς
Conquer, v. νικάω, κρατέω, ἐπικρατέω, δαμάω, ὑπεραίρω, καταστρέφομαι : to conquer in a naval battle, καταναυμαχέω : to be conquered, ἡσσάομαι, πλήσσομαι [δαμάλης, m.
Conqueror, νικητὴς, m. νικομάχας, m.
Conquest, νίκη, f. ἐπικράτησις, f.
Consanguineous, συγγενὴς
Consanguinity, συγγένεια, f. οἰκειότης, f. ἀγχιστεία, f.
Conscience, συνείδησις, f. σύννοια, f.
Conscientious, δίκαιος, εὐλαβὴς
Conscious, συνίστωρ : to be conscious, σύνοιδα, συνίσημι
Consciousness, σύννοια, f. [καθαγίζω
Consecrate, v. ἱερόω, καθιερόω, ἁγίζω,

Consecrated, ἱερὸς, ἅγιος, ἄθικτος: consecrated ground, τέμενος, n.
Consecration, καθιέρωσις, f. ἀνάθεσις, f.
Consecutive, συνακόλουθος, διάδοχος
Consent, συγχώρησις, f. ὁμόνοια, f. ὁμοφροσύνη, f.
Consent, v. συγχωρέω, ἐπαινέω, συναινέω, ἐπινεύω, συνεπαινέω
Consentient, συγγνώμων, συνέπαινος
Consequence, (result, effect) ἀκολούθησις, f. ἀκολουθία, f. τὸ ἑπόμενον, τὸ συνεπόμενον; (importance) ὄγκος, m. ῥοπή, f.: a thing of consequence, πρᾶγμα, n.
Consequent, ἀκόλουθος
Consequential, αὐθάδης, ὑπερήφανος, ἀλάζων
Consequently, adv. τῷ, ἑπομένως
Conservation, σωτηρία, f.
Conservative, φυλακτικός, σωτήριος
Conserve, v. ταριχεύω
Consider, v. φρονέω, λογίζομαι, ἐκλογίζομαι, νοέω, ἐννοέω, νωμάω, διαλέγομαι, φροντίζω, σκοπέω, σκέπτομαι, θεωρέω, ἐνθυμέομαι, ὁρμαίνω; (judge, deem) νομίζω, κρίνω, ἡγέομαι, ποιέομαι, τίθημι: to consider beforehand, προβουλεύω, προσκοπέω, προσκέπτομαι, προνοέω
Considerable, σπουδαῖος, λόγιμος, ἀξιόσκεπτος, πολὺς
Considerably, adv. πολλὸν, πολλῷ
Considerate, προμηθής, περιφρονέων, ἐννοητικὸς [περιεσκεμμένως
Considerately, adv. φροντιστικῶς,
Consideration, λογισμὸς, m. σκέψις, f. φροντὶς, f. ἐπίσκεψις, f. ἐνθύμησις, f. θεωρία, f. ἐννόησις, f. νώμησις, f.
Consign, v. διαδίδωμι, παραδίδωμι
Consignment, παράδοσις, f.
Consist, v. συνίσταμαι, σύγκειμαι
Consistency, Consistence, σύστασις, f. στερεότης, f. [πων
Consistent, προσήκων, ἀκόλουθος, πρέ-
Consistently, adv. ἑπομένως
Consociation, κοινωνία, f. ὁμιλία, f.
Consolation, παραμυθία, f. παραμύθιον, n. παρηγορία, f. κήλημα, n.
Consolatory, παραμυθητικὸς, παρηγόρος, παρηγορικὸς [προσηγορέω
Console, v. παραμυθέομαι, παρηγορέω,
Consoler, παρήγορος, m.
Consolidate, v. στερεόω, πυκνόω
Consolidation, στερέωσις, f.
Consonance, συμφωνία, f. ἁρμονία, f.
Consonant, σύμφωνος [φωνούντως
Consonantly, adv. συμφώνως, συμ-
Consonants, ἄφωνα, n. pl.

Consonous, σύμφωνος, ὁμοιόφωνος
Consort, ἄλοχος, f. σύγκοιτος, c. σύγκοιτις, f. σύζυξ, c.
Consort with, v. ὁμιλέω, προσομιλέω, συγγίγνομαι, θαμίζομαι [της, f.
Conspicuity, περιφάνεια, f. λαμπρό-
Conspicuous, λαμπρὸς, περιφανὴς, περίβλεπτος, ἐπιφανὴς, διαπρεπὴς: to be conspicuous, πρέπω, ἐμπρέπω, ἐπιπρέπω, διαφαίνομαι, λάμπω
Conspicuously, adv. διαπρεπῶς, ἐπιφανῶς, φανερῶς
Conspicuousness, περιφάνεια, f.
Conspiracy, συνωμοσία, f.
Conspirator, συνωμότης, m. — pl. οἱ συντεταγμένοι [συμπνέω
Conspire, v. συνίσταμαι, συνόμνυμι,
Constable, ῥαβδοῦχος, m. φύλαξ, m.
Constancy, βεβαιότης, f. ἐμμονὴ, f.
Constant, βέβαιος, ἀκίνητος, ἔμμονος
Constantly, adv. πάντοτε, ἀεὶ, ἐνδελεχῶς
Constellation, σῆμα, n.
Consternation, κατάπληξις, f. δέος, n. φόβος, m. δεῖμα, n.
Constituent, οὐσιώδης
Constituent, χειροτονητής, m.
Constitute, v. καθίστημι
Constitution, κατάστασις, f. (frame of body or mind) ἕξις, f. κατασκευὴ, f. (of a state) πολιτεία, f. σχῆμα, n. σύστασις, f.: a good constitution, (of men) εὐεξία, f. (of states) εὐνομία, f.: a bad constitution, (of men) καχεξία, f. (of states) κακονομία, f.: having a good constitution, (of men) εὐεκτικὸς, (of states) εὔνομος: having a bad constitution, (of men) καχεκτικὸς, (of states) κακόνομος: to have a constitution, πολιτεύω [ἐγγενὴς
Constitutional, πολιτικὸς; (innate)
Constrain, v. ἀναγκάζω, ἐπαναγκάζω, προσαναγκάζω, βιάζω, καταβιάζομαι
Constraint, ἀνάγκη, f. βία, f.
Construct, v. συντίθημι, κατασκευάζω, συμπήγνυμι [f.
Construction, σύνθεσις, f. κατασκευὴ,
Construe, v. ἑρμηνεύω
Consubstantial, ὁμοούσιος
Consubstantiality, ὁμοουσία, f. ὁμοουσιότης, f. [ὕπατος, m.
Consul, πρόξενος, m. (Roman consul)
Consular, ὑπατικὸς
Consulship, ὑπατεία, f.
Consult, v. συμβουλεύομαι, ἐπερωτάω, ἀνακοινόω, κοινόομαι; (consult an oracle) χράομαι, χρηστηριάζομαι
Consultation, βούλευσις, f.

CON

Consume, v. φθίω, τρύχω, ἀναλίσκω, τρίβω ; (by fire) καταφλέγω, νέμω
Consuming, ἀΐδηλος
Consummate, τέλειος, ὅλος
Consummate, v. ἀπαρτίζω, συντελέω
Consummately, adv. ἀπαρτὶ, ἀπαρτιζόντως [σις, f. συντέλεια, f.
Consummation, ἀπάρτισις, f. τελείω-
Consumption, (consuming) ἀνάλωσις, f. (disease) φθίσις, f. φθοή, f.
Consumptive, φθισικὸς, φθινώδης : to be consumptive, φθισιάω
Contact, συναφὴ, f. ἀφὴ, f. : to come in contact with, συγγίγνομαι, ἅπτομαι, μίγνυμαι
Contagion, λοιμὸς, m. λοιμία, f. φθο-
Contagious, λοιμικὸς [ρά, f.
Contain, v. χωρέω, κατέχω, κεύθω, στέγω [φθείρω, λυμαίνομαι
Contaminate, v. μιαίνω, μολύνω, συμ-
Contamination, μίασμα, n. μίανσις, f. ἄγος, n.
Contemn, v. καταφρονέω, ὑπερφρονέω, ὀλιγωρέω, ἀθερίζω, φαυλίζω [τὴρ, m.
Contemner, ὑπερόπτης, m. ἀτιμασ-
Contemplate, v. θεωρέω, σκοπέω, σκέπτομαι, ἀποσκοπέω, διασκέπτομαι, ἐπισκέπτομαι, φροντίζω
Contemplation, σκέψις, f. ἐπίσκεψις, f. θεώρησις, f. θεωρία, f.
Contemplative, θεωρητικὸς
Contemporary, σύγχρονος
Contemporary, ἧλιξ, c.
Contempt, καταφρόνησις, f. καταφρόνημα, n. ὀλιγωρία, f. ὑπεροψία, f.
Contemptible, ἄτιμος, ἀπότιμος, μεμπτὸς, εὐκαταφρόνητος, φαῦλος
Contemptibly, adv. καταβεβλημένως
Contemptuous, ὀλίγωρος, καταφρονητικὸς [ταφρονητικῶς
Contemptuously, adv. ὀλιγώρως, κα-
Contend, v. ἐρίζω, ἁμιλλάομαι, ἀγωνίζομαι, διαγωνίζομαι, διαμάχομαι, ἐριδαίνω
Content, αὐτάρκεια, f.
Content, v. ἀρέσκω, πληροφορέω, ἧρα φέρω : to be content, στέργω, ἀρκέω, ἀγαπάω
Content, Contented, αὐτάρκης
Contentedly, adv. αὐτάρκως
Contentedness, αὐτάρκεια, f.
Contention, ἔρις, f. νεῖκος, n. μάχη, f.
Contentious, φιλόνεικος, φίλερις, μαχητικὸς, φιλαπεχθήμων : to be contentious, φιλονεικέω
Contentiously, adv. φιλονείκως, φιλαπεχθημόνως [ἀπεχθημοσύνη, f.
Contentiousness, φιλονεικία, f. φιλ-

CON

Contentment, αὐτάρκεια, f.
Conterminous, ὅμορος. μεθόριος
Contest, ἅμιλλα, f. ἀγὼν, m. ἆθλος, m. ἀγώνισμα, n. [ἀθλέω, ἐρίζω
Contest, v. ἀγωνίζομαι, ἁμιλλάομαι,
Contestable, ἀμφιδήριτος, δύσκριτος, ἀμφισβητήσιμος, ἀμφίλογος
Contexture, πλοκὴ, f. συμπλοκὴ, f.
Contiguity, γειτονία, f. γειτνίασις, f.
Contiguous, πρόσχωρος, πλησιόχωρος, πρόσοικος, ὅμορος, πρόσουρος
Contiguously, adv. ἐγγὺς, πλησίον
Continence, Continency, ἐγκράτεια, f. σωφροσύνη, f.
Continent, ἤπειρος, f.
Continent, ἐγκρατὴς, σώφρων : to be continent, ἐγκρατεύομαι
Continental, ἠπειρωτικὸς
Continently, adv. ἐγκρατῶς, σωφρόνως
Contingency, συμφορά, f. σύμβαμα, n. τὸ τυχὸν
Contingent, αὐτόματος, ὁ τυχὼν, ὁ ἐντυχὼν, τὸ συμβεβηκὸς
Contingently, adv. τυχηρῶς, τυχὸν
Continual, συνεχὴς, διατελὴς, ἐνδελεχὴς [δελεχῶς
Continually, adv. συνεχῶς, ἀεὶ, ἐν-
Continuance, διαμονὴ, f.
Continuation, συνέχεια, f.
Continue, v. διατελέω, διαγίγνομαι, ἐπιμένω, ἀνέχω
Continuity, συνέχεια, f. [γίζω
Contort, v. συστρέφω, διαστρέφω, λυ-
Contortion, διαστροφὴ, f. λυγισμὸς, m.
Contraband, ἔκθεσμος
Contract, συμβόλαιον, n. συγγραφὴ, f. συνάλλαγμα, n. (contract for work) ἐργολαβία, f. : to make a contract, συγγράφομαι : to break a contract, παρασυγγράφω
Contract, v. συναιρέω, συστέλλω, συνέλκω, συσπάω ; (as friendship, marriage, &c.) συνάγω, συνάπτω, συμβάλλομαι ; (bargain for work, &c.) ἐργολαβέω, μισθόομαι
Contraction, συστολὴ, f. συναγωγὴ, f.
Contractor, ἐργολάβος, m.
Contradict, v. ἀντεῖπον, ἀντιλέγω, ἐναντιολογέω
Contradiction, ἀντιλογία, f. ἐναντιολογία, f. ἐναντίωσις, f.
Contradictory, ἀντιλογικὸς, ἀντίλογος, ἐναντίος
Contrariety, ἐναντιότης, f. ἐναντίωμα, n. ἐναντίωσις, f.
Contrarily, adv. ἐναντίως
Contrariwise, adv. ἄντην, ἐξ ἐναντίας
Contrary, ἐναντίος, ὑπεναντίος, ἀντίος :

365

contrary to, παρὰ, ἀπὸ, πέρα, παρὲκ, ἔξω, ἔμπαλιν: on the contrary, αὖ, αὖτε, τοὐναντίον, ἐξ ἐναντίας
Contrast, ἀνομοίωσις, f. ἀνομοιότης, f.
Contract, v. ἀντεπιδείκνυμι
Contravallation. ἀντιτείχισμα, n.
Contravene. v. ἀνθίσταμαι, ἀντιόομαι
Contravention, ἀντίστασις, f.
Contribute, v. εἰσφέρω, συμβάλλομαι, συμφέρω, ἐρανίζω
Contribution, εἰσφορά, f. ἔρανος, m.
Contributory, συντελής
Contrite, μεταμελητικός
Contrition, μετάνοια, f. μετάγνοια, f. μεταμέλεια, f.
Contrivance, τέχνη, f. μηχανὴ, f. πόρος, m. εὕρημα, n. ἐπίνοια, f. σόφισμα, n.
Contrive, v. μηχανάομαι, τεχνάομαι, ἐπινοέω, εὑρίσκω, ἐξευρίσκω, συντίθημι, πορίζω, πράσσω, πλέκω
Contriver, εὑρέτης, m. μηχανιώτης, m.
Control, κράτος, n. ἀρχὴ, f.: self-control, ἐγκράτεια, f.
Control, v. κατέχω, κρατέω, ἐπικρατέω
Controversial, ἀμφισβητητικός, ἀντιλογικὸς [λογία, f.
Controversy, ἀμφισβήτησις, f. ἀντι-
Controvert, v. ἀντιλέγω, ἀμφισβητέω
Controvertible, ἀμφισβητήσιμος
Contumacious, αὐθάδης, δυσπειθής, στερεὸς [πείστως, αὐθαδῶς
Contumaciously, adv. στερρῶς, δυσ-
Contumaciousness, Contumacy, αὐθάδεια, f. φιλονεικία, f. ἀπείθεια, f.
Contumelious, ὑβριστικός, ὑβριστής, ὕβριστος [ἀσελγῶς
Contumeliously, adv. ὑβριστικῶς,
Contumely, ὕβρις, f. ἀσέλγεια, f.
Contuse. v. φλάω, συντρίβω
Contusion, σμῶδιξ, f. θλάσμα, n.
Convalescence, ἀνωδυνία, f.
Convalescent, ἄνοσος
Convene, v. ἀγείρω, συναγείρω, συγκαλέω, συνάγω [ρία, f.
Convenience, ἐπιτηδειότης, f. εὐκαι-
Convenient, ἐπιτήδειος, σύμφορος
Conveniently, adv. ἐπιτηδείως, συμ-
Convent, κοινόβιον, n. [φόρως
Convention, συνθήκη, f. σύνθημα, n.
Conventional, σύνθετος [σύμβασις, f.
Converge, v. συντρέχω, συμμίγνυμαι
Conversant, ἔμπειρος, ἐντριβὴς, ἴστωρ, εἰδὼς
Conversation, λόγος, m. διάλογος, m. λέσχη, f. δαριστὺς, f. ὁμιλία, f.
Conversational, λεκτικός, ὁμιλητικὸς
Converse. ὁμιλία, f. κοινωνία, f.

Converse, v. διαλέγομαι, συγγίγνομαι, συμμίγνυμι, ὁμιλέω
Converse. ἐναντίος, ἀντίθετος
Conversely, adv. ἀντεστραμμένως
Conversion, ἀντιστροφὴ, f. μεταστροφὴ, f.
Convert, προσήλυτος, m. [μεταπείθω
Convert, v. ἐπιστρέφω, ἀντιστρέφω,
Convertible. μεταλλακτὸς
Convex, κυρτὸς
Convexity, κυρτότης, f.
Convey, v. κομίζω, ἄγω, φορέω, φέρω, ἀναφέρω: convey across, διακομίζω, διαπορεύω: convey away, ἐκκομίζω
Conveyance, ἀγωγὴ, f. φορά, f.
Convict, v. ἐξελέγχω, ἀνελέγχω, καταδέω, καταλαμβάνω, αἱρέω
Conviction, δικαίωσις, f. ἅλωσις, f. καταχειροτονία, f.
Convicts, οἱ κατακρίσιμοι [ἀνελέγχω
Convince, v. πείθω, προσβιβάζω, αἱρέω,
Convincing, ἀσφαλής, ἀναγκαῖος
Convincingly, adv. ἀσφαλῶς
Convivial, συμποσιακός, συμποτικὸς
Convocate, v. συγκαλέω, συλλέγω
Convocation, ἐκκλησία, f.
Convoke, v. συγκαλέω, συλλέγω, ἀγείρω
Convoy, παραπομπός, m. (esp. pl.) πρόπομπος, m. (esp. pl.)
Convoy, v. πέμπω. παραπέμπω, προπέμπω, παρακομίζω
Convoying, προπομπή. f. παραπομπή, f.
Convulse, v. σπάω, σπαράσσω
Convulsion, σπάσμα, n. σπασμός, m. σπαδών f. σπαραγμός, m.
Convulsive, σπασματώδης
Coo, v. στένω
Cook, μάγειρος, m. ὀψοποιός, m.
Cook, v. πέσσω, ὀψοποιέομαι, μαγειCooked, πεπτὸς [ρεύω
Cookery, μαγειρική, f. ὀψοποιητική, f. σκευασία, f.: cookery-book, ὀψαρτυσία, f. ὀψολογία, f.
Cool, ψυχρός, ψυχεινός, αἴθριος
Cool, v. ψύχω, ἀποψύχω, καταψύχω
Cooling, ψύξις, f. κατάψυξις, f. περιψυγμός, m.
Cooling, ψυκτήριος, καταψυκτικὸς
Coolness, ψυχρότης, f. ψῦχος, n.
Coop, οἴκημα, n.
Coop, v. κατείργω, κατακλείω
Co-operate, v. συγκατεργάζομαι, συμπράσσω, συγκαταπράσσω, συμπονέω, συνεργέω
Co-operation, συνεργία, f.
Co-operative, συνεργός, συνεργητικὸς
Co-operator, συνεργάτης, m. συλλήπ-

τωρ, *m.* συμπράκτωρ, *m.* συναγωνιστής, *m.*
Co-ordinate, ἰσοτελής
Coot, φαλαρίς, *f.*
Co-partner, μέτοχος, *m.*
Cope, *v.* ἐρίζω, ἀμφισβητέω, προσπαλαίω, ἀντιπαλαίω, ἀνθίσταμαι
Copier, ἀναγραφεύς, *m.* (*imitator*) μιμητής, *m.*
Coping, γεῖσον, *n.* θριγκός, *m.* [πολύς
Copious, ἄφθονος, δαψιλής, βαθύς,
Copiously, *adv.* ἄλις, πολύ, πολλόν, δαψιλῶς [πλῆθος, *n.*
Copiousness, ἀφθονία, *f.* εὐπορία, *f.*
Copper, χαλκός, *m.* : of copper, χάλκεος : copper vessel, χαλκεῖον, *n.* χάλκωμα, *n.* : copper coin, χαλκοῦς, *m.*
Copper-plate, χάλκωμα, *n.*
Coppersmith, χαλκεύς, *m.*
Coppery, χαλκοειδής [or *n.* νέμος, *n.*
Coppice, Copse, δρυμός, *m.* δρίος, *m.*
Copulate, *v.* μίγνυμι, συμμίγνυμι, σύνειμι, συνέρχομαι, συνουσιάζω
Copulation, συνουσία, *f.* συνουσίασις, *f.*
Copy, (*transcript*) ἀντίγραφον, *n.* (*of a picture, &c.*) ἀφομοίωμα, *n.* (*writing copy*) ὑπογραμμός, *m.*
Copy, *v.* (*transcribe*) ἐγγράφω, ἀναγράφω ; (*imitate*) μιμέομαι, ἐκμιμέομαι ; (*to pourtray, of painters*) ἀφομοιόω [διαθρύπτομαι
Coquet, *v.* ἀκκίζομαι, θηλύνομαι, ἐν-
Coquetry, ἀκκισμός, *m.*
Coquette, λωγάς, *f.*
Coquettish, λαμπρός
Coral, κοράλλιον, *n.* κουράλιον, *n.*
Cord, σχοῖνος, *c.* σχοινίον, *n.* τόνος, *m.*
Cord, *v.* δέω σφίγγω [πλόκαμος, *m.*
Cordial, ἀσπάσιος, πρόθυμος,
Cordiality, προθυμία, *f.* φιλαλληλία, *f.*
Cordially, *adv.* ἀσπασίως, προθύμως, ἀσμένως [*m.*
Cordwainer, σκυτοτόμος, *m.* σκυτεύς,
Corioceous, σκύτινος
Coriander, κοσίαννον, *n.* κορίανον, *n.*
Corinth, Κόρινθος, *f.*
Corinthian, Κορίνθιος
Corinthians, Ἔφιροι, *m. pl.*
Cork, φελλός, *m.*
Cork, *v.* βύω
Cormorant, λάρος, *m.*
Corn, σῖτος, *m.* σιτίον, *n.* (*esp. pl.*) : of corn, σιτηρός : scarcity of corn, σιτοδεία, *f.*
Corn-dealer, σιτοπώλης, *m.*
Corner, γωνία, *f.* ἀγκών, *m.*
Cornet, κέρας, *n.*

Corn-field, λήϊον, *n.*
Corn-flower, κύανος, *f.* [γεῖσον, *n.*
Cornice, θρίγκος, *m.* θρίγκωμα, *n.*
Corollary, ἐπιφορά, *f.* προσθήκη, *f.*
Coronal, στέμμα, *n.* στέφανος, *m.*
Coronation, στεφάνωσις, *f.*
Coronet, διάδημα, *n.* στεφανίσκος, *m.*
Corporal, δεκάδαρχος, *m.*
Corporal, Corporeal, σωματοειδής, σωματικός
Corporation, δῆμος, *m.* πολιτεία, *f.*
Corps, λόχος, *m.* σπεῖρα, *f.*
Corpse, σῶμα, *n.* νεκρός, *m.* νέκυς, *m.*
Corpulence, πολυσαρκία, *f.* [πτῶμα, *n.*
Corpulent, μεγαλόσωμος, πολύσαρκος
Correct, ὀρθός
Correct, *v.* ἐπανορθόω, διορθόω, εὐθύνω, ἰθύνω ; (*of writing*) μεταγράφω
Correction, ἐπανόρθωσις, *f.* διόρθωσις, *f.* εὐθύνη, *f.* (*chastisement*) κόλασις, *f.* κόλασμα, *n.* κολασμός, *m.* σωφρονιστύς, *f.*
Corrective, ἐπανορθωτικός, διορθωτικός
Correctly, *adv.* ὀρθῶς, ὀρθά
Correctness, ὀρθότης, *f.*
Corrector, ἐπανορθωτής, *m.* σωφρονιστής, *m.* εὔθυνος, *m.*
Correspond, *v.* συμβαίνω, ἁρμόζω, συναρμόζω, συνᾴδω, συμφέρω, ἕπομαι
Correspondence, ἀκολουθία, *f.* συμμετρία, *f.*
Correspondent, Corresponding, συνῳδός, ἀκόλουθος, ἁρμόδιος, σύμμετρος, σύνδρομος
Corroborate, *v.* βεβαιόω, κρατύνω
Corroboration, ἐπικύρωσις, *f.* βεβαίωσις, *f.*
Corrode, *v.* σήπω, διατρώγω, δάκνω
Corroding, διάβορος
Corrosion, ἀνάβρωσις, *f.*
Corrosive, ἀναβρωτικός, σηπτικός
Corrupt, (*rotten*) σαπρός ; (*wrong, unjust*) ἄδικος ; (*bribed*) δωροδόκος
Corrupt, *v.* φθείρω, διαφθείρω, παραλλάσσω, (*with bribes*) καταδωροδοκέω
Corrupter, φθορεύς, *m.* διαφθορεύς, *m.*
Corruptible, φθαρτός, εὐδιάφθορος
Corruption, φθορά, *f.* διαφθορά, *f.*
Corruptive, φθαρτικός
Corruptness, κακία, *f.* φθορά, *f.*
Corsair, λῃστήρ, *m.* πειρατής, *m.*
Corse, πτῶμα, *n.*
Corslet, θώραξ, *m.* περιθωρακίδιον, *n.*
Coruscant, ἀστράπτων, λαμπρός, φαεινός
Coruscation, ἀστραπή, *f.*
Cosmetic, κοσμητικός
Cosmogony, κοσμογονία, *f.*
Cosmographer, κοσμογράφος, *m.*

Cosmography, κοσμογραφία, f.
Cosmopolite, κοσμοπολίτης, m.
Cost, δαπάνη, f. δαπάνημα, n. ἀνάλωμα, n. τιμή, f. τέλος, n.
Cost, v. γίγνομαι, καθίσταμαι
Costive, στεγνός [ματία, f.
Costliness, πολυτέλεια, f. πολυχρη-
Costly, πολυτελής, δαπανηρός, πολυδάπανος, πολυτίμητος [διον. n.
Cottage, καλύβη, f. ἔπαυλις, f. οἰκί-
Cotton, ξύλον, n. βύσσος, f. : of cotton, ξύλινος, βύσσινος
Couch, λέχος, n. λέκτρον, n. κλισμός, m. κλίνη, f. ἐπίκλιντρον, n. κοίτη, f.
Couch, v. κεῖμαι, κατάκειμαι
Couchant, κατακλίνων
Covenant, συνθήκη, f. συμβόλαιον, n. συγγραφή, f. ὁμολογία, f. : to break a covenant, παρασπονδέω
Covenant, v. ὁμολογέω, συγγράφω, συμβάλλω, συντίθημι
Covenant-breaker, παράσπονδος
Cover, στέγασμα, n. κάλυμμα, n. περικάλυμμα, n. περίβλημα, n. εἴλυμα, n.
Cover, v. καλύπτω, κατακαλύπτω, ἐπικαλύπτω, περικαλύπτω, στέγω, στεγάζω, συστεγάζω, κρύπτω
Covered, στεγανός, καλυπτός, κατηρεφής [στέγασις, f.
Covering, εἴλημα, n. στέγασμα, n.
Coverlet, στρωματεύς, m. ῥῆγος, n.
Covert, βῆσσα, f. δρίος, m. or n.
Covert, κρυπτός [φίως
Covertly, adv. κρύβδην, κρυφῇ, κρυ-
Covet, v. ἐπιθυμέω, ποθέω, ἀντέχομαι, ἱμείρω
Covetous, πλεονεκτικός, πλεονέκτης, φιλάργυρος, φιλοχρήματος : to be covetous, πλεονεκτέω, φιλοκερδέω : covetous man, πλεονέκτης, m. φιλοχρηματιστής, m.
Covetously, adv. πλεονεκτικῶς, φιλοχρημάτως
Covetousness, πλεονεξία, f. φιλοκέρδεια, f. φιλοχρηματία, f.
Cough, βήξ, c.
Cough, v. βήσσω
Coulter, ὕνις or ὕννις, f.
Council, συνέδριον, n. συνεδρία, f. βουλή, f. ἀγορά, f. : to hold a council, ἀγοράομαι, συμβουλεύω
Council-chamber, βουλευτήριον, n.
Counsel, βουλή, f. βούλευμα, n. μῆτις, f. συμβουλή, f. συμβουλία, f. παραίνεσις, f. [ὑποτίθημι, παραινέω
Counsel, v. βουλεύω, συμβουλεύω
Counsellor, σύμβουλος, m. βουλευτής,

m. πρόβουλος, m. σύνεδρος, m. : body of counsellors, βουλευτήριον, n.
Count, λογισμός, m. ἀριθμός, m.
Count, v. ἀριθμέω, καταριθμέω, ἀπαριθμέω, λογίζομαι : to count up together, συλλογίζομαι
Counted in or among, ἐνάριθμιος, μετάριθμιος : easily counted, εὐαρίθμητος, ἀριθμητός [ὄψις, f.
Countenance, πρόσωπον, n. ὤψ, f.
Countenance, v. ἀντιλαμβάνω, προστατέω
Counter, (shop-table) τραπέζιον, n. (pebble used for reckoning) ψῆφος, f.
Counter to, adj. ἐναντίος ; adv. παρέκ, ἀντί · [χανδάομαι
Counteract, v. ἀντιπράσσω, ἀντιμη-
Counterbalance, ἀντιρροπία, f.
Counterbalance, v. ἀντιρρέπω, ἀντισηκόω
Counterbalancing, ἀντισήκωσις, f.
Counterbalancing, ἀντίρροπος, ἀντίσταθμος [ἄμειψις, f. ἀνταμοιβή, f.
Counterchange, ἀντάλλαγμα, n. ἀντ-
Counterchange, v. ἀνταλλάσσω, ἀνταμείβω [τίμησις, f.
Counter-estimate, ἀντιτίμημα, n. ἀντι-
Counter-evidence, ἀντιμαρτύρησις, f.
Counterfeit, πλάσμα, n. μίμημα, n.
Counterfeit, κίβδηλος, ὑποβολιμαῖος, παράσημος, πλασματώδης, πλασματίας [ποιέομαι, πλάσσω
Counterfeit, v. παραποιέομαι, προσ-
Countermand, v. ἀντικελεύω
Countermine, v. ἀντορύσσω
Counterpane, στρωματεύς, m. ῥῆγος, n.
Counterpart, ἀντίστροφος [ψις, f.
Counterplea, ἀντιγραφή, f. ἀντίγρα-
Counterplead, v. ἀντιλέγω, ἀντιλογέω
Counterplot, v. ἀντιβουλεύω, ἀντιτεχνάζω
Counterpoise, ἀντιρροπία, f. [κόω
Counterpoise, v. ἀντιρρέπω, ἀντιση-
Countersign, v. παρασημαίνω
Countless, μύριος, ἀνάριθμος, ἀναρίθμητος
Country, (as opposed to towns) ἀγρός, m. χῶρος, m. χώρα, f. (a region) γῆ, f. χωρίον, n. χθών, f. (native land) πατρίς, f. πάτρα, f. ἡ πατρική : of the country, rustic, ἄγροικος, ἀγρεῖος, ἀγρονόμος : of the country or region, ἐπιχώριος, ἐγχώριος : of one's native country, πάτριος, πατρῷος, οἰκεῖος
Countryman, (rustic) ἄγροικος, m. ἄγριος, m. ἀγρότης, m. ἀγρώστης, m. χωρίτης, m. (fellow-countryman)

πατριώτης, m. πολίτης, m. συμπολίτης, m.
Countrywoman, (rustic) ἀγρότις, f. ἀγροιῶτις, f. ἀγρότειρα, f. (of the same country) πατριῶτις, f. πολιῆτις, f.
Couple, δύο, δύω
Couple, v. συνδυάζω, παραζεύγνυμι
Couplet, δίστιχον, n.
Courage, ἀνδρεία, f. θάρσος, n. μένος, n. τόλμη, f. εὐψυχία, f. ἀρετή, f. εὐτολμία, f..: of good courage, εὐθαρσής: to take courage, θαρσέω, τολμάω, ἀναθαρσέω
Courageous, ἔμψυχος, ἄλκιμος, εὔτολμος, ἀγαθὸς, θαρσαλέος, εὐκάρδιος, κρατερὸς [χως, εὐτόλμως
Courageously, adv. θαρσαλέως, εὐψύ·
Courier, ἄγγαρος, m. ἡμεροδρόμος, m. δρομεύς, m.
Course, δρόμος, m. δράμημα, n. ὁδὸς, f. (of affairs, of the stars, &c.) φορά, f. (of the sun) δ.ἔξοδος, f. (of an arrow) πορεία, f. (of dinner) περίοδος, f.: of course, ἀνάγκη, πάνυ μὲν οὖν
Course, v. διώκω, θηράομαι
Courser, κέλης, m.
Court, αὐλή, f. (royal court) βασίλειον, n. (court of justice) δικαστήριον, n. ἀγορά, f.
Court, v. (woo, sue for) μνηστεύω, μνάομαι; (seek to please) θεραπεύω
Courteous, εὐπροσήγορος, χαρίεις, ἀσ-
Courteously, adv χαριέντως [τεῖος
Courteousness, εὐπροσηγορία, f. ἐπητύς, f.
Courtesan, πόρνη, f. χαμαιτύπη, f. ἐπι-
Courtesy, ἐπητύς, f. [μισθὶς, f.
Courtier, μνηστήρ, m.
Courtly, αὐλικὸς, αὔλειος
Courtship, μνηστεία, f. μνήστευμα, n.
Court-yard, αὐλή, f.
Cousin, ἀνεψιὸς, m. ἀνεψιὰ, f.
Cow, βοῦς, f.
Coward, Cowardly, ἄνανδρος, δειλὸς, ἄτολμος, κακὸς, φιλόψυχος, πονηρός: to be a coward, φιλοψυχέω, ἀτολμέω, τρέω
Coward, ἀσπιδαποβλής, m.
Cowardice, ἀνανδρία, f. δειλία, f. ἀτολμία, f. κακία, f.
Cowardly, adv. ἀνάνδρως [σω
Cower, v. ὑποπτήσσω, πτήσσω, πτώσ-
Cowherd, βουκόλος, m. βοηλάτης, m. βούτης, m.
Cow-shed, βούσταθμον, n. βόαυλος, m.
Coxcomb, ταῶς, m.
Coy, αἰδήμων, αἰδοῖος

Coyness, αἰδημοσύνη, f. [λεύω
Cozen, v. παρακόπτω, καπηλεύω. συ-
Crab, καρκίνος, m. κάραβος, m. πάγουρος, m. [θρωπὸς, σκυθρὸς
Crabbed, δύσκολος, στυγνὸς, σκυ-
Crabbedly, adv. δυσκόλως [της, f.
Crabbedness, δυσκολία, f. σκυθρωπό-
Crack, ἀγμὸς, m. κλάσις, f. ῥωγμὴ, f. σχίζα, f.
Crack, v. ἄγνυμι, ῥήγνυμι
Crackle, v. βρομέω, σφαραγέομαι
Crackling, σφάραγος, m. βρόμος, m.
Cradle, λίκνον, n.
Craft, δόλος, m. δόλωσις, f. κερδοσύνη, f. δολοπλοκία, f.
Craftily, adv. ποικίλως, κερδαλέως
Craftiness, δολοφροσύνη, f.
Craftsman, τέκτων, m. δημιουργὸς, m.
Crafty, δολερὸς, δόλιος, δολόεις, ποικίλος, ποικιλόβουλος, κερδαλέος, αἰμύλος, δολιόφρων
Crag, κρημνὸς, m. ῥαχία, f. [λιψ
Craggy, ἀπόκρημνος, κρημνώδης, αἰγί-
Cram, v. ὑπερπληρόω, ἐμπληρόω, ἀναμεστόω
Cramp, σπαδὼν, f. σπασμὸς, m.
Cramp, v. ἀντισπάω, σπάω
Crane, γέρανος, m. (an engine) ὄνος, m.
Cranny, χάσμα, n. σχίσμα, n.
Crash, κτύπος, m. πάταγος, m. δοῦπος, m.
Crash, v. σμαραγέω, κοναβέω, ἐπικροτέω, κτυπέω
Crassitude, παχύτης, f.
Crate, ταρσὸς, m. τρασιὰ, f.
Crave, v. δέομαι, ἐξαιτέω, λιπαρέω
Crawfish, ἀστακὸς, m.
Crawl, v. ἕρπω, ἑρπύζω, ἰλυσπάομαι
Crawling, εἰλητικὸς, ἰλυσπαστικὸς
Craziness, ἄλη, f. οἶστρος, m. παρακοπὴ, f. πλάνος φρενῶν, m.
Crazy, ἄφρων, φρενοβλαβὴς, ἠλεὸς, μανιώδης: to be crazy, ἀφροντίστως ἔχω, παραπαίω
Creak, v. κλάζω, κρίζω, συρίζω
Creaking, συριγμὸς, m. σύριγμα, n.
Crease, πτυχὴ, f. πτὺξ, f. [κριγὴ, f.
Crease, v. πτύσσω
Create, v. ποιέω, κτίζω
Created, γενητὸς, ποιητὸς [σις, f.
Creation, γένεσις, f. γέννησις, f. κτί-
Creative, ποιητικὸς [κτιστὴς, m.
Creator, γεννήτωρ, m. ποιητὴς, m.
Creature, κτίσις, f. κτίσμα, n. φυ-
Credence, πίστις, f. [τὸν, n.
Credibility, πιθανότης, f.
Credible, πιστὸς, πιθανὸς
Credibly, adv. πιστῶς

Credit, πίστις, f. δόξα, f.
Credit, v. πιστεύω, πίστιν δίδωμι
Creditable, ἀξιέπαινος
Creditor, χρήστης, m.
Credulity, εὐπιστία, f.
Credulous, εὔπιστος, εὔπειστος
Creek, κόλπος. m. μυχὸς, m.
Creep, v. ἕρπω, ἑρπύζω : creep out, ἐξέρπω, ἐξερπύζω: creep in, ὑφέρπω, ἐπεισδύω : creep on, ἐφέρπω : creep up, ἀνέρπω, παρέρπω : creep down, καθέρπω
Creeping, ἕρψις, f. : creeping thing, ἑρπετὸν, n.
Creeping, ἑρπυστικὸς ; (of plants) περιστεφής, περιαλλόκαυλος
Crescent, μηνίσκος, m. σεληνὶς, f.
Crescent-shaped, μηνοειδής, σεληναῖος
Cress, κάρδαμον, n.
Crest, λόφος, m.
Crevice, χάσμα. n. κλειθρία, f.
Crew, ὑπηρεσία, f. πλήρωμα, n.
Crib, κάπη, f. φάτνη, f.
Crib, v. ἀπαλείφω, κλέπτω
Crier, κῆρυξ. m. καλήτωρ, m.
Crime, κακοιργία, f. κακούργημα, n. ἁμάρτημα, n.
Crimeless, ἀναίτιος, ἀβλαβής
Criminal, κακοῦργος, κακοποιὸς, αἴτιος, πονηρὸς
Criminal, κακοῦργος, m. ἀλείτης, m.
Criminally, adv. ἐγκληματικῶς, κακῶς
Criminate, v. ἐγκαλέω, μέμφομαι
Crimination. διαβολή, f. ἔγκλημα, n.
Criminatory, κατηγορικὸς
Crimson, φοῖνιξ, m.
Cringe, v. θώπτω, σαίνω, ὑπέρχομαι
Cringing, θωπικὸς, θωπευτικὸς
Crinkle, ῥυτὶς, f.
Cripple, v. σιφλόω, κυλλόω
Crippled, σιφλὸς, κυλλὸς
Crippling, κύλλωσις, f. πήρωσις, f.
Crisis, ἀκμὴ, f. ῥοπὴ, f. καιρὸς, m.
Crisp, v. οὐλόω
Crisp, οὖλος
Crispness, οὐλότης, f.
Criterion. κριτήριον, n.
Critic, κριτικὸς, m. ἐπιτιμητής, m.
Critical, ἀκμαῖος, κριτικὸς
Criticise, v κρίνω, ἐπιτιμάω
Criticism, ἐπιτίμησις. f.
Croak, v. κρώζω, κράζω
Croaking, κρωγμὸς, m.
Crockery, τὰ κεραμικὰ
Crocodile, κροκόδειλος, m.
Crocus, κρόκος, m.

Crook, ἄγκιστρον, n.
Crook, v. ἀγκυλόω. σκολιόω, κάμπτω
Crooked, σκολιὸς, ἀγκύλος, καμπύλος, ἐπικάμπυλος, γναμπτὸς, πλάγιος, γαμψὸς, στρεβλὸς
Crookedly, adv. σκολιῶς [της, f.
Crookedness, σκυλιότης, f. καμπυλό-
Crop, λήϊον, n. φορὰ, f. (of a bird) πρηγορεών, m.
Crop, v. καρπόομαι, δρέπομαι
Cross, σταυρὸς, m.
Cross, πλάγιος, ἐγκάρσιος, λέχριος, λοξὸς
Cross, v. περαιόομαι, διαπεράω, διαπορεύομαι, διαβάλλω, διαβαίνω, παραβάλλω : to make to cross, περαιόω, διαβιβάζω ; to cross-question, διερωτάω : to cross-examine, ἀναποδίζω
Crosswise, ἐγκαρσίως, φορμηδὸν, λέχρις
Crouch, v. πτήσσω, καταπτήσσω, ὑποπτήσσω, ὀκλάζω
Crow, κόραξ, m. κορώνη, f. : like a crow, κορακώδης
Crow, v. κοκκύζω, φωνέω
Crowd, ὄχλος, m. πλῆθος, n. ὅμιλος, m. ὁμιλία, f.: noisy crowd, ὅμαδος, m. κολοσυρτὸς, m. : in crowds, ἀθρόος, πυκινὸς : in a crowd, adv. ἰλαδὸν, ὁμιλαδὸν, ἀγεληδὸν
Crowd, v. trans. συνειλέω ; intrans. εἴλομαι, συνειλέομαι, ὁμιλέω
Crowded, (of assemblies, &c.) λαοσσόος, πλειστόμβροτος
Crown, στέφανος, m. στεφάνωμα, n. (crown of the head) κορυφὴ, f. βρέγμα, n. [νίζω, ἀναδέω
Crown, v. στεφανόω, στέφω, στεφα-
Crowned, στεφανηφόρος, περιστεφὴς
Cruciate, v. στρεβλόω
Crucible, χόανος, m.
Crucified, ἐσταυρωμένος, σταυρωθεὶς
Crucifix, σταυρὸς, m.
Crucifixion, σταύρωσις, f.
Cruciform, σταυροειδὴς
Crucify, v. σταυρόω, ἀνασταυρόω, ἀνα-
Crude, ὠμὸς, ἄωρος [σκολοπίζω
Crudely, adv. ὠμῶς
Crudeness, ὠμότης, f.
Cruel, ὠμὸς, σχέτλιος, ἀμείλιχος, πικρὸς, ἄγριος : to be cruel, ἀγριόομαι
Cruelly, adv. ὠμῶς, πικρῶς, ἄγρια
Cruelty, ὠμότης, f. πικρότης. f.
Cruet, λήκυθος, f. ἐμβάφιον, n.
Cruise. (voyage) διάπλοος, m. ναυστολία, f. πορεία. f. (small vessel) φιάλη, f.
Cruise, v. διαπλέω, ναυτίλλομαι, ναυστολέω

CRU

Crumb, ψωμὸς, m. ψὶξ, c. (crumb of bread) ἀττάραγος, or -χος, m.
Crumble, v. ψάω, καταψήχομαι
Crumbling, ψαθυρὸς, ψαθαρὸς
Crush, v. συντρίβω, θρύπτω, φλάω
Crushing, θρύψις, f.
Crust, μυστίλη, f. [τος, τραχὺς
Crusty, (crabbed) δύσκολος, δυσάρεσ-
Cry, κραυγὴ, f. ἰαχὴ, f. ὀλολυγὴ, f. ὀλολυγμὸς, m. βόαμα, n. (war-cry) ἀλαλὴ, f. (cry of birds) κλαγγὴ, f. (child's cry) βληχὴ, f.
Cry, v. κλάζω, ἀνακλάζω, κράζω, ἀνακράζω, ὀλολύζω; (especially of a war-cry, or shout of joy) ἀλαλάζω, ἐπαλαλάζω, ἀναβοάω, διαβοάω; (as a child) βληχάομαι; (weep) δακρύω
Crying, δάκρυμα, n.
Crystal, κρύσταλλος, m.
Crystalline, κρυστάλλινος
Crystallise, v. κρυσταλλόω, πήγνυμι
Crystallised, κρυσταλλόπηκτος
Cub, βρέφος, n. σκύμνος, m. νέοσσος, m.
Cub, v. τίκτω
Cube, κύβος, m.
Cubic, Cubical, κυβικὸς
Cubit, πῆχυς, m. πυγὼν, f. (a cubit long) πηχυαῖος, πηχύϊος
Cuckoo, κόκκυξ, m. (the cry) κόκκυ: to cry cuckoo, κοκκύζω
Cucumber, σίκυος, m. σίκυς, m.
Cucumber-bed, σικυήλατον, n.
Cucumber-seed, σίκυον, n.
Cud, (to chew the cud) μηρυκάομαι, μηρυκίζω, ἀναμηρυκάομαι | ταλον, n.
Cudgel, ῥόπαλον, n. κορδύλη, f. σκύ-
Cudgel, v. ῥαβδίζω [ῥάπισμα, n.
Cuff, κονδυλισμὸς, m. κόλαφος, m.
Cuff, v. κονδυλίζω, ῥαπίζω, κολαφίζω
Cuirass, θώραξ, f.
Cuirassier, θωρηκτὴς, m.
Cuish, παραμηρίδιον, n.
Culinary, μαγειρικὸς
Culminate, v. μεσουρανέω
Culpable, αἴτιος, μεμπτὸς
Culprit, ἀλείτης, m.
Cultivate, v. γεωργέω, ἐργάζομαι, ἐξεργάζομαι; (improve, practise) ἀσκέω
Cultivation, γεωργία, f. (training, practice) ἄσκησις, f.
Cultivator, γεωργὸς, m. ἀροτὴρ, m. (of arts, &c.) ἀσκητὴς, m.
Culture, same as Cultivate
Culver, περιστερὰ, f.
Cumber, v. βαρύνω, ἐμποδίζω
Cumbersome, Cumbrous, βαρὺς, ἐπαχθὴς, ἐμπόδιος
Cummin, κύμινον, n.

CUR

Cumulate, v. ἀθροίζω, συμφέρω, χώννυμι [m. σώρευσις, f.
Cumulation, ἄθροισις, f. ἀθροισμὸς,
Cunning, δόλος, m. κερδοσύνη, f. πολυφροσύνη, f. μῆτις, f. τέχνη, f.: cunning trick, μηχανὴ, f. σόφισμα, n.
Cunning, δόλιος, δολόεις, δολιόφρων, ποικίλος, ποικιλόμητις, αἱμύλος, κερδαλέος, σοφὸς, πολύπλοκος : to be cunning, τεχνάζω, ποικίλλομαι
Cunningly, adv ποικίλως, σεσοφισμένως, δολοφρόνως
Cup, κρατὴρ, m κύλιξ, f. φιάλη, f. κύαθος, m. ἔκπωμα, n : small cup, κυλίκιον, n. κυλίχνιον, n. κυλίσκιον, n.
Cupbearer, οἰνοχόος, m.: to be a cupbearer, οἰνοχοέω
Cupboard, θήκη, f. σιπύη, f.
Cupidity, πλεονεξία, f. ἐπιθυμία, f.
Cur, κυνίδιον, n.
Curable, ἰάσιμος, ἰατὸς, ἀκεστὸς
Curb, χαλινὸς, m. ἡνία, f.
Curb, v. ἐπιστομίζω, χαλινόω, κολούω
Curdle, v. τρέφω, συνίστημι, πήγνυμι; intrans. πήγνυμαι, τυρόομαι,
Curdled, πηκτὸς [τρέφομαι
Cure, ἴαμα, n. ἴασις, f. ἰατρεία, f. ἄκος, n. ἄκεσμα, n.
Cure, v. ἰάομαι, ἰατρεύω, ἀκέομαι, θεραπεύω, ἀπαλθέομαι, ὑγιάζω
Curer, ἰατὴρ, m. ἰατρὸς, m. ἀκεστὴς, m.
Curing, ἀκεσφόρος, παιώνιος, ἀλθήεις
Curiosity, (inquisitiveness) φιλοπευστία, f.
Curious, (inquisitive) φιλοπευθὴς, φιλόπευστος, λιχνὸς, περίεργος
Curl, πλόκαμος, m. βόστρυχος, m. κίκιννος, m. ὕστλιγξ, f.
Curl, v. πλέκομαι, βοστρυχίζω
Curliness, οὐλότης. f.
Curly, οὖλος: with curly hair, οὐλόθριξ, οὐλόκομος, ἑλικοβόστρυχος
Current, ῥόος, m. ῥοὴ, f. [δημοτικὸς
Current, (general) ὁλικὸς; (popular)
Curry, v. ψήχω, κτενίζω
Currycomb, ξυστρίς, f. ψήκτρα, f.
Currying, ψῆξις, f.
Curse, ἀρὰ, f. κατάρα, f. [χομαι
Curse, v. καταράομαι, ἀράομαι, κατεύ-
Cursed, κατάρατος, ἀραῖος
Cursorary, ταχὺς, ἀμελὴς, ἀμέριμνος
Cursorily, adv. παρέργως, ἐν παρόδῳ
Cursory, ταχὺς, ἀμελὴς
Curt, σύντομος, ἀπότομος, βραχὺς [λω
Curtail, v. κολούω, συντέμνω, συστέλ-
Curtailed, μείουρος, μύουρος, κολοβὸς
Curtain, καταπέτασμα, n. παραπέτασμα, n.

Curvature, καμπή, f. καμπυλότης, f.
Curve, ἀγκών, m. καμπή, f.
Curve, v. κάμπτω, κυρτόω
Curved, καμπύλος, κυρτὸς, ἀγκύλος
Cushion, τύλη, f. στοιβή, f.
Cuspated, ἀκαχμένος
Custody, φυλακή, f.
Custom, ἔθος, n. τρόπος, m. συνήθεια, f. ἐπιτήδευμα, n. νόμιμον, n. (tax) τέλος, n.
Customary, νόμιμος, νομιζόμενος, ἐθὰς, εἰωθώς : to be customary, νομίζομαι
Customer, ὠνητής, m. [τήριον, n.
Custom-house, τελώνιον, n. δεκατευ-
Cut, τομή, f. τμῆμα, n. τμῆσις, f.
Cut, τμητὸς, τομαῖος, κούριμος : newly cut, νεότομος, νεότμητος, νεόκοπτος
Cut, v. τέμνω, συντέμνω, κόπτω, συγκόπτω, κείρω, πρίω : cut off, ἀποτέμνω, ἀποκόπτω, ὑποτέμνω, ἀποκείρω ; (intercept) ἀπολαμβάνω, ὑποτέμνω, ἀποκλείω : cut down, ἐκκόπτω, ἐπικόπτω, ἐκβάλλω : cut through, διακόπτω, διατέμνω : cut round, περιτέμνω : cut in pieces, (of an army, &c.) κατακόπτω, κατακνάω : cut up, (as a cook) μιστύλλω, διαμιστύλλω, ἀρταμέω, κατακρεουργέω : cut the throat, δειροτομέω, αὐχενίζω : cut in two, διχοτομέω
Cutaneous, δερματικὸς
Cuticle, δερμάτιον, n.
Cutlass, μάχαιρα, f. ξιφίδιον, n. [m.
Cutler, σιδηροτέκτων, m. μαχαιροποιὸς,
Cutler's shop, σιδηρεῖον, n.
Cut-purse, βαλαντιοτόμος, m.
Cutting, τμῆσις, f. τομή, f. κοπή, f. : cutting off, ἀποτομή, f. ἀποκοπή, f. (intercepting) ἀπόληψις, f. : cutting in two, διατομή, f. : cutting of a tree, κλῆμα, n. χάραξ, m.
Cutting, τμητικὸς, τόμος
Cuttle-fish, σηπία, f. τευθὶς, f.
Cycle, κύκλος, m.
Cygnet, κύκνος, m.
Cylinder, κύλινδρος, m.
Cylindrical, κυλινδρικὸς, κυλινδροειδής
Cymbal, κύμβαλον, n.
Cynic, κυνικὸς [ουρα, f.
Cynosure (or Little Bear), Κυνόσ-
Cypress, κυπάρισσος, f. : cypress grove, κυπαρισσών, m. : made of cypress, κυπαρίσσινος
Cyprus, Κύπρος, f. : of Cyprus, Κύπριος
Cyrene, Κυρήνη, f.
Cyrenean, Κυρηναῖος
Cyrus, Κῦρος, m.
Cytisus, κύτισος, m.

D.

Dactyl, δάκτυλος, m.
Daffodil, ἀσφόδελος, m. [μάχαιρα, f.
Dagger, ἐγχειρίδιον, n. ξιφίδιον, n.
Daily, (by day) ἐφημέριος, μεθημερινὸς ; (every day) παρήμερος, καθημερινὸς, μεθημερινὸς, πανήμερος ; adv. καθ' ἡμέραν, ὁσημέραι
Daintily, adv. κομψῶς, τρυφερῶς
Daintiness, τρυφή, f. λιχνεία, f. κομψεία, f. κομψότης, f.
Dainty, λίχνευμα, n.
Dainty, κομψὸς, λίχνος, τρυφερὸς : to be dainty, κομψεύω
Dale, ἄγκος, n. νάπη, f.
Dalliance, ὀαριστὺς, m. ὀαρισμὸς, m. ὀάρισμα, n. ὔαρος, m. φλυαρία, f.
Dally, v. ὀαρίζω, φλυαρέω [γέφυρα, f.
Dam, μήτηρ, f. (mole or bank) χῶμα, n.
Dam, v. (obstruct) ἀπογεφυρόω, ἐπιχώννυμι
Damage, ζημία, f. κακὸν, n. λύμη, f. πῆμα, n. βλάβη, f. δήλημα, n. : damages (in a lawsuit), ὄφλημα, n. τίμημα, n. βλάβος, n.
Damage, v. βλάπτω, κακόω, ζημιόω, ἐλασσόω, σίνομαι
Dame, δέσποινα, f. [γιγνώσκω
Damn, v. κατακρίνω, καταράομαι, καταDamnable, καταλήψιμος, κατάρατος
Damnation, κατάγνωσις, f. κατάκρισις, f.
Damned, κατάκριτος
Damp, ὑγρότης, f. πλάδος, n.
Damp, ὑγρὸς, παρδακὸς
Damp, v. ὑγραίνω, τέγγω ; (to dispirit) παραιρέομαι : to be damp, πλαδάω
Dampness, ὑγρότης, f. πλάδος, n.
Damsel, κόρη, f. παρθένος, f.
Dance, χόρος, m. χορεία, f. χόρευμα, n. ὄρχημα, n. ὄρχησις, f. : war-dance, πυρρίχη, f. : stage-dance, κόρδαξ, m.
Dance, v. χορεύω, ἐπιχορεύω, ὀρχέομαι, κωμάζω, σχηματίζω
Dancer, ὀρχηστής, m. χορευτής, m. : female dancer, ὀρχηστρὶς, f. χορεύτις, f.
Dancing, χορεία, f. ὄρχησις, f.
Dancing-master, ὀρχηστοδιδάσκαλος, m. χοροδιδάσκαλος, m.
Dancing-school, χορηγιών, n.
Dandle, v. πάλλω, ἀγκαλίζομαι
Dandy, καλλωπιστής, m.
Danger, κίνδυνος, m. ἀγών, m. : without danger, ἀκίνδυνος ; adv. -ως : to incur danger, κινδυνεύω, παρακινδυνεύω, ἀναρρίπτω κίνδυνον

Dangerless, ἀκίνδυνος, ἀσφαλής
Dangerous, ἐπικίνδυνος, δεινὸς, χαλεπὸς, σφαλερὸς
Dangerously, adv. ἐπικινδύνως
Dangle, v. ἐκκρεμάννυμι, ἐκκρέμαμαι, ἐξάπτομαι
Dank, διάβροχος, ὑγρὸς, νότιος
Danube, Ἴστρος, m.
Dapper, ἐλαφρὸς [τὸς
Dapple, ποικίλος, ποικιλοδέρμων, στικ-
Dare, v. τολμάω, ἀποτολμάω, τλάω, κινδυνεύω : to be dared, τολμητὸς
Daring, τόλμη, f. εὐτολμία, f. τόλμησις, f.
Daring, τολμηρὸς, τολμήεις, εὔτολμος : daring everything, πάντολμος : not daring, ἄτολμος
Daringly, adv. τολμηρῶς, εὐτόλμως
Dark, σκοταῖος, σκότιος, σκοτεινὸς, κνεφαῖος, μέλας, δνοφερὸς, ὀρφναῖος, λυγαῖος ; (dark-coloured) κυάνεος, κυανοειδὴς, κελαινὸς, πορφύρεος, πελλὸς, μελάγχιμος ; (of complexion) μελάγχροος, μελαγχρὼς, μελανόχροος : to grow dark, συσκοτάζω
Darken, v. ἀμαυρόω, σκοτόω, ἐπισκοτέω, κνεφάζω, σκιάζω
Darkly, adv. σκοτεινῶς
Darkness, σκότος, m. & n. σκοτία, f. ἀχλὺς, f ζόφος, m. κνέφας, n. δνόφος, m.
Darksome, δνοφερὸς, ζοφόεις, ζοφώδης
Darling, μαλακίων, m. φιλοττάριον, n.
Darn, v. ῥάπτω
Darnel, αἷρα, f. [n.
Dart, ἀκόντιον, n. βέλος, n. βέλεμνον,
Dart, v. ἀκοντίζω, ἐξακοντίζω, βάλλω, ἐξαφίημι ; intrans. ἀΐσσω
Darter, ἀκοντιστὴς, m.
Dash, βολὴ, f.
Dash, v. ῥίπτω, βάλλω ; dash together, συγκόπτω, συναράσσω ; intrans. παίω, κλύζω : dash against, συμπίπτω
Dashing, ῥόθιος : dashing against, πρόσκρουσις, f. πρόσρηξις, f. : dashing together, σύγκρουσις, f.
Dastard, Dastardly, ἄνανδρος, κακὸς, δειδήμων, ἄψυχος
Date, χρόνος, m. (a fruit) βάλανος, f. δάκτυλος, m.
Date, v. ἀναφέρω εἰς
Dative, ἡ δοτικὴ
Daub, v. ἀλείφω, ἐμπλάσσω
Daughter, θυγάτηρ, f. παῖς, f.
Daughter-in-law, νυὸς, f.
Daunt, v. φοβέω, ἐκφοβέω, ἐκπλήσσω
Dauntless, ἄφοβος, ἀδεὴς, ἀτρεστος

Dauntlessly, adv. ἀφόβως, ἀδεῶς, ἀτρέστως
Dauntlessness, ἀφοβία, f. ἀτρεμία, f.
Dawn, ὄρθρος, m. περίορθρον, n. τὸ λυκαυγές : at dawn, ὄρθριος, ὀρθρινὸς, ἅμα τῇ ἡμέρᾳ : to rise at dawn, ὀρθρεύω [λάμπω
Dawn, v. ὑποφαίνω, ὑπερφαίνομαι, ἐκ-
Day, ἡμέρα, f. ἦμαρ, n. : all day, πανῆμαρ, πᾶσαν ἡμέραν, κατ' ἦμαρ : every day, πανήμερος, ἐφήμερος, ἡμάτιος, μεθημερινὸς, ὁσημέραι, καθ' ἑκάστην ἡμέραν, ἀνὰ πᾶσαν ἡμέραν : lasting the whole day, πανημέριος, ἡμερήσιος : lasting a day, ἐφήμερος : lasting ten days, δεχήμερος : by day, ἡμερινὸς, μεθημέριος, ἡμάτιος ; adv. καθ' ἡμέραν, μεθ' ἡμέραν, ἡμέρας ; today, σήμερον, τήμερα, καθ' ἡμέραν : the day before, ἡ προτεραία : the next day, ἡ ὑστεραία : on the third day, τριταῖος : on the tenth day, δεκαταῖος : to spend the day, ἡμερεύω
Daybreak, ὄρθρος, m. : at daybreak, ὑπ' ὄρθρον, ἅμα τῇ ἡμέρᾳ
Daylight, λύκη, f.
Daystar, φωσφόρος, m.
Dazzle, v. ἀμερδω
Deacon, διάκονος, m.
Deaconry, διακονία, f.
Dead, νεκρὸς, νέκυς, θανάσιμος : the dead, οἱ κεκμηκότες, οἱ κάτω : half-dead, ἡμιθνὴς : newly dead, νεοθνὴς
Deaden, v. ἀμενηνόω
Deadly, ὀλέθριος, ὀλοὸς, θανάσιμος, θανατηφόρος, ἐπιθάνατος
Deadly, adv. θανασίμως
Deadness, νάρκη, f. [κωφόομαι
Deaf, κωφὸς, ἀνήκοος : to be deaf,
Deafen, v. ἐκκωφόω
Deafness, κωφότης, f. [πεύκινος
Deal, πεύκη, f. : of deal, πευκήεις,
Deal, v. (distribute) νέμω, ταμιεύω ; (traffic or have dealings with) ἀγοράζω, χράομαι : easy to deal with, εὐσύμβολος : hard to deal with, δυσύμβολος
Dealer, ἀγοραστὴς, m. ἔμπορος, m.
Dealing, ἐμπορία, f. : dealings, κοινωνήματα, n. pl. συναλλαγὴ, f.
Dear, (beloved) προσφιλὴς, φίλος, εὐφίλητος, κήδειος, (in price) τίμιος, ἔντιμος, πολυτελὴς : too dear, ὑπερτίμιος : to be dear or beloved, χαρίζομαι
Dearly, adv. (with fondness) φίλως, προσφιλῶς ; (in price) πολλοῦ, τιμίως

Dearness, πολυτέλεια, f. πολυχρημα-
Dearth. ἀφορία, f. αὐχμὸς, m. [τία, f.
Death, θάνατος, m. μόρος, m. τελευτὴ,
  f. ὄλεθρος, m. πότμος, m. κὴρ, f. :
  to put to death, θανατῶ: at the
  point of death, ἐπιθάνατος: con-
  demned to death, ἐπιθανάτιος
Deathless, ἀθάνατος
Debar, v. ἐξείργω, ἀποκλείω
Debark, v. ἐκβαίνω, ἀποβαίνω
Deburkation, ἀπόβασις, f.
Debase, v. διαφθείρω, κακόω, μειόω,
  ταπεινόω ; (of money) κιβδηλεύω
Debasement, ταπείνωσις, f.
Debatable, ἀμφίλογος, ἀμφισβήτητος,
  ἀμφισβητήσιμος
Debate, ἀμφισβήτησις, f. διάκρισις, f.
  ἀντιλογία, f.   [ἀμφισβητέω
Debate, v. ἀμφιλέγω, ἐκκλησιάζω,
Debauch, v. καταισχύνω, διαφθείρω,
  μοιχεύω   [μοιχευτής, m.
Debauchee, ἀκόλαστος, m. ἄσωτος, m.
Debauchery, ἀκολασία, f. ἀσωτία, f.
Debenture, σύμβολον, n. συμβόλαιον,
Debile, ἀσθενὴς   [n.
Debilitate, v. ἀσθενόω, κατάγνυμι
Debility. ἀσθένεια, f.
Debt, ὀφείλημα, n. χρέος, n.: bad
  debts, τὰ ἄπορα: to be in debt,
  ὀφειλέω : in debt, ὑπόχρεως : deep
  in debt, ὑπέρχρεως
Debtor, ὀφειλέτης, m. ὀφειλέτις, f.
  χρήστης, m.
Decade, δεκὰς, f.
Decalogue, δεκάλογος, m.
Decamp, v. ἀνασκευάζω, ἀναζεύγνυμι
Decapitate, v. κεφαλοτομέω, καρατο-
Decay, φθορὰ, f. μαρασμὸς, m. [μέω
Decay, v. φθίνω, γηράσκω, μαραίνομαι
Decease, θάνατος, m. ἡ ἀπόστασις
  βίου
Decease, v θνήσκω, τελευτάω τὸν βίον
Deceased, τεθνεὼς, ἀποθανὼν, κατοι-
  χόμενος
Deceit, ἀπάτη, f. ἐξαπάτη, f. δόλος, m.
Deceitful, δόλιος, δολερός, ἀπατηλὸς,
  ἀπατητικὸς, κίβδηλος
Deceitfully, adv. δολερῶς, ἀπατηλῶς
Deceive, v. ἀπατάω, ἐξαπατάω, δολόω,
  κλέπτω, διαψεύδω, παρακρούω
Deceiver, ἐξαπατητήρ, m. ψεύστης, m.
  ἠπεροπευτὴς, m.
December, Ποσειδεὼν, m.
Decemvir, δεκάδαρχος, m. [χία, f.
Decemvirate, δεκαρχία, f. δεκαδαρ-
Decency, κοσμιότης, f. σεμνότης, f.
  εὐπρέπεια, f. τὸ πρέπον
Decennial, δεκαέτηρος, δεκαετὴς

Decent, εὐπρεπὴς, πρέπων, εὐσχήμων,
  καθήκων   [καθηκόντως
Decently, adv. εὐπρεπῶς, εὐκόσμως,
Deception, ἀπάτη, f. δόλος, m.
Deceptive, ἀπατητικὸς, ἀπατηλὸς,
  δόλιος
Decide, v. διαγιγνώσκω, διακρίνω, δι-
  κάζω, ἐκδικάζω, κρίνω
Decidedly, adv. ἰσχυρῶς
Decimal, δεκαταῖος
Decimate, v. δεκατεύω
Decimation, δεκάτευσις, f.
Decipher, v. ἀναγιγνώσκω [κρίσις, f.
Decision, διάγνωσις, f. κρίσις, f. διά-
Decisive, τέλειος, τελήεις, περαντικὸς
Decisively. adv. τελείως
Deck, (of a ship) κατάστρωμα, n.
  σανίδωμα, n. [ἐκστέλλω, σχηματίζω
Deck, v. κοσμέω, κατακοσμέω, ἀσκέω,
Decked, εὔκοσμος, κατάφρακτος
Declaim, v. ῥητορεύω, τραγῳδέω
Declaimer, ῥητορεύων, m.
Declamation, ῥητορεία, f. ἀγώνισμα, n.
  λογοποιΐα, f.
Declamatory, ῥητορικὸς   [μῦθος, m.
Declaration, φάσις, f. λόγος, m.
Declarative, ἐξηγητικὸς, ἑρμηνευτικὸς
Declaratory, ἀποφαντικὸς, μηνυτικὸς
Declare, v. ἀποφαίνω, ἐκφαίνω, ἀνα-
  φαίνω, ἀγορεύω, διαγορεύω, ἐξεῖπον,
  φημί, λέγω, σημαίνω, μαρτυρέω ;
  (as an oracle) χράω ; (war) κατ-
  αγγέλλω, προσεῖπον [ἀπόκλισις, f.
Declension, κλίσις, f. παράλαξις, f.
Declination, ἀπόκλισις. f. παράλλαξις f.
Decline, (a diseas) τηκεδὼν, f.
Decline, v. κλίνω, ἐκκλίνω, ἀποκλίνω,
  μεταπίπτω, παραλλάσσω ; (as an
  invitation) ἐπαινέω
Declivity, κλιτὺς, f. καταβαθμὸς, m.
Decoct, v. ἕψω
Decoction, ἕψημα, n.
Decompose, v. διαλύω
Decompound, v. διαλύω
Decorate, v. κοσμέω, ἀγάλλω [μα, n.
Decoration, κόσμος, m. ἐγκαλλώπισ-
Decorous, εὐπρεπὴς, εὐσχήμων, κόσ-
  μιος, εὔκοσμος
Decorously, adv. εὐκόσμως, εὐτάκτως,
  εὐσχημόνως. πρεπόντως
Decorticate, v. ἀπολέπω
Decorum, εὐκοσμία, f. κοσμιότης, f.
  εὐσχημοσύνη, f. κόσμος, m.
Decoy, v. παλεύω
Decrease, μείωμα, n.
Decrease, v. μειόομαι, μινύθω
Decree, ψῆφος, f. ψήφισμα, n. δόγμα,
  n. βουλὴ, f.

DEC

Decree, v. ψηφίζω, τεκμαίρομαι, χειροτονέω, κρίνω, διαγίγνωσκω
Decrepit, παλαιὸς, ὑπεργήρως
Decrepitude, παλαιότης, f.
Decry, v. διασύρω, βασκαίνω
Decurion, δεκαδάρχης, m
Decurrent, καταρρέων
Dedicate, v. καθιερόω, ἀνατίθημι, ἁγίζω, καθαγίζω, ἱερόω
Dedication, καθιέρωσις, f. ἀνάθεσις, f
Deduce, v. συλλογίζομαι, τεκμαίρομαι, τεκμηριόω, παράγω
Deducible, συλλογιστέος [βάνω
Deduct, v. ἀφαιρέω, ὑφαιρέω, ἀπολαμ-
Deduction, (inference) συλλογισμὸς, m. ἐπίλογος, m. (abating) μείωσις, f.
Deductive, συλλογιστικὸς
Deed, ἔργον, n. πρᾶξις, f. πρᾶγμα, n. : good deed, ἀγαθοεργία, f. : evil deed, κακούργημα, n. [υμαι, οἴομαι
Deem, v. ἡγέομαι, νομίζω, ἔχω, ποιέ-
Deep, (the sea) τὰ λαῖτμα θαλάσσης,
Deep, βαθὺς [θάλασσα, f.
Deeply, adv. βαθέως
Deer, ἔλαφος, c. δόρκας, f. κεμὰς, f.
Deface, v. περικόπτω, αἰκίζω
Defamation, κακηγορία, f. βλασφημία, f. διαβολὴ, f.
Defamatory, βλάσφημος, βάσκανος
Defame, v. διαβάλλω, ἀτιμάζω, βλασφημέω, κακηγορέω [βλάσφημος, m.
Defamer, διάβολος, m. βάσκανος, m.
Default, ἐπίλειψις, f. πταῖσμα, n.
Defeat, ἧσσα, f. συμφορὰ, f. τροπὴ, f.
Defeat, v. νικάω, δαμάω, χειρόω ; (frustrate) διακρούω: to be defeated, ἐλασσόομαι, ἡσσάομαι [ἐνδεὲς
Defect, ἁμάρτημα, n. ἔλλειμμα, n. τὸ
Defection, ἀπόστασις, f.
Defective, ἐλλιπὴς, ἐνδεὴς
Defence, προβολὴ, f. πρόβλημα, n. ἀλκὴ, f. ἔρυμα, n. (vindication) ἀπολογία, f.
Defenceless, ἔρημος, ἄνοπλος, ἄφρακτος
Defend, v. ἀμύνω, προΐσταμαι, ἀλέξω, ἐπαρκέω, ἐρύομαι; (vindicate) ἀπολογέομαι, ὑπεραπολογέομαι
Defendant, ὁ φεύγων, ὁ κεκριμένος, ἀντίδικος, c.
Defender, προστάτης, m. ἀλεξητὴρ, m. πρόβολος, m. ἀρωγὸς, m.
Defending, ἀλεξητήριος, ἀρωγὸς, προστοτήριος
Defensible, ἐχυρὸς, ἀπολόγητος
Defensive, ἀμυντήριος
Defer, v. ἀναβάλλω, ἀποτίθεμαι, μέλλω
Deference, ἐντροπὴ, f. εὐλάβεια, f.
Deferring, ἀναβολὴ, f. μέλλησις, f.

375

DEL

Defiance, πρόκλησις, f. [ἔλλειμμα, n.
Deficiency, ἔνδεια, f. ἀπόλειψις, f.
Deficient, ἐνδεὴς, ἐλλιπὴς : to be deficient, ἐπιλείπω, ἐλλείπω, λείπυμαι ; impers. δεῖ, προσδεῖ
Defile, μυχὸς, m. στενόπορον, n.
Defile, v. μιαίνω, καταμιαίνω, αἰσχύνω, μολύνω, φύρω
Defiled, μολυνθεὶς, προστροπαῖος
Defilement, μίασμα, n. μόλυνσις, f.
Define, v. ὁρίζω, διορίζω, περιγράφω, διαιρέω
Definite, ἀφωρισμένος, ἀκριβὴς, βέβαιος
Definition, ὁρισμὸς, m. ὅρος, m. ἀφόρισμα, n.
Definitive, θετικὸς, ὁριστικὸς
Deflection, ἔκκλισις, f.
Deflower, v. διακορεύω, διακορέω, καταισχύνω, φθείρω
Defluxion, κατάρροια, f.
Deform, v. αἰσχύνω, καταικίζω
Deformed, ἄμορφος, ἔμπηρος
Deformity, ἀμορφία, f. αἶσχος, n.
Defraud, v. ἀποστερέω, φηλόω, καπηλεύω [m.
Defrauder, ἀποστερητὴς, m. φηλητὴς,
Defrauding, ἀποστέρησις, f. ἀπαιολὴ, f.
Defray, v. τελέω, λύω, διαλύω
Defunct, νεκρὸς, τεθνηκὼς
Defy, v. προκαλέομαι
Degeneracy, παρατροπὴ, f.
Degenerate, ἀγενὴς, δυσγενὴς
Degenerate, v. χείρων γίγνομαι, ἐκπίπτω (εἰς)
Degradation, ἀτιμία, f. αἶσχος, n.
Degrade, v. ἀτιμόω, αἰσχύνω
Degree, τάξις, f. ἀξίωμα, n. : by degrees, κατ' ὀλίγον
Deject, v. καταπλήσσω, ταπεινόω : to be dejected, καταθυμέω, ἀθυμνέω
Dejected, ἄθυμος, κατηφὴς, δύσθυμος
Dejection, ἀθυμία, f. κατήφεια, f.
Deify, v. ἀποθεόω [ταπεινότης, f.
Deign, v. ἀξιόω
Deity, θεὸς, m. δαίμων, m. δαιμόνιον, n.
Delay, διατριβὴ, f. ἀναβολὴ, f. ὄκνος, m. μέλλημα, n. μέλλησις, f. μονὴ, f. ἕδρα, f. : without delay, ἀνέδην, ἀμελλητὶ
Delay, v. πεδάω, κατείργω, διάγω, ἐπέχω ; intrans. διατρίβω, ὀκνέω, μέλλω, χρονίζω, ἐγχρονίζω, μένω,
Delayer, μελλητὴς, m. [ἀναδύομαι
Delectable, χαρίεις, ἡδὺς, θυμηδὴς
Delectation, ἧδος, n. τέρψις, f.
Delegate, πρέσβυς, m. πρόβουλος, m.
Delegate, v. ἐπιτρέπω, ἐπιστέλλω, πέμπω

Delegation, πρεσβεία, f.
Deleterious, βλαβερὸς, ὀλέθριος
Deliberate, εὐλόγιστος, προαιρετὸς
Deliberate, v. βουλεύω, διαβουλεύομαι, μητιάω, χρηματίζω [λευμένως
Deliberately, adv. ἐσκεμμένως, βεβου-
Deliberation, βουλὴ, f. βούλευσις, f. γνώμη, f. λόγος, m. λογισμὸς, m.
Deliberative, βουλευτικὸς
Delicacy, τρυφὴ, f. ἁβρότης, f. ἁβροσύνη, f. ἁπαλότης, f.: delicacies, θάλεα, n. pl. [ἁβρὸς, τέρην
Delicate, λεπτὸς, ἁπαλὸς, τρυφερὸς,
Delicately, adv. τρυφερῶς, ἁβρῶς: to live delicately, τρυφάω
Delicateness, ἁπαλότης, f.
Delicious, γλυκὺς, ἡδὺς, μείλιχος
Deliciously, adv. ἡδέως
Delight, τέρψις, f. εὐφροσύνη, f. ἡδονὴ, f. χάρμα, n. χαρμόνη, f. χαρὰ, f. ἡδυπάθεια, f.
Delight, v. τέρπω, ἀρέσκω, εὐφραίνω, ἐπαγλαΐζω; intrans. χαίρω, ἀγαλλάομαι
Delighted, ἄσμενος, περιχαρὴς
Delightedly, adv. ἀσμένως
Delightful, τερπνὸς, ἡδὺς, εὐτερπὴς, ἐραννὸς, κεχαρισμένος
Delightfully, adv. τερπνῶς
Delineate, v. περιγράφω, διαγράφω
Delineation, διαγραφὴ, f.
Delinquency, πλημμέλεια, f. σφάλμα, n. ἁμάρτημα, n.
Delinquent, ἀλείτης, m.
Delirious, φρενιτικὸς, ἐκστατικὸς
Delirium, φρενῖτις, f. ἔκστασις, f.
Deliver, v. ἀπαλλάσσω, λύω, ἀπολύω, ἐκλύω, ἐκσώζω, σώζω, σαόω, ῥύομαι, ἐξαιρέω; (as a letter) διαδίδωμι, ἀποδίδωμι, ἀποφέρω; (of a midwife) λοχεύω, μαιεύομαι
Deliverance, λύσις, f. ἔκλυσις, f. σωτηρία, f. ἀπαλλαγὴ, f.
Deliverer, σωτὴρ, m. λυτὴρ, m.
Delivery, λύσις, f. ἐλευθέρωσις, f. (of a woman) τόκος, m. μαίευσις, f.
Dell, βῆσσα, f. νάπη, f. ἄγκος, n.
Delude, v. ἀπατάω, ὑπέρχομαι, ὑποτρέχω, βλάπτω
Deluder, ψεύστης, m. φέναξ, m.
Delve, σκαπάνη, f. ὄρυγμα, n.
Delve, v. σκάπτω, ὀρύσσω
Delver, σκαφεὺς, m. σκαπτὴρ, m.
Deluge, κατακλυσμὸς, m. ἐπίκλυσις, f.
Deluge, v. κατακλύζω
Delusion, ἀπάτη, f.
Delusive, ἀπατητικὸς, ἀπατήλιος
Delusively, adv. ποικίλως

Demagogue, δημαγωγὸς, m.
Demand, αἴτημα, n. αἴτησις, f. ἀξίωσις, f. ἀξίωμα, n. ἐπίταγμα, n.
Demand, v. αἰτέω, ἐξαιτέω, ἀξιόω; (as a debt) ἐγκαλέω: demand back, ἀπαιτέω: demand in return, ἀνταιτέω, ἀντικελεύω, ἀνταξιόω
Demanded, αἰτητὸς
Demean, v. (behave) ἔχομαι; (condescend) συγκαθίημι
Demeanour, τρόπος, m. σχῆμα, n.
Dementation, μανία, f. παραφροσύνη, f.
Demerit, ἀναξία, f.
Demesne, κλῆρος, m. κληρονομία, f.
Demi-god, ἡμίθεος, m.
Demigration, μετοικία, f. μετοίκησις, f.
Demise, θάνατος, m.
Demise, v. καταλείπω
Democracy, δημοκρατία, f.: the democracy, ὁ δῆμος, τὸ πλῆθος
Democratical, δημοκρατικὸς
Demolish, v. καθαιρέω, ἐξαλείφω, διαιρέω, πέρθω, ἐκπέρθω, ἐξαλαπάζω, ἀϊστόω
Demolished, ἀνάστατος, ἄϊστος
Demolition, καθαίρεσις, f.
Demon, δαίμων, m. δαιμόνιον, n.
Demonstrable, ἀποδεικτὸς
Demonstrate, v. δείκνυμι, ἀποδείκνυμι, δηλόω, ἀποφαίνω
Demonstration, ἀπόδειξις, f. δεῖγμα, n.
Demonstrative, δεικτικὸς, ἀποδεικτικὸς
Demonstratively, adv. δεικτικῶς
Demur, ὄκνος, m. διατριβὴ, f.
Demur, v. ὀκνέω, διατρίβω; (in law) παραγράφομαι
Demure, θεμερῶπις, σκυθρωπὸς, σεμνὸς: to look demure, σεμνοπροσωπέω
Demurely, adv. σκυθρωπῶς, σεμνῶς [f.
Demurrer, παραγραφὴ, f. διαμαρτυρία,
Den, θαλάμη, f. εἰλυὸς, m. ἄντρον, n.
Deniable, ἀρνήσιμος [φωλεὸς, m.
Denial, ἄρνησις, f. ἀπόφασις, f.
Denizen, πολίτης, m.
Denominate, v. ὀνομάζω, καλέω
Denomination, ὄνομα, n. ἐπωνυμία, f.
Denote, v. σημαίνω, ἐπισημαίνω
Denounce, v. κατηγορεύω, προαγορεύω; (inform against) γράφομαι, ἀπογράφω, ἐκδείκνυμι
Dense, πυκνὸς, στιφρὸς, ἐπήτριμος
Densely, adv. πυργηδὸν, βύζην
Density, πυκνότης, f. [τρίμμα, n.
Dentifrice, ὀδοντόσμηγμα, n. ὀδοντό-
Denudate, Denude, v. γυμνόω, ψιλόω
Denunciation, παραγγελία, f. φάσις, f.
Deny, v. ἀρνέομαι, ἀπαρνέομαι, ἀντεῖ-

πον, ἀντιλέγω, ἀπόφημι, ἀναίνομαι; (on oath) ἀπόμνυμι, ἐξόμνυμι

Depart, v. ἄπειμι, ἀπέρχομαι, ἀπαίρω, ἀφορμάω, ἀποχωρέω, μεταχωρέω, ἀποβαίνω, ἀφίστημι, ἀποίχομαι, ἐξορμάω, μεθίσταμαι, ἀπαλλάσσομαι

Departed, the, οἱ ἀπογενόμενοι, οἱ κατοιχόμενοι

Department, προαίρεσις, f. μερὶς, f.

Departure, ἔξοδος, f. ἀποχώρησις, f. ἀπαλλαγὴ, f.

Depend upon, v. ἀνάκειμαι, ἀρτάομαι, ἐξαρτάομαι, περιΐσταμαι, ἐπανακρεμάννυμαι [πίστις, f.

Dependance, πελατεία, f. (reliance)

Dependant, πελάτης, m. πελάτις, f.

Dependent on, ὑπεύθυνος

Depict, v. γράφω, καταγράφω

Deplorable, οἰκτρὸς, ἀξιόθρηνος, κλαυτὸς, πολυδάκρυτος

Deplorably, adv. οἰκτρῶς

Deplore, v. ὀδύρομαι, δακρύω, κλαίω, θρηνέω, ὀλοφύρομαι, στενάχω

Deponent, μάρτυς, m.

Depopulate, v. ἐρημόω, πορθέω, κενόω

Depopulated, ἔρημος, κένανδρος

Deport, v. ἔχομαι, προσφέρομαι

Deportment, τρόπος, m.

Depose, v. ἐκβάλλω, παύω, καταπαύω, καταλύω; (attest) μαρτυρέω

Deposing, κατάλυσις, f. κατάπαυσις, f.

Deposit, παρακαταθήκη, f. καταθήκη, f. καταβολὴ, f. θέσις, f. παρακαταβολὴ, f. (of earth) πρόσχωσις, f. πρόσχυσις, f. πρόσχευμα, n.

Deposit, v. τίθημι, ἀποτίθημι, κατατίθημι; (of a river) προσχόω

Deposition, ἐκμαρτυρία, f.

Depravation, παρατροπὴ, f. διαφθορὰ, f. φθορὰ, f. [τρέπω

Deprave, v. φθείρω, διαφθείρω, παρα-

Depraved, κακὸς, μοχθηρὸς, φαῦλος

Depravity, μοχθηρία, f. κακία, f. φαυλότης, f. [προσκυνέω

Deprecate, v. παραιτέομαι, ἀπεύχομαι,

Deprecation, παραίτησις, f.

Depreciate, v. φαυλίζω, διασύρω, καταφρονέω, ὀλιγωρέω

Depreciation, μικρολογία, f.

Depredate, v. συλάω, ἁρπάζω, διαρπάζω, λῃστεύω

Depredation, λῃστεία, f. διαρπαγὴ, f.

Depredator, λῃστὴς, m. κλέπτης, m.

Depress, v. καταβρίθω, συστέλλω, συνέχω [f.

Depression, κατάτασις, f. κατάθλιψις,

Deprivation, στέρησις, f. παραίρεσις, f.

Deprive, v. στερέω, ἀποστερέω, ἀφαι-

ρέω, ἐξαιρέω, ἐρημόω, ἀμέρδω, ἀμείρω: to be deprived of, ἐκπίπτω, τητάομαι, μονόομαι, χηρεύω, συλάομαι

Depth, βάθος, n. βένθος, n. : depths (of the earth or nether world), κεῦθος, n. (in pl.), κευθμῶν, m. (in pl.)

Deputation, πρεσβεία, f.

Depute, v. πέμπω, ἀντικαθίστημι

Deputy, πρόβουλος, m. συγγραφεὺς, m.

Derange, v. ταράσσω, συγχέω, ἐξίστημι, τυρβάζω [ραξις, f.

Derangement, σύγχυσις, f. συντά-

Dereliction, ἀπόλειψις, f. παράλειψις, f.

Deride, v. καταγελάω, ἐγγελάω, χλευάζω

Derider, χλευαστὴς, m. γελαστὴς, m.

Derision, κατάγελως, m. χλευασμὸς, m.

Derisive, χλευαστικὸς, κερτόμεος

Derivation, παραγωγὴ, f.

Derivative, παραγωγὸς

Derive, v. παράγω, πορίζομαι; (of words or names) παρωνυμιάζω

Derived, παρώνυμος

Derogate, v. ἐλασσόω, μειόω

Derogation, μείωσις, f. ἀφαίρεσις, f. ἐλάσσωμα, n.

Derogatory, μειωτικὸς, ἀφαιρετικὸς

Descant, v. μακρηγορέω, διαλέγομαι, ὑμνέω

Descend, v. καταβαίνω, κάτειμι, κατέρχομαι, καταδύνω, ὑποβαίνω: to descend from, ἐκγίγνομαι

Descendant, γένος, n. γένεθλον, n. παῖς, c. νέπους, c. ἔκγονος, m. ἐπίγονος, m. : to be a descendant, ἐκγίγνομαι

Descended, ἔκγονος, ἀπόγονος

Descent, κατάβασις, f. (birth, race) γένεσις, f. ἀνατολὴ, f. (invasion) ἀπόβασις, f. εἰσβολὴ, f.

Describe, v. συγγράφω, διαγράφω

Description, διαγραφὴ, f.

Descriptive, περιηγητικὸς

Descry, v. ὁράω, σκοπιάζω

Desecrate, v. μιαίνω, βεβηλόω

Desecration, μίανσις, f. βεβήλωσις, f.

Desert, ἔρημος, f. ἐρημία, f. (merit) ἀξία, f.

Desert, v. λείπω, ἀπολείπω, ἐκλείπω, ἄπειμι; (as a soldier) αὐτομολέω, ἀποδιδράσκω; (as an ally) ἀποστρέφομαι, ἀποστατέω

Desert, ἔρημος, ἄβατος

Deserter, αὐτόμολος, m. φυγὰς, c. ἀποστάτης, m. (from a ship) λειπόναυς, m.

Desertion, ἀπόλειψις, f. κατάλειψις, f. (as a soldier) αὐτομολία, f. ἀπο-

στρατεία, f. λιποστράτιον, n. (of one's party) ἀπόστασις, f. ἀποτροπή, f.
Deserve, v. ἄξιός εἰμι, ἀξιόομαι
Deserved, ἄξιος, ἐπάξιος
Deservedly, adv. ἀξίως, κατ' ἀξίαν
Deserving, ἄξιος, ἐπάξιος
Design, βούλευμα, n. ἐνθύμημα, n. μήδεα, n. pl. μῆτις, f.
Design, v. μηχανάομαι, ἐνθυμέομαι, διανοέομαι, βουλεύομαι
Designate, v. ὀνομάζω, ἀποδείκνυμι
Designation, ὄνομα, n. σημεῖον, n.
Designedly, adv. ἐπιτηδὲς, ἐκ προνοίας
Designing, ἐπίβουλος, ὑποδόλιος
Desirable, ποθεινὸς, εὐκτὸς, πολυεύχετος, ἱμερόεις, εὐκταῖος, ἀξιόκτητος, αἱρετέος, ἐπιθυμητὸς
Desire, πόθος, m. ἵμερος, m. ἔρως, m. ἐπιθυμία, f. ἐπιθύμησις, f. ὄρεξις, f. ὁρμή, f.
Desire, v. ποθέω, ἐφίεμαι, ὀρέγνυμαι, ἐπιθυμέω, γλίχομαι, λιλαίομαι
Desirous, πρόθυμος, ἐπιθυμητικὸς, λελιημένος
Desirously, adv. ἐπιθυμητικῶς
Desist, v. μεθίσταμαι, λήγω, παύομαι, μεθίεμαι, ἀποτρέπομαι, ἐπέχω
Desk, τράπεζα, f. ἀβάκιον, n.
Desolate, ἔρημος, κένανδρος, ἄβροτος; (sorrowful) λυπηρὸς, ἄθυμος
Desolate, v. ἐρημόω, ἐξερημόω, δηόω,
Desolation, ἐρημία, f. [χηρόω
Despair, ἀθυμία, f. ἀνέλπιστον, n. ἀπόνοια, f. [γιγνώσκω
Despair, v. ἀθυμέω, ἀπονοέομαι, ἀπο-
Despairing, ἀπονενοημένος
Despatch, σκυτάλη, f.
Despatch, v. (send away) ἀποστέλλω; (transact) διαπράσσω, διατελέω; (make away with, destroy utterly) ἀφανίζω; (kill) κτείνω, ἀποκτείνω
Desperate, ἀνέλπιστος, ἀπονενοημένος, δύσελπις; (rash, wicked) πανοῦργος [μένως
Desperately, adv. ἀθύμως, ἀπονενοη-
Desperation, ἀνελπιστία, f.
Despicable, εὐκαταφρόνητος, ἄτιμος, καταβεβλημένος
Despicably, adv. καταβεβλημένως, εὐκαταφρονητικῶς
Despise, v. καταφρονέω, ὑπερφρονέω, ὀλιγωρέω, ὑπεροράω, παρ' ὀλίγον ποιοῦμαι, ὀλιγώρως ἔχω, οὐδαμοῦ νομίζω
Despised, ἀτίμητος, ἄτιμος, ἀπόθεστος
Despiser, καταφρονητὴς, m. ὑπερόπτης, m.
Despite, ἀτιμασμὸς, m. κακουργία, f.
Despoil, v. συλάω, σκυλεύω, ληΐζομαι

Despoliation, σκυλεία, f. σύλησις, f.
Despond, v. ἀθυμέω, δυσθυμέω
Despondency, ἀθυμία, f. δυσθυμία, f.
Despondent, ἄθυμος
Desponding, ἄθυμος, δύσθυμος
Despondingly, adv. ἀθύμως
Despot, δεσπότης, n. τύραννος, m.
Despotic, δεσποτικὸς, δεσπόσυνος
Despotically, adv. δεσποτικῶς
Despotism, δεσποτεία, f.
Dessert, τρωκτὰ, n. pl. τρωγάλιον, n. ἐπιφορήματα, n. pl.
Destination, τέρμα, n. προορισμὸς, m.
Destine, v. τάσσω, τίθημι, τεκμαίρο-
Destiny, μοῖρα, f. [μαι
Destitute, ἐνδεὴς, ἐπιδεὴς, ἔρημος, κενὸς, ἄκληρος, ἄμοιρος: to be destitute of, σπανίζω: to make destitute, ὀρφανίζω [δεια, f.
Destitution, σπάνις, f. ἀπορία, f. ἔν-
Destroy, v. ὄλλυμι, ἀπόλλυμι, διαλλυμι, φθείρω, διαφθείρω, πέρθω, πορθέω, διαπέρθω, καθαιρέω, ἐξαιρέω, ἀναλίσκω, ἐξαλείφω: to be destroyed, φθίνω, καταφθίνω
Destroyer, καθαιρετὴς, m. πορθητὴς, m. λυμαντὴρ, m. δηλήμων, m. ἀνατροπεὺς, m.
Destruction, ὄλεθρος, m. φθορά, f. διαφθορά, f. ἄτη, f. ἀνάστασις, f.
Destructive, ὀλέθριος, ὀλοὸς, οὔλιος, ἀλιτήριος, πολυφθόρος
Desuetude, ἀήθεια, f.
Desultory, διάδρομος, ἄστατος
Detach, v. χωρίζω, διαχωρίζω
Detachment, μέρος, n. λόχος, m.
Detail, διέξοδος, f. διήγησις, f.
Detail, v. διέξειμι, διεξέρχομαι
Detain, v. ἔχω, κατέχω, ἴσχω, κατίσχω, κατακωλύω
Detect, v. λαμβάνω, φωράω, γνωρίζω, αἱρέω, ἐφευρίσκω: to be detected, ἁλίσκομαι, καθευρίσκομαι
Detected, ἐπίληπτος, ἐπίδηλος
Detection, ἀνακάλυψις, f. λῆψις, f.
Detention, κατοχή, f.
Deter, v. ἐκπλήσσω, ἀποτρέπω
Deteriorate, v. βλάπτω, ἐλασσόω
Deterioration, ἐλάττωσις, f.
Determent, ἐμπόδιον, n.
Determinate, τακτὸς, βέβαιος, ἀκριβὴς
Determination, διάγνωσις, f. βούλευμα, n. βουλή, f. ὅρισμα, n.
Determine, v. (resolve, purpose) βουλεύω, βούλομαι, δοκέω, διαγιγνώσκω; (fix) ὁρίζω, διορίζω; (decide) κρίνω, δικάζω [μαι
Detest, v. ἐχθαίρω, μισέω, μυσάττο-

Detestable, ἐχθρὸς, στυγερὸς, βδελυκτὸς, μισητέος, ἀπεχθής, στυγητὸς
Detestably, adv. ἐχθρῶς, στυγερῶς
Detestation, ἔχθος, n. μῖσος, n. ἀπέχθεια, f.
Dethrone. v. ἐκβάλλω, καταλύω
Detract from, v. μειόω, ἐλασσόω, διαβάλλω, καταλαλέω [καταλαλιά, f.
Detraction, μικρολογία, f. μείωσις, f.
Detractory, μειωτικὸς, ἀφαιρετικὸς
Detriment, ζημία, f. βλαβὴ, f. λύμη, f.
Detrimental, βλαβερὸς, ἐπιζήμιος
Devastate, v. πορθέω, τέμνω, δηλέομαι
Devastation, ἐρήμωσις, f. τμῆσις, f. πόρθησις, f.
Develope, v. ἀναδείκνυμι, δηλόω
Devest, v. συλάω, ἀποδύω, ἐκδύω
Deviate, v. πλανάομαι, ἀποπλανάομαι, παρεκκλίνω, παρεκβαίνω
Deviation, πλάνη, f. παρέκβασις, f.
Device, μηχανὴ, f. ἐνθύμημα, n. (emblem) σημεῖον, n. ἐπίσημον, n. σῆμα, n.
Devil, διάβολος, m.
Devilish, διαβολικὸς
Devious, πλανοστιβὴς
Devise, v. μηχανάομαι, περιμηχανάομαι, εὑρίσκω, ἐκφροντίζω, συνάπτω
Devoid, ἔρημος, κενὸς, ἐπιδεὴς
Devolve, v. ἐπιβάλλω, περιΐσταμαι, ὑπάρχω
Devote, v. ἀνατίθημι, καθιερόω: to devote oneself to, προσέχω, ἐπιδίδωμι, προΐημι, ὑπέχω
Devotee, ζηλωτὴς, m.
Devotion, εὐσέβεια, f.
Devotional, θεοσεβὴς [βρώσκω
Devour, v. κατεσθίω, καταφάγω, βιDevoured, διαβόρος
Devouring, διαβόρος. πολυβόρος
Derout, εὐσεβὴς
Devoutly, adv. εὐσεβῶς
Dew, δρόσος, f. ἔρση, f.
Dewy, δροσερὸς, ἔνδροσος, εὔδροσυς
Dexterity, δεξιότης, f. ἐπιδεξιότης, f.
Dexterous, δεξιὸς, ἐπιδέξιος, ταχύχειρ
Dextral, δεξιὸς
Diabolical, διαβολικὸς
Diadem, στεφάνη, f. διάδημα, n.
Diagonal, διαγώνιος
Diagram, διάγραμμα, n.
Dial, στοιχεῖον, n.
Dialect, διάλεκτος, f. γλῶσσα, f.
Dialectic, διαλεκτικὸς
Dialogue, διάλογος, m.
Diameter, διάμετρος, f.
Diamond, ἀδάμας, m.
Diana, Ἄρτεμις, f. Λητωΐς, f.
Diaphanous, διαφανὴς, διαυγὴς

Diaphoretic, διαφορητικὸς
Diaphragm, διάφραγμα, n. ὑπόζωμα, n. φρὴν, f.
Diarrhœa, διάρροια, f.
Diary, ἐφημερὶς, f.
Diastole, διαστυλὴ, f.
Dice-box, φιμὸς, m. πύργος, m.
Dice-player, κυβευτὴς, m.
Dice-playing, κυβεία, f.: to play at dice, κυβεύω, ἀστραγαλίζω
Dictate, παράγγελμα, n. δίδαγμα, n.
Dictate, v. ὑποβάλλω, παραγγέλλω, ἐπιτάσσω, ὑπαγορεύω, ἐξηγέομαι
Dictation, ὑπαγορία, f. ὑπαγόρευσις, f.
Dictator, δικτάτωρ, m.
Dictatorship, δικτατωρεία, f.
Diction, λέξις, f. φάσις, f.
Dictionary, λεξικὸν, n.
Didactic, διδακτικὸς
Die, κύβος, m. ἀστράγαλος, m.: of or belonging to dice, κυβευτικὸς
Die, s. & v. (stain, colour). See Dye
Die, v. θνήσκω, ἀποθνήσκω, φθίνω or φθίω, ὄλλυμαι, ἀπόλλυμαι, τελευτάω, διαφθείρομαι, ἀπογίγνομαι, μεθίημι ψυχὴν: die for, προθνήσκω, ὑπεραποθνήσκω: die in, ἐνθνήσκω, ἐντελευτάω: to be dead, οἴχομαι, ἀποίχομαι, κεῖμαι
Diet, δίαιτα, f. τροφὴ, f.
Diet, v. διαιτάω
Differ, v. διαφέρω, διΐσταμαι, διαλλάσσω, ἐξαλλάσσω, ποικίλως ἔχω; (in opinion) ἀντιγνωμονέω, ἀντιδοκέω
Difference, τὸ διάφορον, διαφορά, f. διάστασις, f. ἀλλοιότης, f. ἀνομοιότης, f.
Different, διάφορος, ἀλλοῖος, ἕτερος, ἀντίος, ἑτερότροπος: at different times, in different ways or places, ἄλλοτε, ἄλλοθεν, ἄλλυδις
Differently, adv. διαφερόντως, ἑτέρως, ἑτέρηφι, δίχα. ἀλλοίως
Difficult, χαλεπὸς, δύσκολος, δυσχερὴς, ἀργαλέος, ἄπορος, ἀμήχανος, δυσκατάπρακτος; (as a road) δύσβατος, δύσπορος: very difficult, παγχάλεπος, ὑπερμεγέθης; (difficult to learn or understand) δυσμαθὴς, δυσκαταμάθητος: δυσ- prefixed to a word gives it the signification of difficult to do, as, δύσαρκτος, difficult to govern.
Difficulty, δυσχέρεια, f. δυσκολία, f. ἀπορία, f. ἀμηχανία, f.: difficulties, τὰ ἄπορα, ἀνάγκη, f.: greatest difficulties, τὰ ἀναγκαιότατα: to be in difficulty, ἀπορέω,

ἀμηχανέω: with difficulty, μόλις, χαλεπῶς, γλισχρῶς, μόγις: with great difficulty, παγχαλέπως: without difficulty, ἀμογητί
Diffidence, ἀτολμία, f. αἰσχύνη, f.
Diffident, ἄτολμος, αἰδήμων
Diffuse, μακρὸς, πολυλόγος: to be diffuse, μακρολογέω, μηκύνω
Diffuse, v. περιχέω, ἀμφιχέω, διασπείρω, διασκεδάννυμι
Diffusely, adv. διακεχυμένως, πλατέως
Diffuseness, μακρολογία, f. πολυλο-
Diffusion, διάχυσις, f. [γία, f.
Dig, v. ὀρύσσω, σκάπτω, λαχαίνω: dig through, διορύσσω: dig up, ἐξορύσσω: dig around, περιορύσσω
Digest, v. (of the stomach) πέσσω, καταπέσσω, διαπέσσω, καθέψω
Digested, σηπτὸς
Digestible, εὔπεπτος, εὐκατέργαστος
Digesting, σηπτικὸς, σηπτήριος
Digestion, πέψις, f. κατεργασία, f.: good digestion, εὐπεψία, f.: bad digestion, δυσπεψία, f.
Digger, σκαπτὴρ, m. σκαφεὺς, m.
Digging, λάχη, f.: digging through, διωρυχὴ, f. [ἀμφιέννυμι
Dight, v. ἐπικοσμέω, παρασκευάζω,
Digit, δάκτυλος, m.
Dignified, σεμνὸς, ἔντιμος
Dignify, v. τιμάω, ἀξιόω
Dignity, τιμὴ, f. ἀξία, f. ἀξίωμα, n. σεμνότης, f.
Digress, v. παρατρέπομαι, παρεκβαίνω
Digression, παρέκβασις, f. ἐκτροπὴ, f.
Dike, τάφρος, f.
Dilapidate, v. καταβάλλω, ἐρημόω
Dilapidation, ἐρήμωσις, f. ἀνάστασις, f.
Dilate, v. εὐρύνω, μηκύνω, μακρηγορέω
Dilatorily, adv. σχολῇ, βραδέως, ὀκνηρῶς [της, f.
Dilatoriness, σχολαιότης, f. βραδύ-
Dilatory, βραδὺς, ὀκνηρὸς
Dilemma, δίλημμα, n. ἀπορία, f.
Diligence, σπουδὴ, f. ἐπιμέλεια, f.
Diligent, σπουδαῖος, ἐπιμελὴς, φιλόπονος: to be diligent, φιλοπονέω
Diligently, adv. σπουδαίως, ἐπιμελῶς, φιλοπόνως
Dilucid, φανερὸς, ἐμφανὴς
Dilucidate, v. ἐμφανίζω, φανερόω
Dilute, v. διίεμαι
Dim, ἀμαυρὸς, ἀμβλωπὸς, ἄδηλος
Dim, v. ἀμαυρόω
Dimension, μέτρον, n. μέτρημα, n.
Diminish, v. μειόω, ἐλασσόω, ἀφαιρέω, μινύθω [μινύθησις, f.
Diminution, μείωμα, n. μείωσις, f.

Diminutive, μικρὸς
Diminutiveness, μικρότης, f.
Dimly, adv. ἀμαυρῶς
Dimness, ἀμαυρότης, f.
Dimple, γελασῖνος, m.
Dim-sighted, ἀμβλωπὸς, ἀμβλυώπης: to be dim-sighted, ἀμβλυωπέω
Dim-sightedness, ἀμβλυωπία, f.
Din, κτύπος, m. κλαγγὴ, f. καναχὴ, f. πάταγος, m.: with a din, κλαγγηδὸν
Dine, v. δειπνέω, δειπνοποιέομαι
Dingy, δυσόρφναιος [ριον, n.
Dining-room, τρίκλινος, m. ἑστιατό-
Dinner, δεῖπνον, n.: to give a dinner
Dint, ἐμβολὴ, f. πληγὴ, f. [to, δειπνίζω
Diocese, διοίκησις, f.
Dip, v. βάπτω: to dip in, ἐμβάπτω
Diphthong, δίφθογγος, f.
Diploma, δίπλωμα, n.
Dipping, βαφὴ, f. βάψις, f.
Dire, δεινὸς, αἰνὸς, ὀκρυόεις
Direct, εὐθὺς, ὀρθὸς, ἰθὺς
Direct, v. εὐθύνω, ἰθύνω, κυβερνάω, τείνω, ἐπιθύνω; (order) κελεύω
Direction, (course) ὁδὸς, f. (explanation, order) δήλωσις, f. διδασκαλία, f. ἐντολὴ, f.
Directly, adv. (in a straight line) εὐθὺ, εὐθὺς, ἰθὺ; (immediately) εὐθὺ, εὐθὺς, εὐθέως, αὔτικα
Directness, εὐθύτης, f. [ἐπιστάτης, m.
Director, εὐθυντὴς. m. ἐπιμελητὴς, m.
Direful, δεινὸς, αἰνὸς, ὀκρυόεις
Dirge, θρῆνος, m. ἰάλεμος, m. ἔλεγος, m.
Dirk, μάχαιρα, f.
Dirt, ῥύπος, m. λῦμα, n. πηλὸς, m.
Dirtiness, ἀκαθαρσία, f. ἀλουσία, f. αὐχμὸς, m. [τος, ἄλουτος
Dirty, αὐχμηρὸς, ῥυπαρὸς, ἀκάθαρ-
Dirty, v. μιαίνω, μολύνω, φύρω · to be dirty, ῥυπάω, ῥυπαίνομαι, αὐχμέω
Disability, ἀμηχανία, f. ἀσθένεια, f.
Disable, v. διαφθείρω, βλάπτω, καταλύω [f.
Disadvantage, βλάβη, f. ζημία, f. λί,μη,
Disadvantageous, ἀνεπιτήδειος, ἀνωφέλητος, ζημιώδης, ἀλυσιτελὴς
Disadvantageously, adv. κακῶς, φαύλως [τριος, δύσνοος
Disaffected, ἀπεστραμμένος, ἀλλό-
Disaffection, κακόνοια, f. ἔχθρα, f. ἀλλοτρίωσις, f.
Disagree, v. διίσταμαι, διαφέρομαι, διαφωνέω, διχογνωμονέω
Disagreeable, ἀτερπὴς, ἀχάριστος, ἄχαρις, λυπηρὸς, ἀλγεινὸς, ἐργαλέος
Disagreeably, adv. ἀηδῶς, λυπηρῶς

Disagreeing, διάφορος, ἀσύμφωνος
Disagreement, διαφορὰ, f. διαφωνία, f. διχοστασία, f.
Disallow, v. ἀπεῖπον, fut. ἀπερῶ, ἀπαγορεύω, ἀπαυδάω, ἐναντιόομαι
Disallowed, ἀπόρρητος
Disannul, v ἀποκυρόω. ἀναιρέω, ἀποδοκιμάζω, ἄκυρον ποιέω
Disappear, v. ἀφανίζομαι, ἄφαντος γίγνομαι, ἀπορρέω, ἄφαντος βαίνω
Disappearance, ἀφάνισις, f.
Disappoint, v. σφάλλω, ἀποσφάλλω: to be disappointed, ἀποτυγχάνω, ψεύδομαι, διαμαρτάνω
Disappointed, ἄπρακτος [τευξις, f.
Disappointment, σφάλμα, n. ἀπότ-
Disapprobation, καταμεμψις, f ἀποδοκιμασία, f.
Disapprove, v. μέμφομαι, ἀποδοκιμάζω, καταγιγνώσκω
Disarm, v. ἀφοπλίζω
Disarrange, v. συγκλονέω, τυρβάζω
Disarranged, ἀσυσκεύαστος, ἀσύντακτος [ταραχὴ, f.
Disarray, ἀταξία, f. σύγχυσις, f.
Disaster, συμφορὰ, f. κακοπραγία, f. δυστύχημα, n. πταῖσμα, n.
Disastrous, δυστυχὴς, δεινὸς, κακὸς
Disastrously, adv δυστυχῶς, κακῶς
Disavow, v. ἀρνέομαι, ἀπαρνέομαι, ἀναίνομαι, ἀπεῖπον
Disavowal, ἄρνησις, f. ἀπάρνησις, f.
Disband, v. ἀφίημι, διαφίημι, καταλύω,
Disbanded, ἄφετος [διαλύω
Disbanding, κατάλυσις, f διάλυσις, f. ἄφεσις, f.
Disbark, same as Disembark·
Disbelief, ἀπιστία, f
Disbelieve, v. ἀπιστέω
Disbeliever, ἄπιστος
Disburden, v. κουφίζω. ἀποφορτίζω
Disburse, v. ἀναλίσκω, καταναλίσκω, δαπανάω
Disbursement, ἀνάλωσις, f. δαπάνη. f.
Discard, v. ἀφίημι, ἐκβάλλω, ἀπορρίπτω
Discern, v. νοέω, αἰσθάνομαι, κατεῖδον, δράω, διαγιγνώσκω
Discernible, ὁρατὸς, ἐμφανὴς, κάτοπτος, φανερὸς, ὀξύφρων, γνωμονικὸς
Discernibly adv. φανερῶς, ἐπιφανῶς,
Discerning, ὀξυδερκὴς [πεφασμένως
Discernment, σύνεσις, f. φρόνησις, f.
Discharge, ἄφεσις, f. κατάλυσις, f. διάλυσις, f. (of humours) κατάρροος, m.
Discharge, v. (dismiss) ἀποπέμπω, ἐκπέμπω, διαλύω, σφίημι ; (as an office, promise, &c.) ἐπιτελέω ; (as a debt) ἀποδίδωμι, ἐπιτελέω, διαλύω ; (as a culprit) ἀφίημι ; (as an obligation or duty) ἀποτελέω ; (as a river) ἀνερεύγομαι ; (as a sore) ἀποπυΐσκω
Discharged, (as a servant) ἀπόμισθος
Disciple, μαθητὴς, m. ὁμιλητὴς, m.
Discipline, μάθησις, f. σύνταξις, f. μελέτη, f.: good discipline, εὐταξία, f.: bad discipline, ἀταξία, f.
Discipline, v. παιδεύω, συγκροτέω, κοσμέω, τάσσω
Disciplined, εὔτακτος : to be disciplined, εὐτακτέω
Disclaim, v. ἀρνέομαι, ἀπαρνέομαι, ἀπεῖπον, ἀφίσταμαι, ἐξόμνυμι
Disclose, v. ἀνοίγνυμι, καλύπτω, διακαλύπτω, ἐκφαίνω, μηνύω, γνωρίζω, καταγγέλλω
Disclosure, ἀνακάλυψις, f. φανέρωσις, f. μήνυμα, n.
Discoloured, αἰόλος
Discomfit, v. ἡσσάω, νικάω
Discomfiture, ἧσσα, f.
Discomfort, ὄχλος, m. δυσχέρεια, f.
Discomfort, v. ἐπιλυπέω, ἐνοχλέω
Discommend, v. ψέγω, μέμφομαι
Discommendable, ἐπίψογος, μωμητὸς
Discommode, v. ἐνοχλέω, βλάπτω
Discommodious, ἀνεπιτήδειος, ἀσύμφορος, ἄχρηστος
Discompose, v. ταράσσω, ἐκπλήσσω
Discomposure, ἔκπληξις, f. ταραχὴ, f. τάραγμα, n.
Disconcert, v. ταράσσω, ἐκπλήσσω
Disconsolate, δυσπαραμύθητος, ἄθυμος : to be disconsolate, ἀδημονέω
Discontent, δυσκολία, f.
Discontented, δύσκολος, μεμψίμοιρος: to be discontented, δυσκολαίνω, ἄχθομαι, ἀγανακτέω [δυσκολία, f.
Discontentedness, Discontentment,
Discontinuance, Discontinuation, ἀνάπαυσις, f. διάλειψις, f. παῦλα, f.
Discontinue, v. παύομαι, λήγω, ἐπέχω, ἀφίημι
Discord, ἔρις, f. στάσις, f. διαφορὰ, f. διαφωνία, f. διχοστασία, f. (in music) ἀσυμφωνία, f. ἀναρμοστία, f.
Discordance, διαφωνία, f. διχοστασία, f.
Discordant, ἀνάρμοστος, ἀσύμφωνος
Discordantly, adv. ἀναρμόστως, ἀμούσως
Discover, v. εὑρίσκω, ἐξευρίσκω, ἐπιγιγνώσκω ; (detect) φωράω ; (reveal) φαίνω, παραγυμνόω, ἀνακαλύπτω
Discoverable, εὑρετὸς
Discoverer, εὑρέτης, m. -τις, f.

Discovery, εὕρημα, n. εὕρεσις, f. ἐξεύρημα, n.
Discountenance, v. ἀδοξέω, ἀποδοκιμάζω, καταισχύνω
Discourage, v. ἀποσπεύδω, ἀποτρέπω, ἐκπλήσσω, καταπλήσσω
Discouraged, ἄθυμος, δύσθυμος: to be discouraged, ἀθυμέω, δυσθυμέω
Discouragement, κατάπληξις, f.
Discourse, λόγος, m. μῦθος, m. διαλογισμός, m. [ῥάομαι
Discourse, v. διαλέγομαι, λέγω, ἀγο-
Discourteous, δυσπέμφελος
Discous, πλατὺς, ὁμαλὸς
Discredit, ὄνειδος, n. ἀδοξία, f.
Discredit, v. ἀπιστέω, ἀδοξέω
Discreet, φρόνιμος, σώφρων, συνετὸς: to be discreet, σωφρονέω
Discreetly, adv. φρονίμως, σωφρόνως
Discrepancy, διαφορὰ, f. ἀνομοιότης, f. ἐναντίωσις, f.
Discretion, σωφροσύνη, f. φρόνησις, f.
Discriminate, v. διακρίνω, διαγιγνώσκω, διαιρέω
Discrimination, σύνεσις, f. διάκρισις, f.
Discursory, λογικὸς, ἐνθυμηματικὸς
Discus, δίσκος, m. [διατρίβω
Discuss, v. διαλέγομαι, ἐπεξέρχομαι,
Discussion, διάλεκτος, f. πραγματεία, f. λογισμός, m. διαλογισμός, m.
Disdain, ὑπεροψία, f. καταφρόνησις, f.
Disdain, v. ἀναξιόω, ὑπερφρονέω, καταφρονέω, ἀτιμάζω, ἀποστρέφομαι
Disdainful, ὑβριστικὸς, ὑπεροπτικὸς, καταφρονητικὸς [γώρω:
Disdainfully, adv. ὑβριστικῶς, ὀλι-
Disease, νόσος, f. νόσημα, n. ἀσθένεια, f. ἀρρωστία, f.
Diseased, νοσερὸς, νοσώδης: to be diseased, νοσέω, ἀσθενέω, ἀρρωστέω
Disembark, v. ἐκβαίνω, ἀποβαίνω
Disembarkation, ἀπόβασις, f.
Disembogue, v. ἐκδίδωμι
Disencumber, v. κουφίζω
Disengage, v. ἀναλύω, ἀπαλλάσσω, ἐλευθερόω, χωρίζω
Disengaged, ἄφετος, ἐλεύθερος: to be disengaged, (at leisure) σχολάζω
Disentangle, v. λύω, ἐξελίσσω
Disenthral, v. ἐλευθερόω
Disesteem, ἀτιμία, f. ἀδοξία, f. ὑπεροψία, f.
Disesteem, v. ἀτιμάζω, ἀδοξέω, καταφρονέω, ὀλιγωρέω, ὑπεροράω
Disesteemed, ἀτίμητος, ἄδοξος, ὑπέρ-
Disfavour, φθόνος, m. [οπτος
Disfigure, v. αἰσχύνω, κνυζόω, ῥυπαίνω
Disfigurement, αἶσχος, n.

Disfranchise, v. ἀτιμόω, ἐπιτιμίαν ἀφαιρέομαι
Disgorge, v. ἐξεμέω, ἐξεράω
Disgrace, ὄνειδος, n. αἶσχος, n. αἰσχύνη, f. λώβη, f. μῶμος, m.
Disgrace, v. αἰσχύνω, καταισχύνω, κατελέγχω
Disgraceful, αἰσχρὸς, ὀνείδιστος, ἐπονείδιστος, αἰσχυντηλὸς, ἀσχήμων
Disgracefully, adv. αἰσχρῶς
Disguise, κρύψις, f.
Disguise, v. κρύπτω, ἀποκρύπτω, ἀμαλδύνω, καλύπτω [m.
Disgust, ἄση, f. βδελυγμία, f. κόρος,
Disgust, v. ἀσάω: to be disgusted, δυσχεραίνω, ἀσάομαι, ἅδην ἔχω, βδελύττομαι
Disgusting, βδελυρὸς, ἀσώδης
Dish, παροψὶς, f. λεκάνη, f. λοπὰς, f. πατάνη, f.
Dishearten, v. καταπλήσσω, ἐκπλήσσω, ἄθυμον ποιέω: to be disheartened, ἀθυμέω
Disheartened, ἄθυμος, δύσθυμος
Disherit, v. ἀποκληρόω, ἀποκηρύσσω
Dishonest, ἄδικος, παλίνδικος, μοχθηρὸς: to be dishonest, ἀδικέω: dishonest action, ἀδίκημα, n.
Dishonesty, ἀδικία, f. μοχθηρία, f. κιβδηλία, f.
Dishonour, ἀτιμία, f. ἀδοξία, f.
Dishonour, v. ἀτιμάζω, ἀτιμάω
Dishonourable, ἄτιμος, ἀτίμαστος, ἀπότιμος, αἰσχρὸς [ἀκλεῶς
Dishonourably, adv. αἰσχρῶς, ἀτίμως,
Dishonoured, ἄτιμος, ἀτίμητος [f.
Disinclination, ἀποτροπὴ, f. ἀπέχθεια, f.
Disincline, v. ἀποτρέπω, ἀποστρέφω, ἀβουλέω
Disinclined, ἀπρόθυμος
Disingenuous, ἀνελεύθερος, διπλόος
Disinherit, v. ἀποκληρόω, ἀποκηρύσσω
Disinherited, ἀποκήρυκτος, ἀπόκληρος
Disinheriting, ἀποκλήρωσις, f. ἀποκήρυξις, f. ἀπόρρησις, f.
Disinter, v. ἀνορύσσω
Disinterested, ἀδέκαστος [κάστως
Disinterestedly, adv. ἐλευθερίως, ἀδε-
Disjoin, v. διαζεύγνυμι, ἀπείργω, διείργω
Disjoint, v. ἐξαρθρόω
Disjointed, ἔξαρθρος
Disjunct, διαίρετος, σχιστὸς, διχοτόμος
Disjunction, διαίρεσις, f. διάζευξις, f.
Disjunctive, διαζευκτικὸς
Disjunctively, adv. διακεκριμένως
Disk, δίσκος, m. [m.
Dislike, ἔχθος, n. ἀπέχθεια, f. φθόνος,
Dislike, v. ἐπιφθονέω, στυγέω

DIS

Dislocate, v. ἐξαρθρόω, παραρθρέω, διαστρέφω
Dislocated, ἔξαρθρος, παλίνορρος
Dislocation, ἐξάρθρημα, n. ἐξάρθρησις, f. παράρθρησις, f.
Dislodge, v. ἐξελαύνω, ἀπελαύνω, ἐξωθέω, παρωθέω, ἀνίστημι, ἐξοικίζω, ἀπαλλάσσω
Disloyal, ἄπιστος, προδοτικὸς
Disloyally, adv. ἀπίστως
Disloyalty, ἀπιστία, f. προδοσία, f.
Dismal, λευγαλέος, στυγνὸς, αἰανὴς
Dismally, adv. λευγαλέως
Dismantle, v. γυμνόω, ἀνασκευάζω
Dismask, v. ἐκκαλύπτω, ἀνακαλύπτω
Dismay, φόβος, m. τάρβος, n. δέος, n. κατάπληξις, f.
Dismay, v. φοβέω, ταράσσω, ἐκπλήσσω, καταπλήσσω
Dismayed, περίφοβος, περιθαμβὴς
Disme, δεκάτη, f. [ἔκφοβος
Dismember, v. σπαράσσω, ἀμύσσω, κατακρεουργέω, σχίζω, διαρταμέω
Dismiss, v. ἀφίημι, ἐκπέμπω, ἀποπέμπω, διαλύω, μεθίημι, προΐημι
Dismissal, ἄφεσις, f. ἀπόπεμψις, f.
Dismount, v. ἀποβαίνω, καταβαίνω f.
Disobedience, ἀπείθεια, f. ἀνηκουστία, f.
Disobedient, ἀπειθὴς, ἀνυπήκοος : to be disobedient, ἀπειθέω, ἀνηκουστέω
Disobey, v. ἀπειθέω, ἀπιστέω, ὑπακούω
Disoblige, v. βλάπτω, χαλεπαίνω, προσκρούω [ἀπάνθρωπος
Disobliging, ἀχάριστος, χαλεπὸς
Disorder, ἀταξία, f. ἀκοσμία, f. ταραχὴ, f. τάραξις, f. τύρβη, f. σύγχυσις, f. (disease) νόσος, f. (of a state) νόσημα, n. [κλονέω
Disorder, v. τυρβάζω, ταράσσω, συγ-
Disorderly, ἄτακτος, ταραχώδης, ἀσύντακτος, ἀνατεταραγμένος : to be disorderly, ἀτακτέω, ἀκοσμέω
Disorderly, adv. ἀτάκτως, ταραχώδως, τεταραγμένως
Disorganise, v. καταρρήγνυμι, συντρίβω, κατακλάω
Disorganised, ἀσύντακτος, ἄτακτος
Disown, v. ἀπεῖπον, ἀναίνομαι, ἀρνέομαι, ἀπαξιόω
Dispand, v. ἀναπτύσσω, ἀναπετάννυμι
Disparage, v. διασύρω, κατασμικρύνω, φαυλίζω [φρονέω, f.
Disparagement, μικρολογία, f. κατα-
Disparity, ἀνισότης, f. ἀνομοιότης, f.
Dispassionate, ἀπαθὴς
Dispassionately, adv. ἀπαθῶς
Dispatch, same as Despatch

DIS

Dispel, v. ἀποσκεδάννυμι, διασκεδάννυμι, διωθέω, ἐκβάλλω, ἐξελαύνω, ἀπελαύνω
Dispend, v. δαπανάω, καταδαπανάω, ἀναλίσκω, καταναλίσκω
Dispensation, (distribution) διανομὴ, f. διάδοσις, f. μερισμὸς, m. (exemption) ἀτέλεια, f.
Dispense, v. νέμω, διαδίδωμι, ταμιεύω
Dispenser, ταμίας, m. νομεὺς, m.
Dispeople, v. κενόω, ἀνοικίζω, ἐρημόω, ἐξοικίζω
Disperse, v. σκεδάννυμι, διασκεδάννυμι, διασπείρω, διαχέω ; intrans. διαλύομαι, σκεδάννυμαι
Dispersed, σποράς ; adv. σποράδην
Dispersion, σκέδασις, f.
Dispirit, v. ἄθυμον ποιέω, ἐκπλήσσω : to be dispirited, ἀθυμέω
Dispirited, ἄθυμος, δύσθυμος
Dispiritedly, adv. διατεθρυμμένως
Dispiritedness, ἀθυμία, f. δυσθυμία, f.
Displace, v. ἐξίστημι, ἐξοικίζω
Display, ἐπίδειξις, f. ἀπόδειξις, f.
Display, v. δείκνυμι, ἐπιδείκνυμι, ἀποδείκνυμι, φαίνω, ἐκφαίνω, ἀποφαίνω, προτίθημι
Displease, v. ἀπαρέσκω : to be displeased, δυσαρεστέω, δυσφορέω, δυσχεραίνω
Displeasing, ἀποθύμιος, ἀπάρεστος
Displeasure, δυσαρέστησις, f. θυμὸς, m. ὀργὴ, f.
Disport, παιδιὰ, f. ἄθυρμα, n.
Disport, v. παίζω, ψιάζω
Disposal, διάθεσις, f. διαθήκη, f. : at the disposal of, ὑπὸ, ἐπὶ
Dispose, v. διατίθημι, διατάσσω, συναρμόζω, διασκευάζω : to be disposed, διάκειμαι, φρονέω, ἔχω, πάσχω
Disposed, διατεταγμένος : well or kindly disposed, εὐφυὴς, εὔνοος, εὔφρων
Disposition, (arrangement) διάθεσις, f. διάταξις, f. (of the mind) φυὴ, f. ἦθος, n. ὀργὴ, f. τρόπος, m. νόημα, n. : good disposition, εὐφυΐα, f. : bad disposition, καχεξία, f. : of the same disposition, ὁμότροπος, ὁμοηθὴς
Dispossess, v. στερέω, ἀποστερέω, ἀφαιρέω, ἀμέρδω
Dispossession, στέρησις, f ἀποστέρησις, f. ἀφαίρεσις, f.
Disposure, διάθεσις, f. διαθήκη, f.
Dispraise, ψόγος, m. μέμψις, f.
Dispraise, v. ψέγω, μέμφομαι
Disprofit, ζημία, f. βλάβη, f.

Disprofit, v. βλάπτω, ζημιόω
Disproof, ἔλεγχος, m. λύσις, f. ἀπελεγμὸς, m. [f. ἀρρυθμία, f.
Disproportion, ἀμετρία, f. ἀσυμμετρία,
Disproportionate, ἀσύμμετρος, ἄμετρος
Disproportionately, adv. ἀσυμμέτρως
Disprove, v. ἐλέγχω, διελέγχω, διαλύω
Disputable, ἀντίλεκτος, ἐριστὸς
Disputant, νεικεστὴρ, m. ἐριστὴς, m. φιλόνεικος, m.
Disputation, διάλεκτος, f. διάλεξις, f. ἀντιλογία, f. ἀμφισβήτησις, f.
Disputatious, ἀντιλογικὸς, ἐριστικὸς
Dispute, ἔρις, f. νεῖκος, n. ἀγὼν, m. : verbal dispute, λογομαχία, f.
Dispute, v. ἀντιλέγω, ἀμφισβητέω, διαμφισβητέω, διακρίνομαι, νεικέω, ἀγωνίζομαι, ἐρίζω : dispute with, ἀντεῖπον, ἀνταγωνίζομαι
Disputed, ἀμφίλογος, ἀμφισβήτητος
Disputeless, ἀναμφισβήτητος, ἀναμφισβητήσιμος, ἀνέλεγκτος
Disqualification, κώλυμα, n.
Disqualify, v. βλάπτω, διαφθείρω, κωλύω
Disquiet, ταραχὴ, f. ἄχθος, n. σύγχυσις, f. [ὀχλέω
Disquiet, v. ταράσσω, συγχέω, θράσσω,
Disquietude, ταραχὴ, f. ἀνία, f. σύγ-
Disquisition, πραγματεία, f. [χυσις, f.
Disregard, ἀμέλεια, f. ὀλιγωρία, f.
Disregard, v. ἀμελέω, παραμελέω, ἀτιμάζω, περιοράω, παρέρχομαι
Disregardful, καταφρονητικὸς, ἀφρόν-
Disrelish, ἀπέχθεια, f. [τιστος
Disrelish, v. ἀηδῶς ἔχω, σικχαίνω
Disreputable, ἄδοξος, ἀδόκιμος, αἰσ-
Disreputably, adv. αἰσχρῶς [χρὸς
Disrepute, ἀδοξία, f. δυσφημία, f.
Disrespect, ἀλογία, f. ὑπερηφανία, f.
Disrespectful, ὀλίγωρος, ἀναιδὴς
Disrespectfully, adv. ὀλιγώρως
Disrobe, v. ἐκδύω, ἀποδύω
Disruption, διαρραγὴ, f. ῥῆγμα, n. [f.
Dissatisfaction, δυσαρέτησις, f. ἀηδία,
Dissatisfactory, δυσάρεστος, ἀηδὴς
Dissatisfy, v. ἀπαρέσκω, δυσαρεστέω : to be dissatisfied, ἀπαρέσκομαι, δυσφορέω, δυσχεραίνω
Dissect, v. διατέμνω
Dissection, ἀνατομὴ, f.
Dissemblance, εἰρωνεία, f. ὑπόκρυψις, f.
Dissemble, v. εἰρωνεύομαι, ὑποστέλλομαι, ἀποκρύπτομαι
Dissembler, εἴρων, m.
Dissembling, εἰρωνικὸς

Dissemblingly, adv. εἰρωνικῶς
Disseminate, v. διασπείρω, διαδίδωμι
Dissemination, διασπορὰ, f.
Dissension, ἔρις, f. νεῖκος, n. διάστασις, f. διχοστασία, f. [χοστασία, f.
Dissent, διάστασις, f. διαφορὰ, f. δι-
Dissent, v. διΐσταμαι, διχοστατέω, διχογνωμονέω, διαφωνέω, ἀπᾴδω
Dissentious, ἐριστικὸς, φιλόνεικος
Dissertation, λόγος, m. σύγγραμμα, n. πραγματεία, f.
Disservice, βλαβὴ, f. ζημία, f. λύμη, f.
Disserviceable, βλαβερὸς, ἀσύμφορος, ἀνωφελὴς, ἀνεπιτήδειος
Dissever, v. διαζεύγνυμι, διατέμνω, διχοτομέω, διασχίζω
Dissevering, διάζευξις, f. διατομὴ, f.
Dissimilar, ἀνόμοιος, ἑτερότροπος
Dissimilarity, ἀνομοιότης, f. διαφορό-
Dissimilarly, adv. ἀνομοίως [της, f.
Dissimulation, εἰρωνεία, f. ἀπόκρυψις, f.
Dissipate, v. σκεδάννυμι, διασκεδάννυμι, ἐκχέω, ἀναλίσκω : to be dissipated, ἀσωτεύομαι
Dissipated, ἀκρατὴς, ἄσωτος
Dissipation, ἀσωτία, f.
Dissolvable, διαλυτὸς, τηκτὸς
Dissoluble, διαλυτὸς, τηκτὸς
Dissolve, v. λύω, διαλύω, τήκω, κατατήκω, χέω, διαχέω
Dissolvent, διαλυτικὸς, τηκτικὸς
Dissolver, διαλυτὴς, m.
Dissolute, ἄσωτος, ἀσελγὴς, ἀκόλαστος
Dissolutely, adv. ἀσώτως, ἀνειμένως
Dissoluteness, ἀσωτία, f. ἀσέλγεια, f.
Dissolution, λύσις, f. διάλυσις, f. κατάλυσις, f. (death) ὄλεθρος, m.
Dissonance, ἀσυμφωνία, f. διαφωνία, f. ἀπήχεια, f.
Dissonant, ἀσύμφωνος, ἄμουσος, διάφωνος, ἀπηχὴς : to be dissonant, διαφωνέω, ἀπηχέω
Dissuade, v. ἀποτρέπω, ἀποστρέφω, μεταπείθω, παραπείθω, ἀπομυθέομαι
Dissuasion, ἀποτροπὴ, f.
Dissuasive, ἀποτρεπτικὸς
Dissyllable, δισυλλαβία, f. δισύλλαβον, n. : of two syllables, δισύλλαβος
Distaff, ἠλακάτη, f. : with golden distaff, χρυσηλάκατος
Distance, ἀπόστασις, f. διάστασις, f. διάστημα, n. : at a great distance, διὰ πολλοῦ : at a little distance, δι' ὀλίγου : at an equal distance, δι' ἴσου
Distant, ἀπότροπος, τηλέπορος, τηλουρὸς, ἔκτοπος, μακρὸς : to be distant, ἀπέχω, διέχω, διΐσταμαι

Distaste, ἀπέχθεια, f. ναυσία, f. ἄση, f.
Distasteful, πικρὸς, ἀηδὴς, ἀδευκὴς, βδελυρὸς, ναυσιώδης
Distemper, νόσος, f.
Distempered, νοσερὸς, νοσώδης: to be distempered, νοσέω [πετάννυμι
Distend, v. τείνω, διατείνω, τανύω,
Distention, ἔκτασις, f. διάτασις, f.
Distich, δίστιχον, n. [στάζω, καταρρέω
Distil, v. ἀπολείβω, καταλείβω, ἀπο-
Distillation, ἀπόσταξις, f.
Distinct, ἐμφανὴς, ἐναργὴς, πρόδηλος, φανερὸς, σαφὴς, εὐκρινὴς, διάσημος, λαμπρὸς, διορισθεὶς; (of the voice) λιγὺς
Distinction, διορισμὸς, m. διαίρεσις, f. διόρισις, f. (renown) εὐδοξία, f. εὐδοκίμησις, f.: to make a distinction, διακρίνω
Distinctive, διοριστικὸς, διακριτικὸς
Distinctly, Distinctively, adv. ἐμφανῶς, ἐναργῶς, εὐκρινῶς, διειλημμένως; (separately) διωρισμένως
Distinctness, εὐκρίνεια, f. ἐνάργεια, f. λαμπρότης, f.
Distinguish, v. διακρίνω, κρίνω, διαιρέω, διορίζω, διαλαμβάνω, διαγιγνώσκω; (separate) διατμήγω, χωρὶς ποιέω: to be distinguished (or renowned), εὐδοκιμέω, εὐδοξέω
Distinguishable, εὐαίρετος, διακριτικὸς, διάδηλος
Distinguished, ἐπιφανὴς, διαπρεπὴς φανερὸς, εὔδοξος, ἔνδοξος, διάκριτος. ἐπίσημος
Distinguishing, διάγνωσις, f.
Distort, v. διαστρέφω. παραστρέφω,
Distorted, διάστροφος [στρεβλόω
Distortion, διαστροφὴ, f. διάστρεμμα, n.
Distract, v. περισπάω, διασπάω, παρασπάω, ἐξίστημι, πτοέω, ταράσσω, παράγω, δαΐζω
Distracted, παράνοος, ἐκστατικὸς, πλαγκτὸς
Distraction, παραφορὰ, f περισπασμὸς, m. ψυχῆς πλάνημα, n.
Distrain, v. καταλαμβάνω
Distrained, καταληπτὸς
Distraint, κατάληψις, f.
Distress, πάθος, n. πάθημα, n. κακοπάθεια, f. ἀπορία, f. λυπρότης, f. ταλαιπωρία, f. πόνος, m. ἀμηχανία, f. ἀνία, f. θλίψις, f. στεῖνος, n.
Distress, v. λυπέω, ἀνιάω, πονέω, πιέζω, ἀλγύνω, πημαίνω, κήδω: to be distressed, πονέω, βαρύνομαι, ἀγωνιάω, κάμνω, θλίβομαι, κήδομαι; (perplexed) ἀμηχανέω, ἀπορέω: to

be very much distressed, ὑπεραγωνιάω
Distressed, πονηρὸς, λυπητικὸς, ἀνιαρὸς
Distressful, λυπρὸς, λυπητικὸς, ἀνιαρὸς
Distressing, λυπρὸς, λυπητικὸς, λυπηρὸς, ἀνιαρὸς
Distribute, v. διανέμω, μερίζω, καταμερίζω, διαδίδωμι, κατανέμω, νέμω, διαιρέω, δαίομαι, διαμετρέω: to be distributed (scattered), διασπείρομαι; (as an army in quarters) διασπάομαι [διάδοσις, f.
Distribution, διανομὴ, f. νέμησις, f.
Distributor, νομεὺς, m. διανομεὺς, m.
District, χῶρος, m. δῆμος, m. τόπος, m.
Distrust, ἀπιστία, f. δυσελπιστία, f.
Distrust, v. ἀπιστέω, διαπιστέω, ὑπ-
Distrustful, ἄπιστος [οπτεύω
Disturb, v. ταράσσω, συνταράσσω, ἀναταράσσω, κινέω, διακινέω, κυκάω, συγκυκάω, ἐνοχλέω, διαθορυβέω
Disturbance, ταραχὴ, f. τάραγμα, n. ἀνακίνησις, f. ὄχλησις, f. κολῳδὸς, m.: to make a disturbance, κολῳάω
Disturber, ταράκτης, m.
Disvalue, v. ἀτιμάζω, ἀμελέω, παραμελέω, καταφρονέω
Disunion, διάστασις, f. διάλυσις, f.
Disunite, v. διαλύω, ἀπορρήγνυμι, ἀποζεύγνυμι, διαζεύγνυμι, νοσφίζω
Disuse, ἀήθεια, f. ἀπεθισμὸς, m. παραπεθίζω [λαιότης, f-
Disuse, v. ἀπεθίζω
Disused, ἀηθὴς
Ditch, τάφρος, m. ὄρυγμα, n. τάφρευμα, n.: to dig a ditch, ταφρεύω
Ditcher, ταφρώρυχος, m. ὀρυκτὴρ, m.
Dithyrambic, διθύραμβος, m.: writer of dithyrambics, διθυραμβοποιὸς, m. διθυραμβοδιδάσκαλος, m.
Dithyrambic, διθυραμβικὸς, διθυραμ-
Ditto, προλεκτὸς [βώδης
Ditty, μέλος, n. ᾆσμα, n. ᾠδὴ, f.
Dive, v. κολυμβάω, κατακολυμβάω, κυβιστάω
Diver, κυβιστητὴρ, m. κολυμβητὴς, m. ἀρνευτὴρ, m. (bird) κόλυμβος, m. -βὶς, f.
Diverge, v. παρεκβαίνω, παρατρέπομαι
Divers, πολὺς, ποικίλος: at divers times, πολλαχῇ, πολλαχοῦ: in divers places, πολλαχοῦ, πολλαχόθι: from divers places, πολλαχόθεν: into divers places, πολλαχόσε: in divers manners or ways, πολλαχῇ
Diverse, διάφορος, ἀλλοῖος, ποικίλος
Diversely, adv. ἀλλοίως
Diversification, ποίκιλσις, f. ποικιλ-

μὸς, m. μεταλλαγὴ, f. παράλλαξις, f. μεταβολὴ, f.
Diversified, ποικίλος
Diversify, v. ποικίλλω, διαποικίλλω
Diversion, παιδιὰ, f. ἄνεσις, f.
Diversity, ποίκιλμα, n. ποικιλία, f. διαφορά, f. πολυειδία, f. ἀνομοιότης, f.
Divert, v. (turn aside) παραστρέφω, ἀποστρέφω, παρεκτρέπω ; (as attention) ἀπάγω, μετακαλέω, ἐκτρέπω ; (amuse) τέρπω, εὐφραίνω : to be diverted from one's purpose, διατρέπομαι [χαρίεις
Diverting, τερπνὸς, εὐτράπελος, ἱλαρὸς,
Divertingly, adv. ἀρεστῶς, τερπνῶς, κεχαρισμένως [f.
Divertisement, διατριβὴ, f. ἀνάπαυσις,
Divest, v. γυμνόω, ἐκδύω, ψιλόω
Divesture, ἀπόδυσις, f. ἔκδυσις, f. γύμνωσις, f.
Divide, v. μερίζω, διαμερίζω, διαιρέω, δαίομαι, διαλαμβάνω, διχάζω, διΐστημι : (to distribute among themselves) διαλαμβάνω, νέμομαι, συγκατανέμομαι : to divide by lot, διαλαγχάνω, κατακληροδοτέω : to divide into two, διχοτομέω, διχάζω: to be divided, δίχα γίγνομαι ; (as a river, &c.) περισχίζομαι, διασχίζομαι; (as an army, in quarters) διασπάομαι
Divided, διαίρετος, διχότομος, σχιστὸς
Dividend, μέρος, n. μοῖρα, f.
Divider, μεριστὴς, m. διανομεὺς, m.
Dividual, διαίρετος, σχιστὸς
Divination, μαντεία, f. μάντευμα, n. θειασμὸς, m. ἱεροσκοπία, f. (by the hands) χειρομαντεία, f. : art of divination, ἡ μαντικὴ : of divination, μαντικὸς, μαντῆιος
Divine, θεῖος, δαιμόνιος, δῖος, θέσφατος, θεσπέσιος, ζάθεος, ἄμβροτος, διογενὴς : by Divine Providence, θείᾳ μοίρᾳ, θείᾳ τύχῃ
Divine, θεολόγος, m. ἱεροφάντης, m.
Divine, v. μαντεύομαι, θεσπίζω
Divinely, adv. θείως, θεοειδῶς, δαιμονίως [οἰωνοπόλος, m.
Diviner, μάντις, m. χρησμολόγος, m.
Divinity, θειότης, f. θεῖον, n.
Divisible, διαιρετὸς, μεριστὸς
Division, διαίρεσις, f. μερισμὸς, m. διανομὴ, f. νομὴ, f. σχίσις, f. διαφυὴ, f. (portion) μοῖρα, f. μέρος, n. σχίσμα, n. (of an army) φυλὴ, f. μοῖρα, f.
Divorce, ἀπόπεμψις, f. διάλυσις, f. ἀπαλλαγὴ, f. : bill of divorce, ἀποστασίου βιβλίον

Divorce, v. ἐκπέμπω, ἀποπέμπω, ἀφίημι
Diurnal, ἐφημέριος, μεθημερινὸς, ἡμερινὸς, ἡμερήσιος
Diuturnity, χρονιότης, f.
Divulge, v. μηνύω, ἐκφέρω, διακαλύπτω
Dizziness, ἴλιγγος, m. σκοτοδινία, f. σκότωμα, n.
Dizzy, σκοτώδης : to be dizzy, ἰλιγγιάω, σκοτοδινιάω, σκοτοδινέομαι
Do, v. πράσσω, ποιέω, δράω, κατεργάζομαι : to do well to, εὐεργετέω : to do an injury to, ἀδικέω
Docile, εὐμαθὴς, εὐαγωγὸς, εὐήνιος
Docility, εὐμάθεια, f. εὐαγωγία, f.
Dock, νεώριον, n. ναυπήγιον, n.
Dock, v. προτέμνω, συντέμνω, κολούω
Doctor, (physician) ἰατρὸς, m. θεραπευτὴς, m. (teacher) διδάσκαλος, m.
Doctrinal, διδασκαλικὸς [δίδαγμα, n.
Doctrine, διδασκαλία, f. διδαχὴ, f.
Document, γράμμα, n. γραμματεῖον, n. βιβλίον, n.
Doe, κεμὰς, f. δόρξ, f. δορκὰς, f.
Doer, πράκτωρ, m. πρακτὴρ, m. δρηστὴρ, m. ἐργάτης, m. : evil doer, κακοῦργος [ἀναβάλλω
Doff, v. ἀποδύω, ἐκδύω, ἀπορρίπτω,
Dog, κύων, c. κυνίδιον, n. σκύλαξ, c. κυνάριον, n. σκυλάκιον, n. : of a dog, κύνειος, κύνεος : like a dog, κυνικὸς, κυνώδης ; adv. κυνηδὸν
Dog-faced, (impudent) κυνώπης, m.
Dog-fish, σκύλια, n. pl. [-πις, f.
Dogged, στερεὸς, σκυθρωπὸς
Dogma, δόγμα, n.
Dogmatical, δογματικὸς
Dog-rose, κυνόσβατος, f. κυνόροδον, n.
Dog-star, Σείριος, m. Κύων, m.
Dog-tooth, κυνόδους, m.
Doing, ἔργμα, n. πρᾶξις, f. πρᾶγμα, n.
Dole, v. διανέμω, νέμω, μερίζομαι, μεταδίδωμι, διαδίδωμι, διαιρέω
Doleful, (of people) πολυπενθὴς, πενθήμων, πολύστονος ; (of things) ἀλγεινὸς, λυγρὸς, πολύστονος
Dolefully, adv. ἀλγεινῶς
Doll, δαγὺς, f. πλάγγων, m.
Dolorous, ἀλγεινὸς, ἀνιαρὸς, λυπηρὸς,
Dolphin, δελφὶς, m. [λυγρὸς
Domestic, οἰκεῖος, οἰκητήριος, ἐφέστιος ; (reared in the house) οἰκογενὴς ; (of animals) σύντροφος, τιθασὸς, κατοικίδιος ; adv. οἴκοι, οἴκοθεν : domestic affairs, οἰκία, f. τὰ οἰκεῖα
Domestic, οἰκέτης, m. [κτιλόω
Domesticate, v. τιθασεύω, ἡμερόω,
Domesticated, τιθασὸς, κτίλος

Domesticating, τιθάσευσις, f.
Domestication, τιθασεία, f.
Domicile, οἰκητήριον, n. οἴκημα, n.
Dominate, v. δεσπόζω, κυριεύω, κρατέω, ἄρχω
Domination, ἡγεμονία, f. κράτος, n.
Domineer, v. δεσπόζω, ἄρχω
Dominical, κυριακὸς [της, f.
Dominion, κράτος, n. ἀρχὴ, f. κυριότης
Don, v. ἔννυμαι, ἐνδύομαι
Donation, δῶρον, n. δώρημα, n. δόσις, f.
Donor, δοτὴρ, m. δότειρα, f. δωτὴρ, m. δώτης, m.
Doom, μοῖρα, f. μόρος, m. τύχη, f.
Doom, v. κατακρίνω
Doomsday, ἡ ἐσχάτη ἡμέρα
Door, θύρα, f. θυρὶς, f. θύριον, n. θύρωμα, n. πύλη, f.: out of doors, θύραθεν, θύρασι: to or out of the door, θύραζε
Door-keeper, θυρωρὸς, m. πυλωρὸς, m.
Door-post, φλιὰ, f.
Dorian, Δώριος, Δωρὶς; adv. Δωριστὶ
Dormant, λαθὼν, ἀφανής, κρυπτός: to lie dormant, λανθάνω
Dormitory, εὐναστήριον, n. κοιμητήριον, n. κοιτὼν, m.
Dormouse, μύοξος, m. ἐλειὸς, m.
Dose, δάσμα, n.
Dot, στίγμα, n. κεραία, f.
Dot, v. στίζω
Dotage, παλαιότης, f. παραλήρησις, f.
Dotal, προίκειος
Dotard, τυφογέρων, m.
Dote, v. ληρέω, παραληρέω: dote upon, ὑπερφιλέω, ὑπεραγαπάω
Doting upon, δυσέρως
Dotingly, adv. δυσερώτως, δυσερωτικῶς, ἐρωτικῶς
Double, διπλόος, δίδυμος, δισσὸς, διπλάσιος, δίπτυχος: double-edged, ἀμφήκης, ἀμφίτομος, ἀμφιπλὴξ, ἀμφιδέξιος: double-minded, διπλόος: double-tongued, διχόμυθος: double the quantity, διπλάσιον ὅσον
Double, v. διπλόω, ἀναδιπλόω, διπλασιάζω; (fold) πτύσσω; (as a cape or promontory) περιβάλλω, περιπλέω
Double-dealer, πανοῦργος, m. ψευστὴς, m. φέναξ, m.
Double-dealing, πανούργευμα, n. πανουργία, f. εἰρωνεία, f ὑπόκρισις, f.
Doubling, διπλασιασμὸς, m. ἀναδίπλωσις, f.
Doubly, adv. διπλασίως, δισσῶς
Doubt, ἀπορία, f. ἀμφιβολία, f. ἀμφιλογία, f. ἀμηχανία, f. ἀπιστία, f. ἀμφισβήτησις, f.: to be in doubt, ἐν ἀπόροις εἰμὶ, ἀπιστίαν ἔχω
Doubt, v. ἀπορέω, ἀμφιγνοέω, διαπορέω, διστάζω, ἀμηχανέω, μερμηρίζω, ἐνδοιάζω, ἀμφιλέγω
Doubtful, ἄπορος; (of people) ἀμήχανος, δίφροντις, ἀμφίβουλος; (of things) ἀμφίλογος, ἀμφίβολος, δύσκριτος, ἀμφισβητήσιμος
Doubtfully, adv. ἀμφιβόλως, ἐνδοιαστῶς, δυσκρίτως [της, f.
Doubtfulness, ἀμφιβολία, f. ἀδηλότης
Doubtless, ἀναμφισβήτητος, ἀναμφίλογος: adv. ἀναμφισβητήτως, ἀναμφιλόγως
Dove, περιστερὰ, f. πελεία, f. φάσσα, f
Dove-cote, περιστερεὼν, m.
Dove-like, περιστεροειδὴς
Dough, σταὶς, n. στέαρ, n.: of dough, σταίτινος, σταιτίτης
Doughty, ἄλκιμος, κρατερὸς, ἔμψυχος
Douse, v. καταποντίζω, ἐμβάπτω
Dower, Dowery, προὶξ, f. φερνὴ, f.: of a dowry, προίκειος: to give a dowry, προικίζω, ἑδνόω
Dowered, φερνοφόρος
Dowerless, ἄπροικυς, ἀνάεδνος
Down, χνόος, m. λάχνη, f. ἄχνη, f. ἴουλος, m.
Down, adv. κάτω: to send down, καθίημι: down to, ἐς, εἰς
Downcast, κατηφὴς: to be downcast, κατηφέω
Downfal, πτῶμα, n. σφάλμα, n. διαφθορὰ, f.
Downhill, πρανὴς
Downright, adv. ἀντικρὺ, ἁπλῶς
Downs, πεδίον, n. εὐρυχωρία, f.
Downwards, κατάντης; adv. κάταντα
Downy, χνοώδης, λαχνήεις: to be downy, χνοάω, λαχνόομαι
Dowry, see Dower
Doxology, δοξολογία, f.
Doze, v. καταμύω
Dozen, δωδεκὰς, f.
Drachm, δραχμὴ, f.
Drag, ἁρπαγὴ, f.
Drag, v. ἕλκω, σύρω, σπάω: to drag away, ἀφέλκω, ἀποσπάω: to drag out, ἐξέλκω: to drag on, along, or after, ἐφέλκω, ἐπισπάω: to drag down, κατασπάω: to drag about, περιέλκω
Dragging, ἕλξις, f. ὁλκὴ, f.
Draggle, v. ἕλκω, ἐφέλκω, ἑλκυστάζω
Drag-net, σαγήνη, f. [δρακόντειος
Dragon, δράκων, m.: of a dragon,
Dragon-like, δρακοντώδης
Dragoon, ἱππεὺς, m. ἱπποβάτης, m.

Drain, ὑδροῤῥόα, f. ὀχετός, m. ὀχέτευμα, n. ἀμάρα, f. διαρροή, f. διῶρυξ, f. παραγωγή, f.
Drain, v. ὀχετεύω, ἀποχετεύω, ξηραίνω
Drake, πηνέλοψ, m.
Dram, δραχμή, f.
Drama, δρᾶμα, n.
Dramatic, δραματικός
Dramatist, δραματοποιός, m.
Drastic, δραστήριος, δραστικός
Draught, (of drink) πῶμα, n. πόσις, f. (of fishes) βόλος, m. : a long draught, (of drink) ἄμυστις, f. : at a draught, ἀμυστί
Draught-board, πέσσον, n. ψηφολογεῖον, n.
Draught-player, πεσσευτής, m.
Draughts, (the game) πεσσεία, f. (the pieces) πεσσοί, m. pl. : to play at draughts, πεσσεύω
Draw, v. σπάω, ἕλκω, ἐρύω ; (water) ἀρύω, Att. ἀρύτω, ἀντλέω ; (blood) σεύω ; (wine) ἀφύσσω, σιφωνίζω ; (a bowstring) ψάλλω ; (as an artist) γράφω ; (sketch, delineate, describe) γράφω, διαγράφω : draw off or away, ἀποσπάω, ἐκσπάω, ὑφέλκω, ἀφέλκω ; (of water) ἀπαντλέω, ἐξαντλέω : draw out or forth, ἐξέλκω, ἐξάγω, ἐξερύω ; draw across or through, διέλκω, διείρω, διερύω : draw aside or to the side, παρέλκω, παρασπάω : draw in, on, or to, ἐπισπάω, προσέλκω : draw near, ἐγγίζω, προσεγγίζω, προσβαίνω, προσέρχομαι : draw up, ἀνασπάω, ἀνιμάω, ἀνέλκω ; (of documents) συγγράφω ; (as an army) τάσσω, παρατάσσω : draw down, κατασπάω, καθέλκω : draw round, (as a ditch) περιελαύνω ; (an outline) περιγράφω : draw back, ὑπείκω, ἀνασπάω : draw away from under, ὑποσπάω, ὑπάγω : draw or bring upon, ἐπάγω : draw lots, λαγχάνω, κληρόομαι
Drawers, διάζωμα, n.
Drawing, (act of dragging) ἕλκυσις, f. (delineation) διαγραφή, f. (picture) γραφή, f. : drawing out, ἔκτασις, f. : drawing aside, ἀπαγωγή, f. : drawing nigh, προσέγγισις, f. προσπέλασις, f.
Drawn, ἑλκτός ; (of a sword) γυμνός ; (equal, in a game or contest) ἰσόρροπος, ἀμφήριστος : drawn tight, σύσπαστος [τάρβος, n.
Dread, φόβος, m. δέος, n. δεῖμα, n.

Dread, v. δείδω, τρέω, ὀῤῥωδέω, φρίσσω, φοβέομαι, ἐκπλήσσομαι
Dreaded, φοβητός
Dreadful, δεινός, φοβερός
Dreadfully, adv. δεινῶς, φοβερῶς
Dreadless, ἄτρομος, ἄφοβος, ἀτάρβητος
Dream, ὄνειρος, m. ὄναρ, n. ἐνύπνιον, n. : of dreams, ὀνείρειος : in a dream, ὄναρ : interpreter of dreams, ὀνειροπόλος, m. ὀνειροκρίτης, m.
Dream, v. ὀνειροπολέω, ὀνειρώσσω, ἐνυπνιάζω
Dreariness, ἐρημία, f.
Dreary, ἔρημος, στυγνός, μέλας, αἰανής
Dredge, v. καταπάσσω [ὑποστάθμη, f.
Dregs, ἰλύς, f. (of wine) τρύξ, f.
Drench, v. καταβρέχω : to be drenched, βρέχομαι
Dress, ἐσθής, f. ἔσθημα, n. εἷμα, n. κόσμος, m. στολή, f. σκευή, f.
Dress, v. ἀμφιέννυμι, ἐφέννυμι, ἐνδύω, στέλλω, σκευάζω : to dress oneself, ἐνδύω, ἕννυμαι, ἐνσκευάζομαι ; (dress meat) ἀμφέπω, σκευάζω : to dress up, περιστέλλω, περιπέσσω
Dressed, εἱμένος, ἀμφιεσμένος : well dressed, εὔπεπλος, εὐείμων : badly dressed, δυσείματος, κακοείμων
Drift, (design, purport) σκοπός, m. πρόθεσις, f. προαίρεσις, f. (of snow) νιφετός, m.
Drill, τρύπανον, n. τέρετρον, n.
Drill, v. τορέω, τρυπάω ; (as soldiers) γυμνάζω
Drink, πότος, m. πῶμα, n. ποτόν, n. πόσις, f. : strong drink, μέθυ, n. μέθη, f.
Drink, v. πίνω, καταπίνω, ἐκπίνω, ἕλκω, λάπτω : to give to drink, ποτίζω, πιπίσκω : to drink much, ὑπερπίνω, πολυποτέω : to drink little, ὀλιγοποτέω : to drink together, συμπίνω : to drink water, ὑδροποτέω
Drinkable, πότιμος, ποτός, ποτέος : not drinkable, ἄποτος : agreeable to drink, εὔποτος
Drinker, πότης, m. -τις, f. φιλοπότης, m. : fellow-drinker, συμπότης, m. : great drinker, πολυπότης, m. : moderate drinker, μετροπότης, m. : small drinker, ὀλιγόποτος, m. : water-drinker, ὑδροπότης, m. : wine-drinker, οἰνοπότης, m. -τις, f.
Drinking, ποτής, f. πότος, m. πότημα, n. : drinking together, συμπόσιον, n. : drinking healths, πρόποσις, f. : drinking of wine, οἰνοποσία, f. :

DRI

drinking of water, ὑδροποσία, f.:
fit for drinking, πότιμος, ποτός:
fond of drinking, πολύποτος, συμποτικός
Drinking-bout, πότος, m. συμπόσιον, n.
Drinking-cup, ποτήριον, n. ποτήρ, m.
Drink-offering, λοιβή, f.
Drip, v. στάζω, σταλάω, μυδάω
Dripping, σταλαγμός, m. στάξις, f.
Dripping, (as water) στακτός; (as a wet garment) μυδαλέος, μυδαλόεις
Drive, v. ἐλαύνω, ἄγω, ἔργω: to drive horses or a chariot, ἡνιοχέω, ἡνιοχεύω, ἱππηλατέω, διφρηλατέω, ἐλαστρέω: to drive a team, ζευγηλατέω: to drive away, ἀπελαύνω, ἐξελαύνω, ὠθέω, ἀπωθέω, ἐξωθέω, ἐκκρούω, διώκω, ἐκβάλλω, ἐκβιβάζω: to drive round, περιελαύνω: to drive into or towards, ἐπελαύνω, προσελαύνω, ἐμβάλλω: to drive together, συνελαύνω
Drivel, κόρυζα, f. σίαλον, n. (an idiot, fool) σίαλος, m. ἰδιώτης, m.
Drivel, v. κορυζάω, σιαλοχοέω, ληρέω
Driveller, σίαλος, m. ἰδιώτης, m.
Driver, ἐλατήρ, m. (of horses or chariots) ἡνίοχος, m. κέντωρ, m. ἱππηλάτης, m. (of a team) ζευγηλάτης, m. (of oxen) βοηλάτης, m.
Driving, Driving away, ἔλασις, f. ἐξέλασις, f. ἔκκρουσις, f. (of horses or a chariot) διφρεία, f. ἡνιοχεία, f. ἱππεία, f.: driving away, ἐλατήριος, ἐκκρουστικός: fit for driving on, ἱππάσιμος, ἱππηλάσιος
Drizzle, v. ψακάζω
Drizzling, ψακάς, f. ψακάδιον, n.
Droll, γελωτοποιός, m. βωμολόχος, m.
Droll, γελοῖος [m,
Drollery, γελωτοποιΐα, f. χλευασμός,
Dromedary, κάμηλος, c.
Drone, κηφήν, m.
Dronish, κηφηνώδης
Droop, v. μαραίνομαι, ἠμύω, κατημύω
Drooping, προπετής, προνωπής
Drop, σταγών, f. στάγμα, n. ψακάς, f. λιβάς, f. ῥανίς, f.: in drops, στάγδην
Drop, v. στάζω, σταλάω, καταστάζω, ἀποστάζω, καταβάλλω, μεθίημι, χέω; intrans. καταλείβομαι, καταψακάζω; (fall) πίπτω, καταπίπτω: to drop into, ἐνστάζω, ἐνσταλάζω
Dropping, σταλαγμός, m.
Dropsical, ὑδρωπικός [ὑδρωπιάω
Dropsy, ὕδρωψ, m.: to have dropsy,

DUC

Dross, σκωρία, f.
Drossy, σκωριοειδής
Drove, ἀγέλη, f. ποίμνη, f.
Drover, βοηλάτης, m. βουκόλος, m. κέντωρ, m. [σία, f.
Drought, αὐχμός, m. ἀνυδρία, f. ξηρα-
Drown, v. καταποντόω, καταποντίζω
Drowsily, adv. ῥαθύμως, ὀκνηρῶς
Drowsiness, χάσμη, f. ὑπνωδία, f. ληθαργία, f.
Drowsy, ὑπνώδης, ὑπνωτικός, ληθαργικός: to be drowsy, ὑπνώσσω
Drub, τύμμα, n. [ζω
Drub, v. τύπτω, παίω, μαστιγόω, ῥαπί-
Drubbing, ῥάπισμα, n.
Drudge, δοῦλος, m. ἀνδράποδον, n.
Drudge, v. δουλεύω
Drudgery, δουλεία, f.
Drug, φάρμακον, n.: of or pertaining to drugs, φαρμακικός: using of drugs, φαρμακεία, f. φαρμάκευσις, f.
Druggist, φαρμακεύς, m. φαρμακοπώλης, m.: to be a druggist, φαρμακοπωλέω
Druggist's shop, φαρμακοπωλεῖον
Drum, τύμπανον, n.: to beat the drum, τυμπανίζω [τρια, f.
Drummer, τυμπανιστής, m. τυμπανίσ-
Drunk, μέθυσος, μεθυστικός, ὑποπεπωκώς, παροίνιος, πάροινος, μεθυσθείς: to make drunk, μεθύσκω, καταμεθύσκω: to be drunk, μεθύω, μεθύσκομαι, οἰνόομαι
Drunkard, φιλοπότης, m. οἰνόφλυξ, c. μεθυστής, m. μεθύστρια, f.
Drunken, μέθυσος, μεθυστικός, πάροινος, οἰνοβαρής, ὑποπεπωκώς
Drunkenness, μέθη, f. μέθυσις, f. οἰνοφλυγία, f. φιλοποσία, f.
Dry, ξηρός, καπυρός, αὖος, αὐαλέος, ἀζαλέος, αὐχμώδης, ἄβροχος, ἄνυδρος: very dry, ὑπέρξηρος: dry land, ἡ ξηρά, τὸ ξηρόν
Dry, v. ξηραίνω, αὐαίνω, σκέλλω: to be or become dry, ξηραίνομαι, καταξηραίνομαι, σκέλλομαι: to dry up, ἀποξηραίνω [μός, m. αὐονή, f.
Dryness, ξηρότης, f. ξηρασία, f. αὐχ-
Dual, δυαδικός, δυϊκός
Dubious, δύσκριτος, ἄπορος, ἀμφισβήτητος, ἀμφίβολος, ἀμφίλογος, ἄδηλος, μετέωρος [λως, ἐνδοιαστῶς
Dubiously, adv. δυσκρίτως, ἀμφιβό-
Dubitable, same as Dubious
Duck, νῆσσα, f. βασκάς, f.
Duck, v. ἐμβάπτω, βάπτω
Ducking, βαφή, f.
Duckling, νησσάριον, n.

DUC

Duct, ὀχετός, m. [τος
Ductile, εὐάγωγος, εὔπλαστος, εὐήλα-
Ductility, εὐαγωγία, f. ὑπείξις, f.
Due, τὸ προσῆκον, μοῖρα, f. ὀφείλημα, n. (of money) τὸ γιγνόμενον; (tribute) εἰσφορά, f. τέλος, n.
Due, καθήκων, προσήκων, αἴσιος, μοίριος; (of money) ἐπιγενόμενος : to be due, ὀφείλομαι
Duel, μονομαχία, f.
Dug, μαστός, m. τιτθός, m.
Dug, ὀρυκτός
Dulcet, ἡδύς, γλυκύς, σύμφωνος
Dull, ἀμβλύς, ἀναίσθητος, κωφός : to make dull, ἀμβλύνω, ἀπαμβλύνω : to be dull, ἀμβλύνομαι
Dullness, ἀμβλύτης, f. κωφότης, f. (of sight) ἀμβλυωγμός, m.
Duly, adv. ἀκριβῶς, κατ' αἶσαν
Dumb, κωφός, ἄλαλος, ἄφωνος, ἄγλωσσος : to make dumb, κωφάω : to be or grow dumb, κωφάομαι
Dumbness, κωφότης, f. ἐνεότης, f.
Dun, φαιός
Dunce, δυσμαθής, ἀμαθής
Dung, κόπρος, m. σπατίλη, f. σκῶρ, n. βόρβορος, m. ὄνθος, m. : sheep-dung, σφυράς, f. : cow-dung, βόλιτος, m. -ον, n.
Dung, v. κοπρίζω
Dungeon, φυλακή, f. γοργύρη, f.
Dunghill, κοπρία, f.
Dupe, εὐαπάτητος, εὐήθης, εὔπιστος
Dupe, v. ἀπατάω, φενακίζω
Duplicate, ἀντίγραφον, n.
Duplicity, διπλόη, f.
Durability, βεβαιότης, f.
Durable, βέβαιος, χρόνιος, πολυχρόνιος, ἔμπεδος, ἔμμονος [δως
Durably, adv. βεβαίως, ἐμμενῶς, ἐμπέ-
Durance, φυλακή, f.
Duration, διαμονή, f. χρόνου μῆκος
During, prep. διά, κατά, παρά
Dusk, κνέφας, n. ὄρφνη, f. δείλη, f. : at dusk, περὶ δείλην
Dusky, δνοφερός, κνεφαῖος, ὀρφναῖος
Dust, κόνις, f. κονία, f. κονιορτός, m. σποδός, f. : cloud of dust, κονιορτός, m. κονίσαλος, m.
Dust, v. (to clear from) σαίρω ; (to sprinkle with) κονίω, κονιορτόω
Dusty, κόνιος, κονιορτώδης
Duteous, same as Dutiful
Dutiful, εὐπειθής, αἰδοῖος, κατήκοος
Dutifully, adv. αἰδοίως
Dutifulness, αἰδώς, f.
Duty, ὀφειλή, f. μέρος, n. τὸ καθῆκον : duties, προσήκοντα, n.pl. : it is my

390

EAR

duty, ἐμόν ἐστι, ἥκει or καθήκει μοι, ἐμοὶ πρόσκειται : to do one's duty, ποιέω or πράσσω τὸ προσῆκον, τὰ δέοντα or ἃ προσήκει, τὰ καθήκοντα ἀποτελέω or ποιέω : to fail in one's duty, προδίδοναι τὰ καθήκοντα
Dwarf, νάννος, m.
Dwarfish, ναννώδης, ναννοφυής
Dwell, v. οἰκέω, ἐνοικέω, κατοικέω, ναίω, ἐνναίω, ναιετάω, διαιτάομαι, σκηνάομαι : to dwell near, παροικέω, προσοικέω : to dwell with, συνοικέω, συνναίω
Dweller, οἰκήτωρ, m. οἰκητής, m.
Dwelling, οἴκησις, f. ἔναυλος, m. αὐλή, f. στέγη, f. : a dwelling in, ἐνοίκησις, f. : a dwelling near, παροίκησις, f. : a dwelling together, συνοικία, f. : dwelling beyond, ὑπέροικος : to change dwelling, μετοικέω, μετοικίζω
Dwindle, v. φθίω or φθίνω
Dye, βαφή, f. βάμμα, n. φάρμακον, n.
Dye, v. βάπτω, χρώζω
Dyed, βαπτός
Dyeing, βαφή, f. χρῶσις, f.
Dyer, βαφεύς, m.
Dynasty, δυναστεία, f.
Dysentery, δυσεντερία, f.
Dyspepsy, δυσπεψία, f.

E.

Each, ἕκαστος, εἷς ἕκαστος, ἕκαστός τις : each of two, each singly, ἑκάτερος : each other, ἀλλήλων : from each side, ἑκάτερθε : each time, ἑκάστοτε
Eager, πρόθυμος, μεμαώς, ἔντονος, πρόφρων, σφοδρός, σπουδαῖος : to be eager, προθυμέομαι, σπουδάζω, μαιμάω, ὁρμάομαι, ἐντείνω
Eagerly, adv. προθύμως, ἐντόνως, ὁρμητικῶς, σπουδαίως, προφρονέως
Eagerness, προθυμία, f. σπουδή, f. ὁρμή, f.
Eagle, ἀετός, m. : sea eagle, ἁλιάετος, m. : black eagle, μελανάετος, m. : like an eagle, ἀετώδης
Eaglet, ἀετιδεύς, m.
Ear, οὖς (gen. ὠτός), n. οὔας, n. (of corn) στάχυς, m. ἀστάχυς, m. ἀθήρ, m. ἀνθέριξ, m.
Ear-ache, ὠταλγία, f.
Earliness, πρωϊότης, f.

Early, πρώϊος (contr. πρῷος), πρώϊμος, ὄρθριος, ἑῷος : earlier, πρότερος
Early, adv. πρωΐ, ἕωθεν : earlier, πρότερον
Earn, v. κτάομαι, ἐργάζομαι, ἐξεργάζομαι, ἄρνυμαι, κερδαίνω
Earnest, Earnest money, ἀρραβών, m. πρόδοσις, f. : to receive as an earnest, προλαμβάνω
Earnest, σπουδαῖος, σφοδρὸς, λιπαρὴς, ἀτενὴς, ἐκτενὴς : to be earnest, σπουδάζω
Earnestly, adv. σπουδαίως, σφόδρα, ἐπιστρεφῶς, διατεταμένως, φιλοτίμως
Earnestness, σπουδὴ, f. ἐκτένεια, f.
Ear-ring, ἑλικτὴρ, m. ἕλιξ, f. ἐνώτιον, n. ἄρτημα, n.
Earth, γῆ, f. γαῖα, f. χθών, f. πέδον, n. βῶλος, f. ἡ οἰκουμένη : of the earth, χθόνιος, γήϊνος : in the earth, γάϊος, χαμηλὸς : living on the earth, ἐπιχθόνιος, ἔγγειος : on the earth, χαμαὶ : to the earth, χαμᾶζε, πέδονδε : from the earth, χαμόθεν : to earth up, προσχώννυμι, ἀντιπροσαμάομαι
Earth-born, γηγενὴς
Earthen, κεράμιος, κεράμειος, κεράμινος, πήλινος, χύτρειος [κεραμὶς, f.
Earthenware, κεράμιον, n. κέραμος, m.
Earthly, χθόνιος, ἔγγειος, ἐπίγειος, ἐπιχθόνιος
Earthquake, σεισμὸς, m. ῥήκτης, m.
Earthworm, σκώληξ, m.
Earthy, γηώδης
Ease, (rest, leisure) σχολὴ, f. ῥᾳστώνη, f. (comfort) εὐμάρεια, f. (facility) εὐπορία, f. εὐπέτεια, f.
Ease, v. ἐλαφρίζω, ἐλαφρύνω, ἀπονέω
Easier, compar. ῥᾴων, ῥηΐτερος
Easiest, superl. ῥᾷστος, ῥηΐτατος
Easily, adv. ῥᾳδίως, ἀπόνως, εὐπετῶς, εὐπόρως, ἀκονιτί, ἀσπουδὶ, φαύλως : more easily, ῥηΐτερον, ῥᾷον : most easily, ῥηΐτερα, ῥᾷστα
Easiness, (ease, convenience) εὐμάρεια, f. (of work) εὐκοπία, f. (of disposition) εὐκολία, f. ὑγρότης, f. πρᾳότης, f.
East, ἕως, f. ἠὼς, f. ἀνατολὴ, f. : from
Easter, πάσχα, n. [the east, ἠώθεν
Easterly, προσηῷος
Eastern, ἑῷος, ἠοῖος
East-wind, Εὖρος, m. ἀπηλιώτης, m.
Easy, ῥᾴδιος, ἐλαφρὸς, εὔπορος, εὐπετὴς, κοῦφος, φαῦλος, ἄπονος, εὔπρακτος, εὐκατέργαστος ; (of disposi-

tion) εὔκολος ; (of approach) εὐπρόσοδος, εὐπρόσιτος ; (to digest) εὔπεπτος ; (to be entreated) εὐπειθὴς, εὔπειστος, καταπειθὴς
Eat, v. ἐσθίω (fut. ἔδομαι, 2 aor. ἔφαγον, inf. φαγεῖν), βιβρώσκω, τρώγω, δαίνυμαι, σιτέομαι : to eat up, κατεσθίω (2 aor. inf. καταφαγεῖν), καταβιβρώσκω, ἐκτρώγω : to eat greedily, κάπτω : to eat immoderately, ὑπερεσθίω : to eat secretly, ὑποτρώγω [ἐδώδιμος
Eatable, τρωκτὸς, τρώξιμος, βρώσιμος,
Eatables, τὰ ἐδώδιμα
Eaten, ἐδεστὸς : half-eaten, ἡμίβρωτος
Eater, ἐδεστὴς, m.
Eating, βρῶσις, f. ἔσθησις, f.
Eating together or with, σύσσιτος
Eaves, γεῖσον, n. [παλίρροια, f.
Ebb, ἄμπωτις, f. : ebb and flow,
Ebony, ἔβενος, f. ἐβένη, f.
Ebriety, μέθη, f. οἰνοφλυγία, f.
Ebullition, ζέσις, f. ἀνάζεσις, f.
Ecclesiastic, ἐκκλησιαστὴς, m.
Ecclesiastical, ἐκκλησιαστικὸς
Echo, ἠχὼ, f.
Echo, v. ἀντηχέω
Echoing, ἀντήχησις, f.
Echoing, ἀντίδουπος, ἀντίτυπος
Eclaircissement, φανέρωσις, f. δήλωσις, f. ἑρμηνεία, f. [μία, f.
Eclat, λαμπρότης, f. εὐδοξία, f. εὐφημία
Eclectic, ἐκλεκτικὸς
Eclipse, ἔκλειψις, f. μεταβολὴ ἡλίου : to be eclipsed, ἐκλείπω
Ecliptic, ἐκλειπτικὸς
Eclogue, ἐκλογὴ, f.
Economical (frugal), φειδωλὸς ; (of management) οἰκονομικὸς : to be economical, φείδομαι
Economy (frugality), φειδὼ, f. φειδωλία, f. (management or disposition of things) οἰκονομία, f.
Ecstasy, ἔκστασις, f.
Ecstatic, ἐκστατικὸς
Eddy, δίνη, f. δῖνος, m. στροφάλιγξ, f. : with deep eddies, βαθυδίνης, βαθυδινήεις
Eddy, v. δινέω, ἑλίσσομαι
Eddying, δινήεις, ἑλικὸς
Edge (of an instrument), ἀκωκὴ, f. ἀκμὴ, f. γένυς, f. στόμα, n. (of a cliff, garment, &c.) χεῖλος, n. κράσπεδον, n. : to give an edge to, στομόω
Edgeless, ἀμβλὺς
Edible, ἐδεστὸς, ἐδώδιμος, τρώξιμος
Edict, ἐντολὴ, f. πρόσταγμα, n.

ἐφετμὴ, f. (*decree, as of an assembly*) ψῆφος, f. [f.
Edification, διδασκαλία, f. παίδευσις,
Edifice, οἰκοδόμημα, n. οἰκοδομὴ, f. οἴκημα, n. δῶμα, n. κτίσμα, n.
Edify, v. παιδεύω, διδάσκω
Edile, ἀγορανόμος, m. ἀστυνόμος, m.
Edileship, ἀγορανομία, f. ἀστυνομία, f.
Edition, ἔκδοσις, f.
Educate, v. τρέφω, παιδεύω, ἐκπαιδεύω, παιδαγωγέω, διδάσκω, ἄγω : to educate together, συμπαιδεύω
Education, παιδεία, f. παίδευσις, f. παιδαγωγία, f. τροφὴ, f. διδασκαλία, f. μάθησις, f. [m.
Educator, διδάσκαλος, m. παιδευτὴς,
Educe, v. ἐξάγω
Eel, ἔγχελυς, f. ἐγχέλειον, n.
Efface, v. ἐξαλείφω, ἀποτρίβω, ἐκνίζω, ἐκτήκω, ἀπολύω, ἀναλαμβάνω : easy to be effaced, εὐεξάλειπτος
Effect, δύναμις, f. ἐνέργημα, n. ἀποτέλεσμα, n.
Effect, v. διαπράσσω, ἀπεργάζομαι, ποιέω, ἐπιτελέω, ἀνύω
Effective, πρακτικός, ἔνεργος, ἐνεργής, ἀνύσιμος, ἀνυστικός, δραστήριος
Effectively, adv. ἐνεργῶς, ἀνυσίμως
Effectless, ἄπρακτος, ἀσθενὴς, ἀδύνατος, ἄχρηστος
Effects, (*goods*) οὐσία, f. [τικὸς
Effectual, ἀνύσιμος, τέλειος, ἐνεργη-
Effectually, adv. τελείως [πληρόω
Effectuate, v. τελέω, πληρόω, ἀνα-
Effeminacy, μαλακία, f. ἀνανδρία, f. θηλύτης, f. ἁβρότης, f.
Effeminate, ἄνανδρος, μαλακὸς, ἁβρὸς, θῆλυς : effeminate man, γύννις, m. : to be effeminate, μαλακίζομαι, θηλύνομαι [κείως, μαλακῶς
Effeminately, adv. ἀνάνδρως, γυναι-
Efficacious, δραστήριος, ἀνύσιμος, 'νυστικὸς
Efficaciously, adv. ἀνυσίμως, ἐνεργῶς
Efficacy, δρᾶσις, f. δύναμις, f. ἀρετὴ, f.
Efficiency, ἐπιτηδειότης, f. δύναμις, f.
Efficient, ἐπιτήδειος
Efficiently, adv. ἐπιτηδείως
Effigy, εἰκὼν, f. ἄγαλμα, n. εἶδος, n.
Effluvia, ὀσμὴ, f. ὀδμὴ, f.
Efflux, ἀπόρροια, f. [πεῖρα, f.
Effort, ἐπιχείρημα, n. ἐγχείρημα, n.
Effrontery, ἀναισχυντία, f. ἀναίδεια, f. θράσος, n. τολμὴ, f. [αἴγλη, f.
Effulgence, αὐγὴ, f. λαμπρότης, f.
Effulgent, λαμπρὸς, ἀγλαὸς
Effuse, v. ἐκχέω, ἀποχέω, σπένδω
Effusion, ῥεῦμα, n. ἔκχυσις, f.

Egg, ᾠὸν, n. : to lay eggs, ᾠοτοκέω
Egregious, ἐπίσημος, ἐκπρεπὴς, ὑπέροχος, ἔξοχος
Egregiously, adv. ἐκπρεπῶς, ἐξόχως,
Egress, ἔξοδος, f. [διαφερόντως
Egypt, Αἴγυπτος, f.
Egyptian, Αἰγύπτιος
Ejaculate, v. ἀνακράζω, ἀναβοάω
Ejaculation, βόαμα, n. ὀλολυγὴ, f.
Eject, v. ἐκβάλλω, ἐξελαύνω
Ejection, ἐξέλασις, f. ἐκβολὴ, f.
Eight, ὀκτὼ : the number eight, ὀκτὰς, f. : eight times, ὀκτάκις : eight times as much, ὀκταπλάσιος : eight months old, ὀκτάμηνος : eight years old, ὀκταέτις
Eighteen, ὀκτωκαίδεκα : eighteen years old, ὀκτωκαιδεκέτης, -τις
Eighteenth, ὀκτωκαιδέκατος
Eightfold, ὀκταπλάσιος
Eighth, ὄγδοος
Eight hundred, ὀκτακόσιοι
Eight hundredth, ὀκτακοσιοστὸς
Eightieth, ὀγδοηκοστὸς
Eight thousand, ὀκτακισχίλιοι
Eighty, ὀγδοήκοντα
Eighty thousand, ὀκτακισμύριοι
Either, ἑκάτερος, ὁπότερος ; (*both*)
Either, adv. ἢ. εἴτε [ἀμφότερος
Eke or Eek, v. ἀναπληρόω, χορηγέω, ἐκδίδωμι
Eke, adv. προσέτι, χωρὶς, ὡσαύτως
Elaborate, v. διαπονέομαι, δαιδάλλω
Elaborate, δαιδάλεος, δαίδαλος, πολύκμητος, ἀσκητὸς
Elaborately, adv. διαπεπονημένως
Elapse, v. διέρχομαι, παραφέρω, διαλείπω, διαγίγνομαι
Elate, v. ὀγκόω, ἐπαίρω, φυσάω : to be elated, ἐπιγαυρόομαι, γαυριάω, μετεωρίζομαι
Elated, ἐπαρθεὶς [ὄγκος, m.
Elation, μετεωρισμὸς, m. φύσημα, n.
Elbow, ἀγκὼν, m. πῆχυς, m.
Elder, (*compar.*) πρεσβύτερος : to be elder, πρεσβεύω
Elder, πρεσβύτερος, m. : the elders, οἱ πρέσβεις, οἱ γεραίτεροι
Elder-tree, ἀκτέα, f. [γεραίτατος
Eldest, πρεσβύτατος, πρέσβιστος,
Elect, v. χειροτονέω, διαχειροτονέω, προκρίνω, αἱρέομαι, ψηφίζομαι
Elected, αἱρετὸς, διαψήφιστος
Election, αἵρεσις, f. χειροτονία, f. διαχειροτονία, f. ἐκλογὴ, f.
Elective, αἱρετὸς, ἐκλεκτικὸς
Elector, αἱρέτης, m. χειροτονητὴς, m.
Electre, ἤλεκτρον, n. ἤλεκτρος, c.

392

Electuary, ἐκλεικτὸν, n. ἔκλειγμα, n.
Eleemosynary, ἐλεητικὸς
Elegance, χάρις, f. κόμψευμα, n. εὐκοσμία, f.
Elegant, κομψὸς, χαρίεις, φιλόκαλος, εὐπρεπὴς: very elegant, περίκομψος
Elegantly, adv. κομψῶς, χαριέντως, ἐκπρεπῶς: to act or do elegantly, κομψεύω, χαριεντίζομαι
Elegiac, ἐλεγεῖος
Elegy, ἔλεγος, m. ἐλεγεῖον, n.
Element, στοιχεῖον, n. στοιχείωμα, n.: to teach the elements, στοιχειόω
Elementary, στοιχειωτικὸς, στοιχειωματικὸς, στοιχειώδης: elementary instruction, στοιχείωσις, f.
Elephant, ἐλέφας, m.: of an elephant, ἐλεφάντινος: elephantdriver, ἐλεφαντιστὴς, m.
Elephantine, ἐλεφάντινος
Elevate, v. αἴρω, ὑψόω, μετεωρίζω
Elevated, ὑψηλὸς [f.
Elevation, ὕψωμα, n. ὕψος, n. ὕψωσις,
Eleven, ἕνδεκα: the number eleven, ἑνδεκὰς, f.: eleven times, ἑνδεκάκις
Eleventh, ἑνδέκατος, ἑνδεκαταῖος
Elf, δαιμόνιον, n.
Elicit, v. ἐξάγω, εὑρίσκω, ἐφέλκομαι
Eligible, αἱρετὸς
Elision, ἀποκοπὴ, f.
Ell, ὠλένη, f.
Ellipsis, ἔλλειψις, f.
Elliptic, ἐλλειπτικὸς
Elm, πτελέα, f.: of elm, πτελέϊνος
Elm-grove, πτελεὼν, m. [μηνεία, f.
Elocution, διάλεκτος, f. λέξις, f. ἑρ-
Elogy, ἔπαινος, m. αἶνος, m. εὐλογία, f. ἐγκώμιον, n.
Elongate, v. μηκύνω, ἀπομηκύνω, τείνω
Elongation, ἐπέκτασις, f. μηκυσμὸς, m.
Elope, v. ἀποφεύγω, ἀπαλλάσσομαι
Elopement, ἀποφυγὴ, f. ἔξοδος, f. ἀποχώρησις, f.
Eloquence, εὐέπεια, f. εὐγλωσσία, f. πολυφραδμοσύνη, f. ἀγορητὺς, f.
Eloquent, εὐεπὴς, εὔγλωσσος, πολυφραδὴς
Eloquently, adv. εὐφραδέως
Else, adv. ἄλλως, ἑτέρως
Elsewhere, adv. ἄλλῃ, ἄλλοθι, ἀλλαχοῦ, ἀλλαχόθι, ἑτέρωθι; (to another place, elsewhither) ἄλλοσε, ἀλλαχόσε, ἑτέρωσε [ἀποσαφέω
Elucidate, v. ἐξηγέομαι, διασαφέω,
Elucidation, σαφηνισμὸς, m. δήλωσις, f. ἐξήγησις, f.
Elude, v. διακρούομαι, ἐκκρούω, ἐκφεύγω, περιφεύγω, ὑπεκκλίνω

Elusion, ἀποφυγὴ, f. ἀπόφευξις, f.
Elysian, Ἠλύσιος
Elysium, Ἠλύσιον πεδίον
Emaciate, v. ἰσχναίνω, ἰσχνόω, λεπ-
Emaciated, λεπτὸς [τύνω
Emaciation, λεπτότης, f. ἰσχνασία, f.
Emanate, v. ἀπορρέω, ἐκρέω, ἐκπίπτω
Emanation, ἀπορροὴ, f.
Emancipate, v. ἐλευθερόω, ἀπελευθερόω, παραλύω [ἐλευθερία, f.
Emancipation, ἀπελευθέρωσις, f. ἁ
Emasculate, v. τέμνω, ἐκτέμνω
Embalm, v. ταριχεύω
Embalmed, ταριχευτὸς
Embalmer, ταριχευτὴς, m.
Embalming, ταρίχευσις, f.
Embankment, χῶμα, n. ὄχθος, m.
Embargo, κώλυμα, n.
Embark, v. ἐπιβαίνω, ἐμβαίνω, εἰσβαίνω, ἀναβαίνω
Embarkation, εἴσβασις, f. ἔμβασις, f.
Embarrass, v. ἐμποδίζω, παρεμποδίζω: to be embarrassed, ἀμηχανέω
Embarrassment, ἀμηχανία, f. ἀπορία, f. ἐμπόδισμα, n. κώλυμα, n.
Embassy, Embassage, πρεσβεία, f.: to go or send on an embassy, πρεσβεύω
Embellish, v. ἀγάλλω, δαιδαλόω, ποικίλλω, κοσμέω
Embellishment, ἄγαλμα, n. κόσμησις, f. πρόσχημα, n.
Embers, μαρίλη, f. τέφρα, f.
Embezzle, v. ὑφαιρέομαι, ἀποσυλάω, κατέχομαι
Embezzlement, ὑφαίρεσις, f.
Embitter, v. πικραίνω, τραχύνω
Emblazon, v. δαιδάλλω, ἐπικοσμέω
Emblem, σῆμα, n. σημεῖον, n. σύμβολον, n.
Emblematical, συμβολικὸς, σημειώδης
Embolden, v. θαρσύνω, ἐπιθαρσύνω
Embosomed, κολπώδης
Embossing, ἀναγλυφὴ, f.
Embowel, v. σπλαγχνεύω
Embrace, ἀσπασμὸς, m. ἄσπασμα, n. περιπτυχὴ, f. περιβολὴ, f. περιβολὴ χειρῶν
Embrace, v. ἀσπάζομαι, περιλαμβάνω, περιπλέκομαι, ὑπαγκαλίζω, περιβάλλω, ἀμφιβάλλω χεῖρας, προσάγομαι, ἀγαπάζω, περιέχομαι; (as an opinion) αἱρέομαι; (include, comprise) ἀμπέχω, προσπεριλαμβάνω
Embroider, v. ποικίλλω
Embroidered, ποικίλος, δαιδαλέος, δαίδαλος, κεστὸς, πολύκεστος
Embroiderer, ποικιλτὴς, m.

EMB

Embroidery, ποίκιλμα, n. ποικιλία, f.
Embroil, v. θορυβέω, συγχέω
Embryo, ἔμβρυον, n. κύημα, n.
Emburse, v. τὰ χρέα διαλύω, χρεωλυτέω
Emend. v. κατορθόω, ἐπανορθόω
Emendation, ἐπανόρθωμα, n.; (act of emending) ἐπανόρθωσις, f. κατόρθωσις, f.
Emerald, σμάραγδος, c. [ἀνακύπτω
Emerge, v. ἀναδύομαι, ἐξαναδύομαι,
Emergency, τὸ παρατυγχάνον or
Emersion, ἀνάδυσις, f. [παρατυχὸν
Emery, σμύρις, f.
Emetic, ἐμετικὸν or ἐμετήριον φάρμακον, συρμαία, f.: to give an emetic, ἐμετηρίζω: to take an emetic, συρμαΐζω
Emetic, ἐμετικὸς [ἀνάστης, m,
Emigrant, μέτοικος, ἄποικος, μετ-
Emigrate, v. ἀνοικίζομαι, μετοικίζομαι, μετοικέω, ἐξοικίζομαι, ἀποικέω, μετανίσταμαι, ἐκτοπίζω, ὑπεξέρχομαι
Emigration, μετοικία, f. μετοίκησις, f. ἀποίκησις, f. ἐκτοπισμὸς, m.
Eminence, (distinction) ἐπιφάνεια, f. ἐξοχὴ, f. (height, hill) πάγος, m. ὕψος, n.
Eminent, ἐπίσημος, διαπρεπὴς, ἔξοχος, ἐπιφανὴς, ὑπέροχος: to be eminent, προήκω, μεταπρέπω, διαπρέπω
Eminently, adv. διαπρεπῶς, διακριδὸν, ἐξόχως, ἔξοχα
Emissary, πομπὸς, m. προσαγγελεὺς, m.
Emission, πρόεσις, f. [ἀνίημι
Emit, v. ἵημι, ἀφίημι, ἐπαφίημι, ἐξίημι,
Emmet, κνίψ, c. μυρμήκιον, n.
Emollient, μαλακτικὸς, μαλθακτήριος
Emolument, κέρδος, n. χρηματισμὸς, m. λῆμμα, n.
Emotion, πτόησις, f. πάθος, n.
Empale, v. περιτειχίζω
Emperor, μόναρχος, m. αὐτοκράτωρ, m.
Emphasis, ἔμφασις, f.
Emphatic, Emphatical, ἐμφατικὸς
Emphatically, adv. ἐυφατικῶς, ἁπλῶς
Empire, ἀρχὴ, f. κράτος, n.
Empiric, ἐμπειρικὸς, m.
Empiric, Empirical, ἐμπειρικὸ
Empiricism, ἐμπειρία, f.
Employ, v. χράομαι, προσάγω, ἀνίημι: to be employed, διατρίβω, διατριβὴν ποιέομαι (περὶ), ἀναστρέφομαι
Employed, ἔνεργος
Employer, ἐργοδότης, m. [ἐργασία, f.
Employment, ἀσχολία, f. διατριβὴ, f.
Emporium, ἐμπόριον, n.
Empoverish, v. πτωχίζω, ἐκκενόω

ENC

Empower, v. ἐξουσίαν δίδωμι or παρέχω, ἐπιτρέπω
Empress, βασίλεια, f.
Emprise, τόλμημα, n. πεῖρα, f.
Emptiness, κενότης, f. κενεότης, f. (of mind) κενοφροσύνη, f.
Empty, κενὸς, διάκενος; (of the mind) κενεόφρων: an empty space, διάκενον, n.
Empty, v. κενόω, ἐκκενόω, λαπάζω
Emulate, v. ζηλόω, ἀμιλλάομαι
Emulation, ἅμιλλα, f. ζῆλος, m.
Emulator, ζηλωτὴς, m.
Emulge, v. ἐξαμέλγω, παράγω
Emulous, ἁμιλλητικὸς, ζηλωτὴς
Enable, v. ἐνδυναμόω, παρατίθημι
Enact, v. νομοθετέω, θεσμοποιέω, χειροτονέω
Enactment, θεσμὸς, m. νομοθέτημα, n. νόμισμα, n. ψήφισμα, n. [φιλέω, ἐράω
Enamoured: to be enamoured of,
Encamp, v. στρατοπεδεύω, σκηνέω, σκηνόω, σκηνάομαι, κατασκηνάω, αὐλίζομαι: to encamp in, ἐναυλίζομαι, ἐνστρατοπεδεύω [πέδευσις, f.
Encamping, στρατοπεδεία, f. στρατο-
Encampment, στρατόπεδον, n.
Enchain, v. δέω, δεσμεύω, πεδάω
Enchant, v. θέλγω, κηλέω, κατακηλέω, μαγεύω, ἐπᾴδω [θέλκτωρ, m. γόης, m.
Enchanter, μάγος, m. ἐπῳδὸς, c.
Enchantment, μαγεία, f. ἐπῳδὴ, f. θελκτήριον, n. [κυκλέομαι, στεφανόω
Encircle, v. κυκλόω, κυκλέω, περι-
Enclose, v. εἴργω, κατείργω, περιείργω, συγκλείω, περικαταλαμβάνω
Enclosed, περιειργασμένος
Enclosure, ἕρκος, n. περίβολος, m. ἀμφίβλημα, n.
Encomium, ἐγκώμιον, n.
Encompass, v. περικλείω, περιβάλλω, περιχέομαι, περιέρχομαι, ἐμπεριέχω, ἐμπεριλαυβάνω
Encompassing, ἐμπερίληψις, f.
Encompassing, ἀυφίδρομος [ἀγὼν, m.
Encounter, σύνοδος, f. συμβολὴ, f.
Encounter, v. συμβάλλω, συναντάω, συμμίγνυμι: to encounter dangers, ἐγχειρίζομαι κινδύνους
Encourage, v. θαρσύνω or θρασύνω, παραθαρσυνω, παρακαλέω, κελεύω, ἐπικελεύω, παρακελεύομαι, διακελεύομαι, κέλομαι, παραμυθέομαι, ὀτρύνω
Encouragement, παρακέλευσις, f. παρακέλευσμα, n. -μὸς, m. παραμυθία, f. παράκλησις, f.
Encourager, παράκλητωρ, m. [σὴς
Encouraging, παρακελευστικὸς, εὐθαρ-

Encroach, v. παραδύομαι
Encroachment, παράδυσις, f.
Encumber, v. βαρύνω, ἐπιβαρέω, ἐμποδίζω, γεμίζω
Encumbrance, ἄχθος, n. βάρος, n. ἐμπόδισμα, n.
End, τέλος, n. τελευτή, f. τέρμα, n. πέρας, n. διάλυσις, f. κατάλυσις, f. : at the end, τέρμιος, τερμόνιος, τελευταῖος
End, v. τελέω, τελευτάω, ἐκτελευτάω, λύω, καταλύω, ἐκλύω, παύω, ἐκπαύω, περαίνω ; intrans. ἀποτελευτάω, περιέρχομαι, ἀποβαίνω
Endanger, v. κινδυνεύω
Endear, v. φιλοποιέω, χαρίζομαι
Endearment, φιλοποίησις, f. φιλοποιΐα, f. (fondness, good-will) προσφίλεια, f. εὐμένεια, f. φιλοφροσύνη, f.
Endeavour, πεῖρα, f. ἐπιχείρημα, n. ἐγχείρημα, n.   [χειρέω
Endeavour, v. πειράω, ἐπιχειρέω, ἐγ-
Endict, see Indict
Endictment, see Indictment
Ending, τέλος, n. τελευτή, f.
Ending, (going to the end) τερμιόεις ; (bringing to an end) τελευταῖος, τελεσφόρος
Endive, κόνυζα, f. πικρὶς, f.
Endless, ἄπειρος, ἀπέραντος, ἀπειρέσιος, ἀτέρμων, μύριος
Endorse, v. ἐπιγράφω, ὑπογράφω
Endorsement, ἐπίγραμμα, n.
Endow, v. πλουτίζω, προικίζω
Endue, v. πορίζω
Endurance, καρτερία, f. τλημοσύνη, f. πάθησις, f. ἀνάσχεσις, f. ἀνοχή, f.
Endure, v. τλάω, καρτερέω, ὑπομένω, ἀνέχομαι, τολμάω, φέρω, ὑποφέρω, διαφέρω, διακαρτερέω, ἀθλέω
Enduring, τλήμων, τλητὸς, ταλαίπωρος, ταλαεργός, σχέτλιος
Enemy, ἐχθρὸς, m. πολέμιος, m. ἀντιπολέμιος, m. ἐναντίος, m. ὑπεναντίος, m. ἀντιστάτης, m. ἀντίπαλος, m.
Energetic, ἐνεργὸς, ἐνεργητικὸς, δραστήριος, δραστικὸς, ἐθελουργὸς, ὀτρηρὸς, ἄοκνος   [ὀτραλέως
Energetically, adv. ἐνεργῶς, ἀόκνως,
Energy, ἐνέργεια, f. ἀλκὴ, f. ὁρμὴ, f.
Enervate, v. κατακλάω, κατάγνυμι, διαθρύπτω : to be enervated, μαλακίζομαι, μαλθακίζομαι
Enervating, διάθρυψις, f.   [ἀσθενέω
Enfeeble, v. ἀσθενόω : to be enfeebled,
Enforce, v. ἀναγκάζω, βιάζομαι
Enforcement, ἀνάγκη, f. βία, f.
Enfranchise, v. εἰσοικίζω, ἀφίημι, ἀπελευθερόω

Enfranchisement, ἄφεσις, f. ἀπελευθέρωσις, f.
Engage, v. (promise) ὑπισχνέομαι, ἐγγυάω, κατεγγυάω ; (in battle) συμμίγνυμι χεῖρας or Ἄρη, συμβάλλω ; (enter into an affair, business, &c.) ἅπτομαι, ἀνθάπτομαι, ὁμιλέω ; (occupy, employ) ἐπέχω : to be engaged in, γίγνομαι περὶ, εἰμὶ ἐν
Engagement, (promise) ἐγγύη, f. (in battle) συμβολὴ, f. σύνοδος, f. (occupation) ἀσχολία, f.   [φυτεύω
Engender, v. τίκτω, ἐντίκτω, γεννάω,
Engine, μηχανὴ, f.
Engine-maker, μηχανοποιὸς, m.
Engrave, v. γλύφω, ἐγγλύφω, ἐντέμνω
Engraver, γλύπτης, m. γλυφεὺς, m.
Engraving, γλυφὴ, f. ἀναγλυφὴ, f.
Engraving tool, γλύφανον, n. γλυπτὴρ, m.
Engross, v. (occupy wholly) ἀγρέω : to be engrossed by, ἐνέχομαι
Enhance, v. αὐξάνω, μεγαλύνω
Enhancement, αὔξησις, f.
Enigma, αἴνιγμα, n.
Enigmatical, αἰνιγματώδης, αἰνικτὸς
Enigmatically, adv. αἰνιγματώδως, αἰνικτηρίως
Enjoin, v. ἐντέλλομαι, τάσσω, ἐπιτάσσω, ἐφίεμαι, ἐπισκήπτω, μυθέομαι, ἀγορεύω
Enjoinment, ἐπίταγμα, n. ἐντολὴ, f.
Enjoy, v. ἀπολαύω, καρπόομαι, ὀνίναμαι, ἀγάλλομαι, τέρπομαι [ἐπαύρεσις, f.
Enjoyment, ἀπόλαυσις, f. ὄνησις, f.
Enkindle, v. ἀνάπτω, ἅπτω, ἀνακαίω
Enlarge, v. αὐξάνω, πλατύνω
Enlargement, αὔξησις, f.
Enlighten, v. φωτίζω, διαφωτίζω, καταλάμπω, ἐπιλάμπω   [ἀγείρω
Enlist, v. καταλέγω, συλλέγω, ἀθροίζω,
Enliven, v. φαιδρύνω, φαιδρόω, ἱλαρόω
Enlivening, ἱλαρὸς, φαιδρὸς
Enmity, ἔχθος, n. ἔχθρα, f. ἀπέχθεια, f. δυσμένεια, f.
Ennoble, v. αὐξάνω, ὀρθόω, λαμπρύνω
Enormity, ὑπερβολὴ, f. φαυλότης, f. κακούργημα, n.
Enormous, ὑπερμεγέθης, ὑπέρμεγας (f. -μεγάλη, n. -μεγα), ὑπέρμετρος, ὑπέρογκος, ἄμετρος   [τρως
Enormously, adv. ὑπερμέτρως, ἀμέ-
Enough, ἱκανὸς, διαρκὴς, ἐξαρκὴς : to be enough, ἀρκέω, ἐξαρκέω ; impers. it is enough, ἀπόχρη, ἀρκούντως ἔχει
Enough, adv. ἅλις, ἀρκούντως, ἐξαρκούντως, ἄδην, ἱκανῶς : more than enough, μᾶλλον τοῦ δέοντος

Enquire, see Inquire
Enrage, v. ἐρεθίζω, ὀργίζω, ἐξοργίζω, παροξύνω, χολόω
Enrapture, v. ὑπεραρέσκω, ἐνθουσιάζω, τέρπω : to be enraptured, ἐκστατικῶς ἔχειν, τέρπομαι, χαίρω, ὑπερχαίρω
Enraptured, περιχαρής, ὑπερχαρής, ἐκστατικὸς, ἐνθουσιαστικὸς
Enrich, v. πλουτίζω, καταπλουτίζω
Enriching, πλουτηρὸς, πλουτοδότης, ὀλβοφόρος
Enrobe, v. ἐνδύω or ἐνδύνω, ἀμφιέννυμι
Enrol, v. καταγράφω, γράφω, ἐγγράφω : to enrol as a citizen, πολιτογραφέω
Enrolment, καταγραφή, f. : enrolling as a citizen, πολιτογραφία, f.
Ensample, παράδειγμα, n.
Enshrine, v. ἱερόω
Ensign, (standard or flag) σημεῖον, n. ἐπίσημον, n. (standard-bearer) σημειοφόρος, m.
Enslave, v. δουλόω, καταδουλόω, ἀνδραποδίζω, ἐξανδραποδίζω
Enslaved, δουλόσυνος
Enslaving, ἀνδραποδισμὸς, m. δούλωσις, f. καταδούλωσις, f.
Ensnare, v. δολόω, περιβάλλω, σαγηνεύω, ἐμπλέκω
Ensue, v. ἀκολουθέω, ἕπομαι
Ensurance, βεβαίωσις, f. ἀσφάλισις, f.
Ensure, v. βεβαιόω, ἀσφαλίζω
Ensured, ἀσφαλής
Entangle, v. περιπλέκω, συμποδίζω, ἐμπλέκω, ἐμπαλάσσω : to be entangled, ἐμπλέκομαι [σις, f.
Entanglement, περιπλοκή, f. ἐμπόδισις
Enter, v. εἰσέρχομαι, ὑπέρχομαι, ἐμβαίνω, εἴσειμι, εἰσδύω, ἐνδύω, παρέρχομαι, εἰσβάλλω, εἰσελαίνω, ἐνέχομαι : to enter secretly, ὑπεισέρχομαι, ὑπεισδύω, παρεμπίπτω
Enterprise, τόλμημα, n. πεῖρα, f. ἐπιχείρημα, n. (spirit of enterprise) τόλμα, Ion. -η, f. εὐτολμία, f.
Enterprising, τολμηρὸς, εὔτολμος, τολμήεις, ἐγχειρητικὸς
Entertain, v. δέχομαι, ὑποδέχομαι, εἰσδέχομαι, ξενόομαι, ξενοδοχέω, εὐωχέω ; (amuse) τέρπω : to be entertained, δαίνυμαι, ἐπιξενόομαι
Entertainer, ξενοδόχος, m.
Entertainment, ὑποδοχή, f. ξενισμὸς, m. ξένισις, f. ξενοδοχία, f. (feast) δεῖπνον, n. συμπόσιον, n. (amusement) τέρψις, f.
Enthral, v. καταδουλόω
Enthrone, v. θρονίζω, ἐνθρονίζω

Enthusiasm, ἐνθουσιασμὸς, m. ἐνθουσίασις, f. ζῆλος, m. προθυμία, f.
Enthusiast, ἐνθουσιαστὴς, m.
Enthusiastic, ἐνθουσιαστικὸς, πρόθυμος : to be enthusiastic, ἐνθουσιάω, προθυμέομαι [μαι, ψυχαγωγέω
Entice, v. ἐφέλκομαι, δελεάζω, ἐπάγομαι
Enticement, δέλεαρ, n. ἐπαγωγή, f.
Enticing, ἐπαγωγὸς, ἐφολκὸς
Entire, ὅλος, πᾶς, ἅπας, σύμπας, ἀτριβὴς, διηνεκὴς, ἔκπλεος
Entirely, adv. ὅλως, πάγχυ, λίαν, ἀντικρὺς, πάντα, διὰ τέλους, παντελῶς, πάμπαν
Entitle, v. καλέω, ὀνομάζω [φιάζω
Entomb, v. θάπτω, καταθάπτω, ἐνταφιάζω
Entrails, σπλάγχνα, n. pl. ἔντερα, n. pl.
Entrance, εἴσοδος, f. εἰσβολὴ, f. ἐμβολὴ, f. στόμα, n. (as an army) εἰσδρομὴ, f. (space before the gates) πρόπυλον, n. προπύλαιον, n. (narrow entrance) στενωπὸς, f. ῥὼξ, f. (act of entering) ἔνδυσις, f. εἴσδυσις, f. (of an harbour) εἴσπλοος, m. : having a narrow entrance, στενόπορος : having a double entrance, δίστομος, ἀμφίθυρος [ὑπέρχομαι
Entrap, v. σαγηνεύω, περιβάλλω,
Entreat, v. δέομαι, ἱκετεύω, εὔχομαι, προσεύχομαι, κατεύχομαι, λιτανεύω, ἀντιβολέω, καθικετεύω ; (earnestly) λιπαρέω : to obtain by entreaty, παραιτέομαι
Entreaty, ἱκετεία, f. ἱκεσία, f. δέησις, f. παραίτησις, f. ἀντιβολία, f.
Entrench, v. περιταφρεύω, περιτειχίζω
Entrenchment, πρόφραγμα, n. περιτειχισμὸς, m.
Entrust, v. ἐπιτρέπω, παραδίδωμι, ἐγχειρίζω, πιστεύω
Entry, εἴσοδος, f. πρόσοδος, f.
Entwine, v. περιπλέκω, παραπλέκω
Envelop, v. καλύπτω, κατακαλύπτω, ἐπικαλύπτω. ἐνείλλω [ἐνείλημα, n.
Envelope, κάλυμμα, n. εἴλημα, n.
Enviable, ζηλωτὸς, ἐπίφθονος
Enviably, adv. ἐπιφθόνως [νος
Envious, φθονερὸς, ἐπίφθονος, βάσκανος
Enviously, adv. φθονερῶς, ἐπιφθόνως
Enviousness, φθονερία, f.
Environ, v. περιΐσταμαι, περικλείω, ἐγκυκλόω
Environs, προάστειον, n. περιοικὶς, f.
Enumerate, v. ἀριθμέω, ἀπαριθμέω, ἐξαριθμέω, καταλέγω, διέρχομαι
Enumeration, ἀπαρίθμησις, f. ἐξαρίθμησις, f.
Enunciate, v. ἀναγορεύω, ἀποφαίνω

Enunciation, εἰσαγγελία, f. ἔνδειξις, f.
Envoy, πρέσβυς, m.
Envy, φθόνος, m. ζῆλος, m. βασκανία, f. : free from envy, ἄφθονος
Envy, v. φθονέω, βασκαίνω, μεγαίρω,
Ephemera, ἐφήμερον, n. [ζηλόω
Ephemeral, ἐφημέριος, ἐφήμερος, ἐφημερινὸς
Ephemeris, ἐφημερὶς, f. [μερινὸς
Epic, ἐποποιϊκὸς : epic poetry, τὰ ἔπη, ἐποποιΐα, f. : epic poet, ἐποποιὸς, m. ῥαψῳδὸς, m.
Epicure, λίχνος, ἀδηφάγος, τένθης, m. προτένθης, m. : to be an epicure, τενθεύω, προτενθεύω
Epicurean, λίχνος, ἀδηφάγος, ἀκόλαστος
Epidemic, ἐπιδήμιος, ἐπίδημος : an epidemic, ἐπιδημία, f. : to be epidemic, ἐπιδημέω
Epidermis, ἐπιδερμὶς, f.
Epigram, ἐπίγραμμα, n.
Epilepsy, ἐπιληψία, f. ἐπίληψις, f.
Epileptic, ἐπιληπτικὸς
Epilogue, ἐπίλογος, m.
Epiphany, ἐπιφάνια, n. pl.
Episcopacy, ἐπισκοπή, f.
Episcopal, ἐπισκοπικὸς
Episode, ἐπεισόδιον, n.
Episodic, ἐπεισόδιος, ἐπεισοδιώδης
Epistle, ἐπιστολὴ, f.
Epistolary, ἐπιστολικὸς
Epitaph, ἐπίγραμμα, n. ἐπιτάφιον, n.
Epithalamium, ἐπιθαλάμιον, n.
Epithet, ἐπίθετον, n.
Epitome, ἐπιτομὴ, f.
Epitomise, v. ἐπιτέμνω
Epoch, χρόνος, m. ἐποχὴ, f.
Epode, ἐπῳδὸς, f.
Equability, ὁμαλότης, f. ἰσότης, f.
Equable, ὁμαλὸς, ἴσος
Equably, adv. ὁμαλῶς, ἴσως
Equal, ἴσος, ὁμαλὸς, ὅμοιος, ἰσόρροπος, ἀντίπαλος, ἐφάμιλλος; (in age) ἧλιξ, ὁμῆλιξ, συνομῆλιξ, ἰσῆλιξ; (in number) ἰσοπληθής, ἰσάριθμος; (in value) ἀντάξιος; (in power or influence) ἰσόψηφος, ἰσοκρατὴς, ἀντίρροπος; (in size or extent) ἰσομεγέθης, ἰσομέτρητος; (in length) ἰσομήκης; (in fighting) ἀξιόμαχος, ἰσοπαλής: an equal in age, ἡλικιώτης, m.
Equal to, prep. ἀντὶ
Equalisation, ἀνίσωσις, f. παρίσωσις, f.
Equalise, v. ἰσόω, ἐξισόω, ἰσάζω, ὁμαλίζω, ὁμοιόω, ἀνισόω
Equality, ἰσότης, f. ὁμοιότης, f. ὁμαλότης, f.

Equally, adv. ἐξίσης, ὁμοίως, ἴσως, ὁμαλῶς, ἐξ ἴσου
Equanimity, ἐπιείκεια, f. εὐγνωμοσύνη, f. : with equanimity, ῥᾳδίως, εὐγνωμόνως
Equator, ὁ ἰσημερινὸς κύκλος
Equestrian, ἱππικὸς, ἵππειος : equestrian, s. ἱππεὺς, m.
Equilateral, ἰσόπλευρος
Equilibrate, v. ἰσορροπέω
Equilibrium, ἰσορροπία, f. ὁμαλότης, f.
Equinoctial, ἰσημερινὸς, ἰσήμερος
Equinox, ἰσημερία, f.
Equip, v. σκευάζω, ἐπισκευάζω, στέλλω, ἐξαρτύω, ἐντύνω : to be equipped, διασκευάζομαι, στολίζομαι, ἐξαρτάομαι
Equipage, πομπὴ, f.
Equipment, σκευὴ, f. σκεῦος, n. στολὴ, f. κόσμος, m. ἔντεα, n. pl.
Equipoise, ἰσορροπία, f.: to be in equipoise, ἰσορροπέω
Equitable, ἐπιεικὴς, ἴσος, δίκαιος
Equitably, adv. ἐπιεικῶς, δικαίως
Equity, ἐπιείκεια, f. δικαιοσύνη, f.
Equivalent, ἀντάξιος, ἴσος
Equivocal, ὁμώνυμος, ἀμφίλογος
Equivocally, adv. ὁμωνύμως, ἀμφι-
Equivocate, v. ἀμφιλογέω [λόγως
Equivocation, ἀμφιλογία, f. ὁμωνυμία, f.
Era, χρόνος, m. ἐποχὴ, f.
Eradicate, v. ἐκριζόω, ἀφαιρέω
Eradication, ἐκρίζωσις, f. [λάπτω
Erase, v. ἐξαλείφω, ἀφανίζω, ἐκκο-
Ere, adv. πρὶν, πρότερον
Erect, ὀρθὸς, ὄρθιος, ὀρθοστάτης; adv. (standing erect) ὀρθοστάδην, -δὸν
Erect, v. ὀρθόω, κατορθόω, ἵστημι, ἀνίστημι, ἱδρύω
Erectness, ὀρθότης, f.
Eremite, ἐρημίτης, m.
Erewhile, adv. ἔμπροσθεν, πρότερον
Err, v. ἁμαρτάνω. ἐξαμαρτάνω, σφάλλομαι, διαμαρτάνω, πλανάομαι, πλημμελέω
Errand, ἐπίσταλμα, n.
Errant, πλάνος, πλανητὸς [ἁμαρτίνοος
Erring, πλάνος, πλανητὸς; (in mind)
Erroneous, πλημμελὴς, ἀγνοητικὸς, ψευδὴς
Erroneously, adv. πλημμελῶς, ψευδῶς
Error, πλάνη, f. σφάλμα, n. ἁμάρτημα, n. ἁμαρτία, f. ἁμαρτωλὴ, f. ἀμπλάκημα, n.
Erst, ποτὲ
Erudition, παιδεία, f. παίδευσις, f.
Eruption, ἐξάνθημα, n. ἀναφύσημα, n.
Erysipelas, ἐρυσίπελας, n.

Escape, φυγή, f. ἀποφυγή, f. καταφυγή, f. ἀπόφευξις, f. ἀπαλλαγή, f. ἀποστροφή, f. παράβασις, f.
Escape, v. φεύγω, ἀποφεύγω, διαφεύγω, ὑπεκφεύγω, ἀποδιδράσκω, ἐκδιδράσκω, διαδύομαι, ἀλύσκω, ἀποφυγγάνω, ἀπαλλάσσομαι, διαπίπτω, διακρούομαι; (as a danger) περιγίγνομαι, περισώζομαι: to escape notice, λανθάνω, διαλανθάνω, παρέρχομαι: to allow to escape, ἀφίημι: not to be escaped, ἄφυκτος
Eschew, v. φεύγω, ἀλύσκω
Escort, (guidance) πομπή, f. προπομπή, f. παραπομπή, f. (guide, conductor) πομπός, m. προπομπὸς, m.
Escort, v. πέμπω, προπέμπω, παραπέμπω, συμπροπέμπω, κομίζω, παρακομίζω [παῖος
Escorting, πόμπιμος, προπομπὸς, πομ-
Esculent, ἐδώδιμος, βρώσιμος
Especial, ἐξαίρετος
Especially, adv. μάλιστα
Espousals, νύμφευμα, n. νύμφευσις, f. μνήστευμα, n. ἐγγυή, f.
Espouse, v. μνηστεύω, νυμφεύω, ἐγγυάω; (marry) γαμέω, νυμφεύω
Espy, v. ὁράω, κατασκοπέω
Esquire, ὑπηρέτης, m. ὀπάων, m.
Essay, πεῖρα, f. ἐγχείρημα, n.
Essay, v. πειράω
Essence, οὐσία, f.
Essential, ἀναγκαῖος, οὐσιώδης: it is essential, χρὴ, προσήκει
Essentially, adv. ἀναγκαίως, ἐξ ἀνάγκης
Establish, v. βεβαιόω, ἵστημι, καθίστημι, τίθημι, κατασκευάζω, ἱδρύω; (as laws) κυρόω: to be established, κεῖμαι: to establish in, ἐγκαθίστημι: to establish together with, συγκαθίστημι, συγκατασκευάζω
Established, κύριος
Establishment, (establishing) κατάστασις, f. βεβαίωσις, f. ἵδρυσις, f. (as laws) θέσις, f. (a house, &c.) οἰκία, n.
Estate, οὐσία, f. κλῆρος, m. χωρίον, n.
Esteem, τιμὴ, f. ἀξίωμα, n. ἀξίωσις, f.
Esteem, v. τιμάω, ἀξιόω, ἐν τιμῇ ἄγω: to esteem lightly, ὀλιγωρέω, ὀλιγώρως ἔχω: to esteem highly, τιμάω πλείστου, περὶ πλείστου ποιέομαι: to esteem more, προτιμάω, προκρίνω, τιμάομαι πλείονος
Estimable, τίμιος, πολυτίμητος, ἔνδοξες
Estimate, τίμημα, n. [τιμος, ἔνδοξες
Estimate, v. τιμάω, κρίνω, σταθμάομαι, μετρέω, ἀποτιμάω

Estimation, τίμησις, f. τιμὴ, f. ἀξίωσις, f. ἀξίωμα, n.: to be held in estimation, τιμάομαι, δοξάζομαι: to hold in no estimation, ἀποτιμάω: to be held in no estimation, παρ' οὐδὲν λογίζομαι
Estrange, v. ἀλλοτριόω, ἀπαλλοτριόω
Estrangement, ἀλλοτρίωσις, f. ἀλλοτριότης, f. ἀπαλλοτρίωσις, f.
Estuary, κόλπος, m.
Eternal, ἀθάνατος, ἀΐδιος, ἀέναος, αἰώνιος, διαιώνιος, αἰανὴς
Eternally, adv. ἀεὶ or αἰεὶ, εἰς ἀεὶ, εἰς αἰῶνα, αἰανῶς
Eternity, αἰὼν, m. ἀϊδιότης, f.
Ether, αἰθὴρ, c.
Ethereal, αἰθέριος
Ethical, ἠθικὸς
Etymologically, adv. ἐτύμως
Etymology, ἐτυμολογία, f.
Etymon, ἔτυμον, n.
Evacuate, v. κενόω, ἐκκενόω, ἐκλείπω
Evacuation, κένωμα, n. κένωσις, f. ἔκλειψις, f.
Evade, v. διακρούω, διαδύω [ἐφήμερος
Evanescent, ὀλιγοχρόνιος, ἐξίτηλος,
Evangelical, εὐαγγελικὸς
Evangelist, εὐαγγελιστὴς, m.
Evaporate, v. διαπνέομαι, ἐξατμίζω, θυμιάομαι, ἀναθυμιάομαι, ἐξαερόομαι: to make to evaporate, ἐξαερόω, ἐξατμίζω: quickly evaporating, θυμιατικὸς, εὐξήραντος
Evaporation, θυμίασις, f. ἀναθυμίασις, f. διαφύσησις, f. [πρόφασις, f.
Evasion, διάδυσις, f. διάκρουσις, f.
Evasive, ἀμφίλογος, ἀμφίλοξος, διακρουστικὸς, αἰολομήτης, σφαλερὸς
Eucharist, εὐχαριστία, f.
Eucrasy, εὐκρασία, f. .
Eve, Even, see Evening
Even, ἴσος, λεῖος, ὁμαλὸς; (of numbers) ἄρτιος: even times even, ἀρτιάκις, adv.: to play at odd and even, ἀρτιάζω
Even, adv. καὶ, γε: even if, κἂν (for καὶ ἐὰν): even as, καθάπερ; not even, οὐδὲ οὐ . . γε
Evenhanded, ἴσος, ἐπιεικὴς
Evening, ἑσπέρα, f. ὀψία, f. δείλη, f. δείλη ὀψία, f. ἕσπερος, m.: of evening, ἕσπερος, ἑσπέριος, ἑσπερινὸς: in the evening, πρὸς ἑσπέραν: at even, late, ὀψὲ
Evenly, adv. ὁμαλῶς, ἴσως, ἐπιεικῶς
Evenness, ὁμαλότης, f.
Event, συμφορά, f. σύμπτωμα, n. συντυχία, f. πρᾶγμα, n. τὸ τύγχανον,

σύμβασις, f. (result) διέξοδος, f. τὸ ἐκβὰν; at all events, adv. μέντοι, πάντως
Eventful, κύριος
Eventide, ἑσπέρα, f. ὀψία, f. δείλη, f.
Eventual, τέλειος, τελευταῖος
Eventually, adv. τελείως, τελευταῖον, χρόνῳ, ἐν χρόνῳ
Ever, adv. (at any time) ποτὲ, πώποτε, πω; (always, for ever, eternally) ἀεὶ, εἰσαεὶ, εἰς αἰῶνα, τὸν αἰῶνα, διὰ τέλους: if ever, εἴ που, εἴποτε
Evergreen, ἀείφυλλος, ἀειθαλὴς, ἀείχλωρος
Everlasting, ἀΐδιος, ἀθάνατος, ἀέναος, αἰώνιος, ἄπαυστος, ἄσβεστος
Everlastingly, adv. ἐς ἀΐδιον, εἰς αἰῶνα, ἀθανάτως
Everliving, ἀείζωος, ἀθάνατος
Evermore, adv. εἰς αἰῶνα, διὰ τέλους
Eversion, καταστροφὴ, f. ἀνάστασις, f. ἀνατροπὴ, f. καθαίρεσις, f. ἀπώλεια, f. ὄλεθρος, m. [ἀνατρέπω, καταλύω
Evert, v. καταστρέφω, καταβάλλω,
Every, πᾶς, ἅπας, σύμπας, ἕκαστος: every day, ἀνὰ πᾶσαν ἡμέραν: every third day, διὰ τρίτης ἡμέρας: every third month, παρὰ μῆνα τρίτον: on or from every side, ἑκασταχόθεν, πανταχόθεν: to every side, ἑκασταχόσε: in every way, πανταχῶς, πανταχοῦ, παντοδαπῶς, ἁπάντῃ: by every means, πανταχῇ
Everywhere, adv. (in every place) πανταχοῦ, πανταχῇ, ἁπανταχοῦ, πάντῃ, ἑκασταχοῦ; (to every place) πανταχόσε, πανταχοῖ, πάντοσε
Evict, v. παραιρέω, ἀφαιρέω, ἀμέρδω
Evidence, μαρτύριον, n. μαρτυρία, f. τεκμήριον, n. περιφάνεια, f.: to give evidence, μαρτυρέω
Evidence, v. δείκνυμι, διασαφέω
Evident, δῆλος, ἐπίδηλος, πρόδηλος, κατάδηλος, ἔνδηλος, φανερὸς, ἐμφανὴς, καταφανὴς, περιφανὴς, ἐναργὴς, λαμπρὸς, ἀοίσημος: to be evident, φαίνομαι, διαφαίνομαι, δηλόω: to make evident, φαίνω, δηλόω
Evidently, adv. φανερῶς, ἐμφανῶς, διαφανῶς, περιφανῶς, ἐνδήλως, δηλονοτὶ, ἐναργῶς
Evil, κακὸν, n. νόσος, f. πῆμα, n. πτῶμα, n. πονηρία, f.
Evil, κακὸς, πονηρὸς, φλαῦρος, φαῦλος: very evil, πάγκακος, παμπόνηρος
Evil intention, κακοβουλία, f.
Evilly, adv. κακῶς [f.
Evil-speaking, κακηγορία, f. δυσφημία,

Evince, v. ἐκφαίνω, ἀναφαίνω, ἐνδείκνυμαι [πανηγυρίζω
Eulogise, v. εὐλογέω, αἰνέω, ἐπαινέω,
Eulogy, εὐλογία, f. ἔπαινος, m.
Eunuch, εὔνουχος, m. ἐκτομίας, m.
Evoke, v. ἐκκαλέω, παρακαλέω, ἀνακαλέω
Evolve, v. ἐξελίσσω [λέω, ἐπιβοάω
Evolution, ἐξελιγμὸς, m.
Euphony, εὐφωνία, f. εὐστομία, f.
Europe, Εὐρώπη, f. Εὐρωπία, f.
Ewe, οἶς, f.: ewe-lamb, ἀμνὴ, f.
Ewer, πρόχοος, f. προχόη, f. ἀρύταινα, f. ἀρυστήρ, m.
Exact, ἀκριβὴς, ἀτρεκὴς, σκεθρὸς, γραφικὸς: to make exact, ἀκριβόω
Exact, v. πράσσω, εἰσπράσσω, ἐκπράσσω, ἀπαιτέω, λαμβάνω
Exaction, εἴσπραξις, f.
Exactly, adv. ἀτρεκέως, ἀκριβῶς
Exactness, ἀκρίβεια, f. ἀκρίβωσις, f.
Exactor, πράκτωρ, m. εἰσπράκτωρ, m.
Exaggerate, v. μεγαλύνω, δεινόω, αὐξάνω, ἐξαίρω, πυργόω
Exaggeration, ὑπερβολὴ, f. δείνωσις, f. δεινολογία, f. [ὑψόω, ὀρθόω
Exalt, v. αὐξάνω, αἴρω, μεγαλύνω,
Exaltation, αὔξησις, f. ὕψωσις, f.
Examination, ἔλεγχος, m. ἀνάκρισις, f. ἐξέτασις, f. ἐξετασμὸς, m. ἀναζήτησις, f. βάσανος, f. κατασκοπὴ, f.
Examine, v. ἐξετάζω, ἀνακρίνω, βασανίζω, ἀναζητέω, διαζητέω, δοκιμάζω, ἐρευνάω, διερευνάω, ἐξερευνάω, σκοπέω, διασκοπέω, ἀναπυνθάνομαι: to examine together with, συνεπισκοπέω, συνδοκιμάζω, συνθεάομαι: to examine accurately or minutely, ἀκριβόω, διακριβόω
Examiner, ἐξεταστὴς, m. κατάσκοπος, m. δοκιμαστὴς, m. βασανιστὴς, m.
Example, παράδειγμα, n. ὑπόδειγμα, n.: by way of example, ὑποδειγματικὸς: to show or teach by example, ὑποδείκνυμι
Exasperate, v. παροξύνω, ἀγριόω, ἐξαγριόω, ἐρεθίζω, ὀργίζω, θυμόω
Exasperation, παροξυσμὸς, m. ὀργὴ, f.
Excavate, v. ὀρύσσω, ἐκκοιλαίνω
Excavation, ὄρυγμα, n.
Exceed, v. ὑπερβάλλω, ὑπερέχω, ὑπεραίρω, περίειμι, περιέρχομαι, περιγίγνομαι, πλεονεκτέω, παρέρχομαι
Exceedingly, adv. ὑπερβαλλόντως, καθ' ὑπερβολὴν, ἐξαιρέτως, σφόδρα, λίαν, περισσῶς
Excel, v. ὑπερέχω, προέχω, διαφέρω, προφέρω, ὑπερφέρω, ὑπερβάλλω, περίειμι, περιγίγνομαι, νικάω, ἀριστεύω

Excellence, ἀρετή, f. ὑπεροχή, f. ἀριστεία, f. ἐξοχή, f.
Excellent, καλὸς (compar. καλλίων, superl. κάλλιστος), ἔξοχος, διάφορος, δόκιμος, διακριτὸς, ἄριστος, ἐκπρεπὴς, κλυτὸς, περισσὸς
Excellently, adv. διαφερόντως, ἄριστα, ἐκπρεπῶς, περισσῶς, ἐξόχως, ὑπέρευ
Except, prep. πλὴν, χωρὶς ἢ, ὅτι μὴ, ἀλλ' ἢ, ἐκτὸς
Except, v. ἐξαιρέω, ἀφαιρέω, ἀφορίζω
Exception, ἐξαίρεσις, f. (as a law term, παραγραφὴ, f.
Exceptionable, ἐλεγκτὸς [σότης, f.
Excess, ὑπερβολὴ, f. ἀμετρία, f. περισ-
Excessive, ἄμετρος, ὑπέρμετρος, σφοδρὸς, περισσὸς, πλεῖστος (superl.), μέγιστος (superl.), ὑπέρογκος, ὑπερμεγέθης, ἰσχυρὸς
Excessively, adv. σφόδρα, λίαν, ἄγαν, διαφερόντως, ἰσχυρῶς, περισσοτέρως
Exchange, ἀλλαγή, f. διαλλαγή, f. μεταλλαγή, f. ἐνάλλαξις, f. ἀμοιβή, f.: a giving in exchange, ἀνταπόδοσις, f.
Exchange, v. ἀλλάσσω, διαλλάσσω, ἀνταλλάσσω, ἀμείβω, μεταμείβω, μεταβάλλομαι, ἀνταποδίδωμι
Excision, ἐκτομή, f.
Excitation, ἐξόρμησις, f. ἀνέγερσις, f.
Excite, v. ἐγείρω, ἀνεγείρω, ὁρμάω, ἐξορμάω, παρορμάω, παροξύνω, κινέω, ἀνίημι, ὄρνυμι, ὀροθύνω, ἐποτρύνω, ἐξάγω, ἐκκαλέω: easily excited, εὐπαρόρμητος, εὐκίνητος : to be excited, κινητέος
Excitement, παρόρμησις, f. ἔγερσις, f. κίνησις, f. ὅρμημα, n. ὀρμὴ, f.
Exciting, κινητικὸς, κινητήριος, παροξυντικὸς, ἐγερτικὸς [ἀναφωνέω
Exclaim, v. βοάω, ἀναβοάω, ἀνακράζω,
Exclamation, βόαμα, n. ἀναβόησις, f. ἀναβόαμα, n. ἀνακραύγασμα, n.
Exclude, v. εἴργω, ἐξείργω, ἐκκλείω, ἀποκλείω, παρακλείω
Exclusion, ἀπόκλεισις, f.
Exclusively, adv. μόνον, οἷον
Excogitate, v. ἐπινοέω, τεχνάω
Excogitation, ἐπινόησις, f. ἐξεύρεσις, f. ἐπιτέχνησις, f. [ὁρίζω, εἴργω
Excommunicate, v. ἐκκηρύσσω, ἀφ-
Excommunicated, ἐκκήρυκτος
Excommunication, ἐκκηρυγμὸς, m.
Excoriate, v. ἀποδέρω, ἐκδέρω, ἀποδερ-
Excoriation, ἐκδορά, f. [ματόω
Excrement, περίσσωμα, n. διαχώρημα, n. σκῶρ, n.

Excrescence, ἔκφυσις, f. ἐκφυὰς, f.
Excruciate, v. στρεβλόω, βασανίζω
Excruciating, περιώδυνος, πολυώδυνος
Exculpate, v. ἀπολύω, διαλύω, ἀφίημι
Exculpation, ἄφεσις, f. ἀπολογία, f. ἀπόλυσις, f. διάλυσις, f.
Excursion, ἔξοδος, f. ἐκδρομή, f.
Excursive, πλανώμενος, πλάνος, πλα-
Excusable, συγγνωστὸς [νητὸς
Excuse, ἀπολογία, f. ἀπολόγημα, n. σκῆψις, f. πρόφασις, f.
Excuse, v. ἀπολογέομαι, προφασίζομαι, προΐσχω, προβάλλομαι ; (pardon) συγγιγνώσκω [τος
Execrable, κατάρατος, μιαρὸς, ἀπόπτυσ-
Execrably, adv. μιαρῶς
Execrate, v. ἀράομαι, καταράομαι
Execration, κατάρα, f. ἀρὰ, f.
Execute, v. τελέω, ἐπιτελέω, πράσσω, διαπράσσω, ἐργάζομαι, κατεργάζομαι, ποιέω ; (put to death) ἀποσφάζω, ἀποκτείνω
Execution, πρᾶξις, f. διάπραξις, f. τελείωσις, f. (death) θάνατος, m.
Executioner, δημόκοινος, m. δήμιος, m.
Exemplar, ἀντίγραφον, n. πρωτότυπον, n. ἀντίτυπον, n. παράδειγμα, n.
Exemplary, παραδειγματικὸς, τέλειος, ἀπόβλεπτος [μι
Exemplify, v. ὑποδείκνυμι, παραδείκνυ-
Exempt, v. ἐκλύω, ἀφίημι
Exempt, ἀτελὴς, ἀθῷος, ἀσύμβολος, ἀνείσφορος [ἀθῴωσις, f.
Exemption, ἀτέλεια, f. ἀνεισφορία, f.
Exercise, ἄσκησις, f. γυμνασία, f. διατριβή, f. [ράομαι
Exercise, v. ἀσκέω, γυμνάζω, ἀναπει-
Exert, v. διατείνομαι, ἐντείνω, ἰσχυρίζομαι
Exertion, σύντασις, f. διάτασις, f. σπουδή, f. συντονία, f. : to use every exertion, πᾶσαν προθυμίαν (or ἀγωνίαν) ἐκτείνω
Exhalation, πνοή, f. ἀναθυμίασις, f.
Exhale, v. ἀναθυμιάω, ἐξικμάζω
Exhaust, v. (to draw out or expend totally) ἀντλέω, ἐξαντλέω ; (to enfeeble, wear out, waste) καταρίβω, ἐκκηραίνω, τείρω, τρύχω, κατατρύχω
Exhaustion, ἀπάντλησις, f. ἐκκένωσις, f. ἔξδρυσις, f. τρύχωσις, f. κατάτριψις, f.
Exhibit, v. δείκνυμι, ἀποδείκνυμι, φαίνω, προφαίνω, παρέχω, προφέρω
Exhibition, ἐπίδειξις, f. ἀπόδειξις, f. (a spectacle) θέαμα, n. [δρόω
Exhilarate, v. εὐφραίνω, ἱλαρόω, φαι-
Exhilaration, ἱλαρότης, f. φαιδρότης, f.

Exhort, v. προτρέπω, παρακαλέω, κελεύω, ἐπικελεύω, διακελεύομαι, παρακελεύομαι, ὀτρύνω
Exhortation, παράκλησις, f. κέλευσμα, n. διακελευσμός, m. παρακελευσμός, m. παρακέλευσις, f. παραίνεσις, f. προτροπή, f.
Exhortatory, παρακελευστικός
Exigency, ἀνάγκη, f. χρεώ, f. χρεία, f. στενότης, f.
Exiguous, ὀλίγος, μικρός, λεπτός
Exile, ὁ φυγάς, ὁ φεύγων: band of exiles, φυγή, f. (banishment) φυγή, f. ἐξορισμός, m.: perpetual exile, ἀειφυγία, f.: to be an exile, φεύγω, ξενόομαι
Exile, v. φυγαδεύω, ἐξελαύνω, ἐξορίζω, ἐκδιώκω [ταμαι
Exist, v. ὑπάρχω, εἰμί, ὕπειμι, συνίσ-
Existence, ὕπαρξις, f. οὐσία, f. βίος, m. ζωή, f.
Existent, ζωός, ζῶν, ἔμψυχος, ἐών
Exit, ἔξοδος, f. ἀπόβασις, f. ἔκβασις, f.
Exodus, ἔξοδος, f.
Exonerate, v. ἀπολύω, ἀφίημι, κουφίζω
Exoneration, ἀπόλυσις, f. ἄφεσις, f.
Exorable, παραιτητός, ἐπήκοος
Exorbitance, ὑπερβολή, f. ἀμετρία, f. περισσότης, f. [ρισσός
Exorbitant, ὑπέρμετρος, ἄμετρος, περ-
Exorbitantly, adv. ἀμέτρως
Exorcise, v. ἐξορκίζω
Exorcism, ἐξορκισμός, m.
Exorcist, ἐξορκιστής, m.
Exordium, προοίμιον, n. φροίμιον, n.
Exotic, ἐξωτικός
Expand, v. ἀναπετάννυμι, ἐκπετάννυμι, ἐκτείνω, ἀναπτύσσω, ἐπιπλατύνομαι
Expanse, χάσμα, n.; εὐρύτης, f. μέγεθος, n.
Expansion, ἔκτασις, f. διάτασις, f.
Expansive, εὐρύς, μέγας
Expatiate, v. ἀποτείνω, μηκύνω, μακρολογέω, μακρηγορέω
Expect, v. προσδοκάω, περιμένω, ἐλπίζω, προσδέχομαι, ἔλπομαι, δοκέω
Expectation, ἐλπίς, f. δόξα, f. προσδοκία, f.
Expectorate, v. ἐπαναχρέμπτομαι
Expectoration, ἐπανάχρεμψις, f.
Expedience, Expediency, τὸ συμφέρον, χρεία, f. ἀνάγκη, f. ὀφέλεια, n.
Expedient, πόρος, m. ὠφέλεια, f.
Expedient, χρήσιμος, σύμφορος, πρόσφορος, ἀναγκαῖος: to be expedient, συμφέρω: impers. it is expedient, χρή, δεῖ, πρέπει [δείως, ἀναγκαίως
Expediently, adv. συμφερόντως, ἐπιτη-

Expedite, v. ταχύνω, ἐπισπεύδω
Expedition, (speed) ταχύτης, f. σπουδή, f. (a warlike enterprise) στρατεία, f. στόλος, m. στράτευμα, n. ἐπιστρατεία, f. ἔξοδος, f. ἐξέλασις, f. (naval expedition) ἐπίπλοος, m. ναυστολία, f.: to make an expedition, στρατεύω; (against) ἐπιστρατεύω: to lead an expedition, στρατηλατέω [ρος, πρόχειρος, ταχύς
Expeditious, εὔστροφος, ἕτοιμος, εὔπο-
Expeditiously, adv. προχείρως, ἑτοίμως, ῥᾳδίως, ταχέως
Expel, v. ἐκβάλλω, ἐλαύνω, ἐξελαύνω, ἀπελαύνω, ὠθέω, ἀπωθέω; (to vote from an office or fellowship, reject) ἀποχειροτονέω, ἀποψηφίζομαι
Expend, v. δαπανάω, ἀναλίσκω, καταναλίσκω
Expenditure, ἀνάλωσις, f. δαπάνη, f.: lavish expenditure, πολυτέλεια, f.
Expense, δαπάνη, f. ἀνάλωμα, n.: great expense, πολυτέλεια, f.
Expensive, πολυτελής, δαπανηρός, πολυδάπανος [νηρῶς
Expensively, adv. πολυτελῶς, δαπα-
Expensiveness, πολυτέλεια, f. δαπάνη, f.
Experience, πεῖρα, f. ἐμπειρία, f.
Experience, v. πειράομαι, διαπειράομαι, ἀντλέω, γεύομαι; to be experienced in, to have experience of, πεῖραν λαμβάνω or ἔχω, ἐμπείρως ἔχω
Experienced, Experienced in, ἔμπειρος, ἐμπειρικός, ἐπιστήμων, ἐντριβής: in an experienced manner, ἐμπείρως [πρόπειρα, f.
Experiment, πεῖρα, f. διάπειρα, f.
Experiment, v. πειράω, ἀπόπειραν
Experimental, πειραστικός [ποιέομαι
Expert, ἔμπειρος, σοφός, δεξιός, τεχνικός, εἰδώς: to be expert, σοφίζομαι [μόνως, ἐμπείρως, τεχνικῶς
Expertly, adv. ἐπισταμένως, ἐπιστη-
Expertness, ἐμπειρία, f. ἐπιστήμη, f. δεξιότης, f. σοφία, f. ἰδρία, f.
Expiate, v. ἀφοσιόω, καθαίρω, λύω, ἀποτίνω [f. λύτρον, n.
Expiation, ἀφοσίωσις, f. ἀποκάθαρσις,
Expiatory, καθάρσιος, καθαρτήριος, καθαρτικός [ἐκπνοή, f.
Expiration, (end) τελευτή, f. (death)
Expire, v. (breathe out, die) ἐκπνέω, ἐκψύχω, ἀνίημι πνεῦμα; (to come to an end, as a time, engagement, &c.) διέρχομαι, ἐξέρχομαι, τελευτάω: to have expired, ἐξήκω

EXP

Explain, *v.* δηλόω, σαφηνίζω, ἐξηγέομαι, ἐνδείκνυμαι, ἑρμηνεύω, γνωρίζω, ἀποφαίνω
Explainer, ἐξηγητὴς, *m.*
Explanation, ἐξήγησις, *f.* δήλωσις, *f.* ἑρμηνεία, *f.* ἐμφάνισις, *f.* ἀνάπτυξις, *f.*
Explanatory, ἐξηγητικὸς, ἀποδεικτικὸς
Explicate, *v.* ἐξηγέομαι, δηλόω, ἀποφαίνω, ἀναπτύσσω [ἀνάπτυξις, *f.*
Explication, ἐξήγησις, *f.* ἑρμηνεία, *f.*
Explicit, σαφὴς, τορὸς
Explicitly, *adv.* σαφῶς, σάφα, τορῶς
Explode, *v.* ἐκκροτέω, ἐκκρούω
Exploit, ἔργον, *n.* ἀγώνισμα, *n.*
Explore, *v.* ἀναζητέω, ἐρευνάω
Explosion, κρότος, *n.* κτύπος, *n.*
Export, ἐμπόρευμα, *n.* ἀγόρασμα, *n.* ἐξαγώγιμα, *n. pl.*
Export, *v.* ἐξάγω
Exportation, ἐξαγωγὴ, *f.* κατακομιδὴ, *f.*
Expose, *v.* ἐκτίθημι, προτίθημι, παραβάλλομαι, προβάλλω : to be exposed, ἔκκειμαι [εὐεπίθετος
Exposed, ἔκθετος, ἔκβολος ; (*to attack*)
Exposing, ἔκθεσις, *f.* [σάφησις, *f.*
Exposition, ἐξήγημα, *n.* -σις, *f.* διαExpositor, ἐξηγητὴς, *m.*
Expository, ἐξηγητικὸς
Expostulate, *v.* ἐγκαλέω, ἀντιλέγω, ἀμφισβητέω, αἰτιάομαι
Expostulation, ἔγκλημα, *n.* ἀντιλογία, *f.* ἀμφισβήτησις, *f.*
Exposure, ἔκθεσις, *f.* ἀνακάλυψις, *f.*
Expound, *v.* ἐξηγέομαι, περιηγέομαι
Expounder, ἐξηγητὴς, *m.* περιηγητὴς,
Express, ἄγγαρος, *m.* [*m.*
Express, περιφανὴς, φανερὸς, δῆλος, τρανὸς [φωνέω, ἐκτυπόω
Express, *v.* φθέγγομαι, ἀποφαίνω, προExpressible, φατέος, φατὸς
Expression, λόγος, *m.* ῥῆσις, *f.* φράσις, *f.*
Expressive, ἀποφαντικὸς, δηλωτικὸς
Expressively, *adv.* ἀποφαντικῶς
Expressly, *adv.* διαρρήδην, ἀντικρὺς, ἁπλῶς
Expulse, *v.* ἐξελαύνω, ἐκβάλλω, ἐξωθέω
Expulsion, ἐξέλασις, *f.* ἐξοίκησις, *f.*
Expunge, *v.* ἐξαλείφω, ἀπαλείφω, διαγράφω, ἀποτρίβω
Expunging, ἐξάλειψις, *f.*
Exquisite, ἐξαίρετος, ἀκριβὴς
Exquisiteness, ἀκρίβεια, *f.*
Extant : to be extant, περίειμι
Extemporaneous, αὐτοσχέδιος
Extemporary, αὐτοσχεδιαστικὸς
Extempore, *adv.* αὐτοσχεδιαστὶ : to speak, act, or do extempore, αὐτοσχεδιάζω, ἀποσχεδιάζω

EXU

Extend, *v.* τείνω, ἐκτείνω, ἀποτείνω, διατείνω, τανύω, πλατύνω, διήκω
Extension, ἔκτασις, *f.*
Extensive, μέγας, εὐρὺς
Extensively, *adv.* εὐρέως
Extensiveness, μέγεθος, *n.*
Extent, μῆκος, *n.* μέγεθος, *n.*
Extenuate, *v.* μειόω, φαυλίζω
Extenuation, μείωσις, *f.* φαυλισμὸς, *m.*
Exterior, ἐξώτερος, ἐξωτερικὸς ; τὸ ἔξω
Exterminate, *v.* ἀπόλλυμι, ἐξόλλυμι
Extermination, ἐξώλεια, *f.* ἐξολόθρευμα, *n.*
Exterminator, ὀλετὴρ, *m.*
External, ἐξωτερικὸς, τὸ ἔξω, τὸ ἐκτὸς
Externally, *adv.* ἐξωτικῶς, ἐκτὸς
Extinct, ἄφαντος, ἐξίτηλος
Extinction, σβέσις, *f.* ἀπόσβεσις, *f.*
Extinguish, *v.* σβέννυμι, ἀποσβέννυμι, κατασβέννυμι, μαραίνω
Extinguisher, σβεστὴρ, *m.*
Extirpate, *v.* ἐκριζόω, ἐκθαμνίζω
Extirpation, ἐκρίζωσις, *f.* ἀφάνεια, *f.*
Extol, *v.* ἐπαινέω, αἰνέω, μεγαλύνω, ἐξαίρω [εἰσπράσσω
Extort, *v.* συναναγκάζω, συμβιάζω,
Extortion, εἴσπραξις, *f.*
Extract, ἐκλογὴ, *f.* [ἐκλέγω
Extract, *v.* ἐκσπάω, ἐξελκύω ; (*select*)
Extraction, ἐξελκυσμὸς, *m.* (*birth*) γένος, *n.* γενεὰ, *f.* : of good extraction, εὐγενὴς
Extraneous, ἀλλότριος
Extraordinarily, *adv.* ὑπερφυῶς, περισσῶς, θαυμαστῶς [ἐκνόμιος
Extraordinary, ὑπερφυὴς, περισσὸς,
Extravagance, ἀμετρία, *f.* ὑπερβολὴ, *f.* (*in expense*) δαπάνη, *f.*
Extravagant, δαπανηρὸς, πολυδάπανος, ἄσωτος, ἄμετρος
Extravagantly, *adv.* ἀμέτρως, ἀσώτως
Extreme, τὸ ὕστατον, τὸ ἄκρον, τέρμα, *n.*
Extreme, ἔσχατος, ἄκρος [ὁρα, λίαν
Extremely, *adv.* ὑπερβαλλόντως, σφόExtremity, τὸ ἔσχατον, *pl.* -τα ; (*border, edge*) ἐσχατία, *f.* τὸ πέρας ; (*of the body, of a gable or pediment, &c.*) ἀκρωτήριον, *n.* ἀκμὴ, *f.*
Extricate, *v.* λύω, ἐκλύω, διαλύω, ἀπαλλάσσω, ἐλευθερόω, ἐξελίσσω
Extrication, λύσις, *f.* ἔκλυσις, *f.* ἀπαλλαγὴ, *f.* [κὸς
Extrinsic, Extrinsical, ἐξώτερος, ξενιExtrinsically, *adv.* ἔξωθεν, ἔξω, ἐκτὸς
Exuberance, περιουσία, *f.* πλησμονὴ, *f.* πλῆθος, *n.*
Exuberant, ὑπερπλήθης, εὔπορος, ἔκπλεος, θαλερὸς, περισσὸς, δαψιλὴς

EXU

dv. εὐπόρως, λιπαρῶς,
ιλῶς [συνεξικμάζω
le, *v.* ἐξιδρόω, ἐξιδίω,
ὼs, *m.* ἐξίδρωσις, *f.*

γαίω, γαυριάω, καταυ-
υ, ἀγαλλιάομαι: exult
ʼ, ἐφήδομαι, ἐφυβρίζω,
τult in, ἐπικυδιάω
ιὰ, *f.* ἀγαλλίασις, *f.*:
er, ἐπίχαρμα, *n.*: ob-
tation, ἐπίχαρμα, *n.*

s, γαίων, κυδιόων
ʼ. περιχαρῶς, ἀγαλλο-

ισις, *f.* ἐμπρησμὸς, *m.*
m. ὄμμα, *n.* ὦψ, *f.*
ι. (*of a needle*) κύαρ,
ʼ the eye, γλήνη, *f.*
ites of the eyes, λο-
γχάδες, *f. pl.*: black
n.: with beautiful
εὐόφθαλμος: with
ciug eyes, ἑλίκωψ,
ζε-eyed, μεγαλόφθαλ-
small-eyed, μικρόμ-
θαλμος: with dark
ʼφθαλμος, κυανῶπις:
nt eyes, ἐξόφθαλμος:
eyes, κοιλόφθαλμος:
μονώψ, μονόφθαλμος
f.
f.: skin of the eye-
νιον, *n.*
λs, *f.*
ν, *n.*
ʼριον, *n.*

res, λήμη, *f.* [τυρ, *m.*
ʼτόπτης, *m.* αὐτόμαρ-

F.

μυθολόγημα, *n.* λόγος
bles, μυθολογέω
[ποιέω, τεύχω
εκταίνομαι, τεκταίνω,
ιὸς, *m.* μυθολόγος, *m.*

ἰης, μυθικὸς
. μυθικῶς
n. μέτωπον, *n.* ὦψ, *f.*:
ʼνώπιος: before one's
ʼωπος; *adv.* ἐναντίον,
ι [ἀπαντάω
ʼnemy) ἐπέχω, ἀντάω,

FAI

Facetious, εὐτράπελος, ἀστεῖος, κομ-
ψὸς, γελοῖος [ἐμμελῶς
Facetiously, *adv.* κομψῶς, ἀστείως,
Facetiousness, ἀστειότης, *f.* ἀστειο-
λογία, *f.* εὐτραπελία, *f.*
Facile, ῥᾴδιος, εὔκολος, εὐπειθής
Facilitate, *v.* εὐμαρίζω, παρασκευάζω
Facility, εὐπορία, *f.* εὐμαρία, *f.* εὐκο-
λία, *f.* ῥᾳδιουργία, *f.* [ἀληθείᾳ
Fact, ἔργον, *n.* πρᾶξις, *f.*: in fact, τῇ
Faction, στάσις, *f.* προστασία, *f.*: to
distract by faction, be a mem-
ber of a faction, στασιάζω: to join
in faction, συστασιάζω: member
of a faction, στασιώτης, *m.*: oppo-
site faction, ἀντίστασις, *f.*: mem-
ber of the opposite faction, ἀντι-
στασιώτης, *m.*: to be of the oppo-
site faction, ἀντιστασιάζω
Factious, στασιώδης, στασιωτικὸς,
στασιαστικός
Factiously, *adv.* στασιαστικῶς
Factiousness, στασιωτεία, *f.*
Factitious, ποιητὸς, τεχναστὸς
Factor, ἔμπορος, *m.*
Factory, ἐμπόριον, *n.* ἐργαστήριον, *n.*
Faculty, δύναμις, *f.*
Fade, *v.* ἀπανθέω, παρακμάζω, ἀπο-
μαραίνομαι, ἐξανθέω
Fading, ἀπάνθησις, *f.* [τος
Fading, ἐξίτηλος: unfading, ἀμάραν-
Fag, *v.* μοχθέω, καταπονέω, ἀποκάμνω
Faggot, φρύγανον, *n.* φάκελλος, *m.*
Fail, *v.* (*miss, be unsuccessful*) σφάλ-
λομαι, ἀποτυγχάνω, ἀτυχέω, διαμαρ-
τάνω, ἁμαρτάνω, πταίω; (*be defi-
cient, come short*) λείπω, ἐπιλείπω,
ἐλλείπω, μεταπίπτω; (*miscarry*)
ἀναπίπτω; (*omit*) λείπω
Failing, ἐπίλειψις, *f.* ἁμάρτημα, *n.*
Failing, πλημμελής [πταῖσμα, *n.*
Failure, σφάλμα, *n.* ἀτυχία, *f.* δυστυ-
χία, *f.* δυστύχημα, *n.* πταῖσμα, *n.*
Fain, φαιδρὸς, εὔθυμος, ἱλαρός; *adv.*
ἀσμένως, ῥᾳδίως, εὐθύμως, ἱλαρῶς
Faint, ἄθυμος, ἀσθενὴς, μαλακὸς, ἄτολ-
μος; (*of light or sound*) ἀφεγγὴς;
(*dim, indistinct, illegible*) ἀμυδρὸς
Faint, *v.* λειποψυχέω, ἀθυμέω, ἀπο-
κάμνω
Faint-hearted, ἄθυμος, μαλακὸς, περι-
δεὴς, φοβερὸς: to be faint-hearted,
ἀθυμέω, ἀτολμέω [μία, *f.*
Faint-heartedness, λειποθυμία, *f.* ἀθυ-
Fainting, λειποψυχία, *f.* λειποθυμία, *f.*
ἀθυμία, *f.*
Faintness, ἀσθένεια, *f.* ἀρρωστία, *f.*
ἀκράτεια, *f* ἀδυναμία, *f.* ἀθυμία, *f.*

s 2

FAI

Fair, ἀγορά, f. πανήγυρις, f. παντοπωλεῖον, n.
Fair, (of complexion) λευκός; (beautiful) καλός, εὐειδής; (favourable, of the wind) εὔφορος, εὐαής; (reasonable) εὔλογος; (just) δίκαιος, εἰκός
Fair, adv. ἐπιεικῶς, χρηστῶς, εὐμενῶς, πράως
Fairly, adv. (equitably, justly) ἴσως, δικαίως, εὖ; (reasonably) εὐλόγως; (beautifully) καλῶς
Fairness, (equity) ἐπιείκεια, f. (beauty) κάλλος, n. εὐπρέπεια, f. εὐμορφία, f.
Faith, πίστις, f.
Faithful, πιστός, εὔπιστος, ἀξιόπιστος, βέβαιος : very faithful, πολύπιστος
Faithfully, adv. πιστῶς
Faithfulness, πιστότης, f.
Faithless, (unbelieving) ἄπιστος; (perfidious) ἄπιστος, παράσπονδος
Faithlessness, (unbelief) ἀπιστία, f. (perfidy, treachery) ἀπιστία, f. προδοσία, f.
Falcon, ἱέραξ, m. κίρκος, m.
Falconer, ἱερακοβόσκος, m.
Fall, πτῶσις, f. πτῶμα, n. ὀλίσθημα, n. παράπτωσις, f.
Fall, v. πίπτω, καταπίπτω, ἀναπίπτω, ὀλισθάνω, ἐρείπω; (of price, the wind, &c.) ἀνίημι, ἐπανίημι : fall into or on, ἐμπίπτω, ἐπιπίπτω, περιπίπτω, ἐπεισπίπτω; (of rivers) εἰσβάλλω, εἰσρέω, ἐνδίδωμι, διεξίημι : fall down, καταπίπτω, καταρρέω : fall down before, προσπίπτω, ὑποπίπτω, προκαλινδέομαι : fall back, ἀναπίπτω : fall off or off from, ἀποπίπτω, ἐκπίπτω, ἀπορρέω : fall out, (happen) συμπίπτω, ὑποπίπτω; (quarrel) προσκρούω, fall in with, meet, συμπίπτω, περιπίπτω, παραπίπτω, συγγίγνομαι, συντυγχάνω : fall together, συμπίπτω : fall in (as a house), συμπίπτω : fall upon, happen to, συμπίπτω : fall to (blows), συμπίπτω : fall to (the lot of), ἐπιβάλλω, συμβαίνω, καταρρέω : to let fall, καθίημι, καταβάλλω
Fallacious, ἀπατητικός, σοφιστικός, σφαλερός, παραλογιστικός
Fallaciously, adv. σοφιστικῶς
Fallacy, σόφισμα, n. παραλογισμός, m.
Fallible, εὐαπάτητος
Falling, πτῶσις, f.
Falling off, ἔκλειψις, f. ἀπάνθησις, f.
Fallow, ἀργός, ἔκηλος
Fallow land, νεός, c. νέα f. : plough-

FAN

ing of fallow land, νέατος, m. : to plough fallow land, νεάω
Fallowed, νέατος
False, ψευδής; (especially of money) κίβδηλος, παράσημος
Falsehood, ψεῦδος, n. ψευδολογία, f. ψεῦσμα, n.
Falsely, adv. ψευδῶς, ἐψευσμένως : to speak falsely, ψεύδομαι, καταψεύδομαι
False note, (in music) πλημμέλεια, f.
False prophet, ψευδόμαντις, c.
False report, ψευδαγγελία, f.
False witness, ψευδόμαρτυς, m.
Falsify, v. ψεύδομαι, ἀλλοιόω, παρατρέπω; (of money) κιβδηλεύω
Falsity, ψεῦδος, n. ἀπάτη, f.
Falter, v. ψελλίζω, πταίω
Fame, φήμη, f. κλέος, n. δόξα, f.
Fameless, ἄδοξος, ἄτιμος, ἀφανής
Familiar, κοινωνός, m. (demon) δαιμόνιον, n.
Familiar, οἰκεῖος, συνήθης : to be familiar with, χράομαι, εἰσοικειδόομαι, πλησιάζω, συζεύγνυμαι
Familiarise, v. οἰκειόω, συνεθίζω
Familiarity, οἰκειότης, f. συνήθεια, f.
Familiarly, adv. οἰκείως, γνωρίμως
Family, (race) γένος, n. γενεά, f. γένεσις, f. ῥίζα, f. (household) οἶκος, m. οἰκία, f. δόμος, m. : belonging to a family, οἰκεῖος, γενέθλιος : of good family, εὐγενής
Famine, λιμός, m. πεῖνα, f.
Famish, v. λιμαγχέω, λιμαγχονέω : to be famished, λιμώσσω, λιμαίνω
Famished, λιμαγχικός, λιμηρός, λιμώδης
Famous, εὔδοξος, περιβόητος, ὀνομαστός, κλυτός, φανερός, πολύκλειτος, φαίδιμος, κυδάλιμος : to be famous, εὐδοκιμέω, εὐδοξέω, λάμπω
Famously, adv. ἐνδόξως, κλυτῶς
Fan, (winnowing fan) πτύον, n. λίκνον, n. λικμός, m. λικμητήριον, n. (fire fan, lady's fan) ῥιπίς, f.
Fan, v. (winnow corn) λικμάω, λικνίζω; (a flame, a person) ῥιπίζω, ἐκριπίζω
Fanatic, ἔνθεος, m. ἐνθουσιαστής, m.
Fanatic, ἐνθουσιαστικός, ἔνθεος
Fanaticism, ἐνθουσιασμός, m. ἐνθουσίασις, f. [βαιός
Fanciful, φανταστικός, πλάνος, ἀβέ-
Fancy, φαντασία, f. φάντασμα, n. δόκημα, n. δόξασμα, n. [δοιδάζω
Fancy, v. φαντάζομαι, φαντασιόομαι,
Fane, ναός, m. ἱερόν, n.
Fang, ὀδούς, m. ὄνυξ, m.

Fantastic, Fantastical, φανταστικὸς, μετάβουλος, πλάνος
Fantasy, φαντασία. f.
Far, (distant) μακρὸς, τηλουρὸς: to be far off, ἀπόκειμαι, ἀποστατέω
Far, adv. μακρὰν, μακρῷ, πόρρω, πρόσω, ἑκὰς, τῆλε, τηλοῦ, ἀποσταδὸν: far off (to a great distance), ἐκποδὼν, τηλόσε: far from, ἄνευθε, ἀπάνευθε, νόσφι: from far, ἄποθεν, πρόσωθεν, τηλόθεν: by far, πολλῷ, πολὺ, μακρῷ: as far as, ὅσον τε, ὅσον, ἐφ' ὅσον, ἕως: as far as possible, ὅποι προσωτάτω, μήκιστον: so far, μέχρι τούτου, ἐπὶ τόσον: it is far from, πολλοῦ δεῖ: far better, μακρῷ ἄμεινον
Fare, (hire) ὁδοιπόριον, n. ναῦλον, n. ναῦλος, m. (provisions) δίαιτα, f.
Fare, v. πάσχω, πράσσω [τροφὴ, f.
Farewell, χαῖρε, ἔρρωσο, ὑγίαινε
Farinaceous, ἀλευρώδης
Farm, χωρίον, n. χώρα, f. γεωργία, f.
Farm, v. (cultivate) γεωργέω, γεωπονέω; (hire) ὠνέομαι, νέμομαι
Farmer, γεωργὸς, m.
Farm-house, ἔπαυλις, f
Farming, γεωργία, f.
Farm-yard, αὔλιον, n.
Far-shooting, ἑκηβόλος
Farther, προσωτέρω, προτέρω, περαιτέρω; (to a farther place) προτέρωσε, ἐπιπροτέρωσε
Farther, v. προφέρω, ἐπισπεύδω, προάγω
Farthest, ἔσχατος, ὕστατος
Farthing, χαλκοῦς, m.
Fasces, ῥάβδοι, f. pl.
Fascinate, v. βασκαίνω, μαγγανεύω
Fascination, βασκανία, f. μαγγανεία, f.
Fashion, σχῆμα, n. σχέσις, f. σκευὴ, f. τρόπος, m.
Fashion, v. σχηματίζω, πλάσσω, εἰκονίζω: to fashion after or like, συσχηματίζω
Fashioning, σχηματισμὸς, m.
Fast, νηστεία, f.
Fast, v. νηστεύω, ἀσιτέω
Fast, (quick) ταχὺς, ὠκὺς; (firm) στεγανὸς, ἀσφαλὴς, στερεὸς; (frequent) ἐπασσύτερος
Fast, adv. (quick) ταχέως, ὦκα; (as to hold or bite fast) ἄπριξ, νωλεμέως
Fasten, v. πήγνυμι, δέω, πεδάω, ἅπτω, ἐξάπτω, καθάπτω, κολλάω: to fasten to, προσάπτω, προσπερονάω, προσαρτάω, προσπασσαλεύω
Fastened, πηκτὸς, σύναπτος, σύμπηκτος, πασσαλευτὸς

Fastening, σύνδεσμος, m. πηκτὸν, n. γόμφος, m. συνοχὴ, f. ὀχεὺς, m.: act of fastening, πῆξις, f.: fastening to, προσάρτησις, f.
Fastidious, ὑπεροπτικὸς
Fastidiously, adv. ὑπεροπτικῶς
Fastidiousness, ὕβρις, f. κόρος, m.
Fasting, ἀσιτία, f. ἀπαστία, f.
Fasting, ἄσιτος, ἄγευστος, νῆστις
Fat, στέαρ, n. δημὸς, m. λίπος, n. πιμελὴ, f. πῖαρ, n.
Fat, παχὺς, πίων, πίειρα (fem.), πιμελώδης, λιπαρὸς: very fat, ὑπέρπαχυς: to be fat, παχύνομαι: to be very fat, ὑπερπαχύνομαι: to make fat, παχύνω
Fatal, ὀλέθριος, θανατηφόρος, θανάσιμος, λοίγιος, ὁλοὸς [μως
Fatally, adv. καιρίως, ὀλεθρίως, θανασίFate, μοῖρα, f. μόρος, m. αἶσα, f. κὴρ, f. πότμος, m. δαίμων, m. χρεὼν, n. τὸ πεπρωμένον, n.: it is the fate, it is fated, εἵμαρται, πέπρωται, χρεὼν ἐστι: contrary to fate, ὑπέρμορον
Fated, μόρσιμος, θέσφατος, αἴσιμος, μόριμος: ill-fated, δυστυχὴς, δυσδαίμων
Father, πατὴρ, m. γονεὺς, m. γεννήτωρ, m. γεννήτης, m.: a common father, συγγεννήτωρ, m.: of or belonging to a father, πατρῷος, πάτριος, πατρικὸς, πατρώιος: having the same father, ὁμοπάτριος, ὁμοπάτωρ: sprung from a noble father, εὐπατρίδης, εὐπάτωρ
Father-in-law, πενθερὸς, m. κηδεστὴς,
Fatherless, ἀπάτωρ [m. ἔκυρὸς, m.
Fatherly, πατρικὸς, πατρῷος
Fathom, ὄργυια, f.: a fathom long, Fathomless, ἄβυσσος [ὀργυιαῖος
Fatigue, κόπος, m. κάματος, m.
Fatigue, v. ταλαιπωρέω, βαρύνω, λυπέω, κόπτω, κατατρίβω: to be fatigued, κάμνω, ἀπεῖπον, πονέω, ἀπαγορεύω
Fatigued, ὑπέρκοπος [δης, ἐπίπονος
Fatiguing, κοπώδης, ὀϊζυρὸς, καματώFatness, παχύτης, f. λιπαρότης, f.
Fatted, σιτευτὸς, τρόφιμος
Fatten, v. σιτεύω, παχύνω, πιαίνω, χορτάζω [δης
Fattened, σιτευτὸς, σιτιστὸς, πιμελώFattening, σίτευσις, f. χορτασία, f. χορτασμὸς, m. [τήριος
Fattening, (calculated to fatten) πιανFatuity, ἠλιθιότης, f. ἀναισθησία, f.
Fatuous, ἠλίθιος, μωρὸς
Fault, αἰτία, f. ἁμαρτία, f. αἴτιαμα, n.

κακουργία, f. ἁμάρτημα, n. σφάλμα, n. ἀμπλάκημα, n. πλημμέλημα, n.: finding fault, ἐπιτίμησις, f.: through my fault, δι' ἐμὲ
Faultily, adv. κακῶς
Faultiness, πλημμέλεια, f.
Faultless, ἀναμάρτητος, ἀναίτιος, ἄμωμος, ἀμώμητος [μήτως
Faultlessly, adv. ἀναμαρτήτως, ἀμω-
Faulty, πονηρὸς, κακὸς, σφαλερὸς
Favour, χάρις, f. εὔνοια, f. εὐμένεια, f. (a good service) εὐεργεσία, f.: to do a favour, χαρίζομαι, προστίθεμαι, δίδωμι or φέρω χάριν or εὐεργεσίαν: to return a favour, ἀντιδίδωμι χάριν
Favour, v. εὐνοέω, εὐμενέω, συγκαταινέω, συμφιλονεικέω, προστίθεμαι
Favourable, εὐμενὴς, εὔνοος, φιλικὸς, ἐναίσιος, δεξιὸς; (of the wind, a voyage, &c.) οὔριος, εὐαὴς, εὔφορος, πλευστικὸς, ἔπουρος: to be favourable, εὐνοέω, εὐμενέω, χρῄζω; (of the wind) οὐρίζω, ἐπουρίζω
Favourer, σπουδαστὴς, m. βοηθὸς, m.
Favourite, φίλος, m. ἑταῖρος, m. ἔτης, m. ἑταίρα, f. φίλη, f.
Favourite, φίλος, ἀγαπητὸς
Fawn, νεβρὸς, m.: fawn-skin, νεβρὶς, f.
Fawn upon, v. σαίνω, προσσαίνω, ὑποσαίνω, ὑπαικάλλω, θωπεύω, κολακεύω
Fawning, θωπεία, f. κολακεία, f.
Fawning, θωπευτικὸς, κολακευτικὸς
Fawningly, adv. κολακευτικῶς
Fealty, πειθαρχία, f. πιστότης, f.
Fear, φόβος, m. δέος, n. δεῖμα, n. τάρβος, n. ὄκνος, m. φρίκη, f. κατάπληξις, f.
Fear, v. δείδω, φοβέομαι, ὀῤῥωδέω, ταρβέω, δειμαίνω, τρομέω, δειλιάω, ἀποδειλιάω, πτήσσω, ὀκνέω, τρέμω; (revere) σέβομαι, αἰδέομαι: to fear for, περιδείδω, περιφοβέομαι, ἀμφιτρομέω
Fearful, (terrible) δεινὸς, φοβερὸς, φοβητικὸς, φρικώδης; (timorous) δειλὸς, δειλαῖος, φοβερὸς, φοβητικὸς; (very timorous) περιδεὴς, περίφοβος
Fearfully, adv. (terribly) δεινῶς, φοβερῶς; (timorously) περιδεῶς
Fearfulness, (terribleness) δεινότης, f. (timorousness) φόβος, m. δέος, n. δειλίασις, f.
Fearless, ἀδεὴς, ἄφοβος, ἄτρομος, ἀνέκπληκτος, ἀτάρβητος, ἄτρεστος
Fearlessly, adv. ἀδεῶς, ἀφόβως, ἀτρέστως [εὐτολμία, f
Fearlessness, ἀφοβία, f. ἀτρεμία, f.

Feasible, ἀνυστὸς, ἐφικτὸς
Feast, δαὶς, f. δαίτη, f. ἑορτὴ, f. συμπόσιον, n. ἑστίασις, f. εὐωχία, f. θαλίαι, f. pl.
Feast, v. (entertain) δαίνυμι, ἑστιάω, εὐωχέω; (to feast oneself) εὐωχέομαι, ἑστιάομαι, θοινάω, δαίνυμαι
Feasting, ἑστίασις, f. εὐωχησις, f.
Feat, ἔργον, n. πρᾶξις, f.
Feather, πτερὸν, n. πτίλον, n.: to cast the feathers, πτεροῤῥοέω, or -ρυέω [feathered, πτεροφυέω
Feather, v. πτερόω: to become
Feathered, πτερωτὸς, πτέρινος, πτιλωτὸς: with variegated feathers, πτεροποίκιλος
Featherless, ἄπτερος, ἀπτὴν, ἄπτιλος
Feathery, πτέρινος; (like feathers) πτερυγώδης; adv. πτερυγοειδῶς
Feature, τύπος, m.
Febrile, πυρετώδης
February, (latter part)'Ανθεστηριὼν, m.
Feculence, τρὺξ, f.
Feculent, τρυγερὸς, τρυγώδης
Fecund, πολυφόρος, εὔφορος, ἔγκαρπος
Fecundity, πολυγονία, f. πολυφορία, f.
Fed: well fed, εὐτρεφὴς, εὔβοτος, εὔχιλος, πολύτροφος: stall-fed, τροφίας [συνθετὸς
Federal, συμμαχικὸς, συνωμοτικὸς,
Fee, μισθὸς, m. ἀντιδωρεὰ, f.
Fee, v. μισθοδοτέω
Feeble, ἀσθενὴς, ἄῤῥωστος, ἀμενηνὸς, ἀφαυρὸς, ἀβληχρὸς, ἄνευρος: to be feeble, ἀσθενέω
Feebleness, ἀσθένεια, f.
Feebly, adv. ἀσθενῶς.
Feed, βόσκημα, n. νομὸς, m. τροφὴ, f.
Feed, v. τρέφω, νέμω, βόσκω, χορτάζω, σιτίζω, φέρβω, ποιμαίνω, πιαίνω: to feed upon, σιτέομαι, ἐπιβόσκομαι, νέμομαι: to feed oxen, βουκολέω, βουτροφέω
Feeder, νομεὺς, m. βόσκων, m.
Feeding, σίτησις, f. νομὴ, f.
Feeding: feeding many, πολύβοσκος, πολύφορβος
Feel, ἁφὴ, f. αἴσθησις, f.
Feel, v. (of the senses) αἰσθάνομαι, πάσχω; (of the touch) ἅπτομαι, ἐπιμαίομαι, ὑποψαλάσσω; (feel for, grope) ψηλαφάω, ἐπιψηλαφάω
Feeler, ἐπιβοσκὶς, f. προβοσκὶς, f. κοτυληδὼν, f.
Feeling, αἴσθησις, f. πάθος, n.: fellow-feeling, συμπάθεια, f.: want of feeling, ἀναισθησία, f.: capable of feeling, αἰσθητικὸς, παθητικὸς: with-

FEE

out feeling, ἀναίσθητος : having the same feelings as, ὁμοιοπαθής, ὁμοπαθής
Feelingly, συμπαθής ; adv. παθητικῶς
Feign, v. πλάσσω, σιμπλάσσω, προσποιέομαι [πλασμένος
Feigned, πλαστός, προσποιητός, πε-
Feignedly, adv. πλαστῶς, προσποιητῶς
Feint, πρόσχημα, n.
Felicitate, v. μακαρίζω
Felicitation, μακαρισμός, m. [μακάριος
Felicitous, εὐδαίμων, ὄλβιος, μάκαρ,
Felicitously, adv. εὐδαιμόνως
Felicity, εὐδαιμονία, f. ὄλβος, m εὐτυχία, f. μακαρία, f.
Fell, ὠμός, φονικός. δεινός, ἄγριος, ἀμείλιχος
Fell, v. τέμνω, κόπτω
Felloe, ἁψίς, f. ἴτυς, f.
Fellow, ἑταῖρος, m. ἔτης, m. συνῆλιξ, c. : fellow-citizen, συμπολίτης, m. : fellow-soldier, συστρατιώτης, m. : fellow-workman, συνεργάτης, m. σύνεργος, m.
Fellowship, ὁμιλία, f. κοινωνία, f.
Felon, πανοῦργος, c.
Felonious, φώριος
Felony, φώριον, n.
Felt, πῖλος, m.: made of felt, πιλητός
Female, γυνή, f.: female nature, θηλύτης, f.
Female, of female sex, adj. θῆλυς (fem. θήλεια and θῆλυς, neut. θῆλυ), θηλυγενής, θηλύτοκος
Feminine, θηλυδριώδης, θηλύφρων, θηλύνοος, γυναικεῖος ; (in grammar) θῆλυς, θηλυκός
Femoral, μηριαῖος
Fen, ἕλος, n. λίμνη, f. [m. αἱμασιά, f.
Fence, ἕρκος, n. φράγμα, n. φραγμός,
Fence, v. φράσσω, συμφράσσω, φράγνυμι, εἴργω ; (with palisades) σταυρόω : to fence round, περιφράσσω, συμπεριφράσσω, περισταυρόω
Fenced round, περίερκτος
Fennel, μάραθρον, n.
Fenny, λιμνώδης, λιμναῖος, τελματιαῖος
Ferment, v. ζυμόω
Fermentation, ζύμωσις, f.
Fern, πτερίς, f.
Ferocious, ἄγριος, ὠμός, ἀγριωπός
Ferocity, ἀγριότης, f.
Ferret, ἴκτις, f
Ferry, πορθμός, m. πορθμεῖον, n.
Ferry, v. πορθμεύω
Ferry-boat, πορθμεῖον, n.
Ferry-man, πορθμεύς, m.
Fertile, εὔφορος, πολύκαρπος, κάρπιμος,

407

FID

λιπαρός, πολύσιτος, ἐριβώλαξ : to be fertile, εὐθηνέω [πον ποιέω
Fertilise, v. καρπίζω, πιαίνω, εὔκαρ-
Fertility, εὐφορία, f. πολυσιτία, f. πολυκαρπία, f. γενναιότης, f.
Fervency, θερμότης, f. ζῆλος, m. προθυμία, f.
Fervent, θερμός, πρόθυμος, πρόφρων
Fervently, adv. προθύμως, προφρονέως, ἐπιθυμητικῶς
Fervid, θερμός, πρόθυμος
Fervidness, Fervour, ζῆλος, m. προθυμία, f. θερμότης, f. [ἑορτώδης
Festal, ἑορταῖος, ἑόρτιος, ἑορταστικός,
Fester, ἕλκος, n. φλεγμονή, f.
Fester, v. φλεγμαίνω
Festival, ἑορτή, f. τελετή, f. πανήγυρις, f. : sacred festival, ἱερομηνία, f. : belonging to a festival, ἑορταστικός, ἐπικώμιος : to keep a festival, ἑορτάζω
Festive, ἑορταστικός, πανηγυρικός
Festivity, κῶμος, m. πανήγυρις, f. πανηγυρισμός, m. ; εὐφροσύνη, f. ἀγλαΐα, f.
Fetch, v. φέρω ; (as a price) εὑρίσκω
Fetid, δυσώδης, κάκοσμος
Fetter, πέδη, f. δεσμός, m. δέσμωμα, n.
Fetter, v. πεδάω, δέω
Fettered, δέσμιος, δεσμώτης, -τις
Feud, ἔρις, f. νεῖκος, n.
Fever, πυρετός, m. : ardent fever, καῦσος, m. καῦμα, n. : low fever, πυρετόν, n. : to be in a fever, πυρέσσω
Feverish, πυρετώδης, πυρεκτικός, καυματώδης: feverish heat, πυρετός, m. καῦμα, n. : to be feverish, πυρέσσω
Feverishness, πύρεξις, f.
Few, ὀλίγος, παῦρος, σπάνιος, βραχύς : to be few, σπανίζω : a few times, ὀλιγάκις
Fewness, ὀλιγότης, f.
Fib, ψεῦδος, n. ψευδολογία, f.
Fib, v. ψεύδομαι, ψευδολογέω
Fibre, νεῦρον, n. ἴς, f.
Fibrous, ἰνώδης
Fickle, ἀστάθμητος, ἀβέβαιος, παλίμβολος, μετάβουλος, κουφόνοος
Fickleness, μεταβουλία, f. ἀβεβαιότης, f. ἀστασία, f.
Fiction, πλάσμα, n. [τός
Fictitious, πλαστός, πλασματίας, ποιη-
Fictitiously, adv. πλαστῶς
Fiddle, λύρα, f. κιθάρα, f.
Fiddle, v. κιθαρίζω
Fiddler, κιθαριστής, m. κιθαρῳδός, m.
Fiddle-string, νεῦρον, n. χορδή, f.
Fidelity, πιστότης, f. πίστις, f.

Fidget, v. μετοκλάζω
Field, ἀγρός, m. ἄρουρα, f. γουνός, m. λήϊον, n. (meadow) λειμών, m.
Fieldfare, τριχάς, f. [ἐχθρός, m.
Fiend, δαιμόνιον, n. δαίμων, c. δάϊος, m.
Fierce, ἄγριος, δριμύς, τραχύς, γοργός, ὠμός, μαλερός: of fierce aspect, γοργώψ, γοργωπός: to be fierce, ἀγριόομαι, ἀγριαίνω: to make fierce, ἀγριόω
Fiercely, adv. ἀγρίως, ἄγρια, ὠμῶς: to look fiercely, ταυρηδὸν or δεινῶς βλέπειν [πικρότης, f.
Fierceness, ἀγριότης, f. ὠμότης, f.
Fiery, πυρινός, πυροειδής, πυρώδης, διάπυρος: very fiery, ὑπέρπυρος: fiery-looking, πυρωπός, πυριχρώς
Fife, αὐλός, m. σύριγξ, f. δόναξ, m.
Fifer, αὐλητήρ, m. αὐλητρία, f.
Fifteen, πεντεκαίδεκα: fifteen years old, πεντεκαιδεκαέτης
Fifteenth, πεντεκαιδέκατος
Fifth, πέμπτος: on the fifth day, πεμπταῖος: a fifth part, πεμπτημόριον, n. τὸ ἐπίπεμπτον
Fiftieth, πεντηκοστός
Fifty, πεντήκοντα: fifty years old, πεντηκονταέτης, τις (fem.): body of fifty men, πεντηκοστύς, f.: commander of fifty men, πεντηκοντήρ, m. πεντηκοστήρ, m.
Fifty thousand, πεντακισμύριοι
Fig, σῦκον, n.: little fig, συκίδιον, n. συκάριον, n.: wild fig, ἐρινεόν, n.: dried fig, ἰσχάς, f. ἰσχάδιον, n.: like figs, συκώδης: to gather figs, συκάζω: fig-leaf, θρῖον, n.: seller of figs, ἰσχαδοπώλης, m. -λις, f.: fig-tree, συκῆ, f.: of a fig or fig-tree, σύκινος: wild fig-tree, ἐρινεός, m.: of a wild fig-tree, ἐρινεός, ἐρινός
Fight, μάχη, f. πόλεμος, m. δηϊότης, f. δάϊς, f. ἅμιλλα, f. συμβολή, f. πρόσμιξις, f. (by night) νυκτομαχία, f. (of infantry) πεζομαχία, f. (of cavalry) ἱππομαχία, f.: naval fight, ναυμαχία, f.
Fight, v. μάχομαι, διαμάχομαι, ἀγωνίζομαι, μάρναμαι, πολεμέω, ἀνταγωνίζομαι, συμβάλλω, μίγνυμι Ἄρη, συνάπτω πόλεμον or μάχην, συμβάλλω πόλεμον: to fight with the fist, πυκτεύω: to fight together with, συμμαχέω, συμμάχομαι, συναγωνίζομαι: to fight against, ἀντιμάχομαι, καταπολεμέω: to fight for, ὑπερμαχέω, ὑπερμάχομαι, προμάχομαι, προπολεμέω: to fight in,

ἐναγωνίζομαι, ἐμμάχομαι: to fight by sea, ναυμαχέω, διαναυμαχέω
Fighter, μαχητής, m. πολεμιστής, m.
Fighting, μαχικός, μάχιμος, μαχήμων
Figment, πλάσμα, n.
Figurative, μεταφορικός: figurative speaking, εἰκονολογία, f.
Figuratively, adv. μεταφορικῶς
Figure, σχῆμα, n. μορφή, f. τύπος, m. πλάσμα, n. εἴδωλον, n.
Figure, v. ἀναπλάσσω; (express figuratively) αἰνίσσομαι
Filament, νεῦρον, n.
Filbert, λεπτοκάρυον, n.
Filch, v. παρατρώγω, ὑφαιρέομαι, ὑποκλέπτω, ὑφαρπάζω
File, ῥίνη, f. (of men) στοῖχος, m.
File, v. ῥινάω or ῥινέω: to file away, ἐκρινέω: to file down, καταρρινάω or -έω: to file off (as a line of soldiers), παράγω
Filial, υἱϊκός
Filings, ῥινήματα, n. pl.
Fill, v. πληρόω, ἀναπληρόω, πίμπλημι, ἐμπίμπλημι, ἀναπίμπλημι, ἐγχέω: fill up, (a number) προσπληρόω; (a trench or hole) χώννυμι
Fillet, ταινία, f. ἀναδέσμη, f. διάδημα, n. ἄμπυξ, f.: to bind with a fillet, ταινιόω, παραμπυκίζω
Filling, πλήρωσις, f. ἀναπλήρωσις, f. (of a trench, hole, &c.) χῶσις, f. ἔγχωσις, f.
Fillip, v. σκιμαλίζω, σκινθαρίζω
Filly, πῶλος, c.
Film, ἀχλύς, f.
Filmy, ἀχλυόεις, ἀχλυώδης [m.
Filter, ὑλιστήρ, m. ἠθητήριον, n. ἠθμός,
Filter, v. ἠθέω, διηθέω, ἀπηθέω, ὑλίζω,
Filtered, ὑλιστός [διυλίζω
Filth, ῥύπος, m. -πα, n. pl. λῦμα, n. πῖνος, m.
Filthily, adv. ῥυπαρῶς, σαπρῶς
Filthiness, αὐχμός, m. ἀκαθαρσία, f. ῥύπος, m. ῥυπαρία, f.
Filthy, ῥυπαρός, αὐχμηρός, πιναρός, σαπρός, ἀκάθαρτος: to be filthy, ῥυπάω, ῥυπαίνομαι, αὐχμέω, πινάω
Fin, πτερύγιον, n.
Final, ὕστατος, τελευταῖος [τως
Finally, adv. τελέως, τελευταῖον, ἐσχάFinance, οἰκονομία, f. (revenue) εἰσφορά, f. φόρος, m. τέλος, n.
Financial, οἰκονομικός
Financier, οἰκονόμος, m.
Finch, σπίζα, f. σπίνος, m.
Find, (thing found out) εὕρημα, n.
Find, v. εὑρίσκω, ἐφευρίσκω, ἐξευρίσκω,

καταλαμβάνω: to find out, discover, ἀνευρίσκω, ἐξανευρίσκω: found out, εὑρετός
Finding, Finding out, εὕρεσις, f. ἀνεύρεσις, f. ἐξεύρεσις, f.
Fine, ζημία, f. καταδίκη, f. τίμημα, n. ἐπιβολή, f.
Fine, (of texture) λεπτός, λεπταλέος: to make fine, λεπτύνω; (of a town, dress, &c.) σεμνός; (of people, dress, things) κομψός, χαρίεις; (of weather) εὔδιος, εὐδιεινός, αἴθριος: to be fine, εὐδιάω: fine weather, εὐδία, f. αἴθρη, f.
Fine, v. ζημιόω, τιμάω, ζημίαν ἐπιβάλλω, ἐπιγράφω, ἐπάγω [εὖ
Finely, adv. λεπτῶς; κομψῶς, καλῶς;
Fineness, (of texture, &c.) λεπτότης, f. (having fine particles) λεπτομέρεια, f. (of people, dress, language, &c.) κομψότης, f. κομψεία, f.
Finesse, τέχνημα, n. μηχάνημα, n.
Finger, δάκτυλος, m.: fore-finger, λιχανός, m.: a finger long, broad, &c., δακτυλιαῖος: rosy-fingered, ῥοδοδάκτυλος: long-fingered, μακροδάκτυλος
Finical, τρυφερός
Fining, τίμησις, f. τίμημα, n.
Finis, τέλος, n. τέρμα, n.
Finish, v. τελέω, τελευτάω, ἐπιτελέω, ἀποτελέω, διαπράσσω, ἐξεργάζομαι, ἀνύω, διανύω, ἐκπονέω: to be highly finished, ἀκριβόομαι, ἀπακριβόομαι
Finished, τέλεος, τέλειος: highly finished, ἀπηκριβωμένος
Finishing, τελείωσις, f. περάτωσις, f.
Finite, περατοειδής, ὡρισμένος
Fir, πεύκη, f. ἐλάτη, f.: of fir, πεύκινος, ἐλάτινος
Fire, πῦρ, n. φλόξ, f.: conflagration, ἔμπρησις, f.: a setting fire to, πύρωσις, f: without fire, ἄπυρος, ἀπύρωτος: blazing with fire, πυριφλεγής, πυρίφλογος: breathing fire, πυρίπνοος, πύρπνοος
Fire, v. (to set on fire) ἐμπυρεύω, ἅπτω, ἐκφλέγω, ἀναπυρόω, συγκαίω; (to catch fire) ἐμπυρεύομαι, ἅπτομαι, ἀναλάμπω; (to lay waste by fire), πυρπολέω, ἐκπυρόω
Firebrand, δαΐς, f. δαλός, m.
Fire-pan, ἐσχάρα, f. πυρεῖον, n.
Fire-place, ἐσχάρα, f.
Fire-wood, φρύγανον, n.
Firkin, ἀμφορεύς, m.
Firm, βέβαιος, ἰσχυρός, στερεός, ἀσφαλής, ἔμπεδος, στιφρός: to make firm, βεβαιόω, στερεόω: to be firm, συνίσταμαι
Firmament, πόλος, m. στερέωμα, n.
Firmly, adv. βεβαίως, ἀσφαλῶς, στερεῶς
Firmness, βεβαιότης, f. στερεότης, f.
First, πρῶτος, πρώτιστος; adv. πρῶτον, πρῶτα, πρώτιστα: at first, πρῶτον, τὴν πρώτην, ἀρχήν: first of all, πάμπρωτος: to be first, πρωτεύω: to be, come, or do first, φθάνω
First-born, πρωτόγονος, πρωτοφυής
First-fruits, ἀπαρχαί, f. pl. ἀκροθίνια, n. pl.: to offer first-fruits, ἀπάρχομαι
Fish, ἰχθύς, m.: small fish, ἰχθύδιον, n.: salt fish, τάριχος, m. & n. τέμαχος, n.: cooked or broiled fish, ὄψον, n. ὀψάριον, n.: like fish, ἰχθυώδης: fish-bone, ἄκανθα, f.
Fish, v. ἁλιεύω, ἰχθυάω
Fisherman, ἁλιεύς, m. γριπεύς, m.
Fish-hook, ἄγκιστρον, n. ἀγκίστριον, n.
Fishing, ἁλεία, f.: of fishing, ἁλιευτικός [ὁρμιά, f.
Fishing-line, λίνον, n. μήρινθος, f.
Fishing-rod, ῥάβδος, f. κάλαμος, m.
Fishmonger, ἰχθυοπώλης, m. -λὶς, f.
Fishy, ἰχθυώδης, ἰχθυόεις
Fissure, ῥωχμός, m. ῥωγή, f. ῥωγμή; f.
Fist, κόνδυλος, m. πυγμή, f.: to strike with the fist, κονδυλίζω, πυκτεύω
Fistula, σύριγξ, f.
Fistulous, συριγγώδης
Fit, περίοδος, f. πλάνος, m.
Fit, ἐπιτήδειος, πρόσφορος, ἄξιος, προσήκων, εὐάρμοστος, εὐφυής, ἱκανός, ἐπιεικής: unfit, ἀνάρμοστος, ἀναρμόδιος; impers. it is fit, προσήκει, ἔοικε, πρέπει, δεῖ: to think fit, ἀξιόω
Fit, v. ἁρμόζω, ἐφαρμόζω, προσαρμόζω, ἄρω: to fit together, συναρμόζω: to fit out, στέλλω, ἐξαρτύνω
Fitly, adv. ἐπιτηδείως, πρεπόντως, ἀξίως, εὐαρμόστως, ἱκανῶς
Fitness, ἐπιτηδειότης, f. ἱκανότης, f. ἐπιτήδεια, f.
Fitted, ἁρμοστός: easily fitted together, εὐσυνάρμοστος: unfitted, ἀνάρμοστος
Fitting, ἁρμογή, f. ἅρμοσις, f. (a fitting, joint), ἁρμός, m.
Fitting ἁρμόνιος, ἁρμόδιος, σύμμετρος: it is fitting, προσήκει, πρέπει, δεῖ
Five, πέντε: the number five, πεμπάς, f. πεμπτάς, f.

Five-fold, πενταπλάσιος
Five hundred, πεντακόσιοι
Five hundredth, πεντακοσιοστὸς
Five thousand, πεντακισχίλιοι
Five times, πεντάκις [f.
Five years, πενταετηρὶς, f. πενταετία,
Fix, v. πήγνυμι, ἐρείδω: to fix on or to, προσάπτω, προσπήγνυμι, περιάπτω: to fix in, ἐμπήγνυμι, ἐνερείδω: to be fixed, (determined, established) κεῖμαι, πρόκειμαι [ῥητὸς
Fixed, πηκτὸς; (agreed upon) τακτὸς,
Flabbiness, πλάδος, n. χαλαρότης, f.
Flabby, μαδαρὸς, μανὸς, πλαδαρὸς: to be flabby, πλαδάω
Flaccid, χαλαρὸς
Flaccidity, χαλαρότης, f. [μον, n.
Flag, σημεῖον, n. σημαία, f. ἐπίσημ-
Flag, v. χαλάω, ἀναπίπτω, ἐνδίδωμι
Flagellation, μαστίγωσις, f.
Flagging, χάλασις, f. ἀσθένεια, f.
Flagitious, πανοῦργος, πονηρὸς [f.
Flagitiousness, πανουργία, f. πονηρία,
Flagon, λάγηνος, f.
Flagrant, φλεγυρὸς
Flake, (of snow) βολὴ, f.
Flaky, πεταλώδης [f. φανὸς, m.
Flambeau, δαῒς, f. (contr. δᾷς), λαμπὰς,
Flame, φλὸξ, f. φλογμὸς, m. φλέγμα, n. σέλας, n.
Flame, v. φλέγω, σελαγέω, ἀναλάμπω
Flaming, φλογερὸς, φλόγεος
Flamingo, φοινικόπτερος, m.
Flank, πτέρυξ, f. πτερύγωμα, n. λαπάρα, f. κενεὼν, m. λαγὼν, c. (of an army) πλευρὸν, n. κέρας, n. τὰ πλάγια
Flap, v. πτερυγίζω, πτερύσσομαι
Flash, ἀστραπὴ, f. στεροπὴ, f.
Flash, v. ἀστράπτω, ἐκλάμπω, ἀπαυγάζω, μαρμαίρω
Flashing, στέροψ
Flask, λήκυθος, f. ἀσκὸς, m.
Flat, ὁμαλὸς, λευρὸς, πλαταμώδης: to be made flat, πλατόομαι
Flatness, ὁμαλότης, f. σιμότης, f. (dulness) ἀμβλύτης, f.
Flatten, v. ὁμαλίζω, ὁμαλύνω
Flatter, v. κολακεύω, θωπεύω
Flatterer, κόλαξ, m. θὼψ, m.
Flattering, κολακευτικὸς, θωπευτικὸς, θωπικὸς, ἡδυλόγος
Flattery, κολακεία, f. θωπεία, f. θώπευμα, n. ἡδυλογία, f.
Flatulent, πνευματώδης
Flaunt, v. ὑπερηφανέω
Flavour, γεῦμα, n. κνίσσα, f. [μα, n.
Flaw, ἁμάρτημα, n. ἔλλειμμα, n. πταῖσ-

Flax, λίνον, n. ἀμοργὶς, f.: white flax, λευκόλινον, n. [γινος
Flaxen, λίνεος (contr. λίνους), ἀμόρ-
Flay, v. δέρω, ἐκδέρω, ἀποδέρω
Flea, ψύλλα, f. ψύλλος, m.
Flee, v. φεύγω, καταφεύγω, ἐκφεύγω, ὑποφεύγω, ἐκδιδράσκω [πόκος, m.
Fleece, κῶας, n. κῴδιον, n. ἄωτον, n.
Fleecy, εὔποκος, εὔειρος, βαθύμαλλος
Fleet, στόλος, m. στρατὸς ναυτικὸς, m.
Fleet, ταχὺς, ὠκὺς, κραιπνὸς [ζομαι
Fleet, v. ῥέω, φεύγω, πέτομαι, ἀφανί-
Fleeting, ἐξίτηλος, πτηνὸς, φευκτικὸς
Fleetly, adv. ὠκέως, κραιπνῶς, ταχὺ, κατὰ πόδας
Fleetness, ταχύτης, f. ὠκύτης, f.
Flesh, σὰρξ, f. κρέας, n.: to tear flesh, σαρκάζω: to eat flesh, σαρκοφαγέω
Fleshiness, πολυσαρκία, f.
Fleshly, σαρκικὸς
Fleshy, εὔσαρκος, πολύσαρκος, περίσαρκος, σαρκώδης, σάρκινος
Flexibility, εὐκαμψία, f.
Flexible, καμπτὸς, καμπτικὸς, εὔκαμπτος, εὔγναμπτος
Flexion, καμπὴ, f. κάμψις, f.
Flicker, v. αἰθύσσομαι
Flight, φυγὴ, f. ἀποφυγὴ, f. καταφυγὴ, f. δρασμὸς, m. φύζα, f. φύξις, f. κατάφευξις, f. (as of birds) πτῆσις, f. ποτὴ, f. πώτημα, n.: to put to flight, τρέπω, τροπὴν ποιέω, ἐγκλίνω
Flighty, ὁρμητικὸς, ὑπόπτερος, προ-
Flimsiness, λεπτότης, f. [πετὴς
Flimsy, λεπτὸς, λεπταλέος
Fling, ῥιπὴ, f. βολὴ, f.
Fling, v. βάλλω, ῥίπτω, ἰάπτω
Flint, πυρίτης (λίθος), m.
Flippancy, ἀδολεσχία, f.
Flippant, ἀδολέσχης, προπετὴς
Float, v. ἐπιπολάζω, ἐπινέω, πλώω; (in the air) ἠερέθομαι, ἐνευδιάω; (of oil on water) ἐπιρρέω
Floating, πλωτὸς, πλωὰς
Flock, ποίμνη, f. ποίμνιον, n. πῶϋ, n.: in a flock, ἀγεληδὸν
Flock, v. σύνειμι, συναγείρομαι, συρρέω
Flog, v. μαστιγόω, θωμίζω, ἱμάσσω
Flogging, μαστίγωσις, f.
Flood, πλημμυρὶς, f. ῥεῦμα, n. ἐπιρροὴ, f. ἐπίκλυσις, f. κατακλυσμὸς, m.
Flood, v. κατακλύζω, ἐπικλύζω
Floor, ἔδαφος, n. δάπεδον, n.
Floral, ἄνθινος, ἀνθηρὸς, ἀνθητικὸς, ἀνθεσφόρος
Florid, ἀνθηρὸς, ἐπιφλεγὴς
Flour, ἄλειαρ, n. ἄλευρον, n. σεμί-

δαλις, f. (especially of barley) ἄλφιτον, n.

Flourish, v. ἀνθέω, ἀκμάζω, ἐξανθέω, θάλλω, εὐθηνέω

Flourishing, θαλερός, εὐθαλής, ἀκμαῖος

Flow, ῥοή, f. ῥόος, m. ῥεῦμα, n.

Flow, v. ῥέω, νάω, μύρω: to flow down or away, καταρρέω, ἀπορρέω, καταστάζω: to flow into or towards, ἐπιρρέω, εἰσρέω, προσεπιρρέω, ἐμβάλλω: to flow out or forth, ἐκρέω, ἐκπρορέω, ἀπορρέω, ὑπεκρέω: to flow through, διαρρέω: to flow by, παραρρέω: to flow round, περιρρέω: to flow together, συρρέω

Flower, ἄνθος, n. ἄνθη, f. ἄνθεμον, n. (the prime) ἄωτος, m. -ον, n. ἀκμή, f.: to gather flowers, ἀπανθίζω, ἀνθολογέω: to strew with flowers, ἀνθίζω: to feed on flowers, ἀνθονομέω: bearing flowers, ἀνθηφόρος: smelling like flowers, ἀνθοσμίας

Flower, v. ἀνθέω, ἐξανθέω

Flower-bed, ἄνδηρον, n.

Floweret, Flowret, ἀνθήλιον, n.

Flowery, ἀνθηρός, εὐανθής, ἀνθεμώδης, ἀνθεμόεις

Flowing, ῥεῦσις, f. ῥοή, f.: a flowing down, καταρροή, f.: a flowing in, εἴσροος, m.: a flowing round, περιρροή, f.: a flowing together, σύρρευσις, f.

Flowing, ῥυτός, ῥευστικός, ῥοϊκός, ναρός: flowing from, ἀπόρρυτος: flowing round, περίρρυτος: flowing near, ἀγχίρροος: flowing rapidly, ὠκυρόης, -ροος, ὠκύπορος: well or beautiful flowing, εὔροος, καλίρροος, καλλίναος

Fluctuate, v. κυμαίνω, κυματόω, ταράσσομαι; (in mind) διάνδιχα μερμηρίζω, ἀπορέω [εὔροια, f.

Fluency, εὐγλωσσία, f. εὐέπεια, f.

Fluent, εὔγλωσσος, εὔροος, εὔπορος, στωμύλος

Fluently, adv ἐπιτροχάδην

Fluid, ὑγρόν, n χύμα, n. χυμός, m.

Fluid, ὑγρός, ῥοϊκός: to be fluid, ὑγρορροέω

Flurry, ὁρμή, f. ὅρμημα, n.

Flush, ἔρευθος, n.

Flush, v. ἐρυθραίνω [ράσσω

Fluster, v. θορυβέω, συγκυκάω, ταFlute, αὐλός, m. αὐλίσκος, m. δόναξ, m.: to play the flute, αὐλέω

Fluted, ῥαβδωτός [αὐλητρίς, f.

Flute-player, αὐλητήρ, m. αὐλητής, m.

Fluting, ῥάβδωσις, f.

Flutter, v. πέτομαι, ἀναπέτομαι, πτοέομαι [ῥεῦμα, n. διάρροια, f.

Flux, ῥοή, f. ῥόος, m. (dysentery)

Fluxion, ῥεῦσις, f.

Fly, μυῖα, f.: fly-flap, μυιοσόβη, f.

Fly, v. πέτομαι, ποτάομαι: to fly away, ἐκπέτομαι, ἀναπέτομαι: to fly beside, near, by, or beyond, παραπέτομαι: to fly to, προσπέτομαι, ἐπιπέτομαι: to fly through, διαπέτομαι: to fly over, ὑπερπέτομαι: to fly up, ἀναπέτομαι: to fly down, καταπέτομαι

Flying, πτῆμα, n. πτῆσις, f. ποτή, f.

Flying, πτηνός, πετεινός, πτητικός: high-flying, ὑψιπετής

Foal, πῶλος, c.

Foam, ἀφρός, m.

Foam, v. ἀφρίζω, παφλάζω, ἐρεύγομαι

Foaming, Foamy, ἀφρώδης, ἀφριόεις

Fodder, χιλός, m. νομή, f. χόρτος, m.

Fodder, v. χιλεύω

Foe, ἐχθρός, m. πολέμιος, m.

Fœtus, ἔμβρυον, n.

Fog, ὁμίχλη, f. ἀήρ, c.

Foggy, ὁμιχλοειδής [τωλή, f.

Foible, ἀσθένεια, f. ἁμάρτημα, n. ἁμαρFoil, v. σφάλλω, παρασφάλλω, καταβάλλω

Fold, (a double, crease) πτυχή, f. πτύξ, f. κόλπος, m. ἕλιγμα, n. (sheepfold) σταθμός, m. ἔπαυλις, f. αὔλιον, n.

Fold, v. πτύσσω: to fold up, συμπτύσσω: to fold round, περιπτύσσω

Folded, πτυκτός, στολιδωτός, πτυχώδης: folded round, ἀμφέλικτος, περιπτυχής [δικλίδες, f. pl.

Folding, πτύξις, f.: folding-doors,

Foliage, φυλλάς, f. πτερόν, n. χλόη, f.: to change foliage, μεταβλαστάνω

Folk, ὄχλος, m. δῆμος, m.

Follow, v. ἕπομαι, ἐφέπομαι, συνέπομαι, συνεφέπομαι, ἀκολουθέω, παρακολουθέω, συνακολουθέω, ἐπακολουθέω, διώκω, μεταδιώκω, ὀπάζω, ἐφομαρτέω, ὀπαδεύω: it follows, (in arguing) συμβαίνει, συμπεραίνεται

Follower, ἀκόλουθος, m. ὀπαδός, m.

Following, ἀκολούθησις, f. δίωξις, f.

Following, ἀκόλουθος, ὀπαδός

Following, adv. μεταδρομάδην

Folly, ἄνοια, f. παράνοια, f. ἀφροσύνη, f. μωρία, f. ἀσυνεσία, f. ἀβουλία, f. ἀβελτερία, f. εὐήθεια, f.

Foment, v. ἐπαντλέω, προπυριάω

Fomentation, χλίασμα, n. ἐπάντλησις, f. ὑπέκκαυμα, n.
Fond, ἐρωτικὸς, φίλος, εὐφιλὴς : very fond of, δυσέρως : to be fond of, στέργω, φιλέω
Fondle, v. ἀσπάζομαι, κορίζομαι, ὑποκορίζομαι, περιπτύσσω
Fondling, ἄσπασμα, n. μείλιγμα, n.
Fondly, adv. ἐρωτικῶς, φίλως [f.
Fondness, ἔρως, m. φιλότης, f. στοργὴ,
Font, βαπτιστήριον, n.
Food, σῖτος, m. σιτίον, n. τροφὴ, f. βρῶσις, f. βρῶμα, n. ἐδωδὴ, f. εἶδαρ, n. : without food, ἄσιτος : to be without food, ἀσιτέω
Fool, see Foolish : to play the fool, φλυαρέω [ὑπέρτολμος
Foolhardy, θαρσαλέος, ῥιψοκίνδυνος,
Foolish, ἀνόητος, ἄφρων, παράφρων, ἠλίθιος, μωρὸς, μάταιος, ἄβουλος, ἀσύνετος, σκαιὸς, ἄνοος : to be foolish, μωραίνω, παραφρονέω, παρανοέω
Foolishly, adv. ἀνοήτως, μωρῶς, ἀφρόνως, ἀλογίστως, μάτην
Foolishness, μωρία, f. ἄνοια, f. ἀφροσύνη, f. ἀτασθαλία, f.
Foot, ποῦς, m. : a foot long, &c. ποδιαῖος : on foot, πεζὸς, adv. πεζῇ : to go on foot, πεζεύω, πεζοπορέω : two-footed, δίπους : four-footed, τετράπους : swift-footed, ποδώκης, εὔπους : brazen-footed, χαλκόπους : large-footed, μεγαλόπους : barefoot, νηλίπους, λευκόπους
Footman, ἀκόλουθος, m. σκευοφόρος, m.
Footpath, πάτος, m. τρίβος, m. στίβος, m.
Footstep, ἴχνος, n. ἴχνιον, n. στίβος, m.
Footstool, ὑποπόδιον, n. σφέλας, n. ὑπόβαθρον, n. [περὶ, ἐπὶ, ἀντὶ, ἕνεκα
For, conj. γὰρ, ὅτι ; prep. πρὸ, πρὸς,
Forage, προνομὴ, f. χιλὸς, m.
Forage, v. ἐπισιτίζομαι, προνομεύω, σιτολογέω
Forager, προνομευτὴς, m.
Foraging, ἐπισιτισμὸς, m. προνομὴ, f. προνομεία, f. σιτολογία, f.
Foraging, σιτολόγος [μαι
Forbear, v. ἀπέχομαι, ἀνέχομαι, φείδοForbearance, ἀνοχὴ, f. μακροθυμία, f.
Forbearing, μακρόθυμος
Forbid, v. κωλύω, ἀπεῖπον, εἴργω, ἀπαγορεύω, ἀπενέπω
Forbidden, ἀπόρρητος
Force, βία, f. σθένος, n. ὁρμὴ, f. δύναμις, f. ἰσχὺς, f. ῥώμη, f. (body of men, forces) δύναμις, f. ἰσχὺς, f. :

by force, βίᾳ, ἐκ βίας, κατ᾿ ἰσχὺν, χερσὶν [κάζω
Force, v. βιάζομαι, ἀναγκάζω, ἐπαναγForceps, λαβὶς, f. καρκίνος, m.
Forcible, βίαιος, δυνατὸς, ὄβριμος ; (of argument) ἀναγκαῖος, ἀσφαλὴς
Forcibly, adv. βιαίως, βίᾳ, πρὸς βίαν ; (of argument) ἀσφαλῶς, ἀναγκαίως
Ford, πόρος, m. διάβασις, f. τέναγος, n.
Ford, v. διαβαίνω, περάω
Fordable, διαβατὸς
Fore, πρόσθιος, ἐμπρόσθιος
Forebode, v. μαντεύομαι, ὔσσομαι, νοέω, οἴομαι (as θυμὸς ὄϊσατο μοί, my heart foreboded it)
Forecast, πρόνοια, f. προμήθεια, f.
Forecast, v. προνοέω, προγιγνώσκω
Forefathers, πατέρες, m. pl. πρόγονοι,
Forefinger, λιχανὸς, m. [m. pl.
Forego, v. προΐεμαι, ἀπολείπω, παραForehead, μέτωπον, n. [χωρέω
Foreign, ξένος, ξενικὸς, ἀλλότριος, ὑπερόριος, ἐξωτερικὸς, ἐξωτικὸς, ἀλλόφυλος, βάρβαρος
Foreigner, ξένος, m. ἔπηλυς, c.
Forejudge, v. προκρίνω [θάνομαι
Foreknow, v. προγιγνώσκω, προαισForeknowing, προειδὼς [θησις, f.
Foreknowledge, πρόγνωσις, f. προαίσForeland, ἄκρα, f ἀκρωτήριον, n.
Foremost, πρῶτος, πρώτιστος
Forensic, δικανικὸς
Foreordain, v. προορίζω
Foreordaining, προορισμὸς, m.
Forerunner, πρόδρομος, m.
Foresee, v. προοράω, προεῖδον, προγιγνώσκω, προνοέω, προδέρκομαι
Foreseeing, πρόοψις, f. προνόησις, f.
Foreshow, v. προφαίνω, προσημαίνω, προδείκνυμι
Foresight, πρόνοια, f. προμήθεια, f.
Foreskin, ἀκροποσθία, f.
Forest, ὕλη, f. ξύλοχος, f. δρυμὸς, m.
Forestall, v. προαγοράζω, προλαμβάνω
Forester, ὑληωρὸς, m. ὑληκοίτης, m.
Foretaste, πρόγευμα, n.
Foretaste, v. προγεύομαι
Foretell, v. μαντεύομαι, προαγορεύω, προλέγω, προθεσπίζω, πρόφημι
Foretelling, προαγόρευσις, f.
Forethought, πρόνοια, f. προμήθεια, f.
Foretold, πρόφαντος, μαντευτὸς
Forewarn, v. προαγγέλλω, προεῖπον, προδείκνυμι, νουθετέω
Forewarning, προάγγελσις, f. νουθεσία, f. νουθέτησις, f.
Forfeit, ζημία, f.
Forfeit, v. ἀποβάλλω, προΐεμαι

FOR

Forge, χαλκεών, m. χαλκήιον, n.
Forge, v. χαλκεύω, προχαλκεύω, κόπτω; (to counterfeit) πλάσσω
Forgery, πλάσμα, n.
Forget, v. λανθάνομαι, ἐπιλανθάνομαι, ἀμνημονέω, ἀμνηστέω: to cause to forget, λανθάνω, ἐπιλανθάνω: to be forgotten, ἐξολισθάνω
Forgetful, ἐπιλήσμων, δυσμνημόνευτος, ἀμνήμων
Forgetfulness, λήθη, f. ἐπίλησις, f. λῆθος, n. λησμοσύνη, f. ἀμνημοσύνη, f.
Forgetting, λήθη, f. ἐπίλησις, f.
Forgive, v. συγγιγνώσκω, μεθίημι, δίδωμι, αἰδέομαι [αἴδεσις, f.
Forgiveness, συγγνώμη, f. σύγγνοια, f.
Forgiving, συγγνώμων, ἐλεήμων, οἰκτίρμων [ἐξίτηλος
Forgotten, ἄμνηστος, ἀμνημόνευτος,
Fork, δίκελλα, f. θρῖναξ, m.
Forked, δίξοος; (as lightning) ἀμφήκης: forked stick, σχαλὶς, f.
Forlorn, ἀνέλπιστος, ἔρημος, μόνος, οἰοπόλος
Form, εἶδος, n. σχῆμα, n. μορφή, f. ἰδέα, f. τύπος, m.
Form, v. πλάσσω, συμπλάσσω, σχηματίζω, συντίθημι, μορφόω; (as a league) συνίστημι: to form into one, ἑνόω: to be formed, (as lines of soldiers) τάσσομαι, συντάσσομαι
Formal, μεθοδικὸς, ἀτρεκὴς, περίεργος
Formality, ἀκρίβεια, f. ἀτρέκεια, f. περιεργία, f.
Formally, adv. μεθοδικῶς [m.
Formation, πλάσις, f. σχηματισμὸς,
Former, πλάστης, m.
Former, πρότερος, ὁ, ἡ, or τὸ πρὶν, ὁ, ἡ, or τὸ πάρος, ὁ ἐπάνωθε, ὁ πάροιθε: the former, ὁ μὲν, the latter, ὁ δὲ
Formerly, adv. πρότερον, πρὶν, πότε, πάλαι, πάρος, πρόσθε, πάροιθε, προτοῖ
Formidable, φοβερὸς, δεινὸς, φρικτὸς
Formidably, adv. δεινῶς, φοβερῶς
Formless, ἄμορφος
Fornication, πορνεία, f: to commit fornication, πορνεύω
Fornicator, πόρνος, m. [ἴσταμαι
Forsake, v. καταλείπω, ἀπολείπω, ἀφ-
Forsaken. ἀπολειφθεὶς, μόνος
Forsooth, adv. ῥὰ, ἄρα, δῆτα
Forswear, v. (to deny upon oath) ἀπόμνυμι, ἐξόμνυμι; (to swear falsely) ἐπιορκέω
Fort, φρούριον, n. φυλακτήριον, n.
Forth, adv. πρόσθει; (forth from) ἔξω

FOU

Forthwith, adv. παραυτίκα, εὐθὺς, αἶψα,
Fortieth, τεσσαρακοστὸς [ἄφαρ
Fortification, ἔρυμα, n. τεῖχος, n. τείχισμα, n. ἐπιτείχισμα, n. περιτείχισμα, n. φρούριον, n. παράφραγμα, n.
Fortified, ἐρυμνὸς
Fortify, v. τειχίζω, περιτειχίζω, ἐκτειχίζω, φράσσω, ἀποφράσσω, ὀχυρόω
Fortifying, ἐπιτείχισις, f. ἐπιτειχισμὸς, m. [f.
Fortitude, ἀνδρεία, f. εὐψυχία, f. ἀρετὴ,
Fortress, φρούριον, n.
Fortuitous, αὐτόματος, τυχαῖος
Fortuitously, adv. αὐτομάτως
Fortunate, εὐτυχὴς, εὐδαίμων, εὐήμερος, εὔμοιρος: to be fortunate, εὐτυχέω, εὖ πάσχω
Fortunately, adv. εὐτυχῶς, τυχηρῶς
Fortune, τύχη, f. δαίμων, c. δαιμόνιον, n.: good fortune, εὐτυχία, f. εὐτύχημα, n.: bad fortune, δυστυχία, f. δυστύχημα, n. ἀτυχία, f. ἀτύχημα, n.
Fortune, (estate, portion) οὐσία, f. τὰ ὑπάρχοντα
Fortune-teller, μάντις, m. ἀγύρτης, m.
Forty, τεσσαράκοντα: forty years old, τεσσαρακονταέτης: period of forty years, τεσσαρακοντὰς, f.
Forum, ἀγορὰ, f.
Forward, (confident, bold) τολμηρὸς, προπετὴς; (eager) πρόθυμος
Forward, v. (advance, aid) προφέρω, προκόπτω; (bring forward) προφέρω; (step forward, move or put forward) προβαίνω
Forward, adv. πρόσθε, πρόσω, πόρρω, προτέρω, προτέρωσε; forwards, προβάδην, εἰς τὸ πρόσθε: backwards and forwards, πάλιν τε καὶ πρόσω
Forwardly, adv. προθύμως, σπουδαίως
Forwardness, προθυμία, f.
Fosse, τάφρος, f. ὄρυγμα, n.
Fossil, ὀρυκτὸς
Foster, v. τρέφω, θεραπεύω, θάλπω
Foster-child, τρόφιμος, c. τροφὸς, c.
Foul, μιαρὸς, μυσαρὸς, ῥυπαρὸς, δυσώδης: foul language, αἰσχρολογία, f.: to use foul language, αἰσχρολογέω, αἰσχροεπέω
Foul, v. μιαίνω, καταμιαίνω
Foully, adv. μιαρῶς, αἰσχρῶς
Foul-mouthed, αἰσχρολόγος
Foulness, μιαρία, f. μυσαρία, f. ἀκαθαρσία, f. αἰσχρότης, f.
Found, v. κτίζω, ἱδρύω, οἰκίζω, κατοικίζω, θεμελιόω, βάλλομαι, καταβάλλομαι; (metal) χοανεύω or χωνεύω
Foundation, θεμέλιον, n. βάθρον, n.

ἔδαφος, n. πυθμήν, m. πρέμνον, n. κρηπὶς, f. ῥίζα, f. ὑπόθεσις, f.: from the foundation, πρόρριζος, αὐτόπρεμνος; adv. πρέμνοθε, πρόρριζον

Founder, κτίστης, m. οἰκιστής, m. ἀρχηγὸς, m. ἀρχηγέτης, m. (of metal) χωνευτής, m. [καταδύομαι

Founder, v. καταδύω or -δύνω, & mid.

Founding, κτίσις, f. οἴκισις, f. ἵδρυσις, f. (metal) χωνεία, f. χώνευσις, f.

Foundling, εὕρημα, n.

Foundry, χόανος, m. χωνευτήριον, n.

Fount, Fountain, πηγὴ, f. κρήνη, f. πίδαξ, f.: of a fountain, πηγαῖος, κρηναῖος

Four, τέσσαρες; (number four) τετρὰς: in four ways, τετραχῶς, τετραχῆ: in four parts, τετραχῆ: four years old, τετραετὴς, τετραενὴς: space of four years, τετραετία, f.

Four-cornered, τετράγωνος

Four-fold, τετραπλάσιος, τετραξὸς, τετράμοιρος; adv. τετραπλῆ, τετραχῶς, τετάρτως

Four-footed, τετράπους, τετραποδὴς, τετραβάμων

Four-horsed, τετράορος, contr. τέτρωρος, τέθριππος

Four hundred, τετρακόσιοι

Four-hundredth, τετρακοσιοστὸς

Four-score, ὀγδοήκοντα

Fourteen, τεσσαρεσκαίδεκα (neut. τεσσαρακαίδεκα)

Fourteenth, τεσσαρεσκαιδέκατος: on the fourteenth day, τεσσαρεσκαιδεκαταῖος

Fourth, τέταρτος: fourth day, τετρὰς, f. ἡ τετάρτη: on the fourth day, τεταρταῖος: the fourth time, τὸ τέταρτον: fourth part, τεταρτημόριον, n.

Fourthly, adv. τετάρτως

Four thousand, τετρακισχίλιοι

Four times, τετράκις

Four-wheeled, τετράκυκλος

Fowl, ὄρνις, c.

Fowler, ὀρνιθοθήρας, m. ὀρνιθευτής, m.

Fox, ἀλώπηξ, f. ἀλωπέκιον, n. κερδὼ, f.: young fox, ἀλωπεκιδεὺς, m.: like a fox, ἄλωπος: to be as cunning as a fox, ἀλωπεκίζω

Fox-dog, κυναλώπηξ, f.

Fraction, κλάσμα, n. θραῦσμα, n. μερὶς, f. ἀπόκομμα, n.

Fractious, ἐριστικὸς, φίλερις

Fracture, ῥῆγμα, n. κλάσις, f. σύντριμμα, n. [μι

Fracture, v. κατάγνυμι, θραύω, ῥήγνυ-

Fragile, εὔκλαστος, εὔθραυστος, εὔθλαστος, κατακτὸς

Fragment, θραῦσμα, n. κλάσμα, n. κάταγμα, n. θρύμμα, n.

Fragrance, εὐωδία, f. εὐοσμία, f.

Fragrant, εὐώδης, εὔοσμος

Frail, ἀσθενὴς, φθαρτὸς, πτώσιμος

Frailty, ἀσθένεια, f. ψαθυρότης, f.

Frame, (form, shape) δέμας, n.

Frame, v. συμπήγνυμι, πήγνυμι, κατασκευάζω, συντίθημι, τεκταίνομαι, ποιέω, τεύχω

Framed, σύμπηκτος. πηκτὸς

Framing, σύμπηξις, f.

Franchise, ἐπιτιμία, f. ἀτέλεια, f. διαχειροτονία, f. [contr. ἁπλοῦς

Frank, ἐλευθέριος, ἐλεύθερος, ἁπλόος,

Frankincense, λίβανος, f. λιβανωτὸς, c.: frankincense-tree, λίβανος, m.: like frankincense, λιβανώδης

Frankly, adv. ἐλευθερίως, ἐλευθέρως, ἁπλῶς [εὐήθεια, f.

Frankness, ἁπλότης, f. ἐλευθεριότης, f.

Frantic, μανικὸς, ἔκφρων, ἐμμανὴς, μαινὰς, μανιὰς, παραπλὴξ, παράνοος, φοιτὰς, ἐνθουσιαστικὸς: to be frantic, μαίνομαι, βακχεύω

Fraternal, ἀδελφικὸς, ἀδελφὸς

Fraternity, φράτρα, f. φατρία, f.

Fratricide, ἀδελφοκτόνος, m.

Fraud, παράκρουσις, f. κλέμμα, n. φενάκισμα, n. ἀπάτη, f.

Fraudulent, κλέπτης, κάπηλος, φενακικὸς, ἀπατηλὸς

Fraudulently, adv. ἀπατητικῶς

Fray, νεῖκος, n. ἔρις, f.

Freckle, φάκος, m.

Freckled, φάκοψις

Free, ἐλεύθερος, ἐλευθέριος, ἄφετος; (independent) αὐτόνομος, αὐτεξούσιος; (free from, without) ἄκρατος, ἔρημος, ἀμέτοχος, ὀρφανὸς; (as free will, by free choice) αὐθαίρετος: free from danger, ἀκίνδυνος: free from disease, ἄνοσος [ἔξω

Free from, adv. & prep. (w. gen.) ἐκτὸς,

Free, v. ἐλευθερόω, ἀπελευθερόω, λύω, ἐκλύω, παραλύω, ἀφαιρέομαι, ἀνίημι

Freebooter, λῃστὴς, m. συλήτωρ, m. ἁρπακτήρ, m.

Freedman, ἀπελεύθερος, m. ἐξελεύθερος, m.: belonging to freedmen, ἀπελευθερικὸς, ἐξελευθερικὸς

Freedom, ἐλευθερία, f. (from anything, as pain, &c.) ἐρημία, f.: freedom of speech, παρρησία, f.: freedom from fear, or of access, ἄδεια, f.

Freed-woman, ἀπελευθέρα, f.
Freehold, κλῆρος, m.
Freeholder, κληρονόμος, m.
Freeing, ἐλευθέρωσις, f.
Freely, adv. ἐλευθέρως, ἐλευθερίως ἀνέδην; (confidently) ἀδεῶς, μετὰ παρρησίας: speaking freely, ἐλευθερόστομος, παρρησιαστικός: to speak freely, παρρησιάζομαι, ἐλευθεροστομέω
Free-minded, ἐλευθέριος, ἐλεύθερος
Freeness, ἐλευθεριότης, f.
Free-spirited, ἐλευθέριος
Free-will, τὸ αὐτεξούσιον
Freeze, v. πήγνυμι, ἐπιπήγνυμι, κρυσταίνω; intrans. πήγνυμαι, καταπήγνυμαι: to be frozen, κρυσταλλόομαι
Freezing, πῆξις, f.
Freezing, πηκτικός [n. ναῦλον, n.
Freight, γόμος, m. φόρτος, m. φόρτιον,
Freight, v. γεμίζω, φορτίζω
Frenzied, μανιάς, μανιάδης. ἐνθουσιαστικός, ἐνθουσιώδης
Frenzy, μανία, f. ἐνθουσιασμός, m. ἄλη, f. φοῖτος, m.
Frequency, πυκνότης, f. πλῆθος, n.
Frequent, πυκνός, πυκινός, συχνός
Frequent, v. φοιτάω, φοιτίζω, προσφοιτάω, θαμίζω, περιβάλλω, ὁμιλέω: to be frequent, do or come frequently, συχνάζω
Frequented, χρήσιμος, πολύξενος
Frequenting, φοίτησις, f.
Frequently, adv. πολλάκις, πολλά, θαμά, θαμινά, συχνάκις, πυκνῶς: that which is done frequently, πύκνωμα, n. σύχνασμα, n.
Fresh, (new) νέος, νεαρός, νεαλής, χλωρός, πρόσφατος, ἀνθηρός; (not fatigued or worn out) νέος, νεαλής, ἀκμής, ἄκμητος; (keen, cool, as the wind) λαμπρός, ψυχρός: afresh, adv. ἐκ νέου, ἐκ νέας
Freshen, v. ἐμψυχόω, ἐμψύχω
Freshly, adv. νεῖον, τὸ νέον, νεωστί
Freshness, νεότης, f. χλωρότης, f.
Fret, v. κνίζω. ἀνιάω, λυπέω, ἄχθομαι
Fretful, δύσκολος, δυσχερής, δυσάρεστος
Fretfulness, δυσχέρεια, f. δυσκολία, f.
Friability, ψαθυρότης, f.
Friable, ψαθυρός, θραυστός, εὔθραυστος
Friar, μοναχός, m. μοναστής, m.
Friction, τρίψις, f. τρίβος, c.
Fried, ταγηνιστὸς or τηγανιστὸς
Friend, φίλος, m. ἐπιτήδειος, m. ἀναγκαῖος, m. γνώριμος, m. γνωστός, m.
ἑταῖρος, m. ξένυς, m. (vocative) my friend, ὦ 'τὰν, ὦ λῷστε: false friend, λυκόφιλος, m.: having many friends, πολύφιλος: the having many friends, πολυφιλία, f.: the having few friends, ὀλιγοφιλία, f.: to make one's friend, οἰκειόω
Friendless, ἄφιλος [f. εὐμένεια, f.
Friendliness, φιλοφροσύνη, f. εὔνοια,
Friendly, φίλος, φίλιος, φιλικός, φιλόφρων, εὔνοος, εὐμενής, προσφιλής, ἐπιτήδειος, οἰκεῖος, εὐμενικός: to be friendly, εὐνοέω, εὐμενέω, ὁμιλέω, ἡδέως ἔχω, οἰκειόομαι
Friendly, adv. φιλίως, προσφιλῶς, φιλοφρόνως, εὐμενῶς, οἰκείως
Friendship, φιλία, f. φιλότης, f. οἰκειότης, f. ἑταιρεία, f. (hospitality) ξενία, f.: false friendship, λυκοφιλία, f.
Fright, ἔκπληξις, f. φόβος, m. δέος, n.
Frighten, v. φοβέω, ἐκφοβέω, ἐκπλήσσω, πτοέω, δειδίσσομαι, ἐκταράσσω, δειματόω, μορμολύττομαι: to be frightened, πτήσσω, καταπτήσσω, ἀτύζομαι, ταρβέω
Frightened, περίφοβος, φοβερός, περιθαμβής, ἔκφοβος
Frightful, φοβερός, δεινός, δειμαλέος
Frightfully, adv. δεινῶς, φοβερῶς
Frigid, ψυχρός
Frigidity, ψυχρότης, f.
Frigidly, adv. ψυχρῶς
Fringe, θύσανοι, m. pl. κροσσοί, m. pl.
Fringe, v. κροσσόω [σωτὸς
Fringed, θυσανόεις, θυσανωτός, κροσ-
Frisk, v. σκιρτάω
Friskiness, σκίρτησις, f. προθυμία, f.
Frisky, σκιρτητικός, γαῦρος
Frith, πορθμός, m.
Frivolity, Frivolousness, λῆρος, m. λήρημα, n. ματαιότης, f.
Frivolous, μάταιος, εἰκαῖος, ληρώδης, κενόφρων, φλύαρος
Frivolously, adv. ματαίως, εἰκῆ
Fro, contr. of From
Frock, ζῶμα, n. ἐσθής, f. χλαῖνα, f.
Frog, βάτραχος, m. (of a hoof) χελι-
Frolic, παιγνιά, f. παιδιά, f. [δών, f.
Frolic, v. παίζω
Frolicsome, παιγνιώδης, παιδικός, φιλοπαίγμων, ἀκόλαστος
From, prep. ἀπό, ἐκ or ἐξ, ὑπό, παρά, μετά: -θεν is often added to words, and gives the signification of from, as, from on high, ὑψόθεν; from without, ἔξωθεν; from whence, ὅθεν

FRO

Front, μέτωπον, n. τὸ ἔμπροσθεν
Front, ἐμπρόσθιος : in front, ἄνταιος ;
  adv. ἄντην : in front of, εἰσωπὸς ;
  adv. πρόσθεν, ἔμπροσθεν, κατὰ πρόσωπον, ἄντα
Front, v. ἀνθίσταμαι ; (to meet, encounter) ἀντάω, ἀπαντάω
Frontier, ὅρος, m. ὅρια, n. pl. μεθόριον, n. : of the frontier, ὅριος, μεθόριος : beyond the frontier, ὑπερόριος
Frontlet, ἄμπυξ, c. προμετωπίδιον, n.
Frost, παγετὸς ; m. κρύος, n. κρυμὸς, m.
Frosty, παγετώδης, παγερὸς, παγώδης,
Froth, ἀφρὸς, m. ἄχνη, f. [κρυερὸς
Frothy, ἀφρώδης
Froward, αὐθάδης, λαμυρὸς, ἰταμὸς : to be froward, αὐθαδίζομαι
Frowardly, adv. αὐθαδῶς
Frowardness, αὐθάδεια, f. ἀσέλγεια, f. κακοήθεια, f.
Frown, συνοφρύωμα, n.
Frown, v. ὀφρυάζω, συνοφρυόομαι, τὰς ὀφρύας συνάγω, φαρκιδόω
Frozen, κρυσταλλόπηκτος, παγερὸς
Fructiferous, πολύκαρπος, εὔκαρπος, καρποφόρος
Fructify, v. καρποφορέω [λιτοβόρος
Frugal, φειδωλὸς, εὐτελὴς, λιτόβιος,
Frugality, εὐτέλεια, f. φειδωλία, f. φειδώ, f.
Frugally, adv. ἐγκρατῶς, εὐτελῶς, σωφρόνως
Fruit, καρπὸς, m. κάρπωμα, n. ὀπώρα, f. : first-fruits, ἀπαρχαὶ, f. pl. : to bear fruit, φέρω, καρπέω, καρποφορέω, ἐκκαρπίζομαι : to gather fruits, καρπόομαι, ὀπωρίζω, καρπίζω : to reap fruit from, καρπόω, καρπίζω
Fruitful, καρποφόρος, πολύκαρπος, εὔκαρπος, πολυφόρος, εὔφορος, πολύγονος, τρόφιμος ; (only of women) εὔτεκνος, πολύτεκνος : to make fruitful, καρπίζω
Fruitfulness, εὐκαρπία, f. πολυφορία, f.
Fruition, ἀπόλαυσις, f.
Fruitless, ἄκαρπος, ἀκάρπωτος, ἄπρακτος, ἄχρηστος [ἄχρηστον
Fruitlessly, adv. μάτην, ματαίως,
Frustrate, v. σφάλλω, ἐξανεμόω, διακείρω, ἀλιόω, ἀφίστημι, ψεύδομαι : to be frustrated, σφάλλομαι, ἀποσφάλλομαι
Frustration, σφάλμα, n.
Fry, v. ταγηνίζω
Frying, τηγανισμὸς, m.
Frying-pan, τάγηνον & τήγανον, n.
Fuel, πυρεῖα, Ion. πυρῆια, n. pl.

FUR

Fugitive, φυγὰς, c. δραπέτης, m. -τις, f. : to be a fugitive, φυγαδεύω
Fugitive, adj. φυγὰς
Fulfil, v. τελέω, τελειόω, ἐπιτελέω, τελευτάω, ἀποπίμπλημι, πληρόω, ἀναπληρόω : to be fulfilled, τελευτάω, ἐκπεραίνομαι
Fulfilled, Fulfilling, τέλεος or τέλειος, τελεσφόρος [ἀναπλήρωσις, f.
Fulfilment, τελευτὴ, f. πλήρωσις, f.
Fulgency, σέλας, n. αὐγὴ, f. λαμπρότης, f. [ἀγλαὸς
Fulgent, Fulgid, φαεινὸς, λαμπρὸς,
Full, πλέος or πλεῖος, πλήρης, ἔμπλεος or ἔμπλεως, ἀνάπλεος, μεστὸς, ἀνάμεστος ; (complete) ἐντελὴς : very full, περίπλεος & -πλεως : to be full, γέμω, πληθύνω, πλήθω, μεστόομαι : to be very or over full, περιπίμπλαμαι, ὑπεργέμω
Full, adv. ὅλως, παντελῶς
Fuller, κναφεὺς, m. [τὸς, ἐμπλέως
Fully, adv. πάγχυ, τελείως, διαπαν-
Fulminate, v. κεραυνόω, κεραυνοβολέω
Fulness, πλήρωμα, n. πλήρωσις, f.
Fume, κνῖσα, f. καπνὸς, m. ἀϋτμὴ, f.
Fume, v. (smoke) ἀναθυμιάομαι, ἀτμίζω ; (to be in a rage) ὀργίζομαι, μενεαίνω
Fumigate, v. θυμιάω, ὑπατμίζω, πυρόω
Fumigation, θυμίασις, f. ὑπατμισμὸς, m.
Fun, παιδιὰ, f. : in fun, παιδικῶς
Function, ἐνέργεια, f. δύναμις, f. ἔργον, n. τὸ καθῆκον, μέρος, n. [δης
Fundamental, ἀρχικὸς, κύριος, οὐσιώ-
Fundamentally, adv. κυρίως, οὐσιωδῶς
Funeral, κῆδος, n. τάφος, m. ταφὴ, f. ἐκφορά, f. : funeral pile, πυρὰ, f. πυραιὰ, f. : funeral rites, κτέρεα, n. pl. κτερίσματα, n. pl. ἐντάφια, n. pl.
Funereal, ἐπιτάφιος, κήδειος, ἐπικήδειος
Fungous, μυκήτινος
Funnel, χοάνη, f. χώνη, f.
Funny, γελοῖος, γελαστὸς
Fur, δορὰ, f. δέρμα, n. λάχνη, f. : fur garment, σισύρα, f. καυνάκη, f.
Furies, Εὐμένιδες, f. pl. Ἐρινννύες, f. pl. Σεμναὶ, f. pl.
Furious, μανικὸς, μάργος, ἐμμεμαὼς, λυσσώδης : to be furious, λυσσάω, λυσσόομαι
Furiously, adv. ἐπιρροίβδην, μανικῶς
Furl, v. στέλλω, συστέλλω
Furlong, στάδιον, n.
Furlough, δίοδος, f.
Furnace, κάμινος, f. ἵπνος, m.
Furnish, v. κατασκευάζω, συγκατα-

FUR

σκευάζω, στέλλω : furnish with, συναρτύνω [κατασκευή, f.
Furniture, σκεύη, n. pl. ἔπιπλα, n. pl.
Furrow, αὖλαξ, f. ὁλκός, m. ὄγμος, m.
Furrow, v. ἀλοκίζω [ἄλαξ, f.
Further, adv. πρόσω, πόρρω, περαιτέρω, πέρα, προτέρω, προσωτέρω, Att. ποῤῥωτέρω [σπεύδω, ἐπισπουδάζω
Further, v. ὀφέλλω, προφέρω, ἐπι-
Furtherance, ὄφελος, n.
Furthermore, adv. ἔτι, προσέτι
Furthest, ἔσχατος ; adv. προσωτάτω, Att. ποῤῥωτάτω, πόρσιστα
Furtive, κρυπτός, λαθραῖος
Furtively, adv. λάθρη, κρυπτάδια
Fury, μανία, f. λύσσα, f.
Fuse, v. χωνεύω, συγχωνεύω
Fusible, χωνευτός
Fusion, χωνεία, f.
Futile, φαῦλος, μάταιος, κενός
Futility, φαυλότης, f. ματαιότης, f.
Future, μέλλων : to be future, μέλλω : for the future, in future, ὀπίσω, ὕπισθεν
Future, Futurity, τὸ μέλλον, ὁ ἐπιὼν χρόνος, ὁ ἐπίλοιπος χρόνος, αἱ ἡμέραι ἐπίλοιπαι, τὸ ἐσσόμενον

G.

Gabble, λαλαγή, f. λαλάγημα, n. λάλημα, n.
Gabble, v. λαλαγέω, λαλέω, στωμύλλω
Gable, ἀετός, m. ἀέτωμα, n.
Gad-fly, οἶστρος, m. : sting of a gad-fly, οἴστρημα, n.
Gag, πάσσαλος, m.
Gaiety, ἱλαρότης, f. φαιδρότης, f. εὐθυμία, f. φιλοφροσύνη, f. [ἡδέως
Gaily, adv. ἱλαρῶς, φαιδρῶς, εὐφρόνως,
Gain, κέρδος, n. λῆμμα, n. ὄνειαρ, n. : gain or the acquiring of gain, χρηματισμός, m. χρημάτισις, f. εἰργασία, f. : unlooked-for gain, εὕρημα, n. : unjust gain, αἰσχροκέρδεια : love of gain, φιλοκέρδεια : fond of gain, φιλοκερδής : to be fond of gain, φιλοκερδέω
Gain, v. κερδαίνω, λαμβάνω, κτάομαι, διαπράσσομαι, εὑρίσκω, ἐκφέρομαι, αἴρομαι ; (a battle, contest, &c.) νικάω ; (money) χρηματίζομαι ; (a suit) αἱρέω ; (to gain from another unjustly) κατακερδαίνω, πλεονεκτέω : gain over, (as an enemy) παρασκευάζομαι, προσκτάομαι, ἐπάγομαι, παρασπάομαι

GAR

Gainful, κερδαλέος, κερδοφόρος
Gainsay, v. ἀντεῖπον, ἀντιλέγω, ἀρνέομαι, ἐξαρνέομαι
Gait, βάδισμα, n. βάδισις, f.
Gaiter, κνημίς, f. περικνήμιον, n.
Galaxy, γαλαξίας, m.
Gale, ἀήτης, m. ἀήτη, f. οὖρος, m. πνεῦσις, f. αὔρα, f.
Gall, χολή, f. χόλος, m.
Gall, v. δάκνω, θλίβω
Gallant, ἐραστής, m. [ἄλκιμος
Gallant, ἐΰς & ἠΰς, ἴφθιμος, κρατερός,
Gallantly, adv. ἀνδρείως, γενναίως, κρατερῶς
Gallantry, ἀλκή, f. ἀρετή, f. ἀριστεία, f.
Gallery, περίδρομος, m. περίστυλον, n.
Galley, ἄκατος, f. κύμβη, f.
Gall-nut, κηκίς, f.
Gallon, χόος, m.
Gallop, v. πάλλω, τρέχω
Gallows, σταυρός, m. [κατακυβεύω
Gamble, v. κυβεύω : gamble away,
Gambler, κυβευτής, m.
Gambling, fond of, φιλόκυβος
Gambling-house, κυβευτήριον, n. σκιράφειον, n.
Gambol, σκιρτηθμός, m. σκίρτησις, f.
Gambol, v. σκιρτάω
Game, (sport) παιδιά, f. παίγνιον, n. ἄθυρμα, n. (public game, contest) ἀγών, m. ἄμιλλα, f. ἆθλον, n. (wild animal, what is hunted) ἄγρα, f. ἄγρευμα, n. θήρ, m. : of the games, ἀγώνιος : to contend in the games, ἀγωνίζομαι, ἀθλεύω [m.
Gamester, κυβευτής, m. σκιραφευτής,
Gaming-house, κυβεῖον, n. σκιράφειον,
Gaming-table, τηλία, f. [ον, n.
Gammon, (of bacon) κωλῆ, f.
Gander, χήν, m.
Gang, ἴλη, f. φρατρία, f. ἀγέλη, f.
Gangrene, γάγγραινα, f. : to have a gangrene, γαγγραινόομαι
Gangrene, v. σήπω : to be gangrened, (mortify) σφακελίζω
Gangrenous, γαγγραινικός, γαγγραινώδης [ἔξοδος, f.
Gangway, ἀποβάθρα, f. πόρος, m. δι-
Gaol, δεσμωτήριον, n. εἱρκτή, f.
Gaoler, εἱργμοφύλαξ, m.
Gap, διάλειμμα, n. παράδρομον, n. : to leave a gap, διαλείπω
Gape, v. χαίνω, ἀναχαίνω, χάσκω, ὑποχάσκω, χασμάομαι : to gape at, χασκάζω
Gaping, χάσμα, n. χάσμη, f.
Garb, ἐσθής, f. σκευή, f.
Garbage, τραχήλια, n. pl.

GAR

Garden, κῆπος, m. ὄρχος, m. κηπίον, n.: of a garden, κηπαῖος: garden-plant, κήπευμα, n. [σιμος, κηπευτὸς
Garden, adj. (opposed to wild) κηπεύ-
Garden, v. κηπεύω, κηπουρέω
Gardener, κηπεύς, m. κηπουρός, m. κηποκόμος, m. φυτουργός, m. φυτηκόμος, m.
Gardening, κηπεία, f. κηπουργία, f. φυτουργία, f.: belonging to gardening, κηπουρικὸς
Gargle, ἀναγαργάριστον, n.
Gargle, v. γαργαρίζω, ἀναγαργαρίζω, ἀνακογχυλιάζω [λιασμὸς, m.
Gargling, γαργαρισμὸς, m. ἀνακογχυ-
Garland, στέφανος, m. στέμμα, n. στεφάνωμα, n.: wearing a garland, στεφανηφόρος, στεφανίτης; to deck with garlands, στεφανόω, στέφω
Garlic, σκόροδον, n. γελγὶς, f. ἄγλις, f.: to feed or prepare with garlic, σκοροδίζω
Garment, ἱμάτιον, n. ἐσθὴς, f. ἔσθημα, n. εἷμα, n. πέπλος, m. στολὴ, f. ἀμπεχόνη, f.
Garner, ἀποθήκη, f. σιτοβολὼν, m.
Garnish, Garniture, κόσμος, m. κόμμωμα, n. ἀγλάϊσμα, n.
Garnish, v. κοσμέω, ἀγλαΐζω, κομμόω
Garret, πύργος, m.
Garrison, φρουρὰ, f. φρούριον, n. φυλακὴ, f. (soldiers forming the garrison) φρουροί, m. pl. φύλακες, m. pl.
Garrison, v. φρουρέω, φυλάσσω; (to keep guard) ἐμφρουρέω
Garrisoned, ἔμφρουρος
Garrulity, λαλιὰ, f. πολυλογία, f.
Garrulous, λαλητικὸς, λάλος, πολύλαλος, πολυλόγος
Garter, περισκελὶς, f.
Gash, κοπὴ, f. τομὴ, f. ἄλοξ, f.
Gasp, ἄσθμα, n. ἀναπνοὴ, f. [ἀναπνέω
Gasp, v. ἀσπαίρω, ἀσπαρίζω, ἀσθμαίνω,
Gate, πυλὴ, f. πύλωμα, n.: with double gates, δίπυλος: without gates, ἀπύλωτος: to put gates, πυλόω
Gather, v. συλλέγω, συγκομίζω, συνάγω, ἀθροίζω, δρέπω: to gather fruit, ὀπωρίζω
Gathered, newly, νεόδρεπτος, νεοσπὰς
Gatherer, συλλογεὺς, m.
Gathering, συλλογὴ, f. συγκομιδὴ, f.; (assembly) σύλλογος, m. ἄθροισμα, n.
Gaudily, adv. λαμπρῶς, φαιδρῶς, ἀγλαῶς, πομπικῶς
Gaudiness, αὐγὴ, f. ἐπίλαμψις, f. λαμπρότης, f. πομπεία, f.

GEN

Gaudy, λαμπρὸς, πομπικὸς, σιγαλόεις, ἀγλαὸς, φαεινὸς, φωτεινὸς, φαίδιμος
Gauge, μέτρον, n.
Gauge, v. μετρέω
Gauger, διατάκτης, m.
Gaunt, σκελετὸς
Gay, ἱλαρὸς, ἵλαος, εὔθυμος, φαιδρὸς
Gaze, ἀτενισμὸς, m. πρόσοψις, f.
Gaze, v. ἀτενίζω, ἀθρέω: to gaze at or on, ἐνατενίζω, ἐφοράω, περιβλέπω
Gazelle, δορκὰς, f. δορκὴ, f.
Gear, σκεύη, n. pl.
Geld, v. ἐκτέμνω, ὀρχοτομέω
Gelding, χλούνης, m. ἐκτομίας, m.
Gem, λίθος, c.
Gemini, Διόσκουροι or Διόσκοροι, m. pl.
Gender, γένος, n.
Genealogical, γενεαλογικὸς
Genealogist, γενεαλόγος, m.
Genealogy, γενεαλογία, f.
General, στρατηγὸς, m. ἡγεμὼν, m. ἡγητὴρ, m. ἄρχων, m. ἄρχος, m. ταγὸς, m. λοχαγὸς, m. στρατάρχης, m.: of a general, στρατηγικὸς: to be a general, στρατηγέω, ταγεύω
General, συνήθης, εἰωθὼς, κοινὸς
Generality, οἱ πολλοὶ, αἱ πολλαὶ, τὰ πολλὰ; τὸ πολὺ, τὸ πολλὸν
Generally, in general, adv. κοινῶς, ἐς τὸ πᾶν, ὅλως, καθ᾽ ὅλον
Generalship, στρατηγία, f. ἡγεμονία, f.
Generate, v. τίκτω, τεκνόω, φύω
Generation, γενεὰ, f. γένος, n. γένεσις, f.
Generative, φυτουργὸς, ποιητικὸς
Generic, γενικὸς
Generosity, ἐλευθεριότης, f. πολυδωρία, f. εὐγένεια, f. ἀρετὴ, f. φιλανθρωπία, f. [γενὴς, φιλάνθρωπος
Generous, ἐλευθέριος, δοτικὸς, εὐ-
Generously, adv. φιλανθρώπως, ἐλευ-
Genesis, γένεσις, f. [θερίως
Genial, θαλερὸς
Genitive, ἡ γενικὴ (πτῶσις)
Genius, (intellectual power) φρὴν, f. δύναμις, f. (disposition) ὀργὴ, f. ἦθος, n. (a spirit) δαίμων, m. δαιμόνιον, n.: evil genius, κακοδαίμων, m.
Genteel, γενναῖος, κόσμιος, ἀστεῖος, ἀστικὸς, εὔσχημων, χαρίεις, εὐπρεπὴς, κομψὸς
Genteelly, adv. γενναίως, ἀστείως, ἀστικῶς, κοσμίως, κομψῶς, χαριέντως, σεμνῶς, εὐαρμόστως: very genteelly, πάνυ κομψῶς, παγκάλως
Genteelness, ἀστειότης, f. εὐπρέπεια, f. χαριεντισμὸς, m. χαριεντότης, f.
Gentian, γεντιανὴ, f.

Gentile, ἐθνικὸς
Gentility, γενναιότης, f. εὐγένεια, f. κομψεία, f. κομψότης, f. κοσμιότης, f.
Gentle, πραΰς, εῖα, ΰ, & πρᾷος, ἀγανόφρων, ἥμερος, ἀγανὸς, μαλακὸς, μείλιχος, ἥσυχος, λεῖος, γαληνὸς; (well-born) γενναῖος, εὐγενὴς: of gentle disposition, γλυκύθυμος, πραΰμητις: to make gentle, πραΰνω, ἡμερόω
Gentleness, πραότης, f. ἀγανοφροσύνη, f. ἡμερότης, f. γαλήνη, f. φιλοφροσύνη, f.
Gently, adv. πρᾴως, ἡσύχως, ἡμέρως, ἠρέμα & ἠρέμας, μειλιχίως; (slowly) ἄτρεμας
Genuine, γνήσιος, αὐθιγενὴς, καθαρὸς
Genus, γένος, n.
Geographer, γεωγράφος, m.
Geographical, γεωγραφικὸς
Geography, γεωγραφία, f.
Geomancer, μάντις, m. οἰωνιστὴς, m. οἰωνοσκόπος, m.
Geometer, γεωμέτρης, m.
Geometrical, γεωμετρικὸς
Geometrically, adv. γεωμετρικῶς
Geometrician, γεωμετρικὸς, m.
Geometry, γεωμετρία, f.
Germ, σπέρμα, n. βλαστὸς, m.
Germinate, v. βλαστάνω
Gesticulate, v. σχηματίζω, σχηματοποιέομαι, μορφάζω; (with the hands) χειρονομέω
Gesticulating, χειρονόμος
Gesticulation, χειρονομία, f. σχηματισμὸς, m. σχηματοποιΐα, f.
Gesture, σχῆμα, n. σχέσις, f.
Get, v. κτάομαι, κατακτάομαι, λαμβάνω, πορίζω, περιποιέω, κατεργάζομαι: to get besides, προσλαμβάνω, προσκτάομαι: to get possession of, κρατέω, ἐπικρατέω
Ghastliness, χλωρότης, f. ὠχρότης, f. ὠχρὸς, m.
Ghastly, χλωρὸς, ὠχρὸς
Ghost, ψυχὴ, f. (phantom, spectre) φάσμα, n. φάντασμα, n. σκιὰ, f.
Giant, γίγας, m. Τιτὰν, m.
Gibbous, κυρτὸς, κυφὸς [ᾠδημα, n.
Gibe, σκῶμμα, n. σκωμμάτιον, n. κωμ-
Gibe, v. σκώπτω, ἐπισκώπτω, κερτομέω, κωμῳδέω, ἐμπαίζω
Giddiness, σκοτοδινία, f. σκοτοδίνη, f. σκότωμα, n. ἴλιγγος, m. δῖνος, m.
Giddy, σκοτώδης, δινήεις, δινώδης: to be giddy, ἰλιγγιάω, σκοτοδινέω
Gift, δῶρον, n. δωρεὰ, f. δώρημα, n. δόσις, f. δωτίνη, f. (gift of honour) γέρας, n. : to receive gifts, δωροδοκέω

Gigantic, γιγαντεῖος, γιγαντώδης; (very large) πελώριος
Giggle, v. κιχλίζω
Gild, v. χρυσόω, ἐπιχρυσόω [σος
Gilded, χρυσωτὸς, ἐπίχρυσος, ἀμφίχρυ-
Gilder, χρυσωτὴς, m.
Gilding, χρύσωσις, f.
Gills, βράγχια, n. pl.: like fishes' gills, βραγχοειδὴς
Gilt, χρυσωτὸς, ἐπίχρυσος
Gimlet, τέρετρον, n. τρύπανον, n.
Gin, (snare) πάγη, f. παγὶς, f.
Ginger, ζιγγίβερις, f.
Gird, v. ζώννυμι, διαζώννυμι, περιζώννυμι, στέλλω, ἀναστέλλομαι, διασκευάζω [ζῶμα, n. μίτρα, f.
Girdle, ζώνη, f. ζωστὴρ, m. ζώνιον, n.
Girl, παῖς, f. κόρη, f. παιδίσκη, f. παρθένος, f. κόριον, n. κοράσιον, n. νεανὶς, f. τᾶλις, f.
Girlhood, παρθενεία, f. παρθένευμα, n.
Girlish, κορικὸς, κορασιώδης, παρθενι-
Girth, λέπαδνον, n. [κὸς, παρθένιος
Give, v. δίδωμι, δωρέομαι, παρέχω, νέμω, τίθημι, κατατίθημι, παρίστημι, ὑπέχω, χαρίζομαι, φέρω: to give up, παραδίδωμι, ἀναδίδωμι, ἀποδίδωμι, ἐκδίδωμι, ἀφίημι, μεθίημι, προΐημι, ἀνατίθημι, ἐγχειρίζω, ἐξίσταμαι: to give besides, ἐπιδίδωμι, προσδίδωμι, προσεπιδίδωμι: to give back, ἀποδίδωμι: to give in return, ἀντιδίδωμι: to give a part, μεταδίδωμι
Giver, δοτὴρ, m. δωτὴρ, m.
Giving, δόσις, f. : giving up, παράδοσις, f. ἀπόστασις, f.: fond of giving, φιλόδωρος, δωρητικὸς
Glacial, κρυμώδης, κρυσταλλόπηκτος
Glad, ἄσμενος, περιχαρὴς, ἡδὺς, γηθόσυνος, εὔφρων, φαιδρὸς, εὐγηθὴς, εὔθυμος: to be glad, ἥδομαι, χαίρω
Gladden, v. τέρπω, εὐφραίνω, φαιδρύνω
Glade, βῆσσα, f.
Gladiator, μονομάχος, m.
Gladiatorial, μονομαχικὸς
Gladly, adv. ἀσμένως, ἀσπασίως, ἡδέως, εὐφρόνως, εὐθύμως: to give gladly, χαρίζομαι [f. εὐθυμία, f. χαρὰ, f.
Gladness, τέρψις, f. γηθοσύνη, f. ἡδονὴ,
Glance, βλέμμα, n. βλέπησις, f. ἀμάρυγμα, n. βολὴ ὀφθαλμῶν
Glance, v. ἀμαρύσσω, ἀστράπτω, δενδίλλω, ὑπογλαύσσω; (as an arrow or light) ἀΐσσω, contr. ᾄσσω: to glance off (as an arrow having struck), πλάζομαι, ἀποπλάζομαι: glance at, (mention slightly), παρακύπτω

GLA

Glancing, γλαυκὸς: glancing quickly, ἑλίκωψ, ἑλικῶπις, fem., ἑλικοβλέφαρος
Gland, ἀδὴν, c.
Glandular, ἀδενώδης
Glare, αὐγὴ, f. λαμπὰς, f. σέλας, n.
Glare, v. μαρμαίρω, στίλβω, περιγληνάομαι, παπταίνω, ἀπαυγάζω, λάμπω, φέγγω
Glaring, λαμπρὸς, γλαυκιόων, μαρμάρεος; (barefaced) ἀναίσχυντος, ἀναιδὴς [κύαθος, m.
Glass, ὕαλος or ὕελος, f.: glass cup,
Glass, or made of glass, ὑάλινος, ὑαλόεις
Glassy, ὑαλόεις, ὑαλοειδὴς, ὑαλέος
Gleam, αἴγλη, f. σέλας, n. ἀστραπὴ, f.
Gleam, v. φέγγω, ὑπογλαύσσω, ἀστράπτω, στίλβω
Gleaming, μαρμάρεος, λαμπρὸς, λαμ-
Glean, v. σταχυολογέω [πὰς, αἰγλήεις
Gleaning, σταχυολογία, f.
Gleaning, σταχυολόγος
Glebe, χωρίον, n. τέμενος, n.
Glee, χαρὰ, f. ἱλαρότης, f.: full of glee, ἱλαρὸς, φαιδρὸς, περιχαρὴς: to be full of glee, ἱλαρύνομαι, φαιδρύνομαι [βῆσσα, f.
Glen, ἄγκος, n. νάπος, n. νάπη, f.
Glide, v. ὀλισθάνω or -θαίνω: to glide into or towards, ὑποδύομαι, παραρρέω: to glide away, ὑπεκδύομαι, ὑπορρέω: to glide by, παραδύομαι
Glimmer, v. ὑπολάμπω
Glimmering, ὑπολαμπὴς
Glisten, v. μαρμαίρω, ἀμαρύσσω, στίλβω, ἀπαυγάζω [φλογερὸς, φλόγεος
Glistening, μαρμάρεος, μαρμαρόεις,
Glitter, v. στίλβω [φλόγεος
Glittering, στίλβων, στιλπνὸς, φαεινὸς,
Globe, σφαῖρα, f.
Globular, σφαιρικὸς, σφαιροειδὴς
Gloom, κνέφας, n. σκότος, m. ἄχλυς, f.
Gloomily, adv. λυγρῶς, ἀμαυρῶς
Gloominess, σκότος, n. ἀμαυρότης, f.
Gloomy, ὀρφναῖος, δνοφερὸς, κνεφαῖος; (melancholy) λυγρὸς, στυγνὸς, δύσφρων, ἀμαυρὸς, κελαινώπης, συννεφὴς
Glorification, αἴνεσις, f. ἐγκώμιον, n.
Glorify, v. δοξάζω, δοξολογέω, μεγαλύνω, κυδαίνω, εὐλογέω, ἐγκωμιάζω
Glorious, ἔνδοξος, εὔδοξος, εὐδόκιμος, κλεινὸς, εὐκλεὴς, φαίδιμος, ἐπικυδὴς
Gloriously, adv. εὐκλεῶς, ἐνδόξως, εὐδόξως [εὔκλεια, f. κῦδος, n.
Glory, δόξα, f. εὐδοξία, f. κλέος, n.
Glory, v. ἀγάλλομαι, εὔχομαι, ἀγλαΐζομαι, καυχάομαι, μεγαλαυχέομαι
Gloss, αὐγὴ, f.

GO

Gloss over, v. καλλύνω, ὑποκορίζομαι
Glossy, λευκὸς, λαμπρὸς, φαεινὸς
Glove, χειρὶς, f.
Glow, καῦμα, n. αἶθος, m. & n.
Glow, v. φλέγω, αἴθω; (as the eye, the sun, &c.) λάμπω, ἐνδαίομαι, ἀμαρύσσω [πυριλαμπὴς
Glowing, μαλερὸς: glowing with fire,
Glow-worm, πυγολαμπὰς & -πὶς, f. πυριλαμπὶς, f.
Gloze, v. χαριτογλωσσέω, κολακεύω
Glue, κόλλα, f.: like glue, κολλώδης
Glue, v. κολλάω: to glue on or to, προσκολλάω, παρακολλάω: to glue together, συγκολλάω
Glued, κολλητὸς: glued to, πρόσκολλος, προσκολλητὸς: glued together, σύγκολλος
Glueing, κόλλησις, f.: glueing on or to, παρακόλλησις, f. προσκόλλησις, f.
Glum, σκυθρωπὸς, σκυθρὸς
Glut, κόρος, m. πλησμονὴ, f.
Glut, v. κορέννυμι, ὑπερκορέω
Glutinous, κολλώδης, γλοιώδης
Glutton, λίχνος, m. γάστρις, c. καταφαγᾶς or -ᾶς, m. λαφύκτης, m.
Gluttonous, λίχνος, γαστρίμαργος, πολυφάγος, λαίμαργος, βόρος, ἀδηφάγος: to eat gluttonously, γαστρίζω, λαιμαργέω
Gluttony, λιχνεία, f. πολυφαγία, f. γαστριμαργία, f. λαφυγμὸς, m. ἀδηφαγία, f. [ἐλαύνω
Gnash, v. πρίω, μυλιάω, ἀραβέω, συν-
Gnashing, ἄραβος, m. καναχὴ, f.
Gnat, κώνωψ, m. ἐμπὶς, f. πήνιον, n.
Gnaw, v. τρώγω, διατρώγω, καταδάκνω
Gnomon, γνώμων, m. στοιχεῖον, n.
Go, v. εἶμι, πορεύομαι, βαίνω, βλώσκω, βαδίζω, ἔρχομαι, οἴχομαι, φοιτάω, χωρέω, κομίζομαι, καταίρω, νέομαι, μεθίημι: to go away, depart from, ἄπειμι, ἔξειμι, ἀπέρχομαι, ἐξέρχομαι, ἀφίστημι, ἐκβαίνω, ἐκπορεύομαι, ἀποίχομαι, ἐξάνειμι: to go through, διέρχομαι, δίειμι, διεξέρχομαι, διαφέρω, περάω, ἐπεξέρχομαι, διαχωρέω: to go to or into, εἴσειμι, πρόσειμι, εἰσβαίνω, προσβαίνω, εἰσδύνω or -δύω, εἰσπορεύομαι, ἀπαντάω, ἐποίχομαι, ἐπέρχομαι: to go in, on, or to, ἐπιβαίνω, ἐμβαίνω: to go up, ἀναβαίνω: to go up to, ἄνειμι, εἰσάνειμι, ἐπάνειμι, ἐπανέρχομαι: to go down, καταβαίνω, κατέρχομαι, καταδύνω, ἐπικαταβαίνω, κάτειμι: to go round, περιέρχομαι, περίειμι, περιάγω, περι-

ὁδεύω, περιφέρομαι, περινοστέω: to go forward, προβαίνω, προχωρέω, προελαύνω: to go forth, πρόειμι, προβλώσκω: to go against, ἀντεξέρχομαι, ἐπέρχομαι, ἐπέξειμι, ἀντεπέξειμι, ἀντεπεξάγω: to go after, μετέρχομαι, μέτειμι: to go under, ὑποδύομαι. ὑπέρχομαι: to go before (precede), προέχω, προδιαβαίνω; (a judge, &c.) ἀπαντάω: to go together with, συνέρχομαι, συμφοιτάω, συμπορεύομαι: to go forth with, συνεξέρχομαι, συνέξειμι: to go up with, συναναβαίνω: to let go, μεθίημι

Goad, κέντρον, n. βουπλήξ, m.
Goad, v. κεντέω, κεντρίζω
Goaded, κεντρηνεκής [βαλβὶς, f.
Goal, τέρμα, n. τέκμαρ, n. στάθμη, f.
Goat, αἴξ, c. τράγος, m.: he-goat, χίμαρος, m.: she-goat, χίμαιρα, f.: of goats, αἴγειος, αἴγεος, τραγικὸς
Goat-footed, αἰγίπους, αἰγιπόδης, τραγοσκελὴς
Goat-herd, αἰπόλος, m.
Goblet, κρατήρ, m. δέπας, n. κύλιξ, f.
Goblin, μορμώ, f. μορμών, f. μορμολυκεῖον, n.
God, Θεός, m. Δαίμων, m.: the gods, μάκαρες, m. pl. οὐράνιοι, m. pl. οὐρανίωνες, m. pl.: born of God, θεόγονος, θεογεννής: honoured or favoured by God, θεοφιλής, θεοτίμητος: sent by God, θεόπεμπτος
Goddess, θεά, f. θέαινα, f. θεός, f.
Godhead, θεῖον, n. δαιμόνιον, n.
Godless, ἄθεος, ἀσεβής, ἀνόσιος, δύσθεος
Godlike, θεοειδής, ἰσόθεος, ζάθεος, θεῖος
Godliness, θεοσέβεια, f.
Godly, θεοσεβής, θεόφρων: in a godly manner, θεοσεβῶς
Going, βάδισις, f.: going forth, ἔξοδος, f. ἐξορμή, f.
Gold, χρυσός, m. χρυσίον, n.: like gold, χρυσοειδής: rich in gold, πολύχρυσος: made or ornamented with gold, χρυσόδετος, χρυσόπαστος, χρυσότευκτος, χρυσόκολλος: made entirely of gold, παγχρύσεος, πάγχρυσος: shining with or like gold, χρυσαυγής, χρυσοφαὴς
Golden, χρύσεος, contr. χρυσοῦς, χρυσηρὴς: with golden hair, χρυσοκόμης, -ος, χρυσοχαίτης, ξανθόθριξ: with golden throne, χρυσόθρονος: with golden bridle or reins, χρυσήνιος, χρυσοχάλινος: with golden bow, χρυσότοξος: with golden garments, χρυσοφόρος, χρυσοχίτων, χρυσόπεπλος
Goldfinch, ἀκανθίς, f. ἀκαλανθίς, f. ποικιλίς, f. [ον, n.
Gold-mine, χρυσεῖον, n. χρυσωρυχεῖ-
Goldsmith, χρυσοχόος, m.
Gone, φροῦδος: interj. be gone, ἴθι
Good, ἀγαθός, χρηστός, καλός, ἐσθλός, σπουδαῖος, ἐπιεικής: thoroughly good, πανάγαθος: good conduct, εὐπραξία, f. ἀγαθοπραξία, f. εὐεργεσία, f.: to do good to, εὐεργετέω
Good, ἀρετή, f. χρηστότης, f. ἀγαθοσύνη, f. [πρέπεια, f.
Goodliness, εἶδος, n. κάλλος, n. εὐ-
Goodly, εὐειδής, εὐπρεπής, εὐσχήμων, καλὸς
Good-nature, εὐήθεια, f. [τοήθης
Good-natured, εὐηθής, εὐηθικός, χρησ-
Good-naturedly, adv. εὐηθικῶς, εὐήθως: very good-naturedly, εὐηθέστατα
Goodness, ἀρετή, f. χρηστότης, f. ἐσθλότης, f. ἀγαθότης, f.
Goods, οὐσία, f. ὑπάρχοντα, n. pl. χρήματα, n. pl. κτήσεις, f. pl.
Good-temper, εὐκολία, f. εὐαρμοστία, f.
Good-tempered, εὔκολος, εὐόργητος
Good-temperedly, adv. εὐκόλως, εὐοργήτως
Good-will, εὔνοια, f. (readiness) προθυμία, f.: bearing good-will, εὔνοος
Goose, χήν, c.: of a goose, χήνειος
Gore, βρότος, m. λύθρον, n.
Gore, v. κεντέω, κερατίζω, διαρρήγνυμι
Gorge, λαιμός, m. [καταβροχθίζω
Gorge, v. λαφύσσω, ὑπογαστρίζομαι,
Gorgeous, ἀγλαός, μεγαλοπρεπὴς, μεγαλεῖος, μεγαλοσχήμων, λαμπρός, σιγαλόεις [γαλείως
Gorgeously, adv. μεγαλοπρεπῶς, με-
Gorgeousness, ἀγλαΐα, f. μεγαλοπρέπεια, f. μεγαλοεργία, f.
Gorgon, Γοργώ, f. Γοργών, f.: of the Gorgon, Γοργεῖος, Γοργόνειος
Gormandise, v. γαστρίζω, πολυφαγέω, λαφύσσω
Gormandiser, πολυφάγης, m. γαστρίμαργος, m. καταφαγής, m. λαιμαργός, m. λαφύκτης, m.
Gormandising, γαστριμαργία, f. πολυφαγία, f. λαφυγμός, m.
Gory, βροτόεις, λυθρώδης, φοίνιος
Gosling, χηνίσκος, m.
Gospel, εὐαγγέλιον, n.
Gossip, λαλιά, f. ὕθλος, m. λῆρος, m. λήρημα, n. [στώμυλμα, n.
Gossip, λαλαγήτης, m. ἀδολέσχης, m.

Gossip, v. στωμύλλω & -ομαι, στωμυλέω, κενολογέω, φλυαρέω, ὕθλεω, ἀδολεσχέω, ληρωδέω

Gossiping, ἀδολεσχία, f. φλυαρία, f. λῆρος, m. λαλιά, f.

Gossiping, στωμύλος, πολυλόγος

Govern, v. ἄρχω, κρατέω, ἡγεμονεύω, ἡγέομαι, κυβερνάω, οἰκέω, διοικέω, τυραννέω, εὐθύνω : to govern a state, πολιτεύω : to be well-governed, εὐνομέομαι

Governable, εὐμεταχείριστος, εὔαρκτος, ὑπήκοος

Governance, ἀρχὴ, f. ἡγεμονία, f. κυβέρνησις, f. ἐπιστασία, f. διοίκησις, f.

Governing, τελεσφόρος, εὐθυντικὸς

Government, ἀρχή, f. δυναστεία, f. κράτος, n. ἡγεμονία, f. (form of government) πολίτευμα, n. κόσμος, m. (the executive body) τὰ τέλη, οἱ τὰ τέλη ἔχοντες, οἱ ἐν τέλει, τὰ κοινά : good government, εὐνομία, f. εὐηγεσία, f.

Governor, ἄρχων, m. ἀρχὸς, m. ἀρχηγὸς, m. ἀρχηγέτης, m. κυβερνητὴς, m. εὐθυντὴρ, m. ἁρμοστὴς, m. ἐπίτροπος, m. [κολοκύντη, f.

Gourd, σικυὸς, m. σικύα, f. σίκυς, m.

Gourmand, λαφύκτης, m.

Gout, ἀρθρῖτις, f. (in the feet) ποδάγρα, f. (in the hand) χειράγρα, f. : to have the gout, ποδαγράω

Gouty, ποδαγρικὸς

Gown, πέπλος, m. στολὴ, f. ἑανὸν, n. βράκος, n.

Grace, χάρις, f. εὐσχημοσύνη, f. εὐκοσμία, f. : a grace or favour, τὸ χαριστήριον : to act with grace, χαριεντίζομαι, εὐσχημονέω

Grace, v. κοσμέω, ἐπικοσμέω, καλλύνω

Graceful, χαρίεις, εὐσχήμων, εὐπρεπὴς, εὐφυὴς

Gracefully, adv. χαριέντως, εὐσχημόνως, πρεπόντως, εὐρύθμως, καλῶς

Gracefulness, χαριεντότης, f. εὐχαριστία, f. εὐσχημοσύνη, f. εὐπρέπεια, f.

Graceless, ἄχαρις, ἀχάριστος & ἀχάριτος, ἀπρεπὴς, ἀσχήμων

Gracelessly, adv. ἀχαρίστως, ἀπρεπῶς, ἀσχημόνως

Gracelessness, ἀσχημοσύνη, f. ἀχαριότης, f. [νὸς, πρευμενὴς

Gracious, εὔχαρις, χαρίεις, ἵλαος, ἀγα-

Graciously, adv. χαριέντως, πρευμενῶς, ἀγανῶς

Graciousness, χάρις, f. πρευμένεια, f.

Gradation, κλῖμαξ, f.

Gradually, adv. κατ' ὀλίγον, βάδην, ἐπισχερῶ

Graft, v. ἐμφυτεύω, ἐμβάλλω

Grafting, ἐμφυτεία, f. [σῖτος, m.

Grain, χόνδρος, m. ῥαθάμιγξ, f. (corn)

Grammar, γραμματικὴ, f. γραμματιστικὴ, f.

Grammarian, γραμματικὸς, m.

Grammatical, γραμματικὸς

Grammatically, adv. γραμματικῶς

Granary, σιτοβολὼν, m. σιτοβολεῖον, n. σιτοδόκη, f.

Grand, σεμνὸς, μεγαλεῖος, μεγαλοπρεπὴς [m. pl.

Grandees, μεγιστᾶνες, m. pl. ἀριστῆες,

Grandeur, σεμνότης, f. μεγαλοπρέπεια, f. μέγεθος, n. μεγαλειότης, f. ἀξίωμα, n.

Grandfather, πάππος, m. (on the father's side) πατροπάτωρ, m. (on the mother's side) μητροπάτωρ

Grandly, adv. σεμνῶς, μεγαλείως, μεγαλοπρεπῶς

Grandmother, τήθη, f. μάμμα, f. : great-grandmother, ἐπιτήθη, f.

Grandson, (son's son) υἱδοῦς, m. υἱδεὺς, m. υἱωνὸς, m. (daughter's son) θυγατριδέος, contr. -δοῦς, m.

Grant, δῶρον, n. δόρημα, n.

Grant, v. δίδωμι, παραδίδωμι, ὑπάζω, παρέχω, ἐνδίδωμι, ἐφίημι, ὀρέγνυμι, προτίθημι, συγχωρέω, παραχωρέω, ὑφίεμαι, ἐπιτρέπω ; (to admit, acknowledge) ὁμολογέω, συγγιγνώσκω : it is taken for granted, ὑπάρχει : I grant you, σύμφημί σοι

Granted, ἔξεστι

Grape, ῥὰξ, f. : bunch of grapes, βότρυς, m. σταφυλὴ, f. : dried grape, σταφὶς, f. ἀσταφὶς, f. : abounding in grapes, πολυστάφυλος, εὔβοτρυς, πολύβοτρυς, βοτρυόδωρος

Graphical, γραφικὸς

Graphically, adv. γραφικῶς [μάρπτω

Grapple, v. λαμβάνω, ἐπιλαμβάνομαι,

Grasp, λῆψις, f. κατάληψις, f. ἐπίληψις, f. εἰσάφασμα, n.

Grasp, v. λαμβάνω, συλλαμβάνω, ἐπιλαμβάνω, περιλαμβάνω, ἔχω, μάρπτω, αἱρέω [βοτάνη, f.

Grass, πόα, f. ποιη, f. χόρτος, m.

Grasshopper, τέττιξ, m. ἠχέτης, m.

Grassy, ποιήεις, ποιώδης, λεχεποίης,

Grate, λαμπτὴρ, m. [χλοεροτρόχος

Grate, v. κνάω, ξύω : to grate away, διακναίω : to make a grating noise, μυκάομαι

Grateful, (agreeable, acceptable) εὐχα-

ρις, εὐχάριστος, κεχαρισμένος; (thankful) εὐχάριστος, εὐχάριτος, ἀντευεργετικὸς : to be grateful, εὐχαριστέω, χάριν ἔχω, χάριν ἀπομιμνήσκομαι, χάριν δίδωμι, χάριν οἶδα
Gratefully, adv. (thankfully) εὐχαρισ-
Grater, κύβηλις, f. κνῆστις, f. [τικῶς
Gratification, χάρις, f.
Gratify, v. χαρίζομαι, συγχαρίζομαι, ἀρέσκω, ἦρα φέρω or ἐπιφέρω, χάριν φέρω
Gratis, adv. προῖκα, δωρεὰν
Gratitude, χάρις, f. εὐχαριστία, f.
Gratuitous, ἄμισθος
Gratuitously, adv. ἀμισθὶ |
Gratuity, ἐπιφορά, f. δῶρον, n.
Gratulate, v. συγχαίρω, μακαρίζω
Gratulation, μακαρισμὸς, m. [φὴ, f.
Grave, τάφος, m. τύμβος, m. κατασκα-
Grave, σεμνὸς, σπουδαῖος, βαρὺς, βαρύθυμος : grave-looking, σκυθρωπὸς
Grave, v. γλύφω, χαράσσω
Gravel, χάλιξ, c. κάχληξ, m. χεράς, f. (disease) νεφρῖτις, f.
Gravelly, ἀμμώδης, χαλικώδης
Gravely, adv. σεμνῶς, σπουδαίως : to speak gravely, σεμνολογέω
Graver, γλύφανον, n. γλυπτὴρ, m.
Gravestone, στήλη, f. [κολαπτὴρ, m.
Graving-tool, σμίλη, f. κολαπτὴρ, m.
Gravity, (seriousness) σεμνότης, f. σπουδὴ, f. (weight, importance) ὄγκος, m. ἀξιότης, f. βάρος, n.
Gravy, χυμός, m.
Gray, (bluish gray) γλαυκότης, f.
Gray, (bluish gray) γλαυκὸς, γλαυκόχροος, σπόδιος ; (of the hair, old age, &c.) λευκὸς, πολιὸς : iron gray, ὀρφνινος : dapple gray, ψαρός : to be or grow gray, πολιόομαι, ἐπιπολιόομαι
Grayness, πολιότης, f.
Graze, v. (to feed) νέμομαι, βόσκομαι, ποιμαίνομαι : to put to graze, νέμω, νομεύω : to graze or touch lightly, ἐπιτρέχω, χρίω, χραύω
Grazier, νομεὺς, m. βοτήρ, m.
Grazing, νομὴ, f.
Grazing, νομὰς, φορβὰς, βούνομος
Grazing, adv. λίγδην, ἐπιλίγδην, ἐπιγράβδην
Grease, στέαρ, n. λίπος, n. ἀλοιφὴ, f.
Grease, v. ἀλείφω
Great, μέγας, πολὺς, συχνὸς, γενναῖος, πελώριος, κρατερὸς, λαβρὸς : to make great, μεγαλύνω : to become great, αὐξάνομαι : very great, ὑπέρμεγας, ὑπερμεγέθης, μύριος, ὑπερβάλλων,

περιώσιος, παμμεγέθης : to become very great, ὑπεραυξάνομαι, ὑπερβάλλω : so great, τόσος, τοσοῦτος, τηλικοῦτος : as great as, how great, ὅσος, ὁσσάτιος : how great? πόσος; as great as, ὁπόσος, ἡλίκος : how great soever, ὁποσοσοῦν, ὁπηλίκος : too great, περισσὸς, μείζων ἢ
Greater, μείζων, compar., πλέων & πλείων, compar., ὑπέρτερος, μάσσων, πρεσβύτερος, περισσότερος
Greatest, μέγιστος, superl., πλεῖστος, superl., μήκιστος, ὕψιστος : for the greatest part, τὰ πολλὰ
Greatly, adv. μεγάλως, μειζόνως, compar., μέγα, μέγιστα, superl., πολὺ, πλέον, compar., πλεῖστον & -τα, superl., παμμέγα, πυκνὰ : so greatly, τόσον, τοσοῦτο & -τον, τοσόνδε : how greatly? ὅσον, ὅσα
Greatness, μέγεθος, n. μεγαλωσύνη, f. μεγαλοπρέπεια, f. : greatness of mind, μεγαλοφροσύνη, f. : greatness of soul, μεγαλοψυχία, f.
Greaves, κνημὶς, f. : wearing greaves, κνημιδοφόρος : well greaved, εὐκνήμις
Grecian, Ἑλληνικὸς, Ἑλληνὶς, Ἀχαιὸς
Greece, Ἑλλὰς, f. Ἀχαιΐς, f.
Greedily, adv. ἐπιθυμητικῶς, πλεονεκτικῶς
Greediness, πλεονεξία, f. λαιμαργία, f. μαργότης, f. λαφυγμὸς, m.
Greedy, πλεονέκτης, πλεονεκτικὸς : (gluttonous, hungry) λαβρὸς, γάστρις, λαίμαργος, μάργος ; (greedy of gain or money) αἰσχροκερδὴς, φιλάργυρος : to be greedy, πλεονεκτέω, λαιμάσσω, μαργάω, λαιμαργέω : greedy person, πλεονέκτης, m. λαφύκτης, m. γλισχρῶν, m.
Greeks, Ἕλληνες, m. pl. Ἀχαιοὶ, m. pl. Δαναοὶ, m. pl. Ἀργεῖοι, m. pl.
Green, χλωρὸς : green thing, χλόη, f. χλόασμα, n. : greens, λάχανα, n. pl. χλόη, f. : to be green, χλοάζω
Greenfinch, χλωρεὺς, m.
Greengrocer, λαχανοπώλης, m. λαχανοπωλήτρια, f. [χλωροειδὴς
Greenish, χλοανὸς, χλωρὸς, χλωήρης,
Greenness, χλωρότης, f.
Greet, v. ἀσπάζομαι, δεξιόομαι, πρόσφημι, προσφωνέω
Greeting, ἀσπασμὸς, m. πρόσρησις, f.
Gregarious, ἀγελαῖος, σύννομος : to be gregarious, ἀγελάζομαι
Gridiron, λάσανον, n.
Grief, πένθος, n. ἄχθος, n. λύπη, f.

GRI   GUA

ἄλγος, n. ὀδύνη, f. ἀλγηδών, m. βάρος, n. πόνος, m. πενθεία, f.
Grievance, πένθος, n. βάρος, n. κῆδος, n. ἀχθηδών, m. ἄχθος, n. πταῖσμα, n. βλάβη, f.
Grieve, v. trans. (to afflict) λυπέω, ἀνιάω, βαρύνω, ὀδυνάω, ἀλγύνω, κηδέω, δάκνω; intrans. (to lament) ἀλγέω, ἄχθομαι, λυπέω, ἀδημονέω, ἀσχάλλω, βαρέως φέρω: to grieve very much, ὑπεραλγέω, ὑπεράχθομαι, περιαλγέω: to grieve at, ἐπαλγέω, ἐνθυμιάομαι, βαρέως ἔχω
Grieving bitterly, βαρυστενάχων, περιαλγής, περίλυπος: adv. βαρυστόνως
Grievous, βαρύς, λυπηρός, ἀνιαρός, λυγρός, ἀλγεινός, ὀδυνηρός, χαλεπός, δυσχερής, δύσφορος, δυσαχθής, δυσπενθής; (causing grief) θυμαλγής, ταραξικάρδιος, θυμοβόρος
Grievously, adv. βαρέως, λυπηρῶς, χαλεπῶς, ἀλγεινῶς, ἀνιαρῶς
Griffin, Griffon, γρύψ, m. γρυπάετος, m.
Grim, γοργός, γοργὼψ, γοργωπός, βλοσυρός
Grimly, adv. γοργὸν, ταυρηδὸν
Grimness, γοργότης, f.
Grin, v. σαίρω, προσσαίρω
Grind, v. ἀλέω, ἀλήθω, ἀλετρεύω, καταλέω, λεαίνω, ψαίω, μυλωθρέω
Grinder, ἀλέτης, m. (tooth) μυλόδους, m. μύλος, m. μύλη, f.
Gripe, εἰσάφασμα, n.
Gripe, v. μάρπτω, λαμβάνω, σφίγγω
Grisly, φρικώδης, δεινός, φοβερός
Gristle, χόνδρος, m.
Gristly, χονδρώδης, χονδρονευρώδης: to be gristly, χονδριάω
Grit, ψάμμος, f. ἄμμος, f.
Gritty, ψαμμώδης, ἀμμώδης
Grizzled, (gray) ἐπιπόλιος
Groan, Groaning, στεναγμός, m. στόνος, m. στοναχὴ, f. ἰυγὴ, f.
Groan, v. στένω, στενάζω, στενάχω, στεναχίζω, μυκάομαι: to groan beneath, ὑποστένω, ὑποστεναχίζω
Groaning, στονόεις
Groat, Groats, χόνδρος, m.
Groin, βουβὼν, m.
Groom, ἱπποκόμος, m.: groom of the chamber, θαλαμηπόλος, m.
Groove, αὐλὸς, m.
Grope, v. ψηλαφάω
Gross, παχύς, λιπαρός; (huge, palpable) μέγας, ὅλος, εὐμεγέθης
Grossness, παχύτης, f. λιπαρότης, f.
Grotto, Grot, σπήλαιον, n. σπέος, n. ἄντρον, n.

Grove, ἄλσος, n. βῆσσα, f. ὀργὰς, f.
Ground, πέδον, n. ἔδαφος, n. γῆ, f. χθών, f. οὖδας, n. (ground for opinion, hope, &c.) γνῶμα, n. τέκμαρσις, f.: on the ground, χαμαί; adj. χαμηλός: sleeping on the ground, χαμαιεύνης, χαμαικοίτης: to the ground, χαμᾶζε, χαμαί, ἔραζε, πέδονδε: from the ground, χαμᾶθε, χαμόθεν, πεδόθε: under-ground, κατάγειος, ὑπόγειος, καταχθόνιος: above-ground, ὑπέργειος
Ground, v. καταβάλλω, ἐρείδω, ἰσχυρίζομαι: well-grounded, βέβαιος, ἀσφαλής
Groundless, ἄπιστος
Groundlessly, adv. μάτην
Group, ἀγέλη, f. συστροφὴ, f. ὄχλος, m. ὅμιλος, m.
Group, v. συνάγω, συμμίγνυμι, ὁμιλέω
Grow, v. αὐξάνομαι & αὔξομαι, ἀλδαίνομαι, φύομαι, θάλλω, βλαστάνω: to grow up, ἀναβαίνω, ἀναφύομαι: to grow in or on, ἐμφύομαι, προσφύομαι: to grow together with, συναυξάνομαι, συμφύομαι: to be grown up, τελειόομαι
Growing, φύσιμος
Growl, v. ῥυζέω or ῥύζω
Grown up, τέλειος, ἀκμαῖος
Growth, αὔξησις, f. ἐπαύξησις, f.
Grub, σίλφη, f. ἴψ, m. [ἔκφυσις, f.
Grub, v. τυντλάζω
Grudge, φθόνος, m. ἔχθρα, f.: to bear a grudge to, μνησικακέω, ἀπομνημονεύω
Grudge, v. φθονέω, ἐπιφθονέω, μεγαίρω
Grudgingly, adv. ἀκοντὶ, ἀκουσίως, δυσχερῶς
Gruff, Grum, χαλεπὸς, τραχὺς, δύσκολος, δυσάρεστος
Gruffly, adv. δυσκόλως, χαλεπῶς
Gruffness, χαλεπότης, f. τραχύτης, f.
Grumble, v. γρύζω, ἀναγρύζω, βρέμω
Grumbling, γογγυσμὸς, m.: adj. μεμψίμοιρος
Grunt, γρὺ or γρῦ
Grunt, v. γρύζω, γρυλλίζω
Grunting, γρυλλισμὸς, m. γρυσμός, m.
Guarantee, (pledge) ἐγγύη, f. (surety) ἐγγυητής, m. προστάτης, m.
Guarantee, v. ἐγγυάω
Guard, φύλαξ, m. φύλακος, m. φυλακτήρ, m. φρουρὸς, m. φυλακὶς, f. (a garrison, watch) φρούριον, n. φρούρημα, n. φυλακὴ, f. φρουρά, f., (guarding, watch) φυλακὴ, f.: body-

guard, δορυφόροι, m. pl. δορυφόρημα, n.: to be a guard or body-guard, δορυφορέω: advanced guard, προφύλακες, m. pl. πρόδρομοι, m. pl.: off one's guard, ἀφύλακτος: to be off one's guard, ἀφυλακτέω
Guard, v. φυλάσσω, διαφυλάσσω, τηρέω: to keep guard, φρουρέω: to guard against, φυλάσσομαι, προφυλάσσομαι, φρουρέομαι, τηρέομαι: to be guarded against, περιοπτέος, φυλακτέος μή
Guarded, φρουρητὸς
Guardian, ἐπίτροπος, m. ἐπίσκοπος, m. φύλαξ, m. μεδέων, m. μέδων, m.: to be a guardian, ἐπιτροπεύω
Guardianship, ἐπιτροπεία or -πία, f. ἐπιτροπή, f. [ῥῆσις, f.
Guarding, φυλακή, f. φύλαξις, f. φρούGuarding, φυλακτήριος: fitted for guarding, φυλακικὸς
Guard-ship, φρουρὶς, f.
Gudgeon, κωβιὸς, m. [n. ἀμοιβή, f.
Guerdon, μισθὸς, m. γέρας, n. ἄθλον,
Guess, Guessing, στοχασμὸς, m. στόχασις, f. ὑπόνοια, f. εἰκασία, f.
Guess, v. στοχάζομαι, εἰκάζω, τοπάζω, συμβάλλω, ὑποτεκμαίρομαι: easy to guess, εὐσύμβλητος, εὐσύμβολος
Guessing well, εὔστοχος; adv. -ως
Guest, ξένος, m. συνέστιος, m.: public guest, πρόξενος, m.: to entertain as a guest, ξενίζω, ξενοδοχέω
Guidance, πομπή, f. ἀγωγή, f. ὑφήγησις, f.
Guide, ἡγεμὼν, m. ἀγωγὸς, m. πομπὸς, m. πομπεὺς, m. προηγητὴς, m. εὐθυντὴρ, m.
Guide, v. ἡγέομαι, εὐθύνω, ἐπευθύνω, καθηγέομαι, πομπεύω, ἰθύνω, κυβερνάω, στρέφω: to be guided by, (obey, follow) ἀκούω, ἀκολουθέω, διώκω
Guiding, πόμπιμος, πομπαῖος
Guile, δόλος, m. πολυκέρδεια, f. πανούργημα, n. [πανοῦργος
Guileful, ἀπατηλὸς, δόλιος, δολερὸς,
Guilefully, adv. ἀπατητικῶς, δολίως, δολερῶς [ἀπειρόκακος
Guileless, ἄδολος, ἄκακος, εὐήθης,
Guilelessly, adv. ἀδόλως, ἀκάκως
Guilelessness, ἀκακία, f. εὐήθεια, f.
Guilt, κακὸν, n. κακότης, f. κακουργία, f. ἁμαρτία, f. αἰτία, f. [τία, f.
Guiltiness, ἀδικία, f. κακότης, f. ἁμαρ-
Guiltless, ἀναίτιος, ἀναμάρτητος, ἀβλαβής
Guilty, αἴτιος, ἐναγὴς, προστρόπαιος:

to find guilty, καταψηφίζομαι: to be found guilty, ἁλίσκομαι
Guise, σχῆμα, n. μορφή, f. εἶδος, n.
Guitar, κιθάρα, f.
Gulf, κόλπος, m.
Gull, (bird) κήξ, f. κάναξ, m. (fool) μωρὸς, m. ἀνόητος, m. ἀσύνετος, m.
Gull, v. παρακρούω, ἠπεροπεύω
Gullet, οἰσόφαγος, m.
Gully, φάραγξ, f.
Gulp, βρόγχος, m. [ῥοφέω, κάπτω
Gulp, v. λαφύσσω, καταβροχθίζω,
Gum, κόμμι, n. δάκρυον, n. γλοιὸς, m.
Gummy, κομμιώδης, κομμιδώδης, γλοιώδης
Gurgle, v. κελαρύζω, ἐπιγελάω
Gush out, v. ἐκρέω, ἀπορρέω, ἀναβλύζω, πηγάζω, ἐκβλύω, πομφολύζω, ἐξορμάω, ἀνακηκίω
Gushing out, ἀνάβλυσις, f. ἐκροὴ, f.
Gust, (of wind) πνοή, f. μάψαυραι, f. pl. (taste) γεῦσις, f.
Gut, ἔντερον, n. ἔγκατα, n. pl.: great gut, κῶλον, n.: small guts, σπλάγχνα, n. pl.
Gutter, σωλήν, m. ὑδρορρόα, f.
Guzzle, v. καταπίνω, ἐκπίνω
Guzzler, φιλοπότης, m.
Gymnasium, γυμνάσιον, n.
Gymnastic, γυμνικὸς, γυμναστικὸς: gymnastic exercises, γυμνάσια, n. pl. γυμναστική, f.: teacher of gymnastics, γυμναστής, m.: president of the gymnastic exercises, γυμνασίαρχος, m.: to train in gymnastic exercises, γυμνάζω: to practise them, γυμνάζομαι

H.

Habiliment, ἱματισμὸς, m. στολισμὸς, m. ἔνδυμα, n. ἐσθής, f. ἔσθημα, n. ἱμάτιον, n.
Habilitate, v. συναρμόζω [κράτος, n.
Hability, δύναμις, f. ἰσχὺς, f. ἐξουσία, f.
Habit, ἔθος, n. τρόπος, m. ἕξις, f. ἐπιτήδευσις, f. ἐπιτήδευμα, n. (dress) στολή, f. ἐσθής, f. ἔνδυμα, n. ἱμάτιον, n.: of like habits, ὁμοήθης, συνήθης
Habitable, οἰκητὸς, οἰκήσιμος: not habitable, ἀνοίκητος
Habitant, οἰκήτης, m. οἰκήτωρ, m. ἐγχώριος, m. ἔνοικος, m.
Habitation, οἶκος, m. οἴκησις, f. οἴκημα, n. ἕδος, n. ἕδρα, f. ἔδεθλον, n.
Habitual, συνήθης, εἰωθὼς
Habitually, adv. εἰωθότως

Habituate, v. ἐθίζω, προσεθίζω, συνεθίζω
Habituated, συνήθης, εἰωθὼς, ἠθὰς
Habitude, ἕξις, f. διάθεσις, f. ἦθος, n. τρόπος, m. ἐπιτήδευσις, f.
Hack, v. κόπτω, κατακόπτω, πελεκίζω
Haft, κώπη, f.
Hag, φθίνυλλα, f. φαρμακὶς, f.
Haggard, ξηρὸς
Haggle, v. σπαράσσω
Hail, χάλαζα, f.: like hail, χαλαζήεις
Hail, v. χαλαζάω
Hail, interj. χαῖρε
Hair, θρὶξ, f. κόμη, f. πλόκαμος, m. χαίτη, f. ἔθειρα, f.: of hair, τρίχινος: by the hair, κουρὶξ: with beautiful hair, καλλίκομος, καλλιπλόκαμος, εὔκομος: with auburn or golden hair, χρυσοκόμης, ξανθόθριξ, ξανθός, χρυσοχαίτης: with black hair, μελαγχαίτης, μελάνθριξ: with white hair, πολιὸς, λευκόθριξ: with red hair, πυρρόθριξ, πυρρότριχος: with long hair, εὔθριξ, καρηκομόων: with short hair, μικρότριχος: with woolly hair, οὐλόθριξ, οὐλοκέφαλος: with straight hair, εὐθύθριξ, τετάνοθριξ: to cut the hair, κείρω, ἀποκείρω
Hair-cloth, κιλίκιον, n.
Hairiness, τρίχωσις, f. δασύτης, f.
Hairy, τριχωτὸς, δασὺς, λάσιος: very hairy, ὑπέρδασυς: to be hairy, δασύνομαι
Halberd, πέλεκυς, f.
Halcyon, ἀλκύων, f. ἀλκυονὶς, f.: halcyon days, ἀλκυονίδες, f. pl. [νὴς
Hale, ὑγιὴς, ῥωμαλέος, ἰσχυρὸς, εὐσθε-
Half, ἥμισυς: the half, τὸ ἥμισυ: more than half, ὑπερήμισυς: half-full, ἡμιδεὴς: half-done, ἡμίεργος: half-eaten, ἡμίβρωτος: half an hour, ἡμιώριον, n.
Hall, αὐλὴ, f. παραστὰς, f. ἀμφίθυρον, n.
Halloo, v. αὐτέω, ἀνακράζω
Hallow, v. ἀνιερόω, ἁγίζω, ἁγιάζω, ἁγιστεύω, ἱερόω, καθιερόω
Hallowed, ἅγιος, ἱερὸς, ὅσιος
Hallucination, ἄλη, f. πλάνη, f. [f.
Halt, Halting, (a stopping) ἐπίστασις,
Halt, Halting, (lame) χωλὸς; (standing still) ἐπιστατικὸς
Halt, v. ἐφίστημι, ἀναπαύω; (be lame, limp) χωλεύω, χωλαίνω
Halter, βρόχος, m. δεσμὸς, m. ἀρτάνη, f. αἰώρημα, n.
Halve, v. μεσοτομέω, διχοτομέω
Ham, κωλῆ, f. κωλῆν, f. πέρνα, f.

Hamlet, κώμη, f. χωρίον, n.
Hammer, σφῦρα, f. σῖρα, f. ῥαιστηρ, m. τυπὶς, f.
Hammer, v. σφυρηλατέω, σφυροκοπέω, σφυρόω: to hammer in, ἐπικρούω: to hammer or weld together, κροτέω, συγκροτέω
Hammered, σφυρήλατος
Hammock, αἰώρα, f.
Hamper, σπυρὶς, f. κάλαθος, m.
Hamper, v. ἐμποδίζω, κωλύω
Hand, χείρ, f. (measure) παλαιστὴ, f.: the right hand, δεξιὰ, f.: the left hand, ἀριστερὰ, f. σκαιὰ, f.: palm of the hand, παλάμη, f.: at hand, πρόχειρος, ἑτοῖμος; adv. ἐμποδῶν, ἐν ποσὶ, πρὸ ποδῶν: in the hands or power of, χείριος, ὑποχείριος: to take by the hand, shake hands, δεξιόομαι: to take in hand, ἐπιχειρέω, μεταχειρίζω: to put into one's hands, ἐγχειρίζω: to be at hand, ὑπάρχω: hand to hand, εἰς χεῖρας, ἐν χερσὶ, αὐτοσχεδίην, ὁμόσε
Hand, Hand down, v. παραδίδωμι: to hand round, περιφέρω
Handbreadth, παλαιστὴ, f.
Handful, δράγμα, n. δραγμὴ, f.
Handicraft, χειρουργία, f. χειρωναξία, f. χειροτεχνία, f. βαναυσία, f.: belonging to handicraft, χειροτεχνικὸς, βάναυσος [ναυσος, m.
Handicraftsman, χειροτέχνης, m. βά-
Handily, adv. δεξιῶς, ἐπιδεξίως
Handiness, δεξιότης, f. ἐπιδεξιότης, f.
Handiwork, χειρούργημα, n.
Handle, κώπη, f. λαβὴ, f. ἀντιλαβὴ, f. οὔας, n.: with handle or handles, κωπήεις, ὠτώεις [χειρέω, ἅπτομαι
Handle, v. χειρίζω, μεταχειρίζω, ἐπι-
Handling, δραγμὸς, m. (taking in hand, management) μεταχείρισις, f.
Handmaid, θεράπαινα, f. δμωὴ, f. οἰκέτις, f. [m.
Handmill, χειρομύλη, f. χειρομύλων,
Handsome, καλὸς, εὐπρόσωπος, λαμπρὸς, ἑλικῶπις, ἀξιοπρεπὴς
Handsomely, adv. καλῶς, χαριέντως
Handy, δεξιὸς, ἐπιδέξιος
Hang, Hang up, v. κρεμάννυμι, ἀνακρεμάννυμι, κατακρεμάννυμι, ἀρτάω, ἀναρτάω, αἰωρέω, ἀνάπτω, ἐπιτανύω: to hang down, παρακρεμάννυμι: to hang on or over, ἐπαρτάω; intrans. to hang, κρεμάννυμαι, κρέμαμαι, αἰωρέομαι, ἀερέθομαι: to hang or hang down, κατακρέμαμαι, κατα-

κρήμναμαι, καταιωρέομαι: to hang upon, ἐξάπτομαι, ἐξαρτάομαι: to hang up, προσκρεμάννυμαι, προσκρέμαμαι: to hang over, (impend) ἐπαιωρέομαι, ἐπαρτάομαι, ἐπικρέμαμαι: to hang, (choke) ἄγχω, ἀπάγχω

Hanging, (strangling) ἀγχόνη, f.

Hanging, (suspended, hovering) κρεμαστός, αἰώρητος

Hangman, δημόκοινος, m.

Hank, κλωστήρ, m.

Hanker after, v. γλίχομαι

Hansel, v. καινίζω, μεταχειρίζω: not hanselled, new, ἀμεταχείριστος

Hap, τύχη, f. κλῆρος, m. τὸ συμβεβηκός

Haphazard, τὸ αὐτόματον, τύχη, f. συμφορά, f. κατὰ τύχην, ἐκ τύχης

Hapless, δυστυχής, δύσμορος, ἀτυχής, κακόποτμος

Haply, adv. τυχὸν, ἴσως, τάχ᾽ ἂν, τάχ᾽ [ἴσως ἂν

Happen, v. τυγχάνω, συμβαίνω, παραπίπτω, παραγίγνομαι, προστυγχάνω, παρίσταμαι, ἀποβαίνω: to happen to, befal, προσπίπτω, καταλαμβάνω: to happen at the same time, συμπίπτω, συντυγχάνω, συμφέρω: to happen besides, ἐπιγίγνομαι

Happily, adv. εὖ, εὐδαιμόνως, μακαρίως, ὀλβίως, εὐτυχῶς

Happiness, ὄλβος, m. εὐδαιμονία, f. μακαριότης, f.

Happy, ὄλβιος, εὐδαίμων, μάκαρ, μακάριος, ζηλωτός: very happy, πανόλβιος, τρισόλβιος, τρισμακάριος: to be happy, εὐδαιμονέω, εὐημερέω: to call or pronounce happy, μακαρίζω, εὐδαιμονίζω, ζηλόω

Harangue, δημηγορία, f.

Harangue, v. δημηγορέω, ἀγοράομαι, ἀγορεύω

Harass, v. λυπέω, βαρύνω, ἐλαύνω, περιελαύνω, χαλέπτω

Harbinger, πρόδρομος, m.

Harbour, λιμήν, m. ὅρμος, m. ναύσταθμον, n. [πάζω

Harbour, v. δέχομαι, ὑποδέχομαι, σκε-

Hard, (firm, solid, stiff, stubborn) στερεός, στερρός, στέριφος, σκληρός, σιδήρεος, ἀπόκροτος; (severe, grievous) χαλεπός, βαρύς, ἀργαλέος; (difficult) χαλεπός, δυσχερής

Hard, adv. (laboriously, diligently) σπουδαίως, ἐπιπόνως, λιπαρῶς, ἐπιμελῶς: hard by, γείτων, πρόσοικος, πέλας

Harden, v. σκληρύνω, περισκληρύνω, συνίστημι

Hardhearted, σκληροκάρδιος, ἄτεγκτος, σιδηρόφρων

Hardiness, ἰσχὺς, f. ἀλκή, f. κράτος, n.

Hardly, adv. σκληρῶς; (scarcely) μόλις, μόγις, χαλεπῶς, σχολῇ [μος

Hardmouthed, σκληρόστομος, ἄστο-

Hardness, σκληρότης, f. (difficulty, severity) χαλεπότης, f. δυσχέρεια, f.

Hardship, κακόν, n. δυσχέρεια, f.

Hare, λαγώς, m. λαγωός, m.: of a

Hark, ἀκούετε [hare, λαγῶος

Harlequin, φλύαξ, m.

Harlot, πόρνη, f. πορνίδιον, n. ἑταίρα, f. χαμαιτύπη, f. [σίνος, n.

Harm, βλάβη, f. κακόν, n. πῆμα, n.

Harm, v. βλάπτω, πημαίνω, κηραίνω, σίνομαι [ἀπήμων, ἀθῷος

Harmless, ἀβλαβής, ἀσινής, ἄνατος,

Harmlessly, adv. ἀβλαβέως, ἀσινῶς

Harmlessness, ἀβλάβεια, f.

Harmonic, Harmonical, ἁρμονικὸς, σύμφωνος

Harmonious, λιγὺς, λιγυρός, λιγύφωνος, ἁρμόνιος, ἐναρμόνιος, εὔμουσος; (in harmony, agreeing) σύμφωνος, εὐάρμοστος, συνῳδός, σύναυλος, πρόσχορδος

Harmoniously, adv. μουσικῶς

Harmonise, v. συμφωνέω, προσᾴδω

Harmony, ἁρμονία, f. συμφωνία, f.: in harmony with, συμφωνούντως

Harness, ἱμάντες, m. pl. ἔντεα ἵππεια, n. pl.

Harness, v. ζεύγνυμι, ὑποζεύγνυμι

Harp, κιθάρα, f. κίθαρις, f. φόρμιγξ, f. μαγάδις, f. πηκτίς, f.: to play the harp, κιθαρίζω, φορμίζω, μαγαδίζω

Harper, κιθαρῳδὸς, m. κιθαριστὴς, m. φορμικτὴς, m.

Harpies, the, Ἅρπυιαι, f. pl.

Harpoon, τρίοδους, m.

Harpy, (a bird of prey) ἅρπη, f.

Harrow, v. βωλοκοπέω, βωλοτομέω

Harsh, χαλεπός, τραχὺς, πικρός, σκληρός [πικρῶς

Harshly, adv. τραχέως, χαλεπῶς

Harshness, χαλεπότης, f. πικρότης, f. τραχύτης, f. ἀπήνεια, f. σκληρότης, f.: harshness of voice, τραχυφωνία, f.

Hart, ἔλαφος, m.

Harvest, ἄμητος, m. θερισμὸς, m. θέρος, n. συγκομιδὴ or κομιδὴ σίτου or καρποῦ: wheat harvest, πυραμητὸς, m.: to get in the harvest, συγκομίζω

Harvest-home, τὰ συγκομιστήρια, ἀλῶα, n. pl.

Harvesting, ἄμητος, m. συγκομιδή, f.
Harvest-time, ἄμητος, m. θερισμὸς, m.
Hash, ματτύα, f.
Hash, v. κόπτω, συγκόπτω
Haste, σπουδή, f. ἔπειξις, f.: with haste, σπουδαῖος, adv. -ως
Haste, Hasten, v. (to make haste) σπεύδω, ἐ& -ομαι, σπουδάζω, ἐπισπεύδω, ἐπείγω, ἐ& -ομαι, ταχύνω, ὁρμάω, κατεπείγω, πέτομαι, σπέρχομαι
Hasten, v. (urge on) σπεύδω, ἐπισπέρχω, ὀτρύνω, ἐπείγω, ταχύνω, κατεπείγω
Hastily, adv. ταχέως, διὰ σπουδῆς, προπετῶς, ἰταμῶς, νεανικῶς, ἐσσυμένως
Hastiness, ὠκύτης, f. ταχύτης, f. τάχος, n. [σπευστικὸς, ταχύβουλος
Hasty, κραιπνὸς, ἐπισπερχής, ἰταμὸς,
Hat, πῖλος, m. πιλίδιον, n. [σεύω
Hatch, v. ἐκλέπω, ἐκκολάπτω, νεοσ-
Hatches, καταστρώματα, n. pl.
Hatchet, πέλεκυς, m. ἀξίνη, f.
Hatching, ἐκκόλαψις, f. ἐκλέπισις, f.
Hate, ἔχθος, n. μῖσος, n.
Hate, v. μισέω, ἐχθαίρω, ἐχθραίνω, στυγέω : to be hated, ἀπεχθάνομαι
Hateful, μισητὸς, ἐχθρὸς, ἀπεχθής, στυγερὸς, στυγητὸς, πικρὸς, ἐχθόδοπος, ἀποπτυστὸς, ἐπίφθονος
Hatefully, adv. ἐχθρῶς, στυγερῶς
Hatred, μῖσος, n. ἔχθος, n. ἔχθρα, f. ἀπέχθεια, f.
Have, v. ἔχω, κτάομαι, ἔστι, μέτεστί or ὕπεστί μοι, σοι, &c.
Haven, λιμήν, m. ὅρμος, m.
Haughtily, adv. ὑπερφιάλως, ὑπερηφάνως, μεγαλείως, μεγαλοφρόνως
Haughtiness, μεγαληνορία, ὑπερηνορέη, f. φρόνημα, n. ὑψηλοφροσύνη, f. ὑπερηφανία, f. ὄγκος, m. ἀλαζονεία, f.
Haughty, ὑπερήφανος, ὑπερφίαλος, μεγαλεῖος, σοβαρὸς, γαῦρος, ὑπερήνορέων, ὑψηλόφρων : to be haughty, ὑπερηφανέω, γαυριάω
Haul, v. ἕλκω, ὀνεύω
Haunch, πυγή, f. γλουτὸς, m.
Haunt, ἦθος, n. ἔναυλος, m. ἐπιστροφή,
Haunt, v. φοιτάω, θαμίζω, πολέω [f.
Havoc, ὄλεθρος, m. κακουχία, f. φθορά, f.
Hawk, ἱέραξ, m. κίρκος, m.
Hay, χόρτος, m. κάρφη, f.
Hazard, κίνδυνος, m. [κυβεύω
Hazard, v. κινδυνεύω, παρακινδυνεύω,
Hazarding, παρακινδύνευσις, f. ἀποκινδύνευσις, f.
Hazardous, ἐπικίνδυνος, παρακίνδυνος
Haze, ὁμίχλη, f. ἀχλὺς, f.

Hazy, ὁμιχλώδης, ἀχλυόεις
He, ἐκεῖνος, ὁ, οὗτος, ὅδε, αὐτὸς
Head, κεφαλή, f. κάρηνον, n. κάρα, n. κορυφή, f. κωδία, f.
Head-ache, κεφαλαλγία, f.: to have head-ache, κεφαλαλγέω : causing also having head-ache, κεφαλαλγὴς
Head-dress, ἄμπυξ, f. κρήδεμνον, n. κεκρύφαλος, m.
Headland, ἄκρα, f. πρόβολος, m.
Headlong, πρηνής, προπετής, ἐπικλινής ; adv. προπετῶς, προτροπάδην
Headstrong, αὐθάδης, αὐθαδικὸς, προπετής, αὐτόβουλος [ὑγιάζω
Heal, v. ἰάομαι, ἰατρεύω, ἀκέομαι,
Healer, ἀκεστὴς, m. ἰατρὸς, m.
Healing, ἄκεσμα, n. ὑγίανσις, f.
Health, ὑγίεια, f. εὐεξία, f.: to drink health, προπίνω
Healthily, adv. ὑγιῶς, ὑγιεινῶς
Healthy, ὑγιής, ὑγιεινὸς, ἄνοσος : to be healthy, ὑγιαίνω
Heap, σωρὸς, m. σώρευμα, n. χῶμα, n. θημών, m. ἄθροισμα, n.
Heap, v. χώννυμι, συγχώννυμι, σωρεύω, νέω, συννέω, ἐπαμάομαι, ἀναβάλλω
Heaping up, σώρευσις, f. συμφόρησις, f.
Hear, v. ἀκούω, ἐπακούω, ἐξακούω, κατακούω, ἀκροάομαι, ἀΐω, κλύω; (to hear of, hear news of, hear from some one else) πυνθάνομαι, παραλαμβάνω
Hearer, ἀκουστής, m. ἀκροατής, m.
Hearing, ἀκοή, f. ἄκουσις, f. ἀκρόασις, f.: quick of hearing, εὐήκοος, ὀξυήκοος : within hearing, εἰς ἐπήκοον, ἐν ἐπηκόῳ
Hearken, v. ἀκούω, ὑπακούω
Hearsay, ἀκοή, f. παρακοή, f.
Heart, καρδία, f. κέαρ, n. κῆρ, n. ἦτορ, n.: with all one's heart, ἐκ τῆς ψυχῆς, ἐκ τῆς καρδίας [διος
Heartbreaking, θυμοβόρος, ταραξικάρ-
Heartburn, ὀξυρεγμία, f. καρδιαλγία, f.
Hearth, ἑστία, f. ἐσχάρα, f.: [ἐκ ψυχῆς
Heartily, adv. ἐπιθυμητικῶς, προθύμως,
Heartless, ἄθυμος, ἀκάρδιος ; (cruel)
Hearty, πρόφρων, εὔθυμος [ὠμόθυμος
Heat, θάλπος, n. θέρμη, f. θερμότης, f. καῦμα, n. ἀλέα, f.
Heat, v. θερμαίνω, θέρω, θάλπω
Heath, ἐρείκη, f.
Heathen, Heathenish, ἐθνικὸς
Heathen, τὰ ἔθνη
Heave, v. (lift, raise) αἴρω, ἐπαίρω, ἀείρω ; (throb, swell) οἰδέω, οἰδάνομαι, πατάσσω

Heaven, οὐρανὸς, m. πόλος, m.: from heaven, οὐρανόθεν: in heaven, οὐρανόθι
Heavenly, οὐράνιος, ἐπουράνιος: the heavenly bodies, τὰ μετέωρα
Heavily, adv. βαρέως, βαρύ
Heaviness, βάρος, n. βαρύτης, f.
Heavy, βαρύς, ἐπαχθὴς, ἐμβριθὴς: to be heavy, βρίθω, ἐπιβρίθω
Hebdomad, ἑβδομὰς, f.
Hebrew, Ἑβραῖος; (dialect) Ἑβραΐς, f.: in Hebrew, Ἑβραϊστί: to speak Hebrew, Ἑβραΐζω
Hecatomb, ἑκατόμβη, f.
Hectic, ἑκτικὸς [f.
Hedge, ἕρκος, n. φραγμὸς, m. αἱμασιὰ,
Hedge, v. φράσσω
Hedgehog, ἐχῖνος, m. [προνοια, f.
Heed, μελέτη, f. φυλακὴ, f. εὐλάβεια, f.
Heed, v. φυλάσσομαι, εὐλαβέομαι, φροντίζω, ἀλεγίζω, ἀλέγω: take heed, ὅρα: one must take heed, φυλακτέον, εὐλαβητέον [κυος
Heedful, ἐπιστρεφὴς, ἐπιμελὴς, ὑπή-
Heedless, ἀμελὴς, ἀπερίσκεπτος, ἀνεπίστρεπτος, ἀκηδὴς, ἄφροντις, ἀπρονόητος, ἄωρος
Heedlessly, adv. ἀμελῶς, ἀφροντίστως, ἀνειμένως, ἀπερισκέπτως, ἀβούλως
Heedlessness, ἀμέλεια, f. ἀκήδεια, f. ἀνεπιστρεψία, f. ἀβουλία, f.
Heel, πτέρνα, f.
Heifer, πόρτις, f. δάμαλις, f μόσχος, f.
Height, ὕψος, n. μέγεθος, n. ὑψηλότης, f. (a height, eminence) ἄκρα, f. ἄκρον, n. ἀκρώρεια, f. κάρηνον, n. (acme, greatest degree) ἀκμή, f. ἄκρον, n. ἄνθος, n.: to be at the height or highest degree, ἀκμάζω
Heighten, v. αἴρω, ἀείρω, μεγαλύνω
Heinous, μιαρὸς, πονηρὸς, παμπόνηρος, κακὸς, πάγκακος
Heinously, adv. πονηρῶς, κακῶς
Heinousness, πονηρία, f. φαυλότης, f. πανουργία, f. κακότης, f.
Heir, κληρονόμος, m.: to be heir to,
Heiress, ἐπίκληρος, f. [κληρονομέω
Hell, ᾅδης, m. τάρταρος, m.
Hellebore, ἑλλέβορος, m.
Hellespont, the, Ἑλλήσποντος, m.
Hellish, ταρτάρειος, στύγιος
Helm, οἴαξ, m. πηδάλιον, n.
Helmet, κόρυς, f. κράνος, n. πήληξ, f. τρυφάλεια, f.
Help, ὠφελεία & -λία, f. ὠφέλημα, n. ὄφελος, n. βοηθεία, f. ἐπικουρία, f. ἀρωγὴ, f. ἐπάρκεσις, f.

Help, v. ὠφελέω, ἐπωφελέω, ἐπαρκέω, ἐπικουρέω, ὑπηρετέω, βοηθέω, τιμωρέω, ὑπουργέω, ἀρήγω, ἐπαρήγω, ὀνίνημι, παρίσταμαι, συλλαμβάνω, συμμαχέω
Helper, βοηθὸς, m. ἐπίκουρος, m. συναγωνιστὴς, m. παραστάτης, m. -τις, f. συλλήπτωρ, m.
Helpless, ἀμήχανος, ἄπορος, ἀβοήθητος, ἀπάλαμνος [ἀβοηθησία, f.
Helplessness, ἀμηχανία, f. ἀπορία, f.
Hem, κράσπεδον, n. ἀκρολίνιον, n.
Hem in, v. εἴργω, κατείργω, περικλείω, ἐγκαταλαμβάνω
Hemisphere, ἡμισφαίριον, n.
Hemlock, κώνειον, n.
Hemp, κάνναβις, f.
Hempen, κανναβίνος [f.
Hen, ἀλεκτορίς, f. ἀλεκτρυών, f. ὄρνις,
Hence, ἔνθεν, ἔνθενδε, ἐντεῦθεν, αὐτόθεν
Henceforth, Henceforward, adv. τοὐντεῦθεν, τὸ λοιπὸν, ἀπὸ τοῦ νῦν, ὄπισθεν, ὀπίσω, ἐξοπίσω, κατόπισθεν
Herald, κῆρυξ, m.: to be a herald, κηρύσσω
Herb, πόα, f. φύλλον, n. [ηρὸς
Herbaceous, βοτανώδης, ποιήεις, ποι-
Herbage, χλόη, χλόα, or χλοίη, f. νομὸς, m. [m.
Hercules, Ἡρακλέης, contr. Ἡρακλῆς,
Herd, ἀγέλη, f. νομὴ, f. βουκόλιον, n.
Herd, v. συναγελάζω
Herdsman, βουκόλος, m. βοτὴρ, m. βοηλάτης, m. βούφορβος, m.
Here, adv. ἐνθάδε, ἐνταῦθα, τῇδε, αὐτόθι, ὧδε, ταύτῃ, f.: here and there, ἔνθα καὶ ἔνθα
Hereafter, adv. αὖθις, εἰσαῦθις, αὖτις, εἰσοπίσω, ὕστερον [νομικὸς
Hereditary, πατρῷος, πατρικὸς, κληρο-
Heresy, αἵρεσις, f.
Heretical, αἱρετικὸς
Heretofore, adv. ἔμπροσθεν, πρότερον
Heritage, κλῆρος, m. κληρονομία, f.
Hermit, ἐρημίτης, m.
Hero, ἥρως, m. [ἡρωϊκὸς
Heroic, Heroical, ἡρώϊος, contr. ἥρωος,
Heroine, ἡρωΐς, f. ἡρωΐνη, f. ἡρώνη, f.
Heron, ἐρωδιὸς, m. εὐκερώδιος, m.
Hesitate, v. ὀκνέω, κατοκνέω
Hesitating, ὀκνηρὸς
Hesitation, ὄκνος, m. παλιντροπία, f.
Heterodox, ἑτερόδοξος
Heterodoxy, ἑτεροδοξία, f. ἀλλοδοξία, f.
Heterogeneous, ἑτερογενὴς, ἀκατάλληλος, ἀνόμοιος, ἀνομοιοειδὴς, ἀνομοιομερὴς

HEW — HOL

Hew, v. πελεκάω, γλάφω
Hewing, πελέκησις, f.
Hewn, πελεκητὸς
Hexameter, ἥρῳος, m. ἡρωϊκὸν or ἡρῷον (μέτρον), n. ἑξάμετρος, m.
Hexameter, ἑξάμετρος
Hiatus, χάσμα, n.
Hiccup, λὺγξ, f. [φιος, κρυπτάδιος
Hid, Hidden, κρυπτὸς, κρυφαῖος, κρύ-
Hide, βύρσα, f. δέρμα, n. διφθέρα, f. σκῦτος, n.
Hide, v. κρύπτω, ἀποκρύπτω, κατακρύπτω, κεύθω, καλύπτω, ἐπικαλύπτω, στέγω
Hideous, μορμορωπὸς, βλοσυρὸς
Hiding-place, κεῦθος, n. κευθμὼν, m.
Hie, v. σπεύδω, ἐπισπεύδω
Hierarch, ἱεράρχης, m.
Hierarchy, ἱεραρχία, f.
High, On high, adv. ὕψι, ὑψοῦ, ὑψόθι, ἄνω: from on high, ἄνωθεν, ὑψόθεν
High, ὑψηλὸς, μετέωρος, ἄκρος, ἠλίβατος, μετάρσιος, αἰπὺς
High-born, γενναῖος, εὐγενὴς, ἀγαυὸς
Higher, ὑπέρτερος, ὑψίων
Highest, ὕψιστος, ὑπέρτατος, ἀνώτατος
Highly, adv. μέγα, λίαν, μεγάλως, ὑπερηφάνως: more highly, μειζόνως
High-minded, μεγαλόφρων, μεγάθυμος, ὑψίφρων, ὑψηλόφρων
High-priest. ἀρχιερεὺς, m.
Highway, ὁδὸς, f. ἁμαξιτὸς, f.
Highwayman, ὁδουρὸς, m. λῃστὴς, m.
Hilarity, ἱλαρότης, f. γηθοσύνη, f. χαρὰ, f.
Hill, λόφος, m. πάγος, m. κρημνὸς, m. ἄκρα, f. μαστὸς, m. βουνὸς, m. γήλοφος, m.
Hilly, ὀρεινὸς, κρημνώδης, βουνώδης
Hilt, κώπη, f. λαβὴ, f.
Himself, herself, itself, αὐτὸς, αὐτή. αὐτὸ: of himself, of herself, of itself, ἑαυτοῦ, ἑαυτῆς, ἑαυτοῦ; contr. αὑτοῦ, αὑτῆς, αὑτοῦ; οὗ
Hind, κεμὰς, f. ἔλαφος, f.
Hind, ἀγρότης, m.
Hinder, ὀπίσθιος
Hinder, v. κωλύω, ἀποκωλύω, κατακωλύω, εἴργω, ἐξείργω, ἀποκλείω, ἐμποδίζω, ἔχω, ἐπέχω, ἐνίσταμαι, ἀποτρέπω
Hinderance, ἐμπόδισμα, n. κώλυμα, n.
Hinderer, κωλυτὴς, m. διακωλυτὴς, m.
Hindering, κάθειρξις, f. κώλυσις, f. κωλύμη, f. [adv. ἐμποδὼν
Hindering, ἐμπόδιος, ἐμποδιστικὸς;
Hindmost, Hindermost, ὕστατος, ὀπίστατος

Hinge, θαιρὸς, m. στροφεὺς, m. στρόφιγξ, m.
Hint, v. ὑποσημαίνω, αἰνίσσομαι, ὑπαι-
Hip, ἰσχίον, n. ὑποκώλιον, n. [νίσσομαι
Hippopotamus, ἵππος ποτάμιος
Hire, μισθὸς, m. μισθοφορὰ, f.: without hire, ἄμισθος; adv. -θὶ
Hire, v. μισθόομαι, προσμισθόομαι, συνωνέομαι
Hired. μίσθιος, μισθωτὸς, ἔμμισθος, ὑπόμισθος
Hireling, μισθοφόρος, m. μισθάρνης, m.
Hirer, μισθωτὴς, m. μισθοδοτὴς, m.
Hiring, μίσθωσις, f.
His, hers, its, ὃς, ἥ, ὃν; ἑὸς, ἑὴ, ἑὸν; σφέτερος
Hiss, v. συρίζω, συρίττω, σίζω, ῥοιζέω
Hissing, συριγμὸς, m. σιγμὸς, m. σῖξις, f. ῥοῖζος, c.
Historian, συγγραφεὺς, m. λογογράφος, m. λογοποιὸς, m. ἱστορικὸς, m.
Historical, ἱστορικὸς [γραφὴ, f.
History, ἱστορία, f. λόγος, m. συγ-
Hit, πληγὴ, f. βολὴ, f. βλῆμα, n.
Hit, v. τύπτω, τυγχάνω, βάλλω
Hither, adv. ἐνθάδε, δεῦρο, ἐνταῦθα, ὧδε: come hither, δεῦρο
Hither, ἐγγύτερος, ἐνδότερος
Hithermost, ἐγγύτατος, ἔγγιστος
Hitherto, adv. μέχρι τούτου, μέχρι τοῦ δεῦρο, δεῦρο
Hive, σίμβλος, m. σμῆνος, n.
Hoard, θησαυρος, m. [ὀρύσσω
Hoard, v. θησαυρίζω, ἀποτίθημι, κατ-
Hoarfrost, πάχνη, f. στίβη, f. δροσο-
Hoariness, πολιότης, f. [πάχνη, f.
Hoarse, βραγχὸς, κερχαλέος, βραγχαλέος: to be hoarse, κέρχομαι, βραγχιάω
Hoarseness, βράγχος, m. κέρχνος, m.
Hoary, πολιὸς, λευκὸς [μορμὼ, f.
Hobgoblin, μορμολυκεῖον, n. μορμὼν, f.
Hoe, σκάλευθρον, n. σκαλεὺς, m.
Hoe, v. σκάλλω, σκαλεύω, ἐκσκαλεύω
Hoeing, σκάλσις, f.
Hog, σῦς, c. ὗς, c. χοῖρος, m.
Hoist, v. αἴρω, ἀείρω, ἀναείρω
Hold, λαβὴ, f. ἀντιλαβὴ, f.: a laying hold of, ἐπίληψις, f. ἀντίληψις, f.: hold of a ship, ἀντλία, f. ἄντλος, m. κοίλη ναῦς, f.
Hold, v. ἔχω, κατέχω, ἐνέχω; (contain) χανδάνω: to hold before, προέχω, προβάλλομαι: to hold back, ἐπέχω, κατέχω: to hold out, (in various senses) ὀρέγνυμι, ἐπέχω, προτίθημι, ὑποτείνω: to hold out against, ἀντέχω, ὑπέχω: to hold

up, ἀνέχω, ἀνατείνω: to hold over, ὑπερέχω, ὑπερτείνω: to hold under, ὑπέχω, ὑποΐσχάνω: to hold together, συνέχω: to lay hold of, ἅπτομαι, ἀντιλαμβάνω, ἐπιλαμβάνω

Hole, ὀπή, f. τρῆμα, n. τρήμη, f. τρύπημα, n.: with many holes, πολύτρητος, ἀμφιτρής: to make a hole, διατετραίνω

Holiday, ἑορτή, f.

Holily, adv. ὁσίως, ἁγίως

Holiness, ὁσιότης, f. ἁγιότης, f.

Holla, v. γέγωνα (perf.), ἀναβοάω, ἀναφωνέω

Hollow, κόλπος, m. κεῦθος, n. κύτος, n. κευθμών, m. κοίλωμα, n.

Hollow, κοῖλος, ἔγκοιλος, γλαφυρός

Hollow, v. γλύφω, κοιλαίνω, κοιλόω

Hollowness, κοιλότης, f. [σεμνός

Holy, ὅσιος, ἅγιος, ἁγνός, ἱερός, εὐαγής,

Homage, θεραπεία, f. προσκύνησις, f. σέβας, n.: to do homage, προσκυνέω, σέβω

Home, οἶκος, m. ἑστία, f.: of or belonging to home, οἰκεῖος: home, to home, οἴκαδε, οἴκονδε: at home, οἴκοι, οἴκοθι, ἔνδον; adj. ἔνδημος, οἰκόσιτος: from home, οἴκοθεν; adj. ἔκδημος, ἀπόδημος: to be from home, ἐκδημέω, ἀποδημέω

Homely, οἰκεῖος, ἀπαίδευτος, λιτός

Homer, Ὅμηρος, m.

Homeward, adv. οἴκόνδε, οἴκαδε

Homicide, φόνος, m. ἀνδροκτασία, f. (murderer) ἀνδροφόνος, m. φονεύς, m.

Homily, ὁμιλία, f. [ὁμοιογενής

Homogeneous, ὁμογενής, συγγενής,

Hone, ἀκόνη, f. θηγάνη, f.

Honest, δίκαιος, ἐπιεικής, ἁπλόος, εὐθύπορος, χρηστός

Honestly, adv. δικαίως, ἐνδίκως, ὀρθῶς, χρηστῶς

Honesty, ἀλήθεια, f. χρηστότης, f. ἁπλότης, f.

Honey, μέλι, n.: of or like honey, μελιτήριος, μελιτόεις: to make honey, μελιτουργέω [μελίσσιον, n.

Honeycomb, κηρίον, n. σχαδών, f.

Honied, μελιχρός; (of words) μελίγλωσσος

Honour, τιμή, f. ἀξίωμα, n. ἀξίωσις, f. ἀξία, f. δόξα, f. (an honour or credit to) κοσμός, m. ἄγαλμα, n. στέφανος. m.

Honour, v. τιμάω, τίω, σέβομαι, ἄγαμαι, ἀξιόω, γεραίρω, ἀγάλλω, κοσμέω: to honour very greatly, προτιμάω, ἐκτιμάω

Honourable, τίμιος, ἔντιμος, καλός

Honourably, adv. καλῶς, ἐντίμως, εὐκλεῶς [solid hoof, μώνυξ

Hoof, ὁπλή, f. χηλή, f. ὄνυξ, m.: with

Hook, ἄγκιστρον, n.

Hook, v. ἀγκιστρόω [(curved) ἀγκύλος

Hooked, ἀγκιστρωτός, ἀγκιστροειδής;

Hook-nosed, γρυπός

Hoop, σφενδόνη, f. [κράζω

Hoot, v. καταβοάω, ἐπαναβοάω, ἀνα-

Hop, v. ἀσκωλιάζω, σκωλοβατίζω

Hope, ἐλπίς, f.

Hope, v. ἐλπίζω, ἔλπομαι

Hopeful, εὔελπις, -πι

Hopeless, ἄνελπις, -πι, ἀνέλπιστος, δύσελπις, -πι, δυσέλπιστος

Horde, ἀγέλη, f. τύρβη, f.

Horizon, ὁρίζων, m.

Horn, κέρας, n. κεράτιον, n.

Horned, κεραός, κερόεις, κεραστής, -τίς, κερατοφόρος: short-horned, κολοβός, κολοβὸς κεράτων: one-horned, μονοκέρατος, μονόκερως: crumple-horned, ἕλιξ: black-horned, μελάγκερως: golden-horned, χρυσόκερως: fine-horned, εὐκέραος, contr. εὔκερως

Hornet, ἀνθρήνη, f.

Hornless, ἄκερως, ἄκερος, ἀκέρατος

Horny, κεράτινος, κερατώδης

Horologe, ὡρολόγιον, n. [γλος

Horrible, φοβερός, αἰνός, δεινός, ἔκπα-

Horribly, adv. δεινῶς, φοβερῶς

Horrid, δεινός, φρικτός, δασπλής

Horror, φόβος, m. δέος, n. δεῖμα, n. τάρβος, n. ὀρρωδία, f.

Horse, ἵππος, c. πῶλος, c.: riding-horse, μόνιππος, c.: little horse, ἱππάριον, n.: breeding horses, ἱπποτρόφος: the breeding of horses, ἱπποτροφία, f. πωλεία, f.: with four horses, τέθριππα, τετράορος: of a horse, ἵππειος, ἵππιος, ἱππικός

Horseman, ἱππεύς, m. ἱπποβάτης, m.: to be a horseman, ἱππεύω, ἱππάζομαι

Horsemanship, ἱππεία, f. ἱππική, f.: suited for horsemanship, ἱππάσιμος, ἱππαστός

Horse-race, ἱπποδρομία, f. [τικός

Hortatory, προτρεπτικός, παρακελευσ-

Horticulture, κηπεία, f. [πολύξενος

Hospitable, ξένιος, φιλόξενος, εὔξενος,

Hospitably, adv. φιλοξένως

Hospital, νοσοκομεῖον, n. [νισμός, m.

Hospitality, ξενία, f. φιλοξενία, f. ξε-

Host, ξενοδόκος, m. πρόξενος, m. ξένος, m. (body of men) φῦλον, n.

Hostage, ὅμηρος, m. παραθήκη, f.

Hostile, πολέμιος, δυσμενής, ἐναντίος, δύσνοος, ἐχθρός, παλίγκοτος, ἀνάρσιος: to be hostile to, ἐναντίως διάκειμαι, ἀλλοτρίως ἔχω
Hostilely, adv. ἐχθρῶς, δυσμενῶς, πολεμικῶς, ἐναντίως
Hostility, δυσμένεια, f. ἔχθρα, f.: to engage in hostilities, ἔχθραν συνάπτω, συμβάλλω or αἴρομαι
Hot, θερμός: boiling hot, ζεστός: red-hot, διάπυρος
Hotly, adv. περικαῶς, περιζαμενῶς
Hovel, καλύβη, f.
Hover, v. ποτάομαι: to hover over, ἐπιποτάομαι: to hover round, περιποτάομαι
Hound, κύων, c. κύων θηρευτής, c.
Hour, ὥρα, f.
House, οἶκος, m. οἰκία, f. οἴκημα, n. οἴκησις, f. δῶμα, n. δόμος, m. οἰκοδόμημα, n. ἑστία, f. μέλαθρον, n.: of or belonging to a house, οἰκεῖος, ἐφέστιος: in or at the house, ἐφέστιος, ὑπωρόφιος, ὑπόστεγος: to the house, οἴκαδε, οἴκονδε: from the house, οἴκοθεν: to be housed, δωματόομαι
Housebreaker, τοιχώρυχος, m.: to be a housebreaker, τοιχωρυχέω
Housebreaking, τοιχωρυχία, f.
Household, οἰκία, f. οἰκετεία, f. ἐφέστιον, n.
Housekeeper, οἰκονόμος, m. ταμία, f. οἰκοδεσπότης, m.: to be a housekeeper, οἰκονομέω, ταμιεύω, οἰκουρέω
Housekeeping, οἰκονομία, f. ταμιεία, f. ταμίευμα, n.
Houseless, ἄοικος, ἄνοικος, ἀνέστιος
How? πῶς, πῆ, πόθεν, τίνι τρόπῳ; how, (in which way?) ποτέρως, ὅπως; how, (as, how fresh, stern, good, &c.) οἷον, οἷα, ὡς: how great? πόσος, ὅσος
Howbeit, ὅμως, πλὴν ἀλλὰ
However, (howsoever, in whatever way) ὁπωσοῦν, ὁπωστιοῦν, ὁπωσδήποτε, ὅπη ἂν; (but, nevertheless) ὅμως, πλὴν, μέντοι, ἔμπας
Howl, v. ὀλολύζω, ὑλακτέω
Howling, ὀλολυγὴ, f. ὀλολυγμὸς, m.
Howsoever, ὁπωσοῦν, ὁπωσδήποτε
Hoy, σχεδία, f. κύμβη, f.
Hue, βαφή, f. χροιὰ, f.
Hug, περίπτυχή, f.
Hug, v. περιπλέκομαι, περιλαμβάνω, περιβάλλω, προσπτύσσω
Huge, πελώριος, ὑπέρμεγας, ὑπέρογκος, εὐμεγέθης, ἄπλατος

Hugely, adv. πέλωρα, μέγα, λίαν
Hugeness, μέγεθος, n.
Hull, σκάφος, n.
Hum, Humming, βόμβος, m.
Hum, v. βομβέω [τήσιος
Human, ἀνθρώπινος, ἀνθρώπειος, βρο-
Humane, φιλάνθρωπος, εὔκολος, οἰκτίρμων
Humanely, adv. φιλανθρώπως
Humanise, v. ἡμερόω, μειλίσσω
Humanity, φιλανθρωπία, f.
Humble, ταπεινὸς
Humble, v. ταπεινόω, κολούω, στορέννυμι, κατακλίνω
Humble-bee, βομβύλιος, m.
Humbling, ταπείνωσις, f.
Humbly, adv. ταπεινῶς
Humid, ὑγρὸς, νότιος, νοτερὸς
Humidity, ὑγρότης, f. νοτὶς, f. ἰκμὰς, f.
Humiliation, ταπείνωσις, f.
Humility, ταπεινότης, f. ταπείνωσις, f. ταπεινοφροσύνη, f.
Humour, τρόπος, m. φύσις, f.: good-humoured, εὔκολος
Humour, v. χαρίζομαι, ὑπηρετέω
Hump, κύφος, n. κύρτωμα, n. (of a camel) ὕβος, m. [τὸς, κυφὸς
Humped, Hump-backed, ὑβὸς, κυρ-
Hundred, ἑκατὸν; (the number) ἑκατοντὰς, f. ἑκατοστύς, f.: two, three hundred, διακόσιοι, τριακόσιοι, &c.: hundred times, ἑκατοντάκις
Hundred-fold, ἑκατονταπλασίων
Hundred-handed, ἑκατόγχειρος
Hundredth, ἑκατοστὸς
Hunger, λιμὸς, m. πεῖνα, f. κεναγγία, f.
Hunger, v. πεινάω, λιμώσσω
Hungry, λιμώδης, λιμηρὸς, νῆστις, ὀξύπεινος
Hunt, Hunting, θήρα, f. ἄγρα, f. κυνηγέσιον, n. θήρευμα, n.: of or belonging to hunting, θηρευτικὸς, κυνηγετικὸς: fond of hunting, φιλόθηρας, φιλοκυνηγέτης
Hunt, v. θηρεύω, θηράω, ἀγρεύω, κυνηγετέω, ἰχνεύω
Hunter, θηρευτὴς, m. θηρατὴς, m. κυνηγέτης, m. ἀγρευτὴς, m.
Hunting-ground, κυνηγέσιον, n.
Huntress, κυνηγέτις, f. θηρήτειρα, f.
Huntsman, θηρευτὴς, m. θηρατὴς, m. ἀγρευτὴς, m. [βον, n.
Hurdle, ταρσὸς, Att. ταρρὸς, m. γέρ-
Hurl, v. ῥίπτω, βάλλω, ἀφίημι, πάλλω
Hurling, βολή, f.
Hurricane, λαῖλαψ, f.
Hurriedly, adv. προτροπάδην, ἐσσυ-
Hurry, σπουδή, f. [μένως

Hurry, v. ἐπισπέρχω, ἐπείγω, σπεύδω, ἐπισπεύδω, ταχύνω; intrans. σπεύδω, ταχύνω
Hurt, βλαβή, f. βλάβος, n. πῆμα, n. πημονή, f. λύμη, f. σίνος, n.
Hurt, v. βλάπτω, καταβλάπτω, σίνομαι, πημαίνω, ἀδῶ, ἀτάω, δηλέομαι, διαφθείρω
Hurtful, βλαβερός, ἐπιζήμιος, ζημιώδης, δηλήμων
Hurtfully, adv. βλαβερῶς
Hurtless, ἀβλαβής, ἀσινής
Husband, πόσις, m. ἀνήρ, m. γαμέτης, m. νύμφιος, m. ἀκοίτης, m. εὐνήτης, m. σύνευνος, m.
Husbandman, γεωργός, m. ἀρότης, m. ἀροτήρ, m. ἀροτρεύς, m. ἐργάτης, m.
Husbandry, γεωργία, f. ἄροτος, m.
Hush, v. παύω; (be silent) σίγα
Husk, κέλυφος, n. λέμμα, n. λοπός, m. λεπύριον, n.
Husky, κερχνώδης, ἀχυρώδης
Hustle, v. συνωθέω
Hut, καλύβη, f. κλίσιον, n. κλισία, f.
Hyacinth, ὑάκινθος, c.
Hyacinthine, ὑακίνθινος
Hyena, ὕαινα, f. γλάνος, m.
Hymen, Ὑμήν, m. Ὑμέναιος, m.
Hymn, ὕμνος, m.: to sing a hymn, ὑμνέω
Hyperbole, ὑπερβολή, f.
Hyperborean, ὑπερβόρεος
Hypocrisy, ὑπόκρισις, f. εἰρωνεία, f.
Hypocrite, ὑποκριτής, m. εἴρων, m.
Hypocritical, ὑποκριτικός, εἰρωνικός
Hypothesis, ὑπόθεσις, f.
Hyrst, ἄλσος, n. θάμνος, m.
Hyssop, ὕσσωπος, f.
Hysterical, ὑστερικός
Hysterics, τὰ ὑστερικά

I.

I, pron. ἐγώ, ἔγωγε
Jackal, θώς, m.
Jackdaw, κολοιός, m. κορώνη, f.
Jacket, χιτών, m.
Jade, v. καταπονέω, ἐνοχλέω, κοπόω: to be jaded, κοπιάω, κάμνω
Jaded, ὑπέρκοπος
Iambic, ἴαμβος, m.: iambic verse, Iambic, ἰαμβεῖος, ἰαμβικός [ἰαμβεῖον, n.
Jambs, (of a door) σταθμοί, m. pl. παραστάδες, f. pl.
January, Γαμηλιών, m.
Jar, (a vessel) ἀμφορεύς, m. πίθος, m. κέραμος, m. κεράμιον, n. (a quarrel) ἔρις, f. νεῖκος, n.

Jar, v. (differ, disagree) διαφωνέω, διΐσταμαι, διαφέρομαι; (to make an inharmonious sound) μυκάομαι; (of the strings of a musical instrument) παρανευρίζομαι
Jarring, διάφορος, δύσφωνος
Jasper, ἴασπις, f.
Javelin, ἀκόντιον, n. παλτόν, n. βέλος, n.: to hurl the javelin, ἀκοντίζω: hurling of the javelin, ἀκοντισμός, m. ἀκόντισις, f.: one who hurls the javelin, ἀκοντιστής, m.
Jaundice, ἴκτερος, m.
Jaw, Jawbone, γνάθος, f. γένυς, f.
Jay, κίσσα, f. [σιαγών, f.
Ice, κρύσταλλος, m. πάγος, m.
Ichor, ἰχώρ, m.
Icy, κρυμώδης, κρυερός, παγετώδης
Ida, (mount) Ἴδα, f.
Idea, ἔννοια, f. διάνοια, f. νόημα, n. φροντίς, f. ἰδέα, f.
Ideal, φανταστικός
Identical, αὐτότατος
Identity, αὐτότης, f. ταυτότης, f.
Idiom, ἰδίωμα, n.
Idiotic, ἀνόητος, ἄνοος, ἄφρων
Idle, ἀεργός, contr. ἀργός, μέλεος, ῥᾴθυμος: to be idle, ἀργέω, καθεύδω, κάθημαι, ἐλινύω
Idleness, ἀργία, f. ἀπραγία, f. ῥᾳθυμία, f.
Idly, adv. ἀργῶς, σχολαίως, ῥᾳθύμως
Idol, εἴδωλον, n. εἰκών, f.
Idolater, εἰδωλολάτρης, m.
Idolatry, εἰλωλολατρεία, f.
Idolise, v. σέβομαι
Idyll, εἰδύλλιον, n.
Jealous, ὕποπτος, ζηλότυπος, ζηλήμων: to be jealous, ζηλοτυπέω, φιλονεικέω [ζηλοσύνη, f.
Jealousy, ὕποπτον, n. ζηλοτυπία, f.
Jeer, Jeering, σκῶμμα, n. χλεύασμα, n. κερτομία, f. [τωθάζω, κερτομέω
Jeer, v. σκώπτω, ἐπισκώπτω, χλευάζω,
Jeerer, χλευαστής, m.
Jeering, adj. κερτόμιος, κέρτομος
Jejune, ἰσχνός
Jelly, ζωμός, m. ἔμβαμμα, n.
Jeopardise, v. κινδυνεύω
Jeopardy, κίνδυνος, m. [δῆμα, n.
Jest, σκῶμμα, n. σκωμμάτιον, n. κωμῳ-
Jest, v. σκώπτω, ἐπισκώπτω, χλευάζω, χαριεντίζομαι: to jest with, προσπαίζω τινί [βωμολόχος, m.
Jester, γελωτοποιός, m. σκωπτόλης, m.
Jesus, Ἰησοῦς, m.
Jet, γαγάτης, m.
Jew, Ἰουδαῖος
Jewel, λίθος, f. κειμήλιον, n.

Jewelled, διάλιθος
If, *conj.* εἰ (*with ind.*); ἄν, ἐάν, ἤν, εἴ κε, αἴκε (*with subj.*)
Ignite, *v.* ἅπτω, ἐμπίμπρημι
Ignition, ἔμπρησις, *f.*
Ignoble, ἀγνώς, ἀγενής, ἀγέννητος, δυσγενής, αἰσχρός, ἀμαυρός, ἀνώνυμος
Ignobly, *adv.* ἀγεννῶς, ἀμαυρῶς
Ignominious, αἰσχρός, ἄτιμος, ἐπονείδιστος, ἀσχήμων [ἀκλεῶς
Ignominiously, *adv.* αἰσχρῶς, ἀτίμως,
Ignominy, ἀτιμία, *f.* ἀδοξία, *f.* αἶσχος, *n.* ὄνειδος, *n.*
Ignorance, ἄγνοια, *f.* ἀπειρία, *f.* ἀμαθία, *f.* ἀπαιδευσία, *f.*
Ignorant, ἀπαίδευτος, ἀμαθής, ἀγνώς, ἄπειρος, ἀνεπιστήμων, ἀδαής, ἀνήκοος, ἄμουσος : to be ignorant, ἀγνοέω, ἀμηχανέω, ἀμαθαίνω
Ignorantly, *adv.* ἀμαθῶς, ἀπαιδεύτως
Jingle, *v.* κωδωνίζω, ἀραβέω
Jingling, κωδωνόκροτος
Iliad, Ἰλιάς, *f.*
Ilithyia, Εἰλείθυια, *f.*
Ill, κακός, πονηρός, φαῦλος; (sick) ἄρρωστος, ἀσθενής; *adv.* κακῶς, φαύλως: to speak ill of, βλασφημέω, δυσφημέω, φλαῦρον εἶπον *or* λέγω : to be ill *or* sick, νοσέω
Ill, κακοπάθεια, *f.* τὸ κακόν
Ill-advised, ἄβουλος [ἀβουλεύτως
Ill-advisedly, *adv.* ἀβούλως, ἀβουλεί,
Illative, συλλογιστικός
Illegal, ἄνομος, παράνομος, ἀθέμιστος
Illegality, παρανομία, *f.* ἀνομία, *f.* ἀδικία, *f.*
Illegally, *adv.* παρανόμως, ἀνόμως : to act *or* do illegally, παρανομέω
Illegible, ἀμυδρός
Illegitimacy, νοθεία, *f.*
Illegitimate, νόθος, μοιχίδιος, σκότιος
Ill-fortune, κακοδαιμονία, *f.* ἀτυχία, *f.* δυστυχία, *f.* ἀμμορία, *f.*
Illiberal, ἀνελεύθερος, δουλοπρεπής
Illiberally, *adv.* ἀνελευθέρως
Illicit, ἄνομος, ἀθέμιστος [ματος
Illiterate, ἀπαίδευτος, ἄμουσος, ἀγράμ-
Illiterateness, ἀπειρία, *f.* ἀπαιδευσία, *f.*
Ill-judged, ἄκριτος [ἀμαθία, *f.*
Ill-nature, δυσκολία, *f.* κακοήθεια, *f.* δυσχέρεια, *f.* δύσνοια, *f.* [ἤθης
Ill-natured, δυσχερής, δύσκολος, κακο-
Illness, νόσος, *f.* νόσημα, *n.* ἀρρωστία, *f.* ἀσθένεια, *f.*
Illogical, ἀσυλλόγιστος
Ill-omened, δύσορνις, σκαιός, ἀριστερός ; (of words) δύσφημος, κακόρρημων

Ill-success, ἀπραξία, *f.* ἀτυχία, *f.*
Ill-temper, δυσκολία, *f.* δυσχέρεια, *f.* κακοήθεια, *f.* χαλεπότης, *f.*
Ill-tempered, δύσκολος, δυσχερής, χαλεπός, κακοήθης
Ill-treat, *v.* κακόω, ὑβρίζω, λυμαίνομαι, λωβάομαι, αἰκίζω: to be ill-treated, κακῶς πάσχω, δεινὸν *or* δεινὰ πάσχω, πάσχω
Ill-treated, λωβητός
Ill-treatment, ὕβρις, *f.* αἰκία, *f.* λύμη, *f.* λώβη, *f.* κάκωσις, *f.*
Illude, *v.* ἐμπαίζω
Illume, Illumine, Illuminate, *v.* καταυγάζω, ἐπιλάμπω, περιαυγάζω, φωτίζω
Illumination, λυχνοκαΐα, *f.* αὔγασμα, *n.*
Illusion, ἀπάτη, *f.* ἐξαπάτη, *f.* ἐμπαιγμός, *m.* διάκρουσις, *f.* [δῆς, δολερός
Illusory, ἀπατηλός, ἀπατητικός, ψευ-
Illustrate, *v.* σαφηνίζω, καταλάμπω
Illustration, παραβολή, *f.* καλλώπισμα, *n.* αὔγασμα, *n.*
Illustrious, ἐπιφανής, εὔδοξος, διαπρεπής, ἔνδοξος, διαφανής, εὐκλεής, ἀγακλεής, ἀοίδιμος: to be illustrious, πρέπω, ἐμπρέπω, λαμπρύνομαι [ἐκπρεπῶς
Illustriously, *adv.* εὐκλεῶς, εὐδόξως,
Illustriousness, εὔκλεια, *f.* εὐδοξία, *f.* λαμπρότης, *f.*
Ill-will, φθόνος, *m.* δύσνοια, *f.* κακόνοια, *f.* : to bear ill-will, φθονέω, κακονοέω, ἀηδῶς ἔχω *or* διάκειμαι, ἐπιφθόνως ἔχω : bearing ill-will, δύσνοος, κακόνοος, ἐπίφθονος
Image, εἰκών, *f.* εἴδωλον, *n.* ἄγαλμα, *n.*
Imaginary, φανταστικός [ξόανον, *n.*
Imagination, φαντασία, *f.* δόκησις, *f.*
Imagine, *v.* διατυπόω, οἴομαι, ἡγέομαι, ὑποτυπόομαι, ὑπολαμβάνω
Imbecile, ἀσθενής, ἀδύνατος, ἄναλκις, ἀφαυρός, ἄρρωστος
Imbecility, ἀσθένεια, *f.* ἀδυναμία, *f.* λεπτότης, *f.* ἀρρωστία, *f.*
Imbibe, *v.* ἐμπίνω
Imbody, *v.* ἐνσωματόω
Imbrue, *v.* ἐμβρέχω, ἐμβάπτω, ἐνδεύω
Imbue, *v.* χρώζω, παλάσσω
Imitable, μιμητός
Imitate, *v.* μιμέομαι, ἀπομιμέομαι, ἐκμιμέομαι, ζηλόω, ἀπεικάζω
Imitated, μιμητός
Imitation, (act of imitating) μίμησις, *f.* ἀντιμίμησις, *f.* ζήλωσις, *f.* ἀπεικασία, *f.* (copy) μίμημα, *n.* ἀπείκασμα, *n.*
Imitative, μιμητικός [τῆς, *m.*
Imitator, μιμητής, *m.* μῖμος, *m.* ζηλω-

Immaculate, ἀμίαντος, ἁγνὸς, ἄκρατος
Immaterial, (*trifling*) κοῦφος, φλυαρὸς; (*incorporeal*) ἀειδὴς
Immature, ὠμὸς, ἄωρος
Immaturely, *adv.* ἀωρὶ
Immaturity, ἀωρία, *f.*
Immeasurable, ἄμετρος, ἀμέτρητος
Immeasurably, *adv.* ἀμέτρως, ἀμετρὶ
Immediate, ἄμεσος, εὐθὺς, ὀξὺς
Immediately, *adv.* αὐτίκα, εὐθὺς, εὐθὺ, ἐκ τοῦ εὐθέος· εὐθέως, παραυτίκα, ὀξέως, αἶψα, ἄφαρ
Immedicable, ἀνήκεστος, δυσίατος
Immense, ἄμετρος, ὑπερμεγέθης, ἀμέτρητος, ἄπλετος, ἀπέραντος
Immensely, *adv.* ἀμέτρως, ὑπερφυῶς, ἀμηχάνως ὡς, θεσπεσίως
Immensity, ἀμετρία, *f.*
Immerge, Immerse, *v.* βάπτω, ἐμβάπτω, καταδύνω
Immersion, βαφὴ, *f.*
Immethodical, ἄτακτος, ἀδιάκριτος
Immethodically, *adv.* συγκεχυμένως, χύδην, φύρδην [κείμενος
Imminent, ἐνεστὼς, ἐπερχόμενος, ἐπι-
Immix, Immingle, *v.* μίγνυμι, κεράννυμι [γῆς, ἄκρατος, ὑπερβάλλων
Immoderate, περισσὸς, ἄμετρος, ἀσελ-
Immoderately, *adv.* λίαν, ἄγαν, ὑπερβαλλόντως, ἀσελγῶς, ἀμέτρως
Immoderation, ἀμετρία, *f.*
Immodest, ἀναιδὴς, ἀναίσχυντος, θρασὺς [τως
Immodestly, *adv.* ἀναιδῶς, ἀναισχύν-
Immodesty, ἀναίδεια, *f.* ἀναισχυντία, *f.*
Immolate, *v.* θύω
Immolation, θυσία, *f.* [φαῦλος
Immoral, ἄσωτος, κακὸς, πονηρὸς,
Immorality, ἀσωτία, *f.* πονηρία, *f.*
Immortal, ἀθάνατος, ἄμβροτος, ἄφθιτος, ἀειγενὴς
Immortalise, *v.* ἀθανατίζω
Immortality, ἀθανασία, *f.*
Immovable, ἀκίνητος, ἀμετακίνητος, ἀσφαλὴς, ἔμπεδος, ἀμετάστατος: to be immovable, ἀτρεμέω, ἀτρεμίζω, ἄτρεμας ἔχω, ἀμετακινήτως ἔχω
Immovably, *adv.* δυσκινήτως, ἀμετακινήτως, ἀσφαλῶς, ἄτρεμας
Immunity, ἀτέλεια, *f.* [καθείργω
Immure, *v.* ἐγκατοικοδομέω, ἐγκλείω,
Immutability, εὐστάθεια, *f.* ἀμεταβλησία, *f.* ἀμεταπτωσία, *f.* ἀτροπία, *f.*
Immutable, ἀμετάστατος, ἀμετάπτωτος, ἀμετάβλητος, ἀμετάστροφος, ἄτροπος, ἀκίνητος [ἀμεταστάτως
Immutably, *adv.* ἐμπέδως, ἀκινήτως,
Impair, *v.* μειόω, μαραίνω, λυμαίνομαι

Impart, *v.* κοινόω, ἀνακοινόω, κοινωνέω, μεταδίδωμι [ἀδέκαστος
Impartial, δίκαιος, ἐπιεικὴς, ἴσος, κοινὸς,
Impartiality, ἐπιείκεια, *f.* δικαιοσύνη, *f.*
Impartially, *adv.* ἴσως, δικαίως, ἐπιεικῶς
Impassable, ἄβατος, ἄνοδος, ἄπορος, ἀδιάβατος, δύσβατος, δύσπορος
Impassioned, παθητικὸς
Impatient, ἀπαθὴς, δύσλοφος : to be impatient, bear with impatience, δυσφορέω, δυσπαθέω
Impeach, *v.* γράφομαι, κατηγορέω
Impeachment, γραφὴ, *f.* ἔγκλημα, *n.*
Impede, *v.* ἐμποδίζω, κωλύω, βλάπτω
Impediment, ἐμπόδισμα, *n.* κώλυμα, *n.*
Impel, *v.* ἐλαύνω, προτρέπω, διώκω
Impend, *v.* ἐφίσταμαι, ἐνίσταμαι, ἐπικρέμαμαι, ἔπειμι, ἐπίκειμαι [τὼς
Impending, ἐπιὼν, ἐπερχόμενος, ἐνεσ-
Impenetrable, ἀδιάβατος, δυσεύρετος
Impenitent, ἀμετανόητος
Imperceptible, ἀναίσθητος, ἀσύνοπτος
Imperfect, ἀτελὴς, ἡμιτελὴς, ἐνδεὴς
Imperfection, ἔνδεια, *f.* ἀτέλεια, *f.*
Imperial, βασίλειος, βασιλικὸς, αὐτοκρατορικὸς
Imperious, τυραννικὸς, δεσποτικὸς
Imperiously, *adv.* τυραννικῶς, δεσποτικῶς
Imperishable, ἄφθιτος, ἄφθαρτος, ἀγήρατος, ἀγήραος, *contr.* ἀγήρως, ἀδιάφθορος, ἄπαυστος, ἀθάνατος
Impervious, ἀδιάβατος
Impetuosity, ὁρμὴ, *f.* σφοδρότης, *f.*
Impetuous, λάβρος, σφοδρὸς, θοῦρος, θούριος, μάργος
Impetuously, *adv.* λάβρως, ἐπικρατέως, φοράδην
Impetus, ὁρμὴ, *f.* ἐπιφορὰ, *f.* [της, *f.*
Impiety, ἀσέβεια, *f.* ἀνοσιότης, *f.* ἀθεό-
Impious, ἀσεβὴς, ἀνόσιος, ἄθεος, ἀνίερος
Impiously, *adv.* ἀσεβῶς, ἀνοσίως, ἀνόμως : to act impiously, ἀσεβέω
Implacable, ἄσπονδος, ἀμείλιχος, ἀμείλικτος, ἀπαραίτητος, ἄσπειστος, ἀδιάλλακτος
Implant, *v.* ἐμφύω, ἐμφυτεύω, ἐνφυσιόω
Implement, ὄργανον, *n.* σκεῦος, *n.* ἄθλημα, *n.*
Implicate, *v.* ἐμπλέκω, καταπλέκω ; *pass.* προσέχομαι
Implication, ἔμπλεξις, *f.* καταπλοκὴ, *f.*
Implicit, ἀκριβὴς, ἀτρεκὴς
Implicitly, *adv.* λίαν
Implore, *v.* ἱκετεύω, δέομαι, λίσσομαι, ἀντιβολέω, ἱκνέομαι, εὔχομαι, γουνάζομαι, ἄντομαι

IMP

Imply, *v.* ἐνσημαίνω
Impolicy, δυσβουλία, *f.*
Impolitic, ἀπρόσκεπτος, ἀπρονόητος, [ἀφύλακτος
Import, εἰσκομιδὴ, *f.* εἰσαγωγὴ, *f.*
Import, *v.* εἰσάγω, εἰσφέρω, εἰσκομίζω, προσάγω [ῥοπὴ, *f.*
Importance, ὄγκος, *m.* δύναμις, *f.*
Important, μέγας, σπουδαῖος, ἐπάξιος, ἐπικαίριος, εὐμεγέθης: more important, πρεσβύτερος, προυργιαίτερος
Importation, κομιδὴ, *f.* εἰσκομιδὴ, *f.* εἰσαγωγὴ, *f.* παραπομπὴ, *f.*
Imported, ἐπακτὸς, ἐπείσακτος, ἐπιφοιτέων
Importunate, γλίσχρος, ἄκαιρος, λιπαρὴς: to be importunate, λιπαρέω, γλίχομαι [ῥῶς
Importunately, *adv.* γλίσχρως, λιπα-
Importune, *v.* προσλιπαρέω, ἐκλιπαρέω
Importunity, λιπαρία, *f.* προσλιπάρησις, *f.* ἀκαιρία, *f.*
Impose, *v.* ἐπιτίθημι, ἀνατίθημι, προστίθημι, ἐπιβάλλω, τάσσω, ἐπιτάσσω, ἐπιτελέω: to be imposed, ἐπίκειμαι
Imposed, ἐπακτὸς, ἐφεστὼς
Imposition, φενακισμὸς, *m.* ἀπάτη, *f.*
Impossibility, ἀμηχανία, *f.* ἀδυναμία, *f.* ἀπορία, *f.* [νος, ἄπρακτος
Impossible, ἄπορος, ἀδύνατος, ἀμήχα-
Impost, τέλος, *n.* δασμὸς, *m.* [*m.*
Impostor, γόης, *m.* μιμητὴς, *m.* φέναξ.
Imposture, πλάσμα, *n.* παράκρουσις, *f.* φενακισμὸς, *m.* [ἀμηχανία, *f.*
Impotence, ἀκράτεια, *f.* ἀδυναμία, *f.*
Impotent, ἀδύνατος, ἀκρατὴς, ἀσθενὴς, ἄρρωστος
Impotently, *adv.* ἀδυναστί, ἀκρατῶς
Impoverish, *v.* ἐλασσόω, λεπτύνω, πτωχίζω [ἀπειθὴς
Impracticable, ἀμήχανος, ἄπορος,
Imprecate, *v.* ἀράομαι, καταράομαι, ἐπαράομαι, κατεύχομαι
Imprecated, ἀρατὸς
Imprecation, ἀρὰ, *f.* κατάρα, *f.* εὐχὴ, *f.*
Impregnable, ἀνάλωτος, ἄληπτος
Impregnate, *v.* συμμίγνυμι
Impress, *v.* τυπόω, ἐντυπόω, ἐνσημαίνω,
Impressed, ἔντυπος [χαράσσω
Impression, χαρακτὴρ, *m.* τύπος, *m.*
Imprint, τυπόω, χαράσσω
Imprison, *v.* εἴργω, δέω, καταδέω, ἀποτίθημι or ἐμβάλλω εἰς δεσμωτήριον
Imprisonment, εἰργμὸς, *m.* φρουρὰ, *f.*
Improbability, ἀπιθανότης, *f.* ἀπιστία, *f.* [τυς
Improbable, ἄλογος, ἀπίθανος, ἄπισ-
Improbity, δόλος, *m.* αἰσχρότης, *f.*

INA

Improper, ἀπρεπὴς, ἄκυρος, δυσπρεπὴς, παράτροπος, ἀνεπιτήδειος
Improperly, *adv.* ἀπρεπέως, ἀσχημόνως, παρ' αἶσαν
Impropriety, ἀπρέπεια, *f.* ἀκυρία, *f.*
Improve, *v.* βελτιόω, ἐπιδίδωμι, αὐξάνω, εἶμι ἐπὶ τὸ βέλτιον
Improvement, βελτίωσις, *f.* αὔξησις, *f.*
Improvidence, ἀβουλία, *f.* ἀφροσύνη, *f.*
Improvident, ἀπρόσκεπτος, ἀλόγιστος, ἀπρονόητος, ἀφραδὴς
Improvidently, *adv.* ἀλογίστως, ἀλόγως, ἀπροβουλεύτως, ἀφραδέως, ἀπρονοήτως [ἀλογία, *f.*
Imprudence, ἀφροσύνη, *f.* ἀβουλία, *f.*
Imprudent, ἀλόγιστος, ἄλογος, ἀπρονόητος, ἄβουλος, ἀφραδὴς
Imprudently, *adv.* ἀλογίστως, ἀφραδέως, ἀλόγως, ἀπροβουλεύτως
Impudence, ἀναίδεια, *f.* ἀναισχυντία, *f.* θράσος, *n.*
Impudent, ἀναιδὴς, ἀναίσχυντος, θρασὺς, κυνώπης: to be impudent, ἀναισχυντέω [τως
Impudently, *adv.* ἀναιδῶς, ἀναισχύν-
Impugn, *v.* καθάπτομαι, προσβάλλω
Impulse, ὁρμὴ, *f.* ἔσις, *f.*
Impunity, ἄδεια, *f.*: with impunity, χαίρων, ἀκόνδυλος; *adv.* νηποινὶ, ἀνατεὶ, ἀζημίως
Impure, ἀκάθαρτος, ἄναγνος, μιαρὸς
Impurely, *adv.* ἀνάγνως, ἀκαθάρτως
Impurity, ἀκαθαρσία, *f.* μιαρία, *f.*
Imputation, αἰτία, *f.* μέμψις, *f.*
Impute, *v.* ἀνατίθημι, ἐπιφέρω, ἀναφέρω, καταιτιάομαι, καταλογίζομαι
In, ἐν, ἐνὶ, κατὰ, ἐπὶ, ἀνὰ: to be in, ἔνειμι
Inability, ἀδυναμία, *f.* ἀμηχανία, *f.*
Inaccessible, ἄβατος, δύσβατος, δυσπρόσοδος, δυσπρόσβατος, δυσείσβολυς, δυσέμβατος, δυσέμβολυς
Inaccurate, οὐκ ἀκριβὴς, πλημμελὴς, φλαῦρος
Inaction, ἕδρα, *f.* ῥαθυμία, *f.*
Inactive, ἀεργὸς, ἀργὸς, μαλακὺς, ῥάθυμος
Inactively, *adv.* ἀργῶς, ῥαθύμως
Inactivity, ῥαθυμία, *f.* ἀργία, *f.* ἕδρα, *f.*
Inadequacy, ἔνδεια, *f.*
Inadequate, ἐνδεὴς, ἀναγκαῖος
Inadequately, *adv.* ἐνδεῶς
Inadvertence, ἀλογιστία, *f.* ἀφυλαξία, *f.* ἀμέλεια, *f.*
Inadvertent, ἀλόγιστος, ἀπερίσκεπτος ἀφύλακτος, ἀμελὴς [λάκτως
Inadvertently, *adv.* ἀλογίστως, ἀφυ-
Inane, κενὸς

Inanimate, ἄψυχος, ἄπνοος
Inanity, κενότης, f. [φέλητος
Inapplicable, ἀχρεῖος, ἀνωφελής, ἀνω-
Inarticulate, ἄναρθρος, ἄσημος
Inartificial, ἄτεχνος, ἀκατάσκευυς, ἀκατασκεύαστος
Inartificially, adv. ἀτέχνως
Inasmuch as, οἷα δὴ, ὡς δὴ, ὅσα
Inattention, ἀμέλεια, f. ἀνεπιστρεψία, f. ἀφροσύνη, f. [ἀφρόντιστος
Inattentive, ἀμελής, ἀνεπίστρεπτος,
Inattentively, adv. ἀμελῶς, ἠμελημέ-
Inaudible, ἀνήκουστος [νως
Inauspicious, δυσοιώνιστος, δύσορνις, πάρορνις; (of words) δύσφημος, κακορρήμων
Inborn, ἔμφυτος
Inbred, ἔμφυτος, ἐγγινόμενος
Incalculable, ἀνάριθμος, ἀναρίθμητος
Incantation, ἐπῳδή, f.
Incapable, ἀδύνατος, ἀτελής
Incapacitate, v. πηρόω, διαφθείρω
Incapacity, ἀμηχανία, f.
Incarcerate, v. εἴργω, δέω
Incarnation, ἐνσωμάτωσις, f. ἐναν·θρώπησις, f.
Incautious, ἀφύλακτος, ἀπερίσκεπτος
Incautiously, adv. ἀπερισκέπτως, ἀφυ-
Incendiary, ἐμπρηστής, m. [λάκτως
Incense, θυμίαμα, n. θύος, n.: to burn incense, θυμιάω
Incense, v. ὀργίζω, ὀργαίνω, χολόω,
Incensed, περίθυμος [παροξύνω, θυμόω
Incentive, ὁρμητήριον, n. ὑπέκκαυμα, n. κέντρον, n.
Incessant, συνεχής, ἄπαυστος, ἐνδελεχής, ἄληκτος
Incessantly, adv. συνεχῶς, ἐνδελεχῶς,
Inch, δάκτυλος, m. [ἀεί, ἐμμενέως
Incident, τύχη, f. σύμπτωμα, n. συμφορά, f. συντυχία, f. πάθος, n.
Incidental, τύχων, ἐμπίπτων
Incidentally, adv. τυχόντως, κατὰ τύχην, ἐν παραδρομῇ [f.
Incision, ἐντομή, f. ἐπιτομή, f. ἐγκοπή,
Incite, v. ὁρμάω, ἐξορμάω, ὄρνυμι, ἐπαίρω, ἐξάγω, παροξύνω, ὀτρύνω, ἐξοτρύνω, ἐπείγω, ἐπισπέρχω, ἐκκαλέω
Incitement, ὁρμητήριον, n. παρόρμησις, f. ὑπέκκαυμα, n. δέλεαρ, n. ὀτρυντύς, f.
Inciter, ὀτρυντής, m. παροξυντής, m.
Incivility, ἀκομψία, f. ἀκοσμία, f.
Inclemency, χαλεπότης, f. ἀπήνεια, f.
Inclement, χαλεπός, πικρός
Inclination, ἔγκλισις, f. ῥοπή, f.
Incline, v. κλίνω, ἐγκλίνω, ῥέπω; (to be disposed) ῥέπω, ἐγκλίνομαι, κλίνομαι, νεύω, ἐπινεύω, φέρω: to incline towards, ἐπιρρέπω, ἐπικλίνω
Inclined to, συγκλινής, ἐπιρρεπής, προπετής. [ἀριθμέω, συνεπιφέρω
Include, v. συμπεριλαμβάνω, συγκατ-
Incoherence, ἀσυστασία, f. ἀσυμμετρία, f. ἀναρμοστία, f. ἀσυμφωνία, f.
Incoherent, ἀσύνακτος, ἀνάρμοστος, ἀσύναπτος, ἀσυμφυής
Incombustible, ἄκαυστος
Income, πρόσοδος, f. τὰ προσιόντα, ἐπικαρπία, f. λῆμμα, n.
Incommensurable, Incommensurate, ἀσύμμετρος, ἀσύμβλητος
Incommode, v. ἐνοχλέω
Incommodious, ἀνεπιτήδειος, ἀνάρμοστος, ἀλυσιτελής [τος
Incomparable, ἀσύγκριτος, ἀσύμβλη-
Incompatible, ἀσυμφυής, ἀσύμφυλος, ἄμικτος, ἀσύμφωνος
Incompetent, ἠλίθιος, ἀνεπιτήδειος, ἐνδεής, ἀδύνατος
Incomplete, ἀτελής, ἡμιτελής, ἀτέ-
Incompleteuess, ἀτέλεια, f. [λεστος
Incomprehensible, ἀσύλληπτος, ἀκατάληπτος, δυσκαταμάθητος, δυσεύρετος, ἄσημος
Incomprehensibleness, ἀκαταληψία, f.
Inconceivable, ἀμήχανος, ἄσκοπος, ἀνεπινόητος
Inconceivableness, ἀνεπινοησία, f.
Inconceivably, adv. ἀμηχάνως
Inconclusive, ἀσυλλόγιστος, συμπέραντος
Inconclusively, adv. ἀσυλλογίστως
Incongruous, ἀνάρμοστος, ἀκατάλληλος
Inconsiderable, βραχύς, ἄδοξος
Inconsiderableness, ἀδοξία, f.
Inconsiderate, ἄλογος, ἀλόγιστος, ἀπρονόητος, ἄβουλος, ἀπερίσκεπτος
Inconsiderately, adv. ἀσκέπτως, ἀβούλως, ἀπρυνοήτως, ἀπερισκέπτως, προπετῶς, ἀβουλεί
Inconsiderateness, ἀβουλία, f. ἀπροβουλία, f. ἀπρυνοησία, f.
Inconsistence, ἀτοπία, f. ἐναντιότης, f.
Inconsistent, ἀσύμμετρος, ἀλλοῖος, ἀσύμφωνος, διαφέρων, ἐναντίος, ἀτέκμαρτος
Inconsistently, adv. ἀσυμφώνως
Inconsolable, ἀπαραμύθητος
Inconstancy, ἀστασία, f. μετάνοια, f. μεταβουλία, f.
Inconstant, μετάβουλος, παλίμβολος, ἀβέβαιος, κουφόνοος
Inconstantly, adv. ἀβεβαίως

Incontestable, ἀκατάβλητος, ἀναντίλεκτος, ἀναντίρρητος
Incontinence, ἀκράτεια, f. ἀκρασία, f.
Incontinent, ἀκρατὴς, ἀκόλαστος
Incontinently, adv. ἀκρατῶς
Incontrovertible, ἀνέλεγκτος, ἀνεξέλεγκτος, δυσέλεγκτος, ἀναντίρρητος
Incontrovertibly, adv. ἀνεξελέγκτως
Inconvenience, ἀχρηστία, f. ἀνεπιτηδειότης, f.
Inconvenience, v. ἐνοχλέω, παρενοχλέω, βαρύνω, λυμαίνομαι
Inconvenient, ἀπρόσφορος, ἄχρηστος, ἀσύμφορος, ἀνεπιτήδειος, δύσχρηστος
Inconveniently, adv. ἀνεπιτηδείως, ἀχρήστως, ἀκαίρως
Incorporate, v. σωματόω, σωματοποιέω
Incorporeal, ἀσώματος
Incorrect, μάταιος, πλημμελὴς
Incorrectly, adv. μάτην, κακῶς
Incorrigible, ἀνεπανόρθωτος, ἀδιόρθωτος, ἀπαραμύθητος, ἀνίατος
Incorrigibly, adv. ἀνιάτως
Incorruptible, ἀδιάφθορος, ἄφθαρτος
Incorruption, ἀφθαρσία, f. ἀφθορία, f. ἀδιαφθορία, f. [αὔξησις, f.
Increase, αὔξησις, f. ἐπίδοσις, f. ἐπ·
Increase, v. αὐξάνω, αὔξω, ἐπαυξάνω, ὀφέλλω, ἀλδαίνω, ἀέξω; intrans. αὐξάνομαι, ἐπιδίδωμι, ἔπειμι, ὀφέλλομαι
Incredibility, ἀπιθανότης, f. ἀπιστία, f. παραδοξία, f.
Incredible, ἄπιστος, ἀπίθανος, ἀμήχανος, παράδοξος
Incredibly, adv. ἀπίστως, ἀμηχάνως
Incredulity, ἀπιστία, f.
Incredulous, ἄπιστος, δύσπιστος
Incubation, ἐπφασμὸς, m. [πτω
Inculcate, v. ἐπᾴδω, παιδεύω, ἐπισκήInculpable, ἄμεμπτος, ἀνεπίληπτος, ἀναίτιος, ἀμώμητος
Incumbent, ἐπικείμενος : it is incumbent, χρὴ
Incur, v. ἐπάγομαι, ὀφλισκάνω, ὀφείλω, ἀντιλαμβάνω, ἄνειμι, παραβάλλομαι : to incur danger, κινδυνεύω
Incurable, ἀνίατος, ἀνήκεστος, ἀθεράπευτος, δυσίατος
Incurably, adv. ἀνιάτως, ἀνηκέστως
Incursion, ἐπιδρομὴ, f. καταδρομὴ, f. ἐμβολὴ, f.
Incurvate, v. κάμπτω, κυρτόω
Indebted, ὑπόχρεως, ὀφειλόμενος
Indecency, ἀπρέπεια, f. ἀκοσμία, f. ἀσχημοσύνη, f. βδελυρία, f.
Indecent, ἀπρεπὴς, ἀσχήμων : to be indecent, ἀκοσμέω, ἀσχημονέω

Indecently, adv. ἀπρεπῶς, ἀσχημόνως
Indecorous, ἀπρεπὴς, ἀσχήμων
Indecorously, adv. ἀπρεπῶς, ἀσχημόνως
Indeed, adv. μὲν, δὴ, μὴν, γε, ῥὰ, ἤτοι
Indefatigable, ἀκάματος, ἄοκνος, ἀκμὴς
Indefinite, ἀόριστος, ἀδιόριστος
Indefinitely, adv. ἀορίστως
Indefiniteness, ἀοριστία, f. ἀδιοριστία, f.
Indelible, ἀνεξάλειπτος, δυσέκνιπτος, δευσοποιὸς
Indelicacy, ἀπαιδευσία, f. ἀμουσία, f. ἀπρέπεια, f. ἀσχημοσύνη, f. ἀκοσμία, f.
Indelicate, ἄμουσος, ἀπαίδευτος, ἄκοσμος, ἀπρεπὴς, ἀσχήμων
Indemnity, ἄδεια, f.
Indent, v. ἐγγλύφω, ἐγχαράσσω
Independence, Independency, αὐτονομία, f. ἐλευθερία, f.
Independent, αὐτόνομος, ἐλεύθερος, αὐτάρκης, αὐτοκράτωρ, ἄναρκτος
Independently, adv. αὐτονόμως, ἐλευθέρως
Indescribable, ἄφατος, ἀθέσφατος, ἀμήχανος
Indestructible, ἀνώλεθρος, ἄλυτος, ἄφθαρτος, ἀδιάφθορος
Indeterminate, ἀόριστος
India, Ἰνδικὴ, f.
Indian, Ἰνδὸς, Ἰνδικὸς
Indicate, v. σημαίνω, ὑποσημαίνω, ἐπισημαίνω, μηνύω, δείκνυμι, ἐνδείκνυμι
Indication, ἔνδειξις, f. ἐπισήμανσις, f. σῆμα, n. τεκμήριον, n.
Indicative mood, ὁριστικὴ, f.
Indict, v. γράφομαι, ἀντιγράφομαι, ἐγκαλέω, εἰσαγγέλλω, λαγχάνω
Indicted, ἔγκλητος
Indictment, γραφὴ, f. ἀντιγραφὴ, f. εἰσαγγελία, f. ἔγκλημα, n. λῆξις, f.
Indifference, ἀδιαφορία, f. ῥᾳθυμία, f. ῥᾳδιουργία, f. ψυχρότης, f. ἀκήδεια, f.
Indifferent, (careless, regardless) ἀφρόντιστος, μαλακὸς, ψυχρὸς ; (middling, passable) ἀδιάφορος
Indifferently, adv. ὁμοίως, ἀδιαφόρως
Indigence, πενία, f. χητεία, f. ἀπορία, f.
Indigenous, αὐτόχθων, παλαίχθων, αὐθιγενὴς [ἐνδεὴς
Indigent, πενὴς, πτωχὸς, πενιχρὸς,
Indigestibility, ἀπεψία, f.
Indigestible, βαρὺς, δύσπεπτος
Indigestion, δυσπεψία, f.
Indignant, νεμεσήμων, πικρὸς : to be indignant, ἀγανακτέω, δυσφορέω, νεμεσάω, δυσχεραίνω, χαλεπῶς or

δεινῶς φέρω or ἔχω, δεινὸν ποιέομαι [νάκτησις, f.
Indignation, νέμεσις, f. ὀργή, f. ἀγα-
Indignity, ὕβρις, f. αἰκία, f.
Indiscreet, ἄβουλος, ἀνόητος, ἄλογος
Indiscreetly, adv. ἀνοήτως
Indiscretion, δυσβουλία, f. ἀβουλία, f. ἀφροσύνη, f. [σύμφυρτος
Indiscriminate, ἄκριτος, ἀδιάκριτος,
Indiscriminately, adv. ἀδιακρίτως, συγκεχυμένως
Indispensable, ἀναγκαῖος
Indisposed, (disordered) ἀσθενής; (unwilling) ἀέκων, contr. ἄκων
Indisposition, ἀσθένεια, f. νόσος, f.
Indisputable, ἀναμφισβήτητος, ἀναμφίλογος
Indisputably, adv. ἀναμφισβητήτως
Indissoluble, ἄλυτος, ἀδιάλυτος
Indissolubly, adv. ἀλύτως, δυσεκλύτως
Indistinct, ἄκριτος, ἀσαφής, ἄσημος, ἀφανής, ἀμυδρὸς
Indistinctness, ἀσάφεια, f. ἀκρισία, f.
Individual, ἰδιώτης, m.
Individually, adv. καθ᾽ ἕκαστον
Indivisible, ἀμερής, ἀμέριστος, ἀδιαίρετος, ἄτομος
Indocile, ἀμαθής, δυσμαθής
Indocility, ἀμάθεια, f. ἀνημερότης, f.
Indolence, ἀργία, f. ῥᾳθυμία, f. ῥᾳστώνη, f. ἀπονία, f.
Indolent, ἀργός, ῥᾴθυμος, μαλακός, κακός, ἄπονος: to be indolent, ῥᾳθυμέω, ῥᾳδιουργέω, μαλακίζομαι
Indolently, adv. ῥᾳθύμως, ἀργῶς
Indubitable, ἀναμφισβήτητος, ἀναμφίλογος
Indubitably, adv. ἀναμφισβητήτως
Induce, v. ἄγω, παράγω, ἐπάγω, ἐπισπάω, ἀναπείθω [δέλεαρ, n.
Inducement, πρόφασις, f. ἐπαγωγή, f.
Induction, ἐπαγωγή, f.
Inductive, ἐπακτικὸς [ομαι, ἐπιτρέπω
Indulge, v. χαρίζομαι, ἀνίημι, ἡσσάομαι
Indulgence, αἴδεσις, f. χάρις, f.
Indulgent, συγγνώμων, ἤπιος
Indurate, σκληρός, σκιρρὸς
Indurate, v. σκληρύνω, σκληροποιέω, συνίστημι
Industrious, φιλόπονος, φίλεργος, ἐργατικὸς, ἐργάτις [δαίως
Industriously, adv. φιλοπόνως, σπουδαίως
Industry, φιλεργία, f. φιλοπονία, f.
Inebriate, v. μεθύσκω
Inebriety, μέθη, f. [ἀλάλητος
Ineffable, ἄφατος, ἀθέσφατος, ἄρρητος,
Ineffectual, Inefficacious, ἀτελής, μάταιος, κενός, ἄπρακτος, ἀνενέργητος

Ineffectually, adv. μάτην, ματαίως, ἄλλως
Inefficacy, ἀνενεργησία, f. ἀπραξία, f.
Inelegance, ἀκομψία, f. ἀκοσμία, f.
Inelegant, ἀκόσμητος, ἄκομψος
Inelegantly, adv. ἀκόσμως, ἀκόμψως
Inept, ἀνάρμοστος, ἀπρεπής, ἄχρηστος
Inequality, ἀνισότης, f. ἀνομοιότης, f.
Inert, ῥᾴθυμος, ἀργός, νωθρός, βληχρὸς
Inertly, adv. ῥᾳθύμως, ἀργῶς
Inertness, ῥᾳθυμία, f. ἀργία, f. νωθρότης, f.
Inestimable, πάντιμος, πολυτίμητος
Inevitable, ἄφυκτος, ἀδιάδραστος, οὐ
Inexcusable, ἀναπολόγητος [φευκτὸς
Inexhaustible, ἀνεξάντλητος, ἄβυσσος
Inexorable, ἀπαραίτητος, δυσπαρήγορος, ἀκήλητος
Inexpedient, ἀσύμφορος
Inexperience, ἀπειρία, f. ἀήθεια, f. ἀνεπιστήμων, f.
Inexperienced, ἄπειρος, ἀδαήμων, ἀπείρητος, ἀνεπιστήμων
Inexplicable, ἀνερμήνευτος, δύσφραστος, ἀδιεξίτητος
Inexpressible, ἄφατος, ἀθέσφατος, ἀδιήγητος, ἄφραστος [σβεστος
Inextinguishable, ἄσβεστος, ἀναπόInextricable, ἀμήχανος, ἄλυτος, δύσλυτος [ἀδιάπτωτος
Infallible, ἀνεξαπάτητος, ἀσφαλής,
Infamous, ἄτιμος, αἰσχρός, κακόδοξος, δυσκλεής, ἐπίρρητος
Infamously, adv. αἰσχρῶς, δυσκλεῶς
Infamy, ἀτιμία, f. δύσκλεια, f. κακοδοξία, f. αἶσχος, n.
Infancy, νηπιότης, f. νηπιέη, f.
Infant, βρέφος, n. νήπιον τέκνον, n.
Infantile, Infantine, νήπιος, νηπύτιος
Infantry, πεζοί, m. pl. τὸ πεζόν, τὸ πεζικὸν
Infatuated, παράφρων, ἄνολβος
Infatuation, παράνοια, f.
Infect, v. μιαίνω, μολύνω, διαφθείρω
Infection, μίασμα, n. λοιμός, m. λοιμία, f.
Infectious, λοιμικός, νοσώδης, νοσηρὸς
Infelicity, δυσδαιμονία, f. δυστυχία, f. ἀνολβία, f. [σταθμόομαι
Infer, v. τεκμαίρομαι, συλλογίζομαι,
Inference, ἐπίλογος, m. ὑποδοχή, f.
Inferior, ἐλάσσων, ἥσσων, δεύτερος, ὕστερος, καταδεής, ὑποδεέστερος: to be inferior to, ἡσσάομαι, λείπομαι, ὑστερίζω, εἴκω, ἐλασσόομαι
Inferiority, τὸ ἐλαττοῦσθαι, μείωμα, n.
Infernal, χθόνιος, Ταρτάρειος, νέρτερος
Infest, v. (as pirates) λῃστεύω

Infidel, ἄπιστος
Infidelity, ἀπιστία, f. [μύριος
Infinite, ἄπειρος, ἀπέραντος, ἀμέτρητος,
Infinitely, adv. ἀπεράντως, μυρίῳ
Infinitive mood, ἡ ἀπαρέμφατος
Infinitude, Infinity, ἀπειρία, f. ἀμετρία, f. ἀοριστία, f.
Infirm, ἀσθενής, ἄρρωστος, ἀβληχρὸς
Infirmity, ἀσθένεια, f.
Inflame, v. φλέγω, ἀνάπτω, ζωπυρέω, μαίνω, φλεγμαίνω: to be inflamed, φλέγομαι, μαίνομαι, καίομαι, παραπίμπραμαι
Inflammable, καύσιμος
Inflammation, φλόγωσις, f. φλέγμανσις, f. [δης, καυστικὸς
Inflammatory, πυρίκαυτος, φλεγματώ-
Inflate, v. φυσάω, ἐμφυσάω
Inflation, ἐμφύσημα, n.
Inflect, v. κάμπτω, ἀναστρέφω
Inflexibility, ἀκαμψία, f.
Inflexible, ἀκίνητος, ἄκαμπτος, ἄγναμπτος, ἀμετάστροφος
Inflict, v. ἐμβάλλω, ἐπιβάλλω, ἐπιτίθημι, προστίθημι, προστρίβω, ἐπιρρέπω
Infliction, πρόστριμμα, n.
Influence, ῥοπή, f. δύναμις, f. ἐξουσία, f. ἀξίωσις, f. κῦρος, n. βάρος, n. : to have influence, δύναμαι
Influx, ἐπιρροή, f.
Inform, v. ἐξαγγέλλω, εἰσαγγέλλω, ἀναδιδάσκω, κατείπον: to inform against, κατηγορεύω, καταμηνύω, ἐνδείκνυμι, φαίνω, συκοφαντέω, διαβάλλω
Information, μάθησις, f. (information against) ἔνδειξις, f. ἐπαγγελία, f. μήνυμα, n. [συκοφάντης, m.
Informer, μηνυτήρ, n. ἐνδείκτης, m.
Infraction, σύγχυσις, f. παρανόμημα, n.
Infringe, v. παραβαίνω, παραθραύω, συγχέω, παρανομέω [μία, f.
Infringement, παρόβασις, f. παρανο-
Infuse, v. ἐγχέω, εἰσχέω, ἐμπνέω, εἰσίημι
Infused, ἔγχυτος [ματισμὸς, m.
Infusion, ἔγχυσις, f. ἔγκυμα, n. ἐγχυ-
Ingenious, εὐμήχανος, τεχνικὸς, εὔπορος, μηχανικὸς, μηχανητικὸς, πολυμήχανος
Ingeniously, adv. τεχνικῶς
Ingenuity, πολυτεχνία, f. πολυμηχανία, f. δεξιότης, f.
Ingenuous, γενναῖος; (candid) ἐλευθέριος, ἁπλόος
Ingenuously, adv. ἐλευθερίως, γενναίως, ἐπιεικῶς

Ingenuousness, γενναιότης, f. (candour) ἁπλότης, f. ἐλευθεριότης, f.
Inglorious, ἄτιμος, ἄδοξος, ἀκλεής, δυσκλεής, ἀνώνυμος
Ingloriously, adv. ἀκλεῶς, ἀδόξως
Ingloriousness, ἀκλεῖα, f. ἀδοξία, f.
Ingot, πλίνθος, f.
Ingratiate, v. θεραπεύω [f.
Ingratitude, ἀχαριστία, f. ἀγνωμοσύνη,
Ingress, εἴσοδος, f. πρόσοδος, f.
Inhabit, v. οἰκέω, ἐνοικέω, κατοικέω, ναίω, ναιετάω, ἐνναίω
Inhabitant, ἔνοικος, κάτοικος, οἰκήτωρ, m. οἰκητής, m. ἐνναέτης, m. -τις, f.
Inhabited, οἰκητὸς
Inhale, v. πνέω, ἐμπνέω
Inharmonious, ἀνάρμοστος, δυσκέλαδος
Inherent, ἔμφυτος : to be inherent, ἐμφύομαι, ἐγγίγνομαι
Inherit, v. κληρονομέω, λαγχάνω
Inheritance, κληρονομία, f. κλῆρος, m.
Inheritor, κληρονόμος, m.
Inhibit, v. κωλύω, ἐπέχω
Inhospitable, ἄξενος, ἐχθρόξενος
Inhospitality, ἀξενία, f.
Inhuman, ὠμὸς, ἀπάνθρωπος, σχέτλιος, ἀμείλιχος
Inhumanity, ὠμότης, f. ἀπανθρωπία, f.
Inhumanly, adv. ὠμῶς, ἀπανθρώπως
Inhume, v. θάπτω, κατορύσσω
Inject, v. ἐμβάλλω
Inimical, ἐχθρὸς, δύσνοος, δυσμενὴς
Inimitable, ἀμίμητος
Iniquitous, ἄδικος, κακοῦργος, παράνομος, αἴσυλος, πάγκακος
Iniquitously, adv. κακούργως, παγκάκως [κία, f.
Iniquity, κακότης, f. πονηρία, f. ἀδι-
Initiate, v. μυέω: to be initiated, τελέομαι, ἐποπτεύω [μύησις, f.
Initiation, τελετὴ, f. τελεσφορία, f.
Injudicious, ἄφρων, ἄβουλος
Injudiciously, adv. ἀφρόνως, ἀβούλως
Injudiciousness, ἀφροσύνη, f. ἀβουλία, f.
Injunction, πρόσταγμα, n. ἐντολὴ, f.
Injure, v. βλάπτω, ζημιόω, ἀδικέω, λυμαίνομαι, σίνομαι, κακόω, πημαίνω, ἐλασσόω, ἀάω
Injurer, λυμαντήρ, m. λυμεών, m.
Injurious, ζημιώδης, ἐπιζήμιος, ἀλυσιτελής, ἄδικος, ἀεικὴς, ἀνεπιτήδειος, ἀνωφελὴς, λυμαντήριος, βλαβερὸς
Injury, βλάβη, f. βλάβος, n. ζημία, f. λύμη, f. αἰκία, f. πῆμα, n.
Injustice, ἀδικία, f. ἀδίκημα, n. ἀνομία, f. ἀνεπιείκεια, f.
Ink, μέλαν, n. μελαντηρία, f.

INK INS

Inkstand, μελανοδοχεῖον, n.
Inlaid, δαίδαλος, δαιδάλεος, κολλητὸς, ποικίλος
Inland, μεσόγαιος, μεσόγειος
Inlay, v. δαιδάλλω, κολλάω
Inlet, στύμα, n. πάροδος, f.
Inmate, ἔνοικος, m. ἐνναέτης, m. -τις, f.
Inmost, ἐνδότατος, ἐσωτερικὸς, μύχατος, μύχιος
Inn, κατάλυμα, n. καταγώγιον, n. πανδοκεῖον, n. ξενοδοκεῖον, n.
Innate, ἔμφυτος, ἐγγενής, σύμφυτος: to be innate, ἐμφύομαι, ἐγγίγνομαι
Innavigable, ἄπλοος, ἄπλωτος
Inner, ἐνδότερος
Innkeeper, πανδοκεὺς, m. κάπηλος, m.
Innocence, ἀκακία, f. ἀβλαβία, f.
Innocent, ἀναίτιος, ἀβλαβής, ἀναμάρτητος, ἀθῷος, ἄκακος [βῶς
Innocently, adv. ἀναμαρτήτως, ἀβλαβῶς
Innovate, v. καινόω, ἐπικαινόω, νεωτε-
Innovating. νεωτεροποιὸς [ρίζω
Innovation, καινοτομία, f. καινουργία, f. νεωτερισμὸς, m. νεωτεροποιΐα, f.
Innoxious, ἄκακος, ἀβλαβὴς
Innumerable, ἀναρίθμητος, ἀνάριθμος, μύριος, ἀλόγιστος
Inoculate, v. ἐνοφθαλμίζω
Inoculation, ἐνοφθαλμισμὸς, m.
Inoffensive, ἀβλαβὴς, ἀναμάρτητος
Inoffensively, adv. ἀναμαρτήτως,
Inopportune, ἄκαιρος [ἀβλαβῶς
Inopportunely, adv. ἀκαίρως
Inordinate, ἄτακτος, ἄμετρος, ὑπέρμετρος, ἀμέτρητος, περισσὸς
Inordinately, adv. ὑπερμέτρως, ἐσχάτως, περιώσιον
Inordinateness, ἀταξία, f. ὑπερβολὴ, f. ἀμετρία, f. περισσότης, f.
Inquest, ἐξέτασις, f.
Inquietude, ἀγρυπνία, f. ταραχὴ, f.
Inquire, v. ἐξετάζω, ζητέω, ἔρομαι, πυνθάνομαι, ἐρωτάω
Inquirer, ἐξεταστὴς, m. ζητητὴς, m.
Inquiry, ἐξέτασις, f. ζήτησις, f. πύστις, f. ἱστορία, f.
Inquisition, ἐξέτασις, f. ἐξετασμὸς, m.
Inquisitive, ζητητικὸς, φιλειδήμων
Inquisitor, ἐξεταστὴς, m. μαστευτὴς, m.
Inroad, καταδρομὴ, f. ἐπιδρομὴ, f. ἐμβολὴ, f.
Inroll, v. συγγράφω, καταγράφ
Insalubrious, νοσηρὸς, νοσώδης
Insane, μανικὸς, παράφρων, ἔκφρων, φρενομανὴς
Insanity, μανία, f. λύσσα, f. πλάνος φρενῶν
Insatiable, Insatiate, ἀκόρεστος,

ἄπληστος, ἄπαυστος, ἀπλήρωτος, ἄναλτος, ἄατος [τία, f.
Insatiableness, Insatiability, ἀπληστ-
Insatiably, adv. ἀπλήστως [φω
Inscribe, v. γράφω, ἐπιγράφω, ἀναγρά-
Inscription, γραφὴ, f. γράμμα, n. ἐπίγραμμα, n. ἐπιγραφὴ, f.
Inscrutable, ἀφανὴς, ἀδιερεύνητος, ἀνεξερεύνητος
Insect, ἔντομον, n.
Insecure, ἐπικίνδυνος
Insecurity, κίνδυνος, m.
Insensibility, ἀναισθησία, f. ἀναλγησίς, f. ἀπάθεια, f. ἀμβλύτης, f.
Insensible, ἀναίσθητος, ἀνάλγητος, ἀπαθὴς: to be insensible, ἀναισθητέω
Insensibly, adv. ἀναισθήτως
Inseparable, ἀδιάκριτος, ἀχώριστος
Insert, v. ἐμβάλλω, ἐπεμβάλλω, ἐντίθημι, παρείρω: to be inserted, ἔγκειμαι
Insertion, ἐμβολὴ, f. ἔνθεσις, f. παρένθεσις, f. παρεμβολὴ, f.
Inside, ἐντὸς, ἔνδον [διπλόος
Insidious, ἐπίβουλος, δολερὸς, δόλιος,
Insidiously, adv. ἐξ ἐπιβουλῆς
Insidiousness, ἐπιβουλὴ, f.
Insight, (skill, knowledge) ἐπιστήμη, f.
Insignia, ἐπίσημον, n. παράσημον, n.
Insignificance, σμικρότης, f.
Insignificant, ἄσημος, φαῦλος, εὐτελὴς
Insincere, κίβδηλος, ἄπιστος
Insincerity, ὑπόκρισις, f. ἀπιστία, f.
Insinuate, v. ὑποδύω, ὑπέρχομαι, θεραπεύω
Insinuation, θεραπεία, f. ὑποδρομὴ, f.
Insipid, μωρὸς, ἄγευστος
Insist, v. ἰσχυρίζομαι, ἔγκειμαι
Insolence, ὕβρις, f. τρυφὴ, f. ὑπερηφανία, f.
Insolent, ὑβριστικὸς, ὕβριστος, ἀσελγὴς, ὑπερήφανος: to be insolent, ὑβρίζω, ἐξυβρίζω, ἀσελγαίνω: insolent person, ὑβριστὴς, m.
Insolently, adv. ὑβριστικῶς, ἀσελγῶς
Insoluble, ἄτηκτος, ἄλυτος
Insolvent, ὑπέρχρεως, ἀνεσκευασμένος
Insomuch, adv. ὥστε, τοσοῦτον
Inspect, v. ἐπισκοπέω, ἐφοράω
Inspection, κατασκοπὴ, f. ἐπίσκεψις, f. ἐπισκοπὴ, f.
Inspector, ἔφορος, m. ἐπίσκοπος, m. κατάσκοπος, m. [σις, f.
Inspiration, ἐπίπνοια, f. ἐπίπνευ-
Inspire, v. ἐμπνέω, ἐπιπνέω, ἐμβάλλω, ἐντίθημι: to be inspired, ἐνθουσιάω, ἐνθουσιάζω

INS — INT

Inspired, ἔνθεος, ἐνθεαστικὸς, ἐνθρίακτος, ἐπίπνοος [σία, f.
Instability, ἀβεβαιότης, f. ἀκαταστα-
Instable, ἀκατάστατος, ἄστατος, ἀβέβαιος
Install, v. ἐνθρονίζω, καθίστημι [m.
Installation, θρόνωσις, f. ἐνθρονισμὸς,
Instalment, καταβολὴ, f.
Instance, παράδειγμα, n.
Instant, ἐνεστὼς, ἄοκνος
Instant, τὸ ἀκαρὲς
Instantaneous, αἰψηρὸς, εὐθὺς
Instantly, Instantaneously, adv. αὐτίκα, εὐθὺς, ἄφαρ, παραυτίκα
Instead of, ἀντὶ, ὑπὲρ
Instigate, v. ὁρμάω, ἐξορμάω, ἐγείρω, ὀτρύνω, ἐποτρύνω, ἐκκαλέω, παροξύνω, ὄρνυμι, ἀνίημι, παρακελεύω
Instigated, ἐγκέλευστος
Instigation, παρακέλευσις, f. ὄτρυνσις, f. παρόρμησις, f.
Instigator, παροξυντὴς, m. ὀτρυντὴρ, m. κέντωρ, m.
Instil, v. ἐνστάζω, ἐμφυσιόω
Instinct, τὸ ἔμφυτον, φύσις, f.
Instinctive, ἔμφυτος, ἐγγενὴς
Institute, v. ἵστημι, καθίστημι, τίθημι, ἱδρύω
Institution, κατάστασις, f. ἔθος, n.
Instruct, v. παιδεύω, διδάσκω, ἐκδιδάσκω
Instruction, παίδευσις, f. παιδεία, f.
Instructor, διδάσκαλος, m. παιδευτὴς,
Instrument, ὄργανον, n. ἔντος, n. [m.
Instrumental, μεταίτιος, ὀργανικὸς
Insubordinate, ἀνυπότακτος
Insufferable, οὐκ ἀνασχετὸς, ἄτλητος, ἀφόρητος, δύσοιστος
Insufficiency, ἔνδεια, f.
Insufficient, ἐνδεὴς, ἐπιδεὴς, ἀναγκαῖος
Insufficiently, adv. ἐνδεῶς, ἐπιδεῶς
Insular, νησιωτικὸς, νησιώτης, περίρρυτος, ἀμφίαλος, ἀμφίρρυτος
Insult, ὕβρις, f. ὕβρισμα, n. αἰκία, f. ἐπήρεια, f. προπηλακισμὸς, m. λύμη, f.
Insult, v. ὑβρίζω, ἀτιμάζω, καθυβρίζω, λοιδορέω, αἰκίζω, λωβάομαι, προπηλακίζω
Insulted, λωβητὸς, αἰκιστὸς
Insulter, ὑβριστὴς, m. λωβητὴρ, m.
Insulting, ὑβριστος, ὑβριστικὸς
Insultingly, adv. ὑβριστικῶς
Insuperable, ἄπορος, ἀμήχανος
Insupportable, ἄτλητος, δύσοιστος, ἀφόρητος, οὐκ ἀνασχετὸς
Insurmountable, ἄμαχος
Insurrection, στάσις, f. ἐπανάστασις, f.
Integral, πᾶς, ἐντελὴς

Integrity, ἀρετὴ, f. ὁλότης, f. ἀδιαφθαρσία, f. [n. φρὴν, f. διάνοια, f.
Intellect, νοῦς, contr. νοῦς, m. νόημα,
Intellectual, νοητικὸς, διανοητικὸς, λογικὸς
Intelligence, (understanding) σύνεσις, f. γνώμη, f. (news) κληδὼν, f. ἐξαγγέλματα, n. pl. [ὀξύφρων
Intelligent, συνετὸς, ἔννοος, ἔμφρων,
Intelligible, γνώριμος, συνετὸς, γνωστὸς, νοητὸς, ληπτὸς
Intelligibly, adv. συνετῶς
Intemperance, ἀκρασία, f. ἀκράτεια, f. ἀκολασία, f.
Intemperate, ἀκρατὴς, ἀκόλαστος
Intemperately, adv. ἀκρατῶς, ἀκολάστως [βούλομαι, ἐπιβουλεύω, φρονέω
Intend, v. νοέω, διανοέομαι, ἐπινοέω,
Intense, σφοδρὸς, σύντονος, δεινὸς
Intensely, adv. συντόνως, σφοδρῶς
Intension, συντονία, f. τόνος, m.
Intent, Intention, διάνοια, f. ἐπίνοια, f. βουλὴ, f. βούλευμα, n. νόος, contr. νοῦς, m. φρόνημα, n. προαίρεσις, f.
Intent, ἔντονος, σπουδαῖος, ἀτενής: to be intent, ἐντείνομαι, σπουδάζω
Intentional, ἑκούσιος, ἑκὼν
Intentionally, adv. ἑκουσίως, ἐκ προαιρέσεως, ἐπιτηδὲς, ἐκ προνοίας
Intently, adv. συντεταμένως, σπουδαίως
Inter, v. θάπτω, καταθάπτω, ἐνταφιάζω
Intercalary, ἐμβόλιμος
Intercalation, ἐμβολὴ, f.
Intercede, v. ἐνίσταμαι, ἀπολογέομαι (ὑπὲρ), εἶπον (ὑπὲρ), μεσιτεύω: intercede for, ἐξαιτέομαι, παραιτέομαι
Intercept, v. ἀπολαμβάνω, ὑποτέμνομαι, περιτέμνομαι, ἀποκλείω, ἀποφράσσω
Intercepting, ἀπόληψις, f.
Intercession, μεσιτεία, f. ἐξαίτησις, f. παραίτησις, f.
Intercessor, μεσίτης, m. διαλλάκτης, m.
Interchange, μεταλλαγὴ, f. διαλλαγὴ, f. ἀμοιβὴ, f.
Interchange, v. ἀλλάσσω, ἀνταλλάσσω, διαλλάσσω, μεταλλάσσω, ἀμείβω, μεταμείβω
Intercourse, ὁμιλία, f. ἐπιμιξία, f. κοινωνία, f. συνουσία, f. ἔντευξις, f. ἐπιπλοκὴ, f.: to have intercourse, μίγνυμαι, συμμίγνυμι, ἐπιμίγνυμαι, σύνειμι, ἐντυγχάνω, συνέρχομαι
Interdict, ἀπαγόρευσις, f. ἀπαγόρευμα, n. ἀπόρρησις, f.
Interdict, v. ἀπαγορεύω, κωλύω
Interest, (advantage) ὄφελος, n. ὠφέλεια, f. πλεονεξία, f. κέρδος, n.

ὄνησις, f. (of money) τόκος, m. : to lend on interest, δανείζω : to be in the interest of, σπουδάζω, θεραπεύω, ὑπάρχω : it is to my interest, ἐμόν ἐστι
Interfere, v. ἐνίσταμαι, κοινωνέω
Interjection, παρεμβολή, f.
Interior, ἐνδότερος ; ὁ, ἡ, τὸ ἔνδον
Interlocution, διαλογισμὸς, m.
Interlude, ἐπεισόδιον, n.
Intermarriage, ἐπιγαμία, f.
Intermeddle, v. πολυπραγμονέω, προσάπτομαι, ἐπιψαύω
Intermeddling, πολυπράγμων
Intermediate, ἀνάμεσος, διάμεσος
Interment, ταφὴ, f. τάφος, m. ἀναίρεσις, f.
Interminable, ἄπειρος, ἀπέραντος, ἀπειρέσιος, ἀτέρμων, ἀνήριθμος [νυμι
Intermingle, v. συγκεράννυμι, συμμίγ-
Intermission, ἀνάπαυσις, f. διάλειψις, f. : without intermission, ἀδιάλειπτος [μίγνυμι
Intermix, v. μίγνυμι, ἀναμίγνυμι, συμ-
Intermixture, σύμμιξις, f. κρᾶσις, f.
Internal, ἐνδότερος ; ὁ, ἡ, τὸ ἔνδον, οἰκεῖος [γράφω, ἐνσείω (in pass.)
Interpolate, v. παρεμβάλλω, παρεγ-
Interpolation, παρεμβολὴ, f. ἐμβολὴ, f.
Interpose, v. ἐμβάλλω, παρεντίθημι, μεσιτεύω, μετέρχομαι [σις, f.
Interposition, παρεμβολὴ, f. παρένθε-
Interpret, v. ἑρμηνεύω, κρίνω, ὑποκρίνομαι, διαλαμβάνω
Interpretation, ἑρμηνεία, f. ἑρμήνευμα, n. διερμήνευσις, f.
Interpreter, ἑρμηνεὺς, m. ἑρμηνευτὴς, m. ἐξηγητὴς, m.
Interregnum, μεσοβασιλεία, f.
Interrogate, v. ἔρομαι, ἐρωτάω, ἐξετάζω
Interrogation, ἐρώτημα, n. ἐρώτησις, f.
Interrogative, ἐρωτηματικὸς
Interrupt, v. ὑποβάλλω, ὑπολαμβάνω, ἐπιλαμβάνομαι, ὑποκρούω, παρενοχλέω
Interruption, παρενόχλησις, f.
Intersect, v. διαλαμβάνω, διατέμνω, διασχίζω, διχοτομέω
Intersperse, v. διασπείρω, κατασκεδάννυμι, συγκεράννυμι
Interstice, διάστημα, n. τὸ μεταξὺ
Intertwine, v. ἐμπλέκω, διαπλέκω, ἐπιπλέκω
Interval, διάστημα, n. διάλειμμα, n.
Intervene, v. διαλείπω, διέρχομαι, ἐγγίγνομαι, διαγίγνομαι, διέχω
Interview, σύνοδος, f. ἔντευξις, f. συνουσία, f.

Interweave, v. προσυφαίνω, ἐνυφαίνω, ἐγκαταπλέκω, ἐμπλέκω
Intestate, ἀδιάθετος
Intestine, ἐπιδήμιος, ἔμφυλος, ἐμφύλιος
Intestines, ἔντερα, n. pl. σπλάγχνα, n. pl.
Intimacy, συνήθεια, f. οἰκειότης, f.
Intimate, οἰκεῖος, συνήθης : to be intimate with, πλησιάζω, συγκεράννυμαι, χράομαι [δείκνυμι
Intimate, v. σημαίνω, ἐνσημαίνω, ἐν-
Intimately, adv. οἰκείως [δειξις, f.
Intimation, σῆμα, n. σημασία, f. ἔν-
Intimidate, v. φοβέω, ἐκφοβέω, ἐκπλήσσω [θαμβὴς
Intimidated, περίφοβος, φοβερὸς, περι-
Intimidation, ἔκπληξις, f.
Into, prep. εἰς or ἐς
Intolerable, ἀφόρητος, δύσφορος, οὐκ or οὐδαμῶς ἀνασχετὸς, ἄτλητος, δυσάνεκτος, ἀτόλμητος, δυσασχετὸς
Intolerably, adv. ἀφορήτως, ἀτλήτως, δυσοίστως, ἀβαστάκτως
Intoxicate, v. μεθύσκω [οἶνος
Intoxicated, μέθυσος, παροίνιος, κάτ-
Intoxication, μέθη, f. οἰνοφλυγία, f.
Intractable, ἀμήχανος, δυσπρόσοιστος, κεράσβολος
Intrench, v. ἀποταφρεύω, περιταφρεύω
Intrenchment, τάφρος, f. ἀποτάφρευσις, f. [ἄτρομος, ἀταρβὴς, τολμηρὸς
Intrepid, ἄφοβος, ἀδεὴς, ἄτρεστος,
Intrepidity, ἀφοβία, f. ἀτρεμία, f.
Intrepidly, adv. ἀφόβως, ἀδεῶς
Intricacy, περιπλοκὴ, f.
Intricate, πολύπλοκος, περιπεπλεγμένος, περίπλοκος [ἐπιβούλευμα, n.
Intrigue, παρασκευὴ, f. ἐπιβουλὴ, f.
Intrigue, v. πολυπραγμονέω, ἐπιβουλεύω [λευτὴς, m.
Intriguer, πολυπράγμων, m. ἐπιβου-
Intriguing, πολύπλοκος, ἐπίβουλος
Intrinsic, ἐγγενὴς, ἔτυμος
Introduce, v. εἰσάγω, ἐπεισάγω, προσάγω, εἰσηγέομαι, εἰσφέρομαι, ἐπεισφρέω
Introduction, εἰσαγωγὴ, f. προσαγωγὴ, f. (preface) προοίμιον, n. πρόλογος, m.
Introductory, εἰσαγωγικὸς
Intrude, v. εἰσωθέω
Intrust, see Entrust
Intwine, v. ἐμπλέκω, περιπλέκω
Invade, v. εἰσβάλλω, ἐμβάλλω, ἔπειμι, ἐπέρχομαι, ἀποβαίνω, ἐπιστρατεύω
Invalid, ἄκυρος
Invalidate, ἄκυρον ποιέω [ὑπερτίμιος
Invaluable, πάντιμος, πολυτίμητος,

Invariable, ἀκίνητος, ἄτροπος, ἀμετάστροφος [τως
Invariably, adv. ἀκινήτως, ἀμετακινή-
Invasion, εἰσβολὴ, f. ἐμβολὴ, f. ἐπιδρομὴ, f. ἀπόβασις, f.
Invective, ὄνειδος, n.
Inveigh against, v. ἔγκειμαι [λεάζω
Inveigle, v. παλεύω, ψυχαγωγέω, δε-
Invent, v. εὑρίσκω, ἐξευρίσκω, κτίζω
Invention, εὕρημα, n. εὕρεσις, f.
Inventive, εὔπορος, εὐμήχανος, μηχα-
Inventor, εὑρετὴς, m. -τις, f. [νικὸς
Inventory, κατάλογος, m. ἀπογραφὴ, f.
Inversion, ἀναστροφὴ, f.
Invert, v. ἀναστρέφω, μεταστρέφω
Invest, v. (confer) περιβάλλω, περιτίθημι; (enclose, besiege) περικάθημαι, πολιορκέω
Investigate, v. ἐξετάζω, ἀναζητέω, ἀνακρίνω, σκοπέω, διασκοπέω, ἐρευνάω, διεξερευνάω: to investigate particularly, ἀκριβόω, διακριβόω, μικρολογέομαι
Investigation, ἐξέτασις, f. ζήτησις, f. ζήτημα, n. ἀναζήτησις, f. ἀνάκρισις, f.
Inveterate, παλίγκοτος, παλίνορσος, ἐγχρονισθεὶς: to become inveterate, ἐγχρονίζομαι, ἐπιχρονίζω, ἐγκαταγηράσκω
Invidious, ἐπίφθονος
Invidiously, adv. ἐπιφθόνως
Invigorate, v. ἐπιρρώννυμι, κρατύνω, ὀρθρόω
Invincible, ἄδμητος, ἀήσσητος, ἄμαχος, δύσμαχος, ἀνίκητος, ἄθραυστος, ἄληπτος, ἀνάλωτος, ἀνυπέρβλητος, ἄσυλος, ἄδατος
Iuviolability, ἀσυλία, f.
Inviolable, ἄσυλος, ἀσύλητος, ἄδατος
Inviolably, adv. ἀσυλεὶ [ἀκέραιος
Inviolate, ἀβλαβὴς, ἄβλαπτος, ἄσυλος,
Invisible, ἀόρατος, ἀφανὴς, ἄδηλος, ἀόρατος
Invitation, κλῆσις, f. πρόκλησις, f.
Invite, v. καλέω, προσκαλέω, παρακαλέω
Inundate, v. κατακλύζω, ἐπικλύζω
Inundation, κατακλυσμὸς, m. ἐπίκλυσις, f. ἐπιρροὴ, f. [ἐπαγωγὴ, f.
Invocation, ἀνάκλησις, f. ἐπίκλησις, f.
Invoke, v. ἐπικαλέω, ἀνακαλέω, καλέω, ἐπιβοάομαι, αὐδάω; (the gods) θεοκλυτέω, ἐπιθεάζω
Involve, v. ἐμπλέκω, περιβάλλω, ἐγκατειλέω: to be involved in, ἐμπλέκομαι, συνίσταμαι, σύνειμι, συγκεράννυμαι
Involved, ἐμπεπλεγμένος, συνεστὼς

Involuntary, ἀκούσιος, ἀεκούσιος, ἀέκων, ἄκων
Involution, ἐγκύλισις, f. ἐμπλοκὴ, f.
Inure, v. ἐθίζω
Inured, συνήθης
Inutility, ἀχρηστία, f.
Invulnerable, ἄτρωτος, ἄρρηκτος
Inward, ἐνδότερος
Inwards, ἔσω & εἴσω
Jocose, Jocular, γελοῖος, εὐτράπελος, γελωτοποιὸς
Jocosely, adv. εὐτραπέλως [m.
Jocoseness, γελωτοποιΐα, f. χλευασμὸς,
Jocund, φαιδρὸς, ἱλαρὸς: to be jocund, φαιδρύνομαι, ἱλαρόομαι
Jocundly, adv. ἱλαρῶς
Jog, v. σείω, ἀνασείω, συσσείω
Jogging, σεισμὸς, m. τιναγμὸς, m.
Join, v. ἁρμόζω, συναρμόζω, ζεύγνυμι, συζεύγνυμι, συνάπτω, συνάγω; intrans. συμβάλλω, συνάπτω, προσχωρέω, συνίσταμαι
Joined, σύγκρατος, συναρηρὼς
Joining, ζεῦξις, f. σύζευξις, f.
Joint, (of the body) ἄρθρον, n. ἄρθρωσις, f. γίγγλυμος, m. συγκαμπὴ, f. (of stalks) συζυγία, f. γονάτιον, n. (in carpentry) γίγγλυμος, m. ἅρμοσμα, n. ἁρμὸς, m. ἁρμονία, f.: to put out of joint, ἐξαρθρόω
Joint, v. διαρθρόω, ἐξαρθρόω
Joint, adj. συζύγιος, σύζυγος
Jointed, ἔναρθρος
Jointly, adv. ὁμοῦ
Joist, δόκος, f. [παιγμὸς, m.
Joke, σκῶμμα, n. σκωμμάτιον, n. ἐμ-
Joke, v. παίζω, ἐμπαίζω, διασκώπτομαι,
Jollily, adv. ἱλαρῶς [ἐπικερτομέω
Jollity, εὐφροσύνη, f. ἱλαρότης, f.
Jolly, ἱλαρὸς, φαιδρὸς, εὔθυμος
Jolt, v. τινάσσω, ἀνασείω, ὑποσείω
Jolting, ἀνάσεισμα, n.
Ionia, Ἰωνία, f.
Ionian, Ionic, Ἰωνικὸς, Ἰαόνιος
Ionians, Ἴωνες & Ἰάονες, m. pl.
Jostle, v. ὠθέω, ὠστίζω
Jot, στιγμὴ, f. [χάρης
Jovial, ἱλαρὸς, φαιδρὸς, εὔθυμος, περι-
Journal, ἐφημερὶς, f. [στόλος, m.
Journey, ὁδὸς, f. πορεία, f. ὁδοιπορία, f.
Journey, v. πορεύομαι, ὁδοποιέομαι
Joy, χαρὰ, f. τέρψις, f. χαρμόνη, f. χάρμα, n. ἡδονὴ, f. γηθοσύνη, f. εὐφροσύνη, f.
Joyful, ἱλαρὸς, ἄσμενος, φαιδρὸς, εὔφρων, εὐγηθὴς, γηθόσυνος: to be joyful, χαίρω
Joyfully, adv. ἀσμένως, φίλως

Joyless, ἀτερπής
Joyous, ἱλαρός, ἄσμενος, χαρμόφρων
Irascibility, ὀργιλότης, f. τὸ ὀξύθυμον
Irascible, ὀργίλος, ὀξύς, ὀξύθυμος
Ire, ὀργή, f. χόλος, m. θυμός, m. κότος, m. μῆνις, f. [ἀνιαρός, βαρύς
Irksome, ἐπαχθής, δυσχερής, λυπηρός,
Irksomeness, δυσχέρεια, f. ἐπάχθεια, f. βαρύτης, f.
Iron, σίδηρος, m.; adj. σιδήρεος, σιδηρίτης: iron instrument, σιδήριον, n.
Ironical, εἰρωνικός
Ironically, adv. εἰρωνικῶς
Irony, εἰρωνεία, f.
Irrational, (of deeds or men) ἄλογος, ἀλόγιστος; (of men) ἄνοος, contr. ἄνους, ἄφρων
Irrationality, ἀλογία, f. ἀλογιστία, f.
Irrationally, adv. ἀλογίστως, ἀλόγως, ἀφρόνως [δος, δυσδιάλυτος
Irreconcileable, ἀδιάλλακτος, ἄσπον-
Irreconcileably, adv. ἀκαταλλάκτως
Irrecoverable, ἀνήκεστος, ἀνεπισκεύαστος [τος, ἀκατάβλητος
Irrefragable, ἀνέλεγκτος, ἀνεξέλεγκ-
Irrefragably, adv. ἀναμφισβητήτως, ἀναμφιλόγως
Irregular, ἀνώμαλος, δύστακτος
Irregularity, ἀνωμαλία, f. ἀνωμαλότης, f. παρανομία, f.
Irregularly, adv. ἀνωμάλως
Irreligion, ἀσέβεια, f. ἀνοσιότης, f.
Irreligious, ἀσεβής, ἀνόσιος, ἄθεος: to be irreligious, ἀσεβέω
Irreligiously, adv. ἀνοσίως [ἀμήχανος
Irremediable, ἀνήκεστος, δυσίατος,
Irremediably, adv. ἀνηκέστως, ἀνιάτως
Irreparable, ἀνεπισκεύαστος, ἀνήκεστος, ἄπρακτος, δυσίατος
Irreprehensible, ἄμεμπτος, ἀναμάρτητος, ἀμώμητος, ἀνεξέλεγκτος
Irreproachable, ἄμεμπτος, ἀμώμητος, ἀνεξέλεγκτος, ἀνέγκλητος, ἀνεπίληπτος
Irreproachably, adv. ἀμέμπτως, ἀναμαρτήτως, ἀνεπιλήπτως
Irresistible, ἄφυκτος, δυσπάλαιστος, δυσπολέμητος, ἀνυπόστατος, ἄσχετος
Irresistibly, adv. ἀφύκτως, ἀσχέτως
Irresolute, ἄπορος, ἀμφίβουλος
Irresolution, ἀπορία, f.
Irrespective, ἀπερίοπτος
Irresponsible, ἀνεύθυνος, ἀνυπεύθυνος
Irretrievable, ἀνεπισκεύαστος, ἀνήκεστος, ἀμετάτρεπτος
Irretrievably, adv. ἀνηκέστως
Irreversible, ἀνεξάλειπτος, ἀμετάστατος, ἀμεττάρεπτος

Irrevocable, ἀμετάκλητος, ἀνήκεστος
Irrigate, v. ἀρδεύω, ἄρδω [σις, f.
Irrigation, ὑδρεία, f. ὕδρευσις, f. ἄρδευ-
Irritability, ὀργιλότης, f. ὀξυθυμία, f.
Irritate, v. ἐρεθίζω, ὀργίζω, παροξύνω, κινέω, κνίζω, θήγω
Irritation, παροξυσμός, m. ἐρεθισμός, m.
Irruption, καταδρομή, f. ἐπιδρομή, f.
Island, νῆσος, f. νησίς, f.: a little island, νησίδιον, n. νησύδριον, n.
Islander, νησιώτης, m. νησιῶτις, f.
Isosceles, ἰσοσκελής
Issue, διέξοδος, f. τὸ ἐκβὰν, τέλος, n. (offspring) γόνος, m. ἔκγονα, n. pl.
Issue, v. ἐξέρχομαι, ἐκβαίνω, ἐξορμάω, ἐκπίπτω
Isthmus, ἰσθμός, m.
It (neuter of He), τὸ, αὐτὸ, ἐκεῖνο
Italian, Ἰταλιώτης, m.
Italy, Ἰταλία, f.
Itch, (disease) ψώρα, f. κνύος, n.
Itch, v. κνησιάω, κνήθομαι: to make to itch, κνίζω [σις, f.
Itching, κνισμὸς & κνησμὸς, m. κνῆ-
Ithaca, Ἰθάκη, f.
Itinerant, πλαγκτὸς, πλανητὸς, ὁδοιπλανής, ὁδοιπόρος
Itself (neuter of Himself), αὐτὸ
Judge, κριτής, m. δικαστής, m. βραβευτής, m. δικαιοδότης, m.
Judge, v. κρίνω, δικάζω, προκρίνω; (form an opinion) δοξάζω, σταθμάομαι, οἴομαι, διορίζω
Judgment, (judicial) κρίσις, f. δίκη, f. (understanding) γνώμη, f. νόος, contr. νοῦς, m. (opinion) γνώμη, f. δόξα, f. διάγνωσις, f.
Judgment-seat, κριτήριον, n.
Judicature, δικαστήριον, n.
Judicial, Judiciary, δικανικὸς, δικαστικὸς
Judicious, γνωμονικὸς, φρόνιμος, δεξιὸς, ἔμπειρος
Judiciously, adv. φρονίμως, σοφῶς
Jug, πρόχοος, f. προχοῒς, f.
Juggle, Juggling, γοητεία, f. γοήτευμα, n. μαγγάνευμα, n. θαυματοποιΐα, f.
Juggle, v. θαυματουργέω, γοητεύω, μαγγανεύω [πυιὸς, m.
Juggler, γόης, m. μάγος, m. θαυματο-
Jugular vein, φλὲψ σφαγῖτις, f.
Juice, γάνος, m. χυλὸς, m. χυμὸς, m.
Juiceless, ἄχυμος
Juicy, ἔγχυμος, διάχυλος
July, Ἑκατομβαιών, m.
Jumble, v. συγχέω, συμμίγνυμι
Jump, ἅλμα, n. πήδημα, n.
Jump, v. πηδάω, θρώσκω, ἄλλομαι,

ὀρχέομαι : to jump over, διαπηδάω : to jump up, ἀναπηδάω
Junction, σύναψις, f. συναφή, f. σύζευξις, f.
Juncture, καιρὸς, m. ἀκμὴ, f.
June, Σκιροφοριών, m.
Junior, νεώτερος
Juniper, (tree) ἄρκευθος, f. κέδρος, f. (berry) κεδρὶς, f. ἀρκευθὶς, f.
Juno, Ἥρα, f.
Ivory, ἐλέφας, m. : of ivory, ἐλεφάντινος
Jupiter, Ζεὺς, m.
Jurisdiction, δικαιοδοσία, f. : to have jurisdiction, κυριεύω
Jurisprudence, νόμος, m. νομικὴ τέχνη
Juror, δικαστὴς, m.
Just, δίκαιος, ἐπιεικὴς, ἔννομος, ἔνδικος, αἴσιμος, ἴσος, ὀρθὸς, νόμιμος
Justice, δίκη, f. δικαιοσύνη, f. δικαιότης, f. ἐπιείκεια, f. (judge) δικαστὴς, m. : court of justice, δικαστήριον, n.
Justifiable, δίκαιος, νόμιμος, ἐπιεικὴς
Justification, δικαίωσις, f. δικαίωμα, n.
Justify, v. δικαιόω, δικάζω or -ομαι, διαδικαιόω
Justly, adv. δικαίως, ἐνδίκως, σὺν δίκῃ, κατὰ δίκην
Jut out, v. προέχω, ἀνέχω, πρόκειμαι
Jutting out, προβλὴς, ἔξοχος
Juvenile, νεανικὸς, νεανὶς
Ivy, κισσὸς, m. : of ivy, κίσσινος

K.

Keel, τρόπις, f. τροπιδεῖον, n. ὁλκεῖον, n. στεῖρα, f.
Keen, δριμὺς, ὀξὺς ; (of words, &c.) κερτόμιος, κέρτομος [σφόδρα
Keenly, adv. δριμὺ, δριμέως, ὀξέως,
Keenness, ὀξύτης, f. δριμύτης, f.
Keep, v. σώζω, διασώζω, φυλάσσω, ἔχω ; (as cattle) τρέφω : to keep off or away, ἔργω, Att. εἴργω, ἀπέργω, ἀπέχω, ἀπωθέω ; (as rain) στέγω, ἀποστέγω : to keep in or together, συνέχω, κατέχω : to keep on, (continue doing) διατελέω, ἔχω, διαγίγνομαι : to keep secret, στέγω : to keep company with, συνομιλέω, ἑταιρίζω
Keeper, φύλαξ, m. φυλακτὴρ, m. : prison-keeper, δεσμοφύλαξ, m.
Keepsake, κειμήλιον, n. [τὸς, m.
Kennel, (watercourse) ἀμάρα, f. ὀχε-
Kept, part. σεσωσμένος, πεφυλαγμένος

Kernel, πυρὴν, m. κόκκος, m.
Kettle, λέβης, m. χάλκειον, n.
Key, κλεὶς, Ion. κληῒς, f. κλειδίον, n. : a false key, ἀντίκλεις, f.
Kibe, χίμετλον, n. [μὸς, m.
Kick, Kicking, λάκτισμα, n. λακτισ-
Kick, v. λακτίζω : to kick off or away, kick up, ἀπολακτίζω : to kick against, ἀντιλακτίζω
Kicker, λακτιστὴς, m. [ἐρίφειος
Kid, ἔριφος, c. ἐρίφιον, n. : of a kid,
Kidnap, v. ἀνδραποδίζω
Kidnapper, ἀνδραποδιστὴς, m.
Kidnapping, ἀνδραπόδισις, f. ἀνδραποδισμὸς, m.
Kidney, νεφρὸς, m. : of the kidneys, νεφρίτης, νεφρίδιος : like a kidney, νεφροειδὴς, νεφρώδης
Kill, v. κτείνω, κατακτείνω, ἀποκτείνω, φονεύω, φένω, καταφένω, θανατόω, σφάζω, ἀποσφάζω, ὄλλυμι, ἀπόλλυμι, καθαιρέω, καίνω
Killed, σφακτὸς, πτώσιμος
Killer, φονεὺς, m. σφαγεὺς, m. ὀλετὴρ, m.
Kin, συγγένεια, f. : nearness of kin, ἀγχιστεία, f. : to be next of kin, ἀγχιστεύω
Kind, γένος, n. εἶδος, n.
Kind, εὔνοος, εὐμενὴς, εὔκολος, ἤπιος, φιλόφρων, πρόφρων, προσηνὴς, μείλιχος
Kindle, v. ἐμπίπρημι, ἀνακαίω, ἅπτω, αἴθω, ἐναύω, δαίω
Kindliness, εὐμένεια, f. φιλοφροσύνη, f. εὔνοια, f. μειλιχία, f. ἐπιείκεια, f.
Kindly, adv. εὐμενῶς, φιλοφρόνως, προφρόνως, ἠπίως, ἐνδυκέως, εὐκόλως, σὺν εὐμενείᾳ
Kindness, εὔνοια, f. εὐμένεια, f. μειλιχία, f. πρευμένεια, f. εὐεργεσία, f. : a kindness, benefit, χάρις, f. εὐεργεσία, f. εὐεργέτημα, n. : to be kind, do a kindness, χαρίζομαι, φιλοφρονέομαι, εὐεργετέω
Kindred, συγγένεια, f.
Kindred, συγγενὴς, ὁμογενὴς, ἐγγενὴς, οἰκεῖος, ἔμφυλος, σύμφυλος, ὁμαίμων
Kine, κτῆνος, n.
King, ἄναξ, m. βασιλεὺς, m. μόναρχος, m. τύραννος, m. ἀνάκτωρ, m. : to be a king, βασιλεύω, τυραννέω
Kingdom, βασιλεία, f. μοναρχία, f. τυραννὶς, f.
King-fisher, ἀλκυὼν, f. ἀλκυονὶς, f.
Kingly, βασίλειος, βασιλικὸς, τυραννικὸς
Kinsfolk, Kinsmen, συγγένεια, f.

Kiss, φίλημα, n.
Kiss, v. φιλέω, καταφιλέω, κυνέω
Kitchen, ὀπτάνιον, n. ἰπνὸς, m.
Kite, ἰκτῖνος, m. τρίορχος, m.
Knack, τέχνη, f. δεξιότης, f.
Knapsack, πήρα, f. θύλακος, m. κω-
Knave, πανοῦργος, m. [ρυκὶς, f.
Knavery, πανουργία, f. κακούργημα, n.
Knavish, πανοῦργος, κακοῦργος, μοχθηρὸς [φύρω
Knead, v. μάσσω, διαμάσσω, φυράω,
Kneading-trough, κάρδοπος, f. μάκ-
Knee, γόνυ, n. [τρα, f.
Kneel, v. γονυπετέω, ὀκλάζω
Kneeling, γονυπετὴς
Knife, μάχαιρα, f. κωπὶς, f.
Knight, ἱππεὺς, m. ἱππότης, m. : to be a knight, ἱππεύω
Knit, v. πλέκω, συμπλέκω, εἴρω, ἐνείρω
Knob, τύλος, m.
Knock, πληγὴ, f.
Knock, v. κόπτω, κρούω, θυροκοπέω
Knocker, ῥόπτρον, n.
Knock-kneed, γονύκροτος, βλαισὸς
Knot, ἅμμα, n. σύναμμα, n.
Knot, v. συνδέω, ἅπτω
Know, v. γιγνώσκω, οἶδα, ἴσημι, σύνοιδα, καταμανθάνω, ἐξεπίσταμαι : to know beforehand, προεπίσταμαι, προγιγνώσκω, πρόοιδα
Knowing, ἴστωρ, ἐπιστήμων, ἴδρις
Knowledge, ἐπιστήμη, f. σοφία, f. ἱστορία, f. γνῶσις, f. γνώρισις, f. μάθησις, f.: want of knowledge, ἀπειρία, f. ἀμάθεια, f.
Known, γνωτὸς, γνωστὸς, γνώριμος : to make known, γνωρίζω, δηλόω, μηνύω, φανερόω
Knuckle, κόνδυλος, m.

L.

Laborious, ἐπίπονος, φιλόπονος, φίλεργος, πολύμοχθος
Laboriously, adv. ἐπιπόνως
Labour, πόνος, m. κάματος, m. μόχθος, m. μόγος, m. (childbirth) τόκος, m. λοχεία, f. ὠδὶς, f.: without labour, ἄπονος, ἄμοχθος ; adv. ἀπόνως, ἀπονητὶ, ἀμογητὶ
Labour, v. πονέω, διαπονέω, ἐργάζομαι, κάμνω, μοχθέω, πραγματεύομαι, διατείνομαι, κατεργάζομαι
Labourer, ἐργάτης, m. θὴς, m. ἔριθος, c.
Labyrinth, λαβύρινθος, m. : like a labyrinth, λαβυρινθώδης

Lacerate, v. δρύπτομαι, σπαράσσω ἀμύσσω, κνάπτω, δάπτω
Laceration, σπαραγμὸς, m. ἀμυγμὸς, m.
Lack, ἔνδεια, f. ἀπορία, f. σπάνις, f.
Lack, v. δέω & δέομαι, σπανίζω, ἀπορέω
Laconia, ἡ Λακωνικὴ, γαῖα Λακωνὶς, f.
Laconic, Λακωνικὸς, σύντομος
Laconically, adv. Λακωνικῶς
Lad, μειράκιον, n. μειρακύλλιον, n. μειρακίσκος, m.
Ladder, κλῖμαξ, f. κλιμάκιον, n. ἀποβάθρα, f. ἀναβάθρα, f.
Lade, v. γεμίζω
Lading, φόρτος, m. φορτίον, n.
Lady, δέσποινα, f. ἄνασσα, f. γυνὴ, f.
Lag, v. βραδύνω, ὑπολείπομαι, ἀναδύομαι
Laic, λαϊκὸς
Lair, φωλεὸς, m. εὐνὴ, f. ξύλοχος, f.
Laity, λαὸς, m. δῆμος, m.
Lake, λίμνη, f. λίμνιον, n. : like a lake, λιμνώδης
Lamb, ἄμνος, m. ἀρνὸς, c. ἀρνίον, n. ἀμνὰς, f. : of a lamb, ἄρνεος, ἀμνεῖος : lamb's-skin, ἀρνακὶς, f.
Lambkin, ἀρνίον, n.
Lame, χωλὸς, κυλλὸς, γυιὸς
Lame, v. χωλόω, ἀποχωλεύω, ἀποχωλόω, γυιόω : to be lame, χωλεύω, χωλαίνω
Lameness, χωλεία, f. χωλότης, f. χώλωμα, n.
Lament, v. κλαίω, κατακλαίω, ὀλοφύρομαι, ἀνολοφύρομαι, πενθέω, θρηνέω, ὀδύρομαι, ἀνοδύρομαι, στένω, στενάζω, στενάχω, δακρύω, καταδακρύω, αἰάζω, κόπτομαι
Lamentable, οἰκτρὸς, κλαυτὸς, πολύκλαυτος, πολυδάκρυτος, οἰμωκτὸς, ἀξιόθρηνος [τως
Lamentably, adv. οἰκτρῶς, πολυδακρύ-
Lamentation, θρῆνος, m. πένθος, n. ὀδυρμὸς, m. οἰμωγὴ, f. στοναχὴ, f. στόνος, m. στεναγμὸς, m. θρηνωδία, f. οἶκτος, m. οἰκτισμὸς, m. γόος, m. ὀλοφυρμὸς, m.
Lamenting, πολύκλαυτος, οἰκτρόγοος, πανόδυρτος, στονόεις
Lamp, λαμπὰς, f. λύχνος, m. λύχνιον, n.
Lampoon, ἴαμβος, m. [n. στίλβη, f.
Lampoon, v. ἰαμβίζω, σατυρίζω
Lamprey, μύραινα, f. σμύραινα, f.
Lance, λόγχη, f. δόρυ, n. ἔγχος, n.
Lance, v. σχάζω, κατασχάζω, λογχεύω
Lancet, σμίλη, f. σμιλίον, n. φλεβοτόμον, n.
Land, γῆ, f. γαῖα, f. χῶρος, m. δάπεδον, n. χθὼν, f. ἔδαφος, n. : dry land, τὸ ξηρὸν, ἡ ξηρά : arable

land, ἄρουρα, f. ἄρωμα, n. : grass land, νομή, f. νομός, m.
Land, adj. ἐπίγειος, ξηροβατικός
Land, v. ἐκβαίνω, ἐκβιβάζω, ἀποβαίνω, ἀποβιβάζω: to bring to land, (of a ship) κατάγω, εἰσελαύνω
Land-forces, τὸ πεζόν, τὸ πεζικόν
Landholder, γεωμόρος, m.
Landing, ἀπόβασις, f. ἔκβασις, f. καταγωγή, f.
Landing-place, ἔκβασις, f. ἀπόβασις, f. κάταρσις, f.
Landlady, πανδοκευτρία, f. καπηλίς, f.
Landlord, ξενοδόκος, m. κάπηλος, m.
Landmark, στήλη, f. ὅρος, m.
Landowner, γημόρος, m. γεωμόρος, m.
Lane, ἡ στενωπός, λαύρα, f. [τος, f.
Language, γλῶσσα, f. φώνη, f. διάλεκ-
Languid, ἄτονος, ἄῤῥωστος. χαλαρός, ὑγρός, ἀσθενής [ἀῤῥωστία, f.
Languidness, ἀτονία, f. ἀσθένεια, f.
Languish, v. μαραίνομαι, χαλάω, ἀτονέω
Languishing, ὑγρός [λύσις. f.
Languor, ἀτονία, f. ἀσθένεια, f. ἔκ-
Lanigerous, μαλλοφόρος
Lank, ἀραιός, ἰσχνός
Lankness, ἰσχνότης, f. [χος, m.
Lantern, φανός, m. ἰπνός, m. λυχνοῦ-
Lap, κόλπος, m.
Lap, v. λείχω
Lapidary, λιθοξόος, m. λιθουργός, m.
Lapse, ὀλίσθημα, n. ῥοή, f.
Larch-tree, λάριξ, c.
Large, μέγας, μακρός, εὐμεγέθης, πλατύς, πάμπολυς : very large, ὑπέρογκος : as large as, ἰσομεγέθης, ἰσομέτρητος
Largely, adv. μεγάλως
Largeness, μέγεθος, n. πλατύτης, f.
Largess, ἐπίδοσις, f. δῶρον, n.
Lark, κόρυδος, m. κορύδαλλις, f.
Lascivious, ἀσελγής, μάχλος, λάγνος, μάργος, μανδαλωτός
Lasciviously, adv. ἀσελγῶς
Lasciviousness, ἀσέλγεια, f. μαχλοσύνη, f. μαργοσύνη, f.
Lash, μάστιξ, f. ἱμάσθλη, f.
Lash, v. μαστιγόω, μαστιάω, ἱμάσσω
Lass, κόρη, f. νεανίς, f.
Lassitude, κόπος, m. κάματος, m.
Last, καλάπους, m.
Last, ὕστατος, ἔσχατος, τελευταῖος : the last of all, πανύστατος, πανέσχατος: last, adv. ὕστατον : at last, τελευταῖον, τέλος, εἰς τέλος
Last, v. μένω, διαμένω, συμμένω, ἀντέχω, διατελέω
Lasting, ἔμμονος, μόνιμος, χρόνιος,

πολυχρόνιος, ἔμπεδος, βέβαιος, διατελής [παραμόνιμον
Lastingly, adv. βεβαίως, ἐμπέδως,
Lastly, adv. τελευταῖον, τὸ τελευταῖον
Latch. ἐπισπαστήρ, m. μοχλός, m.
Late, ὕψιμος, ὄψιος, χρόνιος : late, too late, adv. ὀψέ: too late, μεθύστερον: to be late or too late, ὑστερέω, ὑστερίζω, ὀψίζω
Lately, adv. νεωστί, νέον, πρώην, ἄρτι, ἀρτίως, ἔναγχος, πάλαι
Lateness, ὀψιότης, f.
Latent, κρυπτός, κρυφαῖος, ἀπόκρυφος
Later, ὕστερος, κατώτερος
Lateral, πλάγιος
Laterally, adv. ἐκ πλαγίου, πλαγίως
Latest, ἔσχατος, ὕστατος, τελευταῖος
Lathe, τόρνος, m. [μαῖστὶ
Latin, Ῥωμαῖος : in Latin, adv. Ῥω-
Latitude, εὖρος, n. πλάτος, n.
Latitudinarian, ἐλεύθερος, ἀόριστος
Latona, Λητώ, f.
Latter, the, ὁ δέ [πρώην, ἄρτι
Latterly, adv. νεωστί, νέον, ἔναγχος,
Lattice, κιγκλίς, f.
Laud, v. αἰνέω, ἐπαινέω, ἐγκωμιάζω
Laudable, αἰνετός, ἐπαινετός, ἀξιέπαινος
Laudably, adv. εὖ, ἀξιεπαίνως
Laudatory, ἐπαινετικός
Laugh, γέλασμα, n.
Laugh, Laugh at, v. γελάω, ἐπιγελάω, καταγελάω, προσγελάω, καχάζω, ἀνακαγχάζω: to want to laugh, γελασείω: inclined to laugh, γελαστικός [μος
Laughable, γελοῖος, γελαστός, γελάσι-
Laugher, γελαστής, m. γελασῖνος, m.
Laughing, Laughter, γέλως, m. καχασμός, m.: to cause laughter, γελωτοποιέω: causing laughter, γελωτοποιός
Lavish, v. ἀναλίσκω, ἐκχέω : to be Lavish, ἀφειδής [lavish, ἀφειδέω
Lavishly, adv. ἀφειδῶς, ἀφειδέως
Lavishness, ἀφειδία, f.
Launch, v. καθέλκω, κατερύω
Laureate, δαφνηφόρος
Laurel, δάφνη, f. : of laurel, δάφνινος
Law, νόμος, m. θεσμός, m. θέμις, f. νόμιμον, n. κύρια, n. pl. σύγγραμμα, n.: good system of laws, εὐνομία. f.: bad system of laws, κακονομία, f. δυσνομία, f.: to enact laws, τίθημι νόμον or θεσμόν, νομοθετέω, θεσμοποιέω: the making of laws, νομοθεσία, f. νομοθέτησις, f.: skilled in law, δικανικός: to go to law, δικάζομαι, διαδικάζομαι

Lawful, ἔννομος, νόμιμος, δίκαιος, θεμιτός, θέσμιος : it is lawful, ἔξεστι, ἔστι
Lawfully, adv. νομίμως
Lawfulness, νομιότης, f. [m.
Lawgiver, νομοθέτης, m. νομογράφος,
Lawless, ἄνομος, ἄδικος, ἀθέμιστος, ἔκθεσμος [νόμος
Lawlessly, adv. ἀνόμως, ἀδίκως, παρα-
Lawlessness, ἀνομία, f.
Lawsuit, δίκη, f. διαδικασία, f.
Lawyer, νομικός, m. δικανικός, m.
Lax, ἄρρωστος, χαῦνος, ἔκλυτος, χαλαρός
Laxness, Laxity, ἔκλυσις, f. χαυνότης, f. χαλαρότης, f.
Lay, v. τίθημι, βάλλω, καθίζω, ἵστημι, ἱδρύω ; (as a stake or wager) ὑποτίθημι ; (hands on) ἐμβάλλω, ἐπιβάλλω : to lay up or by, κατατίθημι, ἀποτίθημι, προθησαυρίζω : to lay on, ἐπιτίθημι, ἐπιβάλλω, ἐπανατίθημι, ἐπιφέρω : to lay before, παρατίθημι, παρίστημι : to lay aside, ἀπορρίπτω : to lay down, κατατίθημι, ὑποτίθημι : to lay eggs, ᾠοτοκέω, τίκτω : to be laid up or by, κεῖμαι, ἀπόκειμαι, ἀνάκειμαι : to be laid down, κεῖμαι, ὑπόκειμαι : to be laid upon, ἐπίκειμαι
Lay, οἴμη, f. οἶμος, m. στίχος, m. στοῖχος, n. (song, praises) οἴμη, f. κλέα, n. pl.
Layer, οἶμος, m. ἐπιβολή, f. πτύξ, f.
Layman, λαϊκός, m. [ἱδρωτί, ἀσπουδί
Lazily, adv. ῥαθύμως, ἀσυντόνως, ἀν-
Laziness, ῥαθυμία, f. ῥᾳστώνη, f. ἀπονία, f. νωθρότης, f. ἀργία, f.
Lazy, ἀργός, ῥάθυμος, νωθρός, μαλακός, κακός : to be lazy, ῥαθυμέω, ῥᾳδιουργέω, νυστάζω, μαλακίζομαι, ἀργέω
Lead, v. ἄγω, ἡγέομαι, ὑφηγέομαι, ἡγεμονεύω, ἄρχω, πορεύω ; (of direction, as a road) φέρω ; (of life) διάγω : to lead away, ἀπάγω, παράγω, ὑπάγω, ἀπαίρω : to lead forth, ἐξάγω : to lead to or into, εἰσάγω, εἰσπορεύω, ἐμβιβάζω : to lead back, κατάγω, ἀνάγω, ἐπανάγω : to lead by or past, παράγω : to lead across, διάγω, διαβιβάζω : to lead round, περιάγω : to lead on, προάγω, προβιβάζω : to lead on against, ἐπάγω, προσάγω, ἐφηγέομαι : to lead on, induce, ἐνάγω, ἐπισπάω : to lead from, παράγω : to lead out against, ἀντιπαράγω
Lead, μόλυβδος, m. μόλιβος, m.

Leaden, μολύβδινος : leaden ball or bullet, μολυβδίς, f. μολύβδαινα, f.
Leader, ἡγεμών, m. προστάτης, m. ἡγήτωρ, m. ἄρχος, m. ἔξαρχος, m. ἀγός, m.
Leading, ἀγωγή, f. ὑπαγωγή, f. πομπή, f.: a leading forth, ἐξαγωγή, f.
Leaf, φύλλον, n. πέταλον, n.
Leafless, ἄφυλλος, ἀπέτηλος
Leafy, εὔφυλλος, φυλλοφόρος, φυλλώδης, πολύφυλλος, εὐπέταλος
League, συνωμοσία, f. συνθήκη, f. σπονδή, f. συμμαχία, f.
League together, v. συνόμνυμι
Leak, v. παραχαλάω, ἄντλον δέχομαι
Lean, ἰσχνός, ἄσαρκος, σκελετός, λεπτός : to make lean, ἰσχναίνω
Lean, v. κλίνω: to lean against, upon, or towards, ἐπικλίνω, ἐρείδω, προσκλίνω : to lean back, ἀνακλίνω : to lean away from, ἀποκλίνω, ἀπερείδομαι
Leanness, ἰσχνότης, f. λεπτότης, f. ἀσαρκία, f.
Leap, ἅλμα, n. πήδημα, n. σκίρτημα, n. πήδησις, f.
Leap, v. πηδάω, σκιρτάω, ἅλλομαι, θρώσκω : to leap away, ἀποπηδάω : to leap down or from, ἐκπηδάω, καταπηδάω, ἐξάλλομαι : to leap on or into, εἰσπηδάω, ἐπιπηδάω, εἰσάλλομαι, ἐπιθρώσκω : to leap up, ἀναπηδάω, ἀνάλλομαι : to leap over, διαπηδάω, διάλλομαι
Leaper, σκιρτητής, m.
Leaping, πήδησις, f. ἅλσις, f.
Learn, v. μανθάνω, ἐκμανθάνω, καταμανθάνω, αἰσθάνομαι, διδάσκομαι, κατανοέω, πυνθάνομαι : to learn beforehand, προμανθάνω : to learn besides, προσμανθάνω, ἐπιμανθάνω
Learned, πολυμαθής, πολυΐστωρ, παιδευτός, ἐλλόγιμος
Learner, μαθητής, m.
Learning, μάθησις, f. μάθημα, n. διδασκαλία, f. παίδευσις, f.: fond of learning, φιλομαθής, μαθητικός : to be fond of learning, φιλομαθέω : fondness for learning, φιλομάθεια, f.: quick in learning, εὐμαθής
Learnt, easy to be, εὐμαθής
Leash, ἀγκύλη, f. ἱμάς, m.
Least, ἐλάχιστος, ἥκιστος, μικρότατος, ὀλίγιστος ; adv. ἥκιστα, ἐλάχιστα : not in the least, οὐχ ἥκιστα, οὐ μέντοι : at least, γε, περ, ἀλλά
Leather, δέρμα, n. διφθέρα, f. σκῦτος, n. χόριον, n.: anything made of

leather, leathern garment, διφθέρα, f. σπολάς, f.
Leathern, σκύτινος, δερμάτινος
Leave, ἐξουσία, f. συγγνώμη, f.
Leave, v. λείπω, καταλείπω, ἀπολείπω, προλείπω, ἀφίημι; (only of a place) ἀπαλλάσσομαι, ἀμείβω, ἐρημόω: to leave off, λήγω, ἀφίημι, ἐπέχω, παύομαι: to leave by will, διατίθεμαι: to leave alone, μονόω; (take no heed of, allow, suffer) ἐάω: leave me alone, ἔα με
Leaven, ζύμη, f.
Leaven, v. ζυμόω
Leavened, ζυμίτης, ζυμώδης, ζυμωτὸς
Leaving, ἀπόλειψις, f. κατάλειψις, f.
Leavings, τὰ λείψανα, λεῖμμα, n.
Lecherous, λάγνος, λάγνης, ἀκόλαστυς.
Lecture, σχολή, f. [μάχλος, ἀσελγὴς
Leech, βδέλλα, f.
Leek, πράσον, n. γήτειον, n. γήθυον, n.
Lees, τρὺξ, f. ὑποστάθμη, f.
Leeward, ὑπήνεμος
Left, ἀριστερός, σκαιός, εὐώνυμος, λαιός; (remaining) λοιπός, ἐπίλοιπος: on the left, ἐπ' ἀριστερά, ἐξ ἀριστερᾶς, ἐς ἀριστεράν, πρὸς λαιᾷ χειρὶ
Left-hand, ἀριστερά, f. σκαιά, f.
Left-handed, ἀριστερός, σκαιός: to be left-handed, ἀριστερεύω
Leg, σκέλος, n. κνήμη, f. κῶλον, n.
Legacy, δόσις, f. λείψανον, n.
Legal, νόμιμος, δίκαιος
Legality, νομιμότης, f.
Legally, adv. νομίμως
Legate, πρέσβυς, m. πρεσβευτής, m.
Legend, μῦθος, m. μυθολόγημα, n.
Legendary, μυθικὸς, μυθώδης
Legible, ἀνάγνωστος, εὐανάγνωστος
Legislate, v. νομοθετέω
Legislation, νομοθεσία, f. νομοθέτησις f.
Legislator, νομοθέτης, m. νομογράφος,
Legitimacy, γνησιότης, f [m.
Legitimate, γνήσιος, νόμιμος
Legitimately, adv. γνησίως
Leisure, σχολή, f. ἡσυχία, f. ἀργία, f.: want of leisure, ἀσχολία, f.: to have leisure, be at leisure, σχολάζω
Leisurely, adj. σχυλαῖος, ἥσυχος; adv. σχολαίως, σχολῇ
Lend, v. δανείζω, κίχρημι
Lending, δανεισμὸς, m.
Length, μῆκος, n. μακρότης, f. μάκρος, n.: at length, τέλος, εἰς τέλος, ἐν χρόνῳ [μακροποιέω
Lengthen, v. μηκύνω, τείνω, ἐκτείνω,
Lengthening, μηκυσμὸς, m.

Lenient, συγγνώμων, προσηνής, πρᾷος, ἤπιος
Lenity, συγγνώμη, f. ἠπιότης. f. πρᾳ-
Lentil, φακός, m. [ότης, f.
Leonine, λεόντειος, λεοντώδης
Leopard, πάρδαλις, f. λεόπαρδος, m.: leopard's-skin, παρδαλέη, f.
Leprosy, λέπρα, f. λεύκη, f.
Leprous, λεπρὸς
Less, ἐλάσσων, ἥσσων, μείων: adv. ἧσσον, ἔλασσον, μειόνως
Lessen, v. μειόω, ἐλαττόω, μινύθω
Lessening, μινύθησις, f. ἐλάττωσις, f.
Lesson, μάθημα, n. μάθος, n. δίδαγμα, n. παίδευμα, n.
Lest, μὴ, ἵνα μὴ, ὅπως μὴ, μήπου: lest at any time, μήποτε
Let, v. (allow, suffer) ἐάω, ἀφίημι, ἀνίημι; (on hire) μισθόω, ἀπομισθόω, ἐκμισθόω: to let out, ἀποδίδωμι, ἐκδίδωμι: to let down, καθίημι, συγκαθίημι, ἐγκαθίημι: to let alone, ἐάω, ἀφίημι: to let in, εἰσδέχομαι
Lethargic, λήθαργος, ληθαργικὸς
Lethargy, λήθαργος, m. ληθαργία, f.
Lethe, λήθη, f.
Letter, (of the alphabet) γράμμα, n. (an epistle) ἐπιστολή, f. γράμμα, n.
Lettuce, θρίδαξ, f. θριδακινίς, f.
Level, ἰσόπεδον, n. τὸ ἴσον, τὸ ἄπεδον; (instrument) σταφυλή, f.
Level, v. ὁμαλίζω, λεαίνω [ἰσόπεδος
Level, ὁμαλὸς, ὁμαλὴς, ἴσος, ἄπεδος,
Levelling, ὁμαλισμὸς, m.
Levelness, ὁμαλότης, f.
Lever, μόχλος, m.
Leveret, λάγιον, n. λαγώδιον, n.
Levity, ἐλαφρότης, f. ἐλαφρία, f. χαλι-
Levy, ἐκλογή, f. [φροσύνη, f.
Levy, v. ἀθροίζω, καταλέγω, συλλέγω, ἀγείρω; (money) πράσσω
Levying, ἄθροισις, f. ἐκλογή, f. συλλογή, f. (of money) πρᾶξις, f.
Lewd, λάγνος, λάγνης, ὑβριστὴς, ἀσελγὴς, μάχλος, ἀκόλαστος
Lewdness, λαγνεία, f. ἀσέλγεια, f. μαχλοσύνη, f.
Lexicographer, λεξικογράφος, m.
Lexicon, λεξικὸν, n.
Liable, ὑπεύθυνος, ἔνοχος, ὑπόδικος: to be liable, ἐνέχομαι
Liar, ψεύστης, m. ψευδής, m.
Libation, λοιβή, f. σπονδή, f. χοή, f. ἐπιλοιβή, f.: to make a libation, σπένδω, λείβω, ἀποσπένδω
Libel, βλασφημία, f.
Libel, v. βλασφημέω
Libellous, βλάσφημος

Liberal, ἐλευθέριος, ἐλεύθερος, ἄφθονος, εὐδάπανος, φιλόδωρος
Liberality, ἐλευθεριότης, f. πολυδωρία, f. φιλανθρωπία, f.
Liberally, adv. ἐλευθερίως, ἀφθόνως
Liberate, v. ἐλευθερόω, λύω, ἐκλύω
Liberation, ἐλευθέρωσις, f. λύσις, f.
Liberator, ἐλευθερωτής, m.
Libertine, ἄσωτος, ἀσελγής
Libertinism, ἀσωτία, f. ἀσέλγεια, f.
Liberty, ἐλευθερία, f.
Library, βιβλιοθήκη, f.
Licence, ἐλευθέρωσις, f. ἐξουσία, f. ἄδεια, f.
License, v. ἐάω
Licentious, ἀκρατής, ἀκόλαστος, ἄσωτος, ἀσελγής, ἄτακτος, μαργὸς
Licentiously, adv. ἀκολάστως, ἀκρατῶς, εὐχερῶς
Licentiousness, ἀκολασ.α, f. ἀκρασία, f. ὕβρις, f. εὐχέρεια, f. μαργότης, f. ἀσέλγεια, f.
Lick, v. λείχω, λιχμάω: to lick up, διαλείχω, ἀναλείχω: to lick round, περιλείχω
Lictor, ῥαβδοῦχος, m. ῥαβδοφόρος, m.
Lid, πῶμα, n. ἐπίθημα, n.
Lie, ψεῦδος, n. ψευδολογία, f. ψεῦσμα, n.
Lie, v. κεῖμαι, κατάκειμαι, κατακλίνομαι: to lie on or in, ἔγκειμαι, ἐπίκειμαι, ἐγκατακλίνομαι: to lie with or by, σύγκειμαι, συγκατάκειμαι, παρακλίνομαι: to lie under, ὑπόκειμαι: to lie before, πρόκειμαι: to lie near, πρόσκειμαι, παράκειμαι: to lie down, κατάκειμαι, κατακλίνομαι: to lie in wait for, ἐφεδρεύω, ἐνεδρεύω: to lie hid, λανθάνω, κατακρύπτομαι
Lie, v. ψεύδομαι, καταψεύδομαι, ψευδολογέω
Lieutenant, ὑποστράτηγος, m. ὕπαρχος, m.
Life, βίος, m. ζωή, f. βιοτή, f. (*principle of life*) ψυχή, f. θυμὸς, m. (*of plants*) τὸ φυτικόν; (*way or manner of life*) δίαιτα, f. διατριβή, f. διαίτημα, n. βίος, m.: to be fond of life, φιλοψυχέω
Life-giving, βιόδωρος, βιοδότης, φερέσ-
Life-guard, δορυφόρος, m. [βιος
Lifeless, ἀβίωτος, ἄψυχος, ἄπνοος
Lifelessly, adv. ἀβιώτως, ὀκνηρῶς, ψυχρῶς
Lift, v. αἴρω, ἐπαίρω, ἐξαίρω, ἀναίρω, κομίζω, κουφίζω, ἀνακουφίζω, ἀνέχω: to lift up, ἐπαίρω, ἀναίρω; (*as the voice*) ὀρθιάζω, ἐπορθιάζω

Ligament, Ligature, σύνδεσμος, m. δεσμὸς, m. ἅμμα, n.
Light, φάος, contr. φῶς, n. φέγγος, n. αὐγή, f. σέλας, n.: giving light, φαεσφόρος, φωσφόρος, σελασφόρος
Light, v. ἅπτω, λάμπω, ἐναύω: to light upon, meet with, ἐπιπίπτω, ἐπιβαίνω
Light, (*of weight*) κοῦφος, ἐλαφρὸς; (*bright*) λαμπρός, λευκός, φαεννός; (*unimportant*) ῥᾴδιος; (*easy, nimble, active*) κοῦφος: to make light of, ῥᾳδίως φέρω, ῥᾳδίως ἀνέχομαι
Light-armed, ψιλὸς: light-armed soldier, γυμνής, m. πελταστής, m.
Lighten, v. (*to make light, ease*) κουφίζω, ἐπικουφίζω, ἐλαφρίζω; (*flash*) ἀστράπτω, καταστράπτω
Light-footed, ὠκύπους, ποδώκης
Light-hearted, ῥᾴθυμος
Lighthouse, φάρος, m.
Lightly, adv. κούφως, ἐλαφρῶς
Light-minded, κοῦφος, κουφόνοος
Lightness, κουφότης, f. ἐλαφρότης, f.
Lightning, ἀστραπή, f. στεροπή, f.
Like, ὅμοιος, προσόμοιος, προσφερής, ἐμφερής, προσεμφερής, ἴσος, ἴκελος, εἴκελυς, συγγενής, ὁμοσχήμων: nearly like, παρόμοιος: to be like, ἔοικα, προσέοικα, ἰνδάλλομαι, συμφέρω: to make like, ὁμοιόω, ἐξομοιόω, εἰκάζω, προσεικάζω
Like, adv. ὁμοίως, ὁμοῖον, ὁμοῖα, δίκην, ἴσον, ἴσα, εἰκόνα, ἐγγὺς, προσομοίως, ἰκέλως: like as, ὡσεὶ, ὥστε, οἱόνπερ: in like manner, ὡσαύτως
Like, v. στέργω, ἀσπάζομαι
Likelihood, πιθανὸν, n. πιθανότης, f.
Likely, τὸ εἰκὸς, εἰκὼς, ἐπίδοξος, πιθανὸς, εὔπιστος: to be likely, ἔοικα
Likely, adv. εἰκότως: as is likely, κατὰ τὸ εἰκὸς, τῷ εἰκότι [προσεικάζω
Liken, v. ὁμοιόω, ἐξομοιόω, εἰκάζω,
Likeness, ὁμοιότης, f. ὁμοιοσχημοσύνη, f. (*image*) εἴδωλον, n.
Likewise, adv. ὁμοίως, ὡσαύτως
Lily, κρίνον, n. λείριον, n.: like a lily, λειριόεις
Limb, ἄρθρον, n. μέλος, n. γυῖον, n. κῶλον, n.: limb by limb, μελεϊστὶ
Limb, v. ἀρταμέω, διαρταμέω, διαρτάζω
Limber, εὐκαμπής, εὔκαμπτος, εὔ-
Lime, τίτανος, f. κονία, f. [στρεπτος
Lime or Linden-tree, φιλύρα, f.
Limit, ὅρος, m. ὅριον, n. τέρμα, n. ὅρισμα, n. [κατακλείω, περιγράφω
Limit, v. ὁρίζω, περιορίζω, διορίζω,
Limitation, διορισμὸς, m.

Limited, περιγραπτὸς, διωρισμένος
Limiting, διορισμὸς, m. διόρισις, f.
Limner, γραφεὺς, m.
Limp, v. σκάζω, ἐπισκάζω, σκιμβάζω
Limpet, λεπὰς, f.
Limpid, διαυγὴς, διαφανὴς
¶ Linden-tree, φιλύρα, f.: of the linden-tree, φιλύρινος
Line, γραμμὴ, f. (of writing) στίχος, m. (row, file, of people, troops, trees, &c.) στίχος, m. στοῖχος, m. τάξις, f. (cord, string, fishing-line) μήρινθος, f. λίνον, n.   [αἷμα, n.
Lineage, γένος, n. γενεὰ, f. γενέθλη, f.
Lineal, εὐθὺς, ἰθὺς
Linear, γραμμικὸς
Linen, λίνον, n. σινδὼν, f. λὶς, f. βύσσος, f. ὀθόνη, f.
Linen, adj. λίνεος, βύσσινος
Linger, v. μέλλω, διατρίβω, ἐνδιατρίβω,
Lingering, μέλλησις, f.   [βραδύνω
Link, δεσμὸς, m.
Link, v. συνάπτω, συζεύγω
Lint, ῥάκος, n. λὶς, f.
Lintel, ὑπερθύριον, n.
Lion, λέων, m. λῖς, m.: of a lion, λεόντειος: like a lion, λεοντώδης: lion's skin, λεοντέη, contr. λεοντῆ, f.
Lioness, λέαινα, f.
Lip, χεῖλος, n. χελύνη, f.
Liquefaction, σύντηξις, f.
Liquefy, v. συντήκω
Liquid, χυμὸς, m. χῦμα, n. ὑγρὸν, n.
Liquid, ὑγρὸς, διερὸς, πλαδαρώδης: to be liquid, ὑγρορρόεω, ὑγραίνομαι
Liquor, ὑγρὸν, n.
Lisp, v. τραυλίζω, ψελλίζω
Lisping, τραυλότης, f. ψελλότης, f.
Lisping, ψελλὸς, τραυλὸς
List, κατάλογος, m.
Listen, v. ἀκούω, ἐπακούω, εἰσακούω, ὑπακούω: listen to, (approve of, accept) δέχομαι, ὑποδέχομαι
Listener, ἀκροατὴς, m. ἀκουστὴς, m.
Listening to, ἀκρόασις, f.
Listening to, κατήκοος
Listless, ἀμελὴς, ἀφρόντιστος, μεθήμων
Listlessly, adv. ἀφροντίστως, ἀμελητὶ
Listlessness, ἀμέλεια, f. μεθημοσύνη, f.
Litany, λιτανεία, f.
Literal, κύριος
Literary, λόγιος
Literature, ἡ μουσικὴ
Litharge, λιθάργυρος, f. [ἀμφισβητέω
Litigate, v. δικάζομαι, διαδικάζομαι,
Litigation, διαδικασία, f. πραγματεία, f.
Litigious, φιλόδικος, φιλόνεικος: to be litigious, φιλοδικέω

Litter, φορεῖον, n. δίφρος, c. (straw) ὑπόστρωμα, n. (refuse) σύρματα, n. pl. συρφετὸς, m. (of animals) τόκος, m.
Little, μικρὸς, ὀλίγος, βραχὺς, τυτθὸς, παῦρος: very little, πολλοστὸς: so little, τυννοῦτος, τύννος: how little, ὅσσιχος: how little? ποστὸς
Little, adv. ὀλίγον, ὀλίγῳ, μικρὸν, σμικρῶς, ἦκα, ἥκιστα, ἄχνην: by little and little, κατ' ὀλίγον, ἦκα: however little, ὁσονοῦν: as little as possible, ὡς ἥκιστα: to think little of, ἐν σμικρῷ ποιέομαι, παρὰ μικρὸν ποιέω or ἡγέομαι
Little-minded, μικρόφρων, μικρόψυχος, μικροπρεπὴς, μικρολόγος
Little-mindedness, μικρολογία, f. μικροψυχία, f.
Littleness, μικρότης, f. ὀλιγότης, f.
Live, ζῶν, ζωὸς, ἔμψυχος
Live, v. βιόω, ζάω, εἰμὶ, βιοτεύω, πνέω, διαπλέκω, διαιτάομαι, διατρίβω, διαφέρω: to live through, pass one's life, διαβιόω, διαζάω, διάγω βίον, διαγίγνομαι: to live with, συνοικέω, σύνειμι, ὁμιλέω, συμβιόω, συζάω, συνδιατρίβω, συνδιάγω: to live near, παροικέω: to live far off, ἀποικέω: to be lived, worth while living, βιωτὸς, ἀξιοβίωτος
Livelihood, βίος, m. βιοτὴ, f. βιοτεία, f.
Lively, ζωτικὸς, ψυχικὸς, ἀταλὸς
Liver, ἧπαρ, n. ἡπάτιον, n.
Livid, πελιδνὸς, πελιὸς: to be livid, πελιδνόομαι, πελιαίνομαι
Lividness, πελιδνότης
Living, ζωὸς, ἔμψυχος, ἔμπνοος, ζῶν: living with, σύνοικος, σύννομος: a living with, συνοίκησις, f. συνοικία, f.: mode of living, διατριβὴ, f. βιοτεία, f. βιότευμα, n.: the living, οἱ ἔνθαδε, οἱ ἄνωθε
Lizard, σαῦρος, m. σαύρα, f. ἀσκαλαβώτης, m.: like a lizard, σαυροειδὴς
Lo, ἰδοὺ, ἤν, ἠνίδε
Load, ἄχθος, n. φορτίον, n. βάρος, n.
Load, v. γεμίζω, ἐπινηνέω, βαρύνω: to be loaded, γέμω, βρίθω, ἄχθομαι
Loaf, ἄρτος, m.   [μελάμβωλος
Loamy, μελάγγαιος, -γειος, -γεως,
Loan, δάνειον, n. δάνεισμα, n. ἔκδοσις, f.
Loath, ἄκων, ἀκούσιος, ἀνεθέλητος: to be loath, οὐ θέλω, οὐ βούλομαι
Loathe, v. μυσάττομαι, βδελύττομαι, ναυσιάω
Loathing, ναυσία, f. βδέλυγμὸς, m.

Loathsome, ναυσιώδης, ἀσώδης, μυ-
Lobe, λοβὸς, m. [σαρὸς
Lobster, καρὶς, f. καρίδιον, n.
Local, τοπικὸς
Location, τοποθεσία, f.
Lock, κλεὶς, f. (of hair) βόστρυχος, m. κουρὰ. f. μαλλὸς πλοκάμων
Lock, v. κλείω
Locust, ἀκρὶς, f. πάρνοψ, m. [ἄγομαι
Lodge, v. οἰκέω, ναίω, συσκηνέω, κατ-
Loftily, adv. ὑψηλῶς
Loftiness, ὕψος, n. ὑψηλότης, f. (of mind) μεγαλοψυχία, f.
Lofty, ὑψηλὸς, αἰπὺς, αἰπεινὸς
Log, ξύλον, n. κορμὸς, m. στέλεχος, n. φιτρὸς, m. [συλλογισμὸς, n.
Logic, λογικὴ ἀπόδειξις, f. λογικὸς
Logical, λογικὸς
Logically, adv. λογικῶς
Loin, ὀσφὺς, f. ψόα, f. ἰξὺς, f.
Loiter, v. μέλλω, διάγω, μένω, διατρίβω, σχολάζω, ματάω, καθέζομαι
Loiterer, μελλητὴς, m.
Loitering, μέλλησις, f.
Loneliness, ἐρημία, f. ἐρημοσύνη, f.
Lonely, ἐρῆμος, οἰοπόλος, οἰονόμος, ἄβροτος
Long, μακρὸς, συχνὸς, δολιχὸς, εὐμήκης, τανᾰὸς, δηρὸς : very long, περιμήκης, ὑπερμήκης, παμμήκης : too long, δηρὸς : as long as, ἰσομήκης : so long, τόσος
Long, adv. μακρὰν, δὴν, δηθὰ : too long, δηρὸν : long ago, παλαὶ, τριπάλαι, δὴν : for a long time, δηθὰ, δὴν, ἐς μακρὸν : long after, διὰ μακροῦ : as long as, ἕως, ὄφρα, ἐφ' ὅσον, τοσοῦτον, μέχρί περ ἂν : no longer, οὐκέτι, μηκέτι
Longer, μακρότερος
Longest, μήκιστος, μακρότατος
Longevity, μακροβιότης, f. πολυετία, f.
Longing, ἐπιθυμία. f.
Longitude, μακρότης, f. μῆκος, n.
Long-lived, μακρόβιος, δηναιὸς
Long-suffering, μακροθυμία, f. τλημοσύνη, f.
Long-suffering, μακρόθυμος, τλήμων
Look, ὄψις, f. βλέμμα, n. ἐπίβλεψις, f.
Look, v. ὁράω, βλέπω, σκοπέω, δέρκομαι, λεύσσω, θεάομαι : to look at, εἰσβλέπω, ἐμβλέπω, προσβλέπω, εἰσοράω, προσοράω : to look around or round at, περιβλέπω, περισκοπέω : to look towards, βλέπω πρὸς, ὁράω πρὸς, τρέπομαι πρὸς : to look up at, ἀναβλέπω : to look down at, καθοράω, καταθεάομαι : to look forward,

προοράω : to look away, ἀφοράω : to look askance at, ὑποβλέπω, παρεμβλέπω : to look straight at, ἀντιβλέπω, διαβλέπω, ἀντιδέρκομαι : to look sideways at, παροράω, παραβλέπω : look, ἰδοῦ, ἰδὲ
Looking-glass, εἴσοπτρον, n. κάτοπτρον, n.
Look-out, (spy) ὀπτὴρ, m. (in a ship) πρωράτης, m. πρωρεὺς, m. (look-out place) σκοπιὰ, f. σκοπὴ, f. (looking-out, watch) σκοπιὰ, f. σκοπὴ, f.
Loom, ἰστὸς, m.
Loop, ἀγκύλη, f. ἅμμα, n.
Loose, v. λύω, ἀπολύω, ἐκλύω, διαλύω, χαλάω, ἀφίημι, ἀνίημι, καθίημι
Loose, χαλαρὸς, ἔκλυτος, ἄνετος
Loosely, adv. χαλαρῶς, λελυμένως
Loosen, v. λύω, χαλάω, ἀνίημι [σις, f.
Loosing, λύσις, f. διάλυσις, f. χάλα-
Lop, v. τέμνω, ἀποκόπτω, κείρω
Loquacious, λάλος, στωμύλος, πολύλογος, πολύλαλος, ἀδολέσχης, φλύαρὸς [λόγως
Loquaciously, adv. λαλητικῶς, πολυ-
Loquacity, λαλιὰ, f. στωμυλία, f. ἀδολεσχία, f. πολυλογία, f. [m.
Lord, δεσπότης, m. κύριος, m. κοίρανος,
Lord-lieutenancy, νομαρχία, f.
Lord-lieutenant, νομάρχης, -χος, m.
Lordly, ἀγέρωχος, κύριος
Lose, v. ἀποβάλλω, μεταβάλλω, ὄλλυμι, ἀπόλλυμι, ἐκπίπτω, ἀποτυγχάνω, ἀφίημι, στέρομαι
Loss, ζημία, f. ἀπώλεια, f. βλάβη, f. ἀποβολὴ, f. χῆτος, n. : without loss, ἀζήμιος : to be at a loss, ἀμηχανέω
Lot, κλῆρος, m. λάχος, n. (by ballot) κύαμος, m. πάλος, m. : to cast lots, choose by lot, κληρόω, ἀποκληρόω, πάλλω : to obtain by lot, λαγχάνω, ἀπολαγχάνω : chosen by lot, κληρωτὸς, κυαμευτὸς : choosing by lot, κλήρωσις, f.
Loth, ἀκούσιος, ὄκνος
Lotus, λωτὸς, m. : of lotus, λώτινος
Loud, λιγὺς, λιγυρὸς, πολυηχὴς, βαρυηχὴς, βαρύκτυπος, βαρύδουπος, πολύκροτος, μεγαλόβρομος
Loudly, adv. λιγέως, λίγα, λιγυρῶς
Loudness, βαρύτης, f. [ὄρθιον, μακρὰ
Loud-voiced, λιγύφωνος
Love, ἔρως, m. φιλία, f. φιλότης, f. φίλησις, f. ἀγάπησις, f. στοργὴ, f. ἵμερος, m. πόθος, m. : object of love, ἔρως, m. ἐρωτὶς, f. ἀγάπημα, n.
Love, v. φιλέω, ἀγαπάω, ἐράω, στέργω, ἀσπάζομαι : to love very much, ὑπερφιλέω, ὑπεραγαπάω

Love-charm or potion, φίλτρον, n. στέργημα, n.
Loveliness, ἐπαφροδισία, f.
Lovely, Loved, ἐράσμιος, ἐπαφρόδιτος, ἐρατὸς, ἐραστὸς, ἐρατεινὸς, ἱμερόεις, ἀγαπητὸς: much loved, πολυέραστος, πολυήρατος
Lover, ἐραστὴς, m. φιλήτωρ, m.
Love-sick, πολύφιλτρος
Loving, φίλος: (prone to love) φίλερως: loving well, εὐφιλὴς: loving violently, δύσερως [ἀνθρωπία, f.
Loving-kindness, ἐλεημοσύνη, f. φιλ-
Lovingly, adv. φιλίως, φίλως, ἐρωτικῶς
Lounge, v. ἀγοράζω
Lounger, ἀγοραῖος
Louse, φθεὶρ, c.
Lousy, φθειρώδης
Low, v. μυκάομαι [vulgar) φορτικῶς
Low, adv. κάτω, ταπεινῶς; (mean,
Low, ταπεινὸς, χθαμαλὸς, βραχὺς; (mean, vulgar) φορτικὸς, χαμηλὸς; (of a note in music) βαρὺς; (lowborn) κακὸς, δυσγενὴς, ἀγενὴς
Lower, v. ὑφίημι, ταπεινόω, καταφέρω, χθαμαλόω
Lower, ἐνέρτερος, νέρτερος, κατώτερος
Lowest, κατώτατος, νέατος, ἔσχατος: the lowest people, οἱ χείριστοι
Lowing, μυκηθμὸς, m. μύκημα, n.
Lowliness, ταπεινότης, f. ταπεινοφροσύνη, f.
Lowly, ταπεινὸς, ταπεινόφρων
Lowness, ταπεινότης, f. χθαμαλότης, f.
Low-spirited, ἄθυμος, δύσθυμος, ταLoyal, πιστὸς [πεινόφρων
Loyally, adv. πιστῶς
Loyalty, πίστις, f. πιστότης, f.
Lucid, λαμπρὸς, φαεινὸς, φωτεινὸς, ἀκριβὴς
Lucidly, adv. ἀκριβῶς, λαμπρῶς
Luck, τύχη, f.: good luck, εὐτυχία, f.: bad luck, δυστυχία, f. ἀτυχία, f.
Luckily, adv. εὐτυχῶς, αἰσίως
Luckiness, εὐτυχία, f. [μος
Luckless, δυστυχὴς, ἀτυχὴς, δύσποτ-
Lucky, εὐτυχὴς, εὐδαίμων, αἴσιος: to be lucky, εὐτυχέω
Lucrative, κερδαλέος, χρηματιστικὸς, πολυκερδὴς
Lucre, κέρδος, n. κέρμα, n.
Ludicrous, γελοῖος, γελαστὸς: very ludicrous, ὑπεργέλοιος
Ludicrously, adv. γελοίως
Lug, v. ἕλκω [σάγμα, n.
Luggage, σκεύη, n. pl. ἀποσκευὴ, f.
Lugubrious, θρηνώδης, λυγρὸς
Lukewarm, χλιαρὸς, ψυχρὸς

Lull, v. κοιμάω, κοιμίζω, γαληνίζω, διαγαληνίζω, εὐνάω, εὐνάζω
Lumber, γρύτη, f.
Lumber-room, γρυτοδόκη, f.
Luminary, φάος, n. φωστὴρ, m.
Luminous, φαεινὸς, φωτεινὸς, λαμπρὸς, εὐφεγγὴς [m.
Lump, βῶλος, m. τρύφος, n. θρόμβος,
Lunacy, μανία, f. παράνοια, f. φρενῖτις, f. σεληνιασμὸς, m.
Lunar, σεληναῖος, σεληνιακὸς
Lunatic, σεληνιακὸς, σεληνόβλητος, παράφρων: to be lunatic, σεληνιάζομαι
Luncheon, ἄριστον, n. δειελίη, f.
Lungs, πνεύμων, m. πλεύμων, m.: inflammation of the lungs, περιπλευμονία, f.
Lupine, θέρμος, m.
Lure, δέλεαρ, n.
Lure, v. δελεάζω
Lurk, v. λανθάνω, διαλανθάνω, φωλεύω, καταδύομαι, ἐνεδρεύω
Lurking, φωλὰς [εἰλυδς, m.
Lurking-place, φωλεὸς, m. ἐνέδρα, f.
Luscious, μελιηδὴς, γλυκερὸς
Lust, λαγνεία, f. ἐπιθυμία, f. ἀσέλγεια, f. μαχλοσύνη, f. πασχητιασμὸς, m. [μαι, ὀρεχθέω, ἔλδομαι
Lust, Lust after, v. ἐπιθυμέω, ὀρέγο-
Lustful, λάγνος, μάχλος, ἀκόλαστος, ἀσελγὴς: to be lustful, πασχητιάω
Lustfulness, λαγνεία, f. μαχλοσύνη, f.
Lustily, adv. κρατερῶς, ἰσχυρῶς
Lustiness, εὐρωστία, f. ἰσχὺς, f.
Lustre, αἴγη, f. λαμπρότης, f. αἰγλὴ, f. σέλας, n. λαμπηδὼν, f.: to shed a lustre, στίλβω, λάμπω, διαλάμπω, λαμπετάω
Lustrous, ἀγλαὸς, αἰγλήεις, λαμπραυγὴς, λαμπέτης
Lusty, κρατερὸς, ἰσχυρὸς, ταλαύρινος, εὔρωστος
Lute, κιθάρα, f. λύρα, f. βάρβιτος, c. -ον, n.
Luxuriance, εὐβλαστία, f. εὐφυΐα, f.
Luxuriant, εὐβλαστὴς, ὑπερβλαστὴς, εὐανθὴς, τρόφιμος: to be luxuriant, ὑπερβλαστάνω, εὐβλαστέω, τραγάω
Luxurious, τρυφερὸς, ἄσωτος, ἀσελγὴς, χλιδανὸς, ὑγρὸς
Luxuriously, adv. τρυφερῶς: to live luxuriously, τρυφάω, ἐντρυφάω, διατρυφάω, χλιδάω, χλιδαίνομαι, εὐπαθέω, διαθρύπτομαι
Luxury, τρυφὴ, f. χλιδὴ, f. εὐπάθεια, f.
Lying, Lying down, κλίσις, f. κατάκλισις, f.; adj. κείμενος

Lying, (*telling lies*) ψευδολόγος, ψευδής, ψεύστης, ψευδηγόρος
Lydia, Λυδία, f.
Lydian, Λύδιος
Lymph, ἰχώρ. m.: like lymph, ἰχώρώδης
Lynx, λύγξ, m.
Lyre, λύρα, f. κιθάρα, f. κίθαρις, f. φόρμιγξ, f. βάρβιτος, c. -ον, n.: to play on the lyre, λυρίζω, κιθαρίζω, φορμίζω, κιθαρῳδέω: player on the lyre, κιθαριστής, m. κιθαρῳδός, m. φορμικτής, m. [ᾠδή, f.
Lyric, λυρικός: lyric poetry, λύρα, f.

M.

Mace, σκῆπτρον, n. κορύνη, f. ῥόπαλον, n. [m. σκηπτοῦχος, m.
Mace-bearer, κορυνήτης, m. ῥαβδοῦχος,
Macedon, Μακεδονία, f.
Macedonian, Μακεδών, c.
Macedonian, Μακεδονικός
Macerate, v. ἰσχναίνω
Machinate, v. μηχανάομαι, τεχνάζω
Machination, μηχανή, f. τέχνη, f. ἐπιτέχνησις, f.
Machine, μηχανή, f. μηχάνημα, n.
Machinist, μηχανοποιός, m.
Mad, μανικός, μανιώδης, ἐμμανής, παράφρων, μαινάς, μανίας, μάργος, λυσσαλέος: mad-woman, μαινάς, f.: half-mad, ἡμιμανής: to be mad, μαίνομαι, παραφρονέω, παρανοέω, διαφθείρομαι, λυσσάω, δαιμονάω
Madden, drive mad, v. μαίνω, ἐκμαίνω, ἐξίστημι, ἐξίστημι φρενῶν, οἰστρέω
Maddening, λυσσώδης, φρενοπληγής, μαινάς, f.
Made, ποιητός, τυκτός, σύμπηκτος: well-made, εὐποίητος, εὔτυκτος, εὐπαγής, εὔπηκτος: made by hand, χειροποίητος: newly made, νεοτευχής, νεότευκτος, νευυργός: to be made, συνίσταμαι, γίγνομαι
Madly, adv. μανικῶς, ἐκφρόνως, ἀνοήτως
Madness, μανία, f. λύσσα, f. παράνοια, f. παραφροσύνη, f. κακοδαιμονία, f. πλάνος or φοῖτος φρενῶν
Magazine, ἀποθήκη, f. σκευοθήκη, f. ταμιεῖον, n.
Maggot, εὐλή, f.
Magian, Μάγος, m.; adj. Μαγικός
Magic, ἡ μαγευτική, μαγεία, f.
Magical, μαγευτικός, μάγος
Magician, μάγος, m. μαγευτής, m.
Magisterial, ἐξουσιαστικός

Magisterially, adv. ἐξουσιαστικῶς
Magistracy, ἀρχή, f. τέλος, n.
Magistrate, ἄρχων, m.: magistrates, οἱ τὰ τέλη ἔχοντες, τὰ τέλη, οἱ ἐν τέλει, οἱ ἄρχοντες
Magnanimity, μεγαλοψυχία, f. μεγαλόνοια, f. μεγαληνορία, f.
Magnanimous, μεγαλόψυχος, μεγαλόφρων, μεγαλόθυμος, μεγάθυμος, μεγαλήνωρ
Magnanimously, adv. μεγαλοφρόνως, μεγαλοψύχως
Magnet, λίθος Μαγνῆτις, f.
Magnificence, μεγαλοπρέπεια, f. μεγαλουργία, f. λαμπρότης, f.
Magnificent, μεγαλοπρεπής, μεγαλεῖος, λαμπρός, ἀγλαός
Magnificently, adv. μεγαλοπρεπῶς, μεγαλείως, λαμπρῶς, διαπρεπῶς
Magnify, v. μεγαλύνω, αὐξάνω, σεμνύνω [πλῆθος, n.
Magnitude, μέγεθος, n. ὄγκος, m.
Maid, Maiden, παρθένος, f. κόρη, f. κόριον, n. κορίσκη, f. παῖς, f.: maidservant, θεράπαινα, f. δούλη, f. δμωή, f. δμωίς, f.
Maiden, παρθένος, παρθένειος; (*unmarried*) ἄνανδρος, ἀδμής, ἄδμητος, ἄζυξ, ἄλεκτρος
Maidenhood, παρθενία, f. παρθενεία, f.
Maidenly, παρθένιος, παρθένειος, παρθενικός
Majestic, μεγαλεῖος, σεμνός
Majestically, adv. μεγαλείως, σεμνῶς
Majesty, μεγαλειότης, f. σεμνότης, f. σέμνωμα, n.
Mail, πανοπλία, f. ὅπλα, n. pl.
Maim, v. πηρόω, ἀναπηρόω, χωλεύω, περικόπτω [χωλός
Maimed, κολοβός, πηρός, ἀνάπηρος,
Maiming, πήρωσις, f. πήρωμα, n.
Main, μέγιστος, πρῶτος, κεφάλαιος, ἄκρος, ὕψιστος [πόντος, m.
Main, (*greater part*) πλῆθος, n. (ocean)
Mainland, ἤπειρος, f.
Mainly, adv. τὸ μέγιστον, μάλιστα
Maintain, v. ἀνέχω, ἰσχυρίζομαι; (*nourish, support*) βόσκω, τρέφω; (*assert boldly*) διαβεβαιόομαι, ἀπομαρτύρομαι [σίτησις, f.
Maintenance, τροφή, f. ἐφόδιον, n.
Major, μείζων
Majority, τὸ πλῆθος, τὸ μεῖζον μέρος οἱ πλεῖστοι
Make, v. ποιέω, τεύχω, μηχανάομαι, τεκταίνομαι, κτίζω, ἐργάζομαι, τεχνάω, πράσσω; (*appoint*) ἵστημι, καθίστημι, τίθημι

Maker, ποιητής, m. τέκτων, m. δημιουργός, m. [νησις, f.
Making, ποίησις, f. γένεσις, f. γέν-
Malady, νόσος, f.
Malcontent, δύσκολος
Male, ἄρσην, ἄρρην, ἀρσενογενής
Malediction, ἀρά, f. κάτευγμα, n.
Malefaction, κακουργία, f.
Malefactor, κακοῦργος, m. κακοποιός, m.
Malevolence, κακόνοια, f. δύσνοια, f. κακοθυμία, f. ἐπιχαιρεκακία, f.
Malevolent, κακόνοος, κακόφρων, δύσνοος, ἀπεχθής
Malevolently, adv. κακοφρόνως
Malice, κακοήθεια, f. κακουργία, f. κακόνοια, f. δύσνοια, f. ἀπέχθεια, f. μῖσος, n.
Malicious, κακοήθης, κακόνοος, κακόφρων, κακουργικός, δύσνοος
Maliciously, adv. κακούργως, κακοήθως
Maliciousness, κακοήθεια, f. κακόνοια, f. δύσνοια, f.
Malignant, κακοήθης [γως
Malignantly, adv. κακοήθως, κακούρ-
Malignity, κακοήθεια, f. κακότης, f.
Malleable, σφυρήλατος
Mallet, σφύρα, f. ῥαιστήρ, m.
Mallow, μαλάχη, f. μολόχη, f.
Malt, βύνη, f.
Maltreat, v. λυμαίνομαι, συγκόπτω, ὑβρίζω, αἰκίζω, παρανομέω
Mamma, μάμμα, f. μαμμία, f.
Mammon, πλοῦτος, m.
Man, ἄνθρωπος, m. ἀνήρ, m. βροτός, m. φώς, m.: little man, ἀνθρωπίσκος, m. ἀνθρώπιον, n. ἄνδριον, n.: old man, γέρων, m. πρέσβυς, m.: of or belonging to man, ἀνθρώπειος, ἀνθρώπινος: like a man, ἀνθρωποειδής: to become a man, ἡβάω, ἀφηβάω, ἐξανδρόομαι: loving men, φιλάνθρωπος, φίλανδρος: hating men, στυγάνωρ, ἀστεργάνωρ [ρόω
Man, v. (as a ship) πληρόω, προσπλη-
Manage, v. οἰκέω, διοικέω, οἰκονομέω, πράσσω, διαπράσσω, διατίθημι, διαχειρίζω, μεταχειρίζω, ταμιεύω
Manageable, εὐμεταχείριστος, εὐπειθής, εὔαρκτος
Management, διοίκησις, f. διαχείρισις, f. οἰκονομία, f. ταμιεία, f.
Manager, ταμίας, m. ἐπιμελητής, m. οἰκονόμος, m. ἐπίτροπος, m.
Managing, οἰκονόμος, τελεσφόρος
Mancipate, v. ἀνδραποδίζω.
Mancipation, ἀνδραποδισμός, m.
Mandate, πρόσταγμα, n. ἐντολή, f. ἐπίταξις, f.

Mandatory, προστακτικός
Mandrake, μανδραγόρας, m.
Mane, χαίτη, f. λοφία, f. φόβη, f.
Manes, δαίμονες, m. pl. οἱ νέρτεροι
Manful, ἀνδρεῖος, ἀνδρικός, ἀγήνωρ, κρατερός
Manfully, adv. ἀνδρικῶς, κρατερῶς
Manfulness, ἀνδρεία, f. ἀνδρότης, f. ἀνδραγαθία, f. ἀγηνορία, f.
Mange, ψώρα, f.
Manger, φάτνη, f. κάπη, f.
Mangle, v. σπαράσσω, ἀμύσσω, κνάπτω
Mangling, σπαραγμός, m. ἄμυξις, f.
Mangy, ψωραλέος
Manhood, ἀνδρεία, f. ἀνδρότης, f. (man's estate) ἡλικία, f. ἐφηβεία, f.
Maniacal, μανικός, μανιώδης
Manifest, δῆλος, ἐπίδηλος, ἔνδηλος, φανερός, ἐμφανής, περιφανής, ἐναργής, λαμπρός: quite manifest, εὔδηλος: to make manifest, φανερόω, δηλόω: to be manifest, φαίνομαι, ἐπιπρέπω
Manifest, v. δηλόω, φανερόω, ἀποδείκνυμι [f. ἔκφανσις, f. ἐξαγόρευσις, f.
Manifestation, δήλωσις, f. φανέρωσις,
Manifestly, adv. φανερῶς, ἐμφανῶς, διαφανῶς, περιφανῶς, ἐναργῶς
Manifold, παντοῖος, παντοδαπός, πολύτροπος, πολυφυής
Manikin, ἀνθρώπιον, n. ἀνθρωπίσκος, m.
Maniple, δράγμα, n.
Mankind, ἄνθρωποι, m. pl. τὸ ἀνθρώπινον γένος
Manliness, ἀνδρία, f. ἀνδρεία, f. ἀγηνορία, f. ἀνδραγαθία, f. ἀνδρότης, f.
Manly, ἀνδρεῖος, ἀνδρικός, ἀνδρώδης; adv. ἀνδρείως, ἀνδριστί: to make manly, ἀνδρίζω
Manna, μάννα, f.
Manner, τρόπος, m. ἔθος, n. ἦθος, n. σχῆμα, n. ῥυθμός, m.: bad manners, κακοήθεια, f.: in like manner, ὁμοίως: in this manner, οὕτως: in the same manner, ὁμοιοτρόπως, κατὰ τοῦτον τὸν τρόπον: in all manner of ways, παντοίως, πανταχῆ
Mannerly, ἀστεῖος, κομψός
Manœuvre, τέχνη, f. τέχνασμα, n.
Mansion, οἶκος, m. ἕδρα, f. δῶμα, n. μέγαρον, n.
Mantle, χλαῖνα, f. χλανίς, f. χλαμύς, f. πέπλος, m. φᾶρος, n.
Manual, ἐγχειρίδιον, n.: sign manual, χειρόγραφον, n.
Manufacture, ἐργασία, f. χειροτεχνία, f. χειρούργημα, n. δημιουργία, f.

MAN

Manufacture, v. χειρουργέω, δημιουργέω, κατεργάζομαι
Manufacturer, χειροτέχνης, m.
Manumission, ἀπελευθέρωσις, f.
Manure, κόπρος, f.
Manure, v. κοπρίζω
Manuring, κοπρισμὸς, m. κόπρισις, f.
Manuscript, χειρόγραφον, n. χειρογράφημα, n. αὐτόγραφον, n.
Many, πολὺς, συχνὸς : the many, οἱ πολλοί : very many, ὑπέρπολυς, παμπληθής : so many, τόσος, τοσοῦτος : as many as, ὅσος, ὁπόσος, ὁποστὸς, ὁσσάτιος, ὁσοσπερ ; (in number) ἰσοπληθής, ἰσάριθμος : as many times as, ὁσαπλασίων : in many ways, πολλαχῆ, πολλαχῶς : in as many ways, ὁσαχῇ. ὁσαχῶς : in many places, πολλαχοῦ : to many places, πολλαχόσε : many times, πολλάκις
Map, πίναξ, m. γῆς περίοδος, f.
Maple, σφένδαμνος, f. [διαστρέφω
Mar, v. κολούω, βλάπτω, διαφθείρω,
Marble, μάρμαρος, m. μάρμαρον, n.
Marble, of marble, μαρμάρεος, μαρμάρινος [march, σταθμὸς, m.
March, ὁδὸς, f. πορεία, f. : a day's
March, v. βαίνω, πορεύομαι, στρατεύω, ἐλαύνω : to march out, ἐξελαύνω, ἐκστρατεύω, ἔξειμι, ἐξάγω : to march against, ἐπιστρατεύω, ἐπελαύνω, ἀντιπορεύομαι : to march out against, ἐπεξάγω : to march through, διέρχομαι
Marching, πορεία, f.
Mare, ἵππος, f. [τία, f.
Margin, κράσπεδον, n. χεῖλος, n. ἐσχα-
Marine, ἐπιβάτης, m. ναυτικὸν, n. ναυβάτης, m. ναύμαχος, m. [πόντιος
Marine, θαλάσσιος, πελάγιος, ἅλιος,
Mariner, ναύτης, m.
Maritime, πελάγιος, πόντιος, ἅλιος, πάραλος ; (of places near the sea) ἀγχίαλος, ἐπιθαλάσσιος, πάραλος : a maritime district, παραλία, f.
Marjoram, ἀμάρακος, m. ἀμάρακον, n. σάμψυχον, n.
Mark, σημεῖον, n. σῆμα, n. σκυπὸς, m. χαρακτὴρ, m. τεκμήριον, n. τύπος, m.
Mark, v. σημαίνομαι, ἐπισημαίνω, τεκμαίρω, ὁρίζω, διαλαμβάνω
Market, ἀγορὰ, f. : belonging to or frequenting the market, ἀγοραῖος : clerk of the market, ἀγορανόμος, m.
Market-place, ἀγορὰ, f.
Marksman, στοχαστὴς, m.
Marriage, γάμος, m. νυμφεῖον, n. εὐνὴ,

MAS

f. συνοίκησις, f. λέκτρον, n. κῆδος, n. ὑμέναιος, m. : of or belonging to marriage, γαμικὸς, γαμήλιος, εὐναῖος : marriage-feast, γάμος, m. γαμηλία, f. : marriage-gifts, ἕδνα, n. pl.
Marriageable, ἐπίγαμος, ὡραῖος γαμεῖν : marriageable age, ἡλικία, f.
Married, σύγγαμος, σύζυξ : newly married, νεόγαμος, νεόζυγος : about to be married, μελλόγαμος
Marrow, μυελὸς, m.
Marry, v. γαμέω, ἄγομαι, νυμφεύω, κηδεύω, ζεύγνυμι, συνάπτω γάμον ; (give in marriage) γαμέομαι, ἐκδίδωμι, συνοικίζω, διατίθημι, μνηστεύω : giving in marriage, ἔκδοσις, f.
Mars, Ἄρης, m. : of Mars, Ἄρειος
Marsh, ἕλος, n. λίμνη, f. τέλμα, n. εἰαμενὴ, f. : growing in a marsh, ἕλειος : to become a marsh, λιμνόομαι [διακοσμέω
Marshal, v. τάσσω, διατάσσω, κοσμέω,
Marshy, λιμναῖος, λιμνώδης, ἕλειος, τελματώδης
Mart, ἐμπόριον, n.
Marten, ἴκτις, f.
Martial, Ἄρειος, φιλόμαχος, πολεμικὸς
Martyr, μάρτυρ, m.
Marvel, θαῦμα, n.
Marvel, v. θαυμάζω
Marvellous, θαυμαστὸς, θαυμάσιος, παράδοξος, ὑπερφυὴς, τερατώδης
Marvellously, adv. θαυμαστῶς, θαυμασίως, ὑπερφυῶς
Masculine, ἀνδρικὸς, ἀνδρεῖος, ἄρσην
Mask, πρόσωπον, n. προσωπίδιον, n.
Mason, λατύπος, m. λαοτύπος, m.
Masonry, λιθοτομία, f.
Mass, ὄγκος, m. ἄθροισμα, n. (mass of the people) ὅμιλος, m.
Massacre, φόνος, m. φονὴ, f.
Massacre, v. ἀπόλλυμι, κατακόπτω, κατακτείνω, κατασφάζω, φονεύω
Massive, Massy, στερεὸς, ὀγκώδης, παχὺς, μέγας
Massiveness, στερεότης, f. παχύτης, f.
Mast, ἱστὸς, m. ἱστάριον, n. (acorns) βάλανος, f.
Master, δεσπότης, m. κύριος, m. (a teacher) παιδευτὴς, m. διδάσκαλος, m. : one's own master, αὐτοκράτωρ, m. : having power over, master of, κρείσσων : of or belonging to a master, δεσποτικὸς, δεσπόσυνος : to be master of, κρατέω, ἐπικρατέω
Master, v. κρατέω, κρατύνω, κυριεύω

Masterly, ἀγωνιστικὸς, ἔμπειρος, ἐπιστήμων; adv. ἀγωνιστικῶς. ἐμπείρως
Mastery, κράτος, n. δυναστεία, f.
Mastich, (the gum) μαστίχη, f. (the tree) σχῖνος, f. (the berry) σχινὶς, f.
Mastiff, Μολοσσικὸς κύων, m.
Mat, φορμὸς, m. ψίαθος, f.
Match, (contest) ἀγὼν, m. ἅμιλλα, f. (marriage) γάμος, m.
Match, v. συμφέρω, συμβάλλω, συνάγω : to be a match for, ἰσόομαι, παρισόομαι, ἰσοφαρίζω
Match (for), ὅμοιος, ἴσος, ἐφάμιλλος, ἐνάμιλλος, ἀξιόμαχος [ἀσύμμετρος
Matchless, ἀσύγκριτος, ἀσύμβλητος,
Match-maker, προμνήστρια, f. προμνηστρὶς, f.: to be a match-maker, προμνάομαι
Mate, σύζυγος, c. γυνὴ, f. ἑταῖρος, m. ἑταίρα, f. ἑταιρὶς, f. συνεργὸς, c.
Material, ὑλικὸς, ἔνυλος; (important) σπουδαῖος, ἀναγκαῖος, ἐπάξιος
Materially, adv. πολὺ, μέγα, ἄγαν
Materials, ὕλη, f.
Maternal, μητρῷος, μητρικὸς
Mathematician, μαθηματικὸς, m.
Mathematics, ἡ μαθηματικὴ, μαθήματα, n. pl. [λοίας, n.
Matricide, μητροκτόνος, m. μητραMatriculate, v. συγγράφω, καταγράφω
Matrimonial, γαμήλιος, γαμικὸς
Matrimony, γάμος, m. γαμήλευμα, n. νύμφευμα, n.
Matron, οἰκοδέσποινα, f. [ταρσόομαι
Matted, ταρσώδης: to be matted,
Matter, (material) ὕλη, f. (affair) χρῆμα, n. πρᾶγμα, n. (discharge from a sore) πῦον, n. (subject or matter of a discourse, &c.) λόγος, m.
Mattock, δίκελλα, f. σμινύη, f. σμινὺς, f.
Mattress, στιβὰς, f. τύλη, f.
Mature, ἀκμαῖος, πέπειρος, ὡραῖος
Mature, v. πεπαίνω
Maturely, adv. ὡραίως
Maturity, ὡραιότης, f. ὥρα, f. ἀκμὴ, f. ἡλικία, f.
Maul, v. συγκόπτω, συντρίβω
Maw, στόμαχος, m. [μα, n.
Maxim, γνώμη, f. ἀξίωμα, n. ἀπόφθεγMayor, πολιανόμος, m.
Maze, λαβύρινθος, m.
Mazy, λαβυρινθώδης
Mead, οἰνόμελι, n. ὑδρόμελι, n.
Mead, Meadow, λειμὼν, m. πῖσος, n. ποὰ, f. νέμος, n.: of or belonging to a meadow, λειμώνιος, λειμωνιὰς: with rich meadows, εὔλειμος, βαθυλείμων
Meagre, ἰσχνὸς, ἀλιπὴς, ἄσαρκος
Meagreness, ἰσχνότης, f. ἀσαρκία, f.
Meal, παιπάλη, f. πάλη, f. ἄλευρον, n. ἄλφιτον, n. κρίμνον, n. (a repast) τράπεζα, f. δεῖπνον, n.
Mean, μέτρον, n. τὸ μέσον, μεσότης, f.
Mean, ταπεινὸς, φαῦλος, δουλοπρεπὴς, μικρολόγος; (of people only) ἀνελεύθερος, γλίσχρος, ἀδόκιμος, μικρόψυχος
Mean, v. (intend to say) λέγω, ἐθέλω, βούλομαι; (intend to do) μέλλω; (imply, as words) νοέω, ἐννοέω, σημαίνω, δύναμαι [μις, f. νόος, m.
Meaning, γνώμη, f. διάνοια, f. δύναMeanly, adv. ταπεινῶς, ἀνελευθέρως, γλισχρῶς, φαύλως
Meanness, (only of people) φαυλότης, f. ταπεινότης, f. ἀνελευθερία, f. μικροψυχία, f.
Means, (property, substance) οὐσία, f. τὰ ὑπάρχοντα, χρήματα, n. pl. (ability to do) πόρος, m. μηχανὴ, f. ἀφορμὴ, f.: easy means, εὐπορία, f.: by all means, παντάπασι, ἐκ παντὸς τρόπου, παντὶ τρόπῳ, παντελῶς: by no means, οὐδαμῶς, μηδαμῶς, μηδένα τρόπον: by every means in one's power, πανταχῇ, παντοδάπως [τόφρα
Meantime, μεταξὺ, τέως, διὰ μέσου,
Measles, χαλάζα, f.: to have the measles, χαλαζάω
Measly, χαλαζώδης
Measurable, μετρητὸς, σταθμητὸς
Measure, μέτρον, n.: beyond measure, ὑπέρμετρος; adv. ὑπερμέτρως
Measure, v. μετρέω, διαμετρέω, ἀναμετρέω, καταμετρέω, σταθμάω: to measure out, (allot) ἐπιμετρέω
Measured, μετρητὸς, διαμετρητὸς, σταθμητὸς
Measureless, ἄμετρος, ἀμέτρητος
Measurement, μέτρησις, f. ἀναμέτρηMeasurer, μετρητὴς, m. [σις, f.
Measuring, μέτρησις, f. συμμέτρησις, f.
Meat, σῖτος, m. ἔδεσμα, n. (flesh) κρέας, n.
Mechanic, βάναυσος, m. βαναυσουργὸς, m. δημιουργὸς, m. χειροτέχνης, m.
Mechanic, Mechanical, μηχανικὸς, βάναυσος, βαναυσικὸς
Mechanically, adv. μηχανικῶς
Mechanics, ἡ μηχανικὴ
Mechanism, μηχάνησις, f.
Mechanist, μηχανοποιὸς, m.

Meddle, v. προσάπτομαι, ἐπιψαύω, πο-
Meddler, πολυπράγμων [λυπραγμονέω
Meddlesome, ἀλλοτριοπράγμων, πολυ-
πράγμων : not meddlesome, ἀπράγ-
μων [ἀλλοτριοπραγμοσύνη, f.
Meddlesomeness, πολυπραγμοσύνη, f.
Meddling, ἀλλοτριοπραγία, f.
Meddling, ἀλλοτριοπράγμων, πολυ-
πράγμων
Mediate, v. ἐπιδιακρίνω, μεσιτεύω
Mediation, μεσιτεία, f. δίαιτα, f.
Mediator, μεσίτης, m. διαλλακτής,
m. μέσος δικαστής, m. μεσίδιος :
to be a mediator, μεσιτεύω
Mediatory, διαλλακτικός
Medical, ἰατρικός, φαρμακευτικός :
medical treatment, ἰατρεία, f.
φάρμαξις, f. φαρμακεία, f.
Medicament, φάρμακον, n.
Medicate, v. φαρμάσσω
Medicated, φαρμακίτης
Medicinal, φαρμακώδης
Medicine, φάρμακον, n. φαρμάκιον, n.
ἴαμα, n. : the using of medicine,
φαρμάκευσις, f. φαρμακεία, f. : to
administer medicine, φαρμακεύω,
φαρμάσσω : the taking of medi-
cine, φαρμακοποσία, f. : to sell
medicine, φαρμακοπωλέω
Medicine, (the art) ἡ ἰατρική, φαρμα-
κεία, f. ἰατορία, f. : skilful in medi-
cine, ἰατρικός
Mediocrity, μέσον, n. τὸ μέτριον, με-
τριότης, f.
Meditate, v. φρονέω, φροντίζω, καλ-
χαίνω, βουλεύομαι, μελετάω, λογί-
ζομαι
Meditation, φροντίς, f. σύννοια, f.
Meditative, σύννοος, φροντιστικός
Mediterranean, μεσόγειος, -γαιος
Medium, μέτρον, n. τὸ μέσον, μεσό-
της, f.
Medlar, (tree) μεσπίλη, f. (fruit)
μέσπιλον, n. κοδύμαλον, n.
Medley, πολυμιγία, f. πολυμιξία, f.
Meed, γέρας, n. ἆθλον, n.
Meek, πραΰς, πρᾶος, μαλθακός, πρευ-
μενής, ἐλαφρός, ἥμερος
Meekly, adv. πράως, ἐλαφρῶς
Meekness, πραότης, f. πραΰτης, f.
ἡμερότης, f. ἀχολία, f.
Meet, v. συνέρχομαι, ἀπαντάω, ἀντάω,
συναντάω, ἀντιάζω, ὑπαντιάζω, συμ-
πίπτω, συμβάλλω, συνίσταμαι, συν-
τρέχω, σύνειμι, συγγίγνομαι, τυγ-
χάνω, ἐντυγχάνω, ἐπιτυγχάνω, συν-
τυγχάνω, παραπίπτω
Meeting, ἀπάντησις, f. ἀπάντημα, n.

συνάντησις, f. σύνοδος, f. συμβολὴ,
f. συνοχὴ, f.
Meeting, ἀντίος, σύνδρομος, προστυχής
Meetness, ἐπιτηδειότης, f. [f.
Melancholy, δυσθυμία, f. μελαγχολία,
Melancholy, δύσθυμος, μελαγχολικός,
βαρύφρων, βαρύψυχος : to be me-
lancholy, δυσθυμέω, μελαγχολάω
Mellifluous, μελιχρός, μελιηδὴς, μελί-
γλωσσος, μελίπνοος
Mellow, πέπων, πέπειρος
Mellow, v. πέσσω, πεπαίνω
Mellowing, πέπανσις, f.
Melodious, μελῳδός, λιγὺς, εὐηχής,
εὔφωνος, εὐμελὴς, καλλιβόας
Melodiously, adv. λίγα
Melody, μέλος, n. μελῳδία, f.
Melt, v. τήκω, κατατήκω, διατήκω,
μέλδω ; intrans. ἀποτήκομαι, χέομαι,
διαχέομαι, παραρρέω
Melted, τηκτός, χυτός : easily melted,
εὔτηκτος : that can be melted,
τηκτικός [δών, f.
Melting, τῆξις, f. σύντηξις, f. τηκε-
Member, μέλος, n. κῶλον, n. (of
society) πολίτης, m. [νιγξ, f.
Membrane, ὑμήν, n. ὑμένιον, n. μή-
Membraneous, ὑμενοειδὴς, ὑμενώδης
Memoir, ἀπομνημόνευμα, n. λόγος, m.
Memorable, ἀείμνηστος, ἀξιόμνηστος,
ἀξιομνημόνευτος, ἀξιόλογος
Memorably, adv. ἀειμνήστως
Memorandum, ὑπόμνημα, n. μνημό-
συνον, n.
Memorial, μνῆμα, n. μνημεῖον, n.
μνημόσυνον, n. ὑπόμνημα, n.
Memory, μνήμη, f. μνημοσύνη, f.
μνῆστις, f. μνεία, f. : of or belong-
ing to memory, μνημονικός : with
good memory, μνήμων, ἀναμνησ-
τικός
Menace, ἀπειλὴ, f.
Menace, v. ἀπειλέω
Menacing, ἀπειλητικός, ἀπειλητήριος
Mend, v. ἀκέομαι, ἐξακέομαι, ἀναρράπτω
Mendacious, ψευδὴς, ψευδολόγος
Mendacity, ψευδολογία, f. φιλοψευδία,
Mender, ἀκεστής, m. [f.
Mendicant, πτωχός, m. δέκτης, m.
προσαίτης, m.
Menial, (servant) διάκονος, c. θερά-
πων, m. [θητικός
Menial, δούλιος, δούλειος, δουλικός,
Mensurable, μετρητικός
Mensuration, μέτρησις, f.
Mental, ψυχικός, λογικός
Mention, μνήμη, f. μνεία, f. ὑπόμνημα,
n. ὑπόμνησις, f. : worthy of men-

MEN

tion, worth mentioning, ἀξιόλογος, ἀξιομνημόνευτος
Mention, v. μιμνήσκομαι, ἐπιμιμνήσκομαι, ὑπομιμνήσκω, μνημονεύω, παραφέρω [ἀγοραστικὸς
Mercantile, ἐμπορικὸς, ἐμπορευτικὸς,
Mercenary, μισθωτὸς, μισθοφόρος ; (of troops) ξένος, ξενικὸς
Merchandise, ἐμπόρευμα, n. ἐμπορία, f. ἐμπολὴ, f. ἐμπόλημα, n. φορτίον, n.
Merchant, ἔμπορος, m. : to be a merchant, ἐμπορεύομαι
Merchant-man, ὁλκὰς, f. πλοῖον φορτηγικὸν, γαῦλος, m.
Merciful, οἰκτίρμων, ἐλεήμων, φιλοικτίρμων, ἐλεημονικὸς
Merciless, νηλεὴς, ἀνελέητος, ἀνελεήμων, ἀνοικτίρμων
Mercilessly, adv. νηλεῶς, ἀνελεῶς
Mercilessness, ἀνελεημοσύνη, f.
Mercury, Ἑρμῆς, m. (the star) Στίλβων, m. (quicksilver) ὑδράργυρος, m.
Mercy, οἶκτος, m. ἔλεος, n. ἐλεημο-
Merely, adv. μόνον [σύνη, f.
Meretricious, πορνικὸς
Meretriciously, adv. πορνικῶς
Meridian, μεσημβρινὸς (κύκλος), m. μεσημβρία, f.
Meridional, μεσημβρινὸς, μεσημέριος
Merit, ἀξία, f. [εἰμι
Merit, v. ἀξιόομαι, ἄξιός εἰμι, δίκαιός
Meritorious, ἄξιος [δρῶς, τερπνῶς
Merrily, adv. ἱλαρῶς, εὐθύμως, φαι-
Merriment, ἱλαρότης, f. [τερπνὸς
Merry, ἱλαρὸς, φαιδρὸς, περιχαρὴς,
Mesh, βρόχυς, m. ἀψὶς, f.
Mess with, v. συσσιτέω, συσκηνόω
Message, ἀγγελλία, f. ἄγγελμα, n. φήμη, f. : to send a message, διαγγέλλω
Messenger, ἄγγελος, m. μετάγγελος, m. πομπὸς, c.
Mess-mate, σύσσιτος, m. ὁμοτράπεζος, m. σύσκηνος, m.
Metal, μέταλλον, n. [μεταλλευτικὸς
Metallic, μεταλλικὸς, μεταλλίτης,
Metamorphose, v. μεταμορφόω, μεταπλάσσω, μετασκευάζω
Metamorphosis, μεταμόρφωσις, f.
Metaphor, μεταφορὰ, f.
Metaphorical, μεταφορικὸς
Metaphorically, adv. μεταφορικῶς
Metathesis, μετάθεσις, f.
Mete, v. μετρέω
Method, μέθοδος, f. τρόπος, m. ὁδὸς, f.
Metre, μέτρον, n.
Metrical, μετρικὸς, ἔμμετρος
Metropolis, μητρόπολις, f.

MIL

Mid-day, μεσημβρία, f. μέση ἡμέρα, f.
Mid-day, μεσημβρινὸς, μεσημέριος
Middle, τὸ μέσον, μεσότης, f.
Middle, in the middle, μέσος, μέσατος : more in the middle, μεσαίτερος : in the middle, adv. μέσον, μεσηγὺ, μεσσόθι : from the middle, μεσόθεν : middlemost, μεσαίτατος
Middling, μέτριος, μέσος, μεσήεις
Midnight, μεσονύκτιον, n. μέση νὺξ, f. : of or at midnight, μεσονύκτιος
Midriff, διάφραγμα, n. φρὴν, f.
Midst, τὸ μέσον : in the midst, ἀνὰ
Midst, μέσος, μεσαίτατος [μέσον
Midsummer, θέρος σταθερὸν, n.
Midway, μέσακτος, μέσος
Midwife, μαῖα, f. μαιεύτρια, f. ἀκεστρὶς, f. : man-midwife, μαιευτὴς, m. μαιήτωρ, m.
Midwifery, μαιεία, f. μαίευσις, f.
Mien, σχῆμα, n. ὄψις, f.
Might, βία, f. κράτος, n. δύναμις, f.
Mightily, adv. σφόδρα, κρατερῶς, ἐγκρατῶς, ἰσχυρῶς, ἐῤῥωμένως
Mighty, κρατερὸς, ἰσχυρὸς, δυνατὸς, παγκρατὴς, ὑπέροχος, ἐρισθενὴς, μέγας : to be mighty, κρατέω, ἰσχύω
Migrate, v. μεταχωρέω, ἀνοικίζομαι, ἀποικίζομαι, ἀνίσταμαι
Migration, μετοίκησις, f. μετανάστασις, f. μεταχώρησις, f. ἀποικία, f.
Mild, πραΰς, πρᾶος, ἤπιος, μαλακὸς, μειλίχιος, εὐμαρὴς, μέτριος, ἀγανὸς ; (of mild disposition) ἀγανόφρων, πραΰμητις
Mildew, ἐρυσίβη, f.
Mildewed, ἐρυσιβώδης
Mildly, adv. πράως, ἠπίως, μειλιχίως, ἀγανῶς, μετρίως
Mildness, πραΰτης, f. πραότης, f. ἠπιότης, f. ἀγανοφροσύνη, f. εὐοργησία, f. ἐπιείκεια, f. [πολεμικὸς
Military, στρατιωτικὸς, στρατεύσιμος,
Milk, γάλα, n. : giving milk, γαλακτοφόρος : giving much milk, πολυγάλακτος
Milk, v. ἀμέλγω, ἐξαμέλγω, βδάλλω
Milk-fed, γαλακτοφάγος, γαλακτοθρέμ-
Milking, ἄμελξις, f. [μων
Milk-pail, ἀμόλγιον, n. ἀμολγεὺς, m. πέλλα, f.
Milk-white, γαλακτικὸς, γαλαξῄεις
Milky, γαλακτώδης, γαλακτοειδὴς, γαλάκτινος, γαλακτικὸς : to be milky or milk-white, γαλακτίζω
Milky-way, γαλαξίας (κύκλος), m. τὸ γάλα [χειρομύλη, f.
Mill, μύλη, f. μυλὼν, m. : hand-mill,

460

Millepede, σκολόπενδρα, f.
Miller, μύλωθρος, m. ἀλετρὶς, f. ἀλφιταμοιβὸς, m.
Millet, κέγχρος, c. μελίνη, f.
Million, ἕκατον μυριάδες
Mill-stone, μύλαξ, m. μύλη, f. μύλος, m. μυλίας λίθος, m.
Mimic, μιμητὴς, m. μῖμος, m.
Mimic, v. μιμέομαι
Mimicry, μίμησις, f.
Minatory, ἀπειλητικὸς
Mince, v. μυττωτεύω, καταμυττωτεύω
Mincemeat, μυττωτὸς, m. -ον, n. περίκομμα, n.
Mind, νόος, contr. νοῦς, m. θυμὸς, m. φρὴν, f. φρόνημα, n. γνώμη, f. διάνοια, f. φροντὶς, f. ψυχὴ, f.: of one mind, ὁμόθυμος, ὁμογνώμων: to change one's mind, ἀπογιγνώσκω: to recall to mind, ἀναμιμνήσκω: calling to mind, ἀνάμνησις, f.: to keep in mind, ἐνθυμέομαι: out of mind, ἄμνηστος: to be troubled in mind, δυσθυμέομαι, ἄχθομαι, ἀγωνιάω: never mind, ἀμέλει
Mind, v. ἀλέγω, ἀλεγίζω, ὕθομαι, μετατρέπομαι, ἐντρέπομαι
Mindful, μνήμων, εὔμνηστος: mindful of benefits, εὐχάριστος: mindful of injuries, μνησίκακὸς: to be mindful of injuries, μνησικακέω
Mindfulness, μνημοσύνη, f.
Mine, ἐμὸς, ἐμὴ, ἐμὸν
Mine, μέταλλον, n. μεταλλεῖον, n. (underground passage) ὑπόνομος, m.: of a mine, μεταλλικὸς, μεταλλευτικὸς
Mine, v. μεταλλεύω
Miner, μεταλλεὺς, m.
Mineral, μέταλλον, n. [λὰς, f.
Minerva, 'Αθήνη, f. 'Αθηναία, f. Παλ-
Mingle, v. μίγνυμι, ἀναμίγνυμι, κεράννυμι: to mingle with or together, συμμίγνυμι, συγκεράννυμι; intrans. μίγνυμαι, ἐπιμίγνυμαι
Mingled, σύμμικτος, συμμιγὴς, σύμφυρτος; adv. ἀναμὶξ, σύμμιγα, φύρδην
Mingling, μῖξις, f. σύμμιξις, f.
Mining, μεταλλεία, f.
Minister, διάκονος, m. πρόσπολος, c.
Minister, v. ὑπηρετέω, ἐπαρκέω, θεραπεύω, διακονέω
Ministration, ὑπηρεσία, f. διακονία, f. λειτουργία, f.
Ministry, ὑπηρεσία, f.
Minor, μείων, ἥσσων, ἐλάσσων
Minos, Μίνως, m.

Minstrel, ἀοιδὸς, m. ὑμνητὴς, m. κιθαριστὴς, m. κιθαρῳδὸς, m. αὐλητὴς, m.
Minstrelsy, ἀοιδὴ, f. κιθαρῳδία, f.
Mint, μίνθα, f. καλαμίνθη, f. σισύμ-
Mint, v. κόπτω [βριον, n.
Minute, μικρὸς, σμικρὸς, λεπτὸς; (exact) ἀκριβὴς
Minutely, adv. ἀκριβῶς
Minuteness, (smallness) μικρότης, f. λεπτότης, f. (exactness) ἀκρίβεια, f.
Miracle, θαῦμα, n. [ὑπερφυὴς
Miraculous, θαυμαστὸς, θαυμάσιος,
Miraculously, adv. θαυμασίως, ὑπερ-
Mire, βόρβορος, m. πηλὸς, m. [φυῶς
Mirror, κάτοπτρον, n. εἴσοπτρον, n.
Mirth, εὐφροσύνη, f. χαρὰ, f. ἱλαρότης, f. γηθοσ, m. [εὐγηθὴς
Mirthful, εὔφρων, περιχαρὴς, ἱλαρὸς,
Miry, βορβορώδης
Misadventure, ἀτύχημα, n.
Misanthrope, μισάνθρωπος, c.
Misanthropy, μισανθρωπία, f.
Misapply, v. μεταφέρω, παραιρέω
Misapprehend, v. παραγιγνώσκω, παρανοέω
Misapprehension, παρασύνεσις, f.
Misbehave, v. ἀκοσμέω, ῥᾳδιουργέω, κακουργέω
Misbehaviour, ἀκοσμία, f. κακουργία, f.
Miscalculate, v. παραλογίζομαι
Miscalculation, παραλογισμὸς, m. παράλογος, m.
Miscarriage, τρωσμὸς, m. ἔκτρωσις, f. ἐξάμβλωμα, n. ἐξάμβλωσις, f. ἄμβλωμα, n. ἄμβλωσις, f. ὠμοτοκία, f. (failure, mishap) ἀτυχία, f. ἀτύχημα, n. ἀπότευγμα, n. ἀποτυχία, f.
Miscarry, v. ἀμβλίσκω, ἐξαμβλόομαι, ἐξαμβλώσκω, ἐκτιτρώσκω; (fail) ἀτυχέω, ἀποτυγχάνω [τευξις, f.
Miscarrying, ἔκτρωσις, f.(failure) ἀπό-
Miscarrying, ὠμοτόκος
Miscellaneous, σύμμικτος, πάμμικτος
Mischance, ἀτυχία, f. δυστυχία, f. ἀτύχημα, n.
Mischief, κακοπάθεια, f. τὸ κακὸν
Mischievous, κακοῦργος, κακοπράγμω
Mischievously, adv. βλαβερῶς, κακούργως
Misconceive, v. παρανοέω, παρακούω
Misconduct, κακουχία, f. κακουργία, f.
Misconstrue, v. παρερμηνεύω
Miscount, v. παραλογίζομαι
Misdeed, κακούργημα, n. ἁμάρτημα, n.
Misdemeanour, πλημμέλεια, f. ἁμάρτημα, n. [m. κυμινοπρίστης, m.
Miser, φιλάργυρος, m. αἰσχροκερδὴς
Miserable, οἰκτρὸς, τάλας, ταλαίπω-

MIS

ρος, τλήμων, λυγρός, ἐλεεινός, μοχ-
θηρός, μογερός, ἄθλιος, ὀϊζυρός, μέ-
λεος, λευγαλέος, ἄμορος, δυσδαίμων,
κακοπαθητικός
Miserably, *adv.* οἰκτρῶς, ταλαιπώρως,
κακῶς, λυγρῶς, κακοπαθῶς, ἀθλίως,
στυγερῶς
Miserly, φιλάργυρος, φειδωλός
Misery, ταλαιπωρία, *f.* δύη, *f.* ἀθλιότης,
f. κακοπάθεια, *f.* κακότης, *f.* δυσδαι-
μονία, *f.* ὀϊζύς, *f.*
Misfortune, ἀτυχία, *f.* ἀτύχημα, *n.*
δυστυχία, *f.* δυστύχημα, *n.* πταῖσμα,
n. κακοτυχία, *f.* δυσπραξία, *f.* πάθος, *n.*
Misgive, *v.* ἀμφισβητέω, διστάζω, δείδω
Misinterpret, *v.* παρερμηνεύω
Misjudge, *v.* παραβραβεύω
Mislead, *v.* ἀπάγω, παράγω, παρακρούω,
παρατρέπω, διαβάλλω
Misleading, παραγωγή, *f.*
Mismanage, *v.* ἐξαμαρτάνω
Mismanagement, ἁμάρτημα, *n.*
Misreckon, *v.* παραλογίζομαι
Misreckoning, παραλογισμός, *m.*
Misrepresent, *v.* διαβάλλω, διαστρέφω,
ψευδολογέω [τύπωσις. *f.*
Misrepresentation, διαβολή, *f.* παρα-
Miss, *v.* ἀποτυγχάνω, ἁμαρτάνω, δι-
αμαρτάνω, παρίημι, παραπλάζομαι,
πλανάομαι, παραλείπω
Misshapen, ἄμορφος, ἀσύντακτος,
ἀσύμμετρος
Missile, βέλος, *n.* ἄκων, *m.*
Mission, πέμψις, *f.* ἔκπεμψις, *f.* ἀπο-
στολή, *f.* πομπή, *f.*
Missionary, ἀπόστολος, *m.*
Mis-state, *v.* διαστρέφω
Mist, ὁμίχλη, *f.* ἀχλύς, *f.* ἀήρ, *m.*
Mistake, πταῖσμα, *n.* πλάνη, *f.* ἁμάρ-
τημα, *n.* πλημμέλεια, *f.* παράκρου-
σις, *f.*
Mistake, *v.* ἁμαρτάνω, ἀποτυγχάνω,
πλημμελέω : to be mistaken, ψεύ-
δομαι, διαψεύδομαι, σφάλλομαι, ἀπο-
σφάλλομαι
Mistress, δέσποινα, *f.* δεσπότις, *f.*
(*concubine*) ἑταίρα, *f.* : mistress of
a family or household, οἰκοδέσ-
ποινα, *f.* οἰκέτις, *f.*
Mistrust, ἀπιστία, *f.* ὑποψία, *f.*
Mistrust, *v.* ἀπιστέω, δυσπιστέω,
ὑποπτεύω [οπτος
Mistrustful, ἄπιστος, δύσπιστος, ὕπ-
Mistrustfully, *adv.* ἀπίστως [δῆς
Misty, ἀχλυώδης, ἀχλυδείς, νεφελοει-
Misunderstand, *v.* παρακούω, παρα-
νυέω, παρασκοπέω
Misuse, *v.* παραχράομαι

462

MOL

Mite, ἄκαρι, *n.* (*small particle*) ἄτο-
μος, *f.*
Mitigate, *v.* πραΰνω, μειλίσσω, μαλάσσω
Mitigation, μείωσις, *f.* πραΰνσις, *f.*
ἀνακούφισις, *f.*
Mitre, μίτρα, *f.*
Mix, *v.* μίγνυμι, συμμίγνυμι, ἀναμίγνυ-
μι, κεράννυμι, συγκεράννυμι, κυκάω,
φύρω
Mixed, μικτός, ἐπίμικτος
Mixture, Mixing, μίξις, *f.* ἐπίμιξις, *f.*
κρᾶσις, *f.* σύγκρασις, *f.* κύκησις, *f.*
Moan, Moaning, στεναγμός, *m.* στο-
ναχή, *f.* στόνος, *m.* [μυκάομαι
Moan, *v.* στένω, στενάζω, στενάχω,
Moat, ὄρυγμα, *n.* διωρυχή, *f.*
Mob, πλῆθος, *n.* ὄχλος, *m.*
Mock, *v.* καταγελάω, σκώπτω, χλευ-
άζω, προσπαίζω, κερτομέω
Mocker, χλευαστής, *m.* σκώπτης, *m.*
καταγελαστής, *m.*
Mockery, κατάγελως, *m.* καταγέλασ-
μα, *n.* γέλως, *m.* χλευασμός, *m.*
Mocking, κερτόμιος, κέρτομος
Mode, τρόπος, *m.* σχῆμα, *n.* προσ-
θήκη, *f.* [πος, *m.*
Model, παράδειγμα, *n.* σχῆμα, *n.* τύ-
Model, *v.* ἐκτυπόω, πλάσσω
Moderate, μέτριος, εὔμετρος, ἐπιεικής,
μέσος, σύμμετρος, ἔμμετρος; (*only
of men*) σώφρων, σωφρονικός, σω-
φρονητικός : to be moderate, με-
τριάζω, σωφρονέω
Moderate, *v.* μετριάζω, κοιμίζω, συ-
στέλλω, μειόω, σωφρονίζω
Moderately, *adv.* μετρίως, ἐμμέτρως,
μέσως, σωφρόνως
Moderation, μετριότης, *f.* μεσότης, *f.*
μέτρον, *n.* ἐπιείκεια, *f.* ἐμμετρία, *f.*
σωφροσύνη, *f.*
Modern, καινός, σημερινός : the mo-
derns, οἱ σημερινοί, οἱ νῦν
Modest, αἰδοῖος, αἰδήμων, αἰσχυντηλός,
σώφρων ; (*unpretending*) ἄτυφος,
ἄκομπος, ἀκόμπαστος
Modestly, *adv.* σωφρόνως, ἀγνῶς
Modesty, αἰδώς, *f.* αἴδεσις, *f.* αἰσχύνη,
f. τὸ αἰσχυντηλόν, σωφροσύνη, *f.*
Modify, *v.* μετριάζω, μεταβάλλω,
Modulate, *v.* ἁρμόζω, ῥυθμίζω [μειόω
Modulation, ἁρμονία, *f.* ῥυθμός, *m.*
Moiety, τὸ ἥμισυ
Moist, ὑγρός, νότιος, ἔφυδρος, διερός,
νοτερός : to be moist, ὑγρώσσω,
πλαδάω [τέγγω, ἄρδω, ἰκμάζω
Moisten, *v.* ὑγραίνω, νοτίζω, βρέχω,
Moisture, ὑγρότης, *f.* νοτίς, *f.* ἰκμάς, *f.*
Mole, σκάλοψ, *m.* ἀσπάλαξ, *m.*

Molest, *v.* ταράσσω, ὀχλέω, ἐνοχλέω, κήδω
Molestation, ταραχὴ, *f.* ὄχλησις, *f.*
Mollification, πρᾴυνσις, *f.* μάλθαξις. *f.* μάλαξις, *f.* [σω, μειλίσσω
Mollify, *v.* πραΰνω, μαλάσσω, μαλθάσ-
Moment, ῥοπὴ, *f.* *(of time)* ἀκαρὲς: in a moment, ἐν ἀκαρεῖ
Momentary, παραυτίκα, πρόσκαιρος
Momentous, σπουδαῖος, μέγας, ἀξιόχρεως, ἐμβριθής
Monarch, μόναρχος, *m.*
Monarchical, μοναρχικὸς
Monarchy, μοναρχία, *f.* [*n.*
Monastery, μοναστήριον, *n.* κοινόβιον,
Monastic, μοναστικὸς
Money, ἀργύριον, *n.* χρήματα, *n. pl.* νόμισμα, *n.*: to make money, χρηματίζομαι: to collect money, ἀργυρολογέω
Money-changer, ἀργυραμοιβὸς, *m.*
Monied, πολυχρήματος
Monitor, παραινέτης, *m.*
Monitory, παραινετικὸς
Monk, μοναχὸς, *m.*
Monkey, πίθηκος, *m.*
Monody, μονῳδία, *f.*
Monopolise, *v.* μονοπωλέω
Monopolist, μονοπώλης, *m.*
Monopoly, μονοπωλία, *f.* μονοπώλιον, *n.*
Monosyllabic, μονοσύλλαβος [*n.*
Monster, τέρας, *n.* πέλωρ, *n.* κνώδαλον,
Monstrous, πελώριος, τεράστειος, τερατώδης [τικῶς
Monstrously, *adv.* ἀλλοκότως, τερα-
Month, μὴν, *m.*: of two months, δίμηνος: of three months, τρίμηνος
Monthly, ἔμμηνος, μηνιαῖος
Monument, μνημεῖον, *n.* μνῆμα, *n.*
Mood, ὀργὴ, *f.* τρόπος, *m.*
Moon, σελήνη, *f.* σεληναία, *f.* μήνη, *f.*: waxing moon, αὐξομένη: full moon, ἡ πανσέληνος: new moon, νεομηνία, *f.*: of the moon, σεληναῖος: of the full moon, πανσέληνος
Moonless, ἀσέληνος
Moonlight, σεληνόφως, *n.*
Moonlight, *adj.* σεληναῖος
Moor, ἕλος, *n.*
Moor, *v.* ὁρμίζω, ὁρμέω
Moot, *v.* διαλέγομαι, ἀμφισβητέω
Mop, κόρημα, *n.*
Moral, ἠθικὸς, δίκαιος
Moralist, ἠθοποιὸς, *m.*
Morality, ἦθος, *n.*
Morally, *adv.* ἠθικῶς
Morals, τὰ ἤθη
Morass, ἕλος, *n.*

Morbid, νοσώδης, ἐπίνοσος
More, πλείων & πλέων; *adv.* πλεῖον & πλέον, μᾶλλον, μειζόνως, πέρα, περαιτέρω, διαφερόντως
Moreover, ἔτι, προσέτι, τοίνυν, πόρρω
Morn, Morning, ἠὼς, *Att.* ἕως, *f.*
Morning, in or of the morning, ἑωθινὸς, ἠῷος, ἑῷος, ὄρθριος, πρώϊος; *adv.* in the morning, ἕωθεν, ἐξ ἑωθινοῦ, ἦρι, πρωΐ
Morning star, φωσφόρος, *m.*
Morose, δύσκολος, δυσάρεστος, χαλεπὸς, τραχὺς, στυγνὸς
Morosely, *adv.* δυσκόλως, χαλεπῶς
Moroseness, δυσκολία, *f.* χαλεπότης, *f.* δυσαρεστία, *f.* [ἐπαύριον
Morrow, αὔριον, *n.*: to-morrow, *adv.*
Morsel, ψωμὸς, *m.* ψώμισμα, *n.* τὸ
Mortal, βροτὸς, *m.* [ἀκαρὲς
Mortal, θνητὸς, θνητοειδὴς, βρότεος, βροτὸς, βροτήσιος, ἐφημέριος; *(deadly)* θανάσιμος, καίριος
Mortality, τὸ θνητὸν
Mortally, *adv.* θανασίμως, καιρίως
Mortar, ὅλμος, *m.* θυεία, *f.* ἴγδη, *f.*
Mortgage, ἀποτίμημα, *n.* ὑποθήκη, *f.*
Mortgage, *v.* ἀποτιμάω, ὑποτίθημι
Mortgaged, ὑπώβολος
Mortgaging, ἀποτίμησις, *f.* [*f.*
Mortification, σφάκελος, *m.* σηπεδὼν,
Mortify, *v.* σήπομαι, ἀποσήπομαι, σφακελίζω; *(vex)* λυπέω
Moss, μνίον, *n.* βρύον, *n.*
Mossy, μνιόδεις
Most, πλεῖστος; *adv.* πλεῖστον, πλεῖστα, τὸ πλεῖστον, τὰ πλεῖστα, μάλιστα
Mostly, *adv.* τὰ μάλιστα, τὰ πολλὰ, ὡς ἐπὶ πολὺ
Moth, σὴς, *m.*
Moth-eaten, σητόβρωτος
Mother, μήτηρ, *f.* γεννήτειρα, *f.* τοκὰς, *f.*: step-mother, μητρυιὰ, *f.* ἑκυρὰ, *f.*: of or belonging to a mother, μητρῷος, *contr.* μητρῶος, μητρικὸς: having the same mother, ὁμομήτριος, ὁμομήτωρ, ὁμογάστριος
Mother-in-law, πενθερὰ, *f.*
Motherly, μητρικὸς, μητρῷος
Motion, κίνησις, *f.* κίνημα, *n.*
Motionless, ἀκίνητος
Motive, προαίρεσις, *f.* αἰτία, *f.*
Move, *v.* κινέω, κυκλέω, ὀχλίζω, νωμάω; *intrans.* εἶμι, ἀΐσσω, διακινέομαι: to move quickly, ἑλίσσω, ἐρέσσω: to move gently, ὑποκινέω: to move together, συγκινέω: to move forward, προκινέω: to move, *(by entreaty, &c.)* κάμπτω,

κατακλάω: to move, (to pity, &c.) προάγω [τος, εὐμετακίνητος
Moveable, ἀγώγιμος, κινητὸς, εὐκίνη-
Moveables, σκεύη, n. pl.
Movement, κίνησις, f. κίνημα, n.
Mover, κινητὴς, m. (of a motion) εἰσηγητὴς, m.
Moving, κίνησις, f.
Mould, πλάθανον, n.
Mould, v. πλάσσω, ἀναπλάσσω, ὀργάζω, τυπόω, ἐκμάσσω
Moulded, πλαστὸς: easy to be moulded, εὔπλαστος
Moulder, πλαστὴς, m.
Moulder, v. μυδάω
Mouldiness, εὐρὼς, m. ἄζα, f.
Moulding, κῦμα, n.
Mouldy, εὐρώεις, μυδαλέος
Moult, v. πτερορροέω
Mound, χῶμα, n. χόος, contr. χοῦς, m. κολώνη, f. κολωνὸς, m. ὄχθος, m. ἀκτὴ, f. ἄκρα, f.: to raise a mound, χώννυμι, συγχώννυμι
Mount, ὄρος, n. κολώνη, f.
Mount, v. ἀναβαίνω, ὑπερβαίνω, ἐμβαίνω, ἐπιβαίνω, ἐπαναβαίνω, ἔπειμι
Mountain, ὄρος, n. κολώνη, f.: foot of a mountain, ὑπώρεια, f.: of or belonging to mountains, ὄρειος
Mountaineer, ὀρείτης, m. ὀρεινὸς, m.
Mountainous, ὀρεινὸς, ὄρειος
Mountebank, ἀγύρτης, m.
Mourn, v. πενθέω, ἀλγέω, ὀδύρομαι, θρηνέω, γοάω, κατακλαίω
Mourner, θρηνητὴς, m. γόης, m.
Mournful, θρηνώδης, γοερὸς, γοώδης, δυσθρήνητος, κήδειος, δύσθροος, στονόεις
Mourning, πένθος, n. κῆδος, n. γόος, m. θρῆνος, m.: wearing mourning, κυανόπεπλος, μελανείμων
Mouse, μῦς, m.
Mouse-trap, μυάγρα, f.
Mouth, στόμα, n. στόμιον, n. (of a river) προχοὴ, f. ἐκβολὴ, f.: with small mouth, μικρόστομος, σύστομος: with large mouth, μεγαλόστομος: to open the mouth, χαίνω
Mouthful, μάσταξ, f. ἔνθεσις, f.
Mow, v. ἀμάω, θερίζω, τέμνω: to mow down, ἐκθερίζω
Mower, θεριστὴς, m.
Mowing, θέρισις, f.
Much, πολὺς, πολλὸς: very much, ὑπέρπολυς: much, adv. πολὺ, πολλὰ, πολλὸν, πάμπολυ, μάλα, μέγα, λίαν, ἄγαν: as much as, ὅσος; adv. ὅσον: so much, τόσος, τοσοῦτος,

τόσοσδε; adv. τόσον, τόσῳ, τοσοῦτο, τοσούτῳ: how much? πόσος; (of price) πόσου: how much, ὅσος
Mucid, εὐρώεις, εὐρώδης, σαπρὸς
Mucidness, εὐρὼς, m. σαπρότης, f.
Mud, πηλὸς, m. βόρβορος, m. ἰλὺς, f. ἄσις, f.
Muddy, βορβορώδης, πηλώδης, ἰλυόεις, ἰλυώδης, θολώδης: to be muddy, βορβορόομαι
Mug, ποτήριον, n. κεράμιον, n. δέπας, n.
Muggy, ὑγρὸς
Mulberry, μόρον, n.
Mulberry-tree, μορέα, f.
Mulct, ζημία, f. τίμημα, n. προστίμημα, n. τιμὴ, f.
Mulct, v. τιμάω, ζημιόω
Mule, ἡμίονος, c. ὀρεὺς, m.: of or belonging to mules, ἡμιόνειος, ἡμιονικὸς, ὀρικὸς [m.
Muleteer, ἡμιονηλάτης, m. ὀρεοκόμος,
Mullet, τρίγλα, f. λινεὺς, m.
Multifarious, παντοῖος, παντοδαπὸς, πολύτροπος, πολυειδὴς
Multifariously, adv. παντοίως, παντοδαπῶς, πολλαχῶς [πολυειδὴς
Multiform, παντόμορφος, πολύμορφος,
Multiplication, πολλαπλασίωσις, f. πολλαπλασιασμὸς, m.
Multiplicity, πλῆθος, n. πολυπληθία, f.
Multiply, v. πολλαπλασιόω, πολλαπλασιάζω; intrans. πληθύω, -θύνω
Multitude, πλῆθος, n. πληθὺς, f. ὅμιλος, m. ὄχλος, m.: the multitude, οἱ πολλοὶ, οἱ πλέονες, τὸ πολὺ
Multitudinous, πολὺς, ἀθρόος, πολλαπλάσιος
Mumble, v. μορμύρω, γρύζω, μασταρύζω
Mummery, γοητεία, f.
Munch, v. μασάομαι, ἐπεγκάπτω
Municipal, πολιτικὸς
Municipality, κωμόπολις, f. [ρία, f.
Munificence, πολυδωρία, f. μεγαλοδω-
Munificent, πολύδωρος, μεγαλόδωρος, μεγαλοπρεπὴς [ψιλῶς
Munificently, adv. μεγαλοπρεπῶς, δα-
Munition, ἔρυμα, n. ἐπιτείχισμα, n. περιτείχισις, f. τεῖχος, n. ἐχύρωμα, n.
Mural, τειχικὸς
Murder, φόνος, m. φονὴ, f. σφαγὴ, f. ἀνδροκτασία, f. αὐτοχειρία, f.
Murder, v. κτείνω, ἀποκτείνω, φονεύω, μιαιφονέω, ἀναιρέω
Murderer, φονεὺς, m. σφαγεὺς, m. αὐτόχειρ, m. αὐθέντης, m.
Murderous, φοίνιος, φόνιος, φονικὸς, μιαιφόνος, αὐτόχειρ, ἀνδροφόνος, ἀνδροκτόνος

MUR

Murderously, adv. φονικῶς, αὐτοφόνως
Murky, δνοφερὸς, ἀλάμπετος
Murmur, θόρυβος, m. θρόος, contr. θροῦς, m. γογγυσμὸς, m.
Murmur, v. θορυβέω, ἀναθορυβέω, μορμύρω, γογγύζω, ἀναγρύζω, βρέμω, τρύζω
Murrain, λοιμὸς, m. ψώρα, f.
Muscle, ἶς, f. μῦς, m. μυῶν, m. (fish) κόγχη, f. χοιρίνη, f. μῦς, m. μύαξ, m.
Muscular, μυώδης, νεόγνιος
Muse, Μοῦσα, f.
Muse, v. φροντίζω, μελετάω, λογίζομαι
Muses, Πιερίδες, f. pl. Ἑλικωνιάδες, f. pl.: of or belonging to the Muses, μουσεῖος: fond of the Muses, φιλόμουσος
Mushroom, μύκης, m. βωλίτης, m.
Music, μουσικὴ, f. μέλος, n.
Musical, μουσικὸς
Musically, adv. μουσικῶς, ᾠδικῶς
Musician, μουσικὸς, m.
Muslin, σινδὼν, f.
Must, γλεῦκος, n.
Must, χρὴ, δεῖ, ὀφείλω. Must is often rendered by verbal adjectives in -εον, as πρακτέον, it must be done
Mustache, ὑπήνη, f. μύσταξ, m.
Mustard, σίναπι & -πυ, Ion. σίνηπι & -πυ, n. νᾶπυ, n.
Muster, ἐξαρίθμησις, f. ἐξέτασις, f.
Muster, v. ἐξετάζω, ἐξαριθμέομαι, ἀριθμὸν ποιέω
Muster-roll, κατάλογος, m. [σαπρὸς
Musty, εὐρώεις, εὐρώδης, μυδαλέος
Mutability, ἀστασία, f. ἀλλοίωσις, f.
Mutable, ἀκατάστατος, εὐμετάβολος, εὐμετάβλητος [ἀλλαγὴ, f.
Mutation, μεταβολὴ, f. μετάστασις, f.
Mute, ἄφωνος, κωφὸς, ἄλαλος, ἀφώνητος, ἄναυδος
Mutely, adv. ἀφώνως, ἄφωνα
Muteness, ἀφωνία, f. κωφότης, f.
Mutilate, v. περικόπτω, ἀκρωτηριάζω, λωβάομαι, ἀποκόπτω, κολοβόω
Mutilation, κολόβωσις, f. κόλουσις, f. περικοπὴ, f. λώβη, f.
Mutineer, στασιώτης, m.
Mutinous, στασιώδης, στασιωτικὸς
Mutiny, στάσις, f. διχοστασία, f.
Mutter, v. γρύζω, ἀναγρύζω, μύζω,
Muttering, γογγυσμὸς, m. [τονθορύζω
Mutual, ἀμοιβαῖος
Mutually, adv. ἀμοιβαίως, ἀλλήλοισι, πρὸς ἀλλήλους
Muzzle, κημὸς, m. καρδοπεῖον, n.

NAR

Muzzle, v. στομόω, κημόω
My, ἐμὸς
Myriad, μυριὰς, f.
Myrrh, σμύρνα, f.: of myrrh, σμυρναῖος
Myrtle, μύρτος, f. μυρσίνη, f.: of myrtle, μύρσινος, μυρσινοειδὴς
Myrtle-berry, μύρτον, n. [n.
Myrtle-grove, μυρρινὼν, m. μυρσινεῖον,
Myself, αὐτὸς: of myself, ἐμαυτοῦ, -τῆς, -τοῦ
Mysteries, μυστήρια, n. pl. μυστικὰ, n. pl.: to initiate into mysteries, μυέω: to be initiated, τελέομαι, ἐποπτεύω
Mysterious, μυστικὸς, μυστηριώδης, ἄῤῥητος
Mysteriously, adv. ἀῤῥήτως
Mystery, μυστήριον, n.
Mystic, Mystical, μυστικὸς, μυστηρικὸς
Mythic, μυθικὸς, μυθώδης
Mythological, μυθολογικὸς
Mythology, μυθολογία, f.

N.

Nag, ἱππάριον, n. καβάλλης, m.
Naiad, ναῒς or νηῒς, f.: the Naiads, Ναϊάδες, f. pl.
Nail, ὄνυξ, m. (of iron) ἧλος, m. γόμφος, m.: fastened by nails, πολύγομφος, γομφοπαγὴς
Nail, v. γομφόω, ἡλόω: to nail to, προσηλόω, προσπασσαλεύω, πασσαλεύω
Naked, γυμνὸς, ψιλὸς, ἀνείμων
Nakedness, γυμνότης, f. ψιλότης, f.
Name, ὄνομα, n. ἐπίκλησις, f. κλῆσις, f. πρόσρημα, n. προσηγορία, f.: by name, adv. ὀνομαστὶ, ἐπίκλην
Name, v. ὀνομάζω, ἐπονομάζω, ὀνομαίνω, καλέω, προσαγορεύω
Named, ὀνομαστὸς, ἐπώνυμος: named after, ἐπώνυμος: similarly named, ὁμώνυμος, συνώνυμος: falsely named, ψευδώνυμος: rightly named, ὀρθώνυμος
Nameless, ἀνώνυμος, νώνυμος
Namely, adv. δὴ, δηλαδὴ
Namesake, ὁμώνυμος, ἱπώνυμος
Naming, ὀνομασία, f. ὀνοματοθεσία, f. ὀνόματος θέσις, f.
Nap, λάχνη, f. κροκὺς, f.
Nape, ἰνίον, n.
Napkin, χειρόμακτρον, n. ἐκμαγεῖον, n.
Narcissus, νάρκισσος, c.
Narcotic, ναρκωτικὸς, ὑπνικὸς
Nard, νάρδος, f.
Narrate, v. διηγέομαι, ἐξηγέομαι, λέγω

NAR

Narration, Narrative, διήγησις, f. ἀφήγησις, f. ἀπόδειξις, f.
Narrator, ἐξηγητής, m. διηγητής, m.
Narrow, στενός, στενόπορος, στενοχωρής, στενωπός, ἀραιός
Narrow, (strait) στεῖνος, n. στένος, n. στεινωπός, f. τὰ στενὰ
Narrow, v. στείνω, στένω, στενόω, συνάγω
Narrowly, adv. μόγις, σχολῇ, σπουδῇ
Narrowness, στενότης, f. στεῖνος, n.
Nastiness, ἀκαθαρσία, f. ῥυπαρία, f.
Nasty, ἀκάθαρτος, ῥυπαρός, πιναρός
Natal, γενέθλιος, γενεθλιακός
Nation, ἔθνος, n. γένος, n. φῦλον, n.: of the same nation, ὁμόδημος, ὁμοεθνής
National, ἔνδημος, δημόσιος, ἐθνικός
Native, χωρίτης, m. πατριώτης, m.
Native, πατρῷος, πάτριος, ἐπιχώριος, ἐγχώριος, αὐτόχθων, ἐγγενής
Nativity, γένεσις, f. γενετή, f. γονή, f.
Natural, ἔμφυτος, σύμφυτος, συγγενής, σύντροφος, φυσικός; (not artificial) αὐτόφυτος, αὐτοφυής, ἰθαγενής. αὐτόκτιστος   [εἰκότως
Naturally, adv. φυσικῶς, πεφυκότως,
Nature, φύσις, f.: by or according to nature, τὴν φύσιν, κατὰ φύσιν, φύσει, ἐκ φύσεως: to be by nature, φύομαι
Naval, ναυτικός, νήϊος
Naval battle, ναυμαχία, f.: to fight a naval battle, ναυμαχέω
Nave, πλήμνη, f. χοῖνιξ, f. χνόη, f.
Navel, ὀμφαλός, m.
Naught, οὐδείς, ἄχρηστος, φαῦλος: to set at naught, φαυλίζω, ἐξουδενίζω
Naughtily, adv. κακῶς, φαύλως, πονηρῶς
Naughtiness, κακότης, f. κακία, f. φαυλότης, f.
Naughty, κακός, φαῦλος, πονηρός
Navigable, πλωτός, πλώϊμος, πλώσιμος, ναυσίπορος   [λέω
Navigate, v. πλέω, πλωτεύω, ναυστο-
Navigation, πλόος, m. ναυτιλία, f.
Navigator, ναύτης, m.
Nausea, ναυσία, f. ἄση, f.
Nauseate, v. ναυσιάω, ἀσάομαι
Nauseous, ναυσιώδης, ἀσώδης
Nautical, ναυτικός; (skilled in the sea) θαλάσσιος
Nautilus, ναύτιλος, m. [τὸ ναυτικόν
Navy, στόλος, m. στρατὸς ναυτικός, m.
Nay, οὐ, οὐδαμῶς
Near, πλησίος, παραπλήσιος, γείτων, ἀστυγείτων, ἀγχιτέρμων, ὑπόγυος:

NEG

nearer, comp. ἀγχότερος, ἐγγύτερος: nearest, superl. ἐγγύτατος, ἄγχιστος: to be near, πάρειμι, παρίσταμαι, παράκειμαι, πρόσκειμαι, ὑπάρχω: to bring near, πελάζω, ἐπιπελάζω
Near, prep. παρά, πρός, ἀμφί; adv. ἐγγύς, σύνεγγυς, πλησίον, σχεδόν, ἄγχι, πέλας, ἆσσον, ὁμοῦ, παρασταδόν   [ἐλάχιστον
Nearly, adv. ὀλίγου, μόνον οὐ, παρ᾽
Nearness, ἐγγύτης, f. [θετος, ἀφελής
Neat, γλαφυρός, εὐθήμων, κόμψος, εὔ-
Neatly, adv. γλαφυρῶς, κομψῶς
Neatness, εὐθημοσύνη, f. ἀφέλεια, f. γλαφυρότης, f.
Necessaries, τὰ ἐπιτήδεια, τὰ δέοντα
Necessarily, adv. ἀναγκαίως, ἐπαναγκές   [sary, χρή, δεῖ
Necessary, ἀναγκαῖος: it is neces-
Necessitate, v. ἀναγκάζω, ἐπαναγκάζω
Necessitous, ἐνδεής, πτωχός, ἄπορος
Necessity, ἀνάγκη, f. χρεία, f. ἀναγκαῖον, n.   [αὐχήν, m.
Neck, τράχηλος, m. δέρη or δείρη, f.
Necklace, ὅρμος, m. στρεπτός, m. ὑποδερίς, f. δέραιον, n.
Necromancer, νεκρόμαντις, c. ψυχαγωγός, m.   [μαντεία, f.
Necromancy, νεκρομαντεία, f. νεκυο-
Nectar, νέκταρ, n.
Nectareous, Nectarine, νεκτάρεος
Need, χρεία, f. χρεώ, f. ἀπορία, f. ἀνάγκη, f.
Need, v. δέομαι, προσδέομαι, χράομαι, χρῄζω or χρηΐζω, ἀπορέω: there is need, δεῖ, χρή
Needful, ἀναγκαῖος, ἐπιτήδειος
Needfully, adv. ἀναγκαίως
Needle, ῥαφίς, f. βελόνη, f. ἀκέστρα, f.
Needless, περισσός, περίεργος, ἀχρεῖος
Needlessly, adv. περισσῶς, ἀχρήστως, ἀλυσιτελῶς
Needy, χρεῖος, πτωχός, ἄπορος, ἐνδεής
Nefarious, πανοῦργος, ἀθέμιστος, ἀνόσιος
Nefariously, adv. πανούργως, ἀνοσίως
Negation, ἄρνησις, f. ἀπόφασις, f.
Negative, ἀρνητικός, στερητικός
Negatively, adv. ἀρνητικῶς [δεια, f.
Neglect, ἀμέλεια, f. ὀλιγωρία, f. ἀκή-
Neglect, v. ἀμελέω, παραμελέω, καταμελέω, παρίημι, ἀφίημι, ὀλιγωρέω, ὑπεροράω, ἀλογέω
Neglected, ἀμέλητος, ἀμελής, ἀθεράπευτος, ἀκήδεστος
Neglectful, ἀμελής, ἀκηδής, ὀλίγωρος
Neglectfully, adv. ἀμελῶς, ἀμελητί, ὀλιγώρως

Negligence, ἀμέλεια, f μεθημοσύνη, f. ἀκήδεια, f. ῥαθυμία, f. [ῥάθυμος
Negligent, ἀμελὴς, μεθήμων, ἀκηδὴς,
Negligently, adv. ἀκηδέστως, ἀμελῶς
Negotiate, v. χρηματίζω, πράσσω, διαπράσσομαι, πραγματεύομαι
Negotiation, χρηματισμὸς, m. πραγματεία, f. λόγος, m. [m.
Negotiator, πρεσβεὺς, m. χρηματιστὴς,
Negro, Αἰθίοψ, m. μελάμβροτος
Neigh, v. χρεμετίζω, χρεμετάω
Neighbour, γείτων, c. πρόσοικος, c. ὁ πλησίον, πελάτης, m.: neighbours, περικτίονες, m. pl. περικτίται, m. pl. ἀμφικτίονες, m. pl.
Neighbourhood, γειτονία, f. γειτόνημα, n. γειτνίασις, f.
Neighbouring, γείτων, ὅμορος, πρόσχωρος, πρόσοικος, περίοικος, ἀστυγείτων: to be neighbouring, γειτνιάω. προσοικέω, παροικέω
Neighbourly, εὐμενὴς, φιλόφρων
Neighing, χρεμετισμὸς, m. φρύαγμα, n.
Neither, οὐδὲ, οὔτε, μηδὲ, μήτε
Neither, οὐδέτερος, μηδέτερος: in neither way. οὐδετέρως, μηδετέρως
Nephew, ἀδελφιδέος, -δοῦς, m.
Neptune, Ποσειδῶν, m. Ἐνοσίχθων, m. Ἐννοσίγαιος, m: of Neptune, Ποσειδώνιος
Nereids, Νηρεΐδες, f. pl.
Nerve. νεῦρον, n.
Nerveless, ἄνευρος, ἔκλυτος, ἀσθενὴς
Nervous, νευρώδης
Nest, νεοσσία, f. καλιὰ, f. λέχος, n.: to build a nest, νεοσσεύω
Nestle, v. νεοσσεύω, νεοσσοποιέω
Nestling, νεοσσὸς, m. νεόσσιον, n.
Net, δίκτυον, n. ἕρκος, n. ἄρκυς, f. πάγη, f. πλεκτὴ, f. ἀμφίβληστρον, n. σαγήνη, f. ἄγρευμα, n.
Nether, κατώτερος, ἐνέρτερος: nethermost, κατώτατος, ἐνέρτατος
Nettle, ἀκαλήφη, f. κνίδη, f.
Nettle, v. κνίζω, ἐρεθίζω, κεντέω, θήγω
Never, οὔποτε, οὐδέποτε, μηδέποτε, οὐδεπώποτε
Nevertheless, adv. ὁμῶς, ὁμοίως, πλὴν, ἔμπας, μέντοι, καὶ ἔπειτα
Neuter, Neutral, οὐδέτερος, μέσος: neuter gender, τὸ οὐδέτερον: to be neutral, μεσεύω, ἐπαμφοτερίζω
Neutrality, τὸ ἐπαμφοτερίζειν
New, νέος, καινὸς, πρόσφατος, νεανίας
New-born, νεογενὴς, νεόγονος, νεηNewly, adv. καινῶς, νέως [γενὴς
New-made, νεοτευχὴς, νεότευκτος, νεουργὸς. ἀρτίτομος

New-married, νεόγαμος, νεοδμὴς, νεόδμητος
Newness, καινότης, f. νεότης, f.
News, κλέος, n. κληδὼν, f. τὰ εἰσαγγελλόμενα, ἠχὼ, f. ἄγγελμα, n. μῦθος, m.
Next, ἐγγύτατος, ἔγχιστος, ἄγχιστος, πλησιαίτατος, συνεχὴς; (of time) ἐπιὼν, ὕστερος: the next day, ὑστεραία, f. [μένως, εἶτα
Next, adv. ἐξῆς, αὖθις, δεύτερον, ἐποNibble, v. τρώγω, ἀποτρώγω, παρατρώγω, παρεσθίω
Nice, ἀκριβὴς, τρυφερὸς, λαρὸς, ἀστεῖος: to be nice, τρυφάω, ἀσωτεύομαι
Nicely, adv. ἀκριβῶς
Nicety, ἀκρίβεια, f.
Nick, ἐντομὴ, f. ἐγκοπὴ, f.: in the nick of time, εἰς δέον, εἰς ἀρτίκολλον
Nick, v. ἐγκόπτω, ἐντέμνω
Nickname, ἐπίκλησις, f.
Nickname, v. ἐπικαλέω
Niece, ἀδελφιδῆ, contr. -δῆ, f.
Niggard, φειδωλὸς, γλίσχρος, μικρολόγος [μικρολογία, f.
Niggardliness, φειδὼ, f. φειδωλία, f.
Nigh, γείτων, πλησίος [πρὸς
Nigh, adv. ἐγγὺς, σχεδὸν; prep. παρὰ,
Night, νὺξ, f. ὄρφνη, f.: of or belonging to night, νυκτερινὸς, νύχιος, ἔννυχος, ἐννύχιος: all night, πάννυχος, παννύχιος; adv. πάννυχα, παννύχιον: the same night, αὐτονυχί: by night, adv. νύκτωρ: to pass the night, νυκτερεύω, νυχεύω, αὐλίζομαι
Nightingale, ἀηδὼν, f. φιλομήλα, f.
Nightly, νυκτερινὸς, ἐννύχιος
Night-mare, ἐφιάλτης, m. πνιγαλίων,
Night-shade, στρύχνος, c. [m.
Night-watch, νυκτοφύλαξ, m.
Nimble, ἐλαφρὸς, εὔστροφος, εὐκίνητὸς, δεξιόγυιος [f. εὐκινησία, f.
Nimbleness, ἐλαφρότης, f. εὐστροφία,
Nimbly, adv. ἐλαφρῶς, εὐκινήτως
Nine, ἐννέα; (the number) ἐννεὰς, f.: nine times, ἐννάκις: lasting nine years, ἐννάετης, ἐννέωρος: for nine years, ἐννάετες: for nine days, ἐννῆμαρ
Ninefold, ἐννεαπλάσιος
Nine-hundred, ἐννακόσιοι
Nineteen, ἐννεακαίδεκα
Nine thousand, ἐννεάχιλοι
Ninetieth, ἐννενηκοστὸς
Ninety, ἐνενήκοντα [ἐναταῖος
Ninth, ἔνατος: on the ninth day,
Nip, v. ἀποκνίζω; (as frost) ἀποκαίω

NIP — NUM

Nipple, θηλή, f. τίτθιον, n.
Nit, κόνις, f.
Nitre, νίτρον or λίτρον, n.
No, οὐ, before a vowel οὐκ, before an aspirate οὐχ, οὐχί: by no means, in no manner, οὔπως, οὐδέν, οὐδαμῆ, μηδαμῆ, μηδέν, μηδαμῶς
Nobility, εὐγένεια, f. γενναιότης, f.
Noble, γενναῖος, εὐγενής, ἀγαθός, καλός, δόκιμος, ἐσθλός, ἀγήνωρ, κρείων, ἴφθιμος, ἐπιφανής [ψυχος
Noble-minded, μεγάθυμος, μεγαλό-
Nobleness, εὐγένεια, f. γενναιότης, f.
Nobles, οἱ ἄριστοι, οἱ βέλτιστοι, οἱ δοκοῦντες
Nobly, adv. γενναίως, εὐγενῶς, καλῶς
Nobody, οὐδείς, μηδείς, οὔτις
Nocturnal, νυκτερινός, νυκτέριος, ἔν-
Nod, νεῦμα, n. [νυχος, ὀρφναῖος
Nod, v. νεύω, ἐπινεύω, κατανεύω, νευστάζω; (in sleep) νυστάζω
Noise, κτύπος, m. κέλαδος, m. ψόφος, m. κλαγγή, f. βοή, f. θόρυβος, m. θρόος, m. θρῦλος, m. πάταγος, m. δοῦπος, m. βρόμος, m. ὕτοβος, m. φλοῖσβος, m.: to make a noise, κτυπέω, ψοφέω, κλάζω, παταγέω, θορυβέω, δουπέω
Noiseless, ἄψοφος, ἄθροος, ἄβρομος, ἀψόφητος
Noiselessly, adv. ἀψοφητί
Noisome, δυσώδης, κάκυσμος
Noisy, ψοφώδης, κελαδεινός, βρόμιος
Nomenclature, ὀνομασία, f.
Nominal, ὀνοματώδης, ὀνομαστικός
Nominally, adv. ὀνομαστί
Nominate, v. ὀνομάζω
Nomination, ὀνομασία, f. (appointment) κατάστασις, f.
Nominative case, ἡ ὀνομαστική
Nonage, νηπιότης, f.
Nondescript, ἀναπόγραφος
None, οὐδείς, μηδείς, οὔτις, μήτις
Nonsense, φλυαρία, f. λῆρος, m. ὕθλος, m.: to talk nonsense, φλυαρέω, ληρέω, παραληρέω [πος, ἄλογος
Nonsensical, ληρώδης, φλυαρός, ἄτο-
Nook, μυχός, m. γωνία, f.
Noon, μεσημβρία, f. μεσοῦσα ἡμέρα, f.: of or belonging to noon, μεσημερινός, μεσημβρινός, μεσημέριος
Noose, βρόχος, m. ἅμμα, n.
Nor, οὐδέ, οὔτε, μηδέ, μήτε
North, ἄρκτος, f. βορέας, m.
North-east wind, καικίας, m.
Northern, Northerly, βορραῖος, βόρειος, ἀρκτικός, ἀρκτῷος
North-wind, βορεύς m. βορρᾶς, m.

Nose, ῥίς, f. μυκτήρ, m. ῥύγχος, n.: hook-nosed, γρυπός, ἐπίγρυπος: snub-nosed, σιμός: to blow the nose, ἀπομύσσομαι
Nostrils, ῥῖνες, f. pl. μυκτῆρες, m. pl.
Not, οὐ, before a vowel οὐκ, before an aspirate οὐχ, οὐχί; μή: not at all, οὔτοι, οὐδέν, μηδέν
Notable, ἐπίσημος, δόκιμος, ἐπιφανής, ἀξιόλογος, περιβόητος [δοκίμως
Notably, adv. περιβοήτως, ἀξιολόγως,
Notary, γραμματεύς, m. δημόσιος, m.
Notch, ἔντμημα, n. ἐντομή, f.
Notch, v. ἐντέμνω, ἐγκόπτω
Note, (in music) τόνος, m. (letter) ἐπιστολή, f.
Note, v. σημαίνομαι, διασημαίνομαι
Note-book, δέλτος, f.
Noted, ἐπίσημος, γνώριμος, εὔγνωστος
Nothing, οὐδέν, μηδέν, οὔτι: nothing else, μηδὲν ἄλλο
Notice, ἐπιστροφή, f.
Notice, v. διασημαίνω, ἐπιστρέφομαι
Notification, παράγγελμα, n. σημεῖον,
Notify, v. σημαίνω, γνωρίζω [n.
Notion, γνώμη, f. νόημα, n.
Notoriety, κλέος, n. φήμη, f.
Notorious, γνώριμος, ἐπίσημος, περιβόητος, πρόδηλος
Notoriously, adv. περιβοήτως, ἐπισήμως, φανερῶς
Notoriousness, κλέος, n. φήμη, f.
Notwithstanding, adv. ὁμῶς, οὐδὲν ἧττον, ἀλλὰ μήν
Novel, καινός, ἀήθης
Novelty, καινότης, f. ἀήθεια, f.
Nought, οὐδέν: to set at nought, οὐδαμοῦ νομίζω
Novice, πρωτόπειρος, c.
Noun, ὄνομα, n. [ἀέξω, ἀλδαίνω
Nourish, v. τρέφω, ἀνατρέφω, βόσκω,
Nourishing, θρεπτικός, θρεπτήριος
Nourishment, τροφή, f. διατροφή, f.
Now, νῦν, νυνί, ἤδη, δή, ἄρτι, ἐνταῦθα
Nowhere, οὐδαμοῦ, μηδαμοῦ, μηδαμῆ: from nowhere, οὐδαμόθεν, μηδαμόθεν
Nowise, οὐδέν, οὐδαμῶς, οὐδαμοῦ, οὔτοι, μηδαμῶς [πολυπήμων, ἀτηρός
Noxious, βλαβερός, λυγρός, κακός,
Nudge, v. νύσσω, ἐξαγκωνίζω
Nudity, γυμνότης, f.
Null, ἄκυρος
Nullify, v. συγχέω, καθαιρέω, καταλύω, ἐξαλείφω, ἄκυρον ποιέω
Numb, ναρκώδης
Numb, ναρκᾶν ποιέω, ναρκόω, συμπεδάω: to be numb, ναρκάω
Number, ἀριθμός, m. ἀρίθμημα, n.

468

NUM

πλῆθος, n.: of the same number, ἰσοπληθής, ἰσάριθμος
Number, v. ἀριθμέω
Numberless, ἀνάριθμος, ἀναρίθμητος
Numbing, νάρκωσις, f.
Numbing, ναρκώδης
Numbness, νάρκη, f. νάρκημα, n.
Numerable, ἀριθμητὸς
Numerate, v. ἀριθμέω, λογίζομαι
Numeration, ἀρίθμησις, f.
Numerical, ἀριθμητικὸς [ταρφὺς
Numerous, πολὺς, ἀθρόος, παμπληθὴς,
Nun, μονάστρια, f.
Nuptial, νυμφεῖος, νύμφιος, νυμφικὸς, γαμικὸς, γαμήλιος [νυμφεῖα
Nuptials, γάμος, m. τὰ γαμικὰ, τὰ
Nurse, τροφὸς, f. τιθήνη, f. τιτθὴ, f. θρέπτειρα, f.
Nurse, v. τιθηνέομαι, τιτθεύω, τρέφω
Nursing, τιθήνησις, f. ἀνατροφὴ, f.
Nursling, θρέμμα, n. ἀνάθρεμμα, n. τιθήνημα, n.
Nut, κάρυον, n. (tree) καρύα, f.
Nut-cracker, καρυοκατάκτης, m.
Nutricious, τρόφιμος, τροφώδης, εὐτραφής, αὔξιμος
Nymph, νύμφη, f.: of nymphs, νυμφαῖος

O.

O, ὦ: O that! εἴθε, αἴθε, εἰ γὰρ
Oak, δρῦς, f. φηγὸς, f.: oak-forest, δρυ-
Oaken, δρύϊνος [μὸς, m.
Oar, ἐρετμὸς, m. κώπη, f. ἐλάτη, f. πλάτη, f. ταρσὸς, m.: having oars, κωπήρης, ἐπήρετμος
Oasis, ὄασις, f.
Oath, ὅρκος, m. ὅρκιον, n. ὁρκωμοσία, f. ὅρκωμα, n.: of oaths, ὅρκιος: to take an oath, ὅρκιον ποιέομαι or δίδωμι, ὅρκον ἀποδίδωμι: to keep an oath, εὐορκέω, ὅρκῳ ἐμμένω, ὅρκιον φυλάσσω: to break an oath, ὅρκιον ψεύδομαι or συγχέω, ὅρκον παραβαίνω or ἐκλείπω: to bind by oath, ὁρκόω, πιστόω ὅρκοις: keeping an oath, εὔορκος: bound by oath, ἔνορκος
Oats, αἰγίλωψ, m.
Obduracy, σκληρότης, f. ἀπείθεια, f.
Obdurate, σκληρὸς, ἀμετάπειστος
Obdurately, adv. σκληρῶς
Obedience, πειθαρχία, f. ὑπακοὴ, f. εὐπείθεια, f. πειθὼ, f.
Obedient, ὑπήκοος, εὐπειθὴς, πείθαρ-

OBS

χος, κατήκοος, εὐήκοος, πιθανὸς, ὑπακουὸς, ἐπιπειθὴς
Obediently, adv. εὐπειθῶς, εὐηνίως
Obeisance, προσκύνησις, f.: to do obeisance to, προσκυνέω
Obelisk, ὀβελίσκος, n. ὀβελὸς, m.
Obey, v. πείθομαι, πειθαρχέω, ὑπακούω, ἀκούω, κατακούω, ἀκολουθεω, ἐπακολουθέω, ἕπομαι
Object, σκοπὸς, m. πρᾶγμα, n.
Object, v. προφέρω, ἀντιλέγω, ἀντιτίθημι, ἐπιτιμάω; (be unwilling) ἀφίσταμαι, μελεδαίνω; (raise objections in arguing) ἐνίσταμαι, ὑπαντάω
Objection, ἀντίληψις, f. ἔγκλημα, n. ἀντιλογία, f. ἔνστασις, f.
Objectionable, προσαντὴς
Objector, ἀντίλογος, m.
Objurgate, v. ἐπιτιμάω
Objurgation, ἐπίληψις, f. ἐπιτίμησις, f.
Oblation, ἀνάθημα, n. προσφορά, f.
Obligation, ὑπούργημα, n. ὀφείλημα, n. ἐνοχὴ, f.: to be under an obligation, ὀφείλω, ἀντοφείλω
Oblige, v. (compel) ἀναγκάζω, ἐπαναγκάζω, βιάζω; (gratify) εὐεργετέω
Obliging, εὐχερὴς, ῥᾴδιος, φιλόφρων
Oblique, πλάγιος, λοξὸς, λέχριος, κάρσιος, ἐγκάρσιος [λεχρὶς
Obliquely, adv. πλαγίως, ἐγκαρσίως,
Obliquity, πλαγιότης, f. λοξότης, f.
Obliterate, v. ἀφανίζω, ἐξαλείφω, ἐκνίπτω [m.
Obliteration, ἐξάλειψις, f. ἀφανισμὸς,
Oblivion, λήθη, f. [μήκης
Oblong, προμήκης, παραμήκης, ἑτερο-
Obloquy, ὄνειδος, n. βλασφημία, f. δυσφημία, f.
Obnoxious, ἐπίφθονος, ἔνοχος, ὑπεύθυνος: to be obnoxious, ἐνέχω
Obolus, ὀβολὸς, m.
Obscene, αἰσχρὸς, αἰσχρολόγος, μιαρὸς, ἀπρεπὴς, ἀσελγὴς
Obscenely, adv. αἰσχρῶς, μιαρῶς
Obscenity, ἀπρέπεια, f. αἰσχρότης, f. ἀσέλγεια, f. (of language) αἰσχρορρημοσύνη, f.
Obscure, ἀφανὴς, ἀμαυρὸς, ἄδηλος, ἀσαφὴς, ἀμυδρὸς, ἄσημος, ἄδοξος, δύσκριτος, σκότιος, ἀπόκρυφος, σκοτεινὸς
Obscure, v. ἐπισκοτέω, μαυρόω, ἀμαυρόω, κνεφάζω, ἠλυγάζω
Obscurely, adv. ἀδήλως, ἀσαφῶς, σκοτεινῶς, δυσκρίτως
Obscurity, σκότος, n. ἀφάνεια, f. ἀσάφεια, f. ἀδοξία, f. ἀγνωσία, f. ἠλύγη, f. (of birth) ἀγένεια, f.

Obsequies, τὰ κτέρεα, τὰ κτερίσματα
Obsequious, θεραπευτικὸς, κατήκοος, ἄρεσκος, ὑπείκων
Obsequiously, adv. θεραπευτικῶς [f.
Obsequiousness, ἀρέσκεια. f. θεραπεία,
Observable, ἐπιφανὴς, ἐπίσημος
Observance, θεραπεία, f. ἐντροπή, f.
Observant, θεραπευτικὸς
Observation, τήρησις, f. παρατήρησις, f. παραφυλακὴ, f. ἐπιστροφὴ, f.
Observatory, σκοπὴ, f. σκοπιὰ, f.
Observe, v. τηρέω, παρατηρέω, φυλάσσω, ἐνοράω, κατοπτεύω, φράζομαι ; (keep, obey) ἐμμένω, ἐπιμένω, θεραπεύω [ἐξίτηλος
Obsolete, ἄκυρος, ἀρχαϊκὸς, παλαιὸς,
Obsoleteness, παλαιότης. f.
Obstacle, ἔχμα, n. κώλυμα, n. ἐμπόδιον, n. ἐμπόδισμα, n. ἐναντίωμα, n.
Obstinacy, αὐθάδεια, f. ἀπείθεια, f. φιλονεικία, f. δυσαπαλλακτία, f. δυστροπία, f. δυστραπελία, f. δυσπείθεια, f.
Obstinate, αὐθάδης, δυσπειθὴς, δύσπειστος, δυσανάπειστος, δύστροπος, ἀντίτυπος, ἀκίνητος, φιλόνεικος, στερρὸς
Obstinately, adv. αὐθαδῶς, στερρῶς
Obstreperous, ἄβρομος, θορυβώδης : to be obstreperous, θορυβέω
Obstriction, συγγραφὴ. f. κατεγγύη, f
Obstruct, v. ἐμποδίζω, ἐμφράσσω, κωλύω, ἐνίσταμαι
Obstruction, ἐμπόδισμα, n. κώλυμα, n. ἔχμα, n. ἔμφραξις, f.
Obtain, v. τυγχάνω, ἐπιτυγχάνω, λαγχάνω, εὑρίσκω, κτάομαι, ἐπικτάομαι, κυρέω, ἐπικυρέω : to obtain by entreaty, παραιτέομαι, ἐξαιτέομαι
Obtainable, εὐπόριστος, ἐπιτευκτικὸς
Obtaining, ἐπίτευξις, f.
Obtrude, v. ὠθέω, εἰσωθέω
Obtuse, ἀμβλὺς, κωφὸς, ἀναίσθητος
Obtuseness, ἀμβλύτης, f.
Obviate, v. ἀποτρέπω, ἀπαντάω
Obvious, φανερὸς, ἐναργὴς
Obviously, adv. φανερῶς, ἐναργῶς
Obviousness, ἐνάργεια, f.
Occasion, ἀφορμὴ, f. καιρὸς, m.
Occasion, v. ποιέω, πράσσω, ἐργάζομαι, ἐξεργάζομαι, γεννάω, τίκτω, προσβάλλω [σχέδιος
Occasional, τυχὼν, παρατυχὼν, αὐτο-
Occasionally, adv. ἐνίοτε, ἐστὶν ὅτε
Occult. κρυπτὸς, ἄδηλος
Occupation. ἀσχολία. f.
Occupy, v. ἔχω, κατέχω, ἐπέχω, νέμω ; (engage) ἀσχολέω ; (take possession

of) καταλαμβάνω ; (be busy, occupied in) ἔχω περὶ, καλινδέομαι ἐν or περὶ, ὁμιλέω, εἰμὶ ἐν
Occur, v. εἰσέρχομαι, ἐπέρχομαι, εἴσειμι, ἔπειμι, παρίσταμαι ; (happen) γίγνομαι, συμπίπτω, παραπίπτω, τυγχάνω
Occurrence, συντυχία, f. σύμπτωμα, n. συμφορὰ, f. τὸ συμβαῖνον
Ocean, ὠκεανὸς, m. πέλαγος, n. : to the ocean, ὠκεανόνδε
Ochre, ὤχρα, f. [φος, m.
Oculist, ὀφθαλμικὸς, m. ὀφθαλμόσο-
Odd, ἄνισος, περισσὸς ; (unusual) ἀήθης
Oddness, ἀήθεια, f. περισσότης, f.
Ode, ᾠδὴ, f. ὕμνος, m. ᾆσμα, n.
Odious, δυσώνυμος, μισητὸς, ἀξιόμισος, ἀπεχθὴς, δυσχερὴς
Odium, μῖσος, n. ἔχθρα, f. [τικὸς
Odoriferous, εὐώδης, εὔοδμος, ἀρωμα-
Odorous, εὐώδης, κηώεις, κηώδης, ἀρωματικὸς
Odour, ὀδμὴ. f. ὀσμὴ, f.
Of, (concerning) περὶ, ἐπὶ
Off, adv. ἀπὸ, ἐντεῦθεν, ἔνθεν, ἐκποδὼν
Offal, τραχήλια, n. pl.
Offence, βλαβὴ, f. πρόσκρουσμα, n. πρόσκομμα, n. προσκοπὴ, f. μήνιμα, n. χρέος, n.
Offend, v. βλάπτω, προσπταίω, προσκρούω, προσίσταμαι, σκανδαλίζω, λυπέω, ἀνιάω : to be offended with, διαβάλλομαι, σκανδαλίζομαι, δυσανασχετέω, δυσαρεστέω
Offender, παραβάτης, m. παράνομος, m.
Offensive, προσαντὴς, ἀργαλέος, ἀποθύμιος, ἀχάριστος, ἀχάριτος, ἀτερπὴς
Offer, v. προτείνω, παρέχω, προέχομαι, προσφέρω, δίδωμι ; (as offerings) ἀνατίθημι, θύω, ἔρδω ; (present itself) intrans. παραπίπτω, παρατυγχάνω
Offering, ἀνάθημα, n. θῦμα, n. τιμὴ, f.
Off-hand, παραχρῆμα, προχείρως, ἐξ αὐτοσχεδίης, ἐξ ἑτοίμου, εὐθὺς
Office, τέλος, n. ἀρχὴ, f. ἐξουσία, f. χρέος, n. τιμὴ, f. τὸ προσῆνον, τὰ δέοντα
Officer, ὑπηρέτης, m.
Officiate, v. διακονέω
Officious, πολυπράγμων, περίεργος : to be officious, πολυπραγμονέω
Officiously, adv. περιέργως
Officiousness, περιεργία, f. πολυπραγμοσύνη, f.
Offscourings, περιψήματα, n. pl.
Offspring, γένος, n. γονὴ, f. γόνος, m.

OFT

γένεθλον, n. τόκος, m. σπέρμα, n. θάλος, n. ὠδὶς, f. σπορά, f.
Often, adv. πολλάκις, πυκνά, θαμά, θαμινά, πολλά, πολλαχοῦ: very often, πλειστάκις, μυριάκις: how often? ποσάκις; so often, τοσάκις, τοσαυτάκις: as often as, ὁσάκις, ὁποσάκις
Oftener, πλεονάκις
Oh, ὦ or ὤ, φεῦ, ἰώ
Oil, ἔλαιον, n. ἄλειφαρ, n. ἄλειφα, n.
Oil, v. ἐλαιόω
Oiliness, λιπαρότης, f. λίπασμα, n.
Oilman, ἐλαιοπώλης, m.
Oily, ἐλαιηρός, ἐλαιήεις, ἐλαιώδης, λιπώδης
Ointment, μύρον, n. μύρωμα, n. χρῖσμα, n. ἀλοιφή, f. ἄλειφαρ, n.: ointment-box, ἀλάβαστρος, m.
Old, γηραιός, γεραιός, γέρων, πρεσβύς, παλαιός, ἀρχαῖος, πολιός, παλαιόγυνος: very old, πολυγήραος, παμπάλαιος: old age, γῆρας, n. ἡλικία, f.: a happy old age, εὐγηρία, f.: old man, γέρων, m. πρεσβύτης, m. πρεσβύς, m.: old woman, γραῦς, f. γραῖα, f. πρεσβῦτις, f.: to grow old, γηράσκω, καταγηράσκω, ἀπογηράσκω, παρηβάω· to grow old together with, συγγηράσκω, συγκαταγηράσκω: to be old, πρεσβεύω: not growing old, ἀγήραος, ἀγήρως, ἀγήρατος: growing old, γήρανσις, f.
Older, γεραίτερος, πρεσβύτερος, προτερηγενής [χαιότροπος
Old-fashioned, ἀρχαῖος, ἀρχαϊκός, ἀρ-
Oldness, παλαιότης, f.
Oligarchy, ὀλιγαρχία, f.: to have an oligarchy, ὀλιγαρχέομαι
Oligarchical, ὀλιγαρχικός
Olive, (fruit) ἐλαία, f. (tree) ἐλαία, f. ἔλαιος, m. ἐλαΐς, f.: wild olive, κότινος, c. ἔλαιος, m.
Olympia, Ὀλυμπία, f.: at Olympia,
Olympiad, Ὀλυμπιάς, f. [Ὀλυμπίασι
Olympian, Olympic, Ὀλύμπιος, Ὀλυμπιάς, fem. Ὀλυμπικός: Olympian or Olympic games, Ὀλύμπια, n. pl. Ὀλυμπιάς, f. Ὀλυμπικός ἀγών: conqueror in the Olympic games, Ὀλυμπιονίκης, m.
Olympus, Ὄλυμπος, m.: of Olympus, Ὀλύμπιος, Ὀλυμπιάς
Omen, οἰωνός, m. οἰώνισμα, n. φήμη, f. ὄρνις, c. σύμβολος, m. σύμβολον, n. σημεῖον, n.: of good omen, δεξιός, αἴσιος, εὔσημος, εὐώνυμος, εὔφημος: of bad omen, ἀριστερός, σκαιός, δύσφημος, πάρορνις: ill-omened, δυσοιώνιστος

OPI

Omission, παράλειψις, f.
Omit, v. παρίημι, παραλείπω, ἐλλείπω, ἀφαιρέω, παραβαίνω, ὑπερβαίνω
Omnipotence, παντοκρατορία, f. πανταρχία, f.
Omnipotent, παγκρατής, πανταρχής, πάναρχος, παντοκράτωρ, παντοδυνάστης
Omnipotently, adv. παντοκρατορικῶς
Omniscient, πάνσοφος, παντόσοφος,
On, ἐπί, ἐν, ὑπέρ, κατά [παμμήτις
Once, adv. ἅπαξ, εἰσάπαξ: once for all, καθάπαξ: at once, ἅμα, αὐτόθε, ἐξαυτῆς
One, εἷς, μία, ἕν; (a certain one) τις: the one, ὁ μέν, ἕτερος: every one, πᾶς τις: some one, εἷς τις
Onerous, ἐπαχθής, βαρύς, φορτικός
Oneself, αὐτός
Onion, κρόμμυον, n.
Only, μόνος, οἷος; adv. μόνον, μόνως: only begotten, μονογενής: not only, οὐ μόνον, μὴ ὅτι
Onset, ὁρμή, f. εἰσβολή, f. σύρραξις, f.
Onward, adv. πρόσω, πόρρω
Onyx, ὄνυξ, m.
Ooze, v. στάζω, καταστάζω, σταλάω
Opal, ὀπάλλιος, m. [ζοφώδης
Opaque, ἐπίσκιος, κατάσκιος, σκιερός,
Open, ἄκλειστος, ἀνοικτός: (manifest) φανερός, ἐμφανής; (of the air) καθαρός: the open air, αἰθρία, f.: in the open air, αἴθριος
Open, v. ἀνοίγνυμι or ἀνοίγω, οἴγνυμι, διοίγνυμι, ἀνίημι, ἀναπτύσσω, διαπτύσσω, λύω, ἀναπετάννυμι; (as law term) εἰσάγω: to open a little, παροίγνυμι, παρανοίγνυμι; (a body) ἀνατέμνω, ἀνασχίζω; intrans. (to be open) διΐσταμαι, χασμάομαι: to lay open, make manifest, ἀνακαλύπτω, ἐμφανίζω, φανερόω
Opening, ἄνοιξις, f. ἀνάπτυξις, f. (chasm) χάσμα, n. (of a case at law) εἰσαγωγή, f.
Openly, adv. φανερῶς, ἐμφανῶς, ἀναφανδόν, ἄντικρυς, ἀπροφασίστως, ἀπαρακαλύπτως
Openness, παρρησία, f. ἁπλότης, f.
Operate, v. ἐργάζομαι, ἐνεργέω
Operation, ἔργον, n. ἐνέργεια, f.
Operative, ἐργαστικός, ἐνεργός, ἐνεργητικός
Opine, v. νομίζω, δοξάζω, ὑπολαμβάνω
Opinion, δόξα, f. δόκησις, f. δόξασμα, n. γνώμη, f. γνῶμα, n. διάνοια, f. ὑπόνοια, f. ὑπόληψις, f.: to be of opinion, νομίζω, δοξάζω: it is my opinion,

OPI   ORI

δοκεῖ μοι: to give one's opinion, γνώμην τίθεμαι or ἀποφαίνομαι: of the same opinion, ὁμογνώμων: to be of the same opinion, ὁμογνωμονέω: a bad opinion of, κατάγνωσις, f.: to have a bad opinion of, καταγιγνώσκω
Opium, μηκώνιον, n. ὔπιον, n.
Opponent, ἀνταγωνιστής, m. ὁ ἐναντίος
Opportune, καίριος, εὔκαιρος, ἐπιτήδειος
Opportunely, adv. εὐκαίρως, καιρίως
Opportunity, καιρός, m. ἀφορμή, f. εὐκαιρία, f. εὐμάρεια, f.: there is an opportunity, παρέχει
Oppose, v. ἀνθίσταμαι, ἀντιτείνω, ἀντιστατέω, ἀνταγωνίζομαι, ἐναντιόομαι, ἀντιπράσσω, ἀπαντάω; (with words) ἀντιλέγω: to be opposed to, ἀντίκειμαι   [τίος
Opposed to, προσαντής, ἀντίος, ἐναντ-
Opposing, ἐναντίος, ἀντίβιος
Opposite, ἀντίος, ἐναντίος, ὑπεναντίος, ἀντίπορος, ἀντίπρῳρος, ἀντήρης: to be or be placed opposite, ἀντικαθίσταμαι, ἀντικάθημαι
Opposite, in opposition, adv. ἄντα, ἄντην, ἔναντα, ἐξ ἐναντίας, κατεναντίον, ἀντικρύ, καταντικρύ, πέραν: from the opposite side, πέραθεν, περαιόθεν
Opposition, ἀντίθεσις, f. ἀντίπραξις, f. ἀντίστασις, f. ἐναντίωσις, f. ἐναντιότης, f.
Oppress, v. πιέζω, βαρύνω, κατεπείγω, τρίβω, καταδυναστεύω: to be oppressed, βιάζομαι, συνέχομαι, βαρύνομαι
Oppression, βία, f. θλῖψις, f. καταπίεσις, f. ἐπάχθεια, f.   [βαρὺς
Oppressive, βίαιος, ἐπαχθής, ὑπερβαρής,
Oppressor, ὑβριστής, m. τύραννος, m.
Opprobrious, ὀνείδειος, ἐπονείδιστος
Opprobrium, ὄνειδος, n.   [ἡ εὐκτικὴ
Optative, εὐκτικὸς: optative mood,
Optical, ὀπτικὸς
Optics, ἡ ὀπτική, τὰ ὀπτικὰ
Option, αἵρεσις, f. ἐκλογή, f.
Optional, ἐθελούσιος
Opulence, πλοῦτος, m. εὐπορία, f.
Opulent, πλούσιος, εὔπορος, πολυχρήματος, ἀφνειὸς
Opulently, adv. εὐπόρως
Or, ἤ, ἤτοι, εἴτε
Oracle, μαντεῖον, n. μάντευμα, n. μαντεία, f. χρησμός, m. χρηστήριον, n. χρησμῳδία, f. ὀμφή, f. φήμη, f.: of an oracle, μαντεῖος, μαντικός,

472

χρησμῳδὸς: to deliver an oracle, χράω, μαντεύομαι, χρησμῳδέω: to consult an oracle, χράομαι, μαντεύομαι, χρηστηριάζομαι
Oracular, μαντεῖος, μαντικός, χρησμῳδικὸς, χρηστήριος
Orally, adv. ἀπὸ στόματος
Oration, λόγος, m. μῦθος, m.
Orator, ῥήτωρ, m. δημηγόρος, m.
Oratorical, ῥητορικός, δημηγορικὸς
Oratorically, adv. ῥητορικῶς
Oratory, ῥητορεία, f. ἡ ῥητορικὴ
Orb, κύκλος, m.
Orbicular, κυκλοτερής, σφαιρικὸς
Orbit, πόλος, m. περίοδος, f. φορά, f.
Orchard, ὄρχος, m. ὄρχατος, m. μηλών, m.
Orchestra, ὀρχήστρα, f.
Ordain, v. παραγγέλλω, ἐπιτέλλω, διατάσσω, ἀναιρέω
Ordained, τακτός, τεταγμένος
Ordainer, καταστάτης, m.
Order, τάξις, f. εὐταξία, f. κόσμος, m. κοσμιότης, f. εὐκοσμία, f. εὐθημοσύνη, f. εὐνομία, f. (command) πρόσταγμα, n. ἐφετμή, f.: a setting in order, διακόσμησις, f. κατακόσμησις, f.: to be in order, εὐνομέομαι, εὐτακτέω: in order, ἑξῆς, ἐφεξῆς, ἐπισταδὸν: in order that, so that, ἕνεκα, -κεν
Order, v. (command) κελεύω, διακελεύομαι, παρακελεύομαι, προστάσσω, ἐπιτέλλω; (arrange) τάσσω, κοσμέω, διακοσμέω, διασταθμάομαι
Orderly, εὔτακτος, κόσμιος, εὔνομος, εὔρυθμος; adv. εὐτάκτως, εὐκόσμως, κοσμίως, εὐρύθμως, τεταγμένως
Ordinance, πρόσταγμα, n. πρόσταξις, f. ἐπίταγμα, n. ψήφισμα, n.
Ordinarily, adv. εἰωθότως, κοινῶς
Ordinary, συνήθης, σύντροφος, μέτριος, κοινός, ἐπιπόλαιος, ὁμαλὸς
Ordination, κατάστασις, f.
Ordure, κόπρος, f. σκώρ, n. ὄνθος, m.
Ore, μέταλλον, n.
Organ, ὄργανον, n.
Organic, ὀργανικὸς
Organically, adv. ὀργανικῶς
Organisation, σύνταξις, f.
Organise, v. συντάσσω, πλάσσω
Orgies, ὄργια, n. pl.: to celebrate orgies, ὀργιάζω
Orient, ἑῷος, ἠοῖος, ἀνατολικὸς
Oriental, ἀνατολικὸς
Orifice, πύλη, f. στόμα, n. χάσμα, n.
Origin, γένεσις, f. πηγή, f. ἀρχή, f. σπέρμα, n. ῥίζα, f. (cause) αἰτία, f.

Original, πρωτογενὴς, πρωτόγονος, πρῶτος
Originally, adv. πρῶτον, πρῶτα, ἐξ ἀρχῆς, ἀπ' ἀρχῆς
Originate, v. ἄρχω, φύμι, γίγνομαι
Ornament, κόσμημα, n. κόσμος, m. ἄγαλμα, n. πρόσχημα, n. καλλώπισμα, n.
Ornament, v. κοσμέω, περιστέλλω
Ornamental, ἀγλαὸς, ποικίλος
Ornamented, ποικίλος
Orphan, ὀρφανὸς, ὀρφανικὸς, ἀπάτωρ
Orphanhood, ὀρφανία, f. ὀρφάνευμα, n.
Orthodox, ὀρθόδοξυς
Orthodoxy, ὀρθοδοξία, f.
Orthography, ὀρθογραφία, f.
Osier, οἶσος, m. οἰσύα, f. λύγος, f.
Osprey, φήνη, f. ἀλιαίετος, m.
Ostensive, δεικτικὸς
Ostentation, ὄγκος, m. ἐπίδειξις, f. ἀλαζονεία, f. κομπασμὸς, m.
Ostentatious, φιλότιμος, ὑβρισμένος, ἀλαζὼν, βάναυσος
Ostentatiously, adv. ἀλαζονικῶς, ὑψηλὰ
Ostler, ἱπποκόμος, m.
Ostracise, v. ὀστρακίζω
Ostracism, ὀστρακισμὸς, m. τὰ ὄστρακα
Ostrich, στρουθὸς, c. μέγας στρουθὸς, m. στρουθοκάμηλος, c.
Other, ἄλλος, ἕτερος: the other, ἕτερος: from the other side, ἑτέρωθεν: the one, ὁ μὲν, the other, ὁ δὲ
Otherwise, adv. ἄλλως, ἑτέρως
Otter, ἔνυδρις, f. σαθέριον, n.
Oval, ὠοειδὴς, ὠώδης [γεὺς, m.
Oven, κρίβανος, m. κρίβανον, n. πνιOver, ὑπὲρ, ἐπὶ: to be set over, ἐφίσταμαι, ἐπιστατέω, ἔπειμι
Overawe, v. φοβέω, ταρβέω
Overbalance, ῥοπὴ, f.
Overbearing, ὑπέρβιος, ὑπερήφανος
Overbearingly, adv. ὑπέρβιον, ὑπερηφάνως
Overbold, ὑπέρτολμος, παράτολμος
Overburden, v. ὑπεργεμίζω, ὑπερβαρέω
Overburdened, ὑπερβαρὴς, ὑπεραχθὴς
Overcast, ἐπινέφελος, ἐπίσκιος, συνOvercharge, v. ὑπερτιμάω [νέφελος
Overcloud, v. συννεφέω
Overclouded, περινέφελος, ἐπινέφελος, συννέφελος
Overcome, v. νικάω, δαμάω, ὑπερβάλλομαι, καταστρέφομαι, ὑπάγω
Overflow, ἐπίκλυσις, f. ἐπίχυσις, f. πλημμυρὶς, f.
Overflow, v. κατακλύζω, ὑπερβαίνω, πλημμυρέω, πλημμύρω, ἐπικλύζω

Overflowing, κατακλυσμὸς, m. κατάOverflowing, πλημμυρὸς [κλυσις, f.
Overgrown, ὑπερφυὴς
Overhang, v. ἐπικρέμαμαι
Overhanging, ἐπηρεφὴς, κατηρεφὴς
Overhead, adv. ἄνω, ὑπὲρ, ὕπερθε, καθ-
Overhear, v. παρακούω [ὕπερθε, ἐπάνω
Overjoyed, ὑπερχαρὴς, περιχαρὴς, περιγηθὴς
Overladen, ὑπέργομος, ὑπερβαρὴς
Overlay, v. ἐπιτίθημι, καλύπτω, κατακαλύπτω
Overload, v. ὑπεργεμίζω, ὑπερβαρέω
Overloaded, ὑπεραχθὴς, ὑπερβαρὴς,
Overlong, ὑπερμήκης [ὑπέργομος
Overlook, v. (superintend) ἐποπτεύω, ἐφοράω, ἐπισκοπέω; (disregard, neglect) περιοράω, ὑπεροράω, παραθεωρέω
Overmuch, ὑπέρπολυς, ὑπέρμετρος; adv. περιπολλὸν, ὑπερμέτρως, ἄγαν, λίαν
Overplus, τὸ περισσὸν, τὸ περίσσευον
Overpower, v. νικάω, δαμάω, ὑπερβάλλομαι, ὑπάγω
Overreach, v. παρέρχομαι, ὑποσκελίζω, παρακόπτω, παρακρούω [τρέχω
Overrun, v. καταθέω, κατατρέχω, ἐπιOversee, v. ἐπισκοπέω, ἐφοράω, ἐποπτεύω [ἐπόπτης, m.
Overseer, ἐπίσκοπος, m. ἔφορος, m.
Overshadow, v. σκιάζω, σκιάω, κατασκιάζω, ἐπισκιάζω
Overshadowed, κατάσκιος
Overshoot, v. ὑπερβάλλω, ὑπερακοντίζω
Oversight, παρόραμα, n. πταῖσμα, n. σφάλμα, n. ἁμάρτημα, n. ἀβλέπτημα, n.
Overspread, v. ἐπιτρέχω, ὑπερχέω, ἐπιστρώννυμι, ὑπερτείνω
Overstep, v. προβαίνω, ὑπερβαίνω
Overtake, v. λαμβάνω, καταλαμβάνω, ἐπικαταλαμβάνω, περιέρχομαι, ἅπτομαι, αἱρέω, μάρπτω, κιχάνω
Overthrow, ἀνάστασις, f. ἀνατροπὴ, f. καταστροφὴ, f. καθαίρεσις, f.
Overthrow, v. ἀνατρέπω, ἀναστρέφω, καταστρέφω, καταβάλλω, καταλύω, ἐρείπω, ἀλαπάζω
Overtop, v. ὑπερέχω, ὑπερβάλλω
Overturn, v. ἀνατρέπω, περιτρέπω, ἀναστρέφω, καταστρέφω, καταλύω, καθαιρέω [f.
Overturning, κατάλυσις, f. καθαίρεσις,
Overvalue, v. ὑπερτιμάω
Overwhelm, v. καταχώννυμι, ἐπικλύζω, ὑπερβάλλω
Ought, v. ὀφείλω: one ought, δεῖ, χρὴ

Ounce, οὐγγία or οὐγκία, f.
Our, ἡμέτερος, ἡμετέρειος, σφέτερος: (of us two), νωΐτερος
Out, ἐκ or ἐξ, ἔξω, ἐκτός
Outbid, v. ὑπερβάλλω
Outcast, ἐκβολή, f. κάθαρμα, n. φυγὰς, m.
Outcast, ἐκβόλιμος, ἐκβολιμαῖος
Outcry, καταβοὴ, f.
Outdo, v. ὑπερβάλλω, ὑπερβαίνω, ὑπερτείνω, ὑπεραίρω
Outer, ἐξώτερος
Outermost, ἔσχατος, ἐξώτατος
Outfit, κατάστασις, f.
Outflank, v. περιέχω, ὑπερέχω, ὑπερτείνω, ὑπερφαλαγγέω
Outgoing, ἔξοδος, f.
Outlandish, ὑπερόριος, ξενικὸς
Outlaw, ἄπολις, c.
Outlaw, v. ἐκβάλλω, φυγαδεύω
Outlet, ἔξοδος, f. διέξοδος, f. στόμα, n. ἐκβολὴ, f. (for ships) ἔκπλοος, m.: without an outlet, ἀνέκβατος
Outline, περιγραφὴ, f. ὑπογραφὴ, f. τύπος, m. περιήγησις, f.
Outlive, v. περιγίγνομαι, περίειμι, περιφεύγω
Outnumber, v. περιέχω, περισσεύω
Outpost, φυλακτήριον, n. προφυλακὴ, f.
Outrage, αἰκία, f. αἴκισμα, n. ἀεικία, f. λώβη, f. λυμὴ, f.
Outrage, v. αἰκίζω, λυμαίνομαι, λωβάομαι, παρανομέω
Outrageous, ἀεικὴς, λωβήεις, μανικὸς
Outrun, v. προτρέχω, παρατρέχω, παρέρχομαι, φθάνω, ὑπερβάλλω
Outside, ἐκτὸς, ἔξω, ἔκτοθι, θύραθε
Outstretched, προβδαιος
Outstrip, v. προλαμβάνω, παρατρέχω, φθάνω, παραφθάνω, ὑπερβάλλω
Outward, ἔξω, ἐξωτερικὸς, ἐκτὸς
Outwardly, adv. ἐκτὸς
Outweigh, v. καταβρίθω, ὑπερσταθμίζομαι
Outwit, v. ἀπατάω, ἐξαπατάω, παρέρχομαι
Outwork, προτείχισμα, n.
Owe, v. ὀφείλω
Owl, γλαὺξ, f. ἐλεᾶς, m. βρύας, m.
Own, ἴδιος, οἰκεῖος
Own, v. (acknowledge) ὁμολογέω, προσομολογέω, ἐπιγιγνώσκω; (have, possess) ἔχω, κτάομαι
Owner, κτήτωρ, m.
Ox, βοῦς, m.: of or belonging to oxen, βόειος or βόεος, βοεικὸς
Ox-driver, βοηλάτης, m.: to drive oxen, βοηλατέω
Ox-goad, βουπλὴξ, f.
Ox-herd, βουκόλος, m. βούτης, m. βουπελάτης, m. βουβότης, m.

Ox-hide, βοεία, f.: of raw ox-hide, ὠμοβόεος, ὠμοβόϊνος
Ox-stall, βούσταθμον, n. βόαυλος, m. βόαυλον, n. βούστασις, f.
Oyster, ὄστρεον, n.

P.

Pace, βῆμα, n. βάδισμα, n.
Pace, v. βαδίζω, βαίνω
Pacific, ἥσυχος, εἰρηναῖος, διαλλακτήριος, διαλλακτικὸς
Pacification, διαλλαγὴ, f.
Pacify, v. διαλλάσσω, ἀπαλλάσσω, ἱλάσκομαι, ἱλάομαι, πραΰνω, ἀναπαύω, εἰρηνεύω
Pack, (burden) φόρτος, m. φορτίον, n. σάγμα, n.: pack of hounds, κυνηγέσιον, n.
Pack, v. ἀνασκευάζω, συσκευάζομαι, ἐπισκευάζω, σάττω
Package, Packet, φάκελλος, m. φορτίον, n. σύνδεσμος, m.
Packing up, συσκευασία, f.
Pad, τύλη, f. τυλεῖον, n.
Pæan, παιάν, m.: to sing a pæan, παιανίζω, παιωνίζω
Page, σελὶς, f.
Pageant, θέαμα, n. θέα, f.
Pageantry, ἀγλαΐα, f. πομπὴ, f. ἐπίδειξις, f.
Pail, κάδος, m. πέλλα, f.
Pain, ἄλγος, n. ἀλγηδὼν, f. ἄλγημα, n. ἄχος, n. ὀδύνη, f. λύπη, f. πόνος, m. (of childbirth) ὠδὶς, f.: to be in pain, ἀλγέω, ἄχθομαι, πονέω, ὀδυνάομαι
Pain, v. λυπέω, ἀλγύνω, ὀδυνάω
Painful, ὀδυνηρὸς, ἀλγεινὸς, μογερὸς, ἐπώδυνος: more painful, ἀλγίων: most painful, ἄλγιστος: very painful, περιώδυνος, πολυώδυνος: without pain, ἀνώδυνος, νώδυνος
Pains, σπουδὴ, f. πόνος, m.: to take pains, πονέω, σπουδάζω, σπουδὴν ἔχω
Paint, χρῶμα, n. φῦκος, n.
Paint, v. γράφω; (from life) ζωγραφέω; (the face) φυκόω
Painter, γραφεὺς, m. (from life) ζωγράφος, m.: portrait-painter, εἰκονογράφος, m.
Painting, γραφὴ, f. ζωγραφία, f. (art of) ἡ γραφικὴ: of painting, γραφικὸς
Pair, ζεῦγος, n. συζευγία, f. συνωρὶς, f.: in pairs, σύνδυο, κατὰ ζύγα
Pair, v. συνδυάζω, ζεύγνυμι, συναρμόζω
Palace, βασίλειον, n. αὐλὴ, f.

Palæstra, παλαίστρα, f.
Palatable, εὔχυμος, ἡδύς
Palate, ὑπερῴα, f. οὐρανός, m.
Pale, ὠχρός, λευκός, ἔνωχρος, χλωρός, χλοιώδης: to be or turn pale, ὠχριάω, ὠχράω, χλωριάω
Paleness, ὦχρος, m. or n. ὠχρότης, f. ὠχρίασις, f. ὤχρωμα, n.
Palfrey, καβάλλης, m.
Palisade, σταυρός, m. σταύρωμα, n. σταύρωσις, f. φράγμα, n. χαράκωμα, n.
Palisade, v. σταυρόω, προσσταυρόω, χαρακόω [m. σταύρωσις, f.
Palisading, χαράκωσις, f. χαρακισμός,
Palliate, v. μειόω, λεπτύνω, κρύπτω, ἐλασσόω
Palliation, μείωσις, f. ἐλάττωσις, f.
Pallid, ὠχρός, ἔνωχρος, χλωρός
Palm, (of the hand) παλάμη, f. θέναρ, n. (measure) παλαιστή, f.: palm-tree, φοῖνιξ, c.
Palpable, ἐναργής, δῆλος, κατάδηλος, φανερός, ἐμφανής, λαμπρός
Palpably, adv. φανερῶς, ἐναργῶς, λαμπρῶς, ἐμφανῶς
Palpitate, v. ἀσπαίρω, ἀσπαρίζω, πάλλω
Palpitation, παλμός, m.
Palsy, παράλυσις, f.
Paltry, δείλαιος, ταπεινός
Pamper, v. ἀτιτάλλω, χλιδαίνω [n.
Pamphlet, γραμματεῖον, n. βιβλίδιον,
Pan, κεράμιον, n. τρύβλιον, n.: frying-pan, τήγανον, n.
Pander, μαστροπός, c. προαγωγός, c.
Pander, v. μαστροπεύω [γεία, f.
Pandering, μαστροπεία, f. προαγω-
Panegyric, ἔπαινος, m. πανηγυρικός (λόγος)
Panegyrical, πανηγυρικός [γυρίζω
Panegyrise, v. αἰνέω, ἐπαινέω, πανη-
Pang, ὠδίς, f. ὀδύνημα, n.
Panic, (fear) πανικόν (δεῖμα), n. πάνεια (δείματα), n. pl. φόβος, m.
Panniers, κανθήλια, n. pl.
Panoply, πανοπλία, f.
Pant, v. ἀσθμαίνω, φυσιάω, ἀσπαίρω
Panther, πάνθηρ, m.
Pantile, κεραμίς, f.
Panting, ἆσθμα, n.
Pantomime, παντόμιμος, m.
Pap, θηλή, f. [πάζω
Papa, πάππας, m.: to call papa, παπ-
Paper, πάπυρος, m. βίβλος, f. χάρτης, m.: papers, γράμματα, n. pl. χάρται, m. pl.
Papyrus, βύβλος, f.
Par, τὸ ἴσον, ἰσότης, f.
Parable, παραβολή, f. λόγος, m.

Parade, πομπή, f.: to make a parade,
Paradise, παράδεισος, m. [πομπεύω
Paradox, παράδοξον, n.
Paradoxical, παράδοξος
Paradoxically, adv. παραδόξως
Paragraph, παραγραφή, f. κῶλον, n.
Parallax, παράλλαξις, f.
Parallel, παράλληλος; as adv. ἐκ παραλλήλου, παραλλήλως: to place parallel, παραλληλίζω
Parallels, παράλληλαι (γραμμαί) f. pl.
Paralyse, v. παραλύω
Paralysis, παράλυσις, f.
Paramount, ὑπέρτατος
Paramour, (lover) ἐραστής, m. ἐρώμενος, m. ἀνήρ, m. (mistress) ἐρωμένη, f. παλλακή, f.
Parapet, ἀμβολάς, f.
Paraphrase, παράφρασις, f.
Paraphrase, v. παραφράζω, ἐντείνω
Parasang, παρασάγγης, m.
Parasite, παράσιτος, m. κόλαξ, m. ψωμοκόλαξ, m. βωμολόχος, m.
Parasitical, κολακευτικός, θωπευτικός, παρασιτικός
Parasol, σκιάδειον, n. θολία, f.
Parcel, φάκελλος, m. ἀγκαλίς, f. σύνδεσμος, m.
Parcel, v. διανέμω, διαιρέω
Parch, v. φρύγω, ξηραίνω
Parched, ξηρός, κατάξηρος, ἄνικμος
Parching, ξήρανσις, f.
Pardon, συγγνώμη, f. σύγγνοια, f.
Pardon, v. συγγιγνώσκω, δίδωμι
Pardonable, συγγνωστός, συγγνώμων
Pardoning, συγγνώμων, συγγνωμονικός
Pare, v. περικόπτω, περιτέμνω: to pare the nails, ὀνυχίζω
Parent, τοκεύς, m. γονεύς, m. γεννήτης, m. γενέτης, m.: parents, οἱ γονεῖς, οἱ γεννήσαντες, οἱ τοκεῖς [σις, f.
Parentage, γένος, n. γενέθλη, f. γένε-
Parental, πατρῷος, πατρῷος, πατρικός
Parenthesis, παρένθεσις, f.
Parhelion, παρήλιος, m.
Paring, ἀπόκνισμα, n. (of the nails)
Parish, παροικία, f. [ἀπονύχισμα, n.
Parity, πάρισον, n. ἰσότης, f.
Park, παράδεισος, m.
Parley, μῦθος, m. διάλογος, m. λόγος, m. κοινολογία, f. ἔντευξις, f.
Parley, v. διαλέγομαι, συγγίγνομαι, διαμυθολογέομαι
Parliament, βουλή, f. σύγκλητος, f.
Parody, παρῳδία, f.
Parole, πίστις, f.
Paroxysm, παροξυσμός, m.
Parricidal, πατροκτόνος, πατροφόνος

Parricide, πατραλοίας, m. πατροκτόνος,
Parricide, (the act) πατροκτονία, f. [m.
Parrot, ψίττακος, m. ψιττάκη, f.
Parsimonious, φειδωλὸς, εὐτελὴς
Parsimoniously, adv. φειδωλῶς, εὐτελῶς [τέλεια, f.
Parsimoniousness, φειδωλία, f. εὐ-
Parsimony, φειδὼ, f. φειδωλία, f.
Parsley, σέλινον, n.
Parsnip, σταφυλῖνος, c.
Part, μέρος, n. μοῖρα, f. μερὶς, f. μόριον, n.: for the most part, τὸ πλεῖστον μέρος, τὰ πλεῖστα, ἐπὶ τὸ πολὺ
Part, v. (separate) διακρίνω, διείργω, ἀποκρίνω, διέχω, διαχωρίζω; (divide, distribute) διαιρέω, διαμοιράω, μερίζω; intrans. διΐσταμαι [νέω
Partake, v. μετέχω, συμμετέχω, κοινω-
Partaker, μέτοχος, c. μερίτης, m. κοινωνὸς, c.
Partaking of, μέτοχος, ἔγκληρος
Partial, ἄδικος, ἄνισος; (friendly towards) εὐμενὴς
Partiality, χάρις, f. εὐμένεια, f.
Partially, adv. ἀνίσως; (in part) κατὰ μέρος, μέρος τι
Participate, v. μετέχω, κοινωνέω
Participation, κοινωνία, f. μετουσία, f. μετοχὴ, f. μετάληψις, f. μέθεξις, f.
Participle, μετοχὴ, f.
Particle, μόριον, n. ἄτομος, f.
Particoloured, ποικίλος [ἀκριβὴς
Particular, ἴδιος, μερικὸς; (precise)
Particularity, (precision) ἀκρίβεια, f.
Particularly, adv. ἐξαιρέτως, μάλιστα
Partisan, στασιώτης, m. σπουδαστὴς,
Partition, διάφραγμα, n. σχίσις, f. [m.
Partition, v. νέμω, μερίζω
Partly, adv. μέρος τι, κατὰ μέρος; τὸ μὲν..., τὸ δὲ; τὰ μὲν..., τὰ δὲ
Partner, μέτοχος, c. κοινωνὸς, c. κοινῶν, m. συνεργὸς, c. συλλήπτωρ, m. σύννομος, c. [ξυνωνία, f.
Partnership, κοινωνία, f. μετοχὴ, f.
Partridge, πέρδιξ, c.
Parturition, τόκος, m. [αἵρεσις, f.
Party, στάσις, f. μερὶς, f. παράταξις, f.
Pass, πόρος, m. στενωπὸς, f. τὸ στενὸν. τὰ στενὰ, ἡ στενὴ, εἰσβολὴ, f. ἐμβολὴ, f. πορθμὸς, m.
Pass, Pass by, v. παρέρχομαι, πάρειμι, παρελαύνω, παροίχομαι, παροδεύω, παραβαίνω: to pass over or across, περάω, περαιόομαι, διαπεράω, διεκπεράω, διαβαίνω, μεταβαίνω, ὑπερβαίνω, διαβάλλω, ὑπερβάλλω, ἐξαμείβω, διακομίζομαι, πορθμεύω, δια-

πορεύομαι: to pass over, (omit) παραλείπω, ὑπερβαίνω, ἐάω: to pass, (time, life, &c.) διάγω, διαφέρω, διέρχομαι, διεξέρχομαι, διαγίγνομαι, τρίβω, διαπλέω, διατελέω; intrans. διέρχομαι, προβαίνω, παρήκω
Passable, διαβατὸς, βατὸς, βάσιμος, πορεύσιμος, περατὸς: easily passable, εὔπορος, εὐδιάβατος, εὐδίοδος; (tolerable) τλητὸς, ἀνεκτὸς, ἀνασχετὸς, μέτριος
Passage, πόρος, m. δίοδος, f. διέξοδος, f. ἔξοδος, f. πάροδος, f. διάβασις, f. πορθμὸς, m. ἔκπλοος, m. παράπλοος, m.
Passenger, ἐμβάτης, m. ἐπεισβάτης, m. περίνεως, m. [ὁδοιπόρος, m.
Passer-by, παροδίτης, m. παροδῖτις, f.
Passion, πάθος, n. πάθημα, n. (anger) ὀξυθύμησις, f. ὀξύτης, f. θυμὸς, m. ὀργὴ, f. χολὴ, f.
Passionate, ὀργίλος, ὀξύθυμος, ἀκράχολος, θυμοειδὴς, θυμώδης, θυμικὸς, ὀξὺς, δύσορνος: to be passionate, ὀξυθυμέω
Passionately, adv. ὀργίλως
Passionateness, ὀργιλότης, f. ὀξυθύμησις, f. ὀξύτης, f.
Passive, παθητικὸς, πειθήνιος
Passover, πάσχα, n.
Passport, σφραγὶς, f.
Paste, φύραμα, n.
Pastern, μεσοκύνιον, n. [βῆ, f.
Pastime, παιδιὰ, f. διαγωγὴ, f. διατρι-
Pastor, ποιμὴν, m.
Pastoral, νομὰς, βουκολικὸς, ποιμενικὸς
Pastry, πέμματα, n. pl.
Pastry-cook, πεμματουργὸς, m.
Pasturage, νομὸς, m. νέμος, n.
Pasture, νομὸς, m. νομὴ, f. βοτάνη, f. φορβὴ, f. [βόσκω, χιλόω
Pasture, v. νέμω, νομεύω, διανέμω,
Pat, ψηλάφημα, n.
Pat, v. ψηλαφάω, ψάω, καταψάω [τω
Patch, v. ῥάπτω, καταρράπτω, συρράπ-
Patched, κατάρραφος, ῥακώδης
Patent, ἐναργὴς, φανερὸς, ἐμφανὴς, καταφανὴς, δῆλος
Paternal, πατρῷος, πάτριος, πατρικὸς
Path, τρίβος, c. ἀτραπὸς, f. πάτος, m. στίβος, m. ὁδὸς, f. πόρος, m.
Pathetic, παθητικὸς
Pathetically, adv. παθητικῶς
Pathless, ἄπορος, ἀστιβὴς, ἀτριβὴς
Pathos, πάθος, n.
Patience, ὑπομονὴ, f. καρτερία, καρτέρησις, f. καρτέρημα, n.
Patient, καρτερικὸς, καρτερὸς, τλήμων, τλήθυμος, τλητὸς, ταλασίφρων: to

PAT

be patient, bear patiently, τλάω, καρτερέω, ὑπομένω, ἀνέχομαι
Patiently, *adv.* καρτερικῶς, καρτερούντως, τλημόνως
Patriarch, πατριάρχης, *m.*
Patriarchal, πατριαρχικὸς
Patrician, εὔπατρις, εὐπατρίδης, εὐπάτωρ, πατρίκιος
Patrimony, τὰ πατρῷα, *n. pl.*
Patriot, πατριώτης, *m.*
Patriotic, φιλόπολις, φιλόπατρις
Patriotism, φιλοπατρία, *f.*
Patrol, οἱ περίπολοι
Patrol, *v.* περιπολέω
Patron, προστάτης, *m.* πρόξενος, *m.* δεσπότης ἐπίκουρος: to be a patron, προξενέω, προστατέω
Patronage, προστασία, *f.* προστατεία, *f.* ἐπικουρία, *f.*
Patronise, *v.* προξενέω, προστατέω
Pattern, δεῖγμα, *n.* παράδειγμα, *n.* ἀρχέτυπον, *n.* τύπος, *m.*
Paucity, ὀλιγότης, *f.*
Pave, *v.* στορέννυμι, ἐδαφίζω: to pave the way, προοδοποιέω
Pavement, ἔδαφος, *n.* δάπεδον, *n.*
Paunch, γαστήρ, *f.* ὑπογάστριον, *n.*
Pauper, πτωχὸς, *m.* προσαιτὴς, *m.*
Pauperism, πενία, *f.* πτωχεία, *f.* σπάνις, *f.*
Pause, παῦσις, *f.* ἀνάπαυσις, *f.*
Pause, *v.* παύομαι, καταπαύομαι, μεθίσταμαι, λήγω, λωφάω, μεθίεμαι
Paw, πούς, *m.* ὄνυξ, *m.* χηλὴ, *f.*
Pawn, ἐνέχυρον, *n.* ἀποτίμημα, *n.* ὑποθήκη, *f.* [ῥάζω
Pawn, *v.* ὑποτίθημι, ἀποτιμάω, ἐνεχυράζω
Pawning, ἀποτίμησις, *f.*
Pay, μισθὸς, *m.* μισθοφορά, *f.* μίσθωμα, *n.*: receiving pay, μισθοφόρος
Pay, *v.* τίνω, ἐκτίνω, ἀποτίνω, τελέω, ἐπιτελέω, ἀποτελέω, ὑποτελέω, φέρω, ἀποφέρω, κατατίθημι, καταβάλλω, ἀποδίδωμι
Paymaster, μισθοδότης, *m.*
Payment, φορὰ, *f.* ἔκτισις, *f.* ἔκτισμα, *n.* ἀπόδοσις, *f.* διάλυσις, *f.*
Pea, πίσος, *m.*: made of peas, πίσινος
Peace, εἰρήνη, *f.* διάλυσις, *f.* ἡσυχία, *f.* συναλλαγὴ, *f.*: to make peace, σπένδομαι, καταλύω, συναλλάσσομαι
Peaceable, εἰρηνικὸς, εἰρηναῖος, ἥσυχος
Peaceably, *adv.* εἰρηνικῶς, εἰρηναίως
Peaceful, εἰρηνικὸς, εἰρηναῖος, ἥμερος
Peacefully, *adv.* εἰρηνικῶς, εἰρηναίως
Peacemaker, εἰρηνοποιὸς, *m.* διαλλάκ-
Peach, μῆλον Περσικὸν, *n.* [της, *m.*
Peacock, ταῶς & ταών, *m.*

PEN

Peak, λόφος, *m.* κορυφὴ, *f.*
Pear, ἄπιον, *n.* ὄχνη, *f.* φωκὶς, *f.*: pear-tree, ἄπιος, *f.*
Pearl, μαργαρίτης, *m.* [ἀγροιώτης, *m.*
Peasant, ἀγρότης, *m.* ἄγροικος, *m.*
Pebble, ψῆφος, *f.* ψηφὶς, *f.*
Pebbly, πολυψήφις
Peccant, φαῦλος, κακὸς
Peck, *v.* δάκνω, πελεκάω
Pectoral, στηθικὸς
Peculation, κλοπὴ, *f.*
Peculiar, ἴδιος, ἐξαίρετος, οἰκεῖος
Peculiarity, ἰδιότης, *f.* ἰδίωμα, *n.*
Peculiarly, *adv.* ἰδίως, ἔκκριτον
Pecuniary, χρηματικὸς
Pedagogue, παιδαγωγὸς, *m.*
Pedestal, βάθρον, *n.* βάσις, *f.* στυλοβάτης, *m.* [πατριὰ, *f.*
Pedigree, γενεαλόγημα, *n.* γενεὰ, *f.*
Peel, φλοιὸς, *m.* λεπὶς, *f.* λεπύριον, *n.* λέμμα, *n.* λοπὸς, *m.* λοπὶς, *f.*
Peel, *v.* λέπω, λεπίζω, ἀπολέπω, φλοΐζω
Peeling, φλοῖσμὸς, *m.* λέμμα, *n.* κέ-
Peep, *v.* παρακύπτω [λυφος, *n.*
Peerless, ἀσύγκριτος, ἀσύμβλητος
Peevish, δύσκολος, δυσάρεστος, δυσ-
Peevishly, *adv.* δυσκόλως [χερὴς
Peevishness, δυσκολία, *f.*
Peg, πάσσαλος, *m.* ἁρμὸς, *m.* γόμφος, *n. pl.*
Peg, *v.* πασσαλεύω [*m.*
Pelf, κέρδος, *n.* πλοῦτος, *m.* χρήματα, *n. pl.* [κῖνος, *m.*
Pelican, πελεκὰν & πελεκᾶς, *m.* πελε-
Pellucid, διαφανὴς, διαυγὴς
Peloponnesian, Πελοποννήσιος
Peloponnesus, Πελοπόννησος, *f.*
Pelt, ῥινὸς, *m.* βύρσα, *f.*
Pelt, *v.* βάλλω, λιθοβολέω
Pen, δόναξ, *m.*
Penalty, ποινὴ, *f.* ζημία, *f.* ἐπιτίμια, *n. pl.* τίμημα, *n.* ἐπιβολὴ, *f.*: to impose a penalty, ζημίαν ἐπιτίθημι or προστίθημι, ζημίαν τάσσω or ποιέω: to incur a penalty, ζημίαν ὀφλισκάνω: to pay a penalty, ζημίαν ἀποτίνω or ἐκτίνω, ζημίαν λαμβάνω or φέρω
Pencil, γραφεῖον, *n.* γραφὶς, *f.*
Pendent, μετέωρος, ἐκκρεμὴς
Pendulous, κατήορος, μετέωρος
Penetrable, διϊτικὸς
Penetrate, *v.* εἰσδύνω or εἰσδύω, περαίνω, διαπεράω, διϊσχάνω
Penetration, εἴσδυσις, *f.* ὀξύτης, *f.* [*f.*
Peninsula, χερσόνησος & χερρόνησος.
Penitence, μετάνοια, *f.* μετάγνοια, *f.* μετάγνωσις, *f.* μετάμελος, *m.* μεταμέλεια, *f.*

Penitent, μεταμελητικός, μετανοητικός
Pennant, σημεῖον, n.
Penniless, ἀχρήματος, ἀχρήμων, ἀνάργυρος, ἀκτήμων, ἄχρυσος
Penny, ὀβολός, m.
Pennyroyal, γλήχων, f. [τιστικὸς
Pensive, σύννοος, contr. -νους, φρον-
Pensively, adv. φροντιστικῶς
Pensiveness, σύννοια, f. φροντίς, f. περιφρονέων, f.
Pentagonal, πεντάγωνος
Pentateuch, πεντάτευχος, m.
Pentecost, ἡ πεντηκοστὴ (ἡμέρα)
Penurious, (stingy, mean) γλίσχρος, φειδωλός; (deficient, poor) ἐνδεής, ἄπορος, ὑποδεής, σπανιστός
Penuriously, adv. γλισχρῶς
Penuriousness, γλισχρότης, f. ἔνδεια, f. εὐτέλεια, f. [f. ἀπορία, f.
Penury, πενία, f. σπανιότης, f. σπάνις,
Peony, παιωνία, f.
People, λαός, m. δῆμος, m. πλῆθος, n.: of or belonging to the people, δημόσιος, δήμιος, δημοτελής: the whole people, πανδημία, f.: of or belonging to the whole people, πάνδημος, πανδήμιος: with the whole people, πανδημεί: a leader of the people, δημαγωγός, m.: to lead the people, δημαγωγέω
People, v. κτίζω, οἰκίζω
Pepper, πέπερι, n.: pepper-tree, πεπερίς, f. πέπερι, n.: pepper-corn, πεπέριον, n. πεπερίς, f.
Peppered, πεπερίτης
Peradventure, adv. ἴσως, τάχα, τυχόν
Perambulate, v. περιπατέω
Perambulation, περίπατος, m. περιπάτησις, f.
Perceivable, νοητός, αἰσθητός
Perceive, v. νοέω, κατανοέω, ἐννοέω, αἰσθάνομαι, ἐπαισθάνομαι, γιγνώσκω, ἐπιγιγνώσκω, μανθάνω, καταμανθάνω, ὁράω, συνίημι, καταλαμβάνω
Perceptible, νοητός, αἰσθητός, καταληπτός [τῶς, φανερῶς
Perceptibly, adv. καταληπτικῶς, νοη-
Perception, αἴσθησις, f. νόησις, f. κατανόησις, f. κατάληψις, f.: of quick perception, εὐαίσθητος
Perceptive, αἰσθητικός, καταληπτικός, νοητικός [for fowls) πέταυρον, n.
Perch, (fish) πέρκη, f. περκίς, f. (roost
Perch, v. (roost, as birds) εὐνάζομαι, αὐλιν εἴσειμι
Perchance, adv. ἴσως, τυχόν: if perchance, εἰ πολλάκις (w. indic.), ἐάν or ἂν πολλάκις (w. subj.)

Percipient, αἰσθητικός, νοητικός
Percussion, πληγή, f. πλῆξις, f.
Perdition, φθορά, f. φθόρος, m. ὄλεθρος, m. ἐξώλεια, f. ἀπώλεια, f.
Peregrination, ἐκδημία, f. ἀποδημία, f. ἀποικία, f.
Peremptorily, adv. δυνατῶς, δεσποτικῶς, ἰσχυρῶς, ἄντικρυς [της, f.
Peremptoriness, αὐθάδεια, f. ἰσχυρό-
Peremptory, αὐτοκράτωρ, ἰσχυρός, δυναστικός, δεσποτικός, δεσπόσυνος
Perennial, ἀέναος, ἀίδιος
Perfect, τέλεος, τέλειος, ἐντελής, ἀκριβής: to be perfect, ἀκριβόομαι, ἀπακριβόομαι
Perfect, v. τελέω, τελειόω, ἐπιτελέω, ἐπιτελειόω, συντελέω, ἐξεργάζομαι, διαπράσσω, ἀνύω
Perfecter, τελειώτης, m.
Perfecting, τελειοποιός, τελειωτικός
Perfection, τελειότης, f. τελείωσις, f. τέλος, n. ἀκρίβεια, f.
Perfectly, adv. τελείως & τελέως, παντελῶς, ἐντελῶς [f. τέλος, n.
Perfectness, τελειότης, f. τελείωσις,
Perfidious, ἄπιστος, δολερός, δόλιος, δίπλοος, ἐπίβουλος [λως, ἐπιβούλως
Perfidiously, adv. ἀπίστως, αὐτομό-
Perfidy, ἀπιστία, f. δόλος, m. προδοσία, f. ἐπιβουλή, f. [ρω, διαπείρω
Perforate, v. τρυπάω, διατρυπάω, πεί-
Perforation, (act of boring) τρύπησις, f. (hole) τρύπημα, n.
Perform, v. πράσσω, ποιέω, τελέω, ἐκτελέω, ἀποτελέω, ἐπιτελέω, ἐργάζομαι, κατεργάζομαι, ἀπεργάζομαι, διαπονέομαι [ἔργον, n.
Performance, πρᾶξις, f. πρᾶγμα, n.
Performer, πράκτωρ, m. πρακτήρ, m.
Perfume, μύρον, n. ἄρωμα, n.
Perfume, v. μυρίζω
Perfumed, μυρόχριστος, μυροφεγγής
Perfumer, μυροπώλης, m. μυρεψός, m.: perfumer's shop, μυροπωλεῖον, n. μύρον, n.
Perhaps, adv. ἴσως, τυχόν, τάχα, τάχ' ἄν, τάχ' ἂν ἴσως [κινδυνεύω
Peril, κίνδυνος, m.: to be in peril,
Perilous, κινδυνώδης, ἐπικίνδυνος, σφαλερός
Perilously, adv. ἐπικινδύνως [λερὸς
Period, περίοδος, f. ὥρα, f. τέλος, n.
Periodical, περιοδικός, ὥριος
Peripatetic, περιπατητικός: the peripatetics, οἱ περιπατητικοί, οἱ ἐκ τοῦ περιπάτου
Periphrasis, περίφρασις, f.
Perish, v. ἀπόλλυμαι, ὄλλυμαι, διόλλυμαι, ἐξόλλυμαι, φθείρομαι, φθίνω,

PER

ἀποφθίνω, ἔρρω, διαφθείρομαι, οἴχομαι, διαπίπτω
Perishable, φθαρτὸς, ἐπίκηρος
Perishing, ἀπώλεια, f. ὄλεθρος, m. διαφθορὰ, f. [μαι ὅρκια, ψευδορκέω
Perjure, v. ἐπιορκέω, ψεύδομαι, ψευδο-
Perjured, ἐπίορκος, ψεύδορκος, ψευδόρκιος [m.
Perjurer, ψευδωμότης, m. ψεύδορκος,
Perjury, ἐπιορκία, f. ψευδορκία, f.
Periwinkle, (fish) νηρείτης, m. ἀναρίτης, m. [ἐμμενὲς
Permanence, μονὴ, f. διαμονὴ, f. τὸ
Permanent, μόνιμος, παραμόνιμος, διατελὴς, ἔμπεδος, βέβαιος, χρόνιος, ἐμμενὴς
Permanently, adv. μονίμως, παραμόνιμον, διατελῶς, βεβαίως, ἐμπέδως
Permission, ἐλευθερία, f. ἐξουσία, f. συγχώρησις, f. συγγνώμη, f.
Permit, v. ἐάω, ἐπιτρέπω, ἀφίημι, ἐφίημι, παραχωρέω
Permutation, ἀλλαγὴ, f. διαλλαγὴ, f.
Pernicious, ὀλέθριος, βλαβερὸς, φθαρτικὸς, ἀτηρὸς, λυγρὸς, δηλήμων, λωβητὸς
Perniciously, adv. λυγρῶς, βλαβερῶς
Perpendicular, ὀρθὸς
Perpetrate, v. ποιέω, πράσσω, διαπράσσω, χειρουργέω, ἐργάζομαι
Perpetration, πρᾶξις, f. διάπραξις, f. ποίησις, f.
Perpetual, ἀΐδιος, αἰώνιος, ἀέναος, διηνεκὴς, ἄπαυστος, ἔμπεδος, διαιώνιος, μόνιμος: to be perpetual, παραμένω, μένω [μὲς, νωλεμέως
Perpetually, adv. ἀεὶ, διηνεκῶς, νωλε-
Perpetuate, v. ἐμπεδόω, βεβαιόω
Perpetuity, παραμονὴ, f. διαμονὴ, f. ἀϊδιότης, f. βεβαιότης, f. μονιμότης, f. μονιὰ, f.
Perplex, v. πλάζω, παραπλάζω, πλανάω, παραποδίζω, ἐς ἀπορίαν καθίστημι: to be perplexed, ἀμηχανέω, ἀπορέω, πλανάομαι
Perplexed, ἀμήχανος, ἄπορος
Perplexedly, adv. ἀπόρως, πολυπλόκως
Perplexity, ἀπορία, f. ἀμηχανία, f. πλάνημα, n.
Perquisite, προσθήκη, f. πρόσθεμα, n.
Persecute, v. ἐλαύνω, διώκω, καταδιώκω, πιέζω, βαρύνω, τρίβω
Persecution, δίωγμα, n. διωκτὺς, f. δίωξις, f. διωγμὸς, m. [ὁ διώκων
Persecutor, διωκτὴρ, m. διώκτωρ, m.
Perseverance, καρτερία, f. παραμονὴ, f. ἐπιμονὴ, f. προσμονὴ, f. συνέχεια, f. λιπαρία, f.

PER

Persevere, v. καρτερέω, ἐγκαρτερέω, διακαρτερέω, διαμένω, παραμένω, διατελέω, ἐπιπονέω, λιπαρέω
Persevering, λιπαρὴς, συνεχὴς, παραμόνιμος [κῶς, παραμόνιμον
Perseveringly, adv. λιπαρῶς, καρτερι-
Persia, Περσὶς, f.
Persian, Πέρσης, m.
Persian, Περσικὸς, Περσὶς
Persist, v. ἰσχυρίζομαι, διϊσχυρίζομαι, καρτερέω, διακαρτερέω, ἐμμένω, διαμένω [εἶδος, n.
Person, σῶμα, n. δέμας, n. φυὴ, f.
Personal, ἴδιος
Personate, v μιμέομαι, ὑποκρίνομαι
Personification, προσωποποιΐα, f.
Personify, v. προσωποποιέω
Personifying, προσωποποιὸς
Perspicacious, ὀξὺς, ὀξυδερκὴς, ἀγχίνοος
Perspicacity, ὀξύτης, f. ὀξυδερκία, f.
Perspicuity, περιφάνεια, f. σαφήνεια, f. τρανότης, f. φανερότης, f. λαμπρότης, f.
Perspicuous, φανερὸς, δῆλος, τρανὴς, καταφανὴς, λαμπρὸς [τρανῶς
Perspicuously, adv. φανερῶς, λαμπρῶς,
Perspiration, ἱδρὼς, f. ἐφίδρωσις, f.: causing perspiration, ἱδρωτικὸς
Perspire, v. ἱδρόω
Persuade, v. πείθω, ἀναπείθω, μεταπείθω, ἐνάγω, προάγω, ὑπάγω, ἐπισπάω, ἐπαίρω, ψυχαγωγέω, ἀναγιγνώσκω [m. σύμβουλος, m.
Persuader, πειστὴρ, m. εἰσηγητὴς,
Persuasible, εὐπειθὴς, εὔπειστος, μετάπειστος
Persuasion, πειθὼ, f. πεῖσις, f. παραγωγὴ, f. ψυχαγωγία, f. (belief), πίστις, f.
Persuasive, πειστικὸς, πιθανὸς, εὐπειθὴς, ἀναπειστήριος, προσαγωγὸς, συμβουλευτικὸς, ψυχαγωγικὸς
Persuasively, adv. πιθανῶς, πειστικῶς
Persuasiveness, πειθὼ, f. πιθανότης, f. πιθανουργικὴ, f.
Pert, λαμυρὸς, λαβρὸς, ὑβριστικὸς, ἀναιδὴς
Pertain, v. προσήκω, ὑπάρχω
Pertinacious, αὐθάδης, δύστροπος, δύσπειστος
Pertinaciously, adv. αὐθαδῶς, στερρῶς
Pertinacity, αὐθάδεια, f. δυσαπαλλαξία, f.
Pertinent, καίριος, ἐπιτήδειος, ἱκανὸς
Pertinently, adv. καιρίως, ἐπιτηδείως
Pertly, adv. λαβρῶς, λαμυρῶς, ἀναιδῶς
Pertness, ὕβρις, f. προπέτεια f. ἀναίδεια, f.

Perturbation, ταραχὴ, f. τάραξις, f. ἀνακίνησις, f.
Perturbed, θολερὸς
Pervade, v. διέρχομαι, διεξέρχομαι, διέξειμι, διαπεράω
Perverse, διάστροφος, δύστροπος, παράτροπος, δύσκολος; ἁμαρτίνοος, κακοήθης
Perversely, adv. δυσκόλως
Perverseness, δυσκολία, f. παρατροπὴ, f. κακοήθεια, f. [παραγωγὴ, f.
Perversion, στροφὴ, f. διαστροφὴ, f.
Perversity, διαστροφὴ, f. κακοήθεια, f.
Pervert, v. διαστρέφω, παραστρέφω, παράγω, παρακλίνω
Perusal, ἀνάγνωσις, f.
Peruse, v. ἀναγιγνώσκω, ἐπιλέγομαι
Pest, λοιμὸς, m. νόσος, f. [ἐνοχλέω
Pester, v. λυπέω, ταράσσω, βλάπτω,
Pestilence, λοιμὸς, m. φθορὰ, f. φθόρος, m. νόσος, f.
Pestilent, Pestilential, λοιμώδης, νοσώδης, νοσηρὸς, νοσηματώδης
Pestle, ὕπερος, m. δοίδυξ, m. τριπτῆρ, m.
Pet, τηλύγετος, m. τηλυγέτης, m.
Petal, πέταλον, n.
Petition, αἴτησις, f. παραίτησις, f.
Petition, v. αἰτέω, παραιτέομαι, δέομαι ἱκετεύω [ἱκέτης, m.
Petitioner, αἰτητὴς, m. παραιτητὴς, m.
Petitioning, παραίτησις, f. δέησις, f.
Petrifaction, λίθωσις, f. ἀπολίθωσις, f. πέτρωμα, n.
Petrify, v. λιθόω, ἀπολιθόω, πετρόω
Pettifogger, δικορράφος, m. πραγματοδίφης, m.
Pettiness, μικρότης, f. μικρολογία, f.
Petty, μικρὸς, μικρολόγος, στενὸς
Petulance, ἀσέλγεια, f. ὕβρις, f. προπέτεια, f. ἀτασθαλία, f.
Petulant, ἀσελγὴς, προπετὴς, ὑβριστικὸς, ἀτάσθαλος
Petulantly, adv. ἀσελγῶς, προπετῶς
Phalanx, φάλαγξ, f.
Phantasm, φάντασμα, n.
Phantom, φάντασμα, n. φάσμα, n.
Pharmaceutical, φαρμακευτικὸς
Pharmacy, φαρμακεία, f.
Pharynx, φάρυγξ, c.
Phasis, φάσις, f.
Pheasant, φασιανὸς, m. τατύρας c.
Phial, φιάλη, f. [-ος, m.
Philanthropic, φιλάνθρωπος
Philanthropically, adv. φιλανθρώπως
Philanthropy, φιλανθρωπία, f.
Philip, Φίλιππος, m.
Philological, φιλόλογος
Philology, φιλολογία, f.

Philomel, Φιλομήλα, f.
Philosopher, φιλόσοφος, m. σοφιστὴς, m. φροντιστὴς, m.
Philosophic, Philosophical, φιλόσοφος
Philosophise, v. φιλοσοφέω [φος
Philosophy, φιλοσοφία, f. σοφία, f.
Philter, φίλτρον, n.
Plebotomise, v. φλεβοτομέω
Phlebotomy, φλεβοτομία, f.
Phlegm, φλέγμα, n. λάπη, f.
Phlegmatic, φλεγματικὸς, φλεγματίας
Phocean, Φωκεὺς, m.
Phocis, Φωκὶς, f.
Phœnicia, Φοινίκη, f.
Phœnician, Φοίνιξ, (fem.) Φοίνισσα,
Phœnix, φοίνιξ, m. [Φοινικὸς
Phosphorus, φωσφόρος
Phrase, λέξις, f. φράσις, f.
Phrenetic, φρενιτικὸς
Phrenitis, φρενῖτις, f. [τις, f.
Phrensy, μανία, f. φοῖτος, m. φρενῖ-
Phrygia, Φρυγία, f.
Phrygian, Φρύγιος; subst. Φρὺξ, c.
Physic, φάρμακον, n. φαρμάκιον, n. (the art of medicine) ἰατρικὴ (τέχνη), f. ἰατορία, f.
Physical, φυσικὸς
Physically, adv. φυσικῶς [τὴρ, m.
Physician, ἰατρὸς, m. ἰατὴρ, n. ἀκεσ-
Physiognomist, ὁ φυσιογνώμων: to be a physiognomist, φυσιογνωμονέω
Physiognomy, φυσιογνωμονία, f.
Physiologist, φυσιολόγος, m.
Physiology, φυσιολογία, f.
Piazza, στοὰ, f.
Pick, Pick out, v. ἐκλέγω, καταλέγω, ἀπολέγω, ἐξαιρέω, κρίνω, προκρίνω, ἐκκρίνω; (pluck, cull) δρέπω: to pick, (a bone) περιτρώγω
Pick-axe, σμινύη, f. ἄμη, f. σκαλὶς, f.
Picked, ἐξαίρετος, λεκτὸς, ἀπόλεκτος, ἔκλεκτος, ἔκκριτος
Pickle, ἄλμη, f. ἁλμαία, f. τάριχος, n. ὀξάλμη, f. γάρος, m.
Pickle, v. ταριχεύω, ἁλμεύω
Pickled, ἁλμαῖος, ἁλμὰς, ὀξωτὸς
Pickpocket, βαλαντιοτόμος, m. βαλαντιητόμος, m.
Pic-nic, ἔρανος, m. σύνδειπνον, n.
Picture, γραφὴ, f. γράμμα, n. πίναξ,
Pie, ἀρτόκρεας, n. [m. πινάκιον, n.
Piece, τρύφος, n. τέμαχος, n. ψωμὸς, m. θραῦσμα, n. μέρος, n. μόριον, n.
Pied, ποικίλος, στικτὸς
Pier, χηλὴ, f. χῶμα, n.
Pierce, v. τετραίνω, τρυπάω, πείρω, περάω, εἰσδύω, τορέω, δαΐζω, αἰονίζω

Piercing, τορός, τρανής, πικρός, ὀξύς, κάτοξυς, διαπρύσιος
Piercingly, adv. διαπρύσιον
Piety, εὐσέβεια, f. ὁσιότης, f. θεοσέβεια, f. θεοφροσύνη, f. θεούδεια, f.
Pig, χοῖρος, c. δέλφαξ, c. ὗς, c. σῦς, c. χοιρίδιον, n. δελφάκιον, n.: herd of pigs, συοφορβεῖον, n.: of or belonging to pigs, χοίρεος & χοίρειος, ὕειος, σύειος: like a pig, συϊκός
Pigeon, περιστερά, f.: wood-pigeon, φάσσα, f.
Pigeon-house, περιστερεών, m.
Pigment, χρῶμα, n.
Pig-sty, χοιροκομεῖον, n. συφός, m. συφεός, m. συφειός, m.
Pike, ἔγχος, n. λόγχη, f. δόρυ, n.
Pilaster, στήλη, f. στῦλος, m. στυλίσκος, m. κίων, m. κιονίσκος, m.
Pile, (heap) σωρός, m. ὄγκος, m. χῶμα, n. (a stake) σταυρός, m. (funeral pile) πυρά, f.
Pile, v. νέω, νηέω, νάσσω, συννέω, ἀμάω, ἐπαμάομαι, σωρεύω, χώννυμι, συμφορέω
Pilfer, v. ὑφαρπάζω, ὑποκλέπτω, παρακλέπτω
Pilgrim, ξένος, m.
Pilgrimage, ἀποδημία, f. παροικία, f.
Pillage, ἁρπαγή, f. ἁρπαγμός, m. διαρπαγή, f. λεία, f.
Pillage, v. ἁρπάζω, διαρπάζω, συλάω, ληστεύω, ληΐζω, λεηλατέω
Pillager, ληστής, m. συλήτωρ, m.
Pillaging, ἁρπαγή, f. διαρπαγή, f. σύλησις, f.
Pillar, στήλη, f. κίων, m. στῦλος, m.
Pillory, κύφων, m. ξύλον, n. κλοιός, m.
Pillow, κώδιον, n. κωδάριον, n. προσκεφάλαιον, n. ὑποκεφάλαιον, n.
Pilot, κυβερνήτης, m. ναύκληρος, m. πρυμνήτης, m.
Pilot, v. κυβερνάω, ναυκληρέω
Pimp, μαστρωπός, c.
Pimpernel, κόρχορος & κόρκορος, m.
Pimple, φλύκταινα, f. φλυκτίς, f. φλυκταινίς, f. χάλαζα, f.: to have pimples, χαλαζάω, χαλαζόομαι
Pin, περόνη, f. ἐνετή, f.
Pin, v. περονάω
Pincers, θερμαστρίς, f. λαβίς, f.
Pinch, v. θλίβω, πιέζω, κνίζω
Pinching, θλῖψις, f. πίεσις, f.
Pine, v. φθίνω or φθίω, τήκομαι, κατατήκομαι, συντήκομαι, μαραίνομαι, λείβομαι
Pine-tree, πίτυς, f. πεύκη, f. ἐλάτη, f.: of pine, πιτυΐνος, πεύκινος, ἐλάτινος

Pining, τηκεδών, f. τῆξις, f. σύντηξις, f. μάρανσις, f.
Pinion, πτερόν, n. πτέρυξ, f.
Pink, λευκέρυθρος
Pinnace, κέλης, m. σκάφος, n. ἄκατος, c. ἀκάτιον, n.
Pinnacle, ἄκρα, f. κορυφή, f.
Pioneer, ὁδοποιός, m. πρόοδος, m.
Pious, εὐσεβής, ὅσιος, θεοσεβής, φιλόθεος, θεουδής, ἅγιος: to be pious, εὐσεβέω, θεοσεβέω, ἁγιστεύω
Piously, adv. ὁσίως, εὐσεβῶς
Pipe, (musical instrument) σῦριγξ, f. αὐλός, m. δόναξ, m. κάλαμος, m. φυσητήριον, n. (tube) σωλήν, m. σῦριγξ, f.
Pipe, v. συρίζω, αὐλέω
Piper, αὐλητής, m. αὐλητήρ, m. συρικτής, m. συριστής, m.
Piping, συριγμός, m. αὔλησις, f.
Pique, v. προσκόπτω, λυπέω, ἀκοσμέω
Piracy, λῃστεία, f.
Pirate, λῃστής, m. λῃϊστής, m. πειρατής, m. (piratical vessel) λῃστρίς, f.: band of pirates, λῃστήριον, n.: to be a pirate, λῃστεύω, λῃΐζομαι
Piratical, λῃστής, m. λῃστρικός, m. πειρατικός
Piratically, adv. λῃστικῶς [τικός
Pish, interj. βοῖ, αἰβοῖ
Pismire, μύρμηξ, m.
Pit, βάραθρον, n. φάραγξ, m. λάκκος, m.
Pitch, πίσσα, f. [ὄρυγμα, n.
Pitch, v. (cover with pitch) πισσόω, καταπισσόω; (throw, cast) ῥίπτω, βάλλω; (place, fix) τίθημι, πήγνυμι
Pitch: to such a pitch, ἐς τοσοῦτον
Pitched, πίσσινος, πισσωτός
Pitcher, κέραμος, m. ἀμφορεύς, m. ἀμφιφορεύς, m. κάλπις, f.
Pitch-fork, θρῖναξ, m. δίκελλα, f.
Pitchy, πισσώδης
Piteous, ἐλεεινός, Att. ἐλεινός, οἰκτρός, ἔποικτος, ἐποίκτιστος; (compassionate) ἐλεήμων, φιλοικτίρμων
Piteously, adv. ἐλεινῶς, οἰκτρῶς
Pitfall, ὀρκάνη, f.
Pith, μήτρα, f. ἐντεριώνη, f. ἐγκέφαλος, m. [στρογγύλος
Pithy, (of words and expressions)
Pitiable, ἐλεεινός, Att. ἐλεινός, οἰκτρός, ἐποίκτιστος
Pitiful, ἐλεεινός, Att. ἐλεινός, οἰκτρός, ἐποίκτιστος, λυγρός [γρῶς
Pitifully, adv. ἐλεεινῶς, οἰκτρῶς, λυ-
Pitiless, νηλεής, ἀνηλεής, ἀνηλέητος, ἄνοικτος, ἀνοικτίρμων
Pitilessly, adv. νηλεῶς, ἀνηλεῶς, ἀνοικτίστως, ἀνελεημόνως, ἀκηδέστως

Pity, οἰκτός, m. οἰκτιρμός, m. ἔλεος, n. κατοίκτισις, f. ἐλεημοσύνη, f.
Pity, v. ἐλεέω, ἐλεαίρω, οἰκτείρω, κατοικτείρω, οἰκτίζω, ἐποικτίζω
Pivot, στρόφιγξ, m.
Placable, εὐκατάλλακτος, καταλλακτικός, στρεπτός, παραιτητός, εὐπαραμύθητος
Placard, v. ἀναγράφω
Place, τόπος, m. χῶρος, m. χώρα, f. χωρίον, n. : to give place, παραχωρέω
Place, v.ἵστημι, τίθημι, καθίστημι, καθίζω : to place by or near, παρατίθημι, παρίστημι, παρακαθίζω : to place in or on, ἐπιτίθημι, ἐντίθημι, ἐφίστημι, ἐνίστημι : to place under, ὑποτίθημι : to place together, συντίθημι : to place or set over, ἐφίστημι, προΐστημι· to place around, περιΐστημι : to be placed, κεῖμαι, κάθημαι
Placed, θετός
Placid, μειλίχιος, μείλιχος, μαλθακός, ἀγανός, εὐμενής, γαληναῖος, γαληνός, πρᾶος, ἥμερος, ἥσυχος
Placidly, adv. ἀγανῶς, μειλίχως, ἡσύχως, μετρίως
Placidness, μειλιχία, f. πραότης, f. εὐμένεια, f. ἡμερότης, f.
Placing, θέσις, f.
Plague, λοιμός, m. φθορός, m. φθορά, f. νόσος, f. λῦμα, n. [θλίβω
Plague, v. λυπέω, ἀνιάω, βασανίζω,
Plaice, ὕαινα, f. ὑαινίς, f.
Plain, πεδίον, n. πέδον, n. ἰσόπεδον, n. γύαλον, n. τὸ ἴσον, πλάξ, f. τὸ ἄπεδον: mountain-plain, ὀροπέδιον, n.
Plain, λεῖος, ἀφελής ; (clear, manifest) δῆλος, σαφής, ἐναργής, τρανής ; (of the voice) τορός, τρανής ; (artless, simple) λιτός, προσεσταλμένος ; (unembroidered) λεῖος
Plainly, adv. φανερῶς, ἐμφανῶς, ἀρι-
Plainness, ἀφέλεια, f. [φραδέως
Plain-spoken, εὐθύγλωσσος
Plaintiff, ὁ διώκων, διώκτης, m. ἀντίδικος, m.
Plaintive, θρηνώδης, αἴλινος, κινυρός : very plaintive, πάνδυρτος, πανόδυρτος
Plaintively, adv. αἴλινα
Plait, πλοκή, f. πλόκαμος, m. πλόκανον, n. [πλοκίζω, χηλεύω
Plait, v. πλέκω, συμπλέκω, ἐμπλέκω,
Plaited, πλεκτός, σύμπλεκτος, χηλευτός : well-plaited, εὔπλεκτος, εὔπλοκος

Plaiting, πλέξις, f. πλοκή, f.
Plan, (scheme) βουλή, f. βούλευμα, n, μῆτις, f. μηχανή, f. ἐνθύμημα, n. ἐπίνοια, f. ὑπόθεσις, f. μῆδος, n. (model, draught) διάγραμμα, n.
Plan, v. μηχανάομαι, βουλεύω, ἐνθυμέομαι, μητιάω, μητίομαι, μήδομαι, πράσσω, ἐπινοέω, ἐννοέω : to draw a plan, διαγράφω
Plane, (in geometry) ἐπίπεδος ; s. τὸ ἐπίπεδον ; (carpenter's plane) ξυήλη, f. ῥυκάνη, f.
Plane, v. ξύω, ξέω, ῥυκανάω, λεαίνω
Planed, ξεστός, ξυστός
Planet, πλάνης, m. πλανήτης, m.
Plane-tree, πλάτανος, f. πλατάνιστος,
Planing, ῥυκάνησις, f. [f.
Plank, σανίς, f. πίναξ, m. δόρυ, n.
Planned, βουλευτός
Plant, φυτόν, n. φύτευμα, n. φυτευτήριον, n. φυταλία, f.
Plant, v. φυτεύω, διαφυτεύω, ῥιζόω, κτίζω, κατοικίζω, ὀρύσσω
Plantation, φυτευτήριον, n. φυταλία,
Planted, φυτευτός [f. φυτών, m.
Planter, φυτευτής, m.
Planting, φυτεία, f. φύτευσις, f.
Plash, πίτυλος, m.
Plash, v. καχλάζω, πιτυλίζω
Plaster, κατάπλασμα, n. καταπλαστύς, f. ἐπίπλαγμα, n. ἔμπλαστρον, n. -os, f. (lime-plaster) κονίαμα, n. κονία, f.
Plaster, v. καταπλάσσω, ἐπιπλάσσω, ἐξαλείφω, συναλείφω ; (to plaster with lime, whiten) κονιάω, λευκόω
Plastered, καταπλαστός, ἐπιπλαστός ; (with lime) κονιατός
Plasterer, καταπλάστης, m. (with lime) κονιάτης, m.
Plastering, κατάπλασις, f. ἐπίπλασις, f. (with lime) κονίασις, f.
Plate, πτύξ, f. πίναξ, m. πινακίς, f. πινακίδιον, n. (plate or sheet of metal, &c.) πτύξ, f. πέταλον, n. ἐλασμός, m. ἔλασμα, n. (silver goods) ἀργυρώματα, n. pl.
Plate, v. (with silver) καταργυρόω
Platform, ἴκρια, n. pl. σανίς, f.
Platter, πίναξ, m.
Plausibility, ἐπιείκεια, f. εὐπρέπεια, f. πιθανότης, f. ἀξιοπιστία, f.
Plausible, πιθανός, εὐπρεπής, ἐπιεικής, ἀξιόπιστος [εὐπρεπῶς
Plausibly, adv. πιθανῶς, ἐπιεικῶς,
Play, παιδιά, f. παιγνιά, f. παῖγμα, n. ἄθυρμα, n. (drama) δρᾶμα, n.
Play, v. παίζω, διαπαίζω, ἀθύρω ; (on

PLA

an instrument) ψάλλω, κρέκω : to play with, συμπαίζω
Player, παίκτης, m.
Playfellow, Playmate, συμπαιστής, m. συμπαίστωρ, m. συμπαικτήρ, m. συμπαίκτωρ, m. συμπαίστρια, f.
Playful, παιγνιώδης, παιδικός, παιδικῶς [ώδης
Playfully, *adv.* παιδικῶς
Playfulness, κουροσύνη, f.
Playhouse, θέατρον, n.
Plaything, ἄθυρμα, n. παίγνιον, n.
Plea, δικαιολογία, f. ἀπολογία, f. ἀπολόγημα, n. πρόφασις, f.
Plead, Plead a cause, *v.* δικαιολογέομαι, δικάζομαι, δικολογέω, ἀγορεύω : to plead for, συνηγορέω, ὑπερδικέω, ἀπολογέομαι : to plead against, κατηγορέω : to plead against or in reply to, ἀντιδικέω, ἀντιγράφομαι : to plead as an excuse, προφασίζομαι
Pleader, ῥήτωρ, m. δικαιολόγος, m. συνήγορος, m.
Pleading, δικαιολογια, f. δικολογία, f. ἀπολογία, f.
Pleasant, ἡδύς, τερπνός, ἐπιτερπής, χαρίεις, ἄρεσκος, ἀρεστός, εὔχαρις, εὐχάριστος, ἐπίχαρτος, καταθύμιος, γλυκύς, θυμηδής, φίλος, προσφιλής
Pleasantly, *adv.* ἡδέως, τερπνῶς, ἀρεσκόντως, ἡδύ
Pleasantness, ἡδονή, f. τερπνότης, f. ἀρέσκεια, f. γλυκύτης, f. χαριεντότης, f.
Pleasantry, ἱλαρότης, f. φαιδρότης, f.
Please, *v.* ἀρέσκω, συναρέσκω, τέρπω, ἀνδάνω, εὐφραίνω, ὀνίνημι, ἧρα φέρω, ἡδέως ἔχω : to be pleased, ἥδομαι, ἐπιτέρπομαι, ἐν ἡδονῇ ἔχω, γάνυμαι : *impers.* it pleases, ἀρέσκει, δοκεῖ
Pleasing, ἀρεστός, ἄρεσκος, χαρίεις, θυμηδής, καταθύμιος, τερπνός, ἐπιτερπής
Pleasingly, *adv.* ἀρεσκόντως, ἀρεστῶς
Pleasurable, τερπνός, εὐτερπής, καταθύμιος, χαρίεις, γλυκύθυμος
Pleasure, ἡδονή, f. τέρψις, f. χάρις, f. χάρμα, n. ὄνησις, f. φιληδία, f. : fond of pleasure, φιληδής
Plebeian, δημότης, m. ἰδιώτης, m.
Plebeian, δημοτικός, ἀγοραῖος
Pledge, ἐνέχυρον, n. ὑποθήκη, f. ἐγγύη, f. ἀρραβών, m.
Pledge, *v.* ὑποτίθημι, ἐνεχυράζομαι : to take in pledge, to take a pledge from, ἐνεχυράζω : to pledge oneself, promise, ἐγγυάομαι, πιστόομαι, πίστιν δίδωμι : to give a pledge or

PLU

warrant, πιστόομαι : to deposit a pledge in the hands of a third party, μεσεγγυάω
Pledging, ἐνεχυρασία, f. [*pl.*
Pleiades, Πλειάδες, *Ion.* Πληϊάδες, f.
Plenary, πλήρης, τέλειος, ἐντελής
Plenipotentiary, αὐτοκράτωρ, τέλος ἔχων [πλήρωσις, f. τελειότης, f.
Plenitude, πλησμονή, f. πλήρωμα, n.
Plenteously, *adv.* εὐπόρως, ἀφθόνως
Plenteousness, περιουσία, f. εὐπορία, f. ἀφθονία, f. [δαψιλής, πολύς, ἀδινός
Plentiful, ἄφθονος, εὔπορος, περισσός,
Plentifully, *adv.* ἀφθόνως, εὐπόρως, δαψιλῶς, περισσῶς
Plentifulness, περιουσία, f. εὐπορία, f.
Plenty, περιουσία, f. εὐπορία, f. ἀφθονία, f. : to have plenty, εὐπορέω, περιουσιάζω, περισσεύω
Pleonasm, πλεονασμός, m.
Plethora, πληθώρη, f.
Plethoric, πληθωρικός
Pleurisy, πλευρῖτις, f.
Pleuritic, πλευριτικός, περιπλευριτικός
Pliability, εὐκαμψία, f.
Pliable, καμπτός, καμπτικός, εὐκαμπής, εὔστροφος, εὔγναμπτος
Pliant, καμπτός, καμπτικός, γναμπτός, στρεπτός, ὑγρός, ἕλιξ
Plight, στάσις, f. κατάστασις, f.
Plight, *v.* ἐγγυάομαι, ὑπισχνέομαι
Plot, ἐπιβουλή, f. ἐπιβούλευμα, n. ἐπιβούλευσις, f. παρασκευή, f. συνωμοσία, f. σύστασις, f.
Plot, *v.* ἐπιβουλεύω, μηχανάομαι, συνόμνυμι
Plotter, ἐπιβουλευτής, m. συνωμότης,
Plotting, ἐπίβουλος [m.
Plough, ἄροτρον, n. [ἀροτριάω
Plough, *v.* ἀρόω, ἀλοκίζω, εὐλάζω,
Ploughing, ἄροτος, m. ἄροσις, f.
Ploughman, ἀροτήρ, m. ἀρότης, m. ἀροτρεύς, m. [f.
Ploughshare, ὗνις or ὕννις, f. εὐλάκα,
Plough-tail or handle, ἐχέτλη, f.
Pluck, *v.* δρέπω, τίλλω, ὀλόπτω : to pluck out, ἐκτίλλω, παρατίλλω, ἐκκοκίζω
Plucked, τιλτός
Plug, γόμφος, m. κύνδαλος, m.
Plum, κοκκύμηλον, n.
Plum-tree, κοκκυμηλέα, f.
Plumage, πτέρωσις, f. πτίλον, n.
Plumb-line, στάθμη, f.
Plume, λόφος, m.
Plummet, σταφύλη, f.
Plump, εὔσαρκος, παχύς, πίων
Plumpness, εὐσαρκία, f.

Plunder, ἁρπαγή, f. διαρπαγή, f. ἅρπασμα, n. ἅρπαγμα, n. λεία, f. ληΐς, f.
Plunder, v. ἁρπάζω, διαρπάζω, ληΐζομαι, λῃστεύω, λεηλατέω, συλάω, διαφορέω, ἀλαπάζω
Plunderer, λῃστής, m. λῃστής, m. συλήτωρ, m. ἁρπακτήρ, m.
Plundering, ἁρπαγή, f. ἁρπαγμός, m. λῃστεία, f. σύλησις, f.
Plunge, v. δύνω or δύω, ποντίζω, καταδύνω, καταποντίζω, βαπτίζω
Plural, πληθυντικός
Plurality, τὸ πλῆθος, τὸ μεῖζον
Pluto, Πλούτων, m.
Plutus, Πλοῦτος, m.
Ply, πτυχή, f. πλοκή, f
Ply, v. (as an oar) ἑλίσσω, νωμάω
Pneumatic, πνευματικός
Poacher, νυκτερευτής, m.
Poaching, νυκτερεία, f.
Pod, λοβός, m.
Poem, ποίημα, n. ποίησις, f.
Poet, ποιητής, m. ἀοιδός, m.: lyric poet, ὑμνοποιός, m. μουσοπόλος, m. ὑμνοθέτης, m. μελοποιός, m.: epic poet, ἐποποιός, m.
Poetess, ποιήτρια, f.
Poetical, ποιητικός
Poetically, adv. ποιητικῶς
Poetry, ποίησις, f.: epic poetry, ἐποποιΐα, f. ἔπος, n.
Poignancy, δριμύτης, f. πικρότης, f.
Poignant, δριμύς, πικρός, δηκτικός, δακνώδης
Point, ἀκμή, f. ἀκή, f. ἀκίς, f. ἀκωκή, f. ἄρδις, f. πλῆκτρον, n.: (a mathematical point) στιγμή, f. (stop, period) στιγμή, f.: a turning-point, ῥοπή, f.: the point of death, ῥοπὴ βίου: to the point, πρὸς λόγον: in many points, πλεοναχῇ: to be on the point, (of seeing, doing, &c.) ἐπ᾽ ἀκμῆς εἰμί
Point, v. ἀκονάω, ὀξύνω : to point out, δείκνυμι, ἀποδείκνυμι, ἀποφαίνω, φράζω [τῆς, ὀξύς, ὀξύρρυγχος
Pointed, ἀκαχμένος, λογχωτός, αἰχμη-
Pointedness, ὀξύτης, f.
Poise, v. πάλλω, ἀναπάλλω, ἵστημι, σταθμάομαι, ῥέπω, διατείνομαι
Poison, φάρμακον, n. φαρμάκιον, n. ἰός, m.
Poison, v. φαρμάσσω, καταφαρμάσσω
Poisoner, φαρμακεύς, m. φαρμακός, m. φαρμακευτής, m.
Poisonous, φαρμακώδης, ἰώδης
Poke, (as the fire) σκαλεύω
Poker, σκάλευθρον, n.

Polar, ἀρκτικός, βόρειος
Pole, κόντος, m. κάμαξ. c. (of the heavens) πόλος, m. (of a carriage) ῥυμός, m.
Pole-axe, κέστρα, f.
Pole-cat, γαλέη, contr. γαλῆ, f.
Polemic, πολεμικός, πολέμιος
Police, the, οἱ περίπολοι
Policy, πολιτεία, f.
Polish, γλαφυρία, f.
Polish, v. ξέω, ξύω, λεαίνω
Polished, ξεστός, εὔξοος, γλαφυρός
Polishing, ξέσις, f. λείωσις, f.
Polite, ἀστεῖος, χαρίεις
Politely, adv. ἀστείως, χαριέντως
Politeness, ἀστειότης, f. ἀστειοσύνη, f.
Politic, φρόνιμος
Political, πολιτικός
Politician, ὁ πολιτικός [λιτικά
Politics, ἡ πολιτικὴ (τέχνη), τὰ πο-
Poll-tax, ἐπικεφάλαιον, n.
Pollute, v. μιαίνω, καταμιαίνω, μολύνω, λυμαίνομαι, διαφθείρω, συμφθείρω
Polluted, μιαρός, μυσαρός, προστρόπαιος, ἐξάγιστος
Pollution, μίασμα, n. μίανσις, f. μιαρία, f. μύσος, n. ἄγος, n.
Polygamy, πολυγαμία, f.
Polyglot, πολύγλωσσος
Polygonal, πολύγωνος, πολυγωνοειδής
Polypus, πολύπους, c.: like a polypus, πολυποδώδης: of a polypus, πολυπόδειος
Polysyllabic, πολυσύλλαβος
Pomegranate, ῥοιά, f. ῥοά, f. σίδη, f.: pomegranate-rind, σίδιον, n.
Pommel, λαβή, f. κώπη, f.
Pomp, πομπεία, f. πομπή, f. παρασκευή, f. πρότασις, f. ἀγλαΐα, f.
Pompous, σοβαρός, πομπικός, μεγαλοπρεπής, ὀγκηρός, πανηγυρικός
Pompously, adv. πανηγυρικῶς, σοβαρῶς, ὀγκηρῶς, μεγαλοπρεπῶς
Pompousness, πομπεία, f.
Pond, τῖφος, n. τέλμα, n.
Ponder, v. λογίζομαι, φρονέω, ἐνθυμέομαι, σκοπέω
Ponderous, βαρύς, ἐμβριθής, βριθύς
Ponderously, adv. βαρέως
Ponderousness, βάρος, n. βαρύτης, f. βριθοσύνη, f.
Poniard, ἐγχειρίδιον, n. μάχαιρα, f.
Pontiff, ἀρχιερεύς, m. ἱερεύς, m. ἱεράρχης, m.
Pontifical, ἀρχιερευτικός
Pontificate, ἱερωσύνη, f.
Pony, ἱππάριον, n. πωλίον, n.
Pool, λίμνη, f. τέλμα, n. τῖφος, n.: of

or belonging to a pool, λιμναῖος, τελματιαῖος
Poop, πρύμνα, f. πρύμνη, f.
Poor, πτωχός, πένης, πενιχρός, καταδεής, ἀχρήματος, ἀχρήμων, ἐνδεής, ἀκτήμων, ἄχρυσος, ἀσθενής; (of land, barren) ξηρός, στεῖρος: to be poor, πένομαι, πτωχεύω, ἀπορέω, δέομαι, καταδεεστέρως ἔχω: poor man, πένης, m.
Poorly, adv. πενιχρῶς, καταδεῶς
Poplar, (black) αἴγειρος, f. (white) ἀχερωΐς, f.
Poppy, μήκων, f.: poppy-juice, μηκώνιον, n.: poppy-seed, μήκων, f.: of poppy, μηκωνικός [m.
Populace, ὄχλος, m. τὸ πλῆθος, δῆμος,
Popular, δημοτικός, ἔνδημος, ἐπιδήμιος; (beloved by the people) δημοτερπής: popular leader, δημαγωγός, m.
Popularity, χάρις, f.
Popularly, adv. δημοτικῶς
Populate, v. οἰκίζω
Populous, πολυάνθρωπος, πολύανδρος: to be populous, πολυανδρέω, πολυανθρωπέω [ἀνδρία, f.
Populousness, πολυανθρωπία, f. πολυ-
Porch, παστάς, f. στοά, f. (of a temple) προνήϊον, n. πρόναος, m.
Porcupine, ὕστριξ, c.
Pore, πόρος, m. σῆραγξ, f.
Pork, κρέας χοίρειον, n.
Porous, σομφός, σομφώδης, πολύτρητος, σηραγγώδης, χαῦνος
Porousness, σομφότης, f. χαυνότης, f.
Porpoise, φώκαινα, f. φώκος, m.
Porridge, φακῆ, f. πολφός, m. πόλτος, m. ἀθάρα, f. ἔτνος, n. λέκιθος, m.
Port, λιμήν, m. ὁρμός, m.: to bring into port, ὁρμίζω, ἐφορμίζω, κατάγω
Portable, ἀγώγιμος, φορητός, εὔφορος
Portal, πύλη, f. [δείκνυμι, προφαίνω
Portend, v. ὄσσομαι, προσσημαίνω, προ-
Portent, τέρας, n. θαῦμα, n.
Portentous, τερατώδης, θαυμάσιος
Porter, θυρωρός, m. πυλωρός, c. (of burdens) φορεύς, m. βαστακτής, m. φορτηγός, m. φορτοβαστάκτης, m.
Portico, στοά, f. παστάς, f. παραστάς, f. πρόστῳον, n.
Portion, μέρος, n. κλῆρος, m. λάχος, n. λῆξις, f.: marriage-portion, προίξ, f. ἕδνον, n.
Portion, v. (divide) μερίζω, δατέομαι, διαμερίζω; (a daughter) ἑδνόω, ἑδνάομαι
Portliness, σεμνότης, f.

Portly, σεμνός, ἀγαυρός
Portmanteau, δορός, m.
Portrait, ζωγράφημα, n. πίναξ, m.
Portray, v. ζωγραφέω, εἰκάζω, ἐντυπόομαι
Position, θέσις, f. θέμα, n. τάξις, f.
Positive, (certain) θετικός, ἁπλόος; (obstinate in opinion) αὐτοκράτωρ, ἰσχυρογνώμων, ἰδιογνώμων, αὐτογνώμων [ῥήδην, διαρρήδην
Positively, adv. ἁπλῶς, ἄντικρυς, ἐπιρ-
Positiveness, ἰσχυρογνωμοσύνη, f.
Possess, v. ἔχω, κέκτημαι, πέπαμαι
Possessed, κτητός
Possession, κτῆσις, f. κτῆμα, n. κτέανον, n. ἕξις, f.: of or belonging to possessions, κτήσιος: to get possession of, κρατέω, ἐπικρατέω, μάρπτω
Possessor, κτήτωρ, m. δεσπότης, m. ὁ κεκτημένος, ὁ ἔχων
Possibility, μηχανή, f. τὸ δυνατόν
Possible, δυνατός, οἷός τε: it is possible, οἷόν τε ἐστίν, ἐνδέχεται, δυνατόν ἐστι
Possibly, adv. ἴσως
Post, (position) στάσις, f. (pillar) σταθμός, m. στήλη, f.: starting-post, νύσσα, f.
Post, v. (station) τάσσω: to post up, παραγράφω, προγράφω
Posterior, ὕστερος
Posteriors, πυγαί, f. pl.
Posterity, οἱ ἔκγονοι, οἱ ἐπίγονοι, οἱ ἐπιγινόμενοι, οἱ ἑπόμενοι, οἱ ἔπειτα, οἱ μεθύστεροι
Posthumous, ὀψίγονος
Postman, δρομοκήρυξ, m.
Postpone, v. ἀναβάλλομαι, ὑπερτίθεμαι, διαμέλλω
Postulate, ὁμολόγημα, n. αἴτημα, n.
Posture, σχῆμα, n.
Pot, χύτρα, f. χυτρίς, f. χυτρίδιον, n. κέραμος, m. κεράμιον, n.
Potable, πότιμος [δης
Potash, λίτρον, n.: of potash, λιτρώ-
Potation, πόσις, f. πόμα, n.
Potency, δύναμις, f. ἰσχύς, f.
Potent, ἰσχυρός, δυνατός, κρατερός
Potentate, ἄρχων, m. δυνάστης, m.
Potential, δυνατός
Potsherd, ὄστρακον, n.
Pottage, πόλτος, m.
Potter, κεραμεύς, m. πλάστης, m.: potter's earth, κέραμος, m. γῆ κεραμῖτις, f.: to be a potter, κεραμεύω
Pouch, πήρα, f. μάρσυπος, m. βαλάντιον, n.

Poverty, πενία, f. χρεία, f. ἀμηχανία, f. ἀχρηματία, f. ἀχρημοσύνη, f.
Poult, νεοσσὸς, m. ὀρνίθιον, n.
Poulterer, ὀρνιθοκάπηλος, m.
Poultice, μάλαγμα, n. κατάπλασμα, n.
Pound, μνᾶ, f. λίτρα, f.: weighing or worth a pound, μναιος, μναϊαιος, μναιος [συντρίβω, ἐρείκω, λεαίνω
Pound, v. ἀλοάω or ἀλοιάω, τρίβω,
Pounded, κατέρεικτος
Pour, v. χέω, προχέω, καταχέω, λείβω, σπένδω, κατασπένδω; intrans. ῥέω, χέομαι: to pour in or into, ἐγχέω, εἰσχέω: to pour over, ἐπιχέω, ἐπιπροχέω: to pour out, ἐκχέω: to pour around, περιχέω, ἀμφιχέω: to pour together, συγχέω, συλλείβω
Pouring, χύσις, f.: pouring forth, ἔκχυσις, f. διάχυσις, f. πρόχυσις, f.
Pout, v. μυχθίζω, προμυλλαίνω
Powder, κόνις, f. κονία, f.
Powder, v. κονιάω
Powdery, κονιορτώδης
Power, δύναμις, f. δύνασις, f. δυναστεία, f. ἰσχὺς, f. κράτος, n. ἐξουσία, f. ῥώμη, f. ἀρχὴ, f. κῦρος, n.: having power over, to do, &c. κύριος, αὐτοκράτωρ: it is in the power of, ἔξεστι, πάρεστι
Powerful, δυνατὸς, δεινὸς, μέγας, ἰσχυρὸς, ἐγκρατής: to be powerful, δυναστεύω, δύναμαι, ἰσχύω, ἐπιπολάζω
Powerfully, adv. δυνατῶς, ἰσχυρῶς, ἐγκρατῶς [ἀκράτωρ
Powerless, ἀδύνατος, ἀσθενὴς, ἄκυρος,
Practicable, πόριμος, ἔμπρακτος
Practical, πρακτικὸς
Practice, ἄσκησις, f. γυμνασία, f. τριβὴ, f. μελέτη, f. μελέτημα, n. παρασκευὴ, f. ἐπιτήδευμα, n. ἐπιτήδευσις, f. παιδεία, n. κυλίνδησις, f.
Practise, v. ἀσκέω, ἐπασκέω, μελετάω, διαμελετάω, γυμνάζομαι, ἐπιτηδεύω, νομίζω, ἀναπειράομαι, ἐνεργάζομαι
Practised, ἀσκητὸς, μελετητὸς
Practiser, ἀσκητὴς, m. πρακτὴρ, m.
Pragmatical, πραγματικὸς
Praise, ἔπαινος, m. αἶνος, m. εὐλογία, f. εὐφημία, f. ἐγκώμιον, n. ἐπαίνεσις, f.
Praise, v. αἰνέω, ἐπαινέω, ἐγκωμιάζω, εὐλογέω, εὐφημέω, ὑμνέω: to praise too much, ὑπερεπαινέω
Praised, αἰνητὸς, ὑμνητὸς: much praised, πολυαίνητος
Praiser, ἐπαινέτης, m. ἐγκωμιαστὴς, m.

Praiseworthy, ἐπαινετὸς, ἀξιέπαινος
Prance, v. γαυριάομαι, φριμάσσομαι, μετεωρίζω, πηδάω
Prancing, μετέωρος, σοβαρὸς, ὄρθιος
Prank, παιδιὰ, f. παίγνιον, n.
Prate, v. κωτίλλω, ἀδολεσχέω, στωμύλλω, ληρέω, φλυαρέω, λαλαγέω
Prater, ἀδολέσχης, m. κωτίλος, m.
Prating, στωμυλία, f. ἀδολεσχία, f. φλυαρία, f. [πολυλόγος
Prating, κωτίλος, στωμύλος, φλυαρὸς.
Prattle, v. κωτίλλω, στωμύλλω, ἀδολεσχέω, φλυαρέω, ληρέω
Prattler, ἀδολέσχης, m. κωτίλος, m.
Prawn, καρίς, f. [στωμυληθρὴς, m.
Pray, v. εὔχομαι, προσεύχομαι, ἐπεύχομαι, λίσσομαι or λίτομαι, λιτανεύω, ἀράομαι: to pray together, συνεύχομαι, συνεπεύχομαι [εὐκταῖος
Prayed, εὐκτὸς: prayed for, εὐκτὸς,
Prayer, εὐχὴ, f. εὔγμα, n. ἐπευχὴ, f. κατευχὴ, f. κάτευγμα, n. λιτὴ, f. ἀρὰ, f.: of or belonging to prayer, εὐκταῖος [γελίζομαι
Preach, v. κηρύσσω, προφητεύω, εὐαγ-
Preacher, κῆρυξ, m. εὐαγγελιστὴς, m.
Preaching, κήρυξις, f.
Preamble, προοίμιον, n. πρόλογος, m.
Precarious, ἐπισφαλὴς, ἀκροσφαλὴς, ἀβέβαιος, ἄπορος
Precaution, εὐλάβεια, f. προμήθεια, f. φροντὶς, f. ἐπιμέλεια, f. μέριμνα, f.
Precede, v. προέχω, προοίχομαι, προτερέω, προαναφέρομαι; (happen previously) προγίγνομαι
Precedence, προτέρημα, n. πρωτεῖον, n. πρωτεία, f. προστασία, f. πρόστασις, f.
Precedent, παράδειγμα, n.
Precedent, πρότερος
Precept, παράγγελμα, n. ἐπίταγμα, n. ἄκουσμα, n. ὑποθήκη, f. δίδαγμα, n.
Preceptor, διδάσκαλος, m. παιδευτὴς, m.
Precinct, τέμενος, n. ἄλσος, n.
Precious, τίμιος, ἐρίτιμος, ἔντιμος
Preciously, adv. τιμίως, ἐντίμως
Preciousness, τιμιότης, f.
Precipice, κρημνὸς, m.
Precipitate, προπετὴς, πρηνὴς, θερμόβουλος, ἐξαίσιος, μάταιος
Precipitate, v. κρημνίζω, κατακρημνίζω, ῥίπτω; (hasten) ταχύνω, σπεύδω, ὀτρύνω
Precipitately, adv. προπετῶς, προτροπάδην
Precipitation, προπέτεια, f.
Precipitous, ἀπόκρημνος, ἀπότομος, ἀπορρὼξ, κρημνώδης
Precise, ἀκριβὴς, ἀτρεκὴς, σκεθρὸς

Precisely, adv. ἀκριβῶς
Preciseness, Precision, ἀκρίβεια, f.
Preclude, v. ἀποκλείω, ἀποκωλύω
Precocious, προφερής, προθαλής
Preconceive, v. προαισθάνομαι
Preconception, προαίσθησις, f.
Preconsider, v. προσκοπέω, προνοέω, προβουλεύω
Precursor, πρόδρομος, m.
Predatory, ληστικὸς
Predecessor, ὁ προγεγονὼς, πρόγονος
Predestinate, Predestine, v. προορίζω, προτάσσω, προερέω, ἐπικλώθω
Predestined, προθέσμιος
Predeterminately, adv. προωρισμένως
Predetermination, πρόταξις, f. προορισμὸς, m. [προκρίνω
Predetermine, v. προτάσσω, προορίζω,
Predicament, κατηγορία, f. (condition) συντυχία, f. [ρούμενον
Predicate, κατηγόρημα, n. τὸ κατηγο-
Predicate, v. κατηγορέω
Predict, v. προλέγω, προενέπω & προϋννέπω, μαντεύομαι
Prediction, μαντεῖον, n. πρόρρησις, f.
Predispose, v. προβιβάζω
Predominance, ὑπεροχὴ, f. ὑπερβολὴ, f. ἐπικράτεια, f. ἐπικράτησις, f.
Predominant, ὑπέροχος, ἐπικρατὴς
Predominate, v. ὑπερέχω, ὑπερβάλλω, ἐπικρατέω.
Pre-eminence, ὑπεροχὴ, f. ἀριστεία, f. ὑπερβολὴ, f.
Pre-eminent, ὑπέροχος, ἔξοχος, ἐκπρεπὴς, περισσὸς [πῶς, περισσῶς
Pre-eminently, adv. ἐξόχως, ἐκπρε-
Pre-establish, v. προκαθίστημι
Pre-exist, v. προϋπάρχω, προγίγνομαι
Pre-existence, προϋπαρξις, f.
Preface, πρόλογος, m. προοίμιον, n.
Preface, v. προοιμιάζομαι, προλέγω
Prefect, προεστὼς, m. ἐπιστάτης, m. ἐπιμελητὴς, m. ἐπίτροπος, m. ἡγεμὼν, m. ἔπαρχος, m.
Prefecture, ἐπαρχεία, f.
Prefer, v. προτιμάω, προαιρέομαι, ἀνθαιρέομαι, αἱρέομαι πρὸ, ἀντὶ or μᾶλλον, προκρίνω, προλαμβάνω, προτίθημι
Preferable, αἱρετὸς, προαιρετὸς
Preference, αἵρεσις, f. προαίρεσις, f. προτίμησις, f. πρόκρισις, f.
Preferment, προαγωγὴ, f.
Preferred, προαίρετος
Prefix, v. προτίθημι
Pregnancy, κύησις, f. σύλληψις, f.
Pregnant, ἐγκύμων, ἔγκυος: to be pregnant, κύω, κυέω

Prejudge, v. προκαταγιγνώσκω, προκρίνω, προκαταδικάζω, προλαμβάνω
Prejudging, προκατάγνωσις, f.
Prejudgment, πρόκριμα, n. πρόκρισις, f.
Prejudice, πρόκρισις, f. (injury) βλαβὴ, f.
Prejudice, v. βλάπτω
Prejudicial, ἐπιζήμιος, ἀνωφελὴς, βλαβερὸς, ἀλυσιτελὴς
Prelacy, ἐπισκοπὴ, f.
Prelate, ἐπίσκοπος, m.
Preliminary, προτέλειος: preliminary contest, προαγὼν, m.
Prelude, προοίμιον, n. προαύλιον, n. προαγὼν, m. τὸ ἐνδόσιμον, ἀναβολὴ, f.
Prelude, v. ἀναβάλλομαι, προαναβάλλομαι, ἀνακρούομαι
Premature, πρόωρος, ἄωρος: to be premature, προακμάζω
Premeditate, v. προνοέω, προβουλεύω
Premeditation, πρόνοια, f. προβουλὴ, f. βούλευσις, f.
Premier, πρῶτος, ἀρχικὸς
Premise, πρότασις, f.
Premise, v. ὑποτίθημι, προοιμιάζομαι
Premium, μισθὸς, m. γέρας, n. ἆθλον, n.
Preoccupy, v. προκαταλαμβάνω, προκατέχω
Preordain, v. προερέω, προτάσσω [f.
Preparation, παρασκευὴ, f. κατασκευὴ,
Preparatory, παρασκευαστικὸς
Prepare, v. σκευάζω, παρασκευάζω, κατασκευάζω, ἐξαρτύνω, ἑτοιμάζω, στέλλω, μηχανάω, κοσμέω, εὐτρεπίζω, προχειρίζομαι, ἐντύνω, πορσύνω: to be prepared, διασκευάζομαι, παρασκευάζομαι, παρατάσσομαι
Prepared, ἕτοιμος, εὐτρεπὴς, εὔτυκτος
Present, δῶρον, n. παροχὴ, f.
Present, v. δίδωμι, δωρέομαι; (hold out, offer) ἐπέχω, προάγω
Preponderance, ῥοπὴ, f.
Preponderate, v. ῥέπω, κρατέω, νικάω, βρίθω, ὑπεράγω
Preposition, πρόθεσις, f.
Prepossess, v. προλαμβάνω
Preposterous, ἄτοπος
Preposterously, adv. ἀτόπως, ἀώρως
Preposterousness, ἀτοπία, f.
Prepuce, ἀκροποσθία, f.
Prerogative, γέρας, n. προνομία, f. προτέρημα, n.
Presage, θέσπισμα, n. προμάντευμα, n. προαίσθησις, f. πρόγνωσις, f.
Presage, v. θεσπίζω, μαντεύομαι, ἀπομαντεύομαι, ὄσσομαι
Presbyter, πρεσβύτερος, m.
Prescience, πρόγνωσις, f.

Prescient, προγνωστικός, προειδώς
Prescribe, v. ἐξηγέομαι, ὑπογράφω
Prescript, πρόγραμμα, n. προγραφή, f. ἐπίταξις, f. [n.
Prescription, προγραφή, f. σύγγραμμα,
Presence, παρουσία, f.: presence of mind, ἀγχίνοια, f. τὸ φρόνιμον, σύλλογος ψυχῆς: in presence of, ἐν ὀφθαλμοῖς, ἐς ὀφθαλμοὺς
Present, ἐνεστώς, καθεστώς, παρών, παραπόδιος: the present, τὸ αὐτίκα, τὸ πάρον: present circumstances, τὰ παρόντα, τὰ παραχρῆμα, τὰ ὑπάρχοντα, τὰ παρεόντα πράγματα: to be present, πάρειμι, πρόσειμι, παρατυγχάνω, παραγίγνομαι, παρίσταμαι, ὑπάρχω, παραστατέω, πρόκειμαι, ὑπόκειμαι, ἐπιπάρειμι, ἀπαντάω, ἐντυγχάνω
Presentation, παροχή, f.
Presentiment, προαίσθησις, f.: to have a presentiment, προαισθάνομαι
Presently, adv. αὐτίκα, παραυτίκα
Preservation, σωτηρία, f. (act of preserving) περιποίησις, f.
Preservative, φυλακτήριον, n. [κὸς
Preservative, φυλακτήριος, φυλακτι-
Preserve, v. σώζω, διασώζω, φυλάσσω, διαφυλάσσω, κατέχω
Preserver, σωτήρ, m. σώτειρα, f.
Preside, v. ἐπιστατέω, προστατέω, προΐσταμαι, προκάθημαι
Presidency, προεδρία, f. πρυτανεία, f.
President, πρόεδρος, m. ἐπιστάτης, m. προστάτης, m. πρύτανις, m.: to be president, προεδρεύω, πρυτανεύω
Press, ἷπος, c. τροπήϊον, n.
Press, v. πιέζω, προσπιέζω, ἐπιπιέζω, ἐπείγω, συνέχω, σάττω, πιλόω, ἐμπιλέω: to press upon, ἐπίκειμαι, ἔγκειμαι, πρόσκειμαι, ἐπιβρίθω: to press together, συμπιέζω, συνωθέω, συμφράσσω, συμπιλέω, συνθλίβω
Pressed, πιεστὸς
Pressing, Pressure, πίεσις, f. συμπίεσις, f. πίλησις, f. πίλωσις, f.
Presume, v. πλεονάζω, ἀλαζονεύομαι, προσποιέομαι; (suppose) οἴομαι, εἰκάζω
Presumption, ὑπερηφανία, f. ἀλαζονεία, f. (supposition) ὑπόθεσις, f.
Presumptuous, ὑπερήφανος, ἀλαζὼν, ὑβριστικὸς, ἀτάσθαλος, ὑπερφίαλος, ὑπέροπλος, ὑπερηνορέων
Presumptuously, adv. ὑπερηφάνως, ὑπερφιάλως, μεγαλοφρόνως
Pretence, πρόφασις, f. εἰρωνεία, f. σχῆμα, n. προσποίημα, n. ὄνομα, n.

Pretend, v. προσπυιέομαι, προφασίζομαι, σκήπτομαι, ὑποκρίνομαι, σχηματίζομαι
Pretended, πρυσποίητος, ἐπακτὸς
Pretendedly, adv. προσποιήτως, πρόφασιν
Pretender, ἀλάζων, m. ὑποκριτὴς, m.
Pretending to, προσποιητικὸς
Pretension, προσποίησις, f. ὑπόκρισις, f. εἰρωνεία, f. σχηματισμὸς, m.
Pretermit, v. ἐλλείπω, παραλείπω
Preternatural, ὑπερφυὴς, ἐκφυὴς
Preternaturally, adv. ὑπερφυῶς
Pretext, πρόφασις, f. σκῆψις, f. πρόσχημα
Prettily, adv. καλῶς, κομψῶς [μα, n.
Prettiness, κάλλος, n. κομψότης, f.
Pretty, καλὸς, κομψὸς: very pretty, περικαλλὴς
Prevail, v. κρατέω, ἐπικρατέω, νικάω, κατέχω, ἐπέχω, ἐπαρκέω, ῥέπω: to prevail over, περιγίγνομαι, περίειμι
Prevalence, ἐπικράτεια, f. ἐπικράτησις, f. ὑπεροχή, f. ὑπερβολή, f.
Prevalent, ὑπέροχος, ἐπικρατὴς
Prevaricate, v. καθυφίημι, λεπτολογέω, ἀμφιλογέομαι
Prevarication, λεπτολογία, f.
Prevent, v. εἴργω, ἀπείργω, κωλύω, παύω, ἔχω, ἐξιάομαι
Preventer, κωλυτὴς, m.
Prevention, κώλυσις, f.
Preventive, κωλυτικὸς, διακωλυτικὸς
Previous, πρότερος
Previously, adv. πρότερον, πρὶν, τέως
Prey, ἄγρα, f. ἄγρευμα, n. ἁρπαγὴ, f. θήρα, f. ἕλωρ, n. ἑλώριον, n.
Prey upon, v. δάπτω
Price, τιμὴ, f. τίμημα, n. ὦνος, m. μισθὸς, m.: fair price, ἀξία, f. ἰσωνία, f.: to raise the price, πλειστηριάζω, ἀνατιμάω
Prick, στιγμὴ, f. νύγμα, n. κέντρον, n.
Prick, v. νύσσω, στίζω, κεντέω: to prick up the ears, τὰ ὦτα ὀρθὸν ἵστημι, συνάγω τὰ ὦτα
Pricking, στιγμὸς, m. κέντησις, f.
Prickle, ἄκανθα, f.
Prickly, ἀκανθώδης
Pride, φρόνημα, n. ὄγκος, m. ὑπερηφανία, f. μεγαλοφροσύνη, f. αὐθάδεια, f. ὕφρυς, f. γαυρότης, f.: to pride oneself on, τρυφάω, γαυριάω, γαυρόομαι, ἐπαγάλλομαι, φιλοτιμέομαι, καλλωπίζομαι
Priding oneself or exulting in, γαῦρος
Priest, ἱερεὺς, m. ἱεροφάντης, m. πρόπολος, c.: chief-priest, ἀρχιερεὺς, m.: to be a priest, ἱεράομαι

PRI

Priestess, ἱέρεια, f. ἀρήτειρα, f.
Priesthood, ἱερατεία, f. ἱερωσύνη, f.
Priestly, ἱερατικός, ἱεροφαντικός
Primacy, τὸ πρωτεῖον
Primarily, adv. πρῶτον
Primary, πρῶτος, ἀρχικός
Prime, ἀκμή, f. ἄωτος, m. & -ον, n. : the prime of life, ἡλικία, f. ὥρα, f. : in the prime, ὡραῖος, ὡρικός, ἀκμαῖος
Prime, πρῶτος, ἐξαίρετος, πρόκριτος, κύριος, τέλειος
Primeval, ὠγύγιος, παμπάλαιος, πρωτογενής, πρωτότυπος
Primitive, ἀρχαῖος, πρωτότυπος, πρωτόγονος; (in grammar) πρωτότυπον, n. [πρωτοτύπως
Primitively, adv. ἐξ ἀρχῆς, πρῶτον,
Primogeniture, πρωτογένεια, f. πρωτοτόκια, n. pl. πρωτοτοκεῖα, n. pl.
Primordial, ἀρχέγονος, πρωτογενής
Prince, ἀριστεύς, m. κρείων & κρέων, m. ἀρχηγός, m. δυνάστης, m. ἄρχων, m. ἄναξ, m. κοίρανος, m.
Princely, βασίλειος, ἀνακτόριος, ἀρχικός, ἡγεμονικός
Princes, οἱ ἄριστοι, οἱ πρῶτοι
Princess, τύραννος, f. βασίλεια, f. βασιλίς, f.
Principal, πρόεδρος, m. ἐπιστάτης, m. ἄρχων, m. (of money) τὸ ἀρχαῖον, τὸ κεφάλαιον
Principal, πρῶτος, μέγιστος, ἀρχικός, κύριος, ἡγεμονικός
Principality, ἀρχή, f. τυραννίς, f. κοιρανία, f. δυναστεία, f.
Principally, adv. μάλιστα, τὸ μέγιστον
Principle, ὑπόθεσις, f. ὅρος, m. : first principle, element, ἀρχή, f.
Print, τύπος, m. χαρακτήρ, m. ὑποPrint, v. τυπόω [γραφή, f.
Prior, πρότερος : to be prior to, προτερέω [τὸ πρωτεῖον
Priority, προτέρημα, n. προτέρησις, f.
Prism, πρίσμα, n.
Prison, εἱρκτή, f. εἱργμός, m. φυλακή, f. φρουρά, f. δεσμωτήριον, n. δεσμός, m. (pl. -μοὶ & -μὰ) οἴκημα, n.
Prisoner, δεσμώτης, m. δεσμῶτις, f. : to take prisoner, ζωγρέω, ζωγρίᾳ αἱρέω
Pristine, ἀρχαῖος, παλαιός
Privacy, ἐρημία, f. ἡσυχία, f. μυχός, m. ἰδιοτεία, f. λαθραιότης, f.: to live in privacy, ἰδιωτεύω
Private, ἴδιος, ἰδιωτικός : private person, ἰδιώτης, m.
Privately, adv. ἰδίᾳ, ἰδίως
Privation, στέρησις, f. ἀποστέρησις, f.

PRO

Privative, στερητικός, ἀποστερητικός
Privilege, γέρας, n. προνομία, f. προτέρημα, n.
Privily, adv. κρύβδην, κρυφῇ, κρυφαίως, λάθρῃ, ἰδίᾳ
Privy, κοπρών, m. ἰπνός, m. ἄφοδος, f. ἀφεδρών, m.
Privy, κρύφιος, κρυφαῖος, κρυπτός, ἀπόρρητος, λαθραῖος : to be privy to, σύνοιδα, συνίσημι
Prize, γέρας, n. ἆθλον, n. ἄεθλον, n. νικητήριον, n. ἀγώνισμα, n.
Prize, v. τιμάω, δοκιμάζω
Probability, εἰκός, n. πιθανότης, f.
Probable, πιθανός
Probably, adv. εἰκότως, ἐοικότως
Probation, ἔλεγχος, m.
Probe, μήλη, f.
Probe, v. μηλόω
Probing, μήλωσις, f. [τότης, f.
Probity, δίκη, f. δικαιοσύνη, f. χρησProblem, πρόβλημα, n.
Problematical, προβληματώδης, προβληματικός, ἀμφίβολος
Proboscis, προβοσκίς, f.
Proceed, v. προβαίνω, προάγω, χωρέω, προχωρέω, προέρχομαι, ὑπάγω, ὄρνυμαι, ἐλαύνω, βαδίζω
Proceeding, (act of) προχώρησις, f. (transaction) πρᾶξις, f. ἔργον, n.
Process, προχώρημα, n. προχώρησις, f.
Procession, πομπή, f. ἔξοδος, f. πρόσοδος, f. ἔλασις, f. προχώρησις, f.
Proclaim, v. κηρύσσω, ἐπικηρύσσω, ἀνακηρύσσω, ἀγγέλλω, ἀναγγέλλω, παραγγέλλω, κηρυκεύω, προαγορεύω, ἀναγορεύω, διαβοάω, ἀνέπω
Proclamation, κήρυγμα, n. ἀνακήρυξις, f. ἀγγελία, f. ἀνάρρησις, f. ἀναγόρευσις, f.
Proconsul, ἀνθύπατος, m. ἔπαρχος, m. : to be proconsul, ἀνθυπατεύω
Proconsular, ἀνθύπατος, ἀνθυπατικός
Proconsulate, ἀνθυπατεία, f.
Proconsulship, ἀνθυπατεία, f.
Procrastinate, v. ἀναβάλλομαι, ὑπερβάλλομαι, ὑπερτίθεμαι
Procrastination, ἀναβολή, f. ὑπέρθεσις, f. μέλλησις, f.
Procreate, v. γεννάω, παιδοποιέω, παιδουργέω
Procreation, παιδοποιΐα, f. παιδουργία, f. παιδογονία, f. γέννησις, f.
Procreative, παιδογόνος, παιδοποιός
Procreator, γεννήτωρ, m. γεννήτης, m. γενέτης, m. παιδοποιητής, m.
Procurable, κτητός [m.
Procurator, ἐπίτροπος, m. ἐπιμελητής,

PRO

Procure, v. κτάομαι, εὑρίσκω, ἐξευρίσκω, πορίζω, προφέρω, παρασκευάζω
Procurer, Procuress, προαγωγὸς, μαστροπὸς, c.
Procuring, ἐπίκτησις, f. λῆψις, f. προαγώγεια, f.
Prodigal, προετικὸς, δαπανηρὸς, ἀφειδὴς, ἄσωτος
Prodigality, δαπάνη, f. ἀσωτία, f. ἀκολασία, f. [τως, προετικῶς
Prodigally, adv. δαπανηρῶς, ἀταμιεύ-
Prodigious, πελώριος, πέλωρος, τερατώδης, τεράστειος, τεράστιος
Prodigiously, adv. τερατικῶς, πέλωρα
Prodigy, πέλωρον, n. φάσμα, n. τέρας, n.
Produce, καρπὸς, m. φορὰ, f. γέννημα, n.
Produce, v. φύω, ἐκφύω, φέρω, προσφέρω, τίκτω, ἐντίκτω, ἀναδίδωμι, ἀνατέλλω, φυτεύω, γεννάω; (bring forward, adduce) παράγω, παραλαμβάνω, ἀναβιβάζω
Producer, γεννήτης, m. γεννήτωρ, m.
Producing, γέννησις, f. γέννημα, n.
Product, καρπὸς, m. φορὰ, f. γέννημα, n. [γέννημα, n. φορὰ, f.
Production, γένεσις, f. γέννησις, f.
Productive, φόριμος, εὔφορος, πολυφόρος, παμφόρος, ἔνεργος, ποιητικὸς, γόνιμος
Productiveness, πολυφορία, f. φορὰ, f. πολυκαρπία, f.
Proem, προοίμιον, n. [λωσις, f.
Profanation, μίασμα, n. ἄγος, n. βεβή-
Profane, ἀνόσιος, ἀσεβὴς, βέβηλος, ὅσιος, ἀνίερος: profane act, ἀνοσιούργημα, n. ἀσέβημα, n.
Profane, v. μιαίνω, καθαγίζω, βεβηλόω
Profanely, adv. ἀνοσίως: acting profanely, ἀνυσιουργὸς: to act profanely, ἀνοσιουργέω, ἀσεβέω
Profaneness, ἀνοσιότης, f. ἀνοσιουργία, f. ἀσέβεια, f.
Profess, v. ἐπαγγέλλομαι, κατεπαγγέλλομαι, ὑπισχνέομαι, ἀποδείκνυμι, προφαίνω
Professedly, adv. ἐκ τοῦ προφανοῦς
Profession, ἐπάγγελμα, n. (occupation) διατριβὴ, f.
Proffer, v. προτείνω, προτίθημι
Proficience, Proficiency, ἐπιστήμη, f. ἐπιστημοσύνη, f. προκοπὴ, f. ἐπίδοσις, f.
Proficient, ὁ ἐπιστήμων, σοφιστὴς, m.
Proficient, ἐπιστήμων, διδακτὸς, πολυμαθὴς: to be proficient, προκόπτομαι
Proficiently, adv. ἐπιστημόνως

PRO

Profit, κέρδος, n. λυσιτέλεια, f. ὠφέλεια, f. ἐπικαρπία, f. κάρπωσις, f. τὸ λυσιτελοῦν, πρόσοδος, f.: to gain profit, κερδαίνω
Profit, v. ὠφελέω, λυσιτελέω, συμφέρω: to profit by, ἀπολαύω
Profitable, κερδαλέος, ὠφέλιμος, λυσιτελὴς, σύμφορος: more profitable, κερδίων: most profitable, κέρδιστος: to be profitable, συμφέρω, λυσιτελέω [λυσιτελούντως
Profitably, adv. κερδαλέως, λυσιτελῶς,
Profligacy, ἀσωτία, f. ἀκρασία, f. ἀκολασία, f. ὕβρις, f. εὐχέρεια, f.
Profligate, ἄσωτος, ἀκρατὴς, ἀκόλαστος, ἀκράτητος, εὐχερὴς: to be profligate, ἀκολασταίνω, ἀσωτεύομαι [ἀκολάστως
Profligately, adv. ἀσώτως, ἀκρατῶς,
Profligateness, ἀσωτία, f. ἀκολασία, f. ἀκρασία, f.
Profluence, πρόοδος, f.
Profluent, προρρέων
Profound, βαθὺς; (of mind) βαθύφρων, βαθύβουλος; (as sleep) ἀδινὸς, πολὺς
Profoundly, adv. βαθέως
Profundity, Profoundness, βάθος, n. βαθύτης, f. (of wisdom) βαθυγνωμοσύνη, f.
Profuse, δαψιλὴς, δαπανηρὸς, περισσὸς, ἄφθονος, πολὺς, ἀδινὸς, ἔκπλεος, προετικὸς, ἀμφιλαφὴς
Profusely, adv. δαψιλῶς, ἀφειδῶς, ἄδην, ἅλις, ἀφθόνως
Profuseness, ἀφειδία, f. δαψίλεια, f. ἀφθονία, f. περιουσία, f. πλησμονὴ, f.
Profusion, δαψίλεια, f. περιουσία, f. εὐπορία, f. πλῆθος, n. πολυπλήθεια, f.
Progenitor, πρόγονος, m. προπάτωρ, m.
Progeny, γένος, n. γέννημα, n. σπέρμα
Prognostic, τὸ προγνωστικὸν [μα, n.
Prognosticate, v. προθεσπίζω, μαντεύ-
Prognosticating, προγνωστικὸς [ομαι
Prognostication, πρόγνωσις, f. μαντεία, f. μάντευμα, n.
Progress, προκοπὴ, f. πρόοδος, f. προχώρημα, n. [χωρέω
Progress, v. προβαίνω, προάγω, προ-
Progression, πρόοδος, f. προχώρησις, f.
Progressive, προβαίνων
Prohibit, v. κωλύω, ἀπεῖπον, ἀπαγορεύω, εἴργω
Prohibited, ἀπόρρητος, κωλυτὸς
Prohibition, κώλυσις, f. ἀπόρρησις, f. ἀπόρρημα, n. ἀπαγόρευμα, n. ἀπαγόρευσις, f. εἱργμὸς, m. [νοια. f.
Project, μηχάνημα, n. βουλὴ, f. ἔν-

Project, v. (jut out) προύχω, ἐξέχω, ἐξανέχω, ἐξίσταμαι, πρόκειμαι : to project over, ὑπερέχω, ὑπερτείνω; (to plan, scheme) προβάλλω, ἐννοέω, μηχανάομαι
Projecting, προβλής, ὑπέροχος
Projection, ἐξοχή, f. προβολή, f. πρόβολος, m. πρόβλημα, n. [τῆς, m.
Projector, μηχανορράφος, m. ἐξηγητ-
Prolific, γόνιμος, πολυτόκος, πολυχόος, πολύγονος
Prolix, μακρὸς, ἐπιμήκης, ἐκτενής, πολυλόγος, μακρολόγος : to be prolix, μακρολογέω, μακρηγορέω, μηκύνω
Prolixity, μῆκος, n. μακρολογία, f. πολυλογία, f. μακρηγορία, f.
Prologue, πρόλογος, m.
Prolong, v. ἐκτείνω, παρατείνω, μηκύνω, ἀπομηκύνω
Promenade, περίπατος, m.
Promenade, v. περιπατέω
Prominence, ἐξοχὴ, f. πρόβολος, m. πρόβλημα, n. προβολή, f.
Prominent, ἔξοχος, περιφανής, προβλής, πρόβλητος, ἐπιπόλαιος : to be prominent, προβάλλομαι, προκόπτω, προέχω, ἐξίσταμαι, πρόσκειμαι
Promiscuous, σύμμικτος, συμμιγὴς
Promiscuously, adv. ἐπιμὶξ, σύμμιγα, φύρδην, χύδην, ἀναμὶξ
Promise, ὑπόσχεσις, f. ὑποσχεσία, f. ἐπάγγελμα, n. ἐγγυὴ, f. ἐγγύησις, f. πίστις, f.
Promise, v. ὑπισχνέομαι, ὑφίσταμαι, ὑποδέχομαι, ἐπαγγέλλομαι, ὑποτείνω, ἐγγυάομαι [προβόλαιον, n.
Promontory, ἄκρα, f. ἀκρωτήριον, n.
Promote, v. προβιβάζω, σπεύδω, αὐξάνω, αἴρω, προάγω, κινέω
Promotion, αὔξησις, f. προβίβασις, f.
Prompt, ἕτοιμος, πρόθυμος, πρόχειρος, ἀπροφάσιστος : to be prompt, προθυμέομαι, ὁρμαίνω
Prompt, v. ὀτρύνω, παραγγέλλω, παρακαλέω, παρορμάω, παροξύνω
Prompter, εἰσηγητὴς, m. ὀτρυντὴρ, m.
Promptitude, ἑτοιμότης, f. προθυμία, f. ὁρμὴ, f. [ὀτραλέως
Promptly, adv. προθύμως, ἑτοίμως,
Promptness, ἑτοιμότης, f. προθυμία, f. ὁρμὴ, f. [ἐπαγγέλλω
Promulgate, v. ἀνακηρύσσω, ἀγορεύω,
Promulgation, ἀνακήρυξις, f. ἀναγόρευσις, f.
Prone, προπετὴς, ἐπίφορος, καταφερὴς, εὐκατάφορος, εὐκίνητος : to be prone, ῥέπω ἐπὶ, φύω ἐπὶ or πρὸς, ἀποκλίνω εἰς or πρὸς

Proneness, καταφέρεια, f. εὐχέρεια, f.
Pronoun, ἀντωνυμία, f. [ἐπιρρέπεια, f.
Pronounce, v. ἐκφωνέω, φθέγγομαι, χράω, ἀποκλάζω
Pronunciation, ἐκφώνησις, f.
Proof, ἔλεγχος, m. τεκμήριον, n. σημεῖον, n. δεῖγμα, n. μαρτύριον, n. (trial) πεῖρα : to make proof of, πεῖραν λαμβάνω
Prop, ἔρεισμα, n. ὑπέρεισμα, n. ἕρμα, n. στήριγξ, f. ἕχμα, n. ἀντηρὶς, f. χάραξ, m.
Prop, v. ἐρείδω, ὑπερείδω, στηρίζω, ὑποστηρίζω, σκήπτω [τεύω, γεννάω
Propagate, v. σπείρω, διασπείρω, φυ-
Propagation, σπόρος, m. φυτεία, f. γένεσις, f. γέννησις, f.
Propagator, φυτευτὴς, m. σπορεὺς, m.
Propel, v. ὠθέω, προωθέω, προβιβάζω
Propensity, εὐχέρεια, f. λῆμα, n. ἔγκλισις, f. εὐκαταφορία, f. ἐπιρρέπεια, f.
Proper, ἄξιος, δίκαιος, ἴδιος, κύριος, οἰκεῖος, ἱκνούμενος, ἐπιτήδειος
Properly, adv. κυρίως, οἰκείως, δεόντως, εὖ, κατὰ τρόπον, ἀξιολόγως
Property, (possessions) οὐσία, f. τὰ ὑπάρχοντα, κτῆμα, n. οἶκος, m. (peculiar quality) τὸ ἴδιον, ἰδίωμα, n. ἰδιότης, f.
Prophecy, μαντεία, f. μαντεῖον, n. προφητεία, f. θέσπισμα, n. θεοπρόπιον, n. θεοπροπία, f. : the art of prophecy, ἡ μαντικὴ, μαντοσύνη, f.
Prophesy, v. θεοπροπέω, θεσπίζω, θεσπιῳδέω, χρησμολογέω, προφητεύω
Prophesying, μαντεία, f.
Prophet, μάντις, m. πρόμαντις, c. χρησμολόγος, m. προφήτης, m. θεοπρόπος, m. : a true prophet, ἀληθόμαντις, c. ὀρθόμαντις, c. : a false prophet, ψευδόμαντις, c. ψευδοπροφήτης, m.
Prophetess, πρόμαντις, c. προφῆτις, f.
Prophetic, μαντεῖος, μαντικὸς, μάντις, θεοπρόπος, θεσπέσιος, προφητικὸς
Prophetically, adv. μαντικῶς, προφητικῶς
Propinquity, (kindred) ἀγχιστεία, f. κήδευμα, n.
Propitiate, v. ἱλάσκομαι, ἱλάομαι, ἐξιλάσκομαι, μειλίσσω, εὐμενίζομαι
Propitiation, ἱλασμὸς, m. ἱλαστήριον, n.
Propitiatory, ἱλαστήριος, ἱλάσιμος, μειλίχιος, μειλικτήριος
Propitious, ἵλαος, Att. ἵλεως, ἐπιδέξιος, ἀπήμων, εὔπομπος, εὐμενὴς
Propitiously, adv. εὐμενῶς

PRO

Proportion, συμμετρία, f. ἀναλογία, f. εὐρυθμία, f. μέτρον, n.
Proportionate, Proportional, σύμμετρος, μέτριος, ἔμμετρος, ἀνάλογος, ἀκόλουθος, ἄξιος, εὔρυθμος, εὔμετρος
Proportionately, adv. συμμέτρως, ἀναλόγως, ἀξίως [σύμμετρος
Proportioned, εὔρυθμος, εὔμετρος,
Proposal, ὑπόθεσις, f. πρόθεσις, f.
Propose, v. τίθημι, προτίθημι, προβάλλω, προσφέρω, ὑποτίθεμαι, ἐπάγω, εἰσηγέομαι, ὑποτείνομαι; (as a law) εἰσφέρω: to be proposed, πρόκειμαι, ὑπόκειμαι
Proposer, εἰσηγητής, m.
Proposing, προβολή, f.
Proposition, πρόθεσις, f. ὑπόθεσις, f. πρόβλημα, n. πρότασις, f. εἰσήγημα, n. εἰσήγησις, f. λόγος, m.
Propound, v. ὑποτείνομαι, προβάλλω
Propping, στηριγμός, m.
Proprietor, κύριος, m. ὁ κεκτημένος ἡ κεκτημένη
Propriety, κόσμος, m. εὐκοσμία, f. κοσμιότης, f. εὐπρέπεια, f. ἁρμονία, f.
Prorogue, v. ἀναβάλλω
Proscribe, v. προγράφω, ἀποσημαίνω
Proscription, προγραφή, f.
Prose, λόγοι, ἴδιοι λόγοι, λόγος ψιλός: in prose, καταλογάδην, πεζῇ, ἰδίᾳ: writing prose, λογογράφος
Prosecute, v. εἰσάγω, γράφομαι, ἐγκαλέω, ἐπεξέρχομαι, διώκω, εἰσαγγέλλω, δικάζομαι [δίωξις, f.
Prosecution, γραφή, f. προβολή, f.
Prosecutor, ὁ διώκων, διώκτης, m. κατήγορος, m. ὁ γραψάμενος
Proselyte, προσήλυτος
Proserpine, Περσεφόνεια, f.
Prosody, προσῳδία, f.
Prospect, ὄψις, f. ἄποψις, f.
Prosper, v. (make to prosper) ὀρθόω, ὀφέλλω, ἀέξω, οὐρίζω; (to be prosperous) εὐδαιμονέω, εὐτυχέω, εὐπορέω, εὐπραγέω, θάλλω, εὐθηνέω, κατορθόω, προχωρέω, εὖ προχωρέω
Prosperity, εὐτυχία, f. εὐπραγία, f. εὐπραξία, f. εὐδαιμονία, f. ὄλβος, m. εὐημερία, f. [οὔριος, εὐήμερος
Prosperous, εὐτυχής, ὄλβιος, εὐδαίμων,
Prosperously, adv. εὐτυχῶς, καλῶς, εὖ, εὐδαιμόνως, τυχηρῶς, κατ' ὀρθόν, ὀλβίως
Prostitute, πόρνη, f. ἑταίρα, f.: to be a prostitute, πορνεύομαι, ἑταιρέω
Prostitute, v. προαγωγεύω, καταπορνεύω [ἑταίρησις, f.
Prostitution, πορνεία, f. ἑταιρεία, f.

PRO

Prostrate, v. καταβάλλω, καταστρώννυμι: to prostrate oneself before, προσκυνέω, προσπίπτω
Prostrate, προπετής, πρηνής [σις, f.
Prostration, πρόπτωσις, f. προσκύνη-
Protect, v. ἀμύνω, προΐσταμαι, στέγω, ἐπιστατέω, ὑπερστατέω, ἐπισκοπέω
Protection, προστατεία, f. προστασία, f. ἐπικουρία, f. ἐπικούρησις, f. ἐπικούρημα, n. ἕρκος, n.
Protector, προστάτης, m. ἐπιστάτης, m. ἐπίκουρος, m. σωτήρ, m. ἀμυντήρ, m.
Protest, v. μαρτύρομαι, διαμαρτύρομαι
Protestation, μαρτυρία, f. διαμαρτυρία, f. [διακρούομαι, ἀναβάλλω
Protract, v. μηκύνω, ἕλκω, παρέλκω,
Protrude, v. ἐξίσταμαι, προέχω, προεξίσταμαι
Protuberance, ὄγκος, m. οἴδημα, n. ἀνοίδησις, f.
Proud, ὑπέροπλος, ὑπερφίαλος, ὑπερήφανος, ὑπέρφρων, ὑπερηνορέων, ὑπερήνωρ, μεγαλήνωρ, ὑψίφρων, μεγαλόφρων, σεμνός, μεγαλεῖος, ἀγαυρός: over-proud, ὑπέραυχος: to be proud, μέγα φρονέω, μεγαλοφρονέω, ὑπερφρονέω, ὀγκόομαι, σεμνύνομαι, θρύπτομαι: to be proud of, ἀγάλλομαι, ὑπερφρονέω: to be over-proud, ὑπεραυχέω
Proudly, adv. ὑπερηφάνως, σεμνῶς, μεγαλοφρόνως, ὑπερφιάλως, ὑπέροπλον, ὑπέρφρονα
Prove, v. δείκνυμι, ἐνδείκνυμι, ἐπιδείκνυμι, δηλόω, κατηγορέω, ἐλέγχω, ἐξελέγχω, ἀποφαίνω, μαρτυρέω, παρίστημι, ἀποσημαίνομαι; (make trial of, test) πειράω, πειράζω, διαπειράομαι: able to be proved, δεικτός, εὐέλεγκτος: hard to be proved, δυσαπόδεικτος [νομή, f.
Provender, χιλός, m. χόρτασμα, n.
Proverb, παροιμία, f. λόγος, m. ἔπος, n.: to be a proverb, παροιμιάζομαι
Proverbial, παροιμιακός, παροιμιώδης: to render proverbial, παροιμιάζω
Provide, v. παρέχω, κατασκευάζω, ἐπαρκέω, πορίζω, ἐκπορίζω, πορσύνω, διοικέω: to provide for or against (as casualties), προοράω, προνοέω, προσκοπέω, προφυλάσσομαι: able to provide, πόριμος, ποριστικός: well provided, πόριμος: easily provided, εὔπορος
Providence, πρόνοια, f. προμήθεια, f.: by divine providence, θείᾳ τύχῃ, ἐκ θείας τύχης, θείως

Provident, προνοητικὸς, προορατικὸς, φρόνιμος, προμηθής, πρόνοος
Providently, adv. εὐλαβῶς, ἐκ προνοίας [τῆς, m.
Provider, ποριστής, m. παρασκευασ-
Province, ἐπαρχία, f. νόμος, m. (office) τὸ καθῆκον: commander of a province, νομάρχης, m. νόμαρχος, m. ἔπαρχος, m.
Provincial, ἐπαρχικὸς
Provision, ἐπιμέλεια, f.: provisions, (food) σῖτος, m. σῖτα, n. pl. σιτίον, n. σιτία, n. pl. σίτησις, f. ἐπισιτισμὸς, m.
Provision, v. σιτοποιέω, σιτοδοτέω: to be provisioned, σιτοδοτέομαι
Provocation, ἐρεθισμὸς, m. ἐρέθισμα, n. παροξυσμὸς, m.
Provoke, v. ὀργίζω, ἐξοργίζω, ἐρεθίζω, παροξύνω, ὀργαίνω, χολόω, ἐρέθω, κινέω
Prow, πρῷρα, f.
Prowess, ἀρετὴ, f. ἀνδρεία, f. εὐψυχία, f. δύναμις, f. ἰσχὺς, f.
Prowl, v. σκυλεύω
Prowler, σκυλευτὴς, m.
Proximate, ἄγχι, ἐγγὺς, σύνεγγυς, πλησίον, παρὰ
Proximity, ἀγχιστεία, f. ἐγγύτης, f.
Prudence, φρόνησις, f. σωφροσύνη, f. πρόνοια, f. εὐλάβεια, f. προμήθεια, f. γνώμη, f. εὐβουλία, f.
Prudent, φρόνιμος, σώφρων, εὔβουλος, πρόνοος, προνοητικὸς, εὐλαβὴς, προμηθὴς, σύννοος, φράδμων, πολυφράδμων, συνετὸς, πυκνὸς, πυκινὸς, δαΐφρων, ὑγιὴς, εὐλόγιστος
Prudently, adv. φρονίμως, σωφρόνως, εὐλαβῶς, εὐγνωμόνως, διεσκεμμένως, φρονούντως, ἐχόντως, προμηθικῶς
Prune, v. ἀποτέμνω, ἀποκόπτω, κλαδεύω
Pruner, κλαδευτὴρ, m. κλαστὴρ, n.
Pruning-hook or knife, κλαδευτήριον, n. κλαστήριον, n.
Prurience, κνῆσμα, n. κνισμὸς, m.
Prurient, κνησμώδης
Pry, v. παρακύπτω, ὑπερκύπτω, ἰχνεύω, ἐξετάζω
Psalm, ψαλμὸς, m.
Psalmody, ψαλμῳδία, f.
Psaltery, ψαλτήριον, n.
Ptisan, πτισάνη, f.
Puberty, ἡλικία, f. ἐφηβία, f. ἥβη, f.
Public, δημόσιος, κοινὸς, δημοτικὸς, δημοτελὴς, πάνδημος, δήμιος, πολιτικὸς: to make public, δημεύω, δημοσιόω, διαγγέλλω

Publican, τελώνης, m. (innkeeper) κάπηλος, m. ξενοδόχος, m.
Publication, κήρυξις, f. ἀναγόρευσις, f. ἀνάρρησις, f. ἀνακήριξις, f.
Publicly, adv. κοινῇ, δημοσίᾳ
Publish, v. ἀνακηρύσσω, ἐξαγορεύω, ἐπαγγέλλομαι, φανερόω, δημεύω, περιφέρω, διαδίδωμι; (of a book) ἐκδίδωμι, ἐκφέρω
Puerile, παιδαριώδης, παιδικὸς
Puerility, νηπιότης, f. νηπιέη, f.
Puff, πνεῦμα, n. ἄημα, n.
Puff, v. φυσάω: puff up, (with pride) χαυνόω, ἐκχαυνόω, ἐπικουφίζω; (praise too highly) ἀναπλάσσω, πυργόω
Pugilist, πύκτης, m. ἀγωνιστὴς, m.
Pugnacious, μαχητικὸς, ὀξύχειρ
Pugnaciously, adv. μαχητικῶς
Puissance, δύναμις, f. σθένος, n. ἰσχὺς, f. [τῆς
Puissant, δυνατὸς, μεγασθενὴς, ἐγκρα-
Pull, v. ἕλκω, τίλλω, σπάω, ἐπισπάω: to pull off, (as the hair) τίλλω, ἀποτίλλω, παρατίλλω: to pull up, ἀνασπάω: to pull down, καταβάλλω, κατασπάω, διαιρέω: to pull away, ἀποσπάω: to pull out, ἐξείρω; (as the hair) τίλλω, ἀποτίλλω: to pull against, ἀνθέλκω [λια, n. pl.
Pulley, τροχιλέα & τροχιλία, f. τροχί-
Pulmonary, πνευμονικὸς
Pulp, πόλτος, m.
Pulpit, βῆμα, n. ὀκρίβας, m.
Pulse, ὄσπριον, n. ὄροβος, m.
Pulse, (beating of the heart, &c.) σφυγμὸς, m. σφύξις, f.
Pulverise, v. ἀμαθύνω
Pumice-stone, κισηρὶς, f.: like pumice-stone, κισηροειδὴς
Pump, κηλώνειον, n.: to pump out, ἐξαντλέω: to pump out water from a ship, ἄντλον εἴργειν ναὸς
Punctual, ἀκριβὴς
Punctuality, ἀκρίβεια, f.
Punctually, adv. ἀκριβῶς
Punctuate, v. στίζω, διαστίζω
Punctuation, διάστιξις, f.
Puncture, τρύπημα, n.
Pungency, δριμύτης, f. πικρότης, f.
Pungent, δριμὺς, πικρὸς
Punish, v. κολάζω, τιμωρέομαι, ζημιόω, ἐπιζημιόω, προσζημιόω, ἀμύνω, τίνομαι, ἀποτίνομαι, μετέρχομαι, μέτειμι
Punisher, κολαστὴς, m. ἐπιτιμητὴς, m.
Punishing, ποίνιμος, τελεσφόρος
Punishment, ποινὴ, f. ζημία, f. δίκη, f. τιμωρία, f. τιμώρημα, n. τίμημα,

PUN   **PUT**

n. τίσις, f. κόλασις, f. κόλασμα, n.: to inflict punishment, δίκην λαμβάνω, ἐπιτίθημι δίκην: to suffer punishment, ὑπομένω τιμωρίαν, δίκην δίδωμι, δίκην ἔχω
Punt, πλοῖον κοντωτόν, n.
Punt-hole, κοντός, m.
Puny, μικρός
Pupil, μαθητής, m. παίδευμα, n. φοιτητής, m.
Pupil, (of the eye) κόρη, f. γλήνη, f.
Puppy, σκύλαξ, m. σκυλάκιον, n. κυ-
Purblind, μυώψ, μυωπός [νίσκη, f.
Purchase, ὠνή, f.
Purchase, v. ὠνέομαι, πρίαμαι, ἀγοράζω
Purchaser, ὠνητής, m. ἀγοραστής, m.
Purchasing, ὠνή, f. ὤνησις, f. ἀγόρασις, f.
Pure, καθαρός, ἁγνός, ἄκρατος, ἀκέραιος, ἀμίαντος, ὅσιος, ἀμιγής, ἄμικτος: to be pure, καθαρεύω
Purely, adv. καθαρῶς, ἁγνῶς, ἀμιάντως
Purgation, κάθαρσις, f. ἀποκάθαρσις, f.
Purgative, καθαρτικός, καθάρσιος
Purge, v. καθαίρω, ἀνακαθαίρω, ἀποκαθαίρω, ὑποκενόω, ὑπερινάω
Purger, καθαρτής, m. καθαρτήρ, m.
Purging, κάθαρσις, f. ἀποκάθαρσις, f. ὑπερίνησις, f.
Purification, κάθαρσις, f. καθαρμός, m. καθαρισμός, m. ἁγνισμός, m.
Purifier, καθαρτής, m. καθαρτήρ, m. ἁγνίτης or ἁγνιστής, m.
Purify, v. καθαίρω, ἀποκαθαίρω, ἐκκαθαίρω, ἀφοσιόω, ὁσιόω, ἁγνίζω, καθαγνίζω
Purifying, καθαρτικός, καθάρσιος [f.
Purity, καθαρότης, f. ἁγνότης, f. ἁγνεία,
Purloin, v. ὑφαρπάζω, ὑπεξαιρέω, ὑποκλέπτω [φοῖνιξ, m. ὄστρεον, n.
Purple, πορφύρα, f. πορφύριον, n.
Purple, πορφύρεος, πορφυρόεις, φοῖνιξ, φοινικός, φοινίκεος, φοινικόεις, πορφυρόβαπτος, ἁλουργής: entirely purple, ὁλοπόρφυρος, παμπόρφυρος: to become purple, πορφύρω: to dye purple, πορφυρεύω, πορφυρόω: to be purplish, πορφυρίζω: purple garment, πορφυρίς, f. ἁλουργίς, f.
Purple-fish, πορφύρα, f. ὄστρεον, n. ὄστρειον, n. κογχύλη, f. κογχύλιον, n.
Purport, δύναμις, f. νόος, m. διάνοια, f.
Purpose, προαίρεσις, f. βουλή, f. βούλευμα, n. μῆτις, f. πρόθεσις, f. προβουλή, f.: on purpose, ἐκ προνοίας, ἐκ προαιρέσεως, προκρίτως, ἐπιτηδές: to no purpose, μάτην [βούλομαι
Purpose, v. προαιρέομαι, προτίθεμαι,

Purposely, adv. ἐκ προαιρέσεως, ἐκ προνοίας, ἐπιτηδές, ἑκουσίως
Purse, βαλάντιον, n. μάρσυπος, m.
Pursuance, δίωξις, f. ἀκολουθία, f.
Pursue, v. διώκω, ἀποδιώκω, καταδιώκω, θηρεύω, θηράω, ἐφέπω, ὀπάζω, ἀκολουθέω, ἐπακολουθέω, μέτειμι, μετέρχομαι
Pursuer, διώκτης, m. διωκτήρ, m.
Pursuing, ὀπαδός, μεταδρόμος
Pursuit, δίωξις, f. διωγμός, m. μεταδρομή, f. (occupation) διατριβή, f. ἐπιτήδευμα, n. ἐπιμέλεια, f. ἐπιμέλημα, n.
Purvey, v. ὀψωνέω, ὀψωνιάζω, πορίζω
Purveyance, ὀψωνία, f. πορισμός, m.
Purveyor, ὀψώνης, m.
Push, v. ὠθέω, συνωθέω, ἐλαύνω: to push away, ἀπωθέω, ἐκκρούω: to push back, ἀπωθέω: to push forward, προωθέω
Pushing, ὠθισμός, m. σύνωσις, f.: pushing forward, πρόωσις, f.
Pusillanimity, μικροψυχία, f. μαλακία, f. δειλία, f.
Pusillanimous, μικρόψυχος
Pustule, φλύκταινα, f.
Pustulous, φλυκταινοειδής
Put, v. τίθημι, ἵστημι, καθίστημι: to put down, κατατίθημι, καθίημι; (make an end of, destroy, dissolve, as governments, war, tumult, offices, &c.) καταλύω, λύω: to put under, ὑφίημι, ὑφίστημι, ὑποβάλλω: to put over, ὑπερτίθημι, ἐφίστημι: to put away, μεθίημι: to put forth, προτίθημι, προβάλλομαι, προΐσταμαι; (as a tree its leaves) φύω: to put in, ἐμβάλλω, ἐντίθημι, εἰστίθημι, εἰσβιβάζω, ἐμβιβάζω; (intrans., of a ship) εἰσελαύνω, προσέχω, ὁρμίζομαι: to put on, ἐπιτίθημι, προστίθημι, περιτίθημι, ἐπεμβάλλω; (as clothes) δύω & δύνω, ἐνδύω & ἐνδύνω, ἕννυμι, ἀμφιέννυμι, ἐπιέννυμι, ἀμφιβάλλω, περιβάλλομαι, περιδέομαι; (shoes) ὑποδέομαι: to put off, (defer) διατρίβω, διάγω, παρωθέομαι; (as a garment) ἐκδύομαι, ἀποτίθεμαι, ἀποδύομαι: to put round, περιβάλλω, περιτίθημι: to put before, παραβάλλω, παρατίθημι: to put out, (extinguish) σβέννυμι; (as the eyes) ἐξορύσσω, ἐκκεντέω: put on, πρόσθετος, περίθετος; (as a garment) ἔνδυτος, ἀμφίβολος
Putrefaction, σῆψις, f. ἀπόσηψις, f.
Putrefy, v. σήπομαι, πύθομαι

PUT QUI

Putrefying, σηπτήριος, σηπτικὸς
Putrid, σαπρὸς
Putting, θέσις, f.: a putting on, ἐπιβολή, f.: a putting down, (of governments, tumults, &c.) κατάλυσις, f.
Puzzle, v. συγχέω, συνταράσσω, ἐς ἀπορίαν καθίστημι: to be puzzled, ἀπορέω, ἀμηχανέω, ἐν ἀπόροις εἰμὶ
Puzzled, ἄπορος, ἀμήχανος
Pygmy, πυγμαῖος
Pyramid, πυραμὶς, f.
Pyramidal, πυραμιδοειδὴς
Pyre, πυρά, f.

Q.

Quack, ἀγύρτης, m.
Quadrangle, τὸ τετράγωνον
Quadrangular, τετράγωνος
Quadrant, τεταρτημόριον, n.
Quadrate, τετράγωνος
Quadrature, τετραγωνισμὸς, m.
Quadrennial, τετραέτης, τετραένης
Quadrilateral, τετράπλευρος
Quadruped, τετράπους, τετρασκελὴς, τετραβάμων: to be a quadruped, τετραποδίζω
Quadruple, τετραπλάσιος [ταμιεύω
Quæstor, ταμίας, m.: to be quæstor,
Quæstorship, ταμιεία, f.
Quaff, v. πίνω, ἐκπίνω
Quaggy, ἐλώδης, λιμνώδης
Quagmire, ἕλος, n.
Quail, ὄρτυξ, m.
Quail, v. πτήσσω, ὑποπτήσσω
Quaint, κομψὸς, λεπτὸς, ἀκριβὴς
Quaintly, adv. κομψῶς
Quaintness, κομψότης, f. ἀκρίβεια, f.
Quake, v. τρέω, τρέμω, τρομέω, φρίσσω, τινάσσομαι, σείω, πάλλομαι [f.
Quaking, τρόμος, m. σεῖσμα, n. φρίκη,
Quaking, τρομερὸς, τρομώδης
Qualification, ἱκανότης, f. ἐξουσία, f. φύσις, f.
Qualify, v. ἱκανόω, φυσιόω, ἄρω, ἁρμόζω
Quality, ποιότης, f. τὸ ποῖον, φύσις, f.
Qualm, ναυσία, f. [ish, ναυσιάω
Qualmish, ναυσιόεις: to be qualm-
Qualmishness, ναυσία, f. ναυσίασις, f.
Quantity, ποσότης, f. τὸ πόσον, ἀριθμὸς, m. δύναμις, f. πλῆθος, n.
Quarrel, ἔρις, f. μάχη, f. νεῖκος, n. κρίσις, f.
Quarrel, v. ἐρίζω, διίσταμαι, ἐριδαίνω, νεικέω, κρίνομαι, διχοστατέω, διαφέρομαι, ἔριν & ἔχθραν συμβάλλω

Quarreller, νεικεστὴρ, m. ἐριστὴς, m. φιλεριστὴς, m.
Quarrelsome, φιλόνεικος, ἐριστικὸς, φίλερις: quarrelsome person, φιλεριστὴς, m.: to be quarrelsome, φιλονεικέω
Quarrelsomeness, φιλονεικία, f.
Quarry, λιθοτομία, f. λατομεῖον, n. λατομία, f.
Quart, χοῖνιξ, f.
Quarter, τεταρτημόριον, n. τὸ τέταρτον; (region) κλίμα, n. χώρα, f.: soldiers' quarters, σκήνωμα, n. στρατόπεδον, n.: to take up quarters, καταστρατοπεδεύομαι: to shift quarters, ἐξαυλίζομαι: from all quarters, παντοδαπὸς; adv. παντόθεν
Quarter, n. τετραχίζω: to be quartered, (as soldiers) σκηνέω
Quarter-master, ἐπίσταθμος, m.
Quash, v. συντρίβω, θρύπτω, ἀναιρέω
Quaternion, τετραδεῖον, n.
Quay, κρηπὶς, f. ὅρμος, m.
Queen, βασίλισσα, f. βασίλεια, f. ἄνασσα, f. βασιλὶς, f.
Queer, ἄτοπος [ρόω
Quell, v. σβέννυμι, καταπολεμέω, χει-
Quench, v. σβέννυμι, ἀποσβέννυμι, κατασβέννυμι
Quenching, σβέσις, f. ἀπόσβεσις, f.
Quenching, σβεστήριος, σβεστικὸς
Querulous, φιλαίτιος, ὀδυρτικὸς, ἀγανακτικὸς, μινυρὸς
Query, ἐρώτημα, n. ἐρώτησις, f. ζήτησις, f. [τημα, n.
Quest, ζήτησις, f.
Question, ἐρώτησις, f. ἐρώτημα, n. ζήτημα, n. ἀνάκρισις, f. πύστις, f. (doubtful point) ἀμφισβήτημα, n. ἀπόρημα, n. ἀπορία, f.
Question, v. ἔρομαι, ἐξερεείνω, ἐξετάζω, ἀνακρίνω, ἐρωτάω, πυνθάνομαι: to question closely, διερωτάω
Questionable, ἀμφισβητήσιμος, ἀμφισβήτητος
Questioner, ἐξεταστὴς, m. ζητητὴς, m.
Quibble, σόφισμα, n. [λεπτολογέω
Quibble, v. σοφίζομαι, διασοφίζομαι,
Quibbler, σοφιστὴς, m.
Quibbling, λεπτολογία, f.
Quibbling, λεπτολόγος
Quick, ταχὺς, ὀξὺς, θοὸς, εὔστροφος
Quicken, (urge, hasten) ὀτρύνω, ἐπείγω
Quickly, adv. ταχέως, ταχὺ, τάχα, διὰ τάχους, ἐν τάχει, κατὰ τάχος, κατὰ σπουδὴν, ὠκέως, ὦκα, θοῶς, ὑτραλέως, ὀξὺ, αἶψα: as quickly as possible, ὅτι τάχιστα, ὡς τάχιστα,

ὅσον τάχος: as quickly as they could, ὡς εἶχον τάχους [ὀξύτης, f.
Quickness, τάχος, n. ταχύτης, f.
Quicksand, σύρτις, f.
Quick-sighted, ὀξυδερκής, ὀξυώπης: to be quick-sighted, ὀξυδερκέω
Quicksilver, ὑδράργυρος, m.
Quiescence, ἠρεμία, f. ἠρέμησις, f. ἡσυχία, f.
Quiescent, ἠρεμαῖος, ἥσυχος, ἡσύχιος
Quiet, ἡσυχία, f. ἡσυχιότης, f. ἠρεμία, f. γαλήνη, f. ἀκινησία, f.
Quiet, ἥσυχος, ἡσύχιος, ἡσυχαῖος, ἠρεμαῖος, ἔκηλος, ἀθόρυβος
Quiet, v. γαληνίζω, διαπαύω, ἠρεμίζω: to be quiet, ἠρεμέω, ἠρεμίζω, ἡσυχάζω, ἡσυχίαν ἄγω or ἔχω, ἀτρεμέω, ἀτρεμίζω, ἀτρεμίαν ἔχω
Quietly, adv. ἠρέμα, ἠρέμας, ἠρεμαίως, ἡσύχως, ἡσυχῇ, ἀτρέμα, ἀτρέμας, ἀθορύβως, σῖγα, σιωπῇ, ἀψοφητί
Quietness, ἡσυχία, f. ἡσυχιότης, f. ἠρεμία, f. ἀκινησία, f. [πτεροῦ
Quill, πτίλον. n. καυλὸς πτεροῦ, σῦριγξ
Quince, μῆλον Κυδώνιον: quince-tree, Κυδωνία or -νέα, f.
Quinsy, κυνάγχη, f.
Quintuple, πενταπλάσιος
Quit, v. καταλείπω, ἐκλείπω, ἀπολείπω
Quite, adv. πάντως, ἔμπας, ὅλως
Quittance, ἀπόλυσις, f. ἄφεσις, f.
Quiver, φαρέτρα, f.
Quiver, v. τρέμω, φρίσσω, κραδαίνομαι, πάλλομαι, ἐμπάλλομαι
Quoit, δίσκος, m. σόλος, m.: to throw a quoit, δισκέω, δισκεύω [βόλος, m.
Quoit-thrower, δισκευτής, m. δισκο-
Quoit-throwing, δίσκημα, n.
Quota, μέρος, n.
Quotation, ἐπαγωγή, f.
Quote, v. ἐπάγομαι, προφέρω, προσφέρω, προβάλλομαι, προτίθεμαι

R.

Rabbit, δασύπους, m.
Rabble, συρφετός, m. σύρφαξ, m. ὄχλος, m. τύρβη, f. [λυσσώδης
Rabid, μανικός, μανιώδης, λυσσαλέος,
Race, γενεά, f. γένος, n. γόνος, m. γένεθλον, n. φῦλον, n.: of the same race, ὁμόφυλος, ὁμοεθνής
Race, (running match) ἀγών, m. δρόμος, m. δράμημα, n. τρόχος, m.: horse-race, ἱπποδρομία, f.
Race, v σταδιοδρομέω, ἀνθαμιλλάομαι

Race-course, δρόμος, m. ἱππόδρομος, m. στάδιον, n. τρόχος, m.
Race-ground, στάδιον, n.
Race-horse, κέλης, m. [χὸς, m.
Rack, βασανιστήριον, n. κύφων, m. τρο-
Rack, v. στρεβλόω, βασανίζω [f.
Radiance, αἴγλη, f. αὐγή, f. λαμπρότης,
Radiant, λαμπρός, φαεινός, αὐγήεις
Radiate, v. ἀκτινοβολέω, λάμπω
Radiating, ἀκτινοβόλος
Radiation, ἀκτινοβολία, f.
Radical, πρόρριζος, ἐγγενής
Radically, adv. ἐξ ἀρχῆς, πρόρριζον, πρωτοτύπως
Radish, ῥαφανὶς, f. ῥαφανίδιον, n.
Raft, σχεδία, f.
Rafter, στρωτήρ, m. δοκὸς, f.
Rag, ῥάκος, n. ῥάκιον, n. τρῦχος, n.
Rage, μένος, n. λύσσα, f. χόλος, m. ὀργή, f. μῆνις, f. θυμός, m.
Rage, v. μαίνομαι, ἐκμαίνομαι, λυσσάω, μαργαίνω, μαργάω, μενεαίνω, θύω, χολόομαι, χαλεπαίνω, χώομαι
Ragged, ῥακώδης, ῥακόδυτος, τρυχηρός
Raging, μαινάς, μάργος, λυσσώδης
Ragingly, adv. μανικῶς [κάμαξ, c.
Rail, δρύφακτος, m. -ον, n. χάραξ, c.
Rail, v. νεικέω, λοιδορέω, ὀνειδίζω
Railing, νεῖκος, n. λοιδορία, f.
Raillery, σκῶμμα, n.
Raiment, ἐσθής, f. ἱμάτιον, n. εἷμα, n. στολή, f. ἔσθος, n. ἀμφιέσματα, n. pl.
Rain, ὄμβρος, m. ὑετός, m. ὕδωρ, n. ψακάς, f. [upon, ἐφύω, ἐπιψακάζω
Rain, v. ὕω, ὀμβρέω, ψακάζω: to rain
Rainbow, ἶρις, f.
Rainy, ὄμβριος, νοτερός, νότιος, ὑγρός, ὑετώδης, φιλόμβροτος: bringing rain, ὑέτιος, ὀμβροφόρος
Raise, v. αἴρω, ἀείρω, ἐξαίρω, ἐπαίρω, ἐγείρω, ἀνεγείρω, ἵστημι, ἀνίστημι, ἐξανίστημι, ὀρθόω, μετεωρίζω
Raisin, σταφὶς, f. ἀσταφὶς, f.: made of raisins, σταφίδιος
Raising, ἄρσις, f. ἔγερσις, f.
Rally, v. ἀναλαμβάνω, συλλαμβάνω, ἀναστρέφω; (to joke) παίζω, ἀποσκώπτω
Ram, κριός, m. κτίλος, m.
Ram, v. ὠθέω, καταπυκνόω [m.
Ramble, πλάνη, f. πλάνος, m. ἀλήτης,
Ramble, v. φοιτάω, πλανάομαι, περιπλανάομαι, ἀλάομαι, περινοστέω, ἀλητεύω
Rambler, πλάνης, m. πλανήτης, m.
Rambling, πλάνη, f. πλάνος, m. ἄλη, f. ἀλητεία, f.
Rambling, πλάνος, πλάνητος

RAM

Rampart, προμαχεών, m. περίφραγμα, n. πρόφραγμα, n. ἔρυμα, n. χαράκωμα, n. [ταγγίζω
Rancid, σαπρός, ταγγός : to be rancid,
Ranciduess, σαπρότης, f. ταγγή, f.
Rancorous, ἔγκοτος, παλίγκοτος
Rancour, κότος, m.
Random, προπετής, μαψίδιος : at random, adv. μάτην, εἰκῇ, μάψ, μαψιδίως, ἀσαφῶς
Range, v. φοιτάω, περινοστέω, πλανάομαι, πλάζομαι
Rank, (row, file) στίχος, m. στοῖχος, m. τάξις, f. (class, dignity) τιμή, f. ἀξίωμα, n. ἀξία, f. τάξις, f. μέρος, n. : of rank (honourable), ἔντιμος, τίμιος, ἄξιος, εὐγενής, γενναῖος
Rank, σαπρός ; (luxuriant) ὑπερφυής
Rank, v. τάσσω, διατάσσω, στιχάω, στοιχίζω: to rank among, συντελέω
Rankle, v. φλεγμαίνω
Rankness, σαπρότης, f. ταγγή, f.
Ransack, v. συλάω, διαρπάζω, διερευνάω
Ransom, λύτρον, n. ἄποινα, n. pl.
Ransom, v. λυτρόω, ἀπολυτρόω, λύομαι & λύω, ἀπολύομαι, ἀποινάομαι
Rant, ματαιολογία, f. κενεαγορία, f.
Rant, v. ματαιολογέω
Ranunculus, βατράχιον, n.
Rap, ῥάπισμα, n.
Rap, v. ῥαπίζω
Rapacious, ἅρπαξ, ἁρπακτικός [τικῶς
Rapaciously, adv. ἁρπάγδην, ἁρπακ-
Rapacity, ἁρπαγή, f.
Rape, ἁρπαγή, f. ἀναρπαγή, f. ἁρπαγμός, m. ὕβρις, f. διακόρησις, f.
Rapid, ὠκύς, ταχύς, θοός, λαιψηρός, κραιπνός, ὀξύς [της, f. ὁρμή, f.
Rapidity, ὠκύτης, f. ταχύτης, f. ὀξύ-
Rapidly, adv. ταχέως, κραιπνῶς, ῥίμφα
Rapine, ἁρπαγή, f. ἅρπαξ, f. ἁρπαγμός, m. [ἔκστασις, f.
Rapture, περιχάρεια, f. ἀγαλλίασις, f.
Rapturous, περιχαρής, ἐκστατικός
Rapturously, adv. ἀσπασίως, ἐκστα-
Rare, σπάνιος, μανός, ἀραιός [τικῶς
Rarefy, v. ἀραιόω, μανόω
Rarely, adv. σπανίως, ὀλιγάκις
Rareness, Rarity, σπάνις, f. μανότης, f. ὀλιγότης, f.
Rascal, μαστιγίας, m.
Rascally, περιπόνηρος, παμπόνηρος
Rase, see Raze
Rash, τολμηρός, θρασύς, τολμήεις, ἀλόγιστος, προπετής, ἰταμός, ἀνόητος, ἀπρονόητος, ἄσκεπτος, θερμός, ἄβουλος
Rashly, adv. προπετῶς, μάτην, μαψι-

RAW

δίως, τολμηρῶς, ἀσκέπτως, ἀπερισκέπτως, ἀπρονοήτως, ἰταμῶς, θρασέως, ἀβούλως
Rashness, θράσος & θάρσος, n. θρασύτης, f. ἀβουλία, f. ἄνοια, f. προπέτεια, f.
Rasp, ξυστρίς, f. ξύστρον, n.
Rasp, v. ξύω
Rate, τιμή, f. τίμημα, n. (tax) τέλος, n.
Rate, v. ἐπιτιμάω. τιμάω, ὑποτιμάω ; (to chide) ἐπιτιμάω, μέμφυμαι, νεικέω
Rather, μᾶλλον, πλέον, πάρος, πρόσθεν, πρό
Ratification, κύρωσις, f. βεβαίωσις, f.
Ratified, κύριος
Ratify, v. κυρόω, ἐπικυρόω, βεβαιόω, ἐμπεδόω
Ratio, λόγος, m.
Ratiocination, συλλογισμός, f.
Rational, λόγιος, λογικός, λογιστικός, εὔλογος, εὐλόγιστος, ἔμφρων
Rationality, λόγος, m. εὐλογια, f.
Rationally, adv. λογικῶς, ἐμφρόνως, νουνεχῶς
Rattle, κρόταλον, n. (rattling noise) κρότος, m. πάταγος, m. δοῦπος, m. κτύπος, m.
Rattle, v. κροτέω, ἐπικροτέω, κτυπέω, παταγέω, δουπέω, κοναβέω, κοναβίζω ; trans. (to make to rattle) κροταλίζω, κροτέω, κατακρούω
Ravage, σύλη, f. ἁρπαγή, f. πόρθησις, f.
Ravage, v. ἁρπάζω, πορθέω, διαπορθέω, πέρθω, συλάω, ληΐζω or ληΐζομαι, διασύρω, δηιόω, contr. δηόω, φθείρω
Ravager, συλητής, m. πορθητής, m. πυρήτωρ, m. ἁρπακτήρ, m.
Ravaging, σύλησις, f. πόρθησις, f.
Rave, v. μαίνομαι, λυσσάω
Raven, κόραξ. m. κορακίας, m.
Ravenous, ἀδηφάγος, λάβρος
Ravenously, adv. λάβρως, ἁρπαλέως
Ravenousness, ἀδηφαγία, f. λαβρότης, f.
Ravine, φάραγξ, f. χαράδρα, f. [f.
Raving, λύσσα, f. λύσσημα, n. μανία, f.
Raving, μαινάς, μάργος, μανικός, μανιώδης, λυσσώδης, λυσσαλέος, λυσσομανής
Ravish, v. διαφθείρω, διακορέω, ὑβρίζω, καταισχύνω, ἁρπάζω ; (delight) τέρπω, εὐφραίνω, συνηδύνω [τικός
Ravished, (with delight, &c.) ἐκστα-
Ravisher, ὑβριστής, m. φθορεύς, m. ἁρπακτήρ, m.
Ravishment, διαφθορά, f. φθορά, f. διακόρευσις, f. (delight, ecstacy) τέρψις, f. περιχάρεια, f. ἔκστασις, f.
Raw, ὠμός, ἄπεπτος ; (inexperienced)

ἄγριος, ἀπαίδευτος, ἄπειρος, ἀγύμναστος
Rawness, ὠμότης, f. (inexperience) ἀπαιδευσία, f. ἀήθεια, f. ἀπειρία, f.
Ray, (of light, the sun, &c.) ἀκτὶς, f. αὐγὴ, f. τόξα ἡλίου
Raze, v. καθαιρέω, κατασκάπτω
Razing, καθαίρεσις, f. κατασκαφὴ, f.
Razor, ξυρὸν, n. ξυρὸς, m. μάχαιρα, f. κουρὶς, f.
Reach, v. ἅπτομαι, ἐφάπτομαι, ἐφικνέομαι, διικνέομαι, ἀνήκω, διήκω, παρήκω, ἐπέχω, εἰσέχω, λαμβάνομαι, ἀντιλαμβάνομαι, ψαύω; (to reach with the hand, reach after) ὀρέγομαι: within reach, κατάληπτος: to be within reach, ἐν καταλήψει εἰμὶ
React, v. ἀντιπάλλομαι
Read, v. λέγω, ἀναγιγνώσκω, ἐπιλέγω, διαναγιγνώσκω: easy to be read, εὐανάγνωστος
Reader, ἀναγνώστης, m. ἀκροατὴς, m.
Readily, adv. ἑτοίμως, προχείρως, προθύμως
Readiness, ἑτοιμότης, f. προθυμία, f.
Reading, ἀνάγνωσις, f.
Ready, ἕτοιμος, πρόθυμος, πρόχειρος, πρόφρων, εὐτρεπὴς, ὑπόγυιος, εὔτυκος: to be ready, προθυμέομαι, πάρειμι, κατασκευάζομαι, παράκειμαι, ἀναρτάομαι
Real, ἀληθὴς, ἀληθινὸς, ἔτυμος, ἐτήτυμος, ἀτρεκὴς, ἐτεὸς, γνήσιος, γόνιμος, ἄδολος
Reality, ἀλήθεια, f. τὰ ὄντα, ὑπόστασις, f. ὕπαρ, n. indecl.
Really, In reality, adv. ἀληθῶς, ἀληθὲς, ἀληθινῶς, ὄντως, τῷ ὄντι, γνησίως, ὕπαρ, δικαίως, ἐτεὸν, ἐτητύμως, ἀτρεκέως
Realm, βασιλεία, f. χώρα, f.
Reanimate, v. ἀναζωπυρέω, ἀναζάω, ἀναβιόω
Reap, v. ἀμάω, θερίζω, ἐξαμάω: to reap the consequences of, benefit from, &c. καρπόομαι, ἐκκαρπόομαι, ἀπολαύω [ἀμητήρ, m.
Reaper, θεριστὴς, m. καλαμευτὴς, m.
Reaping, ἄμητος, m. θερισμὸς, m.
Rear, νῶτον, n. οὐρὰ, f. οἱ ὄπισθε: to guard or command the rear, ὀπισθοφυλακέω
Rear, v. (build) οἰκοδομέω, δέμω: (bring up) τρέφω, ἐκτρέφω, ἀτιτάλλω, παιδοτροφέω: to rear with, συντρέφω, συνεκτρέφω: to rear in, ἐντρέφω: reared with, σύντροφος:

reared together, ὁμότροφος: to rear (as a horse), σφαδάζω, ἐξάλλομαι, ὀρθὸς ἵσταμαι
Rear-guard, οὐρὰ, f. οἱ ὀπισθοφύλακες
Rearing, τροφὴ, f. ἐκτροφὴ, f. παιδοτροφία, f. [ὀρθοπλὴξ
Rearing, παιδοτρόφος; (as a horse)
Rearrange, v. μετακοσμέω
Rearranging, μετακόσμησις, f.
Reason, λόγος, m. λογισμὸς, m. (the faculty) νόος, contr. νοῦς, m. διάνοια, f. νόημα, n. γνώμη, f. φρόνημα, n. φροντὶς, f. τὸ λογιστικὸν; (cause) αἰτία, f.: without reason, ἄλογος: inconsistent with reason, παράλογος: for which reason, διὸ, διότι, τίνος χάριν
Reason, v. λογίζομαι, συλλογίζομαι
Reasonable, λογιστικὸς, λογικὸς, εὔλογος, ἔλλογος, ἐπιεικὴς, εἰκὼς, ἔνδικος
Reasonably, adv. εἰκότως, εὐλόγως, ἐπιεικῶς, δικαίως, ἐνδίκως
Reasoner, λογιστὴς, m. σοφιστὴς, m.
Reasoning, λογισμὸς, m. συλλογισμὸς, m. ἀναλογισμὸς, m.
Rebel, στασιώτης, m. ἀποστάτης, m.
Rebel, v. στασιάζω, ἀνίσταμαι, ἐπανίσταμαι, ἀφίσταμαι, ἀποστατέω
Rebellion, ἐπανάστασις, f. ἀπόστασις, f.
Rebellious, ἀποστατικὸς, ἀνάστατος
Rebelliously, adv. ἀποστατικῶς
Rebound, v. ἀναπηδάω, ἀντιπάλλομαι, ἀναθρώσκω
Rebounding, παλιντυπὴς
Rebuff, ἀνακοπὴ, f.
Rebuff, v. ἀνακόπτω, ἐπιπλήσσω
Rebuild, v. ἀνοικοδομέω, ἐποικοδομέω, ἀνακτίζω, ἀνορθόω, ἐπανίστημι [m.
Rebuilding, ἀνάστασις, f. ἀνοικισμὸς,
Rebuke, ἐπιτίμησις, f. ἐπίπληξις, f.
Rebuke, v. ἐπιπλήσσω, ἐπιτιμάω
Recal, Recalling, ἀνάκλησις, f. ἐπανάκλησις, f.
Recal, v. ἀνακαλέω, ἀποκαλέω, κατάγω, ἀπάγω, ἀποστρέφω, καταδέχομαι: to recal to memory, ἀναμιμνήσκω, ὑπομιμνήσκω
Recant, v. παλινῳδέω
Recantation, παλινῳδία, f. [λογέω
Recapitulate, v. ἀναμιμνήσκω, παλιλ-
Recapitulation, παλιλλογία, f.
Recede, v. ἀναχωρέω, ἀφίσταμαι, χάζομαι, ἀναχάζομαι, εἴκω
Receipt, ὑποδοχὴ, f. ἀποδοχὴ, f.: receipts, (income) λῆψις, f. (in pl.)
Receive, v. δέχομαι, ἀποδέχομαι, ἐκ-

δέχομαι, ὑποδέχομαι, παραδέχομαι, λαμβάνω, ἀπολαμβάνω, ἐκλαμβάνω, ὑπολαμβάνω, φέρω, λαγχάνω, τυγχάνω, κομίζω: to receive back, καταδέχομαι: to receive in return, ἀντιδέχομαι, ἀντιλαμβάνω: to receive from, παραλαμβάνω, διαδέχομαι: to receive besides, προσλαμβάνω [χεὺς, m.
Receiver, ἀποδέκτης, -τήρ, m. ὑποδοReceiving, λῆψις, f. ὑποδοχή, f. καταδοχή, f.: receiving back, ἀντίληψις, f.
Recent, νεαρὸς, καινὸς, νέος, ὑπόγυιος & ὑπόγυος, πρόσφατος
Recently, adv. νεωστὶ, πρώην, ἄρτι, ὑπογυίως
Recentness, νεότης, f. καινότης, f.
Receptacle, δοχή, f. δοχεῖον, n. ἐκδοχεῖον, n. καταδοχή, f.
Reception, ὑποδοχὴ, f. ἐπιδοχὴ, f. δέξις, f. λῆψις, f.
Recess, μυχὸς, m. δοχὴ, f. κεῦθος, n. κευθμὼν, m. πτυχὴ, f.
Recession, ἀναχώρησις, f.
Recipe, πρόγραμμα, n.
Reciprocal, ἀμοιβαῖος, ἀμοιβὸς, κατάλληλος, παλίνδρομος, παλινδρομικὸς, ἀντίπαλος
Reciprocally, adv. ἀμοιβαίως, ἀμοιβαδὶς, καταλλάγδην
Reciprocate, v. ἀμείβομαι
Reciprocation, ἀμοιβή, f.
Recital, Recitation, Reciting, ἀπαγγελία, f. ἀνάγνωσις, f. ῥαψῳδία, f.
Recite, v. ἀναγιγνώσκω, ἀπαγγέλλω, ἀναλέγω, καταλέγω, διατίθημι, ἐπαινέω, ῥαψῳδέω
Reciter, ῥαψῳδὸς, m.
Reck, v. ἐπιμελέομαι, ἀλεγίζω, φροντίζω
Reckless, ἀφρόντιστος, ἀφροντὶς, ὀλίγωρος, ἀμελὴς, ἀκηδὴς, ἀλόγιστος, ἀεσίφρων, παράβολος, ῥᾳδιουργὸς
Recklessly, adv. ἀμελῶς, ἀκηδέστως, ἀφροντίστως, ῥᾳδίως, ἀνειμένως, ἀλογίστως, ὀλιγώρως
Recklessness, ἀμέλεια, f. ἀλογιστία, f. εὐχέρεια, f. ἀφροσύνη, f.
Reckon, v. λογίζομαι, ἀριθμέω; (consider, esteem) οἴομαι, δοκέω, ἡγέομαι, νομίζω: to reckon among, ἐγκρίνω, ἐγκαταλογίζομαι: to reckon together, reckon up, συλλογίζομαι
Reckoner, λογιστὴς, m.
Reckoning, λογισμὸς, m. ἀρίθμησις, f.
Reclaim, v. (demand back) ἀπαιτέω, ἀπαιτίζω; (reform) ἀνορθόω, ἐπανορθόω, διορθόω

Recline, v. ἀνακλίνομαι, κατακλίνομαι, κατάκειμαι, ἀνάκειμαι
Recluse, ἐρῆμος
Recognisance, ἐγγυὴ, f.
Recognise, v. γιγνώσκω, ἀναγιγνώσκω, ἐπιγιγνώσκω, γνωρίζω, ἀναγνωρίζω [σις, f.
Recognition, ἀνάγνωσις, f. ἀναγνώρισις, f.
Recoil, v. ἀναχωρέω, ἀναχάζομαι, ἀφίσταμαι
Recollect, v. μιμνήσκομαι, ἀναμιμνήσκομαι, ὑπομιμνήσκομαι, μνημονεύω, νοέω, ἐννοέομαι: easy to recollect, εὐμνήμων, εὐμνημόνευτος
Recollection, μνήμη, f. ἀνάμνησις, f. ὑπόμνησις, f.
Recommend, v. ἐπαινέω, αἰνέω, παραινέω, συνίστημι, προσσυνίστημι, παρεγγυάω
Recommendation, (praise) ἔπαινος, m. (advice) παραίνεσις, f. (introduction) σύστασις, f.
Recommendatory, συστατικὸς
Recompense, v. ἀμείβομαι, ἀνταμείβομαι, ἀνταποδίδωμι, ἀντιδωρεύομαι, ἀντιμετρέω, ἀποτίνω [ποινὴ, f.
Recompense, μισθὸς, m. ἀμοιβὴ, f.
Recompensing, ἀνταμοιβὸς
Reconcile, v. καταλλάσσω, διαλλάσσω, συναλλάσσω, συνίστημι, συνάγω, διαλύω, συμβιβάζω
Reconcileable, καταλλακτικὸς
Reconciler, διαλλακτὴς, -τὴρ, m. καταλλακτὴς, m. μεσίτης, m.
Reconciliation, διαλλαγὴ, f. καταλλαγὴ, f. συναλλαγὴ, f. διάλυσις, f.
Reconciling, διαλλακτήριος, καταλλακτήριος
Recondite, ἀπόκρυφος, ἀποκεκρυμμένος, κρύφιος, λαθραῖος
Reconnoitre, v. διερευνάω, προερευνάομαι, κατασκοπέω, σκοπεύω, προσκέπτομαι, ἐπιπωλέομαι
Reconnoitrer, σκοπὸς, m. κατάσκοπος, m. πρόσκοπος, m. διερευνητὴς, m.
Reconnoitring, κατασκοπὴ, f. προσκοπή, f.
Reconsider, v. ἀναλογίζομαι, ἀναπολέω, ἀνασκοπέω, ἐπιδιαγιγνώσκω
Reconsideration, ἀναλογισμὸς, m. ἀνασκοπή, f. [συγγραφή, f.
Record, γραμματεῖον, n. ἀναγραφὴ, f.
Record, v. ἀναγράφω, διαμνημονεύω, ἱστορέω
Recorder, συγγραφεὺς, m.
Recover, v. (regain) ἀνακτάομαι, ἀναλαμβάνω, ἀπολαμβάνω, ἀνακομίζομαι, κομίζομαι, ἀνασώζω; (from

sickness, &c.) ἀναπνέω, ἀναφέρω, ῥαΐζω, ἀναζωπυρέομαι, ἀναρρώννυμαι, ὑγιάζομαι; *trans.* (*to cause to recover, revive*) ἀνίστημι, ὑγιάζω, ἀναρρώννυμι: to recover one's self, ἐν ἐμαυτῷ γίγνομαι, ἐμαυτὸν ἀναλαμβάνω

Recovery, ἀνάληψις, *f.* ἀνάκτησις, *f.* ἀνακομιδὴ, *f.* (*from sickness*) ἀνάρρωσις, *f.* ἀνάπνευσις, *f.* ἀναψυχὴ, *f.*

Recount, *v.* καταλέγομαι, διηγέομαι, διέξειμι, ἐξαριθμέω [τάω

Recourse: to have recourse to, ἀπαν-

Recreate, *v.* ἀναπαύω, ἀναψύχω

Recreation, ἀνάπαυσις, *f.* ἀναψυχὴ, *f.* διατριβὴ, *f.*

Recriminate, *v.* ἀντεγκαλέω

Recrimination, ἀντέγκλημα, *n.*

Recruit, *v.* ἀνασκευάζω, ἀνορθόω; (*procure, as soldiers*) παρασκευάζω

Rectangular, ὀρθόγωνος, ὀρθογώνιος

Rectification, διόρθωσις, *f.*

Rectify, *v.* ὀρθόω, διορθόω, ἀνορθύω,

Rectilinear, εὐθύγραμμος [κατευθύνω

Rectitude, ὀρθότης, *f.*

Recumbent, κατακλινὴς

Recur, *v.* παλινδρομέω, ἀναστρέφω, ἀνατρέχω, ἀναδίδωμι

Recurrence, παλινδρομία, *f.* παλινδρο-
μὴ, *f.* [ὑποτροπικὸς

Recurring, παλίνδρομος, ὑπότροπος,

Red, φοῖνιξ, *m.*

Red, ἐρυθρὸς, ἐρευθήεις; (*deep, dark, or purple red, crimson*) φοινίκεος, *contr.* -κοῦς, φοινικιοῦς, φοῖνιξ, φοινικόεις; (*yellowish red*) πυρρὸς; (*dark or blood red*) καρύκινος: a red cloak or cloth, &c. φοινικὶς, *f.*: red dye, σανδαράκη, *f.*: red-haired, πυρρόθριξ, πυρρότριχος: red-footed, ἐρυθρόπους: to make red, ἐρείθω, ἐρυθαίνω, φοινίσσω: to be red, ἐρευθεω, ἐρευθόομαι: to become red, ἐρυθραίνω, ἐρυθαίνομαι, ἐρευθιάω

Reddish, ὑπέρυθρος, ὑπόπυρρος, φοίνιξ

Redeem, *v.* λυτρόομαι, λύομαι, διορθόω

Redeemer, λυτὴρ, *m.* λυτρωτὴς, *m.*

Redemption, λύσις, *f.* λύτρωσις, *f.*

Redness, ἐρύθημα, *n.* ἔρευθος, *n.* ἐρεύθημα, *n.* ἐρυθρότης, *f.* [μία, *f.*

Redolence, εὐωδία, *f.* εὐοδμία, *f.* εὐοσ-

Redolent, εὔοδμος, εὐώδης

Redouble, *v.* ἐπιδιπλοΐζω, ἀναδιπλόω, διπλασιάζω

Redoubling, διπλασιασμὸς, *m.*

Redoubt, ὀχύρωμα, *n.* ἐπιτείχισμα, *n.*

Redoubtable, δεινὸς, φοβερὸς, αἰνὸς

Redress, ἄκος, *n.* διόρθωσις, *f.*

Redress, *v.* ἀκέομαι, διορθόω

Reduce, *v.* (*diminish*) ἐλαττόω; (*as the spirits*) ἰσχναίνω; (*subdue, humble*), ὑπάγω, ὑποζεύγνυμι, προσβιβάζω, καταστρέφω, καθαιρέω

Reduction, (*diminution*) ἐλάττωσις, *f.* (*bringing down, lowering*) καθαίρεσις, *f.* (*of a city*) καταστροφὴ, *f.* καθαίρεσις, *f.*

Redundance, Redundancy, περισσότης, *f.* πλεονασμὸς, *m.* περιουσία, *f.*

Redundant, περισσὸς, πλεόναστος, πλεοναστικὸς, περίεργος

Reduplicate, *v.* ἀναδιπλόω, ἐπιδιπλοΐζω

Reduplication, ἐπιδίπλωσις, *f.*

Re-echo, *v.* ἀντηχέω

Reed, κάλαμος, *m.* δόναξ, *m.* κάννα, *f.*

Reel, *v.* σφάλλομαι, περιφέρομαι

Reeling, παράφορος

Re-enforce, *v.* ἐπικουρέω, βοηθέω

Re-enforcement, βοήθεια, *f.* ἐπικουρία,

Re-enter, *v.* πάλιν εἰσέρχομαι [*f.*

Re-establish, *v.* ἀποκαθίστημι, ὀρθόω, ἐπανορθόω, ἀνορθόω, ἐξορθόω, ἀποκατορθόω, ἀποκαθίστημι

Re-establishment, ἀποκατάστασις, *f.* διόρθωσις, *f.* παλινίδρυσις, *f.*

Refel, *v.* διελέγχω, ἀνασκευάζω

Refer, *v.* ἀναφέρω, ἐπαναφέρω, ἐπιτρέπω, ἀνάγω, ἐπανάγω

Reference, ἐπιτροπὴ, *f.* ἀναφορὰ, *f.* ἐπαναφορά, *f.*

Refine, *v.* καθαίρω; (*of metals*) ἕψω; (*to speak or argue over-nicely*) κομψεύω, διακριβόω, λεπτολογέω, λεπτουργέω

Refined, (*of metals*) ἄπεφθος; (*of language, arguments, the mind, feelings, &c.*) λεπτὸς; (*of people*) φιλόκαλος, μουσικὸς

Refinement, εὐμουσία, *f.* μοῦσα, *f.* κομψότης, *f.* λιπτότης, *f.*

Refit, *v.* ἀκέομαι, ἀνασκευάζω, ἐπισκευάζω, ἀνορθόω

Reflect, *v.* (*consider*) ἐνθυμέομαι, ἐννοέω, σκέπτομαι, σκοπέω; (*to throw back, reflect, as light*) ἀνακλάω: to reflect light, ἀνταυγέω, ἀντιφαίνω

Reflected, ἀνάκλαστος

Reflecting, (*thoughtful*) προνοητικὸς, φροντιστικὸς; (*reflecting light, &c.*) ἀνταυγὴς, ἐμφανὴς

Reflection, (*consideration*) λογισμὸς, *m.* σκέψις, *f.* σκέμμα, *n.* ἐπίνοια, *f.* (*of light, &c.*) ἀνταύγεια, *f.* ἀντιφάνεια, *f.* ἀνάκλασις, *f.* ἀντανάκλασις, *f.*

Reflective, ἀντανακλαστικὸς : the reflective pronoun, ἡ ἀντανακλαστικὴ ἀντωνυμία, f.
Reflex, παλίντροπος
Refluent, παλίρροος, ἀψόρροος
Reflux, ἀνάρροια, f.
Reform, v. ἐπανορθόω, μετερρυθμίζω, νεωτερίζω, ἀντιμεθίστημι, ἀναπλάσσω [σις, f. νεωτερισμὸς, m.
Reformation, ἐπανόρθωσις, f. διόρθωμα
Reformer, νεωτεριστὴς, m. ἐπανορθωτὴς, m. διορθωτὴς, m.
Refract, v. ἀνακλάω, ἀντανακλάω
Refraction, ἀνάκλασις, f. ἀντανάκλασις, f.
Refractoriness, ἀπείθεια, f. [σις, f.
Refractory, ἀπειθὴς, δυσήνιος, ἀντίτυπος [ἔχω
Refrain, v. ἀπέχομαι, ἀφίσταμαι, κατ-
Refresh, v. ἀναψύχω, καταψύχω, ψύχω
Refresher, ἀναψυκτὴρ, m.
Refreshing, ἀνάψυξις, f. [κὸς
Refreshing, καταψυκτικὸς, ἀναψυκτικός
Refreshment, ἀναψυχὴ, f. ἀνάψυξις, f. ἀνάπαυσις, f. ὄνειαρ, n. [ψύχω
Refrigerate, v. ἀναψύχω, ψύχω, κατα-
Refrigeration, ἀνάψυξις, f. κατάψυξις, f.
Refuge, καταφυγὴ, f. ἀποφυγὴ, f. ἀποστροφὴ, f. ὑποδοχὴ, f. φύξιμον, n. ἀφορμὴ, f. κρησφύγετον, n.: to take or flee for refuge, φεύγω, καταφεύγω
Refugee, φυγὰς, c.: of or belonging to a refugee, φυγαδικὸς
Refulgence, αἴγλη, f. αὐγὴ, f. λαμπρότης, f.
Refulgent, φαεινὸς, λαμπρὸς, ἀγλαὸς,
Refusal, ἀπόφασις, f. [αὐγήεις
Refuse, κάθαρμα, n. ἀποκάθαρμα, n. συρφετὸς, m.
Refuse, v. ἀπόφημι, ἀπεῖπον, ἀναίνομαι, ἀπαναίνομαι, ἀνανεύω
Refutation, ἔλεγχος, m. ἀπέλεγξις, f. ἀπελεγμὸς, m.
Refute, v. ἐλέγχω, διελέγχω, ἀπελέγχω, ἀναιρέω, ἀνατρέπω, λύω, διωθέω, ἀποτρίβω: calculated to refute, ἀναιρετικὸς, ἐλεγχοειδής: easy to be refuted, εὐεξέλεγκτος, εὐέλεγκτος: not to be refuted, ἀνεξέλεγκτος
Regain, v. ἀνακτάομαι, ἀναλαμβάνω
Regal, ἀνακτόριος, βασίλειος, βασιλικὸς
Regale, v. ἑστιάομαι, εὐωχέομαι, δαίνυμαι
Regality, βασιλεία, f. [νυμαι
Regard, ὥρα, f. ἐπιστροφὴ, f. σπουδὴ, f. φροντὶς, f.
Regard, v. φροντίζω, φρονέω, περιοράομαι, σταθμάομαι, προτιμάω, ἐν-

τρέπομαι, ὕθομαι, ἐποπτεύω, ἀλέγω, ἀλεγίζω [γος, ἀμελὴς, ἀκηδὴς
Regardless, ἄσκοπος, ἀπερίοπτος, ἄλο-
Regardlessly, adv. ἀπεριόπτως
Regency, μεσοβασιλεία, f. ἀρχὴ ἐπί-
Regenerate, v. ἀναγεννάω [τροπαία, f.
Regeneration, παλιγγενεσία, f.: belonging to regeneration, παλιγγενέσιος
Regent, ἐπίτροπος, m. μεσοβασιλεὺς, m.: to be regent, ἐπιτροπεύω
Regicide, τυραννοκτόνος, m. τυραννοφόνος, m.
Regiment, τάγμα, n. λόχος, m.
Regimental, ταγματικὸς
Region, χώρα, f. χῶρος, m. χωρίον, n. κλίμα, n.: belonging to a region, ἐγχώριος, ἐπιχώριος
Register, ἀναγραφὴ, f. ἀπογραφὴ, f. γραμματεῖον, n. διάγραμμα, n.
Register, v. ἀναγράφω, συγγράφω, ἀπογράφω, ἐγγράφω, ἐπιγράφω, παραγράφω [tered, ἄγραφος
Registered, ἀνάγραπτος: unregis-
Registering, Registration, ἐγγραφὴ, f. ἐπιγραφὴ, f. [γεὺς, m.
Registrar, ἀναγραφεὺς, m. καταλο-
Regnant, βασιλεύων, ἐπικρατὴς
Regress, κάθοδος, f.
Regress, v. ἀναχωρέω, κομίζομαι, ἀνακομίζομαι, μεταστρέφομαι, ἀναστρέφω [ἀναστροφὴ, f.
Regression, ἀναχώρησις, f. κάθοδος, f.
Regret, πόθος, m. ποθὴ, f. μετάνοια, f. λύπη, f. [λυπέομαι
Regret, v. ποθέω, μετανοέω, ἀλγέω,
Regretted, ποθεινὸς, ποθητὸς: much regretted, περιπόθητος
Regular, κύριος, εὔτακτος, τεταγμένος, καθήκων, κανονικὸς, ἐγκύκλιος
Regularity, εὐταξία, f. τάξις, f. κόσμος, m. εὐκοσμία, f. ῥυθμὸς, m. εὐρυθμία, f. [εὐτάκτως
Regularly, adv. κοσμίως, τεταγμένως,
Regulate, v. τάσσω, συντάσσω, διατάσσω, διοικέω, κοσμέω, διακοσμέω, νέμω, κανονίζω [m. διακόσμησις, f.
Regulation, τάξις, f. κόσμος, m. νόμος,
Regulator, κόσμος, m. κοσμητὴς, m.
Rehearsal, ἀνάγνωσις, f. διδασκαλία, f.
Rehearse, v. ἀναγιγνώσκω, ὑπεῖπον
Reign, βασιλεία, f. ἀνακτορία, f. ἀρχὴ, f.: in the reign of Cyrus, ἐπὶ Κύρου βασιλεύοντος
Reign, v. βασιλεύω, κοιρανέω, ἄρχω, τυραννέω & -νεύω, ἀνάσσω, κραίνω
Reimburse, v. ἀποτίνω, ἀνταποδίδωμι, ἀμείβομαι, ἀνταμείβομαι

Rein, ἡνία, f. ἱμάς, m. ῥυτήρ, m.
Reinforce, v. ἐπικυρέω, βοηθέω
Reins, (kidneys) νεφροί, m. pl.
Reinstal, v. ἀποκαθίστημι
Reinstate, v. ἀποκαθίστημι
Reiterate, v. ἀναπολέω, ἐπαναλαμβάνω
Reject, v. ἀποῤῥίπτω, ἀπωθέω, διωθέω, παρωθέω, ἐκβάλλω, ἀποστρέφομαι, ἀποδοκιμάζω, ἀναίνομαι; (by vote) ἀποψηφίζομαι, ἀποχειροτονέω
Rejected, ἔκβλητος, ἔκβολος
Rejection, ἐκβολή, f. ἀποδοκιμασία, f. ἄπωσις, f.
Rejoice, v. χαίρω, γάνυμαι, γηθέω, ἥδομαι, ἀγάλλομαι, εὐφραίνομαι : to rejoice at, ἐπιχαίρω, συνήδομαι : to rejoice with, συγχαίρω, συγγηθέω : to rejoice greatly, ὑπερχαίρω, ὑπερήδομαι, ἐκχέομαι
Rejoin, v. ὑπολαμβάνω, ἀντιλέγω, ἀπαμείβομαι, ἀντεῖπον
Rejoinder, ὑπόληψις, f. ἀμοιβή, f. ἀπόκρισις, f.
Rekindle, v. ἀναζωπυρέω, ἀνακαίω, ἀνάπτω [m.
Relapse, ὑποτροπή, f. ὑποτροπιασμός,
Relapse, v. μεταπίπτω, ὑποτροπιάζω
Relate, v. διηγέομαι, ἐξηγέομαι, διέξειμι, λέγω, καταλέγω, ἀγγέλλω, ἀπαγγέλλω, μυθέομαι, μυθολογέω, ἀποφαίνω, ἐπέρχομαι, διέρχομαι ; (to refer or have reference to) φέρω, προσήκω
Related, συγγενής, προσήκων : to be related to, ἀγχιστεύω, προσέχομαι
Relation, (narration) διήγησις, f. ἐξήγησις, f. ἀφήγησις, f. (kinsman, relative) συγγενής, ἀγχιστεύς, m. ὁ προσήκων, pl. οἱ προσήκοντες, οἱ ἀναγκαῖοι; (by marriage) κηδέμων, m. κηδεστής, m. κηδευτής, m. : to be a relation of, ἀγχιστεύω, προσέχομαι ; (reference to) ἀναφορά, f.
Relationship, συγγένεια, f. τὸ συγγενές, ἀγχιστεία, f. οἰκειότης, f. τὸ οἰκεῖον, ἀναγκαιότης, f. (by marriage) κῆδος, n. κήδευμα, n.
Relative, ἀναφορικός, προσήκων : relative to, περί
Relax, v. χαλάω, παραχαλάω, ἀνίημι, ὑφίημι, ἐπανίημι, μεθίημι, παρίημι, λύω, ἐκλύω, διαλύω
Relaxation, χάλασις, f. ἄνεσις, f. ἄφεσις, f. λύσις, f. διάλυσις, f.
Release, Releasing, ἄφεσις, f. λύσις, f. διαπομπή, f. ἐλευθέρωσις, f.
Release, v. ἀφίημι, ἀνίημι, μεθίημι, λύω, ἀπολύω, ἐκλύω, ἐλευθερόω

Relent, v. μαλακίζομαι, μαλθακίζομαι, κάμπτομαι, ἐπικλάομαι, γνάμπτομαι
Relentless, ἄτεγκτος, ἀμείλικτος, ἀμείλιχος, ἀσυγγνώμων, ὠμός
Reliance, πίστις, f. πεποίθησις, f.
Relics, λείψανον, n. λεῖμμα, n.
Relict, χήρα, f.
Relief, κούφισις, f. κούφισμα, n. ἀνακούφισις, f. ἀναψυχή, f. ἀνάλυσις, f. διάλυσις, f. ἄνεσις, f. λώφησις, f. ῥᾳστώνη, f. (from pain) νωδυνία, f. μείλιγμα, n.
Relieve, v. παύω, ἀναπαύω, κουφίζω, ἀνακουφίζω, ἐπιλύομαι, μαλάσσω
Relieving, κουφιστικός, λυτήριος, λύσιμος, παυστήριος : relieving pain, λυσίπονος, παυσίπονος
Religion, εὐσέβεια, f. ὁσιότης, f. ὁσία, f. εὐλάβεια, f.
Religious, ὅσιος, εὐσεβής
Religiously, adv. ὁσίως, εὐσεβῶς
Relinquish, v. λείπω, ἀπολείπω, καταλείπω, ἀφίημι, μεθίημι
Relinquishment, ἀπόλειψις, f. κατάλειψις, f.
Relish, v. εὐωχέομαι
Reluctance, ἐπίσχεσις, f.
Reluctant, ἀπρόθυμος, ἄκων, ἀκούσιος
Reluctantly, adv. ἀπροθύμως, ἀκουσίως
Rely, Rely on, v. πιστεύω, ἰσχυρίζομαι, ἐνισχυρίζομαι, ἐπανέχω
Relying on, πίσυνος, θάρσυνος
Remain, v. μένω, παραμένω, διαμένω, ἐπιμένω, καταμένω, διατρίβω; (remain over, be left) λείπομαι, ὑπολείπομαι, περιλείπομαι, περισσεύω, περιγίγνομαι, περίειμι, ὑπόκειμαι, ὑπερβάλλω : to remain in, ἐμμένω, ἐνδιατρίβω : to remain near, παραμένω : to remain behind, ὑπομένω
Remainder, περίλειμμα, n. τὸ κατάλοιπον, τὸ λοιπόν, λείψανον, n.
Remaining, μονή, f. διαμονή, f. καταμονή, f.
Remaining, λοιπός, κατάλοιπος, ἐπίλοιπος, ὑπόλοιπος [καταγιγνώσκω
Remark, v. αἰσθάνομαι, κατανοέω,
Remarkable, ἐπίσημος, ἐπιφανής, ἐπίδηλος, ἀξιόλογος, δόκιμος
Remarkably, adv. δοκίμως, ἐπιφανῶς, ἀξιολόγως
Remediable, ἰατός, ἰάσιμος
Remedy, ἄκος, n. ἄκεσμα, n. ἴασις, f. ἴαμα, n. φάρμακον, n. ἀλέξημα, n. μῆχος, n.
Remedy, v. ἀκέομαι, ἐξακέομαι, ἰάομαι
Remember, v. μιμνήσκομαι, μνημονεύω, ἀναμιμνήσκομαι, ἐπιμιμνήσκομαι, διαμνημονεύω, ἐννοέομαι, σώζω,

διασώζω: to be remembered, μνημόνευτος, ἀνάμνηστος: easy to remember, εὐμνημόνευτος, εὐμνήμων: hard to remember, δυσμνημόνευτος: to be always remembered, ἀείμνηστος [μνημόνευμα, n.

Remembrance, μνήμη, f. ἀνάμνησις, f.

Remind, v. μιμνήσκω, ὑπομιμνήσκω, ἀναμιμνήσκω, ἐπαναμιμνήσκω, διαμνημονεύω

Reminding, ὑπόμνησις, f.

Reminiscence, ἀνάμνησις, f.

Remiss, ἐνδεής, ἀπρόθυμος, ἀμβλύς, ἄρρωστος, ἀμελής [σις, f.

Remission, ἄνεσις, f. ἄφεσις, f…διάλυ-

Remissly, adv. ἐκλελυμένως, ἀπροθύμως, ἀμελῶς

Remissness, ἀρρωστία, f. ἀμέλεια, f.

Remit, v. ἀφίημι, ἀνίημι, ἀφαιρέω

Remnant, λείψανον, n. λεῖμμα, n. ὑπόλειμμα, n. [καινόω

Remodel, v. μεταποιέω, μεταρρυθμίζω,

Remonstrance, αἰτία, f. διαμαρτυρία, f. ἀπόδειξις, f.

Remonstrate, v. διαμαρτυρέω, ἀποδείκνυμι, ἐλέγχω

Remorse, οἶκτος, m. λύπη, f. ἄχθος, n. ἀδημονία, f. [δης, αὐθάδης

Remorseless, ἄνοικτος, ἀνελεής, ἀναι-

Remorselessly, adv. ἀκηδέστως

Remote, μακρός, τηλουρός, ἔσχατος

Remoteness, ἀπόστασις, f.

Removable, περιαιρετός, μετακινητός, μετακινητέος

Removal, κίνησις, f. μετακίνησις, f. ἀναίρεσις, f.; intrans. ἀνάστασις, f. μετάστασις, f. ἀπαλλαγή, f. περιαίρεσις, f. (from a house) διοίκισις, f.

Remove, v. ἀναιρέω, ἐκφέρω, μεταφέρω, ἀνίστημι, μεθίστημι, ἀφίστημι, ἀπαλλάσσω, κινέω, μετακινέω, ἀνατίθημι, ἐξοικίζω, μεθίημι; intrans. μετανίσταμαι: to remove privily, ὑπεκτίθημι, ὑπεξαιρέω, ὑπεκκομίζω, ὑπεξάγω

Remunerate, v. ἀμείβομαι, ἀντιδωρέ-

Remuneration, ἀμοιβή, f. [ομαι

Rencounter, συμβολή, f. σύνοδος, f.

Rend, v. ῥήγνυμι, καταρρήγνυμι, κατερείκομαι, διασπάω, διασπαράσσω

Render, v. ἀποδίδωμι, ἀνταποδίδωμι, ἀναδίδωμι; (make) παρέχομαι, ἐκπράσσω

Renegade, ἀποστάτης, m.

Renew, v. ἀνανεόομαι, ἐπανανεόομαι, ἀνανεάζω, ἀνακαινίζω, νεόω, καινοποιέω

Renewal, ἀνανέωσις, f. ἀνακαίνισις, f.

Rennet, πυετία, f. τάμισος, f.

Renovate, v. ἀνανεόομαι, καινίζω, καινοποιέω, νεόω [f. νεόχμωσις, f.

Renovation, ἀνανέωσις, f. ἀνακαίνισις,

Renounce, v. ἀπεῖπον, ἀπορρίπτω, ἀποκηρύσσω, ἀποβάλλω, ἐξανίσταμαι

Renown, κλέος, n. φήμη, f. δόξα, f. εὐδοξία, f.

Renowned, κλυτός, εὐκλεής, ἔνδοξος, εὔδοξος, φαίδιμος

Rent, (tear) λακίς, f. λάκισμα, n. σπάραγμα, n. (fissure) ῥῆγμα, n. (hire) φορά, f. ἀποφορά, f. τέλος, n. μίσθωσις, f. (of a house) τὸ ἐνοίκιον

Renunciation, ἀπόρρησις, f. ἀποκήρυξις, f.

Repair, or Repairs, ἐπισκευή, f.

Repair, v. ἐπισκευάζω, ἀνασκευάζω, ἀκέομαι, ἀναλαμβάνω, ἀνορθόω, ἀνιάομαι

Repairer, ἐπισκευαστής, m. ἀνασκευ-

Reparable, ἰάσιμος, ἰατός [αστής, m.

Reparation, ἀνάληψις, f.

Repast, δεῖπνον, n.

Repay, v. ἀποδίδωμι, ἀνταποδίδωμι, ἀντιδίδωμι, ἀποτίνω, ἀμείβομαι

Repayment, ἄμειψις, f. ἀνταπόδοσις, f. ἀμοιβή, f. [κατάλυσις, f.

Repeal, ἀκύρωσις, f. ἀποκύρωσις, f.

Repeal, v. λύω, καταλύω, ἀποχειροτονέω, ἀναιρέω, καθαιρέω, ἀκυρόω, ἄκυρον ποιέω, μεταγιγνώσκω, ἀφαιρέομαι

Repeat, v. ἐπαναλαμβάνω, παλιλλογέω, διλογέω, ἀναπολέω, ἐπαναπολέω, ἀναστρέφω, ἐπανέρχομαι

Repeatedly, adv. πολλάκις

Repeating, παλίλλογος

Repel, v. ἀπωθέω, παρωθέω, διωθέω, εἴργω, ἀνακρούω, ἀντιτυπέω, ἐρύκω, ἀπερύκω, ἀλέξω

Repelled, ἀντίτυπος

Repelling, ἀντίτυπος, ἀντιτυπής

Repent, v. μετανοέω, μεταγιγνώσκω, μεταμέλομαι; impers. μεταμέλει (ὅτι) [f. μετάγνοια, f.

Repentance, μετάνοια, f. μεταμέλεια,

Repentant, μεταμελητικός

Repercussion, ἀντιτυπία, f.

Repetition, παλιλλογία, f. διλογία, f. διπλασιολογία, f. ἐπιδιήγησις, f.

Repine, v. γογγύζω, ἄχθομαι, μεμψιμοιρέω

Replace, v. ἀντιπαρέχω, ὑφίστημι

Replant, v. ἀναφυτεύω

Replenish, v. ἀναπληρόω

Replete, μεστός, ἀνάμεστος, πλήρης

Repletion, πληθώρη, f. πλήρωσις, f.

Reply, ἀπόκρισις, f. ἀμοιβή, f.

REP

Reply, *v.* ἀμείβομαι, ἀπαμείβομαι, ὑπολαμβάνω, ἀποκρίνομαι, ἀντεῖπον
Report, φήμη, *f.* ἀκοὴ, *f.* κληδὼν, *f.* λόγος, *m.* φάτις, *f.*: false report, ψευδαγγελία, *f.*: good report, εὐδοξία, *f.*: of good report, ἔνδοξος, εὔδοξος
Report, *v.* ἀγγέλλω, ἀπαγγέλλω, διαγγέλλω, εἰσαγγέλλω, ἀναγγέλλω, ἀναφέρω, ἀπόφημι: to be reported, διαθρυλλέομαι, ἀποφέρομαι
Reporter, ἄγγελος, *m.*
Repose, ἀνάπαυσις, *f.* ἄνε—'ς, *f.*
Repose, *v.* τίθημι, καθίστημι; *intrans.* (*to rest*) ἀναπαύομαι, ἡσυχάζω: to repose trust in, πιστεύω ἐπὶ
Repository, θήκη, *f.* ἀποθήκη, *f.*
Repossess, *v.* ἀνακτάομαι [μέμφομαι
Reprehend, *v.* αἰτιάομαι, ἐπιτιμάω,
Reprehensible, ἐπίμεμπτος, μωμητὸς, ἐλεγκτὸς, ἐπαίτιος [*f.* ἐπιτίμησις, *f.*
Reprehension, μέμψις, *f.* καταμεμψις,
Represent, *v.* (*exhibit, describe*) ἀπεικάζω, ἀποδείκνυμι, ἀποφαίνω, διηγέομαι, ποιέω; (*make like, portray, imitate*) εἰκάζω, μιμέομαι, παραδείκνυμι; (*as a representative*) παρέχομαι
Representation, (*description*) ἀπόδειξις, *f.* διήγησις, *f.* (*imitation, portraiture*) μίμησις, *f.* ἀπεικασία, *f.* ἀπείκασμα, *n.*
Repress, *v.* πιέζω, καταπιέζω, κατέχω, κατείργω, δαμάω, καταστέλλω
Repressing, ἐπισχετικὸς
Repression, καταπίεσις, *f.* πίεσις, *f.*
Reprieve, *v.* ἀναβάλλω [κατοχὴ, *f.*
Reprimand, αἰτία, *f.* ἐπιτίμησις, *f.* μομφὴ, *f.* ὁμοκλὴ, *f.* [ψέγω
Reprimand, *v.* νουθετέω, μέμφομαι,
Reproach, λοιδορία, *f.* λοιδόρησις, *f.* ὄνειδος, *n.* ἔλεγχος, *n.* ὁμοκλὴ, *f.*
Reproach, *v.* ὀνειδίζω, ἐξονειδίζω, ἐπιπλήσσω, ἐπιτιμάω, ἐλέγχω
Reproachful, ὀνείδειος, ἐπονειδιστὸς, ὀνειδιστικὸς, λοίδορος, κερτόμιος
Reprobate, πανοῦργος, ἀδόκιμος
Reprobate, *v.* ἀποδοκιμάζω, μέμφομαι, ψέγω [σία, *f.*
Reprobation, ψόγος, *m.* ἀποδοκιμα-
Reproduce, *v.* ἀναφύω, ἀναγεννάω
Reproduction, ἀνάφυσις, *f.*
Reproof, μομφὴ, *f.* ἐπιτίμησις, *f.* ὁμοκλὴ, *f.* ἐνιπὴ, *f.* [φομαι. ἐνίπτω
Reprove, *v.* ἐλέγχω, ἐπιτιμάω, μέμ-
Reptile, ἑρπετὸν, Æol. ὄρπετον, *n.*
Republic, πολιτεία, *f.* δημοκρατία, *f.*
Republican, δημοκρατικὸς

504

RES

Repudiate, *v.* ἀποβάλλω, ἀφίσταμαι, ἀποπέμπω, ἀπωθέω
Repudiation, ἀποδοκιμασία, *f.*
Repugnance, ἐναντίωμα, *n.* ἀντίταξις, *f.* ἀντίτασις, *f.*
Repugnant, ἐναντίος, ἀπειθὴς
Repugnantly, *adv.* ἐναντίως
Repulse, ἔκκρουσις, *f.* παλίωξις, *f.*
Repulse, *v.* ἀποκρούω, ἐκκρούω, ἀπελαύνω, ὠθέω, ἀπαθέω, ἀλέξομαι, ἐκκόπτω, ἀπομάχομαι [ἔνδοξος, καλὸς
Reputable, εὔφημος, εὐφήμιος, εὐκλεὴς,
Reputably, *adv.* εὐφήμως, εὐκλεῶς
Reputation, Repute, δόξα, *f.* φήμη, *f.* φάτις, *f.* ὄνομα, *n.*: good reputation, εὐδοξία, *f.* εὐδοκίμησις, *f.*: to have a good reputation, be in repute, εὐδοξέω, εὐδοκιμέω, τιμάομαι: bad reputation, δύσκλεια, *f.*
Request, αἴτημα, *n.* αἴτησις, *f.*
Request, *v.* αἰτέω, ἐρωτάω [καλέω
Require, *v.* ἀπαιτέω, ἐξαιτέω, παρα-
Requisite, ἀναγκαῖος, ἐπιτήδειος
Requital, ἀμοιβὴ, *f.* ἀνταπόδοσις, *f.* ἔκτισις, *f.* ἀντίδοσις, *f.*
Requite, *v.* ἀνταποδίδωμι, ἀμείβομαι, ἀνταμείβομαι, τίνω, ἐκτίνω, ἀμύνω, ἀντιποιέω, ἀντιδράω, ἀλέξομαι: to requite a benefit, ἀντευποιέω, ἀντευεργετέω
Requiting, ἄμειψις, *f.* ἀνταπόδοσις, *f.*
Requiting, ἀντατασοδοτικὸς
Rereward, ὀπισθοφυλάκιον, *n.*
Rescind, *v.* καθαιρέω, ἀναιρέω, ἀπογιγνώσκω, ἀθετέω
Rescue, *v.* σώζω, ῥύομαι, ὑπεξερύομαι
Research, ἐξέτασις, *f.* ἔρευνα, *f.*
Resemblance, ὁμοιότης, *f.*
Resemble, *v.* εἰκάζομαι, ἔοικα, εἴδομαι
Resent, *v.* δυσφορέω, δυσφόρως ἄγω or ἔχω, δυσχεραίνω
Resentful, ἐπίκοτος, ὀργίλος, ἀγανακ-
Resentment, ὀργὴ, *f.* [τητικὸς
Reserve, *v.* ἀποτίθημι, καταλείπομαι, ἀνατίθημι, ταμιεύω
Reserved, κρυψίνοος, στεγανὸς
Reside, *v.* οἰκέω, αὐλίζομαι, ναίω
Residence, οἴκησις, *f.* οἴκημα, *n.* ἐνοίκησις, *f.*
Resident, οἰκήτωρ, *m.* οἰκητὴς, *m.*
Resident, ἔνοικος [ὑπόλειμμα, *n.*
Residue, περίλειμμα, *n.* τὸ λοιπὸν,
Resign, *v.* παραδίδωμι, μεθίημι, ἀφίημι,
Resignation, παράδοσις, *f.* [ἐξόμνυμι
Resin, ῥητίνη, *f.*
Resinous, ῥητινώδης
Resist, *v.* ἐναντιόομαι, ἀνθίσταμαι, ἀνταίρω & ἀνταίρομαι, ἀντιτυπέω,

RES

ἀντιτείνω, ἀντέχω, ἀνταγωνίζομαι, διαμάχομαι [f. ἀντιτυπία, f.
Resistance, ἀντίστασις, f. ἐναντιότης, f.
Resistible, μαχητὸς, ὑποστατὸς
Resisting, ἀντιτυπὴς, ἀντίτυπος
Resistless, ἀνυπόστατος
Resolve, βουλὴ, f. (decree) δόγμα, n.
Resolve, v. (determine) διανοέομαι, βούλομαι, μητιάομαι, ψηφίζομαι; (analyse) ἀναλύω, διαλύω, ἀναπτύσσω [γνώμων
Resolute, τολμηρὸς, ἰσχυρὸς, ἰσχυρο-
Resolutely, adv. ἰθὺς, τολμηρῶς
Resoluteness, βεβαιότης, f. ἀταραξία, f. τολμὴ, f. ἰσχυρογνωμοσύνη, f.
Resolution, βουλὴ, f. βεβαιότης, f. (decree) δόγμα, n. ψήφισμα, n.
Resonant, ἀντίτυπος
Resort, v. φοιτάω
Resound, v. ἀντηχέω, κατηχέω, ἐπηχέω, κτυπέω, ἐπικτυπέω, ἰάχω
Resounding, ἠχήεις, ἀντίτυπος
Resource, ἀποστροφὴ, f.
Respect, αἰδὼς, f. ἐντροπὴ, f. τιμὴ, f. προμήθεια, f.: to pay respect to, ἐν προμηθίᾳ ἔχω, ἀπονέμω τιμὴν: in every respect, πάντῃ, παντοχῇ, πανταχῶς: in respect of, περὶ, πρὸς
Respect, v. αἰσχύνομαι, αἰδέομαι, καταιδέομαι, ὑπαιδέομαι, ταρβέω, ἀλέγω, τιμάω
Respectable, ἔντιμος, εὐσχήμων
Respectably, adv. εὐσχημόνως
Respectful, αἰδοῖος, αἰδήμων
Respectfully, adv. αἰδοίως, αἰδημόνως
Respiration, ἀνάπνευσις, f. ἀναπνοὴ, f.
Respire, v. ἀναπνέω
Respite, ἀναφορὰ, f. ἀνάπαυσις, f. ἀνάπνευσις, f. διάπαυμα, n. παῦλα, f. ἀνάπαυλα, f.
Resplendence, λαμπρότης, f. αὐγὴ, f. αἴγλη, f. [νὸς, ἀγλαὸς
Resplendent, λαμπρὸς, φαεινὸς, φαεν-
Respond, v. ἀμείβομαι, ἀπαμείβομαι, ἀποκρίνομαι, ἀντεῖπον
Response, ἀπόκρισις, f. ἀμοιβὴ, f. ὑπόληψις, f. (of an oracle) χρησμὸς, m. [ὑπαίτιος
Responsible, ὑπεύθυνος, ὑπόλογος,
Responsive, ἀντίψαλμος, ἀντίφωνος
Rest, ἡσυχία, f. παῦλα, f. ἀνάπαυλα, f. ἀνάπαυσις, f. διάπαυμα, n. σχολὴ, f. ἀναψυχὴ, f. ἀνάπνευσις, f. ῥᾳστώνη, f.: rest from, κατάπαυμα, n.
Rest, the, λοιπὸς, ἐπίλοιπος, ἄλλος
Rest, v. intrans. παύομαι, ἀναπαύομαι, διαπαύομαι, ἡσυχάζω, λωφάω, ἐλινύω; (as from toil) ἀνέχω, σχολάζω; act.

RET

παύω, ἀναπαύω, καταπαύω, ἀναψύχω to rest or lean upon, ἐπικλίνομαι, ἐγκλίνομαι
Resting, κατάπαυσις, f.
Resting-place, ἐκτροπὴ, f. καταγώγιον, n. καταγωγὴ, f. κατάλυσις, f.
Restitution, ἀποκατάστασις, f. ἀπόδοσις, f.
Restive, ὑβριστὴς
Restiveness, ὕβρις, f. αὐθάδεια, f.
Restless, ἀκοίμητος, ἀκατάστατος, ἄϊδρυτος, ἄγρυπνος
Restlessly, adv. ἀκαταστάτως
Restoration, ἀποκατάστασις, f. ἀπόδοσις, f. ἀνακαίνισις, f. ἀναγωγὴ, f.
Restorative, ἀποκαταστατικὸς, ἀναληπτικὸς, περιεστικὸς
Restore, v. (to give back) ἀποδίδωμι, ἀναδίδωμι, ἀποφέρω; (set to rights) ἀνορθόω, ἀνίστημι, ἵστημι ὀρθὸν, ἀναφέρω; (to their country) κατάγω, ἀνάγω, κατοικίζω, ἀποναίω
Restored, ἀνάδοτος
Restorer, ἀποδοτὴρ, m.
Restrain, v. εἴργω, ἀνείργω, ἀπείργω, ἔχω & ἴσχω, κατέχω & κατίσχω, ἀνέχω, ἐπέχω & ἐπίσχω, κρατέω, παρακατέχω, ἀναστέλλω, κωλύω, καταστέλλω, ἐρητύω
Restraint, κώλυσις, f. κάθειρξις, f. ἐποχὴ, f.: without restraint, ἀνειμένος, adv. ἀνειμένως
Restrict, v. κατακλείω, συστέλλω, καταστέλλω, κατέχω, καθείργω
Restriction, ὁρισμὸς, m. ὅρος, m. καταστολὴ, f. κάθεξις, f. κάθειρξις, f.
Result, τὸ ἀποβὰν, τὸ ἐκβὰν, τὰ ἀποβαίνοντα, πρᾶξις, f. διέξοδος, f. ἀκολουθία, f. [μαι, ὑποτέλλομαι
Result, v. ἀποβαίνω, ἐκβαίνω, τέλλο-
Resulting, ἀκόλουθος
Resume, v. ἀναλαμβάνω
Resumption, ἀνάληψις, f.
Resurrection, ἀνάστασις, f. ἔγερσις, f.
Resuscitate, v. ἀναβιώσκομαι, ἀναβιόομαι, ἐγείρω
Retail, v. καπηλεύω, παλιγκαπηλεύω
Retailer, παλιγκάπηλος, m. προπώλης, m. καπηλευτὴς, m. παντοπώλης, m.
Retain, v. κατέχω, φυλάσσω
Retake, v. ἀναλαμβάνω [ἀντιποιέω
Retaliate, v. ἀνταμείβομαι, ἀντιδράω,
Retaliation, ἀμοιβὴ, f. ἀνταπόδοσις, f.
Retard, v. βραδύνω, ἐμποδίζω, πεδάω, ἐπέχω
Retention, κατοχὴ, f. κάθεξις, f.
Retentive, κάτοχος [ὀπαδοὶ, m. pl.
Retinue, παραπομπὴ, f. ἀκολουθία, f
Retire, v. ἀναχωρέω, παραχωρέω, χω-

ῥέω, μεταχωρέω, μεθίσταμαι, ἀφίσταμαι, ὑπεξέρχομαι, ὑπεξάγω, ὑπάγω, εἴκω, χάζομαι, ἀποχάζομαι
Retirement, ἀναχώρησις, f.
Retort, ὑπόληψις, f. [ἀνταμείβομαι
Retort, v. ὑπολαμβάνω, μεταστρέφω,
Retrace, v. ἀνατρέχω [ἀναδύομαι
Retract, v. ἀνατίθεμαι, μετατίθεμαι,
Retreat, ἀναχώρησις, f. ἀποχώρησις, f. ἀνάκρουσις, f. ἀπαγωγή, f. ὑπαγωγή, f. κατάφευξις, f. ἀνάδυσις, f.
Retreat, v. ἀναχωρέω, ἀποχωρέω, ἐπαναχωρέω, ἀναχάζομαι, ἀνατρέχω, ὑποφεύγω, ἄπειμι, ἀνάγω, ἀνακρούομαι [ἀποκόπτω
Retrench, v. συστέλλω, ἐλασσόω,
Retribution, ἀνταπόδοσις, f. τίσις, f. νέμεσις, f. ἀμοιβή, f.
Retrieve, v. ἀναλαμβάνω
Retrieving, ἀνάληψις, f. [ἄψορρος
Retrograde, παλίνορσος, παλίσσυτος,
Return, κάθοδος, f. ἄφοδος, f. ἐπάνοδος, f. ἀναχώρησις, f. ἐπαναχώρησις, f. νόστος, m. κομιδή, f. ἀποκομιδή, f. ἐπαναγωγή, f. ἄφιξις, f. (restitution) ἀπόδοσις, f.: in return for, ἀντί
Return, v. κατέρχομαι, ἐπανέρχομαι, νοστέω, ἄνειμι, κάτειμι, ἄπειμι, ἐπάνειμι, ἀναχωρέω, ἐπαναχωρέω, ὑποστρέφω, μεταστρέφομαι, ἀναστρέφω, κομίζομαι, ἀνακομίζομαι ; (give back) ἀναδίδωμι, ἀποδίδωμι ; (requite) ἀμείβομαι, ἀνταποδίδωμι : to return from, ἀποχωρέω, ἀπονοστέω, ἀποκομίζομαι, ἀποτρέπομαι
Returning, παλίντροπος, ὑπότροπος, ἄψορρος, νόστιμος, παλίνορσος, παλίσσυτος ; adv. ὑποτροπάδην, ἄψορρον
Reveal, v. ἀνακαλύπτω, ἀποκαλύπτω, ἐκκαλύπτω, διακαλύπτω, ἐκφαίνω, ἀποφαίνω, μηνύω, ἀναπτύσσω
Revel, κῶμος, m. θίασος, m. βάκχευσις, f. [θιασεύω
Revel, v. κωμάζω, παροινέω, βακχεύω,
Revelation, ἀνακάλυψις, f. ἀποκάλυψις, f. φανέρωσις, f.
Reveller, κωμαστής, m. θιασώτης, m.
Revelry, κῶμος, m. [τιμώρημα, n.
Revenge, τιμωρία, f. ἐκδίκησις, f.
Revenge, v. τιμωρέομαι, ἀντιτιμωρέομαι, τίνομαι, ἀμύνομαι, ἐκδικέω
Revengeful, μνησίκακος, ἔγκοτος, τιμωρητικός
Revenger, τιμωρός, m. τιμωρητής, m. ἔκδικος, m. ἀμύντωρ, m.
Revenue, πρόσοδος, f. πόρος, m. τέλος, n. λῆμμα, n. λῆψις, f. τὰ προσιόντα

Reverberate, v. ἀντιτυπέω
Reverberation, ἀντιτυπία, f.
Revere, v. σέβομαι, σεβίζω, αἴδομαι & αἰδέομαι, καταιδέομαι, ἐπαιδέομαι
Reverence, αἰδώς, f. σέβας, n. θεραπεία, f. [βίζω, θεραπεύω, αἰσχύνομαι
Reverence, v. αἰδέομαι, σέβομαι, σεβεύω, ἀνερτης, m.
Reverencer, θεραπευτής, m.
Reverend, σεβαστός, σεβάσμιος, σεμνός, αἰδοῖος, ἱεροπρεπής [μων
Reverent, Reverential, αἰδοῖος, αἰδήμων
Reverentially, Reverently, adv. αἰδημόνως
Reversal, ἀθέτησις, f. ἀκύρωσις, f.
Reverse, (of fortune) περιπέτεια, f.
Reverse, ἐναντίος [μετατροπία, f.
Reverse, v. ἐκτρέπω, περιτρέπω, μετατρέπω, ἀναστρέφω ; (repeal) ἀθετέω, ἀκυρόω
Reversely, adv. ἀναστρόφως
Reversion, περιτροπή, f. ἀναστροφή, f.
Revert, v. ἐπανέρχομαι, παλινδρομέω
Review, ἐξέτασις, f. [θεωρέω, ἐξετάζω
Review, v. ἐπισκοπέω, ἀνασκοπέω,
Revile, v. λοιδορέω, διαλοιδορέομαι, προπηλακίζω, διασύρω, κακορροθέω
Reviling, λοιδορία, f. λοιδόρησις, f.
Reviling, λοίδορος
Revise, v. ἐπανορθόω, ἐπισκοπέω
Revisit, v. ἐπαναθεάομαι
Revive, v. ἀναβιόω, ἀναπνέω, ἐξαναπνέω, ἀναψύχομαι, ἀναβιώσκομαι, ἀναζάω, ἀναζωπυρέω
Revification, ἀναβίωσις, f.
Revivify, v. ἀναβιόω, ἀναζωπυρέω
Revoke, v. ἀνακαλέω, ἀθετέω, ἀκυρόω, ἄκυρον ποιέω
Revolt, ἀπόστασις, f. ἐπανάστασις, f.
Revolt, v. ἀφίσταμαι, μεθίσταμαι, διΐσταμαι, στασιάζω, ἀποστατέω: to join in revolting, συναφίσταμαι, συνεπανίσταμαι : to revolt against, ἐπανίσταμαι : to cause to revolt, ἀφίστημι, μεθίστημι
Revolter, ἀποστάτης, m.
Revolve, v. κυκλέω, ἀνακυκλέω, στρέφομαι, στρέφω, ἑλίσσω, περιάγομαι, ἀναστρέφω
Revolving, κυκλάς, εἰλόμενος, κυλινδόμενος, περιφερόμενος
Revolution, (revolving) περίοδος, f. περιδρομή, f. διέξοδος, f. περιφορά, f. κύκλος, m. ἀνακύκλησις, f. ἐπανακύκλησις, f. στροφή, f. περιστροφή, f. περιαγωγή, f. (change in a state) μετάστασις, f. μεταβολή, f. ἀνακύκλωσις, f. κίνησις, f.
Revolutionise, v. νεωτερίζω

Reward, μισθός, m. ἆθλον, n. τιμή, f. ἀμοιβή, f. ποινή, f. ἀνταπόδοσις, f.
Reward, v. ἀμείβομαι, ἀνταποδίδωμι,
Rhapsody, ῥαψῳδία, f. [τιμάω
Rhetoric, ἡ ῥητορική, ῥητορεία, f.
Rhetorical, ῥητορικός
Rhetorically, adv. ῥητορικῶς
Rhetorician, ῥήτωρ, m.: to be a rhetorician, ῥητορεύω
Rheum, ῥεῦμα, n. κατάρροος, m.
Rheumatic, ῥευματικός, ῥευματώδης
Rheumatism, ῥευματισμός, m.
Rhinoceros, ῥινόκερως, m.
Rhodes, Ῥόδος, f.
Rhomb, ῥόμβος, m.
Rhubarb, ῥᾶ, n.
Rhyme, ῥυθμός, m.
Rhythm, ῥυθμός, m.
Rhythmical, ῥυθμικός, εὔρυθμος: not rhythmical, ἄρρυθμος
Rhythmically, adv. εὐρύθμως: not rhythmically, ἀρρύθμως
Rib, πλευρά, f. πλεῦρον, n.: rib of beef, σχελίς, f.
Ribald, εὐτράπελος: to jeer with ribald jests, πομπεύω
Ribaldry, εὐτραπελία, f. πομπεία, f. βωμολοχεύματα, n. pl.
Riband, ταινία, f.
Rice, ὄρυζα, f.
Rich, πλούσιος, ἀφνειός, ἀφνεός, παχύς, βαθύς, πολύχρυσος, ὄλβιος, εὔπορος, πολυχρήματος, πολυκτήμων, πολύκληρος, πολυκτέανος, ἄφθονος, πόριμος, πίων, λιπαρός: very rich, ὑπέρπλουτος, ὑπερπλούσιος, ζάπλουτος, εὔολβος: to be rich, πλουτέω: to be very rich, ὑπερπλουτέω
Riches, πλοῦτος, m. χρήματα, n. pl. ὄλβος, m. εὐπορία, f. ἄφενος, n.
Richly, adv. πλουσίως, εὖ, ἀφθόνως
Rid, v. ἀφίημι, μεθίημι, ἀπαλλάσσω & -ομαι, ἀποπέμπομαι, κατατίθεμαι, ἐξορίζω, ἐκκαθαίρω: easy to get rid of, εὐαπάλλακτος
Riddance, ἀπαλλαγή, f. ἀπάλλαξις, f. ἀπόλυσις, f. ἄφεσις, f.
Riddle, αἴνιγμα, n. [ματώδης
Riddling, αἰνικτός, αἰνικτήριος, αἰνιγ-
Riddlingly, adv. αἰνικτηρίως, αἰνιγματώδως: to speak riddlingly, αἰνίσσομαι
Ride, v. ἱππεύω, ἱππάζομαι, ἱππηλατέω, ἐλαύνω: to ride on, ἐποχέομαι: to ride towards or up to, προσιππεύω, προσελαύνω: to ride round, περιιππεύω, περιελαύνω: to ride away, ἀφιππεύω, ἀπελαύνω: to ride through, διελαύνω: to ride by παριππεύω, παρελαύνω: to ride up ὑπελαύνω

Rider, ἱππεύς, m. ἱππότης, m. ἱππευτής, m. ἀναβάτης, m. ἐπιβάτης, m.
Ridge, λόφος, m. λοφία, f. δειράς, f.
Ridicule, κατάγελως, m.
Ridicule, v. γελάω, καταγελάω, χλευάζω, ἀποσκώπτω
Ridiculous, γελοῖος, καταγέλαστος, καταγελάσιμος: very ridiculous, ὑπεργέλοιος, ὑπερκαταγέλαστος
Ridiculously, adv. γελοίως, καταγελάστως
Riding, ἱππεία, f. ἱππασία, f. ὄχησις, f. ἔλασις, f. ἐλασία, f.: fit for riding, (of a horse) ἱππαστής, ἱππαστός; (of a country) ἱππάσιμος, ἱππηλάσιος, εὐήλατος: skilful in riding, ἱππικός
Rifle, v. διαρπάζω, συλάω, σκυλεύω
Rift, φάραγξ, f. σχίσμα, n. ἁγμός, m. χάσμα, n.
Rift, v. σχίζω, διαρρήγνυμι, διαβραχίζω
Rigging, ὅπλα, n. pl. ἄρμενα, n. pl. τεύχεα, n. pl.
Right, δίκη, f. θεμίς, f. τὸ δέον
Right, ὀρθός, δίκαιος, ἄξιος, ἄρτιος, προσήκων, ὡραῖος, θεμιστός; (right side) δεξιός, δεξίτερος: on the right, to the right, δεξιός, ἐπιδέξιος, ἐνδέξιος; adv. ἐν δεξιᾷ, ἐπιδέξια, ἐνδέξια, ἐπιδέξια χειρός: to set right, ὀρθόω, κατορθόω, εὐθύνω, κατευθύνω: to be right, κρατέω, κυρέω, ὀρθόομαι: it is right, χρή, ὀφείλει, δεῖ: to think right, ἀξιόω, δικαιόω
Righteous, δίκαιος, εὐσεβής, χρηστός, θεμιστός
Righteously, adv. δικαίως, ἐνδίκως
Righteousness, δικαιοσύνη, f.
Right-hand, δεξιά, f. δεξιὰ χείρ, f.: on the right-hand, δεξιός, ἐπιδέξιος; adv. ἐν δεξιᾷ, ἐπιδέξια χειρός
Rightly, adv. ὀρθῶς, δικαίως, ἀξίως, εὖ, κατ' αἶσαν
Rigid, στερεός, στερρός, σκληρός, δεινός, ἄκαμπτος, αὐστηρός, πικρός
Rigidity, στερεότης, f. σκληρότης, f. ἀκαμψία, f. αὐστηρότης, f. πικρία, f. πικρότης, f. [τηρῶς
Rigidly, adv. στερρῶς, σκληρῶς, αὐσ-
Rigorous, σκληρός, στερρός, πικρός, χαλεπός [πικρῶς, αὐστηρῶς
Rigorously, adv. σκληρῶς, στερρῶς
Rigour, σκληρότης, f. πικρότης, f. στερρότης, f. αὐστηρότης, f.
Rill, ῥεῖθρον, n. λιβάς, f.

Rim, χεῖλος, n. ἴτυς, f.
Rind, φλοιός, m. λεπίς, f. λέπισμα, n.
Ring, κρίκος & κίρκος, m. (for the finger) δακτύλιος, m.
Ring, v. (in intrans. sense) ἀραβέω, ἠχέω, καναχέω, καναχίζω, κοναβέω, κομπέω; (in act. sense) κωδωνίζω, ἀνακωδωνίζω, κρούω
Ring-dove, φάσσα, Att. φάττα, f.
Ringing (sound), καναχή, f. κόμπος, m. ἦχος, n. [m.
Ringleader, ἐξηγητής, m. στασίαρχος,
Ringlet, ἕλιγμα, n. βόστρυχος, m. πλόκαμος, m. ὕστλιγξ, m.
Riot, θόρυβος, m. ταραχή, f. τύρβη, f. στάσις, f. [tious) μάργος, ἀσελγής
Riotous, ταραχώδης, θορυβώδης; (licen-
Riotously, adv. τεθορυβημένως
Rip, v. σχάζω, ἀνασπαράσσω, παρασχίζω, διαφύσσω
Ripe, πέπων, πέπειρος, ὡραῖος, ἁδρός, ἀκμαῖος: to be ripe, ἀκμάζω, πεπαίνομαι
Ripen, v. πεπαίνω, ἁδρύνω [της, f.
Ripeness, ἀκμή, f. ὡραιότης, f. ἁδρό-
Ripening, πέπανσις, f. ἔκπεψις, f.
Ripening, πεπαντικός
Ripple, φρίξ, f. φρίκη, f. γέλασμα, n.
Rise, v. ἀνίσταμαι, ὑπανίσταμαι, ἐπανίσταμαι, ἐξανίσταμαι, ἀνατέλλω, ὄρνυμαι, ἀναδύομαι, ἀνορούω, ἀνέχω & ἀνίσχω, ἀνέρχομαι, ἐγείρομαι; (to grow or spring up) βλαστάνω, ἀναβλαστάνω: to rise out of, ἐξανίημι, ὑπεξαναβαίνω: to rise above, ὑπερέχω: to rise against, ἐπανίσταμαι
Risible, γελάσιμος, γελοῖος
Rising, ἐπιτολή, f. ὑπανάστασις, f. ἐπάνοδος, f. (of the sun) ἀνατολή, f. ἀνάσχεσις, f. (of waters) πλησμή, f.
Rising, (sedition) στάσις, f.
Risk, κίνδυνος, m. κινδύνευμα, n.: at one's own risk, ἐπικινδύνως
Risk, v. κινδυνεύω, ἀποκινδυνεύω, ἐπικινδυνεύω, διακινδυνεύω, κυβεύω, ἀναρρίπτω, κίνδυνον ἀναβάλλω
Risking, ἀποκινδύνευσις, f. παρακινδύνευσις, f.
Rite, θεσμός, m. (a sacred rite) ὁσία, f. ὄργια, n. pl. τελεταί, f. pl.: to celebrate sacred rites, ὀργιάζω
Rival, ἀνταγωνιστής, m. ζηλωτής, m. ἀντίπαλος, m. παλαιστής, m. ἀγωνιστής, m.: rival in love, ἀντεραστής, m.: the rival party, τὸ ἀντίπαλον
Rival, v. ζηλόω, φιλονεικέω, ἀνταγωνίζομαι, ἀνθαμιλλάομαι

Rivalling, ἐνάμιλλος, ἐφάμιλλος; adv. ἐναμίλλως
Rivalry, ζῆλος, m. ζηλοτυπία, f. ἔρις, f. ἀγωνισμός, m. φιλονεικία, f. φιλοτιμία, f. σπουδή, f.: in a spirit of rivalry, φιλονείκως [ρωγὰς
Riven, σχιστός, διαρρώξ, ἐκπιεστός,
River, ποταμός, m. ῥέεθρον, n. ῥεῖθρον, n. ῥεῦμα, n. ῥόος, m. ῥέος, n. πόρος, m.: of a river, ποτάμιος, ποταμηΐς: to a river, ποταμόνδε: near a river, παραποτάμιος
Rivet, πάσσαλος, m. γόμφος, m.
Rivet, v. προσπασσαλεύω [νός, m.
Rivulet, ὑδάτιον, n. ὀχετός, m. κρου-
Roach, βάτις, f.
Road, ὁδός, f. δίοδος, f. κέλευθος, f. κέλευθα, n. pl. οἴμη, f. οἶμος, m. πόρος, m. τριμμός, m.: carriageroad, ἁμαξιτός, f.: good road, ἡμέρα ὁδός, f.: road to, εἴσοδος, f.: road by, πάροδος, f.: of or on the road, ὅδιος, ἐνόδιος: to make a road, ὁδοποιέω
Roadstead, ἐπιωγαί, f. pl.
Roam, v. διαφοιτάω, ἠλάσκω, πλανάομαι, ἀλάομαι: to roam through, δίειμι
Roamer, πλανήτης, m. [βασμός, m.
Roaming, ῥεμβίη, f. ῥέμβος, m. ρεμ-
Roaming, ῥεμβώδης, ῥεμβός
Roar, βρυχή, f. βρύχημα, n. βρόμος, m. ὀρυμαγδός, m. στόνος, m. δοῦπος, m. πάταγος, m. φύσημα, n.
Roar, v. βρέμω, βρύχω, βρυχάομαι, ἐκβρυχάομαι, ἀναβρυχάομαι, μυκάομαι, ἐπιβρέμω: to roar like the sea, or a wounded man, ἰάχω, βοάω, μορμύρω, ἀναμορμύρω, στένω, αὔω, παταγέω; (as the wind) ἠπύω, μυκάομαι: to roar against (as the sea against a rock) προσερεύγομαι, σμαραγέω
Roaring, ἀγάστονος, βαρύκτυπος, ἐριβρύχης, πολύφλοισβος, ῥόθιος; adv. βρυχηδόν
Roast, v. ὀπτάω, φρύγω, φώζω, σταθεύω
Roasted, ὀπτός, ὀπταλέος, σταθευτός,
Roasting, ὄπτησις, f. [φρυκτός
Rob, v. ληστεύω, λῃζομαι, συλάω, ἀπονοσφίζω, λωποδυτέω, λαφυραγωγέω
Robber, λῃστής, m. ἅρπαξ, m. λωποδύτης, m. συλήτειρα, f.: highway robber, ὁδοῦρος, m.
Robbery, λῃστεία, f. ἅρπαξ, f. ἁρπαγή, f. ἁρπαγμός, m. λεία, f. κλοπή, f. κλωπεία, f.

ROB

Robe, πέπλος, m. πέπλωμα, n. στολή, f. στολίς, f. κόλπος, m. χλαῖνα, f.: robe of state, ξυστίς, f.: purple robe, ἁλουργίς, f. πορφυρίς, f.: Persian robe, κάνδυς, m.
Robust, κρατύς, κρατερός, ἰσχυρός, ῥωμαλέος, ἀκμαῖος, εὐσθενής
Robustness, σθένος, n. ἰσχυρότης, f. ἰσχύς, f.
Rock, πέτρος, m. πέτρα, f. σκόπελος, m. λᾶας, m. σπιλάς, f. λέπας, n. δειράς, f.: sunken rock, χοιράς, f. ἕρμα, n. ἔρεισμα, n.: hollow rock, σῆραγξ f.
Rock, v. σαλεύω, δονέω, πάλλω
Rocky, πετρώδης, πετραῖος, πετρινός, κραναός, κραταίλεως
Rod, ῥάβδος, f. νάρθηξ, m. κανών, m. φρύγανον, n. ῥαπίς, f. (scourge) μάστιξ, f. ῥάβδος, f. (of office) βακτηρία, f.: to beat with a rod, ῥαβδίζω
Roe, πρόξ, c. προκάς, f. δόρξ, f. δορκάς, f. (of a fish) κέγχροι, m. pl.: having roe, ᾠοφόρος
Rogation, δέησις, f. αἴτησις, f.
Rogue, πανοῦργος, m. μαστιγίας, m. τρίβων, m. κύφων, m.
Roguery, πονηρία, f. κακία, f. μοχθηρία, f.
Roguish, μοχθηρός, πανοῦργος
Roguishly, adv. μοχθηρῶς, πανούργως
Roll, (of bread) κόλλιξ, m. κόλλαβος, m. κολλύρα, f. (muster-roll, catalogue) κατάλογος, m.
Roll, v. κυλίνδω & κυλινδέω, διακυλινδέω, ἑλίσσω & εἰλίσσω, δινέω, ἀνακυκλέω: to roll round, περιελίσσω, περικυλινδέω, ἑλύω: to roll together, συνελίσσω, συγκυκλέω: to roll, intrans. κυλινδέομαι or -δομαι: to roll down, κατακυλίνδομαι: to roll on. προκυλίνδομαι
Roller, κύλινδρος, m.
Rolling, ἑλιγμός, m. κύλισις, f.
Roman, Ῥωμαῖος, Ῥωμαϊκός
Romance, μῦθος, m. τερατολογία, f.
Romancer, μυθολόγος
Rome, Ῥώμα, f.
Roof, ὄροφος, m. ὀροφή, f. τέγος, n. στέγος, n. στέγασμα, n. στέγη, f.
Roof, v. ἐρέφω, στεγάζω, καταστεγάζω
Roofed, στεγνός, στεγανός, ὑπόστεγος: high-roofed, ὑψόροφος, ὑψερεφής
Roofless, ἀνόροφος
Rook, κορώνη, f.
Room, οἶκος, m. οἴκημα, n. μέγαρον, n.

509

ROU

δόμος, m. διαιτητήριον, n.: inner room, μυχός, m.
Room, (space) χώρα. f. τόπος, m.: plenty of room, εὐρυχωρία, f.
Roomy, εὐρύχωρος
Roost, πέταυρον, n. αὖλις, f.
Roost, v. εὐνάζομαι, αὖλιν εἴσειμι
Root, ῥίζα. f. πρέμνον, n. (of a mountain) πούς, m. θέμεθλα, n. pl.: without roots, ἄρριζος, ἀρρίζωτος: by the roots, (i.e. turn up or destroyed utterly) πρόρριζος, αὐτόπρεμνος; adv. πρόρριζον, πρόρριζα, πρέμνοθεν: from the roots, ῥίζηθεν, πρέμνοθεν
Root, v. ῥιζόομαι, ῥιζοβολέω: to root out, ἐκριζόω, ἐξαιρέω
Rooting, ῥίζωσις, f.
Rope, σχοινίον, n. σχοῖνος, c. σχοινίς, f. σπάρτον, n. σπάρτη, f. σπάρτιον, n. κάλως, m. τόνος, m. μήρινθος, f. πλόκαμος, m. σειρά, f.
Rope-dance, σχοινοβατία, f.
Rope-dancer, σχοινοβάτης, m.
Rope-maker, σχοινοστρόφος, m.
Rope-seller, στυπειοπώλης, m. στύπαξ, m. σπαρτοπώλης, m.
Rose, ῥόδον, n.: of roses, ῥόδεος, ῥοδόεις, ῥόδινος
Rose-bed, ῥοδών, m. ῥοδωνία, f.
Rose-bush, Rose-tree, ῥοδέα, contr. ῥοδῆ, f. ῥοδωνία, f.
Rose-coloured, ῥοδόχροος. ῥοδόχρως
Rose-garden, ῥοδωνία, f. ῥοδών, m.
Rosemary, λιβανωτίς, f.
Rostrum, βῆμα, n. λίθος, m.
Rosy, ῥοδοειδής: rosy-cheek, ῥοδόμηλον, n.: rosy-armed, ῥοδόπηχυς: rosy-faced, ῥοδωπός: rosy-fingered, ῥοδοδάκτυλος
Rot, v. σήπω & σήπομαι, κατασήπομαι, πύθομαι, καταπύθομαι
Rotation, ἑλιγμός, m. περίοδος, f. περιδρομή, f. περιστροφή, f. περιαγωγή, f.: in rotation, ἐγκύκλιος
Rotatory (motion), (κίνησις) περίτρο-
Rotten, σαπρός, σαθρός [πος
Rottenness, σαπρότης, f. σαπρία, f. σηπεδών, f.
Rotund, στρογγύλος, σφαιροειδής,
Rotunda, θόλος, f. [σφαιρικός
Rotundity, στρογγυλότης, f.
Rove, v. πλανάομαι, πλάζομαι, ἀλάομαι
Rover, πλανήτης, m. ἀλήτης, m.
Rough, τραχύς, σκληρός, δασύς, στυφελός. χαλεπός, στρυφνός
Roughen, v. τραχύνω
Roughly, adv. τραχέως, χαλεπῶς; (not exactly) φαύλως, παχυλῶς

Roughness, τραχύτης, f. δασύτης, f. σκληρότης, f.
Round, κύκλος, m.
Round, στρογγύλος, σφαιροειδής, εὔκυκλος, κυκλοτερής, κύκλιος, ἐγκύκλιος, τροχοειδής, εὐτρόχαλος, περιφερής, ἐπιστρόγγυλος, γογγύλος, περίτροχος, τροχαλός
Round, v. (make round) τορνόω, τορνεύω, γογγύλλω, γογγυλίζω, στρογγύλλω, στρογγυλαίνω, σφαιρόω : to go or move round, κυκλέω, κυκλόω, περιπέλομαι : to be round, σφαιρόομαι : to be bent round, κυκλόομαι
Round, prep. ἀμφί, περί : to be or lie round, περίκειμαι
Round, adv. κύκλῳ, κύκλοθεν, ἀμφίς
Rounded, σφαιρωτός, σφαιροειδής
Rounding, στρογγύλωσις, f.
Roundish, ὑποστρόγγυλος
Roundly, adv. στρογγύλως
Roundness, στρογγυλότης, f. περιφέρεια, f.
Rouse, v. ἐγείρω, ἀνεγείρω, ὄρνυμι, ὀτρύνω, ὁρμάω, ἀνίστημι, κινέω, ἐκκινέω, θήγω, ἐρέθω, ἐρεθίζω, ὀρίνω, παρορμάω
Rousing, ἔγερσις, f. παρόρμησις, f. ὀτρυντύς, f. ὄτρυνσις, f.
Rout, φυγή, f. τροπή, f.
Rout, v. σκεδάννυμι, κλίνω, τρέπω εἰς φυγήν, διασπάω
Route, ὁδός, f. δίοδος, f.
Routed, διεσπασμένος
Row, στίχος, n. στοῖχος, m. χόρος, m. : in a row, στοιχώδης ; adv. στοιχηδόν, ἐνσχέρω : to set in a row, στοιχίζω : to stand or go in a row, στοιχέω [ὑπηρετέω
Row, v. ἐρέσσω, ἐλαύνω, κωπηλατέω,
Rower, ἐρέτης, m. ὑπηρέτης, m. : body of rowers, ὑπηρεσία, f.
Rowing, εἰρεσία, f. κωπηλασία, f.
Royal, βασιλικός, βασίλειος, τυραννικός, ἀρχικός, τύραννος, βασιληΐς : royal palace, city, or treasury, βασίλειον, n.
Royally, adv. βασιλικῶς, τυραννικῶς
Royalty, τυραννία, f. τυραννίς, f.
Rub, v. τρίβω, τείρω : rub down, ψήχω, ἀποτρίβω : rub away, ἐκτρίβω, διατρίβω, τείρω : rub out, ἐξαλείφω : rub in or on, ἐντρίβω, ἐγχρώννυμι : rub together, συντρίβω : rub against, ἐπιτρίβω, προστρίβω ; intrans. προσανατρίβομαι, προσκνάομαι : rub off, ἀποτρίβω : rub gently, ὑποτρίβω

Rubbing, τριβή, f. τρίψις, f. : rubbing in, ἔντριψις, f. : rubbing down, ψῆξις, f.
Rubbish, φορυτός, m. χλῆδος, m.
Ruby, ἐρυθρός
Rudder, πηδάλιον, n. οἴαξ, f. οἰήϊον, n.
Ruddiness, ἐρυθρότης, f. πυρρότης, f.
Ruddy, ἐπίπυρρος, πυρρός, ἐρυθρός
Rude, ἄγριος, ἄγροικος, ἄμουσος, βάρβαρος, σκαιός, ἀπαίδευτος, ἀφελής, ἄκομψος
Rudely, adv. ἀγροίκως, ἀκόμψως, ἀτάκτως, ἀμούσως, ἀφελῶς
Rudeness, ἀγροικία, f. ἀγριότης, f. σκαιότης, f. ἀμουσία, f. ἀπαιδευσία, f.
Rudiment, παίδευμα, n. στοιχεῖον, n. εἰσαγωγή, f.
Rudimental, στοιχειωματικός
Rue, πήγανον, n. ῥυτή, f. [μετανοέω
Rue, v. μεταγιγνώσκω, μεταμελέω,
Ruffian, πανοῦργος, c. λῃστής, m.
Ruffle, v. ταράσσω
Rug, ῥῆγος, n. ῥέγος, n. στρῶμα, n.
Rugged, τραχύς, χαλεπός, στυφελός,
Ruggedly, adv. τραχέως [κρημνώδης
Ruggedness, τραχύτης, f. χαλεπότης, f.
Ruin, ὄλεθρος, m. φθορά, f. διαφθορά, f. ἐξώλεια, f. λοιγός, m. λύμη, f. λῦμα, n. ἄτη, f.
Ruin, Ruiner, λυμεών, m. λυμαντήρ, m.
Ruin, v. ὄλλυμι, ἀπόλλυμι, διόλλυμι, φθείρω, διαφθείρω, σφάλλω, λυμαίνομαι, ἐξαναλίσκω : to be ruined, ἔρρω, ἐπιτρίβομαι, πίπτω, διαπράσσομαι
Ruined, ἐξώλης, ὀλέθριος : utterly ruined, πανώλεθρος, πανώλης, ἐξώλης [θρος, πανώλης, ἀτηρός
Ruinous, ἐξώλης, ὀλέθριος, πανώλε-
Ruinously, adv. ὀλεθρίως [ψιμος
Ruins, ἐρείπια, n. pl. : in ruins, ἐρεί-
Rule, ἀρχή, f. δυναστεία, f. κράτος, n. ἡγεμονία, f. (law) θεσμός, m. (model, standard) κανών, m. γνώμων, m. (measure) σταθμή, f. κανών, m. γνώμων, m.
Rule, v. ἄρχω, βασιλεύω, κρατέω, δεσπόζω, κοιρανέω, ἀνάσσω, ἡγέομαι, ἡγεμονεύω, προστατέω, δυναστεύω, ἄγω
Ruler, ἄρχων, m. ἀρχηγός, m. ἀρχέτης, m. δυνάστης, m. ἡγεμών, m. μέδων & μεδέων, m. μεδέουσα, f. κρείων, m. : the rulers, τὰ τέλη, οἱ ἐν τέλει, οἱ τὰ τέλη ἔχοντες
Rumble, v. βορβορύζω, κορκορύζω, ψοφέω [f. κορκορυγμός, m.
Rumbling, βορβορυγμός, m. κορκορυγή,

Ruminate, v. μηρυκάομαι, μηρυκάζω, μηρυκίζω, ἀναμηρυκάομαι, ἀναμασάομαι; (in mind) φρονέω, ἀναπολέω
Rumination, μηρυκισμὸς, m.
Rummage, v. διαζητέω
Rumour, φήμη, f. ἀκοὴ, f. λόγος, m. κληδὼν, f.: to spread a rumour, διασπείρω or διαδίδωμι λόγον, διαφημίζω
Rumour, v. διαφημίζω, θρυλέω
Rump, γλουτὸς, m. πυγὴ, f. ὀρροπύγιον, n.
Run, δρόμος, m. δράμημα, n.
Run, v. τρέχω, θέω (fut. θεύσομαι), τροχάζω; (as a sore) καταστάζω, ὑποστάζω: to run with or together, συντρέχω, συνθέω, συνδιαθέω, συντροχάζω: to run away, off, or out, ἐκτρέχω, ἀποτρέχω, ἀποδιδράσκω, ἐκθέω, δραπετεύω: to run to or towards, ἐπιτρέχω, ὑποτρέχω, προστρέχω, εἰστρέχω, προσθέω, ἐπιθέω: to run after, μετατρέχω, μεταθέω: to run after and catch, ὑποτρέχω: to run through or over, διατρέχω: to run down, κατατρέχω, καταθέω: to run round, περιτρέχω, περιθέω, ἀμφιτρέχω: to run up, ἀνατρέχω: to run by, past, near, or beside, παρατρέχω, παραθέω: to run under, ὑποτρέχω: to run to and fro, run about, διατρέχω, διαθέω, προφορέομαι: to run a race, διαθέω, σταδιοδρομέω [δρῆστις, f.
Runaway, δραπέτης, m. δραπέτις, f.
Runner, δρομεὺς, m.: runner of races, σταδιοδρόμης, m.
Running, δρόμος, m.: running about, διαδρομὴ, f. περιδρομὴ, f.: running up, ἀναδρομὴ, f.
Running, δρομαῖος, δρομὰς: running well, δρομικὸς, εὐτρόχαλος: running round, περίδρομος: running about, διάδρομος
Rupture, ῥῆξις, f.
Rupture, v. ῥήγνυμι, ἐκρήγνυμι
Rural, ἀγρεῖος, ἀγρονόμος
Rush, σχοῖνος, m. ὁλόσχοινος, m. δόναξ, m. βούτομον, n. -ος, m.: bundle of rushes, σχοινία, f.: made of rushes, σχοίνινος: abounding in rushes, δονακοτρόφος, δονακώδης, βαθύσχοινος
Rush, ὁρμὴ, f. φορὰ, f. ῥοῖζος, c. ῥύμη, f.
Rush, v. ὁρμάω, ἀΐσσω, contr. ᾄσσω, φέρομαι, ὀρούω, οἰμάω, σεύομαι: to rush on, ἐπαΐσσω, ἐπεισπίπτω, ἐπορούω, ἐπόρνυμαι, ἐνάλλομαι: to rush in, εἰσπίπτω, ἐνίημι, ἐμβάλλω, ἐπεισπηδάω: to rush in with, συνεισπίπτω: to rush out, ἐξαΐσσω, ἐκσεύομαι: to rush through, διαΐσσω, contr. διᾴσσω, διαιθύσσω, διασεύομαι: to rush by, παραΐσσω: to rush forward or towards, ἐφορμάω, προσορμάω, προσαΐσσω, προσφέρομαι, ἐπισεύομαι: to rush after, μεταΐσσω: to rush under or from under, ὑπαΐσσω, contr. ὑπᾴσσω
Rushing, ἐπίσσυτος, ἐσσύμενος: rushing back, παλίνορσος
Rushing, adv. ἐσσυμένως, φοράδην: rushing together, συναΐγδην
Rushing motion or sound, ῥοῖζος, c. ῥοίζημα, n. ῥοῖβδος, m. ῥύμη, f.: with rushing motion or sound, ῥυιζηδὰ
Rushy, σχοινώδης, σχοινόεις
Rust, ἰὸς, m. εὐρὼς, m.
Rustic, ἀγροιώτης, m. ἀγροιῶτις, f. ἀγρώστης, m. ἀγρότης, m. ἀγρότης, m. -τις, f. -τήρ, m. -τειρα, f. χωρίτης, m.
Rustic, ἀγρεῖος, ἄγροικος, ἄγριος, ἀρουραῖος, βουκολικὸς, χωριτικὸς: in a rustic fashion, χωριτικῶς
Rusticity, ἀγροικία, f. ἀγρ.ότης, f.
Rustle, v. ψιθυρίζω, ὑποσυρίζω, ῥοιζέω, ῥοιβδέω, ψοφέω
Rustle, Rustling, ῥοῖζος, c. ῥοῖβδος, m. ψιθυρισμὸς, m. ψιθύρισμα, n.
Rusty, εὐρώεις, ἰώδης: to be rusty,
Rut, τροχιὰ, f. τροχιλία, f. [ἰόομαι
Ruthless, ἄνοικτος, ἀνοικτίρμων, ἀνελεήμων, ἀπηνὴς
Ruthlessly, adv. ἀνελεημόνως
Rye, ζειὰ, f. ζεὰ, f.

S.

Sabbath, σάββατον, n.
Sable, μέλας, ἐρεμνὸς, σκοτεινὸς, γνοφώδης
Sabre, ἀκινάκης, m.
Sacerdotal, ἱερατικὸς
Sack, θύλακος, m. σάκκος, m. [f.
Sack, (of a town) ἅλωσις, f. πόρθησις,
Sack, v. πορθέω, διαπορθέω, ἐκπέρθω, διαπέρθω, ἀλαπάζω, διαρπάζω
Sackbut, σαμβύκη, f.
Sackcloth, σάκκος, m. [στασις, f.
Sacking, πόρθησις, f. ἅλωσις, f. ἀνάSacred, ἱερὸς, ἁγνὸς, ἅγιος, ὅσιος, ἀπόρρητος, ἄβατος: sacred rites, ἱερουργία, f. ἁγιστείαι, f. pl.
Sacredly, adv. ἱερῶς, ἱερωστὶ

Sacredness, ὁσιότης, f. ἁγιότης, f.
Sacrifice, θυσία, f. θῦμα, n. θυτήριον, n. τὰ ἱερά, τὰ ἱερόθυτα, preparatory sacrifice, προτέλεια, n. pl. πρόθυμα, n.
Sacrifice, v. θύω, ἐκθύω, ἀποθύω, καταθύω, σφάζω, ἔρδω, ῥέζω, ἐπιῤῥέζω, ἐντέμνω, καθαγίζω, καθιερεύω, καθοσιόω : to sacrifice oxen, βουθυτέω : to sacrifice sheep, μηλοσφαγέω
Sacrificer, θυτήρ, m. θυηπόλος, m.
Sacrificial, θυηπόλος
Sacrificing, θυηπολία, f.
Sacrilege, ἱεροσυλία, f. : to commit sacrilege, ἱεροσυλέω
Sacrilegious, ἱερόσυλος
Sad, ἀνιαρός, λυγρός, ἄθυμος, ἀλγεινός, λευγαλέος, στονόεις, δύσφρων. γοερός : to be sad, λυπέομαι, ἀθυμέω
Sadden, v. λυπέω, ἀνιάω, κήδω, πημαίνω
Saddle, ἐφίππιον, n.   [ῥῶς, λυπηρῶς
Sadly, adv. λυγρῶς, λευγαλέως, ἀνιαSadness, λύπη, f. ἀνία, f. ἀθυμία, f. ἄχθος, n. ἄχος, n. ἄλγος, n. ἀδημονία, f.
Safe, ἀσφαλής, ἀβλαβής, ἀκίνδυνος, σῶς, σόος, σῶος, ἐχυρός, ἀπήμων, εὔσοος, βέβαιος, ἄσυλος, ἀπόρθητος, εὐερκής   [ἀσφαλές, ἀκινδύνως
Safely, adv. ἀσφαλῶς, ἀσφαλέως,
Safety, σωτηρία, f. ἀσφάλεια, f. ἀβλάβεια, f. βεβαιότης, f.
Saffron, κρόκος, m.
Saffron, κρόκεος, κροκόεις, κροκωτός
Sagacious, φρόνιμος, συνετός, ἀγχίνοος, ὀξύς, ὀξύφρων. στοχαστικός
Sagaciously, adv. φρονίμως, ἀγχινόως, στοχαστικῶς   [ὀξύτης, f.
Sagacity, ἀγχίνοια, f. σύνεσις, f.
Sage, (plant) σφάκος, m. ὅρμινον, n.
Sage, σοφός, σώφρων, φρόνιμος
Sagely, adv. σοφῶς, σωφρόνως
Sageness, σοφία, f. σωφροσύνη, f.
Sail, ἱστίον, n. : to set or spread the sails, ἱστία τείνω, ἕλκω, ἀναπετάννυμι or ἀείρομαι : to furl sails, ἱστία στέλλομαι or καθαιρέω : under sail, ὑπόπτερος : with white sails, λευκόπτερος
Sail, v. πλέω, πλώω, πλωΐζω, ναυτίλλομαι, ναυστολέω : to set sail, ἀνάγω, ἐξανάγω, πλοῖον ἀφίημι, αἴρω στῦλον : to sail away or from, ἀποπλέω, ἀπαίρω, μεθορμίζομαι : to sail to, towards, or into, εἰσπλέω, προσπλέω, ἐπιπλέω, ἐπεισπλέω, ἐμπλέω, καταπλέω : to sail round, περιπλέω : to sail by or near, παραπλέω, παρανέομαι : to sail back,

ἀναπλέω, ἐπαναπλέω, καταπλέω : to sail out, ἐκπλέω : to sail out with, συνεκπλέω : to sail through, διαπλέω & -πλώω, διεκπλέω : to sail over, ἐπιπλέω : to sail with, συμπλέω : to sail down, καταπλέω : to sail against, ἀντανάγω, ἀντεκπλέω
Sailing, πλόος, contr. πλοῦς, m. ναυτιλία, f. : sailing out, ἔκπλοος, m. : sailing round, περίπλοος, m. : sailing into, εἴσπλοος, m. : sailing before, πρόπλοος, m. : sailing against, ἐπίπλοος, m. ἐπίπλευσις, f. : sailing for the first time, πρωτόπλοος, -πλους : fit for sailing, πλόϊμος or πλώϊμος : unfit for sailing, ἄπλοος : favourable for sailing, πλευστικός, adv. -ῶς
Sailor, ναύτης, m. ναυτὶς, f. ναυβάτης, m. ναυτίλος, m. ναύκληρος, m. ἁλιεύς, m. ἁλίτυπος, m. πλωτήρ, m. : fellow-sailor, συνναύτης, m.
Saint, ἅγιος
Sake : for the sake, ἕνεκα & εἵνεκα, ἕνεκεν & εἵνεκεν. χάριν, ὑπέρ, αἰτίᾳ
Salad, φυλλάς, f. ἀβυρτάκη, f.
Salamander, σαλαμάνδρα, f.
Salary, μισθός, m.   [πωλητέος
Sale, πρᾶσις, f. πώλησις, f. : for sale,
Saleable, πράσιμος, πρατέος
Salesman, πρατήρ, m.
Saline, ἁλμυρός
Sallow, ἰτέα, f. οἰσύα, f.
Sallow, ὠχρός, χλωρός
Sally, προδρομή, f. ἐκδρομή, f. ἔξοδος, f. ἐπεκδρομή, f. ἐκβοήθεια, f.
Sally, v. ἐξορμάω, ἐκτρέχω, ἐκθέω, ἐκπηδάω : to sally out against, ἐπέξειμι, ἀντέξειμι, ἀντεπέξειμι. ἐπεκθέω, ἐπεκτρέχω   [ἄλες
Salt, ἅλς, ἁλός. m. (commonly in pl.)
Salt, ἁλμυρός, ἁλμώδης, ἁλμήεις, ἁλυκός, ἁλυκώδης : made of salt, ἅλινος   [ἁλμυρίζω, ἁλμάω
Salt, v. ἁλίζω, ἁλμεύω : to be salt,
Salt-cellar, ἁλιά, f.
Salted, ἁλμάς, ἁλμαῖος : salted provisions, ἅλμια, n. pl.
Saltish, ἁλμυρός, ἁλμώδης, ἁλμυρώδης : to be saltish, ἁλμυρίζω   [της, f.
Saltness, ἅλμη, f. ἁλμυρίς, f. ἁλμυρότης, f.
Salt water, ἅλμη, f. ἁλμυρὸν ὕδωρ, n.
Salvage, σωτήρια, n. pl. σῶστρα, n. pl.
Salvation, σωτηρία, f.
Salubrious, ὑγιεινός
Salubrity, τὸ ὑγιεινόν
Salve, ἔμπλαστον, n. ἔμπλαστρον, n. ἔμπλαστρος, f.

Salutary, ὑγιεινὸς, ὑγιηρὸς, σωτήριος
Salutation, ἀσπασμὸς, m. ἄσπασμα, n. πρόσρησις, f. πρόσρημα, n.
Salute, v. ἀσπάζομαι, προσκυνέω, προσαγορεύω χαίρειν
Same, ὁ αὐτὸς, ἡ αὐτὴ, τὸ αὐτὸ; αὐτὸς, αὐτὴ, ταὐτὸ; ὅμοιος, ὅμοιος ὡς or καὶ, ὁμὸς
Sameness, ταυτότης, f.
Sanctification, ὁσίωσις, f. ἁγιασμὸς, m.
Sanctify, v. ὁσιόω, ἁγιάζω
Sanction, ἔπαινος, m.
Sanction, v. αἰνέω, ἐπαινέω, συναινέω
Sanctity, ὁσιότης, f. ἁγιότης, f.
Sanctuary, ἁγιαστήριον, n. ἁγίασμα, n.
Sand, ψάμμος, f. ἄμμος, f. ψάμαθος, f. ἄμαθος, f. ψάμμη, f.: sand-bank in the sea, σύρτις, f.
Sandal, πέδιλον, n. σάνδαλον, n. σανδαλίσκος, m. [μος, ψαμαθώδης
Sandy, ψαμμώδης, ἡμαθόεις, ὑπόψαμ-
Sane, ὑγιὴς, φρενήρης, φρόνιμος, νοήμων, ἀρτίφρων: to be sane, ὑγιαίνω
Sanguinary, φοίνιος, φόνιος
Sanguine, εὔελπις, πρόθυμος, ὁρμητικὸς
Sap, ὀπὸς, m.
Sapphire, σάπφειρος, f.
Sarcasm, κερτομία, f. κερτόμησις, f. σαρκασμὸς, m.
Sarcastic, κερτόμιος, κέρτομος, σαρκασ-
Sardine stone, σάρδιον, n. [τικὸς
Sardine, (fish) σαργῖνος, m. σαρδῖνος, m.
Sardonyx, σαρδόνυξ, m.
Sash, ζώνη, f. ζωστὴρ, m.
Sate, v. κορέννυμι, ὑπερκορέω, ἐκπίμπλημι, ἄω & ἀδέω
Sated, Satiated, μεστὸς, πλήρης, διάκορος, διαπεπλησμένος
Satiate, v. κορέννυμι, ὑπερκορέω, ἐκπίμπλημι, ἄω & ἀδέω
Satiety, κόρος, m. πλησμονή, f. ληθώρη, f. πλήρωσις, f. ἅδος, n.: to satiety, ἅδην
Satire, ἴαμβοι, m. pl. [βίζω
Satirise, v. κωμῳδέω, διακωμῳδέω, ἰαμ-
Satisfaction, ποινὴ, f. πλήρωσις, f.: to make satisfaction, ποινὴν ἀποτίνομαι, ποινὴν τίνω: to demand satisfaction, αἰτέω δίκην: to exact satisfaction, δίκην or ποινὴν λαμβάνω: to receive satisfaction, δίκην ἔχω: to give entire satisfaction, πληροφορέω
Satisfy, v. ἀρέσκω, πίμπλημι, ἐμπίμπλημι, ἀποπίμπλημι, πληρόω, ἀποπληρόω, ἄρω, ἀρκέω, ἐξαρκέω
Satisfying, πλήρωσις, f. ἐκπλήρωσις, f.
Satrap, σατράπης, m.

Satrapy, σατραπεία, f.
Saturn, Κρόνος, m.: of or belonging to Saturn, Κρόνιος: son of Saturn, Κρονίδης, m. Κρονίων, m.
Satyr, Σάτυρος, m.
Savage, ἄγριος, τραχὺς, σχέτλιος, ἀνήμερος, ἄμικτος, ἀπροσήγορος: to be savage, ἀγριόομαι, ἐξαγριόομαι, ἀγριαίνω, τραχύνομαι: to make savage, ἀγριαίνω, ἐξαγριαίνω
Savagely, adv. ἄγρια, ὠμῶς
Savageness, ἀγριότης, f. ὠμότης, f.
Sauce, ὕψον, n. ζωμὸς, m. ζωμίδιον, n. ἔμβαμμα, n. κατάχυσμα, n.
Saucer, ὀξύβαφον, n. ὀξυβάφιον, n.
Saucily, adv. ὑβριστικῶς
Sauciness, ὕβρις, f.
Saucy, ὑβριστικὸς, ἀσελγὴς
Save, v. σῴζω, διασῴζω, ἀνασῴζω, περισῴζω: to save from, ἐκσῴζω, ἀποσῴζω, ῥύομαι
Saving, σωτήριος, σωστικὸς
Saviour, σωτὴρ, m. σώτειρα, f.
Savory, θύμβρα, f.
Savour, κνῖσα, Ep. κνίση, f. ὀδμὴ, f.
Savoury, κνισήεις, κνισωτὸς, πολύκνισος
Sausage, ἀλλᾶς, m. φύσκη, f. χόρδη, f. χόρδευμα, n.
Saw, πρίων, m. πριστὴρ, m.: like a saw, πριονοειδὴς, πριονώδης, πριονωτὸς
Saw, v. πρίω, πρίζω: to saw off, ἀποπρίω: to saw through, διαπρίω
Sawing, πρίσις, f.
Sawn, πριστὸς
Sawyer, πρίων, m. πριστὴρ, m.
Say, v. φημὶ, φάσκω, λέγω, εἶπον: to say besides, ἐπιλέγω, ἐπεῖπον, ὑπεῖπον, προσεῖπον, ἐπιφθέγγομαι
Saying, ῥῆμα, n. λόγος, m. μῦθος, m. φθέγμα, n. ἀπόφθεγμα, n. φήμη, f. ῥημάτιον, n. λέξις, f.
Scab, ψώρα, f. [κουλεὸν, n.
Scabbard, κολεὸς, m. κολεὸν, Ep.
Scabby, ψωραλέος, ψωρὸς, λεπρὸς: to be scabby, ψωριάω
Scaffold, σανὶς, f. σανίδωμα, n.
Scale, (of a fish) λεπὶς, f. (of a serpent) φολὶς, f. (scales, balance) σταθμὸς, m. (pl. m. & n.) πλάστιγξ, f. τρυτάνη, f. τάλαντον, n.
Scale, v. (climb over) ὑπερβαίνω, ὑπεραίρω, ὑπερακρίζω
Scalene, σκαληνὸς
Scallop-shell, χηραμὶς, f. χηραμὺς, f.
Scaly, λεπιδωτὸς, φολιδωτὸς
Scan, v. διασκοπέω, ἀνακρίνω, ἀναζητέω

SCA   SCR

Scandal, σκάνδαλον, n. δυσφημία, f. πρόσκομμα, n.
Scandalise, v. σκανδαλίζω
Scandalous, αἰσχρὸς, ἐπονείδιστος
Scantily, adv. σπανίως, φαύλως
Scantiness, μανότης, f. σπάνις, f. σπανιότης, f. σπάνη, f. φαυλότης, f. ὀλιγότης, f.
Scanty, μανὸς, σπάνιος, σπανὸς, σπανιστὸς, ὀλίγος, ἄπορος: to be scanty, σπανίζω
Scape-goat, φάρμακος, c.
Scar, οὐλὴ, f.   [scarce, σπανίζω
Scarce, σπάνιος, σπανὸς, μανὸς: to be
Scarcely, adv. μόγις, μόλις, σχολῇ, χαλεπῶς
Scarceness, Scarcity, σπάνις, f. σπανιότης, f. μανότης, f.: scarcity of food, σιτόδεια, f.
Scare, v. φοβέω, πτοέω, διαπτοέω, δειδίσσομαι, σοβέω
Scarify, v. σχάζω, σκαριφάομαι
Scarifying, ἄμυξις, f. σχάσις, f.
Scarlet, κόκκινος, κοκκινοβαφής
Scatter, v. σκεδάννυμι, διασκεδάννυμι, κατασκεδάννυμι, σπείρω, διασπείρω: to be scattered, σκίδναμαι, ἀποσκίδναμαι, διασπάομαι
Scattered, σποράς, σκεδαστὸς
Scattering, σκέδασις, f. διασκέδασις, f. διάρριψις, f.
Scene, σκηνὴ, f. θυμέλη, f.
Scenic, σκηνικὸς
Scent, ὀσμὴ, f. ὀδμὴ, f.: having a good scent, εὔρις: without scent, ἄρις, ἄρινος
Sceptical, σκεπτικὸς, ἀπορητικὸς: the sceptics, οἱ σκεπτικοὶ, οἱ ἀπορητικοὶ
Sceptre, σκῆπτρον, n. ῥάβδος, f.
Schedule, γράμμα, n. γραμματεῖον, n. σύνταγμα, n.
Scheme, σχῆμα, n. βουλὴ, f.
Schemer, ἐπιβουλευτὴς, m.
Schism, σχίσμα, n.   [φοιτήτης, m.
Scholar, μαθητὴς, m. παίδευμα, n.
Scholarship, μάθησις, f. μάθημα, n. πολυμαθία, f. παιδεία, f. παίδευσις, f.
School, διδασκαλεῖον, n. σχολὴ, f.
Schoolboys, οἱ φοιτῶντες
Schoolfellow, συμμαθητὴς, m. συμφοιτητὴς, m.   [δάσκαλος, m.
Schoolmaster, γραμματιστὴς, m. διδάσκαλος
Science, ἐπιστήμη, f. μάθημα, n. μάθησις, f. μοῦσα, f. μουσικὴ, f.   [τήμων
Scientific, μαθητικὸς, μουσικὸς, ἐπισ-
Scientifically, adv. ἐπιστημόνως
Scimitar, δρέπανον, n. μάχαιρα, f. κοπὶς, f. αἰνάκης, m. ἅρπη, f.

Scion, ὄζος, m. κλάδος, m. φίτυμα, n. φίτυ, n.   [scissors, ψαλίζω
Scissors, ψαλὶς, f.: to cut with
Scoff, σκῶμμα, n. ἔμπαιγμα, n.
Scoff, v. καταγελάω, σκώπτω, χλευάζω, ἐμπαίζω, κερτομέω
Scoffer, σκώπτης, m. χλευαστὴς, m.
Scoffing, χλευασμὸς, m. χλευασία, f.
Scold, v. νεικέω, ἐνίπτω, ἐπιτιμάω, καθάπτομαι
Scoop, v. κοιλαίνω, ἐκκοιλαίνω, γλύφω
Scope, σκοπὸς, m.
Scorbutic, ψωραλέος   [περιφλεύω
Scorch, v. φλέγω, φρύγω, καυματίζω,
Scorching, σύγκαυσις, f. ἐπίκαυσις, f.
Scorching, καυματώδης, σείριος, σειρόεις
Score, εἴκοσι
Scorn, καταφρόνησις, f. ὑπεροψία, f. ὑπερφρόνησις, f. ὑπερφροσύνη, f.
Scorn, v. καταφρονέω, ὑπεροράω, ἐκφαυλίζω, ὑπερφρονέω, φαυλίζω, ὀλιγωρέω
Scorned, ὑπέροπτος   [m.
Scorner, καταφρονητὴς, m. ὑπερόπτης,
Scornful, καταφρονητικὸς, ὑπεροπτικὸς, ὑπέρφρων, ὀλίγωρος
Scornfully, adv. καταφρονητικῶς,
Scorpion, σκορπίος, m.   [ὀλιγώρως
Scoundrel, πανοῦργος, m.
Scour, v. ἀποκαθαίρω, ἀποτρίβω
Scourge, μάστιξ, f.   [θωμίζω
Scourge, v. μαστιγόω, ἀπομαστιγόω,
Scourger, μαστίκτωρ, m.
Scourging, μαστίγωσις, f.
Scout, σκόπος, m. κατάσκοπος, m.
Scowl, v. ὑποβλέπω   [διερευνητὴς, m.
Scrap, θραῦσμα, n. κλάσμα, n. ἀπόσπασμα
Scrape, ἀπορία, f.   [τίλμα, n.
Scrape, v. ξύω, ἐπιξύω, κνάω, ξέω, κνίζω, κείρω: to scrape off, ἀποξύω, ἀποκνάω, ἀποξέω
Scraped, ξυστὸς   [γὶς, f. ψήκτρα, f.
Scraper, ξυστρὶς, f. ξύστρα, f. στλεγ-
Scrapings, ψῆγμα, n. κνῆσμα, n. κνίσμα, n.   [λω, ἀμύσσω
Scratch, v. κνάω, κνίζω, κνήθω, ψαθάλ-
Scratching, κνῆσις, f.
Scream, βρυχηθμὸς, m. ἐκφώνημα, n. βρυχὴ, f. βρύχημα, n. κλαγγὴ, f.
Scream, v. κλάζω, φθέγγομαι, διακράζω, κλαγγάζω
Screech, v. κράζω, κραυγάζω
Screen, προκάλυμμα, n. πρόβλημα, n. ἐπήλυξ
Screen, v. ἐπηλυγάζω, σκιάζω, κατασκιάζω, προΐσταμαι
Screw, κοχλίας, m. ἕλιξ, f.
Scribble, v. γράφω

Scribe, γραμματεύς, m.
Scrip, πήρα, f. βαλάντιον, n.
Scripture, the, ἡ γραφὴ
Scrofula, χοιράς, f.
Scroll, δέλτος, f.
Scruple, ὄκνος, m. ἀπορία, f.
Scruple, v. ὀκνέω, ἀπορέω
Scrupulous, ὀκνηρός
Scrutinise, v. ἐξετάζω, διερευνάω, ἀκρι-βόω, διακριβόω, ἀνακρίνω, δοκιμάζω
Scrutiny, ἐξέτασις, f. ἀνάκρισις, f. δοκιμασία, f.
Scuffle, νεῖκος, n. ἅμιλλα, f. ταραχή, f. διωθισμός, m.
Scuffle, v. νεικέω, ἐρίζω, ἀγωνίζομαι
Sculk, v. ἐμφωλεύω, ἐλλοχάω, λανθάνω
Scull, κρανίον, n.
Sculptor, γλυφεύς, m. γλυπτής, m. λιθουργός, m.
Sculpture, γλυφή, f.
Sculpture, v. γλύφω
Scum, γραῦς, f. ἐπάνθισμα, n. κάθαρμα, n.
Scurrility, κακολογία, f.
Scurrilous, κακολόγος
Scurvy, ψώρα, f. λειχήν, m.
Scythe, δρεπάνη, f. δρέπανον, n. ἅρπη, f.
Sea, θάλασσα, f. πόντος, m. πέλαγος, n. ἅλς, f.: of or belonging to the sea, θαλάσσιος, πελάγιος, ἅλιος: by or near the sea, παραθαλάσσιος, ἐπιθαλάσσιος, παράλιος, πάραλος, ἀγχίαλος: to put to sea, ἀνάγω, ἐξορμέω, ἀπαίρω, αἴρω στόλον: putting to sea, ἀναγωγή, f.: to be master at sea, ναυκρατέω, θαλασσοκρατέω
Sea-beaten, ἀμφίαλος, περίρρυτος, ἀμφίρυτος, ἀμφιθάλασσος, ἁλίτυπος, ἁλίκλυστος, ἁλίπληκτος
Sea-breeze, ποντιὰς αὔρα, f. [f.
Sea-coast, παραλία, f. ἡ πάραλος, ἀκτή,
Sea-fight, ναυμαχία, f.
Sea-girt, περίρρυτος, ἀμφίρυτος, περίκλυστος, ἁλίκτυπος
Seal, (sea-calf) φώκη, f. (stamp) σφραγίς, f. (the impression) σφράγισμα, n. σφραγίς, f. σήμαντρον, n. σημεῖον, n.
Seal, v. σφραγίζω, κατασφραγίζω, σημαίνομαι, κατασημαίνω
Sealer, σφραγιστήρ, m.
Seam, ῥαφή, f. ῥάμμα, n. συνάφεια, f.
Seam, v. ῥάπτω
Seaman, ναύτης, m. ναυβάτης, m.
Seamless, ἄρραφος
Sea-monster, μύραινα, f.
Sear, v. καίω, φρύγω
Search, ζήτησις, f. ἔρευνα, f.

Search, v. ἀναζητέω, ἐξετάζω, ἐρευνάω, διερευνάω, ἐξερευνάω, μεταλλάω
Searcher, ζητητής, m.
Searing-iron, καυτήριον, n.
Sea-shore, αἰγιαλός, m. ἀκτή, f.
Sea-sickness, ναυσία, f.: to be sea-sick, ναυσιάω
Season, ὥρα, f. καιρός, m.: of or belonging to the seasons, ὥριος
Season, v. ἀρτύω, ἐξαρτύω, ἡδύνω
Seasonable, ὡραῖος, καίριος, εὔκαιρος, ἐπικαίριος, ἐπίκαιρος, πρόσκαιρος, ἔγκαιρος
Seasonableness, ὡραιότης, f. εὐκαιρία, f. ἐγκαιρία, f.
Seasonably, adv. εὐκαίρως, ἐπικαίρως, καιρίως, καιρῷ, ἐν καιρῷ, πρὸς or εἰς καιρὸν
Seasoning, ἄρτυμα, n. ἥδυσμα, n.
Seat, ἕδρα, f. θᾶκος, m. θῶκος, m. δίφρος, c. θρόνος, m. ἕδρασμα, n. καθέδρα, f. ἕδρανον, n.
Seat, v. καθίζω, ἱδρύω, ἵζω
Sea-urchin, σπάταγος or σπάταγγος, m. σπατάγγη, f.
Sea-water, ἅλμη, f.
Sea-weed, φῦκος, n. φύκιον, n. βρύον, n.: full of sea-weed, φυκώδης, φυκόεις, βρυώδης
Sea-wolf, λάβραξ, m.
Sea-worthy, πλώϊμος or πλόϊμος: not sea-worthy, ἄπλοος
Secede, v. ἀφίσταμαι, μεθίσταμαι, ἀποχωρέω, ἀναχωρέω
Seceder, ἀποστάτης, m.
Secession, ἀπόστασις, f. ἀναχώρησις, f.
Seclude, v. ἀποκλείω [παραχώρησις, f.
Seclusion, μόνωσις, f. [ὁδός, m.
Second, (assistant) συνεργός, c. βοηθός
Second, δεύτερος, ὕστερος: to be second, δευτερεύω: in the second place, δεύτερον, τὸ δεύτερον: a second time, δεύτερα, τὸ δεύτερον: second to, ὄπισθε, -θεν
Second, v. βοηθέω, συνεργέω, συνηγορέω, συνείπον
Secondary, δευτεραῖος, πάρεργος
Secondly, adv. δευτέρως, δεύτερον
Secrecy, κρυφός, m. κρυφιότης, f.
Secret, ἀπόρρητος, κρύφιος, κρυφαῖος, κρυπτός, ἀπόκρυφος, λαθραῖος, ἄδηλος, ἀφανής, ἄρρητος: to keep secret, στέγω, σιωπάω, σιγῇ ἔχω or ὑφαιρέομαι
Secret, ἀπόρρητον [της, m.
Secretary, γραμματεύς, m. γραμματιστής
Secrete, v. κρύπτω, ἀποκρύπτω, ἐγκρύπτω
Secretion, σύναγμα, n. [κρύπτω

SEC SEN

Secretly, *adv.* λάθρη & λάθρα, λαθραίως, κρυφῇ, κρύβδην, κρυφίως, ἀφανῶς, ἐν ἀπορρήτῳ, λεληθότως, ἡσυχῇ
Sect, αἵρεσις, *f.*
Sectarian, αἱρετικὸς
Section, τμῆμα, *n.* [βαιος
Secure, ἀσφαλὴς, ἀδεὴς, ἕκηλος, βέSecure, *v.* ἀσφαλίζω, συνέχω
Securely, *adv.* ἀσφαλῶς, βεβαίως
Security, ἀσφάλεια, *f.* ἄδεια, *f.* (*a pledge*) ὅμηρος, *m.* ὁμηρεία, *f.* ὁμήρευμα, *n.* παρακαταθήκη, *f.* : to give a security, ὁμηρεύω
Sedate, ἡσύχος, εὔκηλος, καταστηματικὸς
Sedately, *adv.* ἡσύχως
Sedateness, ἡσυχία, *f.*
Sedentary, ἑδραῖος
Sediment, ὑπόστημα, *n.* ὑπόστασις, *f.*
Sedition, στάσις, *f.* διάστασις, *f.* : to raise sedition, στασιάζω, διαστασιάζω : raising of sedition, στασιασμὸς, *m.* : a raiser of sedition, στασιώτης, *m.* στασιαστὴς, *m.*
Seditious, στασιωτικὸς, στασιαστικὸς, στασιώδης [σιαστικῶς
Seditiously, *adv.* στασιωτικῶς, σταSeduce, *v.* ἐξαπατάω, παράγω
Seducer, φθορεὺς, *m.* πλάνος, *m.* προσSeduction, φθορὰ, *f.* [ἀγωγεὺς, *m.*
Seductive, ἐπαγωγὸς
Sedulity, σπουδὴ, *f.* ἐπιμέλεια, *f.*
Sedulous, ἐπιμελὴς, σπουδαῖος, σπουδαστικὸς, φιλόπονος, φιλεργὸς, ἐνεργητικὸς [τικῶς
Sedulously, *adv.* σπουδαίως, σπουδασSee, *v.* ὁράω, καθοράω, προσοράω, διοράω, ἐνοράω, εἶδον, προσεῖδον, εἰσεῖδον, συνεῖδον, βλέπω, προσβλέπω, ἀποβλέπω, δέρκομαι, λεύσσω, θεάομαι
See! (*behold!*) ἰδοὺ, ἰδὲ
Seed, σπέρμα, *n.* : seed-time, σπόρος, *m.* σπορὰ, *f.* [φυτάριον, *n.*
Seedling, σπερματισμὸς, *m.* φυτὰς, *f.*
Seedsman, σπερματοπώλης, *m.*
Seeing, ὄψις, *f.* πρόσοψις, *f.* : seeing all things, πανόπτης, παντόπτης, πανδερκὴς : worth seeing, ἀξιοθέατος
Seek, *v.* ζητέω, δίζημαι, ἐρευνάω, μαστεύω, ματεύω, θηράω, θηρεύω
Seeker, ζητητὴς, *m.* μαστὴρ, *m.* μαστευτὴς, *m.* [μαστὺς, *f.*
Seeking, ζήτησις, *f.* ἀναζήτησις, *f.*
Seem, *v.* δοκέω, φαίνομαι, ἔοικα, φανSeeming, φαινόμενος [τάζομαι
Seemingly, *adv.* ἐοικότως

Seemliness, εὐπρέπεια, *f.* τὸ πρέπον
Seemly, εὐπρεπὴς, πρέπων, πρεπώδης
Seen, θεατὸς, ὁρατὸς
Seer, μάντις, *c.* προφήτης, *m.*
Seeth, *v.* ἕψω, ἀναβράσσω, πνίγω
Seething, πνιγμὸς, *m.* πνίξις, *f.*
Segment, τμῆμα, *n.* ἀπόκομμα, *n.*
Segregate, *v.* ἀφορίζω, ἀποδιορίζω
Seize, *v.* λαμβάνω, συλλαμβάνω, ἐπιλαμβάνω, καταλαμβάνω, αἱρέω, συναιρέω, ἅπτομαι, ἐφάπτομαι, ἁρπάζω, συναρπάζω, ἀφαρπάζω, μάρπτω
Seizure, Seizing, ληψις, *f.* ἐπίληψις, *f.* κατάληψις, *f.* (*of disease*) ἀντίληψις, *f.* [νιάκις, παυράκι; *adj.* σπάνιος
Seldom, *adv.* ὀλιγάκις. σπανίως, σπαSelect, *v.* ἐξαιρέω, ἐκλέγω, διαλέγω, ἐπιλέγω, καταλέγω, κρίνω, ἐκκρίνω, προκρίνω, ἀπομερίζω, ἀποχωρίζω
Select, Selected, ἐξαίρετος, λεκτὸς, ἐπίλεκτος, ἔκλεκτος, ἔκκριτος
Selection, ἔκλεξις, *f.* ἐκλογὴ, *f.*
Self, αὐτὸς, αὐτὴ, αὐτὸ : very self, αὐτότατος : self-acting, αὐτόματος : self-evident, αὐτόδηλος : self-taught, αὐτοδίδακτος : self-produced, αὐτόποιος, αὐτόκτιστος
Selfish, φίλαυτος
Selfishness, φιλαυτία, *f.* ἰδιοπραγία, *f.*
Self-will, αὐθάδεια, *f.*
Self-willed, αὐθάδης, αὐτόβουλος. αὐθαδικὸς : to be self-willed, αὐθαδίζομαι
Sell, *v.* πωλέω, πιπράσκω, ἀπεμπολάω, ἐμπολάω, διεμπολάω, ἐξαγυρίζω, ἀποδίδωμι, ἀγοράζω, ἐκπιπράσκω
Seller, πώλης, *m.* πρατήρ, *m.*
Selling, πρᾶσις, *f.* πωλὴ, *f.* πώλησις, *f.*
Selvage, κράσπεδον, *n.*
Semblance, ὁμοιότης, *f.* μορφὴ, *f.*
Semi-, (*in composition*) ἡμι-
Semi-circle, ἡμικύκλιον, *n.*
Semi-circular, ἡμικύκλιος, ἡμικυκλιώSeminal, σπερματικὸς [δης
Seminary, διδασκαλεῖον, *n.*
Semi-vowels, ἡμίφωνα, *n. pl.*
Sempiternal, ἀΐδιος, αἰώνιος
Senate, βουλὴ, *f.* ἡ σύγκλητος (ἐκκλησία), γερουσία, *f.* [*m.*
Senator, βουλευτὴς, *m.* γερουσιαστὴς,
Senatorial, γερούσιος, βουλευτικὸς
Send, Send forth, *v.* πέμπω, προπέμπω, προσπέμπω, στέλλω, ἀποστέλλω, ἵημι, ἀφίημι, προΐημι, ἐξίημι, ἀνίημι : to send for, μεταπέμπομαι, ἀνακαλέω : to send back, ἀναπέμπω, ἀποστέλλω : to send away or out of, ἀποστέλλω, ἀποπέμπω, ἐκπέμπω : to send be-

SEN

fore, προπέμπω, προΐημι, προαποστέλλω, προεισπέμπω: to send to or into, εἰσπέμπω, ὑποπέμπω: to send up, ἀναπέμπω, ἀναβιβάζω: to send by, through, παραπέμπω, διίημι: to send down, καθίημι, καταπέμπω: to send against, ἐφίημι, ἐπιπέμπω, ἐπεξελαύνω: to send about, διαπέμπω, περιπέμπω: to send besides, ἐπιπέμπω, προσεκπέμπω, προσίημι, προσαποστέλλω: to send with, συμπέμπω, ὀπάζω: to send together, συναποστέλλω, συνεκπέμπω, συνίημι: to send in turn, ἀντιπέμπω: to send word, ἐπιστέλλω, ἐπιτίθημι: to send round (a message), περιαγγέλλω

Sending, πομπή, f. πέμψις, f. ἐπίπεμψις, f.: a sending away or out, ἀποστολή, f. ἐκπομπή, f. ἔκπεμψις, f.: sending for, μετάπεμψις, f.: sending round, διαπομπή, f.

Senior, πρεσβύτερος, γεραίτερος

Seniority, πρεσβυγένεια, f.

Sensation, αἴσθησις, f. πάθος, n.

Sense, (perception by the senses or of the mind) αἴσθησις, f. αἴσθημα, n. (understanding; meaning) νόος, m. νόημα, n. διάνοια, f.: in one's senses, ἔμφρων: to be in one's senses, φρονέω, εὐφρονέω, σωφρονέω: to come to one's senses, ἀναφρονέω

Senseless, ἀγνώμων, ἄφρων, ἄλογος, ἀνόητος

Senselessly, adv. ἀγνωμόνως, ἀφρόνως

Senselessness, ἀγνωμοσύνη, f. ἀφροσύνη, f. ἄνοια, f. μωρία, f.

Sensible, αἰσθητός, ἔννοος, ἔννους, ἔμφρων [νίμως

Sensibly, adv. ἐμφρόνως, σοφῶς, φρο-

Sensitive, εὐπαθής. αἰσθητικός: to be sensitive, εὐπαθέω

Sensual, φιλήδονος, φιληδής, σαρκικὸς, ἀνδραποδώδης: sensual pleasures, τὰ ἀνόητα

Sensuality, φιληδονία, f. φιληδία, f.

Sent, πεμπτός, πόμπιμος: sent for, μετάπεμπτος

Sentence, λόγος, m. ῥῆμα, n. (judgment) γνώμη, f. ἀπόφασις, f. κρίσις, f. κατάκριμα, n. δίκη, f.

Sentence, v. τιμάω, κατακρίνω, καταδικάζω

Sententious, γνωμικὸς, γνωμοτύπος, ἀποφθεγματικὸς

Sententiously, adv. γνωμικῶς

Sentiment, γνώμη, f.

Sentinel, Sentry, φύλαξ, m. φρουρὸς, m.

SER

Separable, χωριστὸς, εὐαπόλυτος

Separate, Separated, διάστατος, ἀπομερισθεὶς

Separate, v. χωρίζω, διαχωρίζω, διαζεύγνυμι, διακρίνω, ἐκκρίνω, διείργω, διασπάω, διέχω, ὁρίζω, διχάζω, διΐσταμαι, σχίζω: to separate from, ἀποκρίνω, ἀπονοσφίζω, ἀποσχίζω, ἀποχωρίζω, ἀπείργω, ἀπολύω

Separately, adv. δίχα, χωρὶς, διακεκριμένως

Separation, χωρισμὸς, m. διαχώρισις, f. διάλυσις, f. διάζευξις, f. διάκρισις, f.

Septennial, ἑπταέτης

Septentrional, ἀρκτικὸς

Sepulchral, ἐντάφιος, τυμβήρης, ἐπιτύμβιος

Sepulchre, τάφος, m. [τύμβιος

Sepulture, ταφή, f. ἐνταφιασμὸς, m.

Sequel, τέλος, n. [f. διαδοχή, f.

Sequence, ἀκολούθησις, f. ἀκολουθία,

Sequester, Sequestrate, v. ἀποστερέω, ἀφαιρέω, στερέω, ἀποτίθημι

Sequestration, στέρησις, f. ἀποστέρησις, f.

Serenade, v. κωμάζω

Serene, ἥσυχος, ἡσύχιος, ἄκυμος, εὔδιος, γαληνός

Serenity, ἡσυχία, f. γαλήνη, f. εὐδία, f.

Serf, πενέστης, m. [τάξις, f.

Series, στίχες, f. pl. συστοιχία, f.

Serious, σπουδαῖος, σπουδαστικὸς, σύννοος, contr. σύννους, σεμνὸς

Seriously, adv. σπουδαίως, σπουδῇ, ἀγελαστὶ

Seriousness, σπουδή, f. σπουδαιότης, f. σύννοια, f. σεμνότης, f.

Serous, ὀρρώδης, ἰχωρώδης

Serpent, ὄφις, m. ἑρπετὸν, n. δράκων, m. ἔχιδνα, f.: water-serpent, ὕδρος, m. μύραινα, f.

Serrated, πριονωτὸς

Servant, ὑπηρέτης, m. διάκονος, m. θεράπων, m. δοῦλος, m. οἰκέτης, m. θεραπελτής, -τήρ, m. δμὼς, m. ὀπάων, m.: female servant, θεράπαινα, f. δμωὴ, f. θεραπαινὶς, f. δούλη, f. οἰκέτις, f. ὑπηρέτις, f.

Serve, v. δουλεύω, διακονέω, θεραπεύω, ὑπηρετέω, λατρεύω; (be of service to, assist) ὠφελέω: to serve in the army, στρατεύω

Service, θεραπεία, f. ὑπηρεσία, f. διακονία, f. λατρεία, f. ὑπουργία, f. (a benefit, kindness) ὠφέλεια, f. ὠφέλημα, n. ὑπούργημα, n. εὐεργέτημα, n. θεράπευμα, n. ὑπηρέτημα, n. διακόνημα, n.

Serviceable, ὑπουργὸς, ὑπηρετικὸς

Servicebleness, ὑπηρέτησις, f.

Servile, δούλιος, δουλικός, δούλειος, δουλοπρεπής
Servilely, adv. δουλικῶς, ἀνελευθέρως
Servility, δουλοπρέπεια, f. ἀνελευθερία, f. θεραπεία, f.
Servitude, δουλεία, f. λατρεία, f.
Serum, ὀρός, m. ἰχώρ, m.
Session, σύνοδος, f.
Set, v. (place) τίθημι, καθίστημι, ἵστημι, τάσσω, καθίζω; (sink, as the sun) δύω or δύνω, καταδύω, φθίνω, καταφέρομαι; (as bones) ἐξευκρινέω, συνδιορθόω: to set upon, ἐπιτίθημι: to set before, προτίθημι, παρατίθημι, προσφέρω, παραφέρω; (station before) προκαθίστημι: to set over, ἐφίστημι, προΐστημι: to be set over, ἐπιστατέω: to set out (start), ἐξορμάομαι, ἀπαίρω: to set against one another, συμβάλλω, ἀνθίστημι, συνίημι, προσβάλλω: to set at (as a dog), ὄρνυμι ἐπὶ, σεύω, ἐπιρρύζω, ἐπισίζω: to set in order, καθίστημι, τάσσω, διατάσσω, κατασκευάζω: to set right, ἐπανορθόω, διευθύνω: to set at naught, ἀπορρίπτω: to set at liberty, ἐλευθερόω, ἐκλύω: to set fire to, ὑποκαίω, ὑφάπτω, ἐμπυρεύω [sun) δύσις, f. δυσμή, f.
Setting, (placing) θέσις, f. (of the
Settle, v. καθίστημι, ἱδρύω, καθιδρύω, οἰκίζω, κατοικίζω; intrans. καθίσταμαι (& 2 aor. & perf. of καθίστημι) οἰκέω, ἐποικέω, μετοικέω, κατοικέω, ναίω; (to settle down, sink) ἵζω, ἱζάνω, ὑπονοστέω
Settled, (agreed upon) τακτός, ῥητός; (established) ἑδραῖος
Settlement, κατάστασις, f. ἀποικία, f.
Settler, ἄποικος, μέτοικος, ἔποικος
Settling, κατάστασις, f. μετοίκησις, f.
Seven, ἑπτά; (the number) ἑπτάς, f.: seven times, ἑπτάκις: lasting seven years, seven years old, ἑπταετής, ἑπτέτης: seven years, ἑπταετία, f.: seven days, ἑβδομὰς, f.
Seven-cornered, ἑπτάγωνος
Sevenfold, ἑπταπλάσιος, ἑπτάπλοος
Seven hundred, ἑπτακόσιοι
Seven hundredth, ἑπτακοσιοστός
Seventeen, ἑπτακαίδεκα
Seventeenth, ἑπτακαιδέκατος
Seventh, ἕβδομος, ἑβδόματος: on the seventh day, ἑβδομαῖος
Seven thousand, ἑπτακισχίλιοι
Seventieth, ἑβδομηκοστός
Seventy, ἑβδομήκοντα
Seventy thousand, ἑπτακισμύριοι

Sever, v. σχίζω, ἀποσχίζω, διασχίζω,
Several, πολὺς [χωρίζω, διατέμνω
Severally, καθ᾽ ἕκαστον, χωρὶς
Severe, χαλεπός, ὀξὺς, πικρὸς, δριμὺς, δεινὸς, βαρὺς, αὐστηρὸς
Severely, adv. χαλεπῶς, πικρῶς
Severity, χαλεπότης, f. πικρότης, f. πικρία, f. δεινότης, f.
Sew, v. ῥάπτω, συρράπτω [ἀμάρα, f.
Sewer, (drain) λαύρα, f. ὀχετός, m.
Sewing, ῥαφὴ, f.
Sewn, ῥαπτός
Sex, γένος, n. φύσις, f.
Sexennial, ἑξαέτης
Shabbiness, (meanness) μικρολογία, f.
Shabby, (mean) φαῦλος, μικρολόγος
Shackle, πέδη, f.
Shackle, v. πεδάω, συσφίγγω
Shade, (shadow; also a ghost) σκιὰ, f. σκίασμα, n. (cover) σκιὰς, f.
Shade, v. σκιάζω, κατασκιάζω, συσκιάζω, ἐπισκιάζω
Shaded, see Shady
Shading, ὑποσκίασις, f.
Shading, σκιερὸς, κατάσκιος, ἐπίσκιος
Shadow, σκιὰ, f. σκίασμα, n.
Shadowy, σκιοειδὴς, σκιώδης, σκιερὸς
Shady, Shaded, σκιερὸς, σκιόεις, πολύσκιος, εὔσκιος, ὑπόσκιος, σύσκιος, σκιώδης, ἐπίσκιος, κατάσκιος
Shaft, βέλος, n. (handle) καυλὸς, m. ξυστόν, n. ῥάβδος, f. πέλτη, f.
Shag, λάχνη, f.
Shagginess, δασύτης, f.
Shaggy, δασὺς, λάσιος, λαχνήεις
Shake, τίναγμα, n. σεῖσμα, n.
Shake, v. σείω, διασείω, συσσείω, δονέω, τινάσσω, κραδαίνω, συγκραδαίνω: to shake hands, δεξιόομαι, ἀντιδεξιόομαι
Shaken about, διάσειστος
Shaker, τινάκτωρ, m. κινητήρ, m.
Shaking, σεῖσμα, n. σεισμὸς, m. τιναγμὸς, m.
Shallop, σκάφη, f. σκάφος, n.
Shallow, τέναγος, n. βράχεα, n. pl.
Shallow, ἀβαθὴς; (of soil) λεπτόγεως; (short, trifling) βραχὺς
Shallowness, (shortness, deficiency) βραχύτης, f.
Sham, προσποίησις, f. ὑπόκρισις, f.
Sham, προσποιητός; s. ὑποκριτὴς, m.
Sham, v. προσποιέομαι, ὑποκρίνομαι
Shame, αἰσχύνη, f. αἰδὼς, f. ἀτιμία, f.
Shame, v. αἰσχύνω: to be ashamed, feel shame, αἰσχύνομαι, αἰδέομαι
Shameful, αἰσχρὸς
Shamefully, adv. αἰσχρῶς

Shameless, ἀναιδής, ἀναίσχυντος: to be shameless, ἀναισχυντέω
Shamelessly, adv. ἀναιδῶς, ἀναισχύντως, ἀναίδην, ἀναιδημόνως [τία, f.
Shamelessness, ἀναίδεια, f. ἀναισχυν-
Shape, μορφή, f. μόρφωμα, n. εἶδος, n. σχῆμα, n.: of the same shape, ὁμοιοσχήμων, σύμμορφος [τοποιέω
Shape, v. μορφόω, σχηματίζω, σχημα-
Shapeless, ἄμορφος, δύσμορφος, δυσειδής
Shapelessness, ἀμορφία, f. δυσμορφία, f. δυσείδεια, f.
Shapely, εὐειδής, εὔμορφος
Share, μέρος, n. μοῖρα, f. μερίς, f. λάχος, n. κλῆρος, m.: an equal share, ἰσομοιρία, f.: to have an equal share, ἰσομοιρέω: a double share, διμοιρία, f.: having a share, μέτοχος, ἔγκληρος, ἐπίκοινος
Share, v. μετέχω, λαγχάνω, μεταλαγχάνω, κοινόομαι, κοινωνέω, συγκοινωνέω, κατακοινωνέω, κατανέμομαι, μερίζομαι, συμφέρω, συνδιαφέρω, συναίρομαι, διαιρέομαι, μεταλαμβάνω, συνεπιλαμβάνομαι
Sharer, μέτοχος, c. κοινωνός, c.
Sharing, μέθεξις, f. [καρχαρίας, m.
Shark, ζύγαινα, f. γαλεός, m. λαμία, f.
Sharp, ὀξύς, δριμύς, τόμος, κερτόμιος, θηκτός, θοός, ξυρηκής, ἐχεπευκής; (of a bit) τραχύς; (in intellect) ὀξύφρων
Sharpen, v. ὀξύνω, ἀποξύνω, θήγω, ἀκονάω, παρακονάω: newly sharpened, νεόθηκτος, νεοθήξ, νεηκονής
Sharply, adv. ὀξύ, ὀξέως, πικρῶς
Sharpness, ὀξύτης, f. δριμύτης, f.
Sharp-sighted, ὀξυωπής, ὀξυωπός, ὀξυδερκής, εὔσκοπος: to be sharp-sighted, ὀξυδερκέω, ὀξὺ βλέπω
Shatter, v. συντρίβω, θραύω, ἐρείκω
Shave, v. ξυρέω, κείρω: to shave off, ἀποκείρω, ἀποξυράω, ἀποξέω
Shaving, κουρά, f. ξύρησις, f.
Shawl, πέπλος, m.
She, (fem. of He) ἡ, ἐκείνη, αὐτή
Sheaf, δράγμα, n. ἄμαλλα, f. κωμύς, f. φάκελος, m.
Shear, v. κείρω, ἀποκείρω, πέκω
Shearer, νακοτίλτης, m.
Shearing, κουρά, f. πόκος, m.
Shears, ψαλίς, f.
Sheath, κολεός, m. θήκη, f.
Shed, καλύβη, f. οἴκημα, n.
Shed, v. χέω, ἐκχέω, στάζω, λείβω, εἴβω: to shed upon, καταχέω, ἐπιστάζω, ἐμβάλλω

Sheen, λαμπρότης, f. σέλας, n. αὐγή, f.
Sheep, ὄϊς, Att. οἶς, f. πρόβατον, n. μῆλον, n.: small sheep, προβάτ.ον, n.: of or belonging to sheep, μήλειος, ὄϊεος, ἄρνειος: rich in sheep, πολυπρόβατος, πολύμηλος
Sheepskin, ἀρνακίς, f. μηλωτή, f.
Sheer, ἄκρατος, εἰλικρινής
Sheet, φᾶρος & φάρος, n.
Shekel, σίγλος or σίκλος, m.
Shell, ὄστρακον, n. κόγχη, f. κογχύλιον, n. (of an egg, &c.) λεπίς, f.: having a hard shell, σκληρόστρακος: with rough shell, τραχυόστρακος: with smooth shell, λειόστρακος [μα, n.
Shelter, σκέπας, n. σκέπη, f. σκέπασ-
Shelter, v. σκεπάζω, στέγω, προστέλλω
Shelving, κατάντης, κατακλινής
Shepherd, ποιμήν, m. νομεύς, m. βοτήρ, m. μηλοβότης, m. μηλοβοτήρ, m.: of a shepherd, ποιμενικός, ποιμνίτης, ποιμένιος, νόμιος, νομευτικός: to be a shepherd, ποιμαίνω, νομεύω
Shield, ἀσπίς, f. σάκος, n. πέλτη, f.
Shield, v. ἀμύνω, ἐπαμύνω, ἀλέξω, προΐσταμαι, προστατέω
Shield-bearer, ὑπασπιστής, m.
Shift, v. μεταβιβάζω, μετατίθημι
Shin, κνήμη, f. ἀντικνήμιον, n.
Shine, v. λάμπω, διαλάμπω, ὑπολάμπω, ἀναλάμπω, ἐκλάμπω, ἐπιλάμπω, καταλάμπω, μαρμαίρω, φαίνω, φάω, λαμπετάω, ἀστράπτω, φέγγω, στίλβω, ἀπαυγάζω
Shingle, κάχληξ, m. ῥαχία, f.
Shining, Shiny, λαμπρός, φαεινός, φωτεινός, λαμπάς
Ship, ναῦς, f. πλοῖον, n.: merchant-ship, ὁλκάς, f.: of or belonging to a ship, νήϊος: to build ships, ναυπηγέω
Shipbuilding, ναυπηγία, f. ἡ ναυπηγική [shipowner, ναυκληρέω
Shipowner, ναύκληρος, m.: to be a
Shipwreck, ναυαγία, f.: to suffer shipwreck, be shipwrecked, ναυα-
Shipwrecked, ναυαγός [γέω
Shipwright or builder, ναυπηγός, m.
Shirk, v. ἀποκάμπτω, ἀποτρέπομαι, διαδύω, ἀναδύομαι, ἀποδειλιάω
Shirt, χιτών, m.
Shiver, v. (shatter) συντρίβω, θραύω, ἐρείκω; (tremble) φρίσσω, ῥιγόω, ἐνριγόω, φρικάζω
Shivering, φρίκη, f. φρίξ, f. φρῖκος, n.
Shoal, τέναγος, n. βράχεα, n. pl.

Shock, ὁρμή, f. σεῖσμα, n. σεισμὸς, m.
Shock, v. σείω, σαλεύω
Shocking, δεινὸς, φρικώδης, ἄῤῥητος
Shoe, ὑπόδημα, n. ὑπόδεσις. f. ὑποδημάτιον, n. ἐμβὰς, f. ἀρβάλη, f.: to mend shoes, νευροῤῥαφέω: to put on shoes, ὑποδέομαι, ὑποδύω
Shoe, v. ὑποδέω, ὑποδέομαι
Shoemaker, σκυτότομος, m. σκυτεὺς, m.: to be a shoemaker, σκυτοτομέω, σκυτεύω: of or belonging to a shoemaker, σκυτοτομικὸς, σκυτικὸς
Shoemaking, ἡ σκυτικὴ, σκύτευσις, f.
Shoestring, ἡνία, f.
Shoot, βλαστὸς, m. βλάστημα, n. παραφυὰς, f. θαλλὸς, m. θάλος, n. ὄρπηξ, m. φῖτυ, n.
Shoot, v. (germinate) βλαστάνω, βρύω; (to discharge missiles) τοξεύω, κατατοξεύω, βάλλω, ἀκοντίζω, ἐξακοντίζω, εἰσακοντίζω, τοξάζομαι, ἵημι, ἀφίημι, μεθίημι, προΐημι, ἰάλλω; (to shoot, as light, pain) ἀΐσσω
Shooter, ἀκοντιστὴς, m. τοξευτὴς, m.
Shooting, βολὴ, f. ῥιπὴ, f.: shooting far, ἑκηβόλος, ἑκατηβόλος, ἑκάεργος
Shop, καπηλεῖον, n. πωλητήριον, n.
Shore, ἀκτὴ, f. αἰγιαλὸς, m. ἠϊὼν, f. θὶς, f. ῥηγμὶς, f.: rocky shore, ῥαχία, f.: of or on the shore, ἄκτιος, ἐπάκτιος, αἰγιαλώδης
Short, βραχὺς, σύντομος, μικρὸς, ὀλίγος: short of, ἐνδεὴς, ἐλλιπὴς: in short, ἐν βραχεῖ, ἔμβραχυ, ἐν ὀλίγῳ, δι' ὀλίγων, ἁπλῶς, ὅλως: lasting a short time, ὀλιγοχρόνιος, βραχυχρόνιος
Shorten, v. συστέλλω, συντέμνω
Short-lived, ἐφημέριος, ἐφήμερος, ἐφημέρινος, βραχύβιος, ὀλιγόβιος
Shortly, adv. συντόμως
Shortness, βραχύτης, f. ὀλιγότης, f.
Short-sighted, μυώψ, μυωπὸς
Short-winded, βραχύπνοος, δύσπνοος
Shot, βολὴ, f. βλῆμα, n.
Shot, τοξευτὸς
Shove, v. ὠθέω
Shovel, ἄμη, f.
Shoulder, ὦμος, m. ἐπωμὶς, f.
Shoulder-blade, ὠμοπλάτη, f.
Shout, Shouting, βοὴ, f. ἀναβόησις, f. ὀλολυγὴ, f. ὀλολυγμὸς, m. αὐτὴ, f. ἀλαλὴ, f. ἰαχὴ, f. ἰυγμὸς, m. ἐπιβόημα, n.
Shout, v. βοάω, ἀναβοάω, ἐμβοάω, ὀλολύζω, ἐπολολύζω, ἀνολολύζω, ἀλαλάζω, αὔω, κλάζω, ἰάχω, ἀνιάχω, φθέγγομαι, ἀνορθιάζω

Show, θέα, f. θέαμα, n. φάσμα, n.
Show, v. δείκνυμι, ἀποδείκνυμι, ἐπιδείκνυμι, ἀναδείκνυμι, καταδείκνυμι, παραδείκνυμι, φαίνω, προφαίνω, ἀναφαίνω σημαίνω, ἐμφανίζω, διασαφέω, δηλόω, παρέχω: to show beforehand προδείκνυμι
Shower, ὄμβρος, m. ὑετὸς, m. ψακὰς, f
Shower, v. ὀμβρέω, ὕω, βρέχω
Showery, ὑέτιος
Showy, λαμπρὸς, ἀγλαὸς, εὐπρεπὴς
Shred, ῥάκος, n.
Shrewd, ἀγχίνοος, σοφὸς, συνετὸς
Shrewdly, adv. ἀγχινόως, σοφῶς
Shrewdness, ἀγχίνοια, f. σύνεσις, f. πυκνότης, f.
Shrew-mouse, μυγάλη, f.
Shriek, v. τρίζω, κλάζω, κωκύω
Shrill, λιγὺς, λιγυρὸς, λιγύφωνος, λιγύφθογγος, ὀξὺς, ὀξύτονος
Shrilly, adv. λιγέως, λιγυρῶς, ὀξέως
Shrillness, ὀξύτης, f. ὀξυφωνία, f.
Shrimp, καρὶς, f. κραγγὼν, f. ὀξὶς, f.
Shrine, ναὸς, Att. νεὼς, m. ἄδυτον, n. σηκὸς, m.
Shrink, Shrink from, v. ὀκνέω, κατοκνέω, ἀποκνέω, ὑποστέλλομαι, χάζομαι; (become contracted) συνίζω, συνιζάνω
Shrinking, ἀπόκνησις, f.
Shrivel, v. συντρέχω, συσπειράομαι: to be shrivelled, ῥυτιδόομαι, ῥικνόομαι
Shrivelled, ῥικνὸς, ἐπίῤῥικνος
Shrivelling, ῥίκνωσις, f.
Shroud, φᾶρος, n. σπεῖρον, n. [τω
Shroud, v. ἐπιέννυμι, στεγάζω, καλύπ-
Shrub, θάμνος, m. ὕλημα, n.
Shrubbery, ἀναδενδρὰς, f.
Shrubby, θαμνοειδὴς, θαμνώδης, φρυγανώδης, ὑληματικὸς [καταῤῥιγέω
Shudder, v. φρίσσω, ἀναφρίσσω, ῥιγέω,
Shun, v. ἀφίσταμαι, ἐξίσταμαι, εὐλαβέομαι, ἐκκλίνω, παρεκκλίνω, ἐκτρέπομαι, ἀποτρέπομαι, φείδομαι
Shunning, ἔκκλισις, f. ἐκφυγὴ, f.
Shut, κλειστὸς: shut up, κατάκλειστος, ἐγκατάκλειστος, κατάφρακτος
Shut, v. κλείω, ἐγκλείω, κατακλείω, συγκλείω, συνείργω, θυρόω; (as a door) προστίθημι, ἐπιτίθημι, ἐπισπάω; (the eyes) μύω, καταμύω: to shut out from, εἴργω & ἔργω, ἀποκλείω: to shut up or in, εἴργω, συνέργω, ἐπικατακλείω; (as a house) εἴργω, πακτόω
Shutting, κλῆσις, f. ἀπόκλεισις, f.
Shuttle, κερκὶς, f. κανὼν, m.

Shy, εὐλαβής : to be shy, δυσωπεύμαι, εὐλαβέομαι
Shyness, εὐλάβεια, f. δυσωπία, f.
Sibyl, σιβύλλα, f.
Sicilian, Σικελὸς, Σικελικὸς [λιῶτις, f.
Sicilian Greek, Σικελιώτης, m. Σικε-
Sicily, Σικελία, f.
Sick, νοσερὸς : to be sick, νοσέω, ἀσθενέω, ἀρρωστέω, ἀλγέω, νοσεύω, νοσάζομαι ; (to vomit) ἐμέω
Sicken, v. (to make sick) νοσίζω ; (to become sick) νοσάζομαι ; (disgust) ἀσάω
Sickle, ζάγκλον, n. ζάγκλη, f. ἅρπη, f. δρέπανον, n. δρεπάνη, f.
Sickly, νοσώδης, ἐπίνοσος, ἀσθενὴς, ἅρρωστος, νοσηματώδης
Sickness, νόσος, f. νόσημα, n. ἀρρωστία, f. ἀσθένεια, f. πόνος, m. (vomiting) ἔμεσις, f.
Side, πλευρὸν, n. πλευρὰ, f. : by the side, παρά : on every side, πάντη, πανταχῇ, πανταχοῦ : from all sides, πανταχόθεν
Sideboard, κυλικεῖον, n.
Sideways, πλάγιος
Siege, πολιορκία, f. : to lay siege to, πολιορκέω : to raise a siege, ἀπανίσταμαι : to take by siege, ἐκπολιορκέω
Sieve, κόσκινον, n. κιναχύρα, f.
Sift, v. κοσκινεύω, λικμάω
Sigh, στέναγμα, n. στοναχὴ, f.
Sigh, v. στενάζω, στεναχίζω, στένω, ἀναφέρω [στοναχὴ, f.
Sighing, στεναγμὸς, m. στόνος, m.
Sighing, στενακτικὸς
Sight, (the sense of sight and the object seen) ὄψις, f. θέα, f. (object seen) ὅραμα, n. θέαμα, n. (sense of sight) ὅρασις, f. : in sight, ἐν ὀφθαλμοῖς : out of sight, ἐξ ὀφθαλμῶν, ἐξ ὀμμάτων : sharp-sighted, ὀξυδερκὴς : to be sharp-sighted, ὀξυδερκέω
Sign, σῆμα, n. σημεῖον, n. σημασία, f. σύμβολον, n. τεκμήριον, n. τέκμαρ, n. ὑπόδειγμα, n. : to give a sign, σημαίνω, ἐπισημαίνω
Sign, v. σημαίνομαι, ὑπογράφω
Signal, σημεῖον, n. : to make a signal, σημαίνω, ὑποσημαίνω, ἐπισημαίνω, ἀναδείκνυμι or αἴρω σημεῖον
Signal, ἐπίσημος
Signalise, v. ἐπισημαίνω, ἐνσημαίνω, διάσημον or ἔνδοξον ποιέομαι
Signally, adv. ἐπισήμως
Signature, ὑπογραφὴ, f.
Signet, σφραγὶς, f. σημαντὴρ, m.

Significance, ῥοπὴ, f.
Significant, σημαντικὸς, σημειώδης, ἐμφατικὸς [τικῶς
Significantly, adv. σημαντικῶς, ἐμφα-
Signification, σημείωσις, f. δύναμις, f.
Signify, v. σημαίνω, ἐπισημαίνω, ἐπιγνωρίζω, δηλόω : to signify beforehand, προσημαίνω, προσημειόω
Silence, σιγὴ, f. σιωπὴ, f. ἡσυχία, f. ἀφωνία, f. : to keep silence, σιγάω, σιωπάω, κατασιγάω, ἀποσιωπάω, κατασιωπάω
Silence, v. κατασιωπάω, ἀπαλλάσσω
Silent, σιωπηρὸς, σιγηλὸς, ἄφωνος, ἄφθογγος, ἀβακὴς, ἥσυχος : to be silent, σιωπάω, κατασιωπάω, σιγάω, κατασιγάω, ἀβακέω [ἀλόγως
Silently, adv. σῖγα, σιγῇ, ἀφώνως,
Silken, σηρικὸς [σὴρ, m.
Silk-worm, βόμβυξ, m. βομβύλιος, m.
Silky, σηρικὸς [ἀνόητως, ἀναρμόστως
Sillily, adv. εὐηθῶς, εὐηθικῶς, ἀφρόνως
Silliness, εὐήθεια, f. εὐηθία, f. χαυνότης, f. ἠλιθιότης, f. μωρία, f. ἀβελτερία, f.
Silly, μωρὸς, ἠλίθιος, εὐηθὴς, εὐηθικὸς, χαῦνος, ἀβέλτερος, ἄνοος, ἀνόητος, ἄφρων, ἀνάρμοστος, νηπιόφρων : silly talk, φλίαρος, m. φλυαρία, f.
Silver, ἄργυρος, m. : entirely silver, πανάργυρος : containing silver, ὑπάργυρος
Silver, ἀργύρεος, ἀργυρεῖος
Silver-coin, ἄργυρος, m. ἀργύριον, n.
Silver-mines, τὰ ἀργυρεῖα, ἀργυρεῖα μέταλλα or ἔργα, n. pl.
Silver-ore, ἀργυρῖτις, f.
Silver-plate, ἀργυρώματα, n. pl.
Silversmith, ἀργυροποιὸς, m. ἀργυροκόπος, m.
Silvery, ἀργυροειδὴς
Similar, ὅμοιος, ὁμοειδὴς, ὁμοιειδὴς,
Similarity, ὁμοιότης, f. [παραπλήσιος
Similarly, adv. ὁμοίως, παραπλησίως, εἰκότως, ὡσαύτως [ὁμοίωσις, f.
Similitude, εἰκὼν, f. ὁμοιότης, f.
Simple, (simple-minded, frank, plain; also silly) εὐήθης, χρηστὸς ; (artless) ἁπλόος, contr. ἁπλοῦς ; (plain, blunt) ἀφελὴς ; (unadorned, of style, language, &c.) ἀφελὴς, λιτὸς
Simplicity, ἁπλότης, f. ἀφέλεια, f. εὐήθεια, f. εὐηθία, f. χρηστότης, f.
Simply, adv. ἁπλῶς, ἀφελῶς
Sin, ἁμαρτία, f. ἁμάρτημα, n. ἁμαρτωλὴ, f. ἀλιτρία, f. ἀλίτημα, n. ἀσέβημα, n. ἀμπλάκημα, n.
Sin, v. ἁμαρτάνω, ἐξαμαρτάνω, ἀλιταίνω, ἀσεβέω

Since, ἐπεί, ἐπειδή, ὡς, ὅτε, ἐξ οὗ
Sincere, ἁπλόος, contr. ἁπλοῦς, εἰλικρινής, εὐήθης, ἄδολος, ἀκίβδηλος
Sincerely, adv. καθαρῶς, εἰλικρινῶς, ἀκιβδήλως, ἐκτὸς ἀπάτης, ἀδόλως
Sincerity, ἀλήθεια, f. εἰλικρίνεια, f. ἁπλότης, f. [m.
Sinew, νεῦρον, n. ἐπίτονος, m. τένων,
Sinewy, ἰνώδης, νευρώδης, νευροπαχής
Sinful, ἁμαρτωλός, ἀλιτρός, ἀλιτήριος
Sinfulness, ἁμαρτία, f. ἀλιτρία, f.
Sing, v. ᾄδω, ἀείδω, μέλπω, ὑμνέω, ὑμνῳδέω, μελίζω, μελῳδέω, μολπάζω: to sing to, ἐπᾴδω, ἐπαείδω, προσαείδω, κατᾴδω: to sing with, συνᾴδω, ὑπᾴδω
Singe, v. εὕω, ἀφεύω, περιφλεύω
Singer, ἀοιδός, m. μελικτής, m.
Singing, ἀοιδή, f. μέλος, n. μολπή, f.
Single, μόνος, μονάς, μοναδικός, μοναχός, μονωτικός, μονοφυής, ἑνικός, ἁπλοῦς; (unmarried) ἄγαμος
Singleness, μόνωσις, f. (sincerity) ἁπλότης, f.
Singular, (unusual) ἀήθης: singular number, ἀριθμὸς ἑνικός
Singularity, ἀήθεια, f.
Singularly, adv. ἀήθως
Sinister, σκαιός, ἀριστερός
Sink, v. βάπτω, δύω or δύνω, καταδύω, ποντίζω; intrans. καταδύω or -δύνω, δύω & δύομαι, ἵζω, ἱζάνω
Sinless, ἀναμάρτητος
Sinner, ἀλείτης, m. ἁμαρτωλός, m.
Sinuous, πολύγναμπτος
Siphon, σίφων, m.
Sire, πατήρ, m. γεννήτης, m. γενέτης,
Siren, σειρήν, f. [m.
Sirius, σείριος, κύων σείριος
Sister, ἀδελφή. f. κασιγνήτη, f. ὁμαίμος, f. σύγγονος, f.: sister-in-law, γάλοως, Att. γάλως, f.
Sisterly, ἀδελφικός, ἀδελφός
Sit, v. καθέσομαι, καθίζω, κάθημαι, ἕζομαι, ἵζω, ἱζάνω, ἧμαι, ἑδριάομαι; (to sit at table) κατακλίνομαι, κατάκειμαι; (of a hen) ἐπῳάζω, ἐπᾴζω, ἐπικάθημαι, ἐφεδρεύω, ἐπικαθεύδω: to sit in or on, ἐγκάθημαι, ἐγκαθέζομαι, ἐγκαθίζω, ἐνίζω: to sit upon, ἐπικάθημαι, ἐφέζομαι, ἐφίζω, ἔφημαι: to sit by, beside, or near, παρακάθημαι, παρακαθίζομαι, πάρημαι: to sit with or together, συγκάθημαι, συγκαθέζομαι
Site, θέσις, f. τοποθεσία, f.
Sitting, ἕδρα, f. ἐφεδρεία, f. (at table) κατάκλισις, f. (of a hen) ἐπῴασις, f.

Sitting, ἑδραῖος, ἔφεδρος: sitting beside, πάρεδρος: sitting with or together, σύνεδρος, σύνθακος
Situated, κείμενος: to be situated, κεῖμαι, κάθημαι, ἱδρύομαι
Situation, θέσις, f. τοποθεσία, f.
Six, ἕξ: six times, ἑξάκις: six months, ἑξάμηνος (χρόνος), m.: of or lasting six months, ἑξάμηνος: for six years, ἑξαέτης, fem. -τις, ἑξέτης, fem. -τις
Sixfold, ἑξαπλάσιος
Six hundred, ἑξακόσιοι
Six hundredth, ἑξακοσιοστός
Sixteen, ἑκκαίδεκα: sixteen years old, ἑκκαιδεκέτης
Sixteenth, ἑκκαιδέκατος
Sixth, ἕκτος, ἑκταῖος
Six thousand, ἑξακισχίλιοι
Sixtieth, ἑξηκοστός
Sixty, ἑξήκοντα: sixty times, ἑξηκοντάκις: sixty years old, ἑξηκονταέτης
Sixty thousand, ἑξακισμύριοι
Size, μέγεθος, n. μέτρον, n.
Skeleton, σκελετόν, n.
Sketch, ὑπογραφή, f. περιγραφή, f. τύπος, m. σκιαγραφία, f. σκιαγράφημα, n. σχῆμα, n.
Sketch, v. περιγράφω, ὑπογράφω, ὑποτυπόω, σκιαγραφέω
Skiff, σκάφος, n. σκαφή, f.
Skilful, ἔμπειρος, ἐπιστήμων, ἴστωρ, σοφός, εἰδώς, ἴδρις, τρίβων, μουσικός
Skilfully, adv. ἐμπείρως, ἐπιστημόνως, ἐπισταμένως, εὖ, τεχνικῶς
Skill, ἐμπειρία, f. ἐπιστήμη, f. τέχνη, f. ἰδρεία, f. σοφία, f. [ἴδρις, τρίβων
Skilled, ἔμπειρος, ἐπιστήμων, εἰδώς,
Skim, v. ἀπαφρίζω, ἐξαφρίζω; (pass lightly over) ψαίρω
Skin, χρώς, m. χροιά, f. δέρμα, n. δέρρις, f. διφθέρα, f. σκῦτος, n. δορά, f. βύρσα, f. ῥινός, c.: made of skin, δερμάτινος
Skin, v. δέρω, ἐκδέρω, ἀποδέρω
Skinned, δρατός
Skip, v. σκιρτάω, πηδάω, σκαίρω
Skirmish, ἀκροβολισμός, m. ἀκροβόλισις, f. ἀψιμαχία, f.
Skirmish, v. ἀκροβολίζομαι, ἀψιμαχέω
Skirmisher, ἀκροβολιστής, m.
Skirmishing, ἀκροβολισμός, m. ἀψίμαχος [μαχία, f.
Skirmishing, ἀψίμαχος
Skirt, κράσπεδον, n. ἐσχατιά, f.
Skittish, σκιρτητικός
Skull, κρανίον, n.
Sky, αἰθήρ, m. οὐρανός, m.: belonging to the sky, αἰθέριος

SLA   SLO

Slab, πίναξ. m.
Slack, χαλαρός [ἀνίημι, μεθίημι
Slacken, v. χαλάω, ἀποχαλάω, λύω,
Slackness, χαλαρότης, f.
Slain, σφακτός, πτώσιμος: newly slain, νεόσφακτος, νεοσφαγής, νεόκτονος
Slake, v. σβέννυμι
Slander, διαβολή, f. διαβολία, f. κακηγορία, f. συκοφαντία, f. βλασφημία, f.
Slander, v. διαβάλλω, κακηγορέω, βλασφημέω, συκοφαντέω, βασκαίνω
Slanderer, διάβολος, m. συκοφάντης, m. ὑβριστής, m.
Slanderous, διάβολος, κακήγορος, συκοφαντικός, βλάσφημος, βάσκανος
Slanderously, adv. διαβόλως, συκοφαντικῶς
Slant, Slanting, λοξός, πλάγιος, λέχριος: to be slanting, λοξόομαι
Slant, v. κατακλίνομαι, κατάκειμαι,
Slanting, πλαγιότης, f. [λοξόομαι
Slap, ῥάπισμα, n. κόλαφος, m.
Slap, v. ῥαπίζω, κολαφίζω
Slave, δοῦλος, m. δούλη, f. ἀνδράποδον, n. παῖς, c.: to be a slave, δουλεύω, θεραπεύω
Slave-dealer, ἀνδραποδιστής, m. ἀν-
Slaver, σίαλον, n. [δραποδώνης, m.
Slaver, v. σιαλίζω, σιαλοχοέω
Slavery, δουλεία & δουλία, f. δουλοσύνη, f. ἀνδραποδισμός, m. [f. αἷμα, n.
Slaughter, φόνος, m. φονή, f. σφαγή,
Slaughter, v. σφάζω, κτείνω, ἀποκτείνω, κατακτείνω, φονεύω, φένω, καταφένω, ὄλλυμι, ἀπόλλυμι, φθείρω
Slaughtered, σφακτός
Slavish, δούλειος, δούλιος, δουλικός, δουλοπρεπής, ἀνελεύθερος, ἀνδραποδώδης [ἀνδραποδώδως
Slavishly, adv. δουλικῶς, ἀνελευθέρως,
Slay, v. σφάζω, κτείνω, ἀποκτείνω, φένω, καταφένω, φονεύω, ἐναίρω
Slayer, σφαγεύς, m. φονεύς, m.
Sleek, λιπαρός, φιαρός: to be sleek, λιπάω, στίλβω
Sleep, ὕπνος, m. κῶμα, n. κοῖτος, m. κοίμημα, n. καθύπνωσις, f. ἄωρος, contr. ὦρος, m.
Sleep, v. καθεύδω, εὕδω, κοιμάομαι, ἀποκοιμάομαι, καθυπνόω, κατακοιμίζω, εὐνάομαι, εὐνάζομαι, κεῖμαι, νυστάζω [ληθαργία, f.
Sleepiness, τὸ ὑπνηρόν, χάσμη, f.
Sleepless, ἄυπνος, ἄγρυπνος, ἀκοίμητος
Sleepy, ὑπνώδης, ὑπνωτικός
Sleeve, χειρίς, f. κόρη, f.
Sleight, μηχανή, f. τέχνη, f. δόλος, m.

Slender, λεπτός, ἰσχνός, ῥαδινός, ἀραιός
Slenderly, adv. λεπτῶς, ἰσχνῶς, ἀμυδρῶς
Slenderness, ἰσχνότης, f. λεπτότης, f.
Slice, τόμος, m. χναυμάτιον, n.
Slice, v. διατέμνω, συγκόπτω, κατατέμνω [gently, ὑπολισθάνω
Slide, v. ὀλισθάνω & -θαίνω: to slide
Slight, Slighting, ὀλιγωρία, f. καταφρόνημα, n. καταφρόνησις, f. ὑπεροψία, f. ὑπέροψις, f.
Slight, λεπτός, ἀραιός, κοῦφος, ἐλαφρός
Slight, v. καταφρονέω, ὑπερεῖδον, ὑπεροράω, ὀλιγωρέω, ἐν ὀλιγωρίᾳ ποιέομαι [κούφως
Slightly, adv. λίγδην, ἐπιψαύδην,
Slim, λεπτός, ἰσχνός [ρος, m.
Slime, (mud) ἰλύς, f. ἄσις, f. βόρβο-
Slimy, ἰλύεις, ἰλυώδης, μυξώδης, ἀσώ-
Sling, σφενδόνη, f. [δης
Sling, v. σφενδονάω
Slinger, σφενδονήτης, m.
Slink away or into, v. ὑποδύομαι
Slip, ὀλίσθημα, n. σφάλμα, n. (of a tree) κλάδος, m. κλών, m.
Slip, v. ὀλισθάνω & -θαίνω: to slip gently, ὑπολισθάνω: to slip off, out, or away, give one the slip, ἐξολισθάνω, -θαίνω, ἀπολισθάνω, -θαίνω, διολισθαίνω, -θάνω, ὑποδύομαι, ὑπεκδύομαι, ὑπορρέω, ὑποποτρέχω: to slip into, ὑποδύομαι, ὑπεισδύομαι, ὑπορρέω, παρεισδύομαι: to let slip, (as an opportunity) παρίημι, ἀφίημι
Slipper, βλαύτη, f. βλαυτίον, n.
Slippery, ὀλισθηρός, σφαλερός, λεῖος, γλοιός, ἐπισφαλής
Slit, v. σχίζω, τέμνω
Slobber, v. σιαλίζω
Sloe, βράβυλον, n.
Sloop, λέμβος, m.
Slope, κλίμα, n. κλιτύς, f. κλίσις, f. πλαγιότης, f.
Slope, v. κλίνω, λοξόω; intrans. κλίνομαι, κατακλίνομαι, κατάκειμαι, λοξόομαι
Sloping, ἐπικλινής, κατακλινής, καταφερής, ἑτεροκλινής, πλάγιος, λοξός
Sloth, ῥαθυμία, f. ἀργία, f. ὀκνία, f.
Slothful, ῥάθυμος, νωθρός, ὀκνηρός, ἀργός, ἀκίνητος
Slothfully, adv. ῥαθύμως, ὀκνηρῶς, νωθρῶς [ἀργία, f.
Slothfulness, ῥαθυμία, f. νωθρότης, f.
Slovenliness, ἀκοσμία, f.
Slovenly, ἄκοσμος [ρίς, f. σύφαρ, n.
Slough, (of serpents and insects) λεβη-

Slow, βραδὺς, ὀκνηρὸς, νωθής, βραδύπους
Slowly, adv. βραδέως, σχολαίως, βάδην
Slowness, βραδύτης, f. βράδος, n. σχολαιότης, f. ὄκνος, m.
Sluggish, νωθής, νωθρὸς, ὀκνηρὸς, σχολαῖος, βληχρὸς
Sluggishly, adv. σχολαίως, νωθρῶς
Sluggishness, νωθρότης, f. σχολαιότης, f. ἀργία, f. [n. νυσταγμὸς, m.
Slumber, ὕπνος, m. κοίμημα, n. κῶμα,
Slumber, v. νυστάζω, εὕδω, καθεύδω,
Slur, v. ἐπισύρω [καθυπνόω, βρίζω
Sly, ποικίλος, ποικιλόμητις, κερδαλέος, ἄλωπος, πολύπλοκος, αἱμύλος, δόλιος, ἀπατήλιος : to be sly, ἀλωπεκίζω
Slyness, κερδαλεότης, f.
Small, μικρὸς, ὀλίγος, τυτθὸς
Smallness, μικρότης, f.
Smart, v. δάκνω, ἀλγέω
Smart, ὀξὺς, δριμὺς, θοὸς
Smear, v. χρίω, ἐπιχρίω, ἀλείφω, ἐξαλείφω, καταλείφω, γραίνω
Smell, ὀσμὴ, f. ὀδμὴ, f. (the sense of smell) ὄσφρησις, f. : without smell, ἄοδμος, ἄνοσμος, ἀνώδης
Smell, v. (to have a smell) ὄζω ; (to perceive by smell) ὀσφραίνομαι
Smelling, ὄσφρησις, f. ὄσφρανσις, f.
Smelling, ὀσμήρης, ὀσφραντὸς ; (able to smell) ὀσφραντήριος : sweet-smelling, εὐώδης, εὔοσμος, εὔοδμος : quick-smelling, ὀσφραντικὸς, ὀσφραντήριος
Smelt, v. τήκω
Smile, μείδημα, n. γέλασμα, n.
Smile, v. μειδάω, μειδιάω, ἐπιμειδιάω, γελάω, ὑπογελάω : to smile at, ἐμμειδιάω, προσγελάω [δρὸς
Smiling, εὐμειδής, φιλομμειδής, φαιδρὸς
Smite, v. τύπτω, θείνω, βάλλω, παίω, πατάσσω, πλήσσω, δέρω, κόπτω, κρούω
Smith, χαλκεὺς, m. χαλκοτύπος, m. σιδηρεὺς, m. σιδηρουργὸς, m. : to be a smith, χαλκεύω
Smithy, χαλκεῖον, n. χαλκεών, m. σιδηρεῖον, n.
Smoke, κάπνος, m. ψόλος, m. λιγνὺς, f. αἴθαλος, m.
Smoke, v. (act.) καπνίζω, καπνιάω, τύφω, αἰθαλόω ; (intrans.) τύφομαι, καπνόομαι, ἀτμίζω [αἰθαλόεις
Smoky, καπνώδης, ψολόεις, αἰθαλέος,
Smooth, λεῖος, λισσὸς, λισσὰς, λευρὸς, ὁμαλὸς ; (hairless) ψιλὸς
Smooth, v. λεαίνω, ἐπιλεαίνω, λειόω,
Smoothly, adv. λείως [ξέω, ξύω

Smoothness, λειότης, f. [πνίγω
Smother, v. πνίγω, καταπνίγω, ἀποSmothering, πνῖγος, n. πνῖξις, f. κατάπνιξις, f.
Smoulder, v. σμύχομαι, ὑποσμύχομαι
Smuggle, v. ʹ ἀρʹμπολάω
Smuggler, φώρ, m.
Smut, αἰθάλη, f.
Smutty, αἰθαλόεις, λιγνυώδης
Snail, στρόμβος, m. κοχλίας, m. : small snail, κοχλὶς, f. κοχλίον, n. κοκκάλια, n. pl. : snail-shell, στρόμβος, m.
Snake, ὄφις, m. ἑρπετὸν, n.
Snaky, ὀφιώδης
Snap, (clasp) βάλανος, f.
Snap up, v. ἁρπάζω, ὑφαρπάζω
Snare, πάγη, f. παγὶς, f. ἕρκος, n. ἁρπεδόνη, f. ἐνέδρα, f. λόχος, m. : to lay a snare, λοχάω, ἐφεδρεύω, ἐπιβουλεύω
Snare, v. παγιδεύω, ἐνεδρεύω
Snarl, v. ῥύζω, ῥάζω : to snarl at, ὑλακτέω
Snatch, v. ἁρπάζω, ἀναρπάζω : to snatch away, ἀφαρπάζω, ὑφαρπάζω
Snatcher, ἁρπακτήρ, m. ἁρπακτής, m.
Sneak, v. ἕρπω [τηρισμὸς, m.
Sneer, Sneering, μυκτήρισμα, n. μυκSneer, v. μυκτηρίζω, χλευάζω
Sneerer, μυκτήρ, m. μυκτηριστής, m. χλευαστής, m.
Sneeze, Sneezing, πταρμὸς, m. : causing sneezing, πταρμικὸς [νυμαι
Sneeze, v. πταίρω, ἐπιπταίρω, πτάρSnore, v. ῥέγχω & ῥέγκω, ῥογχάζω
Snoring, ῥόγχος, m. ῥέγκος, m. ῥέγξις, f.
Snort, Snorting, φρύαγμα, n. φυσίαμα, n. φυσίαμα, n. [μυχθίζω, βριμάομαι
Snort, v. φυσάω, ἐκφυσάω, ῥέγχω,
Snout, ῥύγχος, n.
Snow, χίων, m. νιφετὸς, m. νιφὰς, f. : snow-white, χιόνεος, χιονώδης, χιονόχρως
Snow, v. νίφω, κατανίφω, ἐπινίφω
Snowy, νιφόεις, νιφὰς, νιφετώδης, νιφόβολος, χιόνεος, χιονώδης, χιονόβλητος, πολυνιφής, ἀγάννιφος
Snub-nosed, σιμὸς, σιμοπρόσωπος
Snug, κρυφαῖος, λαθραῖος
So, οὕτω, οὕτως, ὡς, ὧδε, ὡδὶ, ταύτῃ, τὼς, τοίως, τοιούτως, ἐκείνως ; (in the same manner) ὡσαύτως, αὕτως : so that, ὥστε, οὕτως : so much, τόσος, τηλικοῦτος : by so much as, τοσούτῳ ὅσῳ : so often, τοσάκις : so long as, μέχρις ἂν, μέχρι τοῦ : by so much the more, τοσούτῳ μᾶλ-

λον : so far, μέχρι τούτου, ἐπὶ τοσοῦτον : so many, τόσος, τοσοῦτος
Soak, v. βρέχω, διαβρέχω, μυδαίνω; intrans. διηθέω : to soak in, ἐμβρέχω
Soap, σμῆμα, n. σμῆγμα, n. ῥύμμα, n.
Soar, v. πέταμαι, μετεωρίζομαι, ἠερέθομαι [ὑπόπτερος
Soaring, ποτανὸς, ὑψιπέτης, μετέωρος,
Sob, Sobbing, λύγξ, f. λυγμὸς, m.
Sob, v. λύζω [be sober, νήφω
Sober, σώφρων, νήφων, νηφάλιος : to
Soberly, adv. σωφρόνως, νηφαλίως
Soberness, Sobriety, σωφροσύνη, f. νῆψις, f. νηφαλιότης, f.
Sociability, κοινότης, f. εὐπροσηγορία, f. φιλοπροσηγορία, f.
Sociable, ὁμιλητικὸς, ὁμίλητος, φιλοπροσήγορος, φιλόφρων, ἑταιρικὸς
Sociably, adv. ἑταιρικῶς, ὁμιλητικῶς, κοινωνικῶς
Social, ἑταιρικὸς, κοινωνικὸς, ὁμιλητικὸς, φιλοπροσήγορος, φιλόφρων
Socially, adv. ἑταιρικῶς, ὁμιλητικῶς
Society, συνουσία, f. ἑταιρεία, f. ὁμιλία, f.
Sock, ποδεῖον, n.
Socket, κοτύλη, f. κοτυληδὼν, f. ἄρθρον, n. στροφεὺς, m. τόρμος, m.
Socrates, Σωκράτης, m.
Sod, βῶλαξ, m. βῶλος, f.
Soda, λίτρον, n.
Sodden, πνικτὸς
Soft, μαλακὸς, μαλθακὸς, μείλιχος, ἁπαλὸς, χαῦνος; (of a bed) βαθύστρωτος; (of the hand) ἄτριπτος
Soften, v. μαλάσσω, μαλθάσσω, μαλακίζω, κατατήκω, ἁπαλύνω, τέγγω, θηλύνω : to be softened, μαλακίζομαι, μαλθακίζομαι
Softening, μάλαξις, f. μάλθαξις, f.
Softly, adv. μαλακῶς, μαλθακῶς, ἠπίως, πράως
Softness, μαλακία, f. μαλθακία, f. μαλακότης, f. ἁπαλότης, f.
Soil, γαῖα, f. γῆ, f. πέδον, n. δάπεδον, n. ἄρουρα, f. οὖδας, n. [ῥυπαίνω
Soil, v. μιαίνω, καταμιαίνω, μολύνω,
Sojourn, v. μετοικέω, ἐπιδημέω
Sojourner, μέτοικος, c.
Sojourning, μετοικία, f. ἐπιδημία, f. ἐπιδήμησις, f.
Solace, παραμύθιον, n. παραμυθία, f. παρηγόρημα, n. παρηγορία, f.
Solace, v. παραμυθέομαι, παρηγορέω
Solar, ἡλιακὸς
Sold, πρατὸς : to be sold, πράσιμος
Solder, κόλλα, f. χρυσοκόλλα, f.
Solder, v. κολλάω, συγκολλάω

Soldier, στρατιώτης, m. πολεμιστὴς, m. μαχητὴς, m. ὁπλοφόρος, m.: light-armed soldier, γυμνὴς, m. πελταστὴς, m. οἱ ψιλοί : heavy-armed soldier, ὁπλίτης, m. : fellow-soldier, συστρατιώτης, m. συναγωνιστὴς, m. : of or belonging to a soldier, στρατιωτικὸς : belonging to a heavy-armed soldier, ὁπλιτικὸς : belonging to a light-armed soldier, πελταστικὸς, γυμνητικὸς : to be a soldier, στρατεύομαι
Soldierlike, Soldierly, στρατιωτικὸς
Soldiery, στράτευμα, n. στρατεία, f.
Sole, μόνος, μοναχὸς [στρατία, f.
Solecism, σολοικισμὸς, m. : to commit a solecism, σολοικίζω
Solely, adv. μόνον
Solemn, σεμνὸς, πανηγυρικὸς
Solemnisation, πανηγυρισμὸς, m. πανήγυρις, f. [πανηγυρίζω
Solemnise, v. (celebrate) ἄγω, ἀνάγω,
Solemnity, σεμνότης, f. πομπὴ, f.
Solemnly, adv. σεμνῶς
Solicit, v. αἰτέω, παραιτέω, ἐξαιτέω, ἀπαιτέω, προμνάομαι
Solicitation, αἴτησις, f. παραίτησις, f.
Solicitous, ἐπιμελὴς, πολυμέριμνος, πολύφροντις, κηδόσυνος
Solicitously, adv. ἐπιμελῶς [φροντὶς, f.
Solicitude, μέριμνα, f. ἐπιμέλεια, f.
Solid, στερεὸς, στερρὸς, στερεοειδὴς
Solidity, στερεότης, f.
Solitary, μόνος, ἔρημος, μονὰς, μοναχὸς, μονώτης, fem. μονῶτις : to be solitary, μονόομαι
Solitude, ἐρημία, f. μόνωσις, f.
Solo, μονῳδία, f. : to sing a solo, μονῳδέω [ἡλίου, f. pl.
Solstice, τροπικὸς κύκλος, m. τροπαὶ
Solubility, τὸ λύσιμον
Soluble, λυτὸς, λύσιμος
Solve, v. λύω, διαλύω, ἀναλύω
Solution, λύσις, f. διάλυσις, f.
Some, τις, neut. τι, ἔνιοι, -αι, -α, ἐστὶν ὃς, neut. ἐστὶν ὃ, εἰσὶν οἳ ἐστὶν οἵ, neut. ἐστὶν ἃ : some . . . others, οἱ μὲν, αἱ μὲν, τὰ μὲν . . . οἱ δὲ, αἱ δὲ, τὰ δὲ
Somebody, Some one, τις, pl. ἔνιοι
Somehow, πη, ἀμωσγέπως, ἀμηγέπη, ἐστὶν ὅπως, ἐστὶν ὅπη : if somehow, εἴ πως : somehow so, ὧδέ πως
Sometime, ποτὲ, ποθὶ
Sometimes, ἐνίοτε, ἐστὶν or ἔσθ' ὅτε : sometimes . . . other times, ἄλλοτε μὲν . . . ἄλλοτε δὲ ; τοτὲ μὲν . . . τοτὲ δὲ ᾧ αὖθις δὲ ; ὅτε μὲν

... ὅτε δὲ ῶ ἄλλοτε δὲ ; ποτὲ μὲν ... ποτὲ δὲ
Somewhat, ὀλίγον
Somewhere, που, ποθί, ἐνιαχοῦ; (some-whither) ποι
Son, υἱὸς, m. παῖς, m. τέκνον, n.
Song, ἀοιδὴ, contr. ᾠδὴ, f. μέλος, n. μολπὴ, f. ἆσμα, n. ὕμνος, m.
Songster, μελῳδὸς, m. μελοποιὸς, m.
Songstress, ἀοιδὸς, f. [ἀοιδὸς, c.
Sonorous, ἠχώδης, ψοφώδης
Soon, αὐτίκα, εὐθὺς, παραυτίκα, αἶψα, ταχὺ, τάχα, ταχέως: as soon as, ἅμα, ἐπειδὰν τάχιστα: as soon as possible, ὡς τάχιστα, ὅττι τάχιστα, ἢ or ὅσον τάχος: as soon as they could, ὡς εἶχον τάχους
Sooner, adv. πρότερον, πάρος; adj. πρότερος, προτεραίτερος
Soot, ἀσβόλη, f. ἄσβολος, f. ψόλος, m. αἴθαλος, m.
Soothe, v. θέλγω, πραΰνω, μειλίσσω ὦ -ομαι. ἰλάσκομαι, καταψήχω, σαίνω, ὑποσαίνω
Soother, θελκτὴρ, m. θέλκτωρ, m.
Soothing, θελκτήριος, ἤπιος, πραΰντικὸς, προσηνής
Soothsayer, μάντις, m. οἰωνοσκόπος, m. οἰωνιστὴς, m. οἰωνοπόλος, m. οἰωνόμαντις, c. χρησμολόγος, m. χρησμῳδὸς, m.
Sooty, αἰθαλόεις, αἰθαλόεις, αἰθάλεος,
Sop, μυστίλη, f. [λιγνυώδης
Sop, v. μυστιλάομαι
Sophism, σόφισμα, n.
Sophist, σοφιστὴς, m.
Sophistical, σοφιστικὸς, ἐριστικὸς
Sophistry, σοφιστεία, f. ἡ σοφιστικὴ: to use sophistry, σοφίζομαι, σοφιστεύω
Soporiferous, Soporific, ὑπνικὸς, καρωτικὸς [φαρμακευτὴς, m.
Sorcerer, φαρμακὸς, c. φαρμακεὺς, m.
Sorceress, φαρμακὸς, f. φαρμακευτρία, f. φαρμακὶς, f.
Sorcery, φαρμακεία, f. φαρμάκευσις, f.
Sordid, ῥυπαρὸς, πιναρὸς, μικρολόγος, γλίσχρος, ἀνελεύθερος: to be sordid, ῥυπαίνομαι
Sordidly, adv. μικρολόγως, ῥυπαρῶς
Sordidness, ῥυπαρία, f. ῥυπαρότης, f. γλισχρότης, f. μικρολογία, f.
Sore, ἕλκος, n. ἕλκωμα, n. ψώρα, f.
Sore, ἑλκώδης; (burdensome, severe) χαλεπὸς, δύσφορος
Sorely, adv. χαλεπῶς, ὀδυνηρῶς: to wound sorely, ἑλκόω
Sorrel, ὀξαλὶς, f.

Sorrow, ἄχος, n. λύπη, f. κῆδος, n. ἀνία, f.
Sorrow, v. ἄχθομαι, ὀλοφύρομαι, ἀνιάομαι, λυπέομαι
Sorrowful, λυπηρὸς, ἀνιαρὸς, στυγνὸς, πενθηρὴς, πενθήμων, πένθιμος, πολυπενθὴς, πολύστονος, πικρὸς
Sorrowless, ἄλυπος
Sorry, (grieved, sorrowful) πένθιμος; (vile, worthless) λυπρὸς, οὐτιδανὸς, φαῦλος: to be sorry, λυπέομαι, ὀδυνάομαι, μεταμέλομαι
Sort, φύσις, f. εἶδος, n. γένος, n.: of the same sort, ὁμοεθνὴς, ὁμοειδὴς, ὁμοιογενὴς: of what sort, οἷος, ὁποῖος: of what sort ? ποῖος ; of all sorts, παντοῖος, παντοδαπὸς
Sort, v. διατίθημι, διατάσσω
Sot, φιλοπότης, m. [δυνάστης, m.
Sovereign, βασιλεὺς, m. τύραννος, m.
Sovereign, adj. μόναρχος, ὕπατος, ὑπέρτατος
Sovereignty, τυραννὶς, f. μοναρχία, f. βασιλεία, f. δυναστεία, f. ἡγεμονία, f. ἀρχὴ, f.
Sought, ζητητὸς: to be sought, ζητητέος: to be sought diligently, σπουδαστέος
Soul, ψυχὴ, f. ψυχάριον, n. θυμὸς, m.: of or belonging to the soul, ψυχικὸς
Sound, φθογγὸς, m. κτύπος, m. ψόφος, m. βρόμος, m. ἠχὴ, f. ἰαχὴ, f. δοῦπος, m. βοὴ, f. καναχὴ, f. κλαγγὴ, f. φωνὴ, f. ἠχὼ, f. αὐδὴ, f. ἀκοὴ, f.
Sound, ὑγιὴς, ἄρτιος, ἄνοσος, ἐξάντης, ὁλόκληρος; (of sleep) νήδυμος: safe and sound, ἀρτεμὴς
Sound, v. ἠχέω, ψοφέω, φθέγγομαι, ἰάχω, κλάζω, κτυπέω, βρέμω, κοναβέω, καναχέω, σμαραγέω, φωνέω, βομβέω: to sound a trumpet, σαλπίζω
Sounding, ἠχήεις, ἠχώδης, κατηχὴς, φωνήεις, βρόμιος, κελάδων: sounding well, εὐηχὴς: loud-sounding, ὑψηχὴς, βαρύφθογγος, βαρύκτυπος, βαρύδουπος, βαρύβρομος
Soundly, adv. ὑγιῶς, κρατερῶς
Soundness, ὑγίεια, f. ὁλότης, m. ὁλοκληρία, f. ἀσφάλεια, f.
Soup, ζωμὸς, m. ζώμευμα, n.
Sour, ὀξὺς, ὀξίνης, στρυφνὸς, αὐστηρὸς: to be sour, ὀξύνομαι
Source, πηγὴ, f. κρουνὸς, m. ἀρχὴ, f.
Sourly, adv. ὀξέως, στρυφνῶς
Sourness, ὀξύτης, f. στρυφνότης, f. αὐστηρότης, f.

South, νότος, m. μεσημβρία, f. τὸ μεσημβρινὸν
South, Southern, νότιος, μεσημβρινὸς
South-east wind, εὖρος, m.
Southernwood, ἀβρότονον, n.
South-south-east wind, εὐρόνοτος, c.
South-south-west wind, λιβόνοτος, m.
South-west wind, λίψ, m.
South wind, νότος, m.
Sow, ὗς, f. σῦς, f. γρομφὰς, f.
Sow, v. σπείρω, καταςπείρω, σπερματόω
Sower, σπορεὺς, m. [sowing, σπόριμος
Sowing, σπορὰ, f. σπόρος, m. : for
Sown, σπαρτὸς, σπορευτὸς : self-sown, αὐτόσπορος, αὐτόματος : to be sown, σπόριμος
Sow-thistle, σόγκος & σόγχος, m.
Space, χώρα, f. χώρημα, n. (vacant space) διάκενον, n. διάλειμμα, n. : plenty of space, εὐρυχωρία, f. : space between, τὸ διάστημα, τὸ μεταξὺ [μεγαλοκενθὴς
Spacious, εὐρὺς, εὐρύχωρος, πλατὺς,
Spaciousness, εὐρυχωρία, f.
Spade, σμινύη, f. δίκελλα, f. μάκελλα, f. μακέλη, f. ἅμη, f. σκαπάνη, f. σκαφεῖον, n.
Span, σπιθαμὴ, f. δοχμὴ, f. : span long, σπιθαμαῖος
Spangle, ποίκιλμα, n.
Spar, κωπεὺς, m. σανὶς, f.
Spar, v. διαπυκτεύω
Spare, v. φείδομαι, περιφείδομαι, ἀνίημι, ἀφίημι, ἀπέχομαι : not to spare, ἀφειδέω [f.
Sparing, φειδὼ, f. φειδωλία, f. φειδωλὴ,
Sparing, φειδωλὸς, εὐτελὴς
Sparingly, adv. φειδωλῶς, φειδομένως, εὐτελῶς, μετρίως : to live sparingly, φείδομαι
Spark, σπινθὴρ, m. σπινθαρὶς, f. σπινθάριγξ or -ριξ, f. φέψαλος, m. φεψάλυξ, m. [στίλβω
Sparkle, v. μαρμαίρω, ἀμαρύσσω,
Sparkling, μαρμαρυγὴ, f. ἀμαργὴ, f. ἀμάρυγμα, n. [μάρεος
Sparkling, στίλβων, στιλπνὸς, μαρ-
Sparrow, στρουθὸς, m. στρουθίον, n. hedge-sparrow, αἴγιθος, m. ὑπολαῖς, f.
Sparta, Σπάρτη, f. Λακεδαίμων, f.
Spartan, a, Σπαρτιάτης, m. -τις, f. Λάκων, m. Λάκαινα, f.
Spartan, Λακεδαιμόνιος, Σπαρτιᾶτις
Spasm, σπασμὸς, m. σπάσμα, n. σπαδὼν, f. σπαραγμὸς, m.
Spasmodic, σπασματώδης
Spawn, σπέρμα, n.

Spawn, v. σπείρω
Speak, v. λέγω, φημὶ, εἶπον, ἐξεῖπον, φράζω, φθέγγομαι, λαλέω, ἀγορεύω, διαλέγομαι, ἀγοράζομαι, ἐρέω, μυθέομαι, αὐδάω, γέγωνα : to speak at great length, μακρολογέω, μακρηγορέω : to speak freely, ἐλευθεροστομέω, ἐξελευθεροστομέω : to speak in public, δημηγορέω
Speaker, ῥήτωρ, m. ἀγορητὴς, m. : public speaker, δημηγόρος, m.
Speaking, λέξις, f. λόγος, m. (at great length) μακρολογία, f. μακρηγορία, f.
Speaking, φωνήεις : good at speaking, ῥητορικὸς, λεκτικὸς
Spear, δόρυ, n. ἔγχος, n. λόγχη, f. αἰχμὴ, f. δοράτιον, n. ξυστὸν, n. : armed with a spear, λογχοφόρος, λογχήρης, αἰχμήεις : taken by the spear, αἰχμάλωτος, δοριάλωτος
Spearman, αἰχμητὴς, m. αἰχμοφόρος, m.
Special, ἴδιος, ἔξοχος, ὑπέροχος
Species, εἶδος, n. ἰδέα, f. γένος, n.
Specific, εἰδικὸς, ἴδιος, εἰδοποιὸς
Specifically, adv. εἰδικῶς
Specify, v. διορίζω, σημαίνω [πεῖρα, f.
Specimen, δεῖγμα, n. ἐπίδειγμα, n.
Specious, εὐπρόσωπος, εὐσχήμων, εὐόφθαλμος
Speciously, adv. εὐσχημόνως
Speck, στίγμα, n. σπίλος, m. σπίλωμα
Speckle, v. στίζω [n. κηλὶς, f.
Speckled, αἰόλος, ποικίλος
Spectacle, θέα, f. θέαμα, n. θεωρία, f. θεώρημα, n. ὅραμα, n. ὄψις, f. ὄμμα, n.
Spectator, θεατὴς, m. θεωρὸς, m. κατόπτης, m.
Spectre, φάσμα, n. φάντασμα, n.
Speculate, v. θεωρέω, σκέπτομαι
Speculation, θεώρημα, n. σκέψις, f. σκέμμα, n. θεώρησις, f.
Speculative, θεωρητικὸς, σκεπτικὸς
Speculatively, adv. θεωρητικῶς, σκεπτικῶς
Speech, λόγος, m. λέξις, f. φωνὴ, f. φράσις, f. μῦθος, m. ῥῆσις, f. φθέγμα, n. ἔπος, n.
Speechless, ἄφωνος, ἄφθογγος, ἔναυδος
Speechlessness, ἀφωνία, f. ἀφασία, f.
Speed, σπουδὴ, f. ταχύτης, f. ὠκύτης, f. : with all speed, πανσυδίᾳ, πανσυδεί, πανσυδίῃ
Speed, v. σπεύδω, σπουδάζω, σκιρτάω
Speedily, adv. τάχα, ταχὺ, ταχέως ; αἶψα, σπουδῇ
Speediness, ὠκύτης, f. ταχύτης, f.
Speedy, ταχὺς, ὠκὺς, σπουδαῖος, θοός

SPE

Spell, φίλτρον, n. ἐπῳδή, f. γοήτευμα, n.
Spend, v. ἀναλίσκω & ἀναλόω. καταναλίσκω, ἀπαναλίσκω, τελέω, δαπανάω, καταδαπανάω; (as time) τρίβω, διατρίβω, διάγω: to spend in or on, (as time) ἐνδιατρίβω, ἐπιδιατρίβω: to spend besides, προσαναλίσκω, προστελέω, ἐπαναλίσκω
Spending, ἀνάλωσις, f. (of time) τριβὴ, f. διατριβὴ, f.
Spendthrift, χρηματοφθορικὸς, ἄσωτος
Sperm, σπέρμα, n.
Sphere, σφαῖρα, f.
Spherical, σφαιροειδὴς, σφαιρικὸς, σφαιρίτης: to make spherical, σφαιρόω, σφαιροποιέω
Sphinx, σφὶγξ, f.
Spice, ἄρωμα, n. θυώματα, n. pl.
Spice, v. ἀρωματίζω
Spicy, ἀρωματώδης
Spider, ἀράχνης, m. ἀράχνη, f. (generally venomous) φαλάγγιον: spider's web, ἀράχνιον, n. ἀράχνη, f.: of or belonging to a spider, ἀραχναῖος
Spike, στύραξ, m. στυράκιον, n. σαυρωτήρ, m. σκόλοψ, m.
Spikenard, νάρδος, f.
Spill, v. ἐκχέω   [ταλασιουργέω
Spin, v. νέω, νήθω, κλώθω; (wool)
Spinal, ῥαχίτης   [νῆτρον, n.
Spindle, ἄτρακτος, c. κλωστήρ, m.
Spine, ῥάχις, f. ἄκανθα, f.
Spinner, κλωστὴς, m. κλωστήρ, m.: spinner of wool, ταλασιουργὸς, c.
Spinning, νῆσις, f. κλῶσις, f. (wool) ταλασιουργία, f. ταλασία, f.: the art of spinning, ἡ νηστικὴ: belonging to spinning, νηστικὸς: belonging to wool-spinning, ταλασιουργικὸς, ταλάσειος
Spinster, παρθένος, f.
Spiral, κοχλιώδης, σπειρώδης: anything spiral or twisted spirally, spiral staircase, κοχλίας, m. κοχλίον, n.
Spire, σπεῖρα, f. σπείρημα, n. ἕλιξ, f.
Spirit, πνεῦμα, n. ψυχὴ, f. (courage) φρόνημα, n. φρόνησις, f. μένος, n.: nobleness of spirit, μεγαλοφροσύνη, f. μεγαλογνωμοσύνη, f.
Spirited, θυμοειδὴς, εὔθυμος, εὔψυχος, μεγαλόφρων, νεανικὸς
Spiritedly, adv. μεγαλοφρόνως
Spiritless, ἄθυμος, ἀκήριος
Spiritual, πνευματικὸς
Spit, ὀβελὸς, m. ὀβελίσκος, m.
Spit, Spit out or up, v. πτύω, ἐκπτύω, ἀποπτύω: to spit upon or at, κατα-

SPO

πτύω, προσπτύω, ἐπιπτύω; (put upon a spit) πείρω, ἀναπείρω
Spite, κότος, m. ἐπιχαιρεκακία, f.
Spiteful, ἔγκοτος, ἐπιχαιρέκακος, κακόνοος, -νους
Spitefulness, κότος, m. ἐγκότησις, f. κακόνοια, f. κακοφροσύνη, f. ἀπέχθεια, f.   [λισμὸς, m.
Spitting, πτύσις, f. πτυσμὸς, m. πτυα-
Spittle, πτύελον, n. πτύσμα, n. σίαλον, n.
Splash, λάταξ, f.
Splash, v. πλατυγίζω
Spleen, σπλὴν, m.
Splendid, λαμπρὸς, ἀγλαὸς, σιγαλόεις, φαεινὸς, εὐπρεπὴς, μεγαλοπρεπὴς, ἁβρὸς, αἰγλήεις, ἐναργὴς, δαψιλὴς: to make splendid, λαμπρύνω: to be splendid, λαμπρύνομαι, στίλβω
Splendidly, adv. εὐπρεπῶς, μεγαλοπρεπῶς, λαμπρῶς, ἀγλαῶς: most splendidly, λαμπρότατα
Splendour, λαμπρότης, f. τὸ λαμπρὸν, εὐπρέπεια, f. ἀγλαΐα, f. αἴγλη, f. ἐπίλαμψις, f. εὐδοξία, f. [σπληνιάω
Splenetic, σπληνικὸς: to be splenetic,
Splint, πλάστιγξ, f. νάρθηξ, m. σχίδη, f.
Splinter, σχίζα, f. σχίδαξ, f. σχίδη, f. σχίδιον, n. σκινδάλαμος, m. ἀγὴ, f.
Splintery, σχιδακώδης
Split, σχισμὴ, f. σχίσμα, n.
Split, σχιστὸς: split into many, πολύσχιστος, πολυσχιδὴς
Split, v. σχίζω, διασχίζω
Splitting, σχίσις, f.
Spoil, σκῦλον, n.; spoils, σκῦλα, n. pl. σκύλευμα, n. λάφυρα, n. pl. ἔναρα, n. pl.
Spoil, v. (injure) φθείρω, διαφθείρω, βλάπτω; (plunder) συλάω, σκυλεύω, ἐναρίζω, ἐξεναρίζω, ἀφαιρέομαι
Spoiler, συλήτωρ, m. συλήτης, m.
Spoke, κνημὶς, f.
Spoken, ῥητὸς, λεκτὸς: that may be spoken, ὀνομαστὸς, φατὸς: that must be spoken, ῥητέος, λεκτέος
Spoliation, ἁρπαγὴ, f. σύλησις, f. σκυλεία, f.
Spondee, σπονδεῖος (πούς), m.
Sponge, σπόγγος, m. σπογγία, f. σπογγίον, n.
Sponge, v. σπογγίζω, περισπογγίζω
Sponginess, σομφότης, f.
Spongy, σπογγώδης, σπογγοειδὴς, σομφὸς, σομφώδης
Sponsor, ἐγγυητὴς, m.   [αὐτόρυτος
Spontaneous, ἑκούσιος, αὐτόματος,
Spontaneously, adv. ἑκουσίως, ἐξ ἑκουσίας, ἑκουσίᾳ, αὐτομάτως

SPO

Spoon, κοχλιάριον, n. τάρακτρον, n. τορύνη, f.
Sport, παιδιά, f. παιγνιά, f. ἄθυρμα, n. παίγμα, n.: to make sport of, ἐντρυφάω, καταμειδιάω, ἐμπαίζω
Sport, v. παίζω, ἐμπαίζω, κουρίζομαι, ἀθύρω: to sport with, προσαθύρω, συμπαίζω, προσπαίζω
Sportive, φιλοπαίγμων, παιγνιώδης
Sportiveness, κουροσύνη, f.   [m.
Sportsman, κυνηγέτης, m. θηρευτής,
Spot, κηλίς, f. σπῖλος, m. σπίλωμα, n. στίγμα, n. φολίς, f.
Spot, v. στίζω, σπιλόω, μιαίνω
Spotless, ἄσπιλος, ἀμίαντος, ἄμωμος
Spotted, στικτός, αἰόλος, κατάστικτος, ποικίλος; (with black) μελανόστικτος
Spouse, σύνευνος, c. σύζυγος, c. σύζυξ, c. συνευνέτης, m. -τις, f.
Spout, σίφων, m.
Spout up or forth, v. βλύω, ἀναβλύζω, ἀνακηκίω, ἀνατρέχω, ἀνασεύομαι, ἀνακοντίζω
Sprain, στρέμμα, n.
Sprain, v. σπάω, στρέφω
Sprat, μαινίς, f. μαινίδιον, n.
Spray, ἄχνα, Ion. ἄχνη, f. ἀφρός, m.
Spread, v. στορέννυμι & στρώννυμι, ἀναπετάννυμι, ἐκπετάννυμι, τείνω, ἐκτείνω; (esp. of a report) σπείρω, διασπείρω, διαδίδωμι, διαθροέω, σκεδάννυμι, κατασκεδάννυμι; intrans. χωρέω, διέρχομαι, διήκω, διαθέω, σκεδάννυμαι; (as fame) διαφέρω: to spread over or upon, ὑπερτείνω, ἐπιπετάννυμι, ἐπισκεδάννυμι: to spread under, ὑποστορέννυμι, ὑποβάλλω: to spread around, ἀμφιχέω, περιτείνω, περιπετάννυμι: to spread on, (as a plaster) ἐπιπάσσω, ὑπαλείφω
Spread, στρωτός: spread on, (as a plaster) ἐπίπαστος   [φυής
Spreading widely, ἀμφιλαφής, εὐρυ-
Sprig, δάχος, f. κλαδίον, n. κλαδίσκος, m.
Sprightliness, φαιδρότης, f. ἱλαρότης, f.
Sprightly, φαιδρός, ἱλαρός, ἐλαφρός
Spring, ἔαρ, contr. ἦρ, n.: of or belonging to spring, ἐαρινός: to pass the spring, ἐαρίζω
Spring, (leap) ἄλμα, n. πήδημα, n.
Spring, (fountain) πηγή, f. κρήνη, f. κρουνός, m. νᾶμα, n.: of or belonging to a spring, κρηναῖος: spring water, κρηναῖον ὕδωρ, n.
Spring, Spring up, v. (leap) πηδάω, ἀναπηδάω, θρώσκω, ἀναθρώσκω, ἄλ-

SQU

λομαι; (start up) ὑπανίσταμαι: (as water) ἀναβλύζω; (as plants) βλαστάνω, ἀναφύομαι: to spring upon, ἐφάλλομαι, ἐπιθρώσκω, παραπηδάω
Springs, a chariot on, αἰώρα, f.
Sprinkle, v. σκεδάννυμι, κατασκεδάννυμι, ῥαίνω, ἐπιρραίνω, πάσσω, καταπάσσω, ἐπιπάσσω, παλύνω
Sprinkled, κατάπαστος, ῥαντός
Sprinkling, ῥαντισμός, m. παλαγμός, m.
Sprout, βλαστός, m. βλάστημα, n. ἔκφυσις, f.
Sprout, v. βλαστάνω, βλαστέω
Sprouting, βλάστησις, f. ἔκφυσις, f.
Spun, κλωστός, νητός
Spur, κέντρον, n. μυώψ, m.: cock's spur, πλῆκτρον, n.
Spur, v. κεντέω, κεντρίζω, νύσσω; (urge on, incite) ἐρεθίζω, ὀτρύνω
Spurious, νόθος, κίβδηλος, παράσημος
Spurn, v. λακτίζω, ἀπολακτίζω, ἀπορρίπτω, ἀτιμάζω, ὀλιγωρέω, πλήσσω
Spurt out, v. ἀνακοντίζω, ἀνακηκίω, βλύζω, ἀναβλύζω, ἀνασεύομαι, ἐκπάλλομαι
Sputter, v. ἀναπτύω
Spy, σκόπος, m. κατάσκοπος, m. ὀπτήρ, m. κατόπτης, m.
Spy, v. κατασκοπέω, σκοπιάζομαι, διασκοπιάομαι, κατοπτεύω
Spying, κατασκοπή, f.
Squabble, νεῖκος, n. κολῳός, m.
Squabble, v. νεικέω
Squadron, ἴλη, f. τάξις, f. τέλος, n.
Squalid, αὐχμηρός, αὐχμώδης, αὐσταλέος: to be squalid, αὐχμέω
Squalidity, αὐχμός, m.
Squall, Squalling, κραυγασμός, m. κλαυθμυρισμός, m. (of wind) καταιγίς, f. μαψαῦραι, f. pl.
Squall, v. κραυγάζω, κλαυθμυρίζω
Squander, v. ἀναλίσκω, καταναλίσκω, ἐκχέω, ἀπόλλυμι, διασπείρω
Squanderer, ἄσωτος, m.
Square, ἰσόπλευρον πλαίσιον, n. πλαίσιον, n. τὸ τετράγωνον
Square, τετράγωνος, ἐγγώνιος; (of numbers) ἰσόπλευρος, τετράγωνος, ἐπίπεδος
Square, v. τετραγωνίζω
Squaring, τετραγωνισμός, m.
Squat, v. κατακλίνομαι
Squeak, v. τρίζω, κρίζω
Squeamish, σικχός, τρυφερός [της, f.
Squeamishness, τρυφή, f. τρυφερό-
Squeeze, v. θλίβω, πιέζω: to squeeze together, συμπιέζω, συνθλίβω: to squeeze out, ἐκπιέζω, ἐκχυλίζω

SQU

Squeezing, πίεσις, f.: squeezing out, ἐκπίεσις, f. ἐκπιεσμός, m. ἔκθλιψις, f.
Squill, σκίλλα, f. σχῖνος, f.
Squint, Squinting, ἰλλός, m. ἴλλωσις, f. στραβισμός, m.
Squint, v. ἰλλαίνω, ἰλλίζω, ἰλλωπίζω, ἴλλω. παραβλέπω, στραβίζω
Squinting, παραβλώψ, ἰλλώδης, στραβός, στρεβλός
Squirrel, σκίουρος, m.
Squirt, σωλήν, m.
Stub, v. κεντέω, οὐτάω, διαπείρω
Stability, μονία, f. βεβαιότης, f. κατάστασις, f. εὐστάθεια, f.
Stable, σταθμός, m. σηκός, m. ἱπποστάσιον, n. ἱππόστασις, f. αὔλιον, n.
Stable, βέβαιος, στάσιμος, εὐσταθής, μόνιμος
Staff, βακτηρία, f. βακτήριον, n. βάκτρον, n. ῥάβδος, f. σκίπων, m. σκῆπτρον, n.
Stag, ἔλαφος, m.: of stags, ἐλάφειος: stag-hunting, ἐλαφηβολία, f.
Stage, σκηνή, f.: of the stage, σκηνικός
Stagger, v. σφάλλομαι
Staggering, παράφορος
Stagnant, στάσιμος, λιμναῖος
Stagnate, v. λιμνάζω
Stagnation, λιμνασία, f.
Stain, κηλίς, f. σπῖλος, m. σπίλωμα, n. μίασμα, n. μολυσμός, m.
Stain, v. μιαίνω, μολύνω, κηλιδόω, σπιλόω, παλάσσω, χραίνω, χρώζω
Stained, σπιλωτός [m.
Stair, βαθμός, m. βαθμίς, f. ἀναβαθμός,
Staircase, κλῖμαξ, f.
Stake, σκόλοψ, m. σταυρός, m. χάραξ, c.
Stale, παλαιός, ἕωλος, σαπρός
Stalk, καυλός, m. καλάμη, f. ἀνθέριξ, m.: with one stalk, μονόκαυλος: with many stalks, πολύκαυλος
Stall, μάνδρα, f. ἔπαυλις, f. σταθμός, m. φάτνη, f. αὔλιον, n.
Stall-fed, σηκίτης [ὀχευτής, m.
Stallion, ὀχεῖον, n. ὀχεῖος ἵππος, m.
Stammer, v. ψελλίζω, βαμβαίνω, βατταρίζω, παφλάζω
Stammering, ψελλότης, f. ψελλισμός,
Stammering, ἰσχνόφωνος [m.
Stamp, (impression) τύπος, m. χαρακτήρ, m. κόμμα, n. (stamping of feet) κόμπος, m.
Stamp, v. (impress) τυπόω, χαράσσω, ἐγχαράσσω, κόπτω; (with the foot) στείβω, κροαίνω
Stand, βωμός, m. (standing-place) σταθμός, m. στάσις, f.
Stand, v. ἵσταμαι, καθίσταμαι: to

STA

make to stand, set, stop, ἵστημι: to stand firmly, ἐρείδομαι, ἔχω; (in battle) ὑπομένω, παραμένω, ὑφίσταμαι: to stand by or near, παρίσταμαι, προσίσταμαι, παραστατέω: to stand off, away, or aloof from, ἀφίσταμαι, ἐξίσταμαι: to stand upon, ἐφίσταμαι, ἐπεμβαίνω, ἐπιβαίνω: to stand up, ἀνίσταμαι, ἐπανίσταμαι, ὑπανίσταμαι: to stand against, ἀνθίσταμαι, ἀντιάω: to stand together, συνίσταμαι
Standard, σημεῖον, n. σημαία, f. (rule, criterion) ὅρος, m.
Standard-bearer, σημειοφόρος
Standing, στάσις, f.: standing aside, ἔκστασις, f.
Standing, στάσιμος, στατός: standing firm or upright, στάδιος, σταδαῖος: standing before, προστατήριος: standing by, adv. παραστάδόν: standing round, περισταδόν
Stanza, στίχος, m.
Star, ἀστήρ, m. ἄστρον, n.: without Starch, ἄμυλον, n. [stars, ἄναστρος
Stare, v. ὀπιπτεύω, ἐμβλέπω, ἀτενίζω
Starling, ψάρ, m. [δης, ἀστρωπός
Starry, ἀστρῷος, ἀστερόεις, ἀστεροειStart, ὁρμή, f. πήδημα, n.
Start, v. (set out) βαίνω, ὁρμάομαι, αἴρω: start up, ὑπανίσταμαι, ἀναπηδάω, ἐκπηδάω: to start aside through fear, παρατρέω
Starting-place, βαλβίς, f. ὕσπληξ, f. ὑσπλαγίς, f. ὁρμητήριον, n. ἀφετηρία, f.
Startle & be startled, v. ἐκπλήσσω, πτήσσω, ταράσσω, ταρβέω, φοβέω & φοβέομαι
Starvation, λιμός, m. λιμοκτονία, f.
Starve, v. λιμοκτονέω, λιμαίνω
Starving, λιμοκτόνος, λιμοθνής
Statary, ἑδραῖος, στάδιος, σταδαῖος
State, πόλις, f. πολιτεία, f. πολίτευμα, n. τὸ κοινόν, τὸ δημόσιον: belonging to the state, πολιτικός
State, (condition) στάσις, f. κατάστασις, f. ἕξις, f.
State, v. λέγω [πεια, f.
Stateliness, σεμνότης, f. μεγαλοπρέStately, σεμνός, μεγαλοπρεπής, ἀγαυρός, ὑψαύχην, κυδρός, τραγικός
Statement, λόγος, m. διήγησις, f.
Statesman, πολιτικός, m.
Statics, ἡ στατική
Station, στάσις, f. σταθμός, m. τάξις, f. φυλακή, f.: naval station, ναυ-

STA

σταθμὸν, *n*. ναυκλήριον, *n*. ὅρμος, *m*. ναύλοχος, *m*.

Station, *v*. τάσσω, τίθημι, χωρίζω, ὑφίστημι: to be stationed, ἱδρύομαι, ὑποκάθημαι: to be stationed opposite, ἀντικάθημαι, ἀντικαθέζομαι

Stationary, στάσιμος, σταδαῖος, ἀπλανής

Statuary, ἀγαλματοποιός, *m*. ἑρμογλυφεύς, *m*. ἀνδριαντοποιός, *m*. πλάστης, *m*.

Statue, ἄγαλμα, *n*. ἀνδριάς, *m*. βρέτας, *n*. εἰκών, *f*. κολοσσὸς, *m*.

Stature, ἡλικία, *f*. μέγεθος, *n*. δέμας, *n*.

Statute, θεσμός, *m*. νομοθέτημα, *n*.

Stay, Staying, μονή, *f*.

Stay, *v*. μένω, ὑπομένω, καταμένω, ἐπιμένω, κατέχομαι; (*act. to hold back, restrain*) κατέχω

Steadfast, ἔμμονος, παράμονος, παραμόνιμος, μόνιμος, βέβαιος, εὐσταθής, ἔμπεδος, ὑποστατικός

Steadfastly, *adv*. ἐμμόνως, βεβαίως, ἐμπέδως, παραμονίμον, συνεστηκότως

Steadfastness, ἐπιμονή, *f*. ἐμμονή, *f*. παρσμονή, *f*. μονιμότης. *f*.

Steadily, *adv* στασίμως, εὐσταθῶς, ἀταράκτως, συντόνως, καθεστηκότως

Steadiness, εὐστάθεια, *f*. τὸ στάσιμον, βεβαιότης, *f*.

Steady, εὐσταθής, στάσιμος, ἀκίνητος, μόνιμος, ἀμετάστατος, ἀτάρακτος, ἀτάραχος, ἰσχυρός, βέβαιος: to be steady, εὐσταθέω

Steak, φλογίς, *f*.

Steal, *v*. κλέπτω, ἐκκλέπτω, ὑφαιρέω, κλωπεύω: to steal underhand, filch, ὑφαιρέω, ὑποκλέπτω: to steal or come over or upon, (*of the feelings, as sorrow*) δύω & δύομαι, ὑποδύομαι, εἰσδύω or -δύνω: to steal in, παρεμπίπτω, παρεισδύομαι: to steal away, escape, ἀφέρπω, διακλέπτομαι: to steal away from another's company, ὑποκλέπτω ἑαυτὸν

Stealer, κλέπτης, *m*.

Stealing, κλοπή, *f*. ὑφαίρεσις, *f*.

Stealth, κλοπή, *f*. κλέμμα, *n*.: by stealth, λάθρῃ, λάθρα, λαθραίως, κλοπῇ, ὑπὸ μάλης: to take by stealth, διακλέπτω, ἐκκλέπτω

Stealthy, *adv*. λαθραῖος, λάθριος, κλωπικός, κλόπιος, κλοπιμαῖος, κλόπιμος

Steam, ἀτμός, *m*. ἀτμίς, *f*.

Steam, *v*. ἀτμίζω, ἀτμιάω

Steaming, ἀτμώδης, ἀτμιδώδης

Steed, ἵππος, *c*. πῶλος, *c*.

STI

Steel, χάλυψ, *m*. χάλυβος, *m*. ἀδάμας, *m*.

Steel, *adj*. χαλυβδικός, χαλυβικός, ἀδαμάντινος

Steelyard, σταθμός, *m*. ζυγόν. *n*.

Steep, κρημνός, *m*. αἶπος, *n*. κατωφέρεια, *f*.

Steep, κρημνώδης, προσάντης, κατάντης, ἐπάντης, ἀπορρώξ, ἀπότομος, ὄρθιος, αἰγίλιψ, πρηνής, κατάκρημνος, παράκρημνος, ἀνωφερὴς

Steep, *v*. φύρω

Steer, μόσχος, *m*.

Steer, *v*. κυβερνάω: to steer towards, κατέχω ἐς, ἐπιπροΐημι

Steering, κυβέρνησις, *f*.

Steersman, κυβερνήτης, *m*. πρυμνήτης, *m*. πηδαλιοῦχος, *m*.

Stem, καυλὸς, *m*. στόλος, *m*.

Stem, *v*. κατέχω, κωλύω

Stench, ὀδμή, *f*. δυσωδία, *f*. βρῶμος, *m*.

Step, βῆμα, *n*. βάσις, *f*. πάτος, *m*. πρόβημα, *n*. ἴχνος, *n*. ἴχνιον, *n*. (*of a stair or ladder*) βαθμίς, *f*. βάθρον, *n*. κλιμακτήρ, *m*.: with steps, κλιμακόεις [τρωός, *m*. μητρυιός, *m*.

Stepfather, πατρυιός, πατρυὸς & παStepmother, μητρυιά, *f*.

Sterile, στεῖρος, στερρός, ἄκαρπος, χέρσος, ἀτρύγετος, δύσβωλος

Sterility, ἀκαρπία, *f*. στείρωσις, *f*.

Stern, πρύμνα & πρύμνη, *f*.

Stern, χαλεπός, σκληρός, ὠμός, ἄγριος, ἀμείλιχος, ἀμείλικτος, δεινός

Sternly, *adv*. χαλεπῶς, ἄγρια, ὑπόδρα

Sternness, χαλεπότης, *f*. δεινότης, *f*. σκληρότης, *f*. φοβερότης, *f*. σκληρουχία, *f*.

Stew, κασώριον, *n*. πορνεῖον, *n*.

Stew, *v*. ἕψω, ἐξέψω, πνίγω, ἀναβράσσω

Steward, ταμίας, *m*. ἐπίτροπος, *m*. ἐπιστάτης, *m*.: to be a steward, ταμιεύω, ἐπιτροπεύω

Stewardship, ταμιεία, *f*.

Stewed, πνικτὸς

Stewing, πνιγμός, *m*. πνῖξις, *f*.

Stick, ῥάβδος, *f*. δοκίς, *f*. βακτηρία, *f*. ξύλον, *n*.: dry sticks, φρύγανον, *n*. κάρφος, *n*.

Stick, *v*. (*act*.) προσμάσσω, πήγνυμι, προσφύω, περιφύω, περιστίζω: (*intrans*.) stick to, προσμάσσομαι, ἔχομαι, προσέχομαι, ἀντέχομαι, περιφύομαι, προσφύομαι, πρόσκειμαι: to stick in, ἐμπήγνυμι

Sticky, γλισχρός, γλοιώδης

Stiff, στερρός, στερεός, σκληρός

Stiffen, *v*. πήγνυμι, σκληρόω, σκλη-

ρύνω, στερεόω; (intrans. to become stiff) πήγνυμαι, ναρκάω
Stiffly, adv. στερρῶς
Stiffnecked, σκληροτράχηλος
Stiffness, στερεότης, f. νάρκη, f.
Stifle, v. πνίγω, σβέννυμι
Stifled, πνικτὸς
Stifling, πνῖξις, f. πνιγμὸς, m. πνῖξ, f.
Stifling, πνιγηρὸς, πνιγώδης: a stifling
Stigma, στίγμα, n. [heat, πνῖγος. n.
Stigmatise, v. στίζω [μῆς
Still, ἥσυχος, ἠρεμαῖος, εὔκηλος, ἀτρε-
Still, v. ἡσυχάζω, ἠρεμίζω, ἱλάσκομαι: to be still, ἠρεμέω, ἠρεμίζομαι, ἀτρεμέω
Still, adv. ἔτι, εἰσέτι [ἀτρέμα, -ας
Still, Stilly, adv. ἠρέμα, ἠρεμαῖα,
Stilling, ἠρέμησις, f.
Stillness, ἡσυχία. f ἠρεμία, f. ἀτρεμία, f. τὸ ἀτρεμὲς
Stimulate, v. ὁρμάω, παρορμάω, παροξύνω, ἐγείρω, κεντρίζω, κινέω, ὀτρύνω, ἐξοτρύνω, ζωπυρέω, ἀναζωπυρέω, θήγω, ἐξάγω, κνίζω
Stimulating, παρορμητικὸς, παροξυντικὸς, κινητικὸς [σις, f.
Stimulation, παρόρμησις, f. κέντρω-
Stimulus, κέντρον, n. παρόρμημα, n.
Sting. κέντρον, n. κέντρημα, n. οἴστρος, m. οἴστρημα, n. ἐγκεντρὶς, f.: having a sting, κεντρωτὸς, ἔγκεντρος
Sting, v. οἰστρέω, κεντέω, κεντρόομαι, κατακεντέω, δάκνω, νύσσω, ὑπονύσσω
Stinginess, φειδὼ, f. φειδωλία, f. γλισχρότης, f. κιμβεία, f. μικρολογία, f. σκνιπότης, f. [μικρολόγος, σκνιπὸς
Stingy, φειδωλὸς, γλίσχρος, ῥυπαρὸς,
Stink, δυσωδία, f. κακωδία, f. ὀδμὴ, f.
Stink, v. ὄζω; (as a goat) τραγίζω, κιναβράω [ὀζώδης
Stinking, δυσώδης, κάκοσμος, κακώδης,
Stint, φθόνος, m. κατοχὴ, f.
Stint, v. φθονέω, ὁρίζω
Stipend, μισθὸς, m. μισθοφορὰ, f.
Stipendiary, μισθωτὸς, μισθοφόρος
Stipulate, v. συντίθεμαι, συντάσσω, συγγράφω
Stipulation, συνθήκη, f. συνθεσία, f. σύνθεσις, f. σύνταξις, f. συνταγὴ, f. συγγραφὴ, f.
Stir, κίνημα, n. κίνησις, f.
Stir, v. κινέω, ἀνακινέω, ὑποκινέω, κυκάω, τυρβάζω, τορύνω, ταράσσω
Stirrer, κινητὴς, m. κινητὴρ, m.
Stirring up, κύκησις, f.
Stitch, v. κασσύω, ῥάπτω, ἀκέομαι
Stock, πυθμὴν, m. ῥίζα, f. πρέμνον, n. φιτρὸς. m. στέλεχος, n.

Stocks, ποδοκάκη, f.
Stoic, Στωϊκὸς
Stolen, κλοπαῖος, κλεμμάδιος
Stomach, γαστὴρ, f. κοιλία, f. νηδὺς, f. στόμαχος, m.
Stomacher, στρόφιον, n. μίτρα, f.
Stone, λίθος, m. λᾶας, m. πέτρος, m. λιθὰς, m. λιθίδιον, n.: a round stone, ὀλοίτροχος, m. (fruit-stone) πυρὴν, m. γίγαρτον, n. κόκκων, m.; (the disease) λίθος, m. λιθίασις, f. λιθίδιον, n.: like stone, λιθυειδὴς, λιθώδης: paved with stone, λιθόστρωτος: built of stone, λιθόδμητος: throwing or pelting with stones, λιθοβόλος, πετροβόλος: to be turned into stone, λιθόομαι: to have the stone, λιθιάω
Stone, of stone, λίθινος, λάϊνος, λαΐνεος; (of fruit) πυρηνώδης
Stone, v. λεύω, καταλεύω, λιθάζω, καταπετρόω, λιθοβολέω
Stone-cutter or mason, λιθοτόμος, m. λιθουργὸς, m. λιθοδόμος, m. λιθολόγος, m.
Stone-quarry, λιθοτομία, f. λατομία, f.
Stoner, λευστὴρ, m. [πετροβολία, f.
Stoning, λευσμὸς, m. λιθοβολία, f.
Stony, λιθώδης, λίθαξ, λάϊνος, λαΐνεος, πετρώδης
Stool, θρᾶνος, m. θρανίδιον, n. δίφρος, c.: three-legged stool, σκόλιθρος, m. σκολύθριον, n.: foot-stool, ὑποπόδιον, n. θρῆνυς, m.
Stoop, v. κύπτω, ἐγκύπτω, ὑποκύπτω, κυπτάζω, κλίνομαι, νεύω: to stoop forwards or over, προσκύπτω, προνεύω [στιγμὴ, f.
Stop, παραγραφὴ, f.: a full stop,
Stop, v. (act.) παύω, ἀναπαύω, ἀποπαύω, κωλύω, ἀποκωλύω, ἔχω, ἴσχω, ἐπέχω, καθίστημι, ἐπιλαμβάνω; (put an end to) ἀναλύω, σβέννυμι, ἀποσβέννυμι: to stop up, ἀποκλείω, ἐμφράσσω, βύω, ἐμβύω: (intrans.) stop, (stay, remain) μένω, ἀναμένω; (desist) παύομαι, ἀποπαύομαι, διαλείπω, ἵσταμαι, ἴσχομαι
Stoppage, Stopping, ἐπίσχεσις, f. ἔμφραξις, f. ἔμφραγμα, n. (ceasing) παῦσις, f. ἀπόπαυσις, f.: stopping up φίμωσις. f.
Storax, στύραξ, f.
Store, θησαυρὸς, m. θησαύρισμα, n. (plenty) ἀφθονία, f. περιουσία, f.: a laying by in store, θησαυρισμὸς, m. ἀπόθεσις, f. [μιεύω
Store, v. θησαυρίζω, ἀποτίθημι, τα-

Storehouse, ταμιείον, n. ἀποθήκη, f. θησαυρός, m. θησαύρισμα, n.
Storing up, ἀπόθεσις, f. θησαυρισμός,
Stork, πελαργός, m. [n.
Storm, θύελλα, f. ἄελλα, f. λαῖλαψ, f. αἰγίς, f. καταιγίς, f. χεῖμα, n. χειμών, m. (especially hail-storm) χάλαζα, f.: to be caught in a storm, χειμάζομαι
Storm, v. (assault) τειχομαχέω, ἀστυδρομέω; (rage) μαίνομαι, ἐκμαίνομαι
Storming, καταπολέμησις, f. τειχομαχία, f.
Stormy, χειμέριος, δυσχείμερος, κυματίας, κυματοειδής, κυματόεις, κυματώδης, δυσήνεμος, λαιλαπώδης, θυελλώδης: to be stormy, κυμαίνω, κυματόομαι, χειμαίνω
Story, μῦθος, m. λόγος, m. ἀπόλογος, m. ἐξήγησις, f. ἀφήγησις, f. ἀφήγημα, n. μυθολογία, f. μυθολόγημα, n.: to tell stories, μυθολογέω: story of a house, σέλμα, n.: upper story, ὑπερῷον, n. διῆρες ὑπερῷον: three stories high, τριώροφος: four stories high, τετρώροφος
Stove, λαμπτήρ, m.
Stout, ἐρρωμένος, εὔρωστος, ἁδρύς, στιβαρός, κρατερός, στιφρός, παχὺς, ἐγκρατὴς
Stout-hearted, κρατερόφρων
Stoutly, adv. κρατερῶς, ἰσχυρῶς, εὐρώστως, στιβαρῶς
Stoutness, εὐρωστία, f. παχύτης, f. στιφρότης, f. κράτος, n. ἀλκή, f.
Straggle, v. ἀποσκεδάννυμαι, ἀποσκίδναμαι, ἀλάομαι [νος
Straggling, διεσπαρμένος, διεσπασμένος
Straight, εὐθύς, ὀρθός, ὄρθιος, ἰθύς, εὐθύωρος, εὐθυφερής, εὐθυντός; adv. εὐθύς, εὐθύ, εὐθέως, ὀρθῶς, ἰθύς, ἰθύ, ἰθέως [ἰθύνω
Straighten, v. εὐθύνω, κατευθύνω,
Straightforward, εὐθύς, εὐθύπορος: see Straight
Straightforward, adv. κατ' εὐθύ, τὴν ἰθεῖαν, ἐκ τῆς ἰθείας, ἀμεταστρεπτεί: to go straightforward, εὐθυπορέω, ἰθύω, ὀρθοβατέω, εὐθυωρέω: going straightforward, εὐθυπορία, f. εὐθυφορία, f. [ἰθύτης, f.
Straightness, εὐθύτης, f. ὀρθότης, f.
Straightway, εὐθύς, παραυτίκα, ἄντικρυς
Strain, v. (stretch, exert) τείνω, συντείνω, ἐντείνομαι, διατείνομαι; (filter) ἠθέω, σακκέω, σακκίζω
Strainer, ἠθμός, m. σάκκος, m.

Straining, (stretching, exerting) τόνος, m. διάτασις, f. (filtering) ἤθισις, f.
Strait, (narrow pass) πορθμός, m. πόρος, m. πύλαι, f. pl. στενωπός, f. στεῖνος, n. (difficulty) στένος, n.
Strait, στενός, στενόχωρος
Straiten, v. στενόω, στενοχωρέω
Straitness, στενότης, f. στενοχωρία, f.
Straits, (difficulty, distress) στεῖνος, n. στένος, n.
Straud, ἀκτή, f. θίς, m.
Strange, (unusual, wonderful) καινός, ἄτοπος, ὑπερφυής, ἔκτοπος, περισσός, ἀλλόκοτος, νέος; (foreign) ἀλλότριος, ἀλλόφυλος, ἀλλοδαπός, ξένος, ἔπηλυς [λοκότως, θαυμασίως, ἀήθως
Strangely, adv. ὑπερφυῶς, καινῶς, ἀλ-
Strangeness, ἀτοπία, f. καινότης, f. ἀλλοτριότης, f.
Stranger, ξένος, m. ἔπηλυς, ἐπηλύτης, m. νέηλυς, ἔποικος, μέτοικος
Strangle, v. ἄγχω, ἀποπνίγω, στραγ-
Strangulation, ἀγχόνη, f. [γαλίζω
Strangury, στραγγουρία, f.: to suffer from strangury, στραγγουριάω
Strap, ἱμάς, m. ῥυτήρ, m. βυρσίνη, f.
Stratagem, στρατήγημα, n. δόλος, m. τέχνη, f. ἀπάτη, f. κλέμμα, n.
Straw, καλάμη, f. κάρφος, n.
Stray, v. πλανάομαι, ἀλάομαι, ὁδοιπλανέω, ἁμαρτάνω
Streak, ῥάβδος, f.
Streaked, ῥαβδωτός
Stream, ῥοή, f. ῥεῖθρον, n. ῥόος, contr. ῥοῦς, m. ῥεῦμα, n. ἀπόρροια, f. νᾶμα, n. λιβάς, f. χεῦμα, n. κρουνός, m. ῥύαξ, m.
Stream, v. ῥέω, χέομαι, προχέομαι
Streamer, παράσημα, n. σημεῖον, n.
Street, ἀγυιά, f. ὁδός, f. ῥύμη, f. λαύρα, f.
Strength, σθένος, n. κράτος, n. ῥώμη, f. ῥῶσις. f. ἰσχύς, f. ἀλκή, f. δύναμις, f. βία, f.
Strengthen, v. ῥώννυμι, ἐπιρρώννυμι, κρατύνω, ἐπισχύω, ἀρθρόω, βεβαιόω
Strengthening, ῥωστήριος
Strenuous, δραστήριος, ἰσχυρός, δεινός, ἐγκρατής, ἐνεργής
Strenuously, adv. ἰσχυρῶς, σπουδαίως
Stress, βία, f.
Stretch, v. τανύω, τείνω, κατατείνω, διατείνω, ἐντείνω: to stretch forth, ὀρέγνυμι & ὀρέγομαι, προτείνω
Stretched, τατός
Stretching, διάτασις, f. ἔκτασις, f. ἔντασις, f. τάνυσ.ς, f.
Strew, v. στορέννυμι & στρώννυμι, χέω, πάσσω: to strew upon, ἐπιστορέν-

νυμι, ἐπιπάσσω : to strew under, ὑποστορέννυμι, ὑποπάσσω

Strewed, στρωτός [σκεθρὸς

Strict, ἀκριβής, χαλεπός, σύντονος,

Strictly, adv. ἀκριβῶς, συντόνως

Strictness, ἀκρίβεια, f.

Stride, ὄρεγμα, n. : taking long strides, μακροβάμων [ὀρέγνυμα.

Stride, v. βιβάω, διαβαίνω, ὀρέγομαι d·

Strife, ἔρις, f. νεῖκος, n.

Strike, v. τύπτω, παίω, πατάσσω, πλήσσω, καταπλήσσω, κρούω, κροτέω, θείνω, κόπτω, βάλλω, προσβάλλω ; (with a stick) ῥαπίζω : to strike against, προσκόπτω, προσπταίω, προσεμβάλλω : to strike down, καταβάλλω, ὑποτύπτω

Striking, κροῦσις, f. : striking against, ἐπίκρουσις, f.

String, χορδή, f. νευρά, f. νεῦρον, n. μήρινθος, f : having many strings, πολύχορδος

String, v. (of a bow) τανύω, ἐρύομαι ; (as beads) συνείρω, ῥάπτω

Stringent, σύντονος

Stringing, (of a bow) τανυστὺς, f.

Strip, v. ἀποδύω, ἐκδύω, -δύνω, γυμνόω, ἀπογυμνόω, ψιλόω, περισπάω ; (rob, as an enemy) συλάω : to strip off, περιαιρέω [(streak) ῥάβδος, f.

Stripe, (blow) πληγή, f. ῥάπισμα, n.

Striped, ῥαβδωτός

Stripling, μειράκιον, n. μειρακίσκος, m. νεανίσκος, m. νεανίας, m.

Strive, v. ἀγωνίζομαι, ἀγωνιάω, διατείνομαι, ἐπεντείνω, ἐρείδομαι, διαπονέω, μάρναμαι, ἰθύω : to strive for, σπεύδω (ἀς), σπουδάζω, ἐπιτείνομαι : to strive against, ἀνθίσταμαι, ἀντερείδω, ἀντιπαλαίω

Striving against, ἀντέρεισις, f.

Stroke, πληγή, f. πλῆγμα, n. πλῆξις, f. ῥάπισμα, n. κροῦμα, n. (in writing) γραμμή, f. (as of a clock) κτύπος, m. κρότος, m. [καταρέζω

Stroke, v. καταψάω, ψηλαφάω, ἐπαφάω,

Stroll, v. πλανάομαι, πλάζομαι, περι-

Stroller, πλάνης, m. [νοστέω

Strong, ἰσχυρός, ἐρρωμένος, εὔρωστος, καρτερός or κρατερός, ἐγκρατής. ῥωμαλέος, εὐσθενής, δυνατός ; (of things) εὐπαγής, εὔπηκτος, πυκινός, στερίφος ; (of a fortified place) ἐρυμνός, ἐχυρός ; (of smell) βαρύς ; (of wine) μαινόμενος : very strong, ὑπερίσχυρος : to be strong, ἰσχύω, ῥώννυμαι, ῥωμαλέομαι, εὐσωματέω, σθένω, εὐσθενέω

Stronghold, ἔρυμα, n. ἔχυρον, n.

Strongly, adv. κρατερῶς, ἐγκρατῶς, ἐρρωμένως, εὐρώστως ; (of places) ἐχυρῶς [f. δομή, f.

Structure, οἰκοδόμημα, n. οἰκοδόμησις,

Struggle, ἅμιλλα, f. πάλαισμα, n. ἄθλημα, n. συμπλοκή, f. : without a struggle, ἀσφάδαστος

Struggle, v. ἀγωνίζομαι. διαμάχομαι, ἁμιλλάομαι, ἀθλέω, ἀσπαίρω : to struggle against, ἀνταγωνίζομαι, παλαίω, ἀντιπαλαίω

Strung together, ῥαπτός

Strut, v. σοβέω, διαβάσκω, ὑπτιάζω

Stubble, καλάμη, f.

Stubborn, αὐθάδης, σκληρός, δύστροπος, ἀδαμάντινος, δύσπειστος

Stubbornly, adv. αὐθαδῶς, ἀδαμαντίνως

Stubbornness, αὐθάδεια, f. δυστροπία, f.

Stucco, κονίαμα, n.

Stud, ἧλος, m. (of horses) ἵππος, f.

Student, μαθητής, m. φιλόσοφος, m.

Studious, φιλομαθής ; (careful about) ἐπιμελής, σπουδαῖος

Studiously, adv. ἐπιμελῶς, σπουδαίως, συντόνως, ἐπιτηδές

Study, Studiousness, ἐπιτήδευσις, f. ἐπιμέλεια, f. φροντίς, f. διατριβή, f. (literary study) φιλοσοφία, f. (object of study) ἐπιτήδευμα, n. ἐπιμέλημα, n. (room for study) φροντιστήριον, n.

Study, v. (be careful about) σπεύδω, μελετάω, ἐπιμελέομαι, φροντίζω, ἐπιτηδεύω ; (in a literary sense) φιλοσοφέω

Stuff, v. πληρόω, ἀναπληρόω, ὑπερπληρόω, ἀναμεστίω, σάττω [n.

Stuffing, στοιβή, f. (force-meat) θρίον,

Stumble, Stumbling, σφάλμα, n. πταῖσμα, n. πρόσπταισμα, n. περισφάλισις, f.

Stumble, v. πταίω, σφάλλομαι : stumble against, προσκρούω, προσπταίω, προσκόπτω, περισφάλλομαι [n.

Stump, τομή, f. κορμός, m. στέλεχος,

Stumpy, στελεχώδης

Stun, v. (astound) ἐκπλήσσω, ταράσσω, συνταράσσω, ἀναταράσσω

Stunted, κολοβός

Stupefaction, ἔκπληξις, f. θάμβος, n.

Stupendous, θαυμάσιος, ἀθέσφατος

Stupid, σκαιός, ἀμαθής, ἀσύνετος, φαῦλος, κωφός, μωρός, νωθής, ἀβέλτερος, ἀπόπληκτος, ἀναίσθητος, ἀφυής, βλάξ, βλακικός. ἄνοος : to be stupid, βλακεύω, ἀμαθαίνω, μακκοάω, ὑπνέω

Stupidity, ἄνοια, f. ἄγνοια, f. ἀγνω-

μοσύνη, f. ἀμαθία, f. ἀσυνεσία, f. σκαιότης, f. βλακεία, f. ἀβελτερία, f. κωφότης, f.
Stupidly, adv. ἀναισθήτως, τετυφωμένως
Stupify, v. τύφω, ἐκπλήσσω, μωραίνω
Stupor, ἀναισθησία, f. ἔκπληξις, f.
Sturdy, κρατερὸς, ἰσχυρὸς, εὔρωστος, ἐρρωμένος, στιπτὸς, ἐγκρατὴς
Sturgeon, ἔλλοψ, f.
Stutter, v. βατταρίζω, ψελλίζω
Sty, συφεὸς, m. χοιροκομεῖον, n.
Stygian, Στύγιος
Style, στῦλος, m. γραφὶς, f. (of speaking, &c.) λέξις, f.
Styx, the, Στὺξ, f. [f.
Suavity, (mildness) ἡδονὴ, f. μειλιχία,
Subdivide, v. ὑποδιαιρέω, κατακερμα-
Subdivision, ὑποδιαίρεσις, f. [τίζω
Subdue, v. δαμάω, δαμάζω, νικάω, ὑποχειρόω
Subduer, δμητὴρ, m. δμήτειρα, f. δαμαντὴρ, m. δαμάλης, m.
Subject, θέμα, n. ὑπόθεσις, f. ὑποβολὴ, f. τὸ ὑποκείμενον
Subject, v. ὑποτίθημι, ὑποβάλλω, καταδουλόω
Subject to, ὑποχείριος, ὑπήκοος, κατήκοος, κάτοχος, ὕποχος : to be subject to, ὑπόκειμαι, ἐνέχομαι
Subjection, ὑπόταξις, f. ὑποταγὴ, f.
Subjects, οἱ ὑποτεταγμένοι
Subjoin, v. ἐπιβάλλω, ἐπιλέγω, παραφθέγγομαι, παρατίθημι
Subjugate, v. καταστρέφομαι, παρίσταμαι, ὑποζεύγνυμι, ὑποχειρόω, δαμάω, νικάω [f.
Subjugation, καταστροφὴ, f. ὑπόζευξις,
Subjunctive mood, ὁ ὑποτακτικός
Sublime, ὑψηλὸς, μετέωρος, ὑψίπους, μετάρσιος, ἄκρος
Sublimity, ὕψος, n. ὑψηλότης, f.
Submerge, v. ποντίζω, καταποντίζω, καταδύω
Submersion, καταποντισμὸς, m.
Submission, ὕπειξις, f. ὑπόταξις, f. πειθαρχία, f. ὑπόπτωσις, f. χειροήθεια, f.
Submissive, ὑπομενητικὸς, πειθήνιος, θεραπευτικὸς, χειροήθης, ὑφειμένος, ὑπείκων, ὑπήκοος
Submissively, adv. ὑφειμένως, ταπεινῶς, ὑποπεπτωκότως
Submit, v. (act.) ὑφίημι, ὑφίστημι: to be submitted to, ὑπόκειμαι; intrans. (to yield) εἴκω, ὑπείκω, ὑφίεμαι, προσίεμαι, ὑφίσταμαι, ὑπακούω, ἐπιβάλλομαι

Subordinate, ὑπηρετικὸς, ὑποτεταγμένος, πάρεργος; (to another) ὑπάλληλος: a subordinate, ὑπηρέτης, m.
Subordination, ὑποταγὴ, f.
Suborn, v. ὑφίημι, ὑποπέμπω, κατασκευάζομαι
Subornation, κατασκευὴ, f.
Suborned, ἐγκάθετος, κατεσκευασμένος
Subscribe, v. ὑπογράφομαι, ὑποσημαίνομαι, συγκατατίθημι
Subscription, ὑπογραφὴ, f. (collection) συλλογὴ, f.
Subsequent, ὕστερος, ἐπιγιγνόμενος
Subsequently, adv. ὕστερον, ἔπειτα
Subservient, ὑπηρετικὸς: to be subservient to, ὑπηρετέω [ὑφίεμαι
Subside, v. ὑπονοστέω, ὑποκαθίζω,
Subsidiary, ἐπίκουρος, ἐπικουρικὸς: subsidiary troops, τὸ ἐπικουρικὸν, ἐπίκουροι, m. pl. ἐπικουρία, f.
Subsidy, δασμὸς, m.
Subsist, v. ὑφίσταμαι, μένω, ἀντέχω
Subsistence, ζωὴ, f. βίος, m. βίοτος, m. τροφὴ, f.
Substance, οὐσία, f. ὑπόστασις, f.
Substantial, οὐσιώδης, σωματώδης
Substantially, adv. οὐσιωδῶς
Substantiate, v. οὐσιόω, διασαφέω
Substitute, ὑπάλλαγμα, n.
Substitute, v. ὑπαλλάσσω, ὑφίσταμαι, ὑποβάλλω, ὑποκαθίστημι, ἀντικαθίστημι, ἀντεισάγω, ἀνθαιρέομαι; (in writing) ἀντεγγράφω, ἀντεπιγράφω [στατος
Substituted, ὑποβολιμαῖος, ὑποκατάστατος
Substitution, ὑποβολὴ, f. ὑπαλλαγὴ, f. ὑποκατάστασις, f.
Subterfuge, τέχνη, f. παρεύρεσις, f.
Subterranean, καταχθόνιος, κατάγειος, ὑπόγειος, ὑποχθόνιος, ὑπόνομος: subterranean canal, ὑπόνομος, m. ὑπονομὴ, f. ὑπόγαιον ὄρυγμα, n.
Subtle, ποικίλος, λεπτὸς, λεπτολόγος, ἀγχίνοος, ἀγκυλομήτης, αἰολομήτης, πανοῦργος, δολόφρων, παλίντροπος: to be subtle, σοφίζομαι, ποικίλλω, λεπτουργέω
Subtlety, λεπτότης, f. ἀγχίνοια, f. πανουργία, f. ποικιλία, f. δολοφροσύνη, f.
Subtly, adv. λεπτῶς, ποικίλως, σεσοφισμένως: to speak subtly, λεπτολογέω [αἱρέω, ὑπάγω
Subtract, v. ὑφαιρέω, ἀφαιρέω, περιSubtraction, ἀφαίρεσις, f. ὑφαίρεσις, f.
Subversion, ἀνατροπὴ, f. κατάλυσις, f. καθαίρεσις, f.

Subversive, ἀνατρεπτικὸς, καθαιρετικὸς
Subvert, v. ἀνατρέπω, καθαιρέω, καταβάλλω
Suburb, προάστειον, n. προάστιον, n.
Suburban, προάστειος
Succeed, v. (follow next) δέχομαι, διαδέχομαι, ἐπιγίγνομαι, ὑπολαμβάνω, ὑφίσταμαι; (be successful) τυγχάνω, εὐτυχέω, ἐπιτυγχάνω, κατορθόω, κατέχω, τελέω
Succeeding, διάδοχος
Success, εὐπραξία, f. εὐτυχία, f. εὐτύχημα, n. εὐπραγία, f.: ill success, ἀτυχία, f. ἀτύχημα, n. ἀποτυχία, f. ἀπραξία, f.
Successful, εὐτυχὴς, ἐπιτυχὴς, εὔποτμος, εὔροος: to be successful, εὐτυχέω
Successfully, adv. εὐτυχῶς, ἐπιτυχῶς, δεξιῶς
Succession. διαδοχὴ, f. ἀναδοχὴ, f.
Successive, ἐκδεκτικὴς, διάδοχος
Successively, adv. ἐκ διαδοχῆς, ἑξῆς, ἐφεξῆς [ὁ ἐπιὼν
Successor, διάδοχος, διαδέκτωρ, m.
Succinct, σύντομος
Succinctly, adv. συντόμως [γῆ, f.
Succour, βοήθεια, f. ἐπικουρία, f. ἀρωγὴ
Succour, v. βοηθέω, ἐπικουρέω, συλλαμβάνω, ἀμύνω, ἀρήγω [χυλος
Succulent, διάχυλος, ἔγχυλος, πολύ-
Succumb, v. εἴκω, ὑπείκω, ἡσσάομαι, ὑποκατακλίνομαι
Such, τοιοῦτος, τοῖος, τοιόσδε; adv. τοῖον, τοίως, τοιούτως; (so great) τόσος, τοσόσδε, τοσοῦτος: such as, τοῖος ὁποῖος, τοῖος οἷος
Suck, v. θηλάζω, θάομαι: to suck out, ἐξαμέλγω, ἱμάομαι, ἐκθηλάζω, ἐκμυζάω: to suck up, (as a whirlpool) ἀναρροιβδέω, ἀναρροφέω
Sucker, βλαστὸς, m. βλάστημος, m. βλάστη, f. βλάστημα, n. παραφυὰς, f. παράφυσις, f. μόσχος, m. μοσχίδιον, n.
Sucking, θηλασμὸς, m.
Sucking, γαλαθηνὸς, ἐπιμάστιος, ἐπι·
Sucking pig, δελφάκιον, n. [τίτθιος
Suckle, v. θηλάζω [πίναιος
Sudden, αἰφνίδιος, ἐξαιφνίδιος, ἐξαὶ
Suddenly, adv. ἐξαίφνης, ἐξαπιναίως, ἐξαπίνης, ἄφνω, ἐξ ὑπογυίου
Suddenness, τὸ αἰφνίδιον, ἐπιδρομὴ, f.
Sudorific, ἱδρωτικὸς
Sue, v. (at law) προσκαλέομαι, ἐγκαλέω; (entreat) εὔχομαι
Suet, στέαρ, n.
Suffer, v. πάσχω; (undergo) τλάω,

μοχθέω, κακοπαθέω; (endure, allow) ἀνέχομαι, ἐάω: to suffer pain, ἀλγέω
Sufferance, ὑπομονὴ, f.
Suffering, πάθος, n. πάθημα, n. πάθη, f. ταλαιπωρία, f. κακοπάθεια, f. (the act of suffering), πάθησις, f.
Suffice, v. ἀρκέω, ἐξαρκέω, ἀπαρκέω, ἀποχράω: it suffices, ἀπόχρη, κατάχρη, ἀρκεῖ, ἀπαρκεῖ, ἀρκούντως ἔχει
Sufficiency, αὐτάρκεια, f. ἱκανότης, f.
Sufficient, ἱκανὸς (with πρὸς, inf. or dat.), αὐταρκὴς, διαρκὴς, ἐξαρκὴς, ἄρκιος, ἀξιόχρεως
Sufficiently, adv. ἀποχρώντως, ἱκανῶς, ἀρκούντως, ἅλις, ἐξαρκούντως
Suffocate, v. πνίγω, ἀποπνίγω
Suffocating, πνιγηρὸς, πνιγώδης
Suffocation, πνῖγος, n. πνιγμὸς, m. πνῖγμα, n. πνὶξ, f. πνῖξις, f.
Suffrage, ψῆφος, n. χειροτονία, f.
Suffuse, v. ὑποχέω
Suffusion, ὑπόχυσις, f.
Sugar, σάκχαρ, n. σάκχαρον, n.
Suggest, v. ὑποβάλλω, ἐμβάλλω, ὑποτίθημι, ὑποτείνω, ὑπάγομαι, ὑπομιμνήσκω
Suggesting, ὑποβολὴ, f.
Suggestion, ὑποθήκη, f. ὑποθημοσύνη, f. ὑποβολὴ, f.
Suicidally, adv. αὐτοφόνως, αὐτοκτόνως
Suicide, αὐτοχειρία, f.: a suicide, αὐτοφόντης, m. αὐτόχειρ, αὐθέντης, m.
Suit, (at law) δίκη, f. ἀγὼν, m.
Suit, v. ἁρμόζω, προσαρμόζω, ἐναρμόζω
Suitable, ἐπιτήδειος, οἰκεῖος, ἁρμόδιος, πρόσφορος, ἄρτιος, ἐπιεικὴς, εὐπρεπὴς, ἀκόλουθος, συνηθὴς, ἱκανὸς
Suitableness, ἐπιτηδειότης, f. ἱκανότης, f.
Suitably, adv. ἐπιτηδείως, προσηκόντως, εὐπρεπῶς, ἐμμελῶς
Suitor, μνηστὴρ, m.
Sullen, σκυθρωπὸς, σκυθρὸς: to look sullen, σκυθρωπάζω
Sullenly, adv. σκυθρωπῶς
Sullenness, σκυθρωπότης, f. σκυθρωπασμὸς, m.
Sully, v. μολύνω, μιαίνω, μορύσσω
Sulphur, θεῖον, n.
Sulphureous, θειώδης [m.
Sultriness, καῦμα, n. αἶθος, n. καύσων,
Sultry, θερμὸς, καυματώδης, καυσώδης
Sum, ἀριθμὸς, m.: sum total, τὸ κεφάλαιον, ἡ. κορυφὴ, f.
Sum up, v. κεφαλαιόω, συγκεφαλαιόω.

ἀναλογίζομαι, ἐν κεφαλαίῳ εἰπον, ὑπομνάομαι
Sumach-tree, ῥοῦς, c.
Summarily, adv. συντόμως
Summary, ἐπιτομὴ, f.
Summary, σύντομος, βραχυλόγος
Summer, θέρος, n. θερεία, f.: of summer, θερινὸς : to pass the summer, θερίζω
Summing up, συγκεφαλαίωσις, f.
Summit, κορυφὴ, f. ἄκρον, n. ἄκρα, f. ἀκρώρεια, f. λόφος, m. [καλέομαι
Summon, v. καλέω, παρακαλέω, προσ-
Summoned, κλητὸς, σύγκλητος, ἐπί-
Summoner, κλητὴρ, m. [κλητος
Summoning, Summons, κλῆσις, f. παράκλησις, f. μετάπεμψις, f.
Sumptuous, δαπανηρὸς, δαψιλὴς, πολυδάπανος, πολυτελὴς
Sumptuously, adv. δαπανηρῶς, δαψιλῶς
Sumptuousness, δαπάνη, f. δαψίλεια, f.
Sun, ἥλιος, m. ἠλέκτωρ, m. ὑπερίων, m. Φοῖβος, m.: warmth of the sun, εἵλησις, f. εἵλη, f.: to be in the sun, ἡλιόομαι : to bask in the sun, ἡλιάζω [Λαὶ, f. pl.
Sunbeams, αὐγαὶ, f. pl. ἡλίου Βο-
Sunburnt, ἡλιόκαυστος, ἡλιοκαὴς
Sundial, ὡρολόγιον, n. : the gnomon of the sundial, or its shadow, στοιχεῖον, n.
Sundry, παντοδαπὸς
Sunken, βύθιος
Sunless, ἀνήλιος, δυσήλιος
Sunlight, αἴγλη, f.
Sunny, εὐήλιος, προσήλιος
Sunset, δυσμὴ, f. ἡλίου δυσμὴ, f.
Sunshiny, ἡλιοφανὴς [δορπέω
Sup, v. ῥοφέω ; (eat supper) δειπνέω,
Superabound, v. περισσεύω, ὑπερπλεονάζω
Superabundance, πολυπληθία, f. ὑπεροχὴ, f. περισσότης, f. περισσεία, f.
Superabundant, περισσὸς, ὑπερπληθὴς : to be superabundant, περισσεύω
Superabundantly, adv. περισσῶς, περισσὰ
Superannuated, ἔξωρος
Superb, μεγαλοπρεπὴς, μεγαλοσχήμων
Superbly, adv. μεγαλοπρεπῶς
Supercilious, ὑπεροπτικὸς, ὑπέροφρυς, ὑπέραυχος, ὑπέρφρων, καταφρονητικὸς [καταφρονητικῶς
Superciliously, adv. ὑπεροπτικῶς,
Superciliousness, ὑπεροψία, f.
Supereminence, ἐξοχὴ, f. ὑπεροχὴ, f.
Supereminent, ἔξοχος, ὑπέροχος
Superficial, ἐπιπόλαιος, τυπώδης

Superfine, ὑπέρλεπτος
Superfluity, περιοισία, f. περισσότης, f. περισσεία, f. πλεονασμὸς, m.
Superfluous, περισσὸς, περίεργος, πάρεργος : to be superfluous, περισσεύω
Superfluously, adv περισσῶς
Superhuman, ὑπερφυὴς
Superinduce, v. ἐπεισάγω
Superintend, v. ἐφίσταμαι, ἐφοράω, ἐπιστατέω, ἐπισκοπέω, ἐποπτεύω, ἐπιμελέομαι [μέλεια, f.
Superintendence, ἐπιστασία, f. ἐπι-
Superintendent, ἐπιστάτης, m. ἐπιμελητὴς, m. ἐπόπτης, m.
Superior, Superior to, ὑπέρτερος, ὑπέροχος, κρείσσων, καθυπέρτερος, πρότερος : to be superior or superior to, περίειμι, προέχω, ὑπερέχω, ὑπερβάλλω, πλεονεκτέω, περιγίγνομαι
Superiority, πλεονεξία, f. περιουσία, f. ὑπεροχὴ, f. ὑπερβολὴ, f.
Superlative, ὑπέρτατος, ἔξοχος, ὑπέροχος
Superlatively, adv. ἔξοχον, ἔξοχα
Supernatural, ὑπερφυὴς
Supernaturally, adv. ὑπερφυῶς
Supernumerary, ὑπεράριθμος
Superscribe, v. ἐπιγράφω [γραφὴ, f.
Superscription, ἐπίγραμμα, n. ἐπι-
Superstition, δεισιδαιμονία, f.
Superstitious, δεισιδαίμων
Superstitiously, adv. δεισιδαιμόνως
Supervene, v. προσεπιγίγνομαι
Supervise, v. ἐποπτεύω, ἐπισκοπέω
Supine, ὕπτιος, ἀπρόθυμος
Supinely, adv. ἀπροθύμως
Supper, δόρπον, n. δεῖπνον, n. : after supper, μεταδόρπιος
Supperless, ἄδειπνος
Supper-time, δορπηστὸς, m.
Supping up, ῥόφησις, f.
Supplant, v. ὑποσκελίζω
Supple, ὑγρὸς, γναμπτὸς, χαλαρὸς
Supplement, προσθήκη, f. πρόσθεμα, n.
Supplementary, πρόσθετος
Suppleness, ὑγρότης, f.
Suppliant, ἱκέτης, m. ἱκέτις, f. [τήριος
Suppliant, Supplicant, ἱκέσιος, ἱκε-
Supplicate, v. ἱκετεύω, λιτανεύω, ἱκνέομαι, λίσσομαι
Supplication, ἱκετεία, f. ἱκέτευμα, n. ἱκεσία, f. προστροπὴ, f.
Supplies, τὰ ἐπιτήδεια, παραπομπὴ, f.
Supply, παροχὴ, f. πλήρωμα, n. ἐπάρκεια, f. χορηγία, f.
Supply, v. πορίζω, παρέχω, ἐπαρκέω,

εὐπορέω, διακονέω, πορσύνω, χορηγέω
Support, (maintenance) τροφή, f.
Support, n. ἔρεισμα, n. ἔχμα, n. στήριγξ, f. ἵδρυμα, n.
Support, v. ἔχω, ἀνέχω, ὑπομένω, ἐρείδω, ὑπερείδω, βαστάζω; (feed, maintain) τρέφω, διατρέφω
Supportable, ἄνεκτος, τλητός, φερτός
Suppose, v. οἴομαι, νομίζω, ὑπολαμβάνω, ἡγέομαι, λογίζομαι, συννοέω
Supposition, ὑπόθεσις, f. ὑπόλημμα, n. ὑποδοχή, f. ὑπόνοια, f.
Supposititious, ὑποβολιμαῖος
Suppress, v. ὑποστέλλομαι, καταστέλλω, ἀφανίζω, ἀποκρύπτω, κλέπτω, ἐπιλανθάνομαι
Suppression, ἀφάνισις, f. ἀπόκρυψις, f.
Suppurate, v. διαπυέω, ὑποπυΐσκομαι
Suppuration, διαπύησις, f. (a suppuration) διαπύημα, n.: causing suppuration, διαπυητικός: to cause suppuration, διαπυΐσκω
Supremacy, πρωτεῖον, n. πρωτεία, f. ἡγεμονία, f. ἀρχή, f.
Supreme, ὕπατος, ὑπέρτατος
Surcharge, v. ὑπεργεμίζω
Sure, βέβαιος, πιστός, ἀσφαλής
Surely, adv. δῆτα, ἦ, ἀμελεί, ἀληθῶς, ἀσφαλῶς
Surety, (certainty) βεβαιότης, f. ἀσφάλεια, f. (a surety) ἐγγυητής, m. ἔγγυος: to give surety, ἐγγυάομαι
Surf, ῥόθιον, n.
Surface, ἐπιπολή, f. τὸ ἐπιπολῆς, ἐπιφάνεια, f.: on the surface, ἐπιπόλαιος: adv. ἐπιπολῆς: to lie on the surface, ἐπιπολάζω: lying on or rising to the surface, ἐπιπόλασις, f. ἐπιπολασμός, m. [feit) κραιπάλη, f.
Surfeit, πλησμονή, f. (drunken surfeit)
Surge, κλύδων, m. ζάλη, f. ῥόθιον, n.
Surgeon, χειρουργός, m. ἰατρός, m. ἰατήρ, m.: of or belonging to a surgeon, χειρουργικός, ἰατρικός
Surgery, ἡ χειρουργική, χειρουργία, f. ἡ ἰατρική, ἰατρεία, f. ἰάτρευσις, f. (a surgery) ἰατρεῖον, n.
Surgical, χειρουργικός
Surliness, χαλεπότης, f. τραχύτης, f.
Surly, στυγνός, χαλεπός, τραχὺς
Surmise, ὑποψία, f. ὑπόνοια, f.
Surmise, v. ὑποπτεύω, ὑπονοέω, ὑπολαμβάνω, καταδοξάζω, ὑπείδομαι, ὑποσκέπτομαι, ὑφοράομαι
Surmount, v. ὑπερβάλλω, ὑπεραίρω
Surname, ἐπωνυμία, f. ἐπίκλησις, f.
Surname, v. ἐπονομάζω, ἐπικαλέω

Surnamed, ἐπώνυμος
Surpass, v. περίειμι, ὑπερβάλλω, ὑπερβαίνω, ὑπερέχω, ὑπερφέρω, ὑπερτείνω, ὑπερπηδάω, περιέχω, κρατέω, νικάω
Surplus, τὸ περισσὸν, τὰ περισσεύοντα
Surplus, περιὼν [τα, τὰ περιόντα
Surprise, (amazement) κατάπληξις, f. ἐμπληξία, f.
Surprise, v. (take unawares) ἐπέρχομαι, συσκευάζομαι; (astonish) καταπλήσσω [πάγλος
Surprising, θαυμαστὸς, θαυμάσιος, ἔκ-
Surrender, παράδοσις, f. ἔκδοσις, f.
Surrender, v. (give up) ἀποδίδωμι; (yield) ἐκδίδωμι, ἐνδίδωμι, παραδίδωμι
Surrendered, ἀνάδοτος, ἔκδοτος
Surreptitious, κλοπαῖος
Surreptitiously, adv. κλοπῇ
Surround, v. (intrans.) κυκλόω, περιβάλλω, περιέχω, περιΐσταμαι, περικλείω, περίειμι, ἀμφιβαίνω; (act.) φράσσω, περιΐστημι, περιβάλλω, ἀμφιβάλλω
Surrounded, περίστατος, περιφερὴς
Surrounding, κύκλωσις, f. περικύκλωσις, f. περίοδος, f. [περίβολος
Surrounding, περίδρομος, ἀμφίδρομος,
Survey, v. ἐφοράω, περισκοπέω
Survive, v. περιγίγνομαι, περιλείπομαι, περίειμι, ἐπιβιόω, ἐπιζάω & -ζώω
Surviving, ὑπόλοιπος, περίλοιπος, ἐπίλοιπος, ἔφεδρος
Susceptibility, εὐπάθεια, f.
Susceptible, εὐπαθὴς: to be susceptible, εὐπαθέω
Suspect, v. ὑποπτεύω, ὑφοράομαι, ὑπονοέω, ὑποβλέπω, καταδοξάζω
Suspend, v. ἀρτάω, κρεμάννυμι, ἀνακρεμάννυμι
Suspense, αἰώρησις, f.: in suspense, ἄπορος, μετέωρος: to be in suspense, αἰωρέομαι, πέτομαι, ἀναπτερόομαι
Suspension, κρεμασμός, m. αἰώρα, f.
Suspicion, ὑποψία, f. ὑπόνοια, f. ὑπονόημα, n. ἐνθυμία, f.: liable to suspicion, ὕποπτος: free from suspicion, ἀνύποπτος, ἀνυπονόητος
Suspicious, ὕποπτος, ὑπόπτης
Sustain, v. ἀνέχω, ὑπομένω, ἐρείδω, ὑπερείδω, ὑποφέρω, βαστάζω; (feed) τρέφω, διατρέφω
Sustenance, τροφή, f. διατροφή, f.
Suture, ῥαφή, f.
Swaddle, v. see Swathe [n. pl.
Swaddling-clothes, σπάργανον or -α,
Swagger, v. σαλακωνεύω, σαυλόομαι, σαυλοπρωκτιάω

Swaggerer, σαλάκων, m.
Swaggering, σαλακωνεία, f.
Swallow, χελιδών, f.
Swallow, v. ροφέω, καταπίνω, καταβροφέω, κάπτω, ἀνακάπτω, καταβροχθίζω, καταβρόξειε & ἀναβρόξειε (1 aor. opt. of obsolete -βρόχω or -βιβρώσκω): hard to swallow, δυσκατάποτος
Swallowing, κατάποσις, f. ρόφησις, f. κάψις, f. ἀνάκαψις, f.
Swamp, ἕλος, n. λίμνη, f.
Swampy, λιμνώδης
Swan, κύκνος, m.: of or belonging to a swan, κύκνειος
Swarm, σμῆνος, n. ἑσμὸς, m.
Swarthy, μελάγχροος, -χρως
Swathe, v. σπαργανάω, σπαργανόω
Sway, κράτος, n. δύναμις, f.: to hold sway, κρατέω
Sway, v. κραίνω, νέμω, ἀμφέπω
Swear, v. ὄμνυμι, ἐπόμνυμι, κατόμνυμι, ὅρκιον δίδωμι: to swear before, προόμνυμι: to swear that one did not, ἀπόμνυμι, ἐξόμνυμι: to swear truly, εὐορκέω: to swear falsely, ἐπιορκέω, ψευδορκέω
Sweat, ἱδρὼς, m.: without sweat, ἀνίδρωτος, ἀνιδρωτὶ, ἀνιδιτὶ
Sweat, v. ἱδρόω, ἰδίω
Sweep, v. κορέω, σαίρω
Sweet, γλυκὺς, γλυκερὸς, ἡδὺς, μελιηδὴς, γλύκιος; (only of sounds or voices) λιγυρός, λιγὺς, ἡδύπνοος, εὔφθογγος: to be sweet, γλυκαίνομαι
Sweetbread, πάγκρεας, n.
Sweeten, v. γλυκάζω, καταμελιτόω
Sweetheart, ἐρωτύλος, m.
Sweetly, adv. ἡδέως
Sweetmeats, τραγήματα, n. pl. πέμ-
Sweetness, γλυκύτης, f. [ματα, n. pl.
Swell, οἴδμα, n. κλυδώνιον, n.
Swell, v. οἰδέω, οἰδάνω, ἀνοιδέω, ἐξογκόομαι; (only of the sea) κυμαίνω, κυματόομαι, κορύσσομαι, κλύζομαι
Swelling, οἴδησις, f. (a swelling) οἴδημα, n. οἶδος, n. ἀνοίδησις, f. [ερωέω
Swerve, v. ἐκκλίνω, παρεκκλίνω, ἐξ-
Swift, ταχὺς, ὠκὺς, ταχύπορος, ὠκύπορος, ὠκυπέτης
Swift-footed, ποδωκὴς, ὠκύπους, ταχύπους, ποδαρκὴς, ἀελλόπους
Swiftly, adv. ταχέως, τάχα, ταχὺ, ὦκα, διὰ τάχους
Swiftness, τάχος, n. ὠκύτης, f. ταχύτης, f. (of foot) ποδωκία, f. ταχυδρομεία, f. [ταχύπτερος
Swift-winged, ὠκύπτερος, πτερόεις,

Swim, v. νέω, νήχομαι, κολυμβάω: to swim towards, εἰσνέω, προσνέω
Swimmer, κολυμβητὴρ, m.
Swimming-bath, κολυμβήθρα, f.
Swoon, λιποψυχία, f. [θνήσκω
Swoon, v. λιποψυχέω, ἀποψύχω, ἐκ-
Sword, ξίφος, n. ξιφίδιον, n. μάχαιρα, f. μαχαίριον, n. ἄορ, n.: slain by the sword, σιδηροκμὴς, ξιφοδήλητος
Sycophant, συκοφάντης, m.
Syllable, συλλαβὴ, f.
Syllable, v. συλλαβίζω
Syllogise, v. συλλογίζομαι
Syllogism, συλλογισμὸς, m.
Syllogistical, συλλογιστικὸς
Sylvan, ὑλώδης, ὑλήεις, δρυμώδης
Symbol, σύμβολον, n. ἑρμηνεί=, f. ἑρμήνευμα, n.
Symmetrical, σύμμετρος, εὔμορφος
Symmetrically, adv. συμμέτρως
Symmetry, συμμετρία, f. εὐμορφία, f.
Sympathetic, συμπαθὴς
Sympathise, v. συμπαθέω, συμπάσχω, ὁμοιοπαθέω; (in grief) συνάχθομαι, συναλγέω, συμπενθέω; (in joy) συγχαίρω [παθὴς
Sympathising with, συμπαθὴς, ὁμοιο-
Sympathy, συμπάθεια, f.
Symphony, συμφωνία, f.
Symptom, σημεῖον, n.
Synagogue, συναγωγὴ, f.
Synalœpha, συναλοιφὴ, f.
Syncope, συγκοπὴ, f.
Synecdoche, συνεκδοχὴ, f.
Synod, σύνοδος, f.
Synonymous, συνώνυμος, ὁμώνυμος
Synonymously, adv. συνωνύμως
Synonyms, τὰ ὁμώνυμα
Synopsis, σύνοψις, f.
Syntax, σύνταξις, f.
Syracusan, Συρακούσιος, Συρακόσιος
Syracuse, Συράκουσαι, f. pl.
Syria, Συρία, f.
Syrian, Σύριος [τὴρ, m.
Syringe, σῦριγξ, f. σωλὴν, m. κλυσ-
System, σύστημα, n. μέθοδος, f.
Systematic, συστηματικὸς, τεχνικὸς, μεθοδικὸς
Systematise, v. τεχνολογέω

T.

Tabernacle, σκηνὴ, f. [πεζός
Table, τράπεζα, f.: at table, ἐπιτρά-
Tablet, πίναξ, m. πινάκιον, n. πινακίδιον, n. δέλτος, f. σανὶς, f.

TAC

Tacit, Taciturn, σιωπηλός, σιγηλός, ἄφωνος
Tacitly, *adv.* σιγῇ, ἀλόγως [σιγή, *f.*
Taciturnity, σιωπή, *f.* τὸ σιωπηλὸν,
Tackle, Tackling, τὰ σκεύη, ὅπλον, *n.* τὰ ἔντεα
Tactics, τὰ τακτικὰ, ἡ τακτική
Tadpole, γύρινος, *m.* βάτραχος γύρινος
Tail, οὐρά, *f.* κέρκος, *f.* ἀλκαία, *f.* ὀλκαία, *f.* (*of a bird*) ὀρροπύγιον, *n.* (*tail of a plough*) ἐχέτλη, *f.* : of a tail, οὐραῖος
Tailed, κερκοφόρος
Tailor, ἱματουργὸς, *m.* ἱματιοπώλης, *m.*
Tailoring, ἡ ἱματουργική
Taint, μίασμα, *n.* μόλυνσις, *f.*
Taint, *v.* μιαίνω, μολύνω
Take, *v.* αἱρέω, λαμβάνω, λάζυμαι, συλλαμβάνω, παραλαμβάνω, ἀπολαμβάνω : to take away, ἀφαιρέω, ἀναιρέω, παραιρέω, περιαιρέω, ὑφαρπάζω : to take off, ἀποδύω, ἐκδύω, ὑπολύω : to take off of oneself, ἀποδύομαι, ἐκδύομαι, ὑπολύομαι : to take up, ἀναιρέω, ὑπολαμβάνω : to take up against, (*of arms*) ἀνταιρέω : to take out, ἐξαιρέω, ἐκλαμβάνω : to take hold of, ἐπιλαμβάνομαι, μάρπτω, προσλάζυμαι : to take upon oneself, ἀναλαμβάνω : to be taken, ἁλίσκομαι
Taken, *or that can be taken*, ἁλωτὸς, αἱρετὸς, αἱρέσιμος : easy to be taken, ἁλώσιμος, εὐληπτος, εὐαίρετος
Taking, λῆψις, *f.* ἅλωσις, *f.* αἵρεσις, *f.* : taking away, παραίρεσις, *f.* ἀφαίρεσις, *f.* [*m.* ἔπος, *n.*
Tale, μῦθος, *m.* λόγος, *m.* ἀπόλογος,
Talent, τάλαντον, *n.* : half a talent, ἡμιτάλαντον, *n.* : worth a talent, ταλαντιαῖος
Talent, (*faculty*) νόος, *Att. contr.* νοῦς, *m.* ἐπίνοια, *f.* σύνεσις, *f.* δεξιότης, *f.*
Talk, λαλία, *f.* λάλημα, *n.* λόγος, *m.* : idle talk, λῆρος, *m.* φλυαρία, *f.* ἀδολεσχία, *f.*
Talk, *v.* λαλέω, διαλαλέω
Talkative, πολυλόγος, στωμύλος, λαλητικὸς, φιλόμυθος, λαβρὸς, πολύμυθος
Talkativeness, πολυλογία, *f.*
Tall, εὐμήκης, περιμήκης, μακρὸς, μέγας, ὑψηλὸς [της, *f.* ὑψηλότης, *f.*
Tallness, μῆκος, *n.* μέγεθος, *n.* μακρότης
Tallow, στέαρ, *n.* λίπος, *n.*
Tallowy, στεατώδης, λιπώδης
Talon, ὄνυξ, *m.*

TAW

Tamarisk, μυρίκη, *f.*
Tambourine, ῥόμβος, *m.*
Tame, ἥμερος, χειροήθης, τιθασὸς, πρᾶος, πραΰς [θασεύω
Tame, *v.* δαμάω, δαμάζω, ἡμερόω, τιθασευτικὸς
Tameable, τιθασευτικὸς
Tamed, δμητὸς, τιθασευτὸς : newly tamed, νεοδμής
Tameness, ἡμερότης, *f.* χειροήθεια, *f.*
Tamer, δμητήρ, *m.* τιθασευτής, *m.*
Taming, δμῆσις, *f.* ἡμέρωσις, *f.* τιθασεία, *f.* τιθάσευσις, *f.*
Tamper with, *v.* πειράω, διαπειράομαι
Tan, *v.* βυρσοδεψέω, σκυλοδεψέω
Tangible, θικτὸς, ἁπτὸς
Tangled, πλεκτὸς
Tank, λάκκος, *m.* φρέαρ, *n.*
Tanner, βυρσεὺς, *m.* βυρσοδέψης, *m.*
Taper, ῥαδινὸς [σκυτοδέψης, *m.*
Tapestry, τάπης, *m.* ταπὶς, *f.* δάπις, *f.* κρεκάδια, *n. pl.*
Tar, πίσσα, *f.*
Tardily, *adv.* βραδέως
Tardiness, βραδύτης, *f.* ὄκνος, *m.*
Tardy, βραδὺς, ὀκνηρὸς : to be tardy, βραδύνω
Target, πέλτη, *f.* γέρρον, *n.*
Targeteer, πελταστής, *m.*
Tarnish, *v.* ἀμαυρόω, ἀφανίζω, ἀμέρδω
Tarnished, ἀμαυρὸς, δύσχρως
Tarry, *v.* μένω, καταμένω, ὑπομένω
Tart, ὀξὺς, δριμὺς, στρυφνὸς
Tartness, ὀξύτης, *f.* δριμύτης, *f.* στρυφνότης, *f.*
Task, ἆθλος, *m.* πρόβλημα, *n.* ἔργον, *n.*
Tassel, θύσανος, *m.*
Taste, (*the sense of taste*) γεῦσις, *f.* (*a piece to taste*) γεῦμα, *n.* (*flavour*) χυμὸς, *m.*
Taste, *v.* γεύομαι, ἀπογεύομαι : to give a taste of, γεύω
Tasted, γευστὸς : untasted, ἄγευστος
Tasteless, ἄχυμος
Tatter, Tattered garment, τρύχος, *n.* τρυχίον, *n.* ῥάκος, *n.* ῥάκιον, *n.*
Tattered, τρυχηρὸς, ῥακόεις
Tattle, *v.* λαλαγέω, φλυαρέω
Tattling, Tattler, λαλὸς, στωμύλος, πολυλόγος [tavern, καπηλεύω
Tavern, καπηλεῖον, *n.* : to keep a
Tavern-keeper, κάπηλος, *m.* καπηλὶς, *f.*
Taught, *part.* διδακτὸς, παιδευτὸς
Taunt, Taunting, λοιδορία, *f.* κερτομία, *f.* κερτόμησις, *f.*
Taunt, *v.* κερτομέω, λοιδορέω
Taunting, κερτόμιος, κέρτομος
Tawny, ἐπίξανθος, πυρρὸς, πύρριχος, ξουθός

Tax, τέλος, n. δασμὸς, m. φόρος, m. φορά, f. σύνταξις, f.
Tax, v. δασμολογέω, τελωνέω, φόρον τάσσω: to pay tax, τελέω, φόρον ὑποτελέω, φόρον φέρω, σύνταξιν τελέω or ὑποτελέω: to tax with, see Accuse of
Tax-gatherer or farmer of taxes, τελώνης, m. [παιδαγωγέω
Teach, v. διδάσκω, παιδεύω, ἐκδιδάσκω,
Teacher, διδάσκαλος, m. παιδευτής, m.
Teaching, διδασκαλία, f. δίδαξις, f. διδαχὴ, f. παιδεία, f. παίδευσις, f.
Team, ζεῦγος, n.
Tear, δάκρυον, n. δάκρυ, n. δάκρυμα, n.
Tear, Tearing, σπαραγμὸς, m. σπάραγμα, n. λακὶς, f.
Tear, v. σπαράσσω, δρύπτω, σπάω, διασπάω; (as a wild beast) δάπτω, διαδάπτω; (the hair) τίλλω
Tearful, πολύδακρυς, δακρυόεις, πολυδάκρυτος
Tearless, ἄδακρυς, ἀδάκρυτος [Annoy
Tease, v. (as wool) γνάπτω: see Vex,
Teat, θήλη, f. τιτθὸς, m. τίτθιον, n.
Technical, τεχνικός
Tedious, καματηρὸς, ὀϊζυρὸς, ἐπίπονος
Teem, v. σπαργάω, ὀργάω
Teeth, v. ὀδοντιάω
Teething, ὀδοντίασις, f.
Tell, v. εἶπον, ἐξεῖπον, εἴρω, λέγω, καταλέγω, φημί, φράζω, ἀγγέλλω, ἐξαγγέλλω: to tell beforehand, προεῖπον, προλέγω
Temerarious, θρασὺς, προπετής
Temerity, θρασύτης, f. προπέτεια, f. τόλμα, f. [πος, m. ἦθος, n.
Temper, (disposition) ὀργὴ, f. τρόTemper, v. κεράννυμι
Temperament, ἕξις, f. κρᾶσις, f.: good temperament, εὐκρασία, f.
Temperance, ἐγκράτεια, f. σωφροσύνη, f.
Temperate, ἐγκρατὴς, σώφρων, μέτριος: to be temperate, σωφρονέω, ἐγκρατεύομαι [τῶς
Temperately, adv. σωφρόνως, ἐγκραTemperature, κρᾶσις, f.: good temperature, εὐκρασία, f.
Tempest, χειμὼν, m. θύελλα, f. λαῖλαψ, f. ἄελλα, f.
Tempestuous, δυσχείμερος, θυελλώδης
Temple, ναός, Att. νεώς, m. τὸ ἱερὸν, Ion. ἱρόν, ἕδος, n.: the space in front of the temple, τέμενος, n. προτεμένισμα, n.: having many temples, πολύναος
Temple, (of the head) κρόταφος, m.

Temporary, ὀλιγοχρόνιος, μονόχρονος
Tempt, v. πειράω, πειράζω
Temptation, πειρασμὸς, m.
Ten, δέκα; (the number) δεκὰς, f.: ten times, δεκάκις: ten years old, lasting ten years, δεκέτης, δεκέτις, δεκαέτης
Tenacious, γλίσχρὸς, σύντονος
Tenacity, γλισχρότης, f. συντονία, f.
Tenant, μισθωτὴς, m.
Tenantless, ἔρημος
Tend, v. (take care of) κομίζω, θεραπεύω, ἀμφιπονέομαι, ἐθείρω, μελεδαίνω; (tend towards) φέρω εἰς, τείνω or συντείνω εἰς
Tendency, ἀγωγὴ, f. ἐπίκλισις, f. ῥοπὴ, f. προπέτεια, f.
Tender, ναῦς ὑπηρετικὴ, f. ὑπηρετικὸν (πλοῖον), n. [θεραπευτὴρ, m.
Tender, (caretaker) θεραπευτὴς, m.
Tender, ἁπαλὸς, τέρην, μαλακὸς, μαλθακὸς, θῆλυς, ἀταλὸς: to be tender, μαλακιάω
Tender, v. προτείνω, παρέχω
Tenderly, adv. μαλθακῶς, μαλακῶς, πράως, ἠπίως
Tenderness, ἁπαλότης, f.
Tendon, τένων, m.
Tendril, ἕλιξ, f. ὅστλιγξ, c.
Tenet, δόξα, f. δόγμα, n. [-πλους
Tenfold, δεκαπλάσιος, δεκάπλοος,
Tenor, τόνος, m. τρόπος, n.
Tension, τάσις, f. διάτασις, f. τόνος, m.
Tent, σκηνὴ, f. σκήνωμα, n. κλισία, f.: to live in a tent, σκηνέω, σκηνόω
Tenth, a, δεκάτη, f.: to exact a tenth, δεκατεύω
Tenth, δέκατος: a tenth part, δεκατημόριον, n.: on the tenth day, δεκαταῖος
Ten thousand, μύριοι, -αι, -α, δεκαχίλιοι [ριοπλάσιος
Ten thousandfold, μυριοπλασίων, μυTen thousandth, μυριοστός
Tepid, χλιαρὸς, λιαρός
Term, (bound, limit) τέρμα, n. ὅρος, m. τὰ ἔσχατα; (expression) ὄνυμα, n.
Terminable, καταλύσιμος
Terminate, v. τελευτάω, τελέω, ἐπιτελέω, παύω, λύω, διαλύω, καταλύω
Termination, τέλος, n. τέρμα, n. διάλυσις, f. κατάλυσις, f.
Terrestrial, χθόνιος, ἐπιχθόνιος, ἔγγειος
Terrible, δεινὸς, φοβερὸς, σχέτλιος, φρικώδης, ἐκπληκτικὸς, αἰνός
Terribly, adv. δεινῶς, αἰνῶς, φοβερῶς, σφόδρα
Terrific, φοβερὸς, δεινὸς, ἔκπαγλος

Terrify, v. φοβέω, ἐκπλήσσω, ταρβέω
Territory, χωρίον, n. ἀγρὸς, m.
Terror, φόβος, m. δέος, n. δεῖμα, n. τάρβος, n. [τομος, ἀγκύλος
Terse, στρογγύλος, γλαφυρὸς, σύν-
Test, πεῖρα, f. βάσανος, f. ἔλεγχος, m.: by way of test, ἐπὶ πείρᾳ
Test, v. πεῖραν λαμβάνω, πεῖραν ἔχω, βασανίζω, δοκιμάζω, παρατρίβω
Testaceous, ὀστρακηρὸς, ὀστρεΐνος
Testament, διαθήκη, f.
Testator, διαθετὴρ, m.
Testicle, ὄρχις, m. ὀρχίδιον, n.
Testify, v. μαρτυρέω, ἐκμαρτυρέω, ἐπιμαρτυρέω: to testify against, καταμαρτυρέω: to testify besides, προσμαρτυρέω, προσδιαμαρτυρέω
Testily, adv. δυσκόλως
Testimony, μαρτυρία, f. μαρτύριον, n. ἐπιμαρτυρία, f.: false testimony, ψευδομαρτυρία, f.
Testiness, χαλεπότης, f. δυσκολία, f.
Testy, χαλεπὸς, δύσκολος: to be testy, χαλεπαίνω, δυσκολαίνω
Tetrarch, τετράρχης, m.
Tetrarchy, τετραρχία, f.
Texture, πλοκὴ, f. ὑφὴ, f. ὕφασμα, n.
Than, ἢ
Thank, v. εὐχαριστέω, χάριν οἶδα
Thankful, εὐχάριστος, εὐχάριτος
Thankfully, adv. εὐχαρίστως
Thankfulness, εὐχαριστία, f.
Thankless, ἀχάριστος, ἀχάριτος
Thanklessly, adv. ἀχαρίστως
Thanklessness, ἀχαριστία, f.
Thanks, χάρις, f. εὐχαριστία, f.: thank-offerings, χαριστήρια, n. pl.
That, pron. ἐκεῖνος, -η, -ο [that, ὥστε
That, conj. ὅτι, ἵνα, ὄφρα, ὡς: so
Thaw, v. τήκω, κατατήκω
The, ὁ, ἡ, τὸ
Theatre, θέατρον, n.
Theatrical, θεατρικὸς
Theban, Θηβαῖος
Thebes, Θῆβαι, f. pl.
Theft, κλοπὴ, f. κλέμμα, n. κλωπεία, f. φωρὰ, f.
Their, σφέτερος, ὃς, ἣ, ὃν, Ep. & Ion.
Theme, θέμα, n. [ἑὸς, ἑὴ, ἑὸν
Then, τότε, εἶτα, τηνικαῦτα, ἔπειτα, ἔνθα
Thence, ἐκεῖθεν, ἐντεῦθεν, ἔνθεν
Theologian, θεολόγος, m.
Theological, θεολογικὸς
Theology, θεολογία, f.
Theorem, θεώρημα, n.
Theory, θεωρία, f.
There, ἐκεῖ, ἔνθα, αὐτοῦ, αὐτόθι, αὖθι

Therefore, οὖν, οὐκοῦν, ἄρα, τῷ, τοιγαροῦν, τοίνυν, τοὔνεκεν, διὰ τοῦτο
Thereupon, ἔπειτα
They, οἱ, οὗτοι, ἐκεῖνοι, σφεῖς (n. σφέα)
Thick, πυκνὸς, παχὺς, δασὺς, συχνὸς, βαθὺς, ταρφὺς
Thicken, v. παχύνω, πυχνόω
Thickening, πάχυνσις, f.
Thicket, λόχμη, f. θάμνος, m. ξύλοχος, f. δρίος, m. or n. [μινὰ
Thickly, adv. πυκνῶς, συχνῶς, θα-
Thickness, πάχος, n. παχύτης, f. πυκνότης, f. τάρφος, n.
Thief, φὼρ, m. κλέπτης, m. κλὼψ, m. κλόπος, m. λῃστὴς, m.
Thieve, v. κλέπτω, κλωπεύω
Thievish, κλεπτικὸς, κλόπιος, κλωπικὸς, ἐπίκλοπος, κλοπιμαῖος
Thievishly, adv. κλεπτικῶς [πικὸν
Thievishness, κλεπτοσύνη, f. τὸ κλω-
Thigh, μηρὸς, m. μῆρα & μήρια, n. pl. ἡ μηριαῖα, ἐπιγουνὶς, f.
Thin, λεπτὸς, ἰσχνὸς, ἀραιὸς, λεπταλέος: to make thin, ἰσχναίνω, παρισχναίνω, λεπτύνω, καταλεπτύνω
Thine, σὸς, σὴ, σὸν
Thinly, adv. λεπτῶς
Thing, χρῆμα, n. πρᾶγμα, n. ἔργον, n.
Think, v. φρονέω, νομίζω, οἴομαι, ἡγέομαι, δοκέω, νοέω, ἐπινοέω, διανοέομαι, ὑπολαμβάνω, δοξάζω, φράζομαι
Thinking, νοητικὸς, διανοητικὸς
Thinness, λεπτότης, f.
Third, τρίτος, τριταῖος, τρίτατος: a third, τριτημόριον, n. τριττὺς, f.: two-thirds, δύο μοῖραι, δύο μέρη
Thirdly, adv. τρίτον or τὸ τρίτον,
Thirst, δίψα, f. δίψος, n. [τρίτως
Thirst, v. διψάω
Thirsty, δίψιος, διψαλέος, διψώδης, διψητικὸς, πολυδίψιος
Thirteen, τρισκαίδεκα
Thirteenth, τρισκαιδέκατος
Thirtieth, τριακοστὸς
Thirty, τριάκοντα: thirty years old or lasting thirty years, τριακονταέτης, -τις, τριακοντούτης, -τις
This, οὗτος, αὕτη, τοῦτο; ὅδε, ἥδε, τόδε;
Thistle, ἄκανθα, f. [ὁδὶ, οὑτοσὶ
Thither, ἐκεῖσε, ἔνθα, ἐνταῦθα, αὐτόσε,
Thong, ἱμὰς, m. ἀγκύλη, f. [ἐκεῖθι
Thorn, ἄκανθα, f. ἀκάνθιον, n.: a thorn-bush, ἄκανθα, f. ῥάχος, f.
Thorny, ἀκάνθινος, ἀκανθώδης, ἀκαν-
Thorough, ὅλος [θηρὸς
Thoroughfare, δίοδος, f. λεωφόρος (ὁδὸς), f.

Thoroughly, *adv.* πανταχῶς, διαμπερὲς, διαπαντὸς, κατὰ πάντα
Thou, σύ
Though, καί, καίπερ
Thought, νόημα, *n.* διάνοια, *f.* διανόημα, *n.* διανόησις, *f.* ἔννοια, *f.* φρόνημα, *n.* (*concern*) φροντὶς, *f.* μελετὴ, *f.* μέριμνα, *f.*
Thoughtful, φρόνιμος, φροντιστικὸς, περιφρονέων, ἐννοητικὸς [τιστικῶς
Thoughtfully, *adv.* φρονίμως, φρον-
Thoughtless, ἀφρόντιστος, ἀλόγιστος
Thoughtlessly, *adv.* ἀπροβούλως, ἀλογίστως, ἀφροντίστως, μάτην
Thoughtlessness, ἀπροβουλία, *f.* ἀφροντιστία, *f.* ἀλογιστία, *f.*
Thousand, χίλιοι; (*the number, body of a thousand*) χιλιὰς, *f.*: ten thousand, μύριοι; (*the number, body of ten thousand*) μυριὰς, *f.* μυριοστὺς, *f.*: lasting ten thousand years, μυριέτης: ten thousandfold, μυριοπλασίων, μυριοπλάσιος: ten thousand times, μυριάκις
Thousandth, χιλιοστὸς: ten thousandth, μυριοστὸς: twenty thousand, δισμύριοι
Thraldom, δουλοσύνη, *f.*
Thrash, *see* Thresh
Thread, νῆμα, *n.* κρόκη, *f.* διάνημα, *n.* κλωστὴρ, *m.* λίνον, *n.* μίτος, *m.*
Threat, ἀπειλὴ, *f.* ἀπείλημα, *n.*
Threaten, *v.* ἀπειλέω, διαπειλέω
Threatener, ἀπειλητὴρ, *m.*
Threatening, ἀπειλητήριος, ἀπειλητικὸς
Three, τρεῖς, (*neut.*) τρία; (*the number*) τριὰς, *f.*: in three ways or parts, τριχῇ, τρίχα, διάτριχα: by threes, σύντρεις: three hundred, τριακόσιοι: three thousand, τρισχίλιοι
Threefold, τριπλάσιος, τριπλόος
Thresh, *v.* ἀλοάω, ἀπαλοάω, τρίβω
Thresher, ἀλωεὺς, *m.*
Threshing-floor, ἅλως, *f.* ἀλωὴ, *f.* δῖνος, *m.* [*n.*
Threshold, οὐδὸς, *m.* βηλὸς *m.* βάθρον,
Thrice, τρὶς, τριάκις
Thrift, φειδὼ, *f.*
Thrifty, φειδωλὸς
Thrill, φρικὴ, *f.*
Thrill, *v.* φρίσσω
Thrive, *v.* ἀνθέω, θάλλω, εὐτροφέω
Thriving, εὔτροφος
Throat, σφαγὴ, *f.* τράχηλος, *m.*, *in pl.* τράχηλα, *n.* λαιμὸς, *m.* φάρυγξ, *f.* λάρυγξ, *f.*: a sore throat, βράγχος, *m.*

Throb, πήδησις, *f.* πήδημα, *n.* ἀναπήδησις, *f.* σφύξις, *f.* σφυγμὸς, *m.*
Throb, *v.* πηδάω, ἅλλομαι, σφύζω
Throbbing, σφυγμὸς, *m.*
Throbbing, σφυγμώδης
Throe, ἄχος, *n.*
Throne, θρόνος, *m.* [σις, *f.*
Throng, ὄχλος, *m.* κλόνος, *m.* σύστα-
Throng together, *v.* εἴλομαι, ἀνειλέομαι, συνειλέομαι, κλονέομαι: to throng to a place, ἐπιρρέω, ἐπιχέομαι [πνίγω, ἄγχω
Throttle, *v.* πνίγω, ἀποπνίγω, κατα-
Through, διὰ; (*on account of*) ὑπὸ: quite through, διάμπαξ, διαμπερὲς, διὰ τέλους
Throw, Throwing, βόλος, *m.* βολὴ, *f.* βλῆμα, *n.* ῥῖψις, *f.*: throwing out, ἐκβολὴ, *f.*
Throw, *v.* ῥίπτω, ῥιπτάζω, βάλλω, ἵημι, προΐημι, μεθίημι: to throw away, ἀπορρίπτω, ἀποβάλλω, ἀφίημι: to throw at, ἐμβάλλω, ἐφίημι: to throw down, καταβάλλω, ἐρείπω, σφάλλω: to throw in, ἐνίημι, εἰσβάλλω: to through round, περιβάλλω or -ομαι, ἀμφιβάλλω, ἀμφιχέω: to throw up, ἀναβάλλω, ἀναρρίπτω: to throw upon, ἐπιβάλλω: to throw or shake off, ἀποσείομαι
Thrown, ῥιπτὸς, παλτὸς
Thrush, κίχλη, *f.*
Thrust, πληγὴ, *f.*
Thrust, *v.* ὠθέω, παίω: to thrust out, ἐξωθέω: to thrust off, ἀπωθέω: to thrust through, διελαύνω, διαπείρω, διΐημι
Thrusting, ὠθισμὸς, *m.* [*m.*
Thumb, μέγας δάκτυλος, *m.* ἀντίχειρ,
Thump, τύμμα, *n.*
Thump, *v.* κρούω, κόπτω, παίω
Thunder, βροντὴ, *f.* βρόντημα, *n.*
Thunder, *v.* βροντάω, καταβροντάω, κτυπέω
Thunderbolt, κεραυνὸς, *m.* σκηπτὸς, *m.*
Thundering, ὑψιβρεμέτης, βαρυβρεμέτης, βροντησικέραυνος, βαρύκτυπος, κεραυνοβρόντης
Thunderstorm, πρηστὴρ, *m.*
Thunderstruck, ἐμβρόντητος, κεραύνιος, κεραυνοπλὴξ
Thus, οὕτως, οὕτω, ὣς, ὧδε, τῇδε, τῇ
Thwart, *v.* ἐναντιόομαι, κωλύω, ἐμποδίζω, ἐρύομαι
Thy, σὸς, σὴ, σὸν
Thyme, θύμος, *m.* θύμον, *n.*: wild thyme, ἕρπυλλος, *m.*
Thyrsus, θύρσος, *m.* νάρθηξ, *m.*

Tiara, τιάρα, f. τιάρας, m.
Tick, κροτών, m. κυνοραίστης, m.
Ticket, σύμβολον, n.
Tickle, v. γαργαλίζω, κνάω, κνίζω
Tickling, γαργαλισμός, m. κνισμός, m.
Ticklish, δυσγάργαλις, -ι [κνῆσις, f.
Tide, παλίρροια, f. : flood-tide, πλημ-
Tidily, adv. καθαρίως [μυρίς, f.
Tidiness, καθαριότης, f.
Tidings, ἀγγελία, f.
Tidy, καθάριος
Tie, δεσμός, m. πλοκή, f. [προσδέω
Tie, v. δέω, ἅπτω, σφίγγω : to tie to,
Tier, στίχος, m.
Tiger, τίγρις, c. [τος
Tight, σύντονος, σύμπυκνος, ἐπίσπασ-
Tighten, v. τείνω, ἐντείνω, ἐπιτείνω, συντείνω, ἐπισπάω
Tightness, ἐπίτασις, f.
Tile, κέραμος, m. κεραμίς, f.
Till, μέχρι & μέχρις, ἕως, ἕως ἂν or κε, ἕωσπερ, πρίν, πρίν δή, πρίν ἤ or ἄν, ὄφρα, ὄφρα ἄν, εἰσόκε, εἰσότε, ἄχρις
Till, v. γεωργέω, ἐργάζομαι, κατεργά-ζομαι [γασία, f.
Tillage, γεωργία, f. ἐργασία, f. ἐπερ-
Tiller, γεωργός, m. [ξύλινος
Timber, ξύλον, n. ὕλη, f. : of timber,
Time, χρόνος, m. ὥρα, f. καιρός, m. (in music) ῥυθμός, m. (leisure) σχολή, f. : of or belonging to time, χρόνιος : in time, καίριος ; adv. καιρίως, εὐκαίρως : in time, (of music) εὔρυθμος, ἔνρυθμος : in the time of, ὑπό, ἐπί : to spend time, διατρίβω [ὡραῖος
Timely, καίριος, ἐπικαίριος, εὔκαιρος,
Timely, adv. καιρίως, εὐκαίρως
Timid, φοβερός, φοβητικός, μαλακός, μαλθακός, δειλός, ἄτολμος
Timidity, φόβος, m. δέος, n. ὄκνος, m. δειλία, f. ἀτολμία, f.
Timorous, same as Timid
Tin, κασσίτερος, m. : made of tin, κασσιτέρινος : to cover with tin, κασσιτερόω
Tincture, χρῶμα, n.
Tinder, πυρεῖα, n. pl.
Tinge, v. τέγγω, χρώζω, χρωτίζω
Tingle, v. βομβέω
Tinkling, κωδωνόκροτος
Tint, v. χρωτίζω
Tiny, μικρός, μικκύλος, τυτθός
Tip, κορώνη, f. ἄκρα, f.
Tipple, v. πίνω, μεθύσκω
Tippler, φιλοπότης, m. μεθυστής, m.
Tippling, φιλοποσία, f. [μεθυπλανής
Tipsy, μέθυσος, μεθυπλήξ, μεθυσφαλής,

Tire, v. κόπτω, καταπονέω : to be tired, κάμνω, κοπιάω, πονέω [ρός
Tiresome, φορτικός, καματηρός, ὀχλη-
Tithe, δεκάτη, f. ἐπιδέκατος
Title, προσηγορία, f. πρόσρημα, n.
Titmouse, σπιζίτης, m.
To, εἰς or ἐς, πρός, ἐπί, παρά
Toad, φρῦνος, m. φρύνη, f.
To-day, σήμερον, τήμερα
Toe, δάκτυλος, m. δακτυλίδιον, n.
Together, adv. ἅμα, ὁμοῦ, σύναμα, ὁμιλαδόν : together with, σύν, ξύν : to be together, σύνειμι, ὁμιλέω
Together, adj. ἀθρόος, ὁμός
Toil, πόνος, m.
Toil, v. πονέω, μοχθέω, μογέω
Toilsome, μογερός
Token, σύμβολον, n. σημεῖον, n.
Tolerable, ἀνασχετός, ἀνεκτός, τλητός, οἰστός, εὐφορητός
Tolerably, adv. ἀνεκτῶς
Tomb, τάφος, m. τύμβος, m. σῆμα, n. χῶμα, n.
Tombstone, στήλη, f. μνῆμα, n. μνημεῖον, n. ἐπίθημα, n.
To-morrow, αὔριον, ἡ αὔριον, τὸ αὔριον
Tone, τόνος, m.
Tongs, πυράγρα, f.
Tongue, γλῶσσα, f.
Tongue-shaped, γλωσσοειδής
Tonsils, παρίσθμια, n. pl.
Too, Too much, ἄγαν, λίαν, πλεόνως, πέρα : too, (also) καί [n.
Tool, ὄργανον, n. σκεῦος, n. ἐργαλεῖον,
Tooth, ὀδούς, m. : grinder tooth, tooth of a key, γομφίος, m. : canine tooth, κυνόδους, m.
Toothache, ὀδονταλγία, f. : to have the toothache, ὀδονταλγέω
Toothless, ἀνόδους, νωδός
Toothpick, ὀδοντογλυφίς, f.
Toothpowder, ὀδοντόσμηγμα, n. ὀδοντότριμμα, n.
Top, κορυφή, f. κάρα, n. κράς, n. : flat top, πλάξ, f. : of or belonging to the top, κορυφαῖος : on the top of, ἐφύπερθε, ἐπιπολῆς
Top, (a plaything) στρόβιλος, m. ῥόμβος, m. στρόμβος, m. βέμβιξ, f.
Topaz, τόπαζος, m.
Toper, φιλοπότης, m.
Topic, τόπος, m. θέμα, n.
Topical, τοπικός
Topmost, ὕπατος, ὑπέρτατος
Topographer, τοπογράφος, m.
Topography, τοπογραφία, f.
Torch, δαΐς, Att. δᾴς, f. λαμπάς, f. λαμπτήρ, m. φανός, m. πυρσός, m.

Torment, v. λυπέω, δάκνω, κεντέω, βασανίζω
Torpid, ναρκώδης: to be torpid, ναρκάω, ἐξαργέω
Torpor, Torpidness, νάρκη, f.
Torrent, χειμάρροος, contr. χειμάρρους, m. χαράδρα, f. ῥύαξ, m.: the bed of a torrent, ἔναυλος, m. χαράδρα, f.
Torrid, θερμός, ἄνικμος
Tortoise, χελώνη, f. χέλυς, f.: water-tortoise, ἐμύς, f.
Tortoise-shell, χελώνειον or -νιον, n.
Tortuous, ἑλικτός, ἀγκύλος
Torture, βάσανος, f. ὀδύνη, f.
Torture, v. βασανίζω, στρεβλόω, διαστρεβλόω, παρατείνω, τροχίζω, κεντέω: to be put to the torture, ἐπὶ τὸν τρόχον ἀναβαίνω
Torturer, βασανιστής, m.
Toss, v. βάλλω, ῥίπτω, ῥιπτάζω, ἀναρρίπτω: to toss about, συσκεδάννυμι, ἀποδινέω; intrans. σείομαι, σαλεύω, στροβέομαι, κυλίνδομαι, ἐρέχθομαι
Tossing, ῥιπτασμός, m. σάλος, m.
Total, ὅλος, πᾶς, πρόπας, σύμπας
Totally, adv. πάντως, παντελῶς
Totter, v. ἡμύω, ἀστατέω, σφάλλομαι
Tottering, σφαλερός, ἄστατος, ἀσταθής, ἀστάθμητος [n. ψηλάφημα, n.
Touch, ἀφή, f. ἐπαφή, f. εἰσάφασμα,
Touch, v. ἅπτομαι, ἐφάπτομαι, προσάπτομαι, ψαύω, μάρπτω, θιγγάνω, ἐπιχράω: to touch lightly, ἐπιψαύω, παραψαύω, παραφάσσω: to touch (at a port), προσέχω, προσίσχω, προσφέρομαι [f.
Touching, ἅψις, f. ἁφή, f. ψηλάφησις,
Touchstone, βάσανος, f. λίθος, f.
Tough, σκληρός
Toughness, σκληρότης, f.
Tour, περίοδος, f.
Tow, στύπη, f. στυπεῖον, n.
Tow, v. ἕλκω, ἐφέλκω: to be towed, ἀπὸ κάλῳ πλέω
Towards, πρός, ἐπί, εἰς or ἐς
Towel, χειρόμακτρον, n.
Tower, πύργος, m. πυργίδιον, n. τύρσις, f.: to fortify with towers, πυργόω: watch-tower, περιωπή, f.
Town, πόλις, f. ἄστυ, n. πόλισμα, n.: town-hall, πρυτανεῖον, n. ἀρχεῖον, n. τὸ δημόσιον, λήϊτον, n.: town-clerk or crier, ὁ δημόσιος
Toy, παίγνιον, n. ἄθυρμα, n.
Toy, v. παίζω
Trace, or Track, ἴχνος, n. ἴχνιον, n. περιγραφή, f. βάδος, m. (of anything dragged along) ὁλκός, m. συομός, m. ἐπίσυρμα, n. (harness) ῥυτήρ, m. λέπαδνον, n.
Trace, or Track, v. ἰχνεύω, ἀνιχνεύω, ἐξιχνεύω, ἐκμαστεύω, ἀναζητέω, ἐξετάζω, ἀναφέρω, γενεαλογέω
Tracing, Tracking, ἰχνεία, f. ἴχνευσις, f.
Trackless, ἄβατος, ἄστιβος
Tract, (of land) χώρα, f.
Tractability, εὐαγωγία, f.
Tractable, εὐαγωγός, εὐήνιος, κήρινος
Trade, (commerce) ἐμπορία, f. χρηματιστική, f. (occupation) πραγματεία, f. ἐργασία, f. τέχνη, f. χειρουργία, f. χειρωναξία, f.: of the same trade, ὁμότεχνος: of or belonging to trade, χρηματιστικός
Trade, v. ἐμπορεύομαι, ἐμπολάω, χρηματίζομαι
Trader, ἔμπορος, m. χρηματιστής, m.
Tradition, παράδοσις, f.
Traditional, Traditionary, παραδόσιμος, παραδεδομένος
Traduce, v. διαβάλλω, βλασφημέω, συκοφαντέω, βασκαίνω [ξις, f.
Traffic, ἐμπορία, f. μεταβολή, f. πρᾶ-
Traffic, v. ἐμπορεύομαι, ἐμπολάω, μεταβάλλομαι, χρηματίζομαι
Trafficker, ἔμπορος, m. ἐμπολεύς, m. χρηματιστής, m.
Tragedian, τραγῳδοποιός, m. τραγῳδός, m. τραγῳδοδιδάσκαλος, m.
Tragedy, τραγῳδία, f.: to act a tragedy, τραγῳδέω
Tragic, τραγικός, τραγῳδικός
Tragically, adv. τραγικῶς
Trail, ὁλκός, m.
Trail, v. ἕλκω, ἐφέλκω, σύρω
Train, παραπομπή, f. ἀκολουθία, f. (of a garment) σύρμα, n. (of events) ἡ φορὰ πραγμάτων
Train, v. γυμνάζω, διδάσκω, διαπονέω, ἀσκέω, ἐξασκέω, μελετάω, πωλοδαμνέω, συγκροτέω
Trainer, παιδοτρίβης, m. γυμναστής, m.
Training, ἄσκησις, f. διαπόνημα, n.: art of training, ἡ παιδοτριβική, f.
Traitor, προδότης, m. προδότις, f.
Traitorous, προδοτικός
Trammel, ἄρκυς, f.
Trammel, v. ἐμποδίζω
Tramp, (of feet) κόμπος, m. τύπος, m.
Trample, v. πατέω, καταπατέω, λακτίζω, καθιππεύω, ἐπεμβαίνω, ἀναβαίνω, στείβω
Trampling, πατησμός, m. λάκτισμα, n.
Trance, ὕπνειρον, n. ἔκστασις, f.
Tranquil, ἥσυχος, ἡσυχαῖος, εὔκηλος,

ἀθόρυβος, γαληνὸς; (of mind) ἄλυπος, ἀλύπητος [γαληνίζω
Tranquillise, v. ἐξημερόω, μειλίσσω,
Tranquillity, ἡσυχία, f. ἡσυχιότης, f. γαλήνη, f. ἀκινησία, f. εὐδία, f. ἀταραξία, f.
Tranquilly, adv. ἡσύχως, γαληνῶς; (of mind) ἀλύπως [ματίζω
Transact, v. πράσσω, διαπράσσω, χρηTransacting, πρᾶξις, f. διάπραξις, f.
Transaction, πρᾶγμα, n. [ὑπερέχω
Transcend, v. ὑπερβάλλω, ὑπερβαίνω,
Transcendency, ὑπεροχὴ, f. ἐξοχὴ, f.
Transcendent, ἔξοχος, ὑπέροχος
Transcribe, v. ἐκγράφω, ἀπογράφω
Transcriber, μεταγραφεὺς, m.
Transcript, ἀντίγραφον, n.
Transcription, μεταγραφὴ, f.
Transfer, παραλλαγὴ. f.
Transfer, v. μεταφέρω, μετάγω, ἀναφέρω, μεταλλάσσω, μεταβιβάζω, διορίζω [f.
Transferring, μεταφορὰ, f. μεταγωγὴ,
Transfiguration, μεταμόρφωσις, f.
Transfigure, v. μεταπλάσσω, μεταμορφόω
Transfix, v. διελαύνω, διαπείρω
Transform, v. μετασκευάζω, μεταπλάσσω, μεταρρυθμίζω: to be transformed, μεταμορφόομαι
Transformation, μεταμόρφωσις, f.
Transgress, v. παραβαίνω, παρανομέω
Transgression, παρανομία, f. παρανόμησις, f. παράβασις, f. ὑπερβασία, f. παραγωγὴ, f. ἁμάρτημα, n. [μος, m.
Transgressor, παραβάτης, m. παράνοTransient, ἐφήμερος, ἐφημέριος, πτηνὸς, ἐξίτηλος: to be transient, ῥέω
Transition, πάροδος, f. διάβασις, f.
Transitive, διαβατικὸς [μετάβασις, f.
Transitory, ὀλιγοχρόνιος, ἐφημέριος, ἐφήμερος, ἄκυρος [μαι, διαπορθμεύω
Translate, v. μεταφράζω, μεταγράφοTranslator, μεταφραστὴς, m.
Transmarine, ὑπερπόντιος, διαπόντιος, ὑπερθαλάσσιος [μαι
Transmigrate, v. μετοικίζω, μετανίσταTransmigration, μετανάστασις, f. μετοικία, f. μετοίκησις, f. [f.
Transmission, διαπομπὴ, f. παράδοσις,
Transmit, διαπέμπω, διαδίδωμι, παραδίδωμι [μος
Transmitted, διαπόμπιμος, παραδόσιTransmutation, μεταβολὴ, f. μετάλλαξις, f. μετάστασις, f.
Transmute, v. μεταλλάσσω, μεταβάλλω [f. διάφανσις, f.
Transparency, διαφάνεια, f. διάφασις,

Transparent, διαφανὴς, διαυγὴς: to be transparent, φωτίζω, διαφαίνω
Transpire, v. (as a report) διέρχομαι
Transplant, v. μετακηπεύω, μεταφυτεύω [ταφυτεία, f. μέταρσις, f.
Transplantation, Transplanting, μεTransport, (ecstacy) ἔκστασις, f. ἐνθουσιασμὸς, m. (ship of burden) ὁλκὰς, f. ἄκατος, f. (for troops) ἱππαγωγὸς or στρατιῶτις (ναῦς), f.
Transport, v. διαβιβάζω, μετακομίζω, διακομίζω, μεταφέρω; (with joy) ἐξίστημι
Transportation, διακομιδὴ, f.
Transpose, v. μετατίθημι, μετακαθίζω, μετατάσσω, μεθιδρύω [σις, f.
Transposition, μετάθεσις, f. μετάσταTransverse, λέχριος, ἐγκάρσιος, ἐπικάρσιος, πλάγιος
Transversely, adv. ἐναλλὰξ, λέχρις
Trap, πάγη, f. παγὶς, f. ποδάγρα, f. ποδοστράβη, f. ὕσπληγξ, f.
Trap-door, καταπάκτη θύρα
Trappings, φάλαρα, n. pl.
Trash, γρύτη, f.
Travail, πόνος, m. κάματος, m. ὠδὶς, f.
Travail, v. (labour) κάμνω, πονέω; (with child) ὠδίνω
Travel, v. ἀποδημέω, ἐκδημέω, ὁδοιπορέω, ὁδεύω, χωρέω, κομίζομαι, βαδίζω, ἐμπορεύομαι [ἀποδημητὴς, m.
Traveller, ὁδοιπόρος, m. ὁδίτης, m.
Travelling, ἀποδημία, f. ἐκδημία, f. ὁδοιπορία, f.: belonging to travelling, ὁδοιπορικὸς, ὁδοιπόριος: fond of travelling, φιλαπόδημος, ἀποδημητικὸς
Traverse, v. διαπορεύομαι, διαπεράω
Treacherous, ἄπιστος, διπλόος, ἐπίβουλος, δολερὸς, δολοποιὸς
Treacherously, adv. ἀπιστῶς, αὐτομόλως, ἐξ ἐπιβουλῆς
Treachery, δόλος, m. ἀπιστία, f. προδοσία, f. ἐπιβουλὴ, f. ἐνέδρα, f.: exposed to treachery, εὐεπιβούλευτος
Tread, στίβος, m. βῆμα, n.
Tread, v. στείβω, βαίνω, πατέω
Treason, προδοσία, f. συνωμοσία, f.
Treasure, θησαυρὸς, m. θησαύρισμα, n. κειμήλιον, n. γάζα, f.
Treasure up, v. θησαυρίζω, ἀποτίθεμαι
Treasured up, κειμήλιος
Treasurer, χρυσοφύλαξ, m. θησαυροφύλαξ, m. ταμίας, m.
Treasury, ταμιεῖον, n. θησαυρὸς, m. θησαύρισμα, n. θησαυροφυλάκιον, n.: the treasury, ἀκρόπολις, f. τὸ κοινὸν, βασιλεῖον, n. ὀπισθόδομος, m.

Treat, v. (act towards) ποιέω, μεταχειρίζω, χράομαι, διατίθημι; (negotiate) πράσσω, ἐπικηρυκεύομαι: to treat of, πραγματεύομαι, πραγματολογέω: to be treated, πάσχω
Treatise, πραγματεία, f.: to write a treatise, πραγματεύομαι
Treatment, μεταχείρισις, f.
Treaty, σπονδή, f. (usually in pl.), συνθήκη, f. σύμβασις, f. ὁμολογία, f. ὅρκιον, n. σύνθεσις, f.: to make a treaty, συμβαίνω, σπένδομαι, ὅρκια τέμνω, σπονδὰς τέμνω: contrary to treaty, παράσπονδος: secured by treaty, ὑπόσπονδος: not joined in the treaty, ἔκσπονδος
Treble, τριπλάσιος, τρισσός, τρίπλαξ, τριπλόος
Treble, v. τριπλασιάζω
Trebly, adv. τριπλάσιον, τρίχα, τριχῇ
Tree, δένδρον, n. δένδρος, n. δένδρεον, n.: fruit-tree, ἀκρόδρυον, n.: like a tree, ἰσόδενδρος: belonging to a tree, δενδρικός, δενδρίτης: full of trees, δενδρήεις, πολυδένδρεος, δενδρόκομος, εὔδενδρος: to cut trees, δενδροκοπέω, δενδροτομέω
Trefoil, τρίφυλλον, n.
Tremble, v. τρέω, τρέμω, τρομέω: to tremble a little, ὑποτρέω, ὑποτρομέω
Trembling, τρόμος, m.
Trembling, τρομερός, ἔντρομος
Tremendous, ἔκπαγλος
Tremor, τρόμος, m. [ρων
Tremulous, τρομώδης, τρομερός, τρήTrench, τάφρος, m. βόθρος, m. διῶρυξ, f. βόθυνος, m. ὄρυγμα, n.: to make a trench, ταφρεύω: to surround with a trench, περιταφρεύω
Trench, v. σκάπτω, ὀρύσσω
Trencher, πίναξ, m. σανίδιον, n.
Trepidation, τρόμος, m. φόβος, m.
Trespass, παράβασις, f. ὑπερβασία, f.
Trespass, v. παραβαίνω, ὑπερβαίνω
Trespasser, παραβάτης, m.
Tresses, βόστρυχος, m. πλόκαμος, m.
Triad, τριάς, f.
Trial, (attempt) πεῖρα, f. ἀπόπειρα, f. διάπειρα, f. (proof) ἔλεγχος, m. βάσανος, f. πεῖρα, f. (judicial trial) ἀγών, m. κρίσις, f. δίκη, f.: to make trial of, πειράω, ἀποπειράω, γεύομαι: to come to trial, διὰ δίκης ἔρχομαι: to stand a trial, δικάζομαι, διαδικάζομαι, δίκην παρέχω, ὑπέχω δίκην
Triangle, τρίγωνον, n.
Triangular, τρίγωνος, τριγωνοειδής
Tribe, φῦλον, n. φυλή, f. φράτρα, f.: of or belonging to a tribe, φυλετικός: of the same tribe, ὁμόφυλος: in tribes, καταφυλαδόν
Tribulation, ταλαιπωρία, f. πάθος, n. πάθημα, n. θλίψις, f. [κριτήριον, n.
Tribunal, ἀρχεῖον, n. δικαστήριον, n.
Tribune, δήμαρχος, m.: to be tribune, δημαρχέω
Tribuneship, δημαρχία, f.
Tributary, ὑποτελής, δασμοφόρος συντελής
Tribute, δασμός, m. φορά, f. φόρος, m. τέλος, n.: to pay tribute, δασμοφορέω, ὑποτελέω, συντελέω
Trick, τέχνη, f. τέχνασμα, n. στροφή, f. δόλωσις, f. πάλαισμα, n. κατασκευή, f. σόφισμα, n.
Trick, v. φενακίζω, ἀπατάω
Tricks, Trickery, δόλος, m. σκευωρία, f. σκευώρημα, n. πανουργία, f. πανούργημα, n.
Trickle, v. στάζω, σταλάω, ἀποστάζω, ἠθέομαι
Tricoloured, τρίχρως
Trident, τρίαινα, f. τριόδους, m.
Triennial, τριετής, τρίενος, τριετηρίς
Trifle, φλυαρία, f. λῆρος, m. λήρημα, n.
Trifle, v. φλυαρέω, ληρέω, ὑθλέω
Trifler, φλύαρος, m.
Trifling, κοῦφος, ληρώδης, ῥᾴδιος
Trilateral, τρίπλευρος
Trim, κόσμος, m. κόσμημα, n.
Trim, v. στέλλω, κοσμέω, ἀγάλλω
Trimeter, τρίμετρος
Trinket, ἀθυρμάτιον, n.
Trip, σφάλμα, n. πταῖσμα, n.
Trip, v. σφάλλω, ὑποσκελίζω, πταίω,
Tripartite, τριμερής [πτερνίζω
Triple, τριπλόος, τρισσός, τρίπτυχος
Triply, adv. τρίχα, τριχῇ, τριχῶς
Tripod, τρίπους, m. τριπόδιον, n.
Trireme, τριήρης, f.: to command a trireme, τριηραρχέω
Trisyllabic, τρισύλλαβος
Trite, ἀρχαϊκός, κοινός, παλαιός
Trivial, μικρός, σμικρός, ῥᾴδιος
Triumph, ἀγλαΐα, f. χάρμα, n.
Triumph, lead in triumph, v. θριαμβεύω, πομπεύω
Triumphal, θριαμβικός: triumphal procession, πομπή, f.
Trochee, τροχαῖος, m. [λαδόν
Troop, λόχος, m. ἴλη, f.: in troops,
Trophy, τροπαῖον, n.
Tropics, τὰ τροπικά
Trouble, ὄχλος, m. πόνος, m. μόχθος, m. ταραχή, f. ἄχθος, n. ἀχθηδών, f. πράγματα, n. pl.: to take trouble

TRO

about, σπουδὴν ἔχω, ποιέομαι ου τίθημι
Trouble, v. ταράσσω, ἐνοχλέω, συγχέω, ὀχλέω: to be troubled in mind, ἀδημονέω, θορυβέομαι, πορφύρω
Troublesome, βαρύς, ὀχληρός, χαλεπός, δυσχερής, ἐπαχθής, ἀηδής, λυπηρός, ὀχλώδης, μοχθηρός, ἐργώδης, μέρμερος, ταραχώδης
Troublesomeness, βαρύτης, f. ἐνόχλησις, f.
Trough, (for cattle) πύελος, f. πίστρα, f. πίστρον, n.: kneading-trough, κάρδοπος, f.
Truant, δραπέτης, m. δραπετίδης, m.
Truce, σπονδή, f. (generally pl.), ἐπισπονδή, f. ἐκεχειρία, f. διαλλαγή, f. ἀνακωχή, f. ἀνοχαί, f. pl.: without a truce, ἄσπονδος: under truce, ὑπόσπονδος: to make a truce, σπένδομαι, σπονδὰς τέμνω
Truculent, ὠμός, ἄγριος
True, ἀληθής, ἀληθινός, ἀψευδής, ἔτυμος, ἐτεός, ὀρθός, ἀτρεκής
Truly, adv. ἀληθῶς, ἀληθινῶς, ὀρθῶς, δῆτα, τῷ ὄντι, ἦ, ἦ ῥα, ἀτρεκέως, ἐτύμως
Trumpery, ῥῶπος, m. γρύτη, f.
Trumpery, ῥωπικός
Trumpet, σάλπιγξ, f.: to sound a trumpet, σαλπίζω
Trumpeter, σαλπιγκτής, m.
Truncheon, σκῆπτρον, n.
Trunk, (of a tree) πρέμνον, n. στέλεχος, n. κορμός, m.
Truss, φάκελος, m. φορτίον, n. κώμυς, f.
Truss, v. φακελόω, σάττω
Trust, πίστις, f.
Trust, v. πιστεύω, πείθομαι, ἐπιτρέπω
Trusting to, πίσυνος
Trustworthy, Trusty, πιστός, ἀξ.όπιστος, εὔπιστος, βέβαιος, ἐχέγγυος
Truth, ἀλήθεια, f. ἀτρέκεια, f. ἀψεύδεια, f.: the truth, τὰ ὄντα: the plain truth, τὸ σαφές, σαφήνεια, f.: to speak the truth, ἀληθεύω, ἀψευδέω [ἐτήτυμος
Truthful, ἀληθευτικός, φιλαληθής,
Try, v. πειράω, ἀποπειράω, διαπειράομαι, ἐκπειρόομαι; (test) δοκιμάζω, γεύομαι; (judge) κρίνω
Tub, σκάφη, f. σκαφίς, f. πύελος, f.
Tube, σίφων, m. σῦριγξ, f. σωλήν, m.
Tuberous, φυματώδης
Tubular, σωληνοειδής, συριγγώδης
Tuck, v. συστέλλω
Tuft, λόφος, m.
Tug, πεῖρα, f. ἕλξις, f.

548

TUR

Tug, v. ἕλκω, ἐφέλκω
Tuition, παιδεία, f.
Tumble, v. καταπίπτω, καταρρέω; (as a tumbler) κυβιστάω
Tumbler, κυβιστητήρ, m.
Tumid, ὀγκώδης, ὀγκηρός, οἰδαλέος
Tumour, φῦμα, n. φυμάτιον, n. σκῖρος, m. οἴδημα, n. ὄγκος, m.
Tumult, θόρυβος, m. ταραχή, f.: to raise a tumult, θορυβέω, ταράττω
Tumultuous, θορυβώδης, ταραχώδης
Tumultuously, adv. ταραχώδως, τεθορυβημένως
Tune, μέλος, n.: in tune, ἐν μέλει: out of tune, παρὰ μέλος: in tune, σύμφωνος, ὁμόφωνος: to be in tune, συμφωνέω, ὁμοφωνέω: out of tune, ἀντίφωνος, ἀνάρμοστος, ἀπῳδός, παράμουσος: to be out of tune, διαφωνέω, ἀναρμοστέω
Tune, v. ἁρμόζω
Tuneful, λιγύς, λιγυρός, λιγύφωνος, μελῳδός, μελίπνοος, μελίφωνος, ἠχέτης
Tunefully, adv. λίγα, λιγυρῶς, λιγέως
Tunic, χιτών, m. χιτωνίσκος, m. χιτώνιον, n. [m. πηλαμύς, f.
Tunny-fish, θύννος, m. θύννη, f. ὄρκυς,
Turban, μίτρα, f.
Turbid, θολερός, θολώδης
Turbulent, θορυβώδης, θορυβητικός, θορυβοποιός, λάβρος, ταραχώδης
Turgid, ὀγκώδης, ὀγκηρός, οἰδαλέος
Turmoil, θόρυβος, m. ταραχή, f.
Turn, τροπή, f. στροφή, f. καμπή, f.
Turn, v. στρέφω, τρέπω, μεταστρέφω, κλίνω; (as thought, attention) προσέχω, παραβάλλω; (with a lathe) τορνεύω, περιτορνεύω: to turn aside, παρατρέπω, ἐκτρέπω, παραφέρω· to turn away, ἀποτρέπω, ἐξαλλάσσω: to turn round, πολέω, περιάγω, περιστρέφω: to turn back, ἀποστρέφω, ὑποστρέφω: to turn up, ἀναστρέφω, μεταβάλλω: intrans. turn, στρέφομαι, ἐπιστρέφομαι, τρέπομαι: to turn away, ἐκκλίνω, ἀποτρέπομαι, ἀποστρέφομαι: to turn back, ἐπαναστρέφω, -ομαι, ὑποστρέφω, -ομαι, ἀποστρέφω: to turn aside, παρακλίνω, παραλλάσσω, παρατρέπομαι: to turn round, περιστρέφομαι, μεταβάλλομαι: to turn out, (happen) συμβαίνω, ἀποβαίνω, ἐκβαίνω, ἐξέρχομαι, πίπτω, συμφέρομαι
Turncoat, ἀποστάτης, m.
Turned, στρεπτός; (by a lathe) ὑνωτός, ἔντορνος, τροχήλατος

Turner, τορνευτής, m.
Turning, στροφή, f. τροπή, f. καμπή, f.: turning round, ἐπιστροφή, f. ἀναστροφή, f. περιτροπή, f. πόλησις, f.: a turning-point, ῥοπή, f..in turn, κατὰ μέρος, ἐν μέρει, ἐκ διαδοχῆς, ἀμοιβαδίς, ἐξ ὑπολήψεως
Turnip, γογγυλίς, f. γογγύλη, f.
Turpentine, Turpentine-tree, τέρμινθος, f. τερέβινθος, f.: made of turpentine or of the turpentine-tree, τερεβίνθινος, τερμίνθινος
Turpitude, αἶσχος, n. αἰσχρότης, f.
Turret, πύργος, m. πυργίον, n. πυργίσκος, m.
Turtle-dove, τρυγών, f. [γίσκος, m.
Tusk, χαυλιόδων or χαυλιόδων ὀδούς, m.
Tutelage, ἐπιτροπεία, f. ἐπιτροπή, f. προστατεία, f. [στατήριος
Tutelar, Tutelary, ἐπιτροπικὸς, προ-
Tutor, παιδαγωγὸς, m. παιδευτής, m. παιδοτρίβης, m.
Twang, κλαγγή, f. ῥοῖζος, m. Ion. f.
Twang, v. κλάζω
Twelfth, δωδέκατος: on the twelfth day, δωδεκαταῖος: a twelfth part, δωδεκατημόριον, n.
Twelve, δώδεκα, δυώδεκα, δυοκαίδεκα; (the number) δωδεκὰς, f.: twelve times, δωδεκάκις: lasting twelve months, δωδεκάμηνος
Twentieth, εἰκοστὸς: twentieth day of the month, εἰκάς, f.
Twenty, εἴκοσι: the number twenty, εἰκάς, f.: twenty thousand, δισμύριοι: twenty times, εἰκοσάκις: lasting twenty years, twenty years old, εἰκοσαετής, -τὶς
Twenty-fifth, πεντεκαιεικοστὸς
Twenty-five, εἰκοσιπέντε
Twice, δὶς: twice as much or many,
Twig, κράδη, f. κλῆμα, n. [διπλάσιος
Twin, δίδυμος, διδυμογενὴς, διδυμάων: bearing twins, διδυμοτόκος
Twine, v. πλέκω, συμπλέκω, εἴρω
Twined, πλεκτὸς, συμπλεκτὸς
Twinge, κνῖσμα, n. τίλμα, n.
Twinge, v. κνίζω, κνάω, τίλλω
Twining, πλεκτικὸς, συμπλεκτικὸς
Twinkle, v. στίλβω, ἀμαρύσσω
Twinkling, μαρμαρυγή, f. ἀμαρυγή, f. ἀμάρυγμα, n. ῥιπή, f.
Twirl, v. δινέω, γυρόω
Twist, v. στρέφω, λυγίζω, πλέκω, παρέλκω, γνάμπτω
Twisted, πλεκτὸς, ἕλιξ, ἑλικτὸς: well twisted, εὐπλεκὴς, εὔπλεκτος, εὔστροφος, εὔστρεπτος
Two, δύο; (the number) δυὰς, f.: two by two, σύνδυο: in two parts or ways, δίχα, διχῇ, διχόθεν: in two places, δισσαχῇ
Two-edged, ἀμφίτομος, διχόστομος, δίστομος, ἀμφίθηκτος
Two-fold, δίδυμος
Two hundred, διακόσιοι
Two-oared, ἀμφηρικὸς, ἀμφήρης
Two thousand, δισχίλιοι
Tympanum, τύμπανον, n.
Type, τύπος, m.
Typical, τυπικὸς
Typify, v. προδείκνυμι
Tyrannical, τυραννικὸς
Tyrannically, adv. τυραννικῶς
Tyrannise, v. τυραννεύω, τυραννέω
Tyranny, τυραννίς, f.
Tyrant, τύραννος, m.
Tyro, πρωτόπειρος, m.

U & V

Vacancy, κενότης, f.
Vacant, κενὸς, διάκενος
Vacate, v. ἀπεῖπον, κενόω
Vacation, ἐκεχειρία, f. σχολή, f.
Vacillate, v. ὀκνέω
Vacillating, ὀκνηρὸς
Vacillation, ὄκνος, m.
Vacuity, κενότης, f.
Vacuum, κένωμα, n.
Vagabond, Vagrant, πλάνης, m. πλανήτης, m. ἀλήτης, m.
Vagrant, πλάνος, πλανητὸς, πλανητικὸς, φοιταλέος
Vague, ἀσαφὴς, κωφὸς
Vain, μάταιος, κενὸς, ἠλίθιος, κοῦφος, μαψίδιος, τηΰσιος; (conceited) χαῦνος: in vain, μάτην, ματαίως, διὰ κενῆς, ἄλλως, ἠλιθίως
Vain-glorious, ἀλαζών, κενόδοξος
Vale, ἄγκος, n. αὐλών, m.
Valiant, ἄλκιμος, κρατερὸς, ἄρειος
Valiantly, adv. κρατερῶς
Valid, κύριος
Validity, κῦρος, n.
Valley, ἄγκος, n. αὐλών, m. νάπη, f.
Valorous, ἄλκιμος, ἄρειος
Valour, ἀρετή, f. θράσος or θάρσος, n. μένος, n. ἀλκή, f. εὐψυχία, f.
Valuable, τίμιος, τιμαλφὴς, ἔντιμος, ἐνάριθμος, ἀρίθμητος
Valuation, τίμησις, f.
Value, τιμή, f. τίμημα, n. ἀξία, f. ὦνος, m.: of great value, ἄξιος πολλοῦ: of no value, οὐδενὸς ἄξιος
Value, v. τιμάω, ἀποτιμάω, ἐντιμάω,

VAN

ἀξιόω : to value highly, περὶ πολλοῦ ποιέομαι : to value more, περὶ πλείονος ποιέομαι
Van, (of an army) οἱ προτεταγμένοι, οἱ πρωταγοί, οἱ ἀφηγούμενοι
Vanish, v. ἀφανίζομαι, ἀναπέτομαι, λιάζομαι
Vanity, κενότης, f. ματαιότης, f. (conceitedness) ἀλαζονεία, f. κενοδοξία, f.
Vanquish, v. νικάω, κρατέω, ἐπικρατέω, δαμάζω, κατεργάζομαι, ὑπάγω, καταπολεμέω
Vanquisher, νικητὴς, m. δαμαντὴρ, m.
Vapid, ἀλίβας, ἄθυμος
Vapor, ἀτμὸς, m. ἀτμὶς, f.
Variable, εὐμετάβολος, εὐμετάβλητος, ποικίλος, αἰόλος, πολύστροφος, εὐμετάθετος
Variance, διαφορὰ, f. διάστασις, f. διχοστασία, f.: at variance with, διάφορος : to be at variance with, διαφόρως ἔχω, διαφέρομαι
Variation, μεταλλαγὴ, f. μεταβολὴ, f.
Variegate, v. ποικίλλω, αἰόλλω
Variegated, ποικίλος, αἰόλος
Variegating, Variegation, ποικιλία, f. ποίκιλσις, f. ποικιλμὸς, m.
Variety, ποικιλία, f. πολυειδία, f. πολυτροπία, f. [πὸς, πολυειδὴς
Various, ποικίλος, παντοῖος, παντοδαVariously, adv. παντοίως, παντοδαπῶς
Vary, v. ποικίλλω, μεταβάλλω, παραλVase, λέβης, m. [λάσσω
Vassal, ὑπήκοος, m. [μεγας, κητώεις
Vast, πέλωρος, πελώριος, μέγας, ὑπέρVastly, adv. πολὺ, μεγάλως
Vat, ὑποληνὶς, f. πίθος, m.
Vault, ψαλὶς, f. καμάρα, f.: vault of heaven, κύκλος οὐρανοῦ, ἡ ὑπουρανία ἀψὶς
Vault, v. καμαρόω ; (leap) ἄλλομαι
Vaulted, καμαρωτὸς
Vaunt, κόμπος, m. κόμπασμα, n. ἀλαζόνευμα, n. ἀλαζονεία, f. καύχημα, n.
Vaunt, v. κομπέω, κομπάζω, ἀλαζονεύομαι, καυχάομαι, εὔχομαι
Vaunting, ἀλαζονεία, f. καύχησις, f. κομπασμὸς, m.
Udder, θηλὴ, f. οὖθαρ, n.
Veal, κρέας μόσχειον, n.
Veer, v. ἐπιστρέφομαι, μεταστρέφω
Vegetables, λάχανον, n. ὄσπρια, n. pl.
Vegetate, v. θάλλω, βλαστάνω
Vegetation, βλάστησις, f.
Vegetative, βλαστικὸς, βλαστητικὸς
Vehemence, σφοδρότης, f. ὀξύτης, f. δεινότης, f.
Vehement, σφοδρὸς, πολὺς, δεινὸς

VER

Vehemently, adv. σφόδρα, ἄγαν, ἐντεταμένως, ἰσχυρῶς
Vehicle, ὄχημα, n. ὄχος, n. ἅρμα, n.
Veil, κάλυμμα, n. προκάλυμμα, n.
Veil, v. καλύπτω, περικαλύπτω, συνVein, φλὲψ, f. φλέβιον, n. [αμπέχω
Veined, φλεβώδης
Velocity, ταχύτης, f.
Venal, ὤνιος, πράσιμος
Vend, v. πιπράσκω, καπηλεύω, πωλέω
Vender, πρατὴρ, m. πωλητὴς, m. κάπηλος, m.
Vendible, πράσιμος
Venerable, σεμνὸς, πότνια (fem.), αἰδοῖος, σεβάσμιος, αἰδέσιμος, γεράσμιος, πρεσβὺς
Venerably, adv. σεβασμίως, σεμνῶς
Venerate, v. σέβω, αἰδέομαι
Veneration, αἰδὼς, f. σέβασμα, n. αἴδεσις, f.
Venereal, ἀφροδίσιος, ἀφροδισιαστικὸς
Venery, τὰ ἀφροδίσια, ἀφροδίτη, f.
Vengeance, τιμωρία, f. νέμεσις, f. ποινὴ, f. δίκη, f.
Venial, συγγνωστὸς
Venom, ἰὸς, m. φάρμακον, n.
Venomous, ἰώδης, ἰοβόλος, φαρμακώδης
Vent, διέξοδος, f. ὀπὴ, f.
Vent, v. διεξίημι
Venture, κίνδυνος, m. κινδύνευμα, n.
Venture, v. κινδυνεύω, τολμάω, ἀναρρίπτω κίνδυνον
Venturesome, Venturous, φιλοκίνδυνος, παρακινδυνευτικὸς [ρεια, f.
Venus, 'Αφροδίτη, f. Κύπρις, f. Κυθέ·
Veracity, ἀλήθεια, f.
Verandah, σκιὰς, f. αἴθουσα, f.
Verbose, πολυλόγος, πολύμυθος, πο-
Verbosity, πολυλογία, f. [λυεπὴς
Verdant, χλωρὸς, χλοερὸς
Verdict, ψῆφος, f. κρίμα, n. δικαίωμα, n.
Verdure, χλόη, f.
Verge, χεῖλος, n. χείλωμα, n. ῥηγμὶς, f.
Verge, v. τείνω, κατατείνω
Verify, v. βεβαιόω, ἐπαληθεύω
Verily, adv. ἀληθῶς, μὴν, ἀμὴν, γε
Verity, ἀλήθεια, f. ἀψεύδεια, f.
Vermilion, κιννάβαρι, n.: vermilion-coloured, κινναβάρινος
Vernacular, ἐγχώριος, κοινὸς
Vernal, ἐαρινὸς
Versatile, πολύτροπος, εὐτράπελος
Versatility, πολυτροπία, f. ποικιλία, f.
Verse, ἔπος, n. στίχος, m. [m.
Vertebre, σφόνδυλος, m. ἀστράγαλος,
Vertex, κορυφὴ, f. ἄκρα, f.
Vertigo, ἴλιξ, f. σκότωμα, n. [μέγα
Very, adv. λίαν, μάλα, σφόδρα, πάνυ,

Vessel, ἄγγος, n. ἀγγεῖον, n. τεῦχος, n.: brazen vessel, χαλκίον & χαλκεῖον, n. χάλκωμα, n.
Vest, χιτών, m. χιτώνιον, n.
Vesta, Ἑστία, f.
Vestal, ἑστιάς, f.
Vestibule, πρόθυρον, n. προπύλαιον, n. πρόπυλον, n. αὔλειον, n.
Vestige, ἴχνος, n. σημεῖον, n.
Vestment, Vesture, ἐσθής, f. ἔσθημα, n. εἷμα, n. ἱμάτιον, n. ἔνδυσις, f. ἔνδυμα, n.
Vetch, ἀφάκη, f. ὄροβος, m.
Vex, v. κήδω or κηδέω, δάκνω, κνίζω, ἐνοχλέω, λυπέω: to be vexed, ἀγανακτέω, δυσφορέω, χαλεπαίνω
Vexation, ἀγανάκτησις, f. δυσχέρεια, f.
Vexatious, ἀνιαρός, λυπηρός, κέρτομος, θυμοφθόρος, θυμοβόρος
Ugliness, αἶσχος, n. δυσμορφία, f. ἀμορφία, f.
Ugly, ἄμορφος, δύσμορφος, δυσειδής, ἀειδής, ἄωρος, αἰσχρός
Vial, φιάλη, f.
Viands, σῖτος, m. ὄψον, n.
Vibrate, v. πάλλομαι, ὀρχέομαι, κραδαίνω, σείω
Vibration, παλμός, m.
Vice, κακία, f. κάκη, f. κακότης, f. πονηρία, f.
Vice-admiral, ἐπιστολεύς, m.
Viceroy, ὕπαρχος, m. ἐπίτροπος, m.
Vicinity, γειτονία, f. γειτόνησις, f.
Vicious, κακός, φαῦλος [γειτνίασις, f.
Viciously, adv. κακῶς
Vicissitude, μεταβολή, f. ἀμοιβή, f. ἐξάμειψις, f.
Victim, σφάγιον, n. θῦμα, n. ἱερεῖον, n. τόμιον, n.
Victor, τριακτήρ, m. νικητής, m.
Victorious, νικηφόρος, νικήεις, καλλίνικος, ἐπικρατής, ὑπέρτερος
Victory, νίκη, f. νίκημα, n. νικηφορία, f.: of victory, νικητήριος, ἐπινίκιος
Victual, v. ἐπισιτίζομαι
Victuals, σῖτος, m. σῖτα, n. pl. ὄψον, n.
Vidette, σκοπός, m. διερευνητής, m.
Vie with, v. ἐρίζω, παραβάλλω, ἀγωνίζομαι, ἀγωνιάω
View, ὄψις, f. ἔποψις, f. ἄποψις, f. πρόσοψις, f. ὅραμα, n. θέα, f. ἐπίσκεψις, f.
View, v. ὁράω, ἐφοράω, ἐπισκοπέω
Vigil, ἀγρυπνία, f. φρουρά, f. φυλακή, f.
Vigilance, εὐλάβεια, f. ἀγρυπνία, f.
Vigilant, φυλακτικός, ἄγρυπνος, ἐγρηγορικός
Vigorous, ἀκμαῖος, ἐρρωμένος, εὔρωστος, κρατερός, ἰσχυρός, ἀνθηρός, εὔτονος: to be vigorous, ἀκμάζω, εὐθηνέω & εὐθενέω, σφριγάω
Vigorously, adv. εὐτόνως, ἰσχυρῶς
Vigour, ἀκμή, f. ῥώμη, f. σθένος, n. εὐτονία, f.
Vile, φαῦλος, αἰσχρός
Vilely, adv. φαύλως, αἰσχρῶς
Vileness, φαυλότης, f. αἰσχρότης, f.
Vilify, v. διασύρω, ἐκφαυλίζω, εὐτελίζω
Villa, ἔπαυλις, f.
Village, κώμη, f.
Villager, κωμήτης, m.
Villain, πανοῦργος, c. λεωργός, m.
Villanous, πανοῦργος, λεωργός, κακοῦργος, πονηρός
Villanously, adv. πανούργως
Villany, πανουργία, f. πανούργημα, n. κακουργία, f. πονηρία, f.
Vindicate, v. ἀπολογίζομαι, ἀμύνομαι, δικαιόω
Vindication, ἀπολογία, f.
Vindictive, μνησίκακος, τιμωρητικός
Vine, ἄμπελος, f. ἀμπέλιον, n.: of or belonging to a vine, ἀμπέλινος, ἀμπελόεις: vine-leaf, οἴναρον, n. οἰνάριον, n.: abounding in vines, ἀμπελόεις
Vine-dresser, ἀμπελουργός, m. [f.
Vinegar, ὄξος, n.: vinegar-cruet, ὀξίς.
Vineyard, ἀμπελών, m. ἀμπελεών, m. ὄρχος, m. οἰνόπεδον, n.
Vinous, οἰνηρός
Vintage, τρυγητός, m. to gather the vintage, τρυγάω
Vintager, τρυγητήρ, m.
Viol, κιθάρα, f. βάρβιτον, n. λύρα, f.
Violate, v. συγχέω, παραβαίνω, παρανομέω; (a woman) φθείρω, διακορέω
Violation, σύγχυσις, f.
Violence, βία, f. βιαιότης, f. ὁρμή, f. σφοδρότης, f.: act of violence, ὕβρις, f. θανάσιμον χείρωμα, n.
Violent, βίαιος, ὑπέρβιος, κράτερος, ἐξαίσιος, σφοδρός, βιαστικός, σύντονος [σφόδρα, σφοδρῶς, λαβρῶς
Violently, adv. βιαίως, βίᾳ, ἐκ βίας,
Violet, ἴον, n.: violet-coloured, ἰοειδής
Viper, ἔχιδνα, f. ἔχις, m. ἐχίδνιον, n.: of a viper, ἐχιδναῖος
Virgin, παρθένος, f. κόρη, f.: of or belonging to a virgin, παρθένιος, παρθενεύος: to be a virgin, παρθενεύομαι
Virginity, παρθενία, f. παρθένευμα, n.
Virile, ἀνδρικός, ἀνδρεῖος
Virility, ἀνδρεία, f. ἀνδραγαθία, f. ἀν.
Virtual, ἐνεργής, ἀληθινός [δρότης, f.
Virtually, adv. ἐνεργῶς, δυνάμει

Virtue, ἀρετή, f. ἀνδραγαθία, f. τὸ κα·
Virtuous, ἀγαθὸς, χρηστὸς [λὸν
Virtuously, adv. ἀγαθῶς, χρηστῶς, εὖ
Virulence, κακοήθεια, f.
Virulent, κακοήθης, πικρὸς
Visage, πρόσωπον, n.
Viscous, γλοιώδης, ἰξώδης, κομμιώδης
Visible, ὁρατὸς. κάτοπτος, φανερὸς, ἐμφανὴς, ἐναργὴς, ἔνοπτος [γῶς
Visibly, adv. φανερῶς, ἐμφανῶς, ἐναρ-
Vision, ὄψις, f. φάσμα, n. φάντασμα, n. δόκημα, n. ὅρασις, f.
Visionary, μετέωρος
Visionary, μετεωροσκόπος, μετεωρολόγος, μετεωροσοφιστὴς, m. μετεωρολέσχης, m.
Visit, v. ἐπισκοπέω, ἐφοδεύω, ἐφοράω, ἐποίχομαι, φοιτάω, ἐπιφοιτάω, πρόσειμι, ἐπαναθεάομαι ; (with punishment) ἐφικνέομαι, ἐπέρχομαι
Visitation, σκηπτὸς, m.
Visiting, ἐπίσκεψις, f. φοίτησις, f.
Vital, ζωτικὸς, ζώσιμος, ζωθάλμιος
Vitiate, v. φθείρω, διαφθείρω
Vitiation, φθορὰ, f. διαφθορά, f.
Vituperate, v. ὀνειδίζω, ψέγω, μέμφομαι, ἐπιτιμάω
Vituperation, ὄνειδος, n. ψόγος, m. ἐπιτίμησις, f. μέμψις, f.
Vivacious, ζωτικὸς, εὔθυμος, ἀταλὸς, ψυχικὸς, ἱλαρὸς
Vivacity, εὐθυμία, f. ὀξύτης, f.
Vivid, ὀξὺς, ζωτικὸς, θοὸς, ψυχικὸς
Vividly, adv. ὀξὺ, ὀξέως, θοῶς
Vividness, ὀξύτης, f.
Ulcer, ἕλκος, n.
Ulceration, ἕλκωσις, f.
Ulcerous, ἔμπυος
Ultimate, ἔσχατος
Ulysses, Ὀδυσσεὺς, m.
Umbrage, ἀγανάκτησις, f.
Umbrageous, (shady) σκιόεις, σκιώδης
Umbrella, σκιάδειον, n. σκιάδιον, n.
Umpire, ἀγωνοθέτης, m. ἀγωνάρχης, m. κριτὴς, m. ῥαβδοῦχος, m. βραβεὺς, m. ἵστωρ, m.
Unabashed, ἀναίσχυντος
Unabated, ἄληκτος
Unable, ἀδύνατος, ἀκρατὴς : to be unable, ἀδυνατέω
Unacceptable, ἀηδὴς, ἀχάριστος
Unaccompanied, μόνος
Unaccomplished, ἀτελὴς, ἀτελεύτητος, ἀτέλεστος, ἀνήνυστος, Att. ἀνήνυτος, ἄκραντος
Unaccustomed, ἄπειρος, ἀήθης
Unadorned, ἀκόσμητος
Unadvised, ἀνουθέτητος

Unadulterated, ἄκρατος, ἀκήρατος,
Unallotted, ἄκληρος [ἀκίβδηλος
Unalloyed, ἀκίβδηλος
Unalterable, ἀκίνητος, ἀμετάστροφος
Unalterably, adv. ἀκινήτως, ἀμετα-
Unambitious, ἀφιλότιμος [κινήτως
Unanimity, ὁμόνοια, f. ὁμοφροσύνη, f. ὁμοδοξία, f. [ὁμόλογος
Unanimous, ὁμογνώμων, ὁμόφρων,
Unapproachable, δυσπρόσβατος, δυσείσβολος, δύσβατος, ἄδυτος, ἄβατος, δυσπρόσοδος
Unarmed, γυμνὸς, ἄοπλος, ἄνοπλος
Unarranged, ἀκόσμητος, ἄκοσμως
Unattainable, ἀπρόσικτος, ἀκίχητος
Unattempted, ἀπείρητος, ἀργὸς
Unavailable, ἀχρεῖος
Unavenged, ἀτιμώρητος, νήποινος
Unavoidable, ἄφυκτος, ἀμήχανος, δυσαπάλλακτος
Unawares, ἀφύλακτος, ἄφρακτος, λαθραῖος, ἀπρονόητος ; adv. λάθρῃ, λαθραίως, ἀπερινοήτως
Unbearable, ἀνάσχετος, ἄτλητος
Unbecoming, ἀπρεπὴς, ἀεικὴς, ἀεικέλιος [ἀεικέως
Unbecomingly, adv. ἀπρεπέως, ἀεικὲς,
Unbelief, ἀπιστία, f.
Unbelieving, ἄπιστος
Unbending, ἄκαμπτος, ἀκαμπὴς
Unbidden, ἀκέλευστος, αὐτοκέλευστος
Unbind, v. λύω
Unblameable, Unblamed, ἄμεμπτος, ἀνεπίκλητος, ἀμώμητος [μέμπτως
Unblameably, adv. ἀνεπικλήτως, ἀ-
Unblemished, τέλεος, τέλειος, ἄσπιλος
Unborn, ἀγένητος & ἀγέννητος, ἄγονος
Unbounded, ἄμετρος, ἀμέτρητος, ἀπειρέσιος
Unbridled, ἀχάλινος, ἀχαλίνωτος
Unbroken, ἄθραυστος, ἄκλαστος, ἄρρηκτος
Unburied, ἄταφος, ἀκήδεστος, ἄθαπτος
Unburnt, ἄκαυστος
Uncalled, ἄκλητος, αὐτόκλητος
Uncared for, ἀκηδὴς, ἀκήδεστος
Unceasing, ἐνδελεχὴς, ἄφθιτος, ἄκριτος, ἄληκτος, ἀδιάλειπτος, ἀκατάπαυστος
Uncertain, ἀφανὴς, ἄδηλος, ἀμαυρὸς, μετέωρος ; (of people) ἄπορος, ἀμήχανος [ἀφανοῦς
Uncertainly, adv. ἀφανῶς, ἐκ τοῦ
Uncertainty, ἀδηλότης, f. ἀφάνεια, f.
Unchangeable, ἀκίνητος, ἀμετάστατος, ἄτροπος
Unchangeably, adv. ἀκινήτως
Unchaste, ἄναγνος, ἀσελγὴς

Unchastely, adv. ἀνάγνως, ἀσελγῶς
Unchastity, ἀσέλγεια, f. ἀκολασία, f. λαγνεία, f.
Unchecked, ἀχάλινος
Uncircumcised, ἀπερίτμητος
Uncircumscribed, ἀπερίγραπτος
Uncircumspect, ἀπερίσκεπτος
Uncivil, τραχὺς, σκαιὸς, ἀπειρόκαλος
Uncle, θεῖος, m.: paternal uncle, πάτρως, m. πατράδελφος, m.: maternal uncle, μήτρως, m. μητράδελφος, m.
Unclean, ἀκάθαρτος, μιαρὸς
Uncleanness, ἀκαθαρσία, f. μιαρία, f.
Unclose, v. ἀνοίγνυμι
Unclouded, ἀνέφελος
Uncoil, v. ἐξελίσσω
Uncoloured, ἄχρωστος
Uncombed, ἀκτένιστος, ἀπαράτιλτος
Uncommon, ὑπερφυὴς, ἀηθὴς, ἐκνό-
Uncommonness, καινότης, f. [μιος
Unconcealed, ἄκρυπτος, ἀνέφελος
Unconcern, ἀμέλεια, f. ἀκήδεια, f. ὀλιγωρία, f. [ρος
Unconcerned, ἀμελὴς, ἀκηδὴς, ὀλίγω-
Unconcernedly, adv. ὀλιγώρως, εὐκό-
Uncondemned, ἀκατάκριτος [λως
Unconnected, ἀσύνδετος, ἀσύναπτος
Unconquerable, ἀκαταμάχητος, ἀνίκητος, ἀδάματος, ἀησσητος
Unconscious of, ἄϊστος
Unconsecrated, βέβηλος
Unconsidered, ἄσκεπτος, ἀπρόσκεπτος
Unconstrained, ἀβίαστος
Uncontrolled, ἀκράτητος, ἀκόλαστος
Uncorrupted, ἄφθαρτος, ἀμίαντος
Uncover, v. ἐκκαλύπτω, ἀποκαλύπτω, ἀποστεγάζω
Uncovered, ἀκάλυπτος
Uncourteous, ἄγροικος [τως
Uncourteously, adv. ἀγροίκως, ἀχαρί-
Uncouth, ἰδιωτικὸς, ἀπειρόκαλος, ἄγροικος
Uncouthly, adv. ἰδιωτικῶς, ἀγροίκως
Uncreated, ἀποίητος, ἀγέννητος
Unction, ἄλειψις, f. χρῖσις, f.
Unctuous, λιπώδης
Uncultivated, ἀργὸς, ἀγεώργητος, ἄσπαρτος; (of men, manners, &c.) ἄγριος, ἄγροικος, ἀπαίδευτος
Uncurbed, ἀχάλινος
Uncut, ἄτμητος, ἄτομος
Undaunted, ἀδεὴς, ἄφοβος, ἀτάρβητος, ἀνέκπληκτος, ἄτρεστος [ἀτρέστως
Undauntedly, adv. ἀδεῶς, ἀφόβως,
Undauntedness, ἀφοβία, f. ἀτρεμία, f.
Undecayed, ἀγήρατος, ἀγήραος
Undecided, ἄκριτος, ἀδιάκριτος

Undefended, ἄφρακτος, ἔρημος
Undefiled, ἀμίαντος, ἄχραντος, ἀκίοατος
Undefined, ἀόριστος [τος
Undeniable, ἀνεξέλεγκτος, ἀκατάβλη-
Under, ὑπὺ, ἔνερθε, θεν: to be under, ὕπειμι, ὑπόκειμαι, ὑφίσταμαι
Undergo, v. ὑπέχω, ὑφίσταμαι, ὑποδύομαι
Underground, χθόνιος, ὑποχθόνιος, καταχθόνιος, ὑπόγειος, κατάγειος
Underhand, κρυφαῖος; adv. λάθρα, κρύβδην [ὑποτρώγω
Undermine, v. ὑπορύσσω, ὑπορρέω,
Underneath, ὑπένερθε, κάτω, ὑπό
Understand, v. γιγνώσκω, μανθάνω, ἐννοέω, συνίημι, λαμβάνω, ὑπολαμβάνω, συλλαμβάνω, κατέχω, καταμανθάνω
Understanding, νόος, contr. νοῦς, m. γνώμη, f. σύνεσις, f. νόησις, f. φρόνημα, n.
Undertake, v. ὑποδέχομαι, αἴρομαι, ὑφίσταμαι, παραλαμβάνω, ἀναδέχομαι, ὑποδύομαι
Undertaker, κτεριστὴς, m.
Undertaking, ἐγχείρημα, n. ἐπιχείρημα, n. ἀναδοχὴ, f.
Undervalue, v. ὀλιγωρέω
Undeserved, ἀνάξιος [παρὰ τὴν ἀξίαν
Undeservedly, adv. ἀναξίως, ὑπὲρ οὑ
Undeserving, ἀνάξιος, ἀπάξιος
Undetermined, ἄκριτος, ἀόριστος, ἀδιόριστος, ἀκύρωτος
Undigested, ἄπεπτος [ἄκριτος
Undiscernible, ἀδιάκριτος, ἀόρατος,
Undisciplined, ἄτακτος, ἀσύντακτος
Undiscoverable, Undiscovered, ἀνεύρετος, ἀνεξεύρετος
Undisguised, ἀπροφάσιστος, ἀνέφελος, ἄκρυπτος [τος, ἄπληκτος
Undismayed, ἄφοβος, ἀδεὴς, ἀτάρακ-
Undisputed, ἀναμφισβήτητος, ἀναμφίλογος [ἀναμφιλόγως
Undisputedly, adv. ἀναμφισβητήτως,
Undistinguishable, ἄκριτος, ἀκριτόφυρτος [ρυβος, ἀθορύβητος
Undisturbed, ἔκηλος, ἀτάρακτος, ἀθό-
Undivided, ἀμέριστος, ἄσχιστος, ἀδιαίρετος, ἄδαστος
Undo, v. ἀναλύω, διαχέω; (ruin) ὄλλυμι, ἀπόλλυμι, διαφθείρω
Undone, ἀγένητος, ἄπρακτος, ἀνήνυτος, ἀποίητος [φίλογος
Undoubted, ἀναμφισβήτητος, ἀναμ-
Undoubtedly, adv. ἀναμφιλόγως, ἀναμφισβητήτως
Undress, v. ἀποδύω, ἐκδύω or ἐκδύνω

UND

Undulate, *v.* κυμαίνω
Undulation, κύμανσις, *f.*
Uneducated, ἀδίδακτος, ἀπαίδευτος
Unenclosed, ἄνερκτος [καντος
Unenvied, ἄφθονος, ἀφθόνητος, ἀβάσ-
Unequal, ἄνισος, ἀνώμαλος, ἀνόμοιος
Unequally, *adv.* ἀνίσως
Unerring, ἀναμάρτητος
Unerringly, *adv.* ἀναμαρτήτως
Uneven, ἀμώμαλος, ἄνισος [της, *f.*
Unevenness, ἀνωμαλία, *f.* ἀνωμαλό-
Unexamined, ἀνεξέταστος, ἀνεξέλεγκ-
τος, ἀνερεύνητος, ἀνεπίσκεπτος
Unexceptionable, ἀνεπιτίμητος, ἀνέ-
λεγκτος
Unexecuted, ἀτελεύτητος, ἀτέλεστος
Unexpected, ἀδόκητος, παράλογος, παράδοξος, ἀνέλπιστος
Unexpectedly, *adv.* ἀδοκήτως, ἀδόκη-
τα, παραλόγως, παραδόξως
Unexplained, ἀπεριήγητος
Unexplored, ἀδιερεύνητος
Unextinguishable, ἄσβεστος
Unfading, ἀμάραντος
Unfailing, ἀσφαλὴς
Unfaithful, ἄπιστος
Unfaithfulness, ἀπιστία, *f.*
Unfathomable, ἄβυσσος [μων
Unfeeling, ἀναίσθητος, ἀπαθὴς, ἀγνώ-
Unfeigned, ἄπλαστος, ἄδολος, ἀκατά-
ψευστος [ἀτέχνως
Unfeignedly, *adv.* ἀπλάστως, ἀδόλως,
Unfelt, ἀναίσθητος
Unfettered, ἄδεσμος [λεύτητος
Unfinished, ἀτέλεστος, ἀτελὴς, ἀτε-
Unfit, ἀνεπιτήδειος, ἄχρηστος
Unfitly, *adv.* ἀνεπιτηδείως, ἀχρήστως
Unfitness, ἀνεπιτηδειότης, *f.*
Unfledged, ἄπτὴν, ἄπτερος
Unfold, *v.* ἀναπτύσσω, ἀναπετάννυμι, ἐξελίσσω
Unforeseen, ἀπρονόητος, ἀπρόοπτος, ἀπροσδόκητος, ἀπρόσκεπτος
Unforgiving, ἀσυγγνώμων
Unforgotten, ἀείμνηστος
Unfortified, ἀτείχιστος, ἄφρακτος
Unfortunate, δυστυχὴς, ἀτυχὴς, ἄμοι-
ρος, δύστηνος, κακοδαίμων, ἄποτμος,
κακός, πονηρὸς : to be unfortunate,
δυστυχέω, ἀτυχέω, ἀποτυγχάνω,
κακῶς πάσχω, κακοδαιμονέω, κακῶς
πράσσω
Unfortunately, *adv.* δυστυχῶς, ἀτυ-
Unfrequent, σπάνιος [χῶς, κακῶς
Unfrequented, ἄβατος, ἀστιβὴς, ἔρημος
Unfriendly, ἄφιλος, ἀνεπιτήδειος, ἀηδὴς
Unfruitful, ἄκαρπος, ἀκάρπωτος, ἄγονος
Unfruitfulness, ἀκαρπία, *f.*

UNI

Unfulfilled, ἄκραντος, ἀτέλεστος
Unfurl, *v.* πετάννυμι, ἀναπετάννυμι
Ungainly, σκαιὸς
Ungathered, ἄδρεπτος, ἀδρέπανος, ἀσυγκόμιστος
Ungenerous, ἀνελεύθερος
Ungentle, ἀμείλιχος
Ungirt, ἄζωστος
Ungodliness, ἀθεότης, *f.* ἀσέβεια, *f.*
Ungodly, ἄθεος, ἀσεβὴς
Ungovernable, ἀχάλινος, ἀκράτητος, λαβρὸς, ἄσχετος
Ungraceful, ἄχαρις, ἀχάριστος
Ungracefully, *adv.* ἀχαρίστως
Ungracious, ἄχαρις, -ι
Ungrateful, ἀχάριστος, ἀχάριτος, ἀγνώμων : to be ungrateful, ἀχα-
ριστέω
Ungratefully, *adv.* ἀχαρίστως
Unguarded, ἀφύλακτος, ἀφρούρητος, ἄφρουρος
Unguardedly, *adv.* ἀφυλάκτως
Unguent, μύρον, *n.* μύρωμα, *n.*
Unhallowed, ἀνίερος
Unhappily, *adv.* δυστυχῶς, ἀτυχῶς
Unhappiness, δυσδαιμονία, *f.* ἀνολβία, *f.*
Unhappy, ἄνολβος, ἀνόλβιος, ἀτυχὴς, ἄμορος & ἄμοιρος, δυσδαίμων
Unharmed, ἀβλαβὴς, ἄσυλος, ἄνατος, ἀσκηθὴς
Unhealthy, νοσώδης, νοσηρὸς, νοση-
ματώδης ; (of a person) ἐπίνοσος
Unheard of, ἀνήκουστος, ἄπυστος
Unhesitating, ἀπροφάσιστος, ἄοκνος
Unhesitatingly, *adv.* ἀπροφασίστως, ἀόκνως
Unholy, ἀνόσιος, ἄναγνος, ἀνίερος
Unhonoured, ἄτιμος, ἀτίμητος, ἄτι-
τος, ἀτίμαστος [ἀνέλπιστος
Unhoped for, ἀνέλπιστος, ἄελπτος,
Unhurt, ἀβλαβὴς, ἀσινὴς, ἀπήμων, ἀπήμαντος, ἄνατος
Uniform, σκευὴ, *f.*
Uniform, ὁμὸς, ὁμαλὸς
Uniformly, *adv.* ὁμοῦ, ὁμοτόνως
Unimpeded, ἀνεμπόδιστος
Unimportant, φαῦλος
Uninformed, ἀμαθὴς, ἀπαίδευτος, ἄπειρος, ἄιδρις, ἄιστωρ
Uninhabitable, Uninhabited, ἀοίκη-
τος, δυσοίκητος, ἔρημος [ἀμύητος
Uninitiated, ἀτέλεστος, βέβηλος,
Uninjured, ἀβλαβὴς, ἀνόλεθρος, ἀκέ-
ραιος, ὀρθὸς [ἄπειρος
Uninstructed, ἀπαίδευτος, ἀμαθὴς,
Unintelligible, ἀσύνετος, δυσξύνετος, δυσκαταμάθητος, δύσκριτος, ἀσαφὴς, δύσγνωστος

Unintentional, ἀέκων, contr. ἄκων, ἀκούσιος, ἀπροαίρετος, ἀπροβούλευτος
Unintentionally, adv. ἀκουσίως
Uninterrupted, συνεχής, εὔκηλος
Uninterruptedly, adv. συνεχῶς, συνεχές, ἀδιασπάστως
Uninvestigated, ἀνεξέταστος
Uninvited, ἄκλητος
Union, συζυγία, f. σύζευξις, f. σύναψις, f. σύγκλεισις, f. κρᾶσις, f. κοινωνία, f.
Unison, ἁρμονία, f.
Unit, ἑνάς, f. μονάς, f.
Unite, v. ζεύγνυμι, συζεύγνυμι, μίγνυμι, συμμίγνυμι, συνίστημι, συστρέφω, συνείργω, ἑνόω, ἑνοποιέω ; intrans. συγκεράννυμαι, ὁμόομαι ; (in a league) συνίσταμαι
United, σύζυξ, σύζυγος
Uniter, συναγωγεύς, m.
Uniting, συναγωγός
Unity, ἑνότης, f.
Universal, κοινός, πάγκοινος, καθολικός
Universally, adv. κοινῇ, κοινῶς
Universe, τὰ ὅλα, τὸ ὅλον, τὸ πᾶν, περιφορά. f.
Unjust, ἄδικος, παράνομος, σκολιός : to be unjust, ἀδικέω
Unjustly, adv. ἀδίκως, ἄδικα, παρὰ δίκην [ἀφίλως
Unkind, ἀμείλιχος, ἀμείλικτος, πικρός,
Unkindness, πικρότης, f.
Unknowing, ἄϊστωρ, ἄϊδρις
Unknown, ἄγνωστος, ἄγνωτος, ἀνώνυμος, ἄϊστος, λαθραῖος, ἀπόκρυφος ; adv. λάθρῃ, λάθρα, κρύβδην, κρύφα
Unlamented, ἄκλαυστος, ἀδάκριτος, ἄγοος, ἀνοίμωκτος
Unlawful, ἀθέμιτος, ἀθέμιστος, ἄθεμις, ἄνομος, παράνομος
Unlawfully, adv. ἀνόμως, παρανόμως
Unlearn, v. ἀπομανθάνω
Unlearned, ἀμαθής, ἀπαίδευτος, ἀνεπιστήμων, ἄμουσος [τως, ἀμαθῶς
Unlearnedly, adv. ἀμούσως, ἀπαιδεύ-
Unleavened, ἄζυμος
Unless, εἰ μή, πλήν, πλὴν ἐάν, ὅτι μή
Unlettered, ἄμουσος
Unlike. ἀνόμοιος ; adv. ἀνομοίως : to be unlike, ἀνομοιόομαι
Unlikely, ἀπίθανος, ἀπεικώς, ἀπεοικώς
Unlikeness, ἀνομοιότης, f. ἀνομοίωσις, f.
Unlimited, ἄπειρος, ἀπειρέσιος, ἀπείριτος, ἀόριστος
Unlock, v. ἀναμοχλεύω, ἀνοίγω
Unloose. v. λύω

Unloved, ἀφίλητος. ἄφιλος
Unlucky, ἀτυχής, δυστυχής, σκαιός
Unmaimed, ἀπηρής, ἄπηρος
Unmanageable, ἀπειθής, δύσχρηστος, δυσμεταχείριστος
Unmanly, ἄνανδρος, θῆλυς, ἀνήνωρ
Unmarried, ἄγαμος, ἀγάμητος, ἄζυξ, ἀνύμφευτος, ἀδμής, ἄλεκτρος
Unmask, v. ἀποκαλύπτω
Unmerciful, νηλεής, ἀνελεής, ἀνελεήμων, ἄνοικτος, ἀνοικτίρμων
Unmercifully, adv. ἀνοίκτως, ἀνελεημόνως. νηλεῶς
Unmerited, ἀνάξιος
Unmindful, ἀμνήμων
Unmingled, Unmixed, ἄκρατος, ἀκήρατος, ἀκέραστος, ἄμικτος, ἀμιγής, ἀνεπίμικτος
Unmolested, ἀτάρακτος, ἀτάραχος, ἀθόρυβος, ἀθορύβητος, ἄλυπος
Unmoor, v. αἴρω
Unmoved, ἀκίνητος, ἀμετακίνητος
Unnavigable, ἄπλοος. ἄπλωτος
Unnecessary, περισσός, οὐκ ἀναγκαῖος
Unnerved, ἀσθενής, ἄρρωστος
Unnumbered, ἀναρίθμητος, ἀνάριθμος
Unpaid, ἄλυτος, ἄτιτος
Unparalleled, ἀσύγκριτος, ἀσύμβλητος
Unpardonable, ἀσυγχώρητος
Unpassable, ἄπορος, ἄβατος, ἄνοδος
Unperceived, ἀναίσθητος
Unphilosophical, ἀφιλόσοφος
Unpleasant, ἀτερπής, ἄχαρις, ἀχάριστος, ἀηδής, ἀργαλέος
Unpolished, ἄξεστος
Unpolite, ἀπειρόκαλος, ἄκομψος
Unpolluted, ἀμίαντος
Unpractised, ἀγύμναστος, ἄπειρος, ἀνάσκητος, ἀμελέτητος
Unpremeditated, ἀπροβούλευτος
Unpremeditatedly, adv. ἀπροβουλεύτως [σκεύαστος
Unprepared, ἀπαράσκευος, ἀπαρα-
Unprofitable, ἀλυσιτελής, ἀτελής, ἀτέλεστος, ἀκερδής
Unprovided, ἀσκευής, ἄσκευος [τος
Unpunished, ἀζήμιος, ἀθῷος. ἀτιμώρη-
Unqualified, ἀνεπιτήδειος, οὐχ ἱκανός
Unquenchable, ἄσβεστος, ἄπαυστος
Unquestionable, ἀναμφισβήτητος, ἀναμφίλογος [τως
Unquestionably, adv. ἀναμφισβητή-
Unquestioned, ἀνέλεγκτος, ἀβασάνιστος
Unravaged, ἀκέραιος, ἀκήρατος, ἀπόρθητος, ἄτμητος
Unravel, v. ἀναπτύσσω, ἐξελίσσω, σαφηνίζω

Unready, ἀπρόθυμος, ἀνέτοιμος [τρος
Unreasonable, ἄλογος, ἀπεικώς, ἄμε-
Unreasonableness, ἀλογία, f. [κότως
Unreasonably, adv. ἀπεικότως, ἀπεοι-
Unreconciled, ἀδιάλλακτος
Unrecorded, ἀμνημόνευτος
Unrelenting, ἀνελεήμων, ἄνοικτος,
Unremedied, ἀνίατος [δυσπαραίτητος
Unrepented, ἀμεταμέλητος, ἀμετανόη-
τος [ἀχαλίνωτος, ἄκρατος
Unrestrained, ἀκόλαστος, ἀχάλινος,
Unrevenged, ἀτιμώρητος, ἄτιτος
Unrewarded, ἀμίσθωτος, ἀδώρητος
Unrighteous, ἄδικος
Unripe, ὠμός, ἀπέπειρος, ἀπέπαντος
Unripeness, ὠμότης, f.
Unrivalled, ἀνανταγώνιστος
Unroll, v. ἀνελίσσω
Unruffled, ἄκυμος, ἀκύμαντος
Unruly, ὀχλώδης, ἐξήνιος, ἀκόλαστος
Unsafe, ἐπικίνδυνος, σφαλερός
Unsafely, adv. ἐπικινδύνως
Unsaid, ἄρρητος [νητος
Unsearchable, ἀνερεύνητος, ἀνεξερεύ-
Unseasonable, ἄκαιρος, ἄωρος
Unseasonableness, ἀνωρία, f. ἀκαιρία, f.
Unseasonably, adv. ἀκαίρως, παρὰ καιρόν
Unseemliness, ἀπρέπεια, f. ἀκοσμία, f.
Unseemly, ἀπρεπής, ἀεικέλιος, ἀεικής, ἄκοσμος
Unseen, ἀόρατος, ἄοπτος, ἀειδής, ἄϊσ-
τος, λαθραῖος [ἀσύμφορος
Unserviceable, ἄχρηστος, ἀνωφελής,
Unsettled, ἀστάθμητος, ἀκατάστατος,
ἀόριστος [λευτος
Unshaken, ἀκίνητος, ἄσειστος, ἀσά-
Unshorn, ἄκαρτος, ἄκουρος
Unshrinking, ἄοκνος [ἄμορφος
Unsightly, δυσειδής, ἀειδής, δύσμορφος,
Unskilful, ἄπειρος, ἀνεπιστήμων, ἄϊδρις,
ἄτεχνος, ἀδαήμων
Unskilfully, adv. ἀτέχνως
Unskilfulness, ἀτεχνία, f. ἀδαημονία,
f. ἀπειρία, f. [ἀπροσόμιλος, ἄμικτος
Unsociable, ἀκοινώνητος, ἀπροσήγορος,
Unsold, ἄπρατος
Unsound, σαθρός, ὕπουλος
Unsown, ἄσπαρτος, ἄσπορος [ἀφειδέω
Unsparing, ἀφειδής: to be unsparing,
Unsparingly, adv. ἀφειδῶς
Unspeakable, ἄρρητος, ἀνέκφραστος,
ἄφατος, ἄλογος
Unspotted, ἄστικτος, ἀσπίλωτος
Unstable, ἀστάθμητος, ἀβέβαιος [f.
Unsteadiness, ἀβεβαιότης, f. ἀστασία,
Unsteady, ἀβέβαιος, ἀστάθμητος
Unsubdued, ἄθραυστος, ἀδάμαστος

Unsubstantial, κενός, μάταιος, ἀνούσιος
Unsuccessful, ἄπρακτος, δυσπραγής:
to be unsuccessful, ἀποτυγχάνω,
ἀπρακτέω [ἀνάρμοστος
Unsuitable, ἀσύμφορος, ἀνεπιτήδειος,
Unsuitably, adv. ἀσυμφόρως, ἀνεπιτη-
δείως, ἀναρμόστως
Unsure, σφαλερός, ἀβέβαιος
Unsuspected, ἀνύποπτος, ἀνυπονόητος
Untainted, ἀμίαντος
Untamed, ἄδμητος, ἀδάμαστος, ἀδάμα-
τος, ἀτιθάσσευτος
Untanned, ἀδέψητος, ἄψηκτος
Untasted, ἄγευστος [τος
Untaught, ἀπαίδευτος, ἀμαθής, ἀδίδα::-
Unthankful, ἀχάριστος, ἄχαρις
Unthinking, ἀφρόντιστος
Untie, v. λύω, χαλάω
Until, μέχρι & μέχρις, ἕως, ἕως ἄν,
ἔστε, ἄχρι, μέσφα
Untimely, ἄκαιρος, ἄωρος
Untiring, ἀκάματος, ἄμοχθος
Unto, εἰς or ἐς
Untold, ἄρρητος [ραιος, ἀκήρατος
Untouched, ἄθικτος, ἀψάλακτος, ἀκέ-
Untoward, δυσχερής, δύσφορος
Untowardness, δυσχέρεια, f.
Untractable, ἀπειθής, δυσήνιος
Untrained, ἀγύμναστος, ἀνάγωγος
Untried, ἀπείρητος, ἄκριτος
Untrodden, ἄστειπτος, ἀστιβής, ἀτρι-
Untrue, ψευδής [βής
Untruly, adv. ψευδῶς
Untruth, ψεῦδος, n.
Untutored, ἀπαίδευτος
Unveil, v. ἀνακαλύπτω, ἐκκαλύπτω
Unusual, ἀήθης, ἀλλόκοτος
Unusually, adv. ἀήθως
Unutterable, ἄρρητος, ἀναύδητος
Unwarily, adv. ἀφυλάκτως [νός
Unwarlike, ἀπόλεμος, ἄναλκις, ἀλαπαδ-
Unwary, ἀφύλακτος [νιπτος
Unwashed, ἄλουτος, ἄνιπτος, ἀναπό-
Unwearied, ἀκάματος, ἄμοχθος, ἄκοπος
Unwept, ἄδακρυς, ἀδάκρυτος, ἄκλαυσ-
Unwholesome, νοσώδης [τος
Unwilling, ἄκων, ἀκούσιος, ἀπρόθυμος
Unwillingly, adv. ἀκουσίως, ἀέκητι
Unwind, v. ἐξελίσσω
Unwise, ἄσοφος, ἄφρων
Unwitnessed, ἀμάρτυρος
Unwonted, ἀήθης
Unworthily, adv. ἀναξίως
Unworthy, ἀνάξιος, ἀπάξιος: to think
unworthy, ἀπαξιόω [τατος
Unwounded, ἄβλητος, ἄτρωτος, ἀνού-
Unwritten, ἄγραφος, ἄγραπτος
Unyoke, v. ἀποζεύγνυμι, λύω, καταλύω

Vocal, φωνήεις, ἔμφωνος
Vocation, (employment) πραγματεία, f.
Vocative case, ἡ κλητικὴ (πτῶσις)
Vociferate, v. κράζω, βοάω, ἀλαλάζω
Vociferation, κραυγή, f. κραυγασμὸς, m.
Vociferous, κραυγαστικὸς, πολύφημος
Voice, φωνή, f. φώνημα, n. φθογγὸς, m. φθογγή, f. φθέγμα, n. φήμη, f.
Void, κένωμα, n. κενεών, m.
Void, κένος, διάκενος, ἄκυρος, ἄθετος, ἄπρακτος
Volatile, πτηνὸς, κουφόνοος
Volcano, ῥύαξ, m.
Volley, βολὴ, f.
Volubility, πολυλογία, f.
Voluble, ἐπίτροχος, ἐπιτρόχαλος, εὔστροφος, πολυλόγος
Volume, κύλινδρος, m. τόμος, m.
Voluntarily, adv. ἐθελοντί, ἐθελουσίως, ἐθελοντὴν, ἐθελοντηδὸν, ἑκουσίως, ἐκ ἑκουσίας
Voluntary, ἑκὼν, ἑκούσιος, αὐτόματος, ἐθελούσιος, αὐθαίρετος, ἀβίαστος, αὐτεπάγγελτος [m. ἀπαράκλητος, m.
Volunteer, ἐθελοντὴρ, m. ἐθελοντὴς,
Voluptuary, φιλήδονος [ἡδονικὸς
Voluptuous, τρυφερὸς, φιλήδονος,
Voluptuously, adv. τρυφερῶς : to live voluptuously, τρυφάω
Voluptuousness, τρυφὴ, f. ἀσωτία, f.
Vomit, v. ἐμέω, ἐξεμέω
Vomiting, ἔμεσις, f. ἔμετος, m.
Voracious, ἀδηφάγος, γάστρις, λάβρος, λαίμαργος, πολυφάγος, λαφύστιος
Voracity, πολυφαγία, f. λαιμαργία, f. λαφυγμὸς, m. ἀδηφαγία, f.
Vortex, δίνη, f. δῖνος, m.
Vote, ψῆφος, f. ψήφισμα, n. γνώμη, f.: electing by vote, διαχειροτονία, f.: to put to the vote, ἐπιψηφίζω, ἐπιχειροτονέω, ψῆφον ἐπάγω : elected by vote, διαψήφιστος : having an equal vote, ἰσόψηφος, ὁμόψηφος
Vote, v. ψηφίζομαι, διαψηφίζομαι, χειροτονέω, ψηφοφορέω, ψῆφον τίθεμαι, ψῆφον φέρω : to vote against, ἀποψηφίζομαι, καταψηφίζομαι, ἀποχειροτονέω, καταχειροτονέω, ἀντιχειροτονέω : to vote for, ἐπιψηφίζομαι, ἐπιχειροτονέω : to elect by vote, διαχειροτονέω
Voter, χειροτονητὴς, m.
Voting, διαψήφισις, f. ψηφοφορία, f.
Voting on the same side as, σύμψηφος, ὁμόψηφος : voting against, ἀντίψηφος
Votive, εὐκταῖος

Vouch, v. μαρτυρέω, μαρτύρομαι, ἐπιμαρτυρέω, διαβεβαιόομαι
Voucher, μαρτύριον, n. μαρτύρημα, n.
Vouchsafe, v. ἀξιόομαι, συγχωρέω
Vow, εὐχὴ, f. εὐχωλὴ, f. ἀρὰ, f.
Vow, v. εὔχομαι, ἀράομαι
Vowels, τὰ φωνήεντα, τὰ φωνοῦντα
Voyage, πλόος, contr. πλοῦς, m. πορεία, f. στόλος, m. ναυτιλία, f.: prosperous voyage, εὔπλοια, f.: voyage across, διάπλοος, contr. -πλους, m.: voyage round, περίπλοος, contr. -πλους, m.: coasting voyage, παράπλοος, contr. -πλους, m. παρακομιδὴ, f.
Voyager, ὁδίτης, m. ἔμπορος, m.
Up, ἄνα, ἄνω
Up ! (arise) ἄνα (for ἀνάστηθι)
Upbraid, v. ὀνειδίζω, νεικέω
Uphold, v. ἀνέχω
Upholsterer, κλινοποιὸς, κλινουργὸς
Upon, ἐπὶ, ἀνὰ, ἐν, ὑπὲρ, κατὰ
Upper, ὑπέρτερος, ἀνώτερος
Uppermost, ἀνώτατος
Upright, ὀρθὸς, ὄρθιος ; (just) δίκαιος ; adv. ἀναστάδον, ὀρθοστάδον : to set upright, ὀρθόω, ἀνορθόω
Uprightly, adv. ὀρθῶς, δικαίως
Uprightness, ὀρθότης, f. δικαιοσύνη, f.
Uproar, θόρυβος, m. ταραχὴ, f.
Upset, v. ἀναστρέφω, ἀνατρέπω, τινάσσω
Upwards, adv. ἄνω
Urbane, ἀστεῖος, ἀστικὸς
Urbanely, adv. ἀστείως, ἀστικῶς
Urbanity, ἀστειότης, f. εὐτραπελία, f.
Urethra, οὐρήθρα, f.
Urge, v. ἐπείγω, κατεπείγω, κελεύω, ὄρνυμι, ἐπισπέρχω, ἐπισπεύδω, παροξύνω
Urgency, ἀνάγκη, f.
Urgent, ἀναγκαῖος
Urine, οὖρον, n.
Urn, κάλπις, f. λέβης, m. κύτος, n. ἀμφορεὺς, m. προχώτης, m.
Usage, Use, ἔθος, n.; use (advantage), χρῆσις, f. χρεία, f. ὄφελος, n. ὠφέλεια, f. προσφορά, f. λυσιτέλεια, f.
Use, v. χράομαι, καταχράομαι, διαχράομαι, τρέπω : to be used or accustomed, εἴωθα, νομίζω
Useful, χρήσιμος, ὠφέλιμος, ὠφελήσιμος, εὔχρηστος, ὀνήσιμος, σύμφορος, πρόσφορος, ἐπίκαιρος, ἐπιτήδειος : to be useful, ὠφελέω, συμφέρω, λυσιτελέω
Usefully, adv. συμφερόντως, χρησίμως, ὠφελίμως, ὀνησίμως, ἐπιτηδείως, λυσιτελούντως

USE

Usefulness, ὠφέλεια, f. χρῆσις, f. τὸ συμφέρον, λυσιτέλεια, f. τὸ χρήσιμον
Useless, ἄχρηστος, ἀχρεῖος, ἀνωφελής, ἀνωφέλητος, ἀλυσιτελής, κακός, ἀσύμφορος, μάταιος
Uselessly, adv. ἀχρήστως, ἀνωφελήτως
Uselessness, ἀχρηστία, f.
Usual, εἰωθώς, συνήθης, ἠθάς, νόμιμος
Usually, adv. εἰωθότως
Usurer, τοκιστής, m.
Usury, τόκος, m. δανεισμὸς, m.
Utensil, σκεῦος, n.
Utility, ὠφέλεια, f. ὠφέλημα, n. χρηστότης, f. τὸ συμφέρον, τὸ χρήσιμον
Utmost, ἔσχατος
Utter, ὅλος, τέλειος
Utter, v. φθέγγομαι, φωνέω, ἐκβάλλω, προφωνέω, προΐημι, ἵημι, ἀφίημι, ἰαχέω, ἐκφέρω, ῥίπτω
Utterance, φωνή, f. φθογγή, f.
Utterly, adv. σύμπαν, ἄρδην, πρόρριζον, πρύμνοθεν, παντελῶς; adj. πρόρριζος, αὐτόπρεμνος, προθέλυμνος
Uttermost, ἔσχατος, τελευταῖος
Vulcan, Ἥφαιστος, m.
Vulgar, ἀγοραῖος, φορτικός, ἰδιωτικός, κοινός, βάναυσος [κοινότης, f.
Vulgarity, φόρτος, m. φορτικότης, f.
Vulnerable, ῥηκτός, τρωτός
Vulture, γύψ, m. αἰγυπιός, m. τόργος, m.: of a vulture, γύπινος: frequented by vultures, γυπιάς
Uxorious, φιλογύναιος, γυναικοφίλης, γυναικομανής
Uxoriousness, φιλογυνία, f.

W.

Wade, v. διαπορεύομαι, διανέω
Waft, v. οὐρίζω: to waft towards, ἐπουρίζω
Wag, v. σαίνω, διασαίνω, σείω, διασείω, διακινέω
Wage war, v. πολεμέω, προσπολεμέω, πόλεμον αἴρομαι or τίθεμαι
Wager, περίδοσις, f.
Wager, v. περιδίδομαι
Wages, μισθός, m. μισθοφορά, f. μισθοφορία, f.: receiving wages, μισθοφόρος, ἔμμισθος
Waggon, ἅμαξα, f. ἁρμάμαξα, f. ἀπήνη, f.
Waggoner, ἁμαξεύς, m.
Wagtail, σεισοπυγίς, f. σεισούρα, f.
Wail, v. ὀλοφύρομαι, θρηνέω, ὀδύρομαι, κλαίω, οἰμώζω
Wailing, ὀλόφυρσις, f. ὀλοφυρμός, m. στοναχή, f. κλαυθμός, π. κλαῦμα, n.

WAN

Wain, ἅμαξα, f. ἀπήνη, f.: Charles's wain, ἄρκτος, f. ἅμαξα, f.
Waist, ζώνη, f. διάζωμα, n. διάζωσμα, n. ἰξύς, f.
Wait, v. μένω, ἀναμένω, ἐπιμένω, περιμένω, προσμένω, ἐπέχω, διατρίβω, διαλείπω: to wait for, προσδέχομαι, ἐκδέχομαι, φυλάσσω: to lie in wait for, ἐφεδρεύω, λοχίζω, λοχάω, ὑποκάθημαι, ὑποδέχομαι, ἐρύομαι
Wake, v. ἐγείρω, ἀνεγείρω, ἀνίστημι, ἐξυπνίζω [τικός
Wakeful, ἄυπνος, ἄγρυπνος, ἀγρυπνητικός
Wakefulness, ἀγρυπνία, f. ἐγρήγορσις, f.
Walk, Walking, περίπατος, m. βαδισμός, m. βάδισμα, n. βάδισις, f. πορεία, f.
Walk, v. βαδίζω, πατέω, ὁδοιπορέω, πεζεύω, ἀτραπίζω: to walk about, περιπατέω
Walker, βαδιστής, m.
Walking, adj. πεζός, πεζοπόρος, πεδοστιβής, πεζευτικός, πορευτικός
Wall, τεῖχος, n. τειχίον, n. τείχισμα, n. τοῖχος, m.: walls to blockade, ἀποτείχισμα, n.: cross-wall, ὑποτείχισμα, n.: building of a wall, τείχισις, f. τειχισμός, m.: rebuilding of a wall, ἀνατειχισμός, m.: building of a wall across, ὑποτείχισις, f.
Wall, v. τειχίζω, τειχέω, διατειχίζω: to wall round, περιτειχίζω, περιβάλλω τεῖχος, κυκλόω, περιέχω: to wall off, ἀποτειχίζω: to wall across, ὑποτειχίζω.
Wallet, μάρσυπος, f. πήρα, f. θύλακος, m. διφθέρα, f. φάσκωλος, m. γύλιος, m. δορός, m.
Walling off, ἀποτείχισις, f.: a walling round, περιτείχισις, f.
Wallow, v. καλινδέομαι, κυλινδέομαι, κυλίνδομαι, μολύνομαι
Wallowing, κυλίνδησις, f.
Walnut, (tree) καρύα, f. (fruit) κάρυον, n. κάρυον Περσικόν, n. κάρυον βασιλικόν, n.
Wan, ὠχρός, ἔνωχρος, λευκός, χλωρός
Wand, ῥάβδος, f. νάρθηξ, m.
Wander, v. πλανάομαι, πλάζομαι, ἀλάομαι, κυλινδέομαι, ἀλαίνω, πλανύσσω, φοιτάω, δινέομαι: to wander about, περιπλανάομαι, περιφοιτάω, ἀναστρέφομαι: to wander through, διαφοιτάω, ἐπιπλάζομαι: to wander away from, ἀποπλανάομαι, παραπλάζομαι

Wanderer, πλανήτης, m. πλάνης, m. ἀλήτης, m. [πλάνημα, n. ἄλη, f.
Wandering, πλάνη, f. πλάνος, m.
Wandering, πλάνος, πλανητός, περίδρομος, πλαγκτός, νομάς, φοιτάς, περίφοιτος, ὁδοιπλανὴς
Wane, v. φθίνω
Waning, φθίσις, f. φθίνασμα, n.
Waning, φθινὰς
Wanness, ὠχρότης, f.
Want, ἔνδεια, f. σπάνις, f. σπανιότης, f. ἀπορία, f. πενία, f. χρεία, f.: in want, ἐνδεὴς, ἐπιδεὴς, ἄπορος
Want, v. δέομαι, ἐνδέω, ἐπιδέω, σπανίζω, ὑποσπανίζομαι, στέρομαι, ἀπορέω, χράομαι, ἀμηχανέω
Wanting, ἐνδεὴς, ἐπιδεὴς, προσδεὴς, ἐλλιπὴς: to be wanting, λείπω, ἀπολείπω, προσλείπω: there is wanting, δεῖ, προσδεῖ, ἀποδεῖ, ἐπιδεῖ
Wanton, ὑβριστικός, ὑβριστὴς, νεανικός, λαμυρός, ἀσελγὴς, ἀκόλαστος, μάχλος, ἀκρατὴς: to act wantonly, νεανιεύομαι: a wanton act, ὕβρισμα, n. νεανίευμα, n.: a wanton man, ὑβριστὴς, m.
Wantonness, ὕβρις, f. ἀσέλγεια, f. ἀκολασία, f. μαχλοσύνη, f. τρυφὴ, f.
War, πόλεμος, Ep. πτόλεμος, m.: of or belonging to war, πολεμικὸς, πολέμιος, πολεμιστήριος: to declare war against, πόλεμον προστίθεμαι: to stir up war, πόλεμον ἀείρω: to excite to war, ἐκπολεμέω
War, wage war, v. πολεμέω, προσπολεμέω, διαπολεμέω, ἐκπολεμόομαι, πόλεμον αἴρομαι, στρατεύω, στρατηλατέω: to war against, προσπολεμέω, ἀντιπολεμέω, ἐπιστρατεύω, ἀντιστρατεύομαι
Warble, v. μελίζω, μινυρίζω, μινύρομαι
Warbler, μινυρίστρια, f.
Warbling, μινύρισμα, n. μινυρισμός, m.
Warbling, μινυρὸς [cry, ἀλαλάζω
War-cry, ἀλαλὴ, f.: to raise a war-
Ward, φυλακὴ, f. (of a city) κώμη, f.
Ward, Ward off, v. εἴργω, ἀπείργω, διείργω, ἀμύνω, ἀπαμύνω, ἐρύκω, ἀπερύκω, ἀρκέω, ἀλέξω, ἀπαλέξω
Warden, ἐπίτροπος, m. φύλαξ, m.
Wardrobe, ἱματιοφυλάκιον, n.
Warehouse, ἀποθήκη, f.
Wares, πώλημα, n. τὰ ὤνια
Warfare, στρατεία, f.
Warily, adv. εὐλαβῶς, διεσκεμμένως, πεφυλαγμένως
Wariness, εὐλάβεια, f. περίσκεψις, f.
Warlike, πολεμικὸς, πολέμιος, φιλοπόλεμος, μάχιμος, δαΐφρων, ἄρειος, στράτιος
Warm, θερμὸς, χλιαρὸς, ἀλεεινὸς: to be warm, ἀλεαίνω, θαλπιάω, θάλπομαι [ἰαίνω, ἀλεαίνω, χλιαίνω
Warm, v. θερμαίνω, θέρω, θάλπω,
Warmth, θέρμη, f. θερμότης, f. θερμασία, f. θάλπος, n. ἀλέα, f.
Warn, v. νουθετέω, ἀναμνάω, προλέγω, φρενόω [νουθέτημα, n.
Warning, νουθεσία, f. νουθέτησις, f.
Warning, νουθετικὸς, νουθετητικὸς
Warp, στήμων, m. στημόνιον, n. ἤτριον, n. ἱστὸς, m.
Warp, v. διαστρέφω, στρέφω, στρεβλόω
Warrant, ἐπίταγμα, n. κῦρος, n.
Warrant, v. δικαιόω, ἐγγυάομαι, κατεγγυάομαι [αἰχμητὴς, m.
Warrior, πολεμιστὴς, m. μαχητὴς, m.
Wart, μυρμηκία, n. pl. & μυρμηκίαι, f. pl. ἀκροχορδὼν, m.: to have warts, μυρμηκιάω
Wary, προμηθὴς, εὐλαβὴς, εὐλαβητικὸς, πρόνοος, προνοητικὸς, εὐλόγιστος
Wash, v. λούω, κλύζω, κατακλύζω, προσκλύζω, πλύνω, καταπλύνω, νίζω, νίπτω: to wash away, κατακλύζω, ἐκκλύζω, ἀπολούω, ἐκπλύνω, ἀπονίζω, ἀπονίπτω
Washed round, περίκλυστος: newly washed, νεόπλυτος, νεοπλυνὴς, νεόλουτος: well washed, εὐπλυνὴς
Washerwoman, πλυντρίς, f. [νιβον, n.
Wash-hand basin, ἀπόνιπτρον, n. χέρ-
Washing, πλύσις, f. κατάπλυσις, f. λοῦσις, f.: washing away, ἀπόλουσις, f. ἔκνιψις, f.
Wasp, σφὴξ, m.: wasp's nest, σφηκία, f.: cell of a wasp's nest, σφήκιον, n.
Waste, διατριβὴ, f. ἀνάλωμα, n. (a desert) ἐρημία, f. ἐρήμωσις, f.
Waste, Wasted, ἀνάστατος, ἔρημος
Waste, v. (consume lavishly) ἀναλίσκω, ἀπαναλίσκω, καταναλίσκω, ἐκχέω, διατρίβω, ἐκτήκω, τρύχω; (cause to waste away) φθίνω or φθίω, τήκω, συντήκω, μαραίνω, κατισχναίνω; intrans. φθίνω or φθίω, τήκομαι; (to lay waste, ravage) ἐρημόω, πορθέω, διαπέρθω, δῃόω, δῃϊόω. ἀνάστατον ποιέω, κόπτω, κεραΐζω, ἀλαπάζω, καθαιρέω
Wasteful, δαπανηρὸς, ἀφειδὴς, προετικὸς, ἄσωτος [ἀταμιεύτως
Wastefully, adv. ἀφειδῶς, ἀσώτως,
Waster, ἀναλωτὴς, m. (ravager) ποοθητὴς, m. πορθήτωρ, m.

Watch, φυλακή, f. φρουρά, f.
Watch, Watcher, Watchman, φύλαξ, m. φυλακτής, m. φύλακος, m. φρουρός, m. σκοπός, m.: day-watch, ἡμεροφύλαξ, m. ἡμεροσκόπος, m.: night-watch, νυκτοφύλαξ, m.
Watch, v. φυλάσσω, παραφυλάσσω, διαφυλάσσω, φρουρέω, τηρέω, διατηρέω, θεάομαι, δοκεύω; (keep awake) ἐγείρομαι, ἐγρήσσω, ἀγρυπνέω: to watch for, ἐπιτηρέω, ἐπιφυλάσσω, ἐφεδρεύω, καραδικέω
Watchful, ἄγρυπνος, ἐγρηγορικός: to be watchful, ἐγρήσσω [σις, f.
Watchfulness, ἀγρυπνία, f. ἐγρήγορ-
Watching, ἀγρυπνία, f. ἐγρήγορσις, f. φυλακή, f.
Watching, ἐγρηγορόων (part.); adv. ἐγρηγορτί
Watch-tower, σκοπιά, f. σκοπή, f. περι-
Watch-word, σύνθημα, n. [ωπή, f.
Water, ὕδωρ, n.: having plenty of water, well watered, εὔυδρος, ἔφυδρος, πολύυδρος, ἐπίρρυτος: surrounded by water, περίρρυτος
Water, v. ὑγραίνω, ὑδαίνω, ἄρδω, ἀρδεύω, ποτίζω: to draw water, ὑδρεύω, ἀντλέω
Watercourse, ὑδορρόα, f. ὑδραγωγία, f.
Waterer, ὑδρεύς, m. ὑδρευτής, m.
Watering, ὑδρεία, f. ὑδραγωγία, f. ὕδρευσις, f. ἀρδεία, f. ἄρδευσις, f.
Watermill, ὑδρόμυλος, m. ὑδραλέτης, m.
Waterproof, στεγνός
Watery, ἔνυδρος, ὑδρόεις, ὑδρηλός, ὑδρώδης, ὑδροποιός, ὑδατόεις, ὑδάτινος, ὑδατώδης, ὕδαρής
Wattles, κάλλαια, n. pl.
Wave, κῦμα, n. κλύδων, m. κλυδώνιον, n. οἶδμα, n.: to rise in large waves, κυμαίνω, κυματόομαι, κυματίζομαι
Wave, v. σείω, ἀνασείω, κραδαίνω, ἀνατινάσσω; intrans. σείομαι, ἀΐσσομαι, περισείομαι, ἠερέθομαι
Waver, v. ταλαντεύομαι, ταλαντόομαι, κινύσσομαι; (in mind) πλανάομαι, ἀπορέω, διστάζω
Wax, κηρός, m.: to model in wax, κηροπλαστέω, κηροχυτέω [αὐξάνω
Wax, v. κηρόω, κατακηρόω; (grow)
Waxen, made of wax, κήρινος, κηρό-
Waxwork, κήρωμα, n. [πλαστος
Way, ὁδός, f. κέλευθος, f. κέλευθα, n. pl. τρίβος, c. (manner) τρόπος, m.: in the way, ἐμπόδιος; adv. ἐμποδών: out of the way, ἐκποδών: to make way for, give way to, ὑπεξίσταμαι, ὑπεκχωρέω, ὑπεξέρχομαι

Wayfarer, ὁδοιπόρος, m. ὁδίτης, m.
Wayfaring, ὁδοιπόρος, ὁδοιπορικός
Waylay, v. ἐφεδρεύω, ἐνεδρεύω, λοχίζω, λοχάω
Wayward, δύστροπος, δύσκολος
Waywardly, adv. δυσκόλως
Waywardness, δυσκολία, f.
We, ἡμεῖς: we two, νώϊ, νώ
Weak, ἀσθενής, ἄρρωστος, ἀδύνατος, ἀμαλός, ἄναρθρος, ἀναλδής: to be weak, ἀρρωστέω, ἀσθενέω, ἀδυνατέω, χαλάω
Weaken, v. ἀσθενόω, καταγνυμι
Weakling, γύννις, m.
Weakly, adv. ἀσθενῶς, μαλακῶς, ἀδυναστί
Weakness, ἀρρωστία, f. ἀσθένεια, f. ἀδυναμία, f. ἀδυνασία, f. μαλακία, f. ἔκλυσις, f.: weakness of voice, ἰσχνοφωνία, f. λεπτοφωνία, f.
Weal, (mark of a stripe) σμῶδιξ, f. μώλωψ, m. (happiness, prosperity) εὐδαιμονία, f. ὄλβος, m. εὐεστώ, f.
Wealth, πλοῦτος, m. εὐπορία, f. χρήματα, n. pl. χρημάτων περιουσία, f.
Wealthiness, πολυχρηματία, f. πολυχρημοσύνη, f. χρημάτων περιουσία, f.
Wealthy, πλούσιος, πολύχρυσος, εὔπορος, πολυχρήματος, ὑπερπλούσιος, βαθύπλουτος
Wean, v. ἀπογαλακτίζω
Weaned, ἀγάλακτος, ἄθηλος
Weaning, ἀπογαλακτισμός, m.
Weapon, βέλος, n. ὅπλον, n. ἔγχος, n. σιδήριον, n.
Wear, v. δύω & δύνω, ἐνδύω & ἐνδύνω, ἕννυμαι, ἐπιέννυμαι, ἀμφιέννυμαι, ἀμφιβάλλομαι, ἀμπέχομαι: to wear out or away, τρίβω, κατατρίβω, τρύχω, κατατρύχω, τείρω: worn out, ἀσκελής, ἀρημένος, περιτριβής, τετρυμένος: to be worn out (by fatigue, &c.), ἀπεῖπον, καταπονέομαι, κακόομαι
Weariness, κάματος, m. κόπος, m. κοπία, f.
Wearisome, καματηρός, κοπώδης, οἰζυρός, κοπιαρός, μογερός
Weary, Wearied, κατάπονος, κατάκοπος: to be weary, κάμνω, ἀποκάμνω, ἐκκάμνω, ἀπεῖπον, ἀπαγορεύω: to grow weary, κοπιάω, κοπιάζω
Weary, v. λυπέω, κατατρίβω, βαρύνω, ταλαιπωρέω
Weasel, γαλέη, contr. γαλῆ, f. αἴλουρος, c. ἴκτις, f.
Weather, (fair weather) εὐδία, f. εὐημερία, f. αἰθρία, f. αἴθρη, f.: foul

weather, δυσαερία, f. χειμών, m.: changeable weather, μιξαιθρία, f. μιξαίθριον, n.
Weather-beaten, ἀνεμοτρεφής, ἀνεμόφθορος
Weave, v. ὑφαίνω, πλέκω, ἐμπλέκω, ἰστουργέω, σπαθάω: to weave in, ἐνυφαίνω: to weave together, συμπλέκω, συνυφαίνω, διαπλέκω
Weaver, ὑφαντής, m. ὑφάντρια, f. ἔριθος, f.: belonging to a weaver or weaving, ὑφαντικός
Weaving, πλέξις, f. ἔμπλεξις, f. ἰστουργία, f. ὑφή, f. ὕφανσις, f. συνύφανσις, f.
Web, ὑφή, f. ὕφασμα, n. πλοκή, f. ἱστός, m.: a spider's web, cobweb, ἀράχνη, f.
Web-footed, στεγανόπους
Wed, v. (of the man) γαμέω, ἄγομαι, ὑμεναιόω; (of the woman) γαμέομαι; (of both) νυμφεύω & νυμφεύομαι
Wedding, γάμος, m. τὰ νυμφεῖα
Wedge, σφήν, m.
Wedge, v. σφηνόω
Wedge-shaped, σφηνοειδής
Wedging, σφήνωσις, f.
Wedlock, γάμος, m.
Weed, (sea-weed) φῦκος, n. φύκιον, n.
Weed, v. ποάζω, βοτανίζω
Weeding, ποασμός, m. βοτανισμός, m.
Weedy, φυκώδης, φυκίοεις, βοτανώδης
Week, ἑβδομάς, f.
Weekly, ἑβδομαῖος, ἑβδομαδικός
Weep, v. δακρύω, ἐκδακρύω, καταδακρύω, ἀποδακρύω, κλάω, Att. κλάω, ἀνακλαίω, ἐπικλαίω, μύρομαι
Weeping, κλαῦμα, n. κλαυθμός, m. γόος, m. δάκρυμα, n.
Weeping, adj. δακρυχέων, δακρυόεις: weeping much, πολύδακρυς, πολυδάκρυτος, βαρύδακρυς: not weeping, ἄδακρυς, ἀδάκρυτος
Weigh, v. ἵστημι, ἕλκω, ταλαντεύω, ταλαντόω; intrans. (to be of such a weight) ἕλκω, ἄγω: to weigh out, ἀφίσταμαι, σταθμάομαι, ἐπισταθμάομαι, ταλαντεύω: to weigh down, βρίθω, βαρύνω, ἐπιβαρέω: to be weighed down, βρίθω, καταβρίθω, βαρύθω
Weighed down, βεβαρημένος
Weighing, ταλάντωσις, f. στάθμησις, f.
Weight, σταθμός, m. βάρος, n. βρίθος, n. ὁλκή, f. (importance) ῥοπή, f. ὄγκος, m.
Weight, Weightiness, βαρύτης, f. βριθοσύνη, f. ὄγκος, m.

Weighty, βαρύς, ἐμβριθής, βαρύσταθμος, βριθύς, ὁλκήεις
Welcome, ἀσπασμός, m. ἄσπασμα, n.
Welcome, ἀσπαστός, ἀσπάσιος, κλητός, ἀγαπητός [μαι, ἀγαπάζω
Welcome, v. ἀσπάζομαι, φιλέω, δέχομαι
Welcome! interj. χαῖρε
Welcoming, δεχόμενος, δεξιούμενος
Welfare, εὐεστώ, f. εὐδαιμονία, f. εὐημερία, f. εὐτυχία, f. ὄλβος, m.
Well, φρέαρ, n. φρεατία, f.: to dig a well, φρεορυχέω
Well, εὖ, καλῶς, χρηστῶς
Well! εὖγε; (in answer) εἶεν
Well-born, εὐγενής
West, ἑσπέρα, f. περάτη, f. ζόφος, m. νύξ, f. δυσμή, f. δύσις, f. δύσις or δυσμαὶ ἡλίου [ριος
Western, ἕσπερος, ἑσπέριος, ἐπιζεφύ·
West wind, ζέφυρος, m.
Wet, νοτίς, f. ἰκμάς, f. ὑγρότης, j.
Wet, ὑγρός, νότιος, νοτερός, διερός, μυδαλέος, διαμυδαλέος, τεγκτός, ἔνυγρος; (rainy) ὄμβριος, δύσομβρος: wet through, διάβροχος, δίυγρος: to be wet, μυδάω, βρέχομαι, νοτίζομαι
Wet, v. ὑγραίνω, νοτίζω, δεύω, καταδεύω, διαίνω, βρέχω, διαβρέχω, τέγγω, ἄρδω, μυδαίνω
Wetness, ὑγρότης, f. νοτίς, f.
Wetting, βρέξις, f. τέγξις, f.
Whale, κῆτος, n. φάλαινα, f.: like a whale, κητώδης [ποῖος
What? τί; of what sort, οἷος, ὁποῖος,
Whatever, Whatsoever, ὁποιονοῦν, ὁποιοστισοῦν, ὁποῖος δή, ὁποιόσπερ
Wheat, πυρός, m. πυρίδιον, n.: wheat flour, ἄλευρον, n. ἄλειαρ, n.
Wheat-bearing, πυροφόρος, πυρηφόρος
Wheaten, πύρινος, πύριμος, πυράμινος
Wheedle, v. θωπεύω, ἐκθωπτω, ὑποσαίνω
Wheel, τροχός, m. ἁψίς, f. ὕχος, m. κύκλος, m. κύκλωμα, n. ἄξων, m.: magic wheel, ἴυγξ, f. ῥόμβος, m.
Wheel, Wheel round, v. στρέφω, συστρέφω, ἑλελίζω, ἑλίσσω, παράγω; intrans. ἐπικάμπτω, ἀποκάμπτω, κυκλόομαι, κύκλῳ περίειμι, στροφοδινέομαι
Wheeling, παραγωγή, f. ἐπικαμπή, f. περιδρομή, f. [ουργός, m.
Wheelwright, ἁρματοπηγός, m. ἁμαξ·
Whelp, σκύμνος, m. σκύμνιον, n. σκύλαξ, m.
When? πότε; When, ὅτε, ὅταν, ὁπότε, ὁπόταν, ὡς, εὖτε

Whence, ὅθεν, ὁπόθεν, ἔνθεν; *interrog.* πόθεν; *adj.* ποδαπὸς
Whenever, ἐπειδὰν
Where, οὗ, ἔνθα, ὅπου, ὅπῃ, ὅθι, ἵνα, ᾗ; *interrog.* ποῦ, πῇ, πόθι: nowhere, οὐδαμοῦ
Whereas, ἐπεὶ, ἐπειδὴ
Wherefore, δι' ὅ, δι' οὗ, διότι, διόπερ, οὕνεκα, ὅθεν, ᾗ
Wheresoever, ὅπου ἂν, ὅπουπερ, ὅπουπερ ἂν, ὁποσαχῆ [ὁποσαχῆ
Wherever, ὅπουπερ, ὁπουοῦν, ὅπου ἂν,
Whet, *v.* θήγω, ἀκονάω, ὀξύνω
Whether, εἰ, εἴτε, εἴτ' οὖν: whether (of the two)? *interrog.* πότερος; *adv.* πότερον, πότερα (answered by ἤ): whether (of two), ὁπότερος, πότερος; *adv.* ὁποτέρως, ὁπότερον, ὁπότερα
Whetstone, ἀκόνη, *f.* θηγάνη, *f.*
Whey, ὀρρὸς or ὀρὸς, *m.*
Which, ὅς, ἥ, ὅ: which? *interrog.* τίς: which (of two)? πότερος: which (of two), ὁπότερος: whichever way, ὁποτέρως, ὁπυτερωσοῦν
While, Whilst, ἕως, τέως, ὄφρα, μεταξὺ, μέχρι, τόφρα: worth while, προύργου
Whim, διανόημα, *n.* διάνοια, *f.*
Whimper, Whimpering, κνύζημα, *n.* κνυζηθμὸς, *m.* μινυρισμὸς, *m.*
Whimper, *v.* κνυζάομαι, μινυρίζω
Whimpering, μινυρὸς
Whine, *v.* μινυρίζω, κνυζάομαι
Whining, μινυρισμὸς, *m.* κνυζηθμὸς, *m.*
Whining, μινυρὸς [κνύζημα, *n.*
Whinny, *v.* ὑβρίζω
Whip, μάστιξ, *f.* μάραγνα, *f.* ἱμὰς, *m.* μάσθλης, *m.* σκῦτος, *n.*
Whip, *v.* μαστίζω, μαστιγόω
Whipping, μαστίγωσις, *f.*: deserving whipping, μαστιγώσιμος
Whirl, δῖνος, *m.*
Whirl, *v.* δινέω, ἐπιδινέω, δινεύω, ἑλίσσω, ἐλελίζω, στρέφω, συστρέφω, κυκλόω, στροβέω
Whirled, δινητὸς
Whirling, δίνη, *f.* δῖνος, *m.* δίνευμα, *n.* ἄελλα, *f.* στρόβος, *m.* στρόμβος, *m.*
Whirling motion, δίνησις, *f.* ἄελλα, *f.*
Whirling, δινητὸς, δινήεις, δινώδης [*f.*
Whirlpool, δίνη, *f.* δῖνος, *m.* χάρυβδις,
Whirlwind, ἄελλα, *f.* στρόβιλος, *m.* δίνη, *f.* τυφὼς, *m.*
Whisper, ψιθύρισμα, *n.*
Whisper, *v.* ψιθυρίζω, ἐντρυλλίζω, ὑπεῖπον
Whisperer, ψιθυρὸς, *m.* ψιθυρίστης, *m.*

Whispering, ψιθύρισμα, *n.* ψιθυρισμὸς,
Whispering, ψιθυρὸς [*m.*
Whistle, σῦριγξ, *f.* νίγλαρος, *m.* (sound) σύριγμα, *n.* συριγμὸς, *m.*
Whistle, *v.* συρίζω, ὑποσυρίζω
White, λευκὸς, πόλιος, ἀργὸς, ἀργήεις, ἀργής, ἀργύρεος, λευκήρης, λευκόχρως, λευκοφαὴς: to be white, λευκανθίζω, λευκαίνομαι, ὑπολευκαίνομαι, πολιαίνομαι: quite white, πάλλευκος: white-armed, λευκόπηχυς, λευκώλενος: white-crested, λευκόλοφος: white-haired, λευκόθριξ: white-winged, λευκόπτερος
White of an egg, λευκὸν, *n.*
Whiten, *v.* λευκόω, λευκαίνω
Whiteness, λευκότης, *f.*
Whitening, λεύκανσις, *f.*
White paint, ψίμυθος, *m.* ψιμύθιον, *n.*
Whitewash, κονίαμα, *n.*
Whitewash, *v.* κονιάω, λευκόω [νος
Whitewashed, κονιατὸς, ἐξαληλιμμέ-
Whither? *interrog.* ποῖ, πῇ, πόσε; (relative) ὅποι, ὅπῃ, ὁπόσε, ᾗ, ὅπηπερ, ἵνα, οἶ
Whithersoever, ὅποι ἂν, ὁπηοῦν
Whitish, παράλευκος
Whitlow, παρωνυχία, *f.*
Whiz, ῥοῖζος, *c.* [ῥοιζέω
Whiz, *v.* ῥοιζέω: whiz through, διαρ-
Who? *interrog.* τίς
Who, ὃς, ἥ, ὅ; ὅ, ἥ, τό; ὅστις, ἥτις, ὅ, τι; ὅστε; ὅσπερ, ἥπερ, ὅπερ [ὅστις δὴ
Whoever, ὅστις, ἥτις, ὅ, τι; ὅστις ἂν;
Whole, ὅλος, πᾶς, σύμπας, ἅπας; (sound, healthy) ὑγιὴς, ὑγιεινὸς: on the whole, εἰς τὸ πᾶν, ἐπὶ πᾶν
Wholeness, ὁλότης, *f.* (soundness, health) ὑγίεια, *f.* [χρηστὸς
Wholesome, ὑγιεινὸς, ὑγιὴς, ὑγιηρὸς,
Wholly, *adv.* ὅλως, πάντως
Whore, πόρνη, *f.* λαικάστρια, *f.* κασαλβὰς, *f.*
Whore, *v.* πορνεύω, κασωρεύω, λαικάζω
Whoredom, πορνεία, *f.* μοιχεία, *f.*
Whoremonger, πόρνος, *m.*
Whosoever, ὅστις, ἥτις, ὅ, τι; ὅστις ἂν: all whosoever, πᾶς ὅστις
Why? τί, διὰ τί, ἵνα τί: why, (on what account) διότι, ὅθεν: why not? τί μὴ, τί γὰρ, πῶς γὰρ οὐ, πῶς δ' οὐ
Wick, θρυαλλὶς, *f.*
Wicked, κακὸς, πονηρὸς, μοχθηρὸς, φαῦλος, κακοῦργος, πανοῦργος, ἀλιτήριος, μιαρὸς, ἄσωτος: wicked deed, κακούργημα, *n.* πανούργημα, *n.*
Wickedly, *adv.* κακῶς, πονηρῶς, πανούργως, παρανόμως

Wickedness, κακία, f. κακότης, f. κάκη, f. πονηρία, f. μοχθηρία, f. κακουργία, f. πανουργία, f. φαυλότης, f.
Wicker, οἰσύϊνος, πλεκτὸς
Wickerwork, πλέγμα, n. πλέκος, n.
Wide, πλατὺς, εὐρὺς, εὐρυχωρὴς
Widely, adv. εὐρὺ
Wide-mouthed, εὐρύστομος
Widen, v. πλατύνω, εὐρύνω
Wide-spread, εὐρὺς
Widow, χήρα, f.
Widow, v. χηρόω
Widowed, χῆρος, εὖνις, ἄνανδρος
Widowhood, χηρεία, f. χηροσύνη, f.
Width, εὖρος, n. πλάτος, n. εὐρύτης, f. πλατύτης, f. [νωμάω
Wield, v. πάλλω, κρατύνω, ἀνάσσω,
Wife, γυνὴ, f. ἄλοχος, f. δάμαρ, j. παράκοιτις, f. γαμετὴ, f. σύζυξ, f. συνευνέτις, f. [δης, ὀρεινὸς
Wild, ἄγριος, ἀγρότερος, ἀγριὰς, θηριώ-
Wilderness, ἐρημία, f. ἐρῆμος, f.
Wildly, adv. ἀγρίως, ἄγρια
Wildness, ἀγριότης, f.
Wile, ἀπάτη, f. δόλος, m.
Wilful, αὐθάδης, αὐθαδικὸς, αὐτόβουλος: to be wilful, αὐθαδίζομαι
Wilfully, adv. αὐθαδῶς
Wilfulness, αὐθάδεια, f. αὐθαδία, f.
Will, (testament) διαθήκη, f. διάθεσις, f.: to make a will, διατίθεμαι; (wish, determination) βουλὴ, f. βούλημα, n. βούλησις, f. θέλημα, n. λῆμα, n.
Will, v. βούλομαι, ἐθέλω
Willing, ἑκὼν, ἑκούσιος, πρόθυμος, θελήμων, ἄσμενος: to be willing, ἐθέλω, προθυμέομαι, ἀξιόω
Willingly, adv. ἑκοντὶ, ἀσμένως, ἑκουσίως, προθύμως, προφρονέως, ῥᾳδί--
Willingness, προθυμία, f.
Willow, ἰτέα, f.: of willow, ἰτέϊνος
Win, v. κρατέω, νικάω, κομίζω, αἴρομαι, κερδαίνω
Wind, ἄνεμος, m. πνοὴ, f. πνεῦμα, n. αὔρα, f. ἀήτης, m.: fair wind, οὖρος, m. οὐρία, f.: having a fair wind, οὔριος: east wind, εὖρος, m.: west wind, ζέφυρος, m.: north wind, βορέας, m.: south wind, νότος, m.
Wind, v. ἐλίσσω, πλέκω, στρέφω; (as a road) κάμπτω: to wind round, περιελίσσω
Winding, ἑλιγμὸς, m. καμπὴ, f.
Windlass, στρέβλη, f. ὄνος, m. σκυ-
Window, θυρὶς, f. [τάλη, f.
Windy, ἀνεμόεις, ἀνεμώδης, προσήνεμος

Wine, οἶνος, m. μέθυ, n.: to pour out wine, οἰνοχοέω: producing much wine, πολύοινος, οἰνόπεδος, οἰνοπληθὴς: without wine, ἄοινος
Wine-bibber, οἰνοπότης, m. -τις, f.
Wine-cellar, οἰνεὼν, Att. οἰνὼν, n.
Wine-merchant, οἰνοπώλης, m. οἰνέμπορος, m.: to sell wine, οἰνοπωλέω
Wine-press, ληνὸς, c.
Wing, πτερὸν, n. πτέρυξ, f. πτίλον, n.: wing of an army, κέρας, n.: right wing, δεξιὸν κέρας: left wing, εὐώνυμον κέρας
Wing, v. πτερόω
Winged, πτηνὸς, πετεινὸς, πτερωτὸς, πτερυγωτὸς, πτερόεις, πτεροφόρος
Wingless, ἀπτὴν, ἄπτερος
Wink, v. μύω, ἐπιμύω, καταμύω
Winnow, v. λικμάω, ἀναλικμάω, βράσσω, πτίσσω
Winnower, λικμητήρ, m. λικμητὴς, m.
Winnowing, λικμητὸς, m.: winnowing-fan, πτύον, n.
Winter, χειμὼν, m. χεῖμα, n.: of winter, χειμέριος, χειμερινὸς
Winter, v. χειμάζω, διαχειμάζω, ἐπιχειμάζω [f.
Wintering, χειμασία, f. παραχειμασία,
Wintry, χειμερινὸς, χειμέριος, δυσχείμερος
Wipe, v. σμήχω, σμάομαι, διασμάω, ψάω, ὀμόργνυμι: to wipe off or away, ἐκσμάω, ἀπομάσσω, ἐκμάσσω, ἀποψάω, ἐξομόργνυμι
Wisdom, σοφία, f. σύνεσις, f. νόος, contr. νοῦς, m. ἐπιστήμη, f.
Wise, σοφὸς, σώφρων, εὔβουλος, συνετὸς, ἔμφρων, πυκνὸς, ἐπιστήμων, βαθὺς, ἐπίφρων, νοήμων, δαΐφρων: to be wise, σοφίζομαι, σωφρονέω
Wisely, adv. σοφῶς, σωφρόνως, φρονούντως
Wish, εὐχὴ, f. προθυμία, f. ἔλδωρ, Ep. ἐέλδωρ, n. ἐπιθυμία, f.: according to one's wish, κατὰ νόον or νοῦν, κατὰ γνώμην
Wish, v. βούλομαι, ἐθέλω, θέλω, εὔχομαι, γλίχομαι, ἔλδομαι
Wit, ἀγχίνοια, f. εὐτραπελία, f. ἀστειολογία, f. κομψεία, f. κόμψευμα, n.
Witch, γοῆτις, f. φαρμακὶς, f. φαρμάκεια, f.
Witchcraft, γοητεία, f. γοήτευμα, n. φαρμακεία, f. φαρμάκευσις, f.
With, σὺν d. ξὺν, μετὰ, παρὰ: together with, ὁμοῦ
Withdraw, v. ἀπάγω, ἀνάγω, ἐπανάγω, ὑπάγω, ὑπεξάγω; intrans. ἀναχωρέω,

ἀποχωρέω, ἐξαναχωρέω, ἀφίσταμαι, ὑπάγω, ἐπανάγω [f. ἀναχώρησις, f.

Withdrawal, Withdrawing, ὑπαγωγή,
Wither, v. μαραίνω, αὐαίνω, ἐξαναίνω, ξηραίνω, κάρφω; *intrans.* μαραίνομαι, ἀπομαραίνομαι, καταμαραίνομαι, συναυαίνομαι, κατακάρφομαι
Withered, αὖος, ξηρός
Withering, μάρανσις, f. αὐόνη, f.
Withhold, v. ἀπέχω
Within, ἔνδον, ἐντός, εἴσω & ἔσω, ἔνδοθεν, ἔσωθεν : from within, ἔνδοθεν, ἔσωθεν, ἔντοσθεν : to be within, ἔνειμι
Without, ἔξω, ἄνευ, ἐκτός, χωρίς, δίχα, ἄτερ, νόσφι : from without, θύραθεν, ἔξωθεν [ὑφίσταμαι
Withstand, v. ἀνθίσταμαι, ὑπομένω,
Witness, μάρτυς, m. μάρτυρος, m. ἐπιμάρτυς, m. ἐπιμάρτυρος, m. συνίστωρ, m.: fellow-witness, συμμάρτυς, m.: a false witness, ψευδομάρτυς, m. (*testimony*) μαρτυρία, f. μαρτύριον, n.: false witness, ψευδομαρτυρία, f.
Witness, bear witness, v. μαρτυρέω, ἐπιμαρτυρέω, ἐκμαρτυρέω: to witness against, καταμαρτυρέω: to bear witness together with, συμμαρτυρέω, συνεπιμαρτυρέω: to bear false witness, ψευδομαρτυρέω: to bear false witness against, καταψευδομαρτυρέω: to call witness, μαρτύρομαι, ἐπιμαρτύρομαι, κλητεύω
Wittily, *adv.* κομψῶς, ἐμμελῶς
Wittingly, ἐπιστημόνως
Witty, κομψός, ἀστεῖος, εὐτράπελος, ἐμμελής, γελοῖος
Wizard, γόης, m. μάγος, m.
Woe, λύπη, f. γόος, m. ἄχος, n. ταλαι-
Woeful, λυπηρός, γοερός [πωρία, f.
Wolf, λύκος, m.: she-wolf, λύκαινα, f. λυκαινίς, f.: wolf's cub, λυκιδεύς, m.: of or belonging to a wolf, λύκειος
Wolfish, λυκώδης
Woman, γυνή, f. γύναιον, n. ἡ θήλεια: an old woman, γραῦς, f. γραῖα, f.: of or belonging to women, γυναικεῖος, γύναιος : fond of women, φιλογύνης, φιλογύναιος, φιλόγυνος, γυναικομανής, γυναικοφιλής : love of women, φιλογυνία, f.
Womanish, γυναικώδης, γύνανδρος
Womb, μήτρα, f. νηδύς, f. γαστήρ, f. ὕστερα, f.
Wonder, θαῦμα, n. θάμβος, n.
Wonder, Wonder at, v. θαυμάζω,

ἀποθαυμάζω, θαυμαίνω, ἄγαμαι, θαμβέω

Wonderful, Wondrous, θαυμαστός, θαυμάσιος, ἔκπαγλος, θεσπέσιος
Wonderfully, *adv.* θαυμαστῶς, θαυμασίως, θεσπεσίως
Wont, to be, v. φιλέω
Woo, v. μνάομαι, μνηστεύω
Wood, ξύλον, n. ὕλη, f. κᾶλον, n. (*forest*) ὕλη, f. δρυμός, m. δρυμά, n. pl.
Woodcock, ἀτταγᾶς, m. ἀτταγήν, m. σκολόπαξ, m. [m. δρυτόμος, m.
Woodcutter, ξυλοκόπος, m. ὑλοτόμος,
Wooden, ξύλινος, ξυλικός
Woodman, ξυλοκόπος, m. ὑλοτόμος, m. ὑλουργός, m.
Woodpecker, πελεκᾶς, πελεκάν, or πελέκας, m. δρυοκολάπτης, m. δρυοκόπος, m.
Wood-work, ξύλωσις, f.
Woody, ὑλήεις, ὑλώδης, δενδρόκομος, δενδρήεις, εὔδενδρος
Wooed, μνηστός
Wooer, μνηστήρ, m.
Woof, κρόκη, f. πήνη, f. ῥοδάνη, f.
Wooing, μνηστεία, f. μνηστύς, f. μνήστευμα, n.
Wool, εἴριον & ἔριον, n. μαλλός, m. λάχνη, f. πόκος, m.
Woollen, ἐρεοῦς, εἰρίνεος [πόκος
Woolly, ἐριώδης, δασύμαλλος, εἰρο-
Word, ῥῆμα, n. ἔπος, n. λόγος, m. μῦθος, m.
Wordy, πολυλόγος, πολυεπής
Work, ἔργον, n. ἐργασία, f. πόνος, m. τέχνη, f. (*a work*) τέχνημα, n. τέχνασμα, n.
Work, v. ἐργάζομαι, κατεργάζομαι, πονέω, ἐνεργέω, κάμνω
Workman, τεχνίτης, m. δημιουργός, m. ἐργάτης, m. τεκτών, m. χειροτέχνης, m.: fellow-workman, σύντεχνος, ὁμότεχνος
Workmanlike, τεκτονικός, ἐργαστικός
Workmanship, δημιουργία, f. τέχνη, f. τέχνημα, f.
Workshop, ἐργαστήριον, n.
World, κόσμος, m. ἡ οἰκουμένη
Worldly, ἐπιχθόνιος, χθόνιος, ἐπίγειος
Worm, σκώληξ, m. ἕλμις or ἕλμινς, f. θρίψ, m.: like a worm, σκωληκώδης [δης, θριπήδεστος
Worm-eaten, σκωληκόβρωτος, θριπώ-
Wormwood, ἀψίνθιον, n.
Worry, v. δάκνω, κνίζω [ρείοτερος
Worse, χείρων, ἥσσων, χερείων, χε-
Worship, θεραπεία, f. θεράπευμα, n.

λατρεία, f. λάτρευμα, n. σέβας, n. θρησκεία, f.
Worship, v. σέβω & σέβομαι, προσκυνέω, θεραπεύω, λατρεύω, θρησκεύω
Worshipper, θεράπων, m. θεραπευτὴς, m. προσκυνητὴς, m. θρησκευτὴς, m.
Worst, χείριστος, κάκιστος, ἔσχατος: to be worsted, ἐλασσόομαι, κακίζομαι
Worsted, κάταγμα, n. [ἀξιότης, f.
Worth, ἀξία, f. ἀξίωμα, n. ἀξίωσις, f.
Worth, ἄξιος, ἀντάξιος, ἐπάξιως
Worthily, adv. ἀξίως, ἐπαξίως
Worthless, φαῦλος, οὐδενὸς ἄξιος, οὐτιδανὸς, ἀχρεῖος, ἄχρηστος: to be worthless, οὐδέν εἰμι
Worthlessness, οὐδενία, f. φαυλότης, f.
Worthy, ἄξιος, ἐπάξιος, κατάξιος, ἀξιόχρεως, τίμιος: to deem worthy, ἀξιόω, καταξιόω
Woven, ὑφαντὸς, πλεκτὸς, σπαθητὸς: finely woven, εὐήτριος, εὐυφής
Would that! εἴθε, εἰ γὰρ, ὡς or εἴθ' ὤφελον
Wound, τραῦμα, n. πληγὴ, f. ὠτειλὴ, f. τομὴ, f. ἕλκος, n.
Wound, v. τιτρώσκω, τραυματίζω, κατατραυματίζω, κεντέω, ἀκοντίζω, οὐτάω, οὐτάζω, πλήσσω, τύπτω, τέμνω
Wounded, τρωτὸς, ἑλκώδης: wounded man, τραυματίας, m. [τέω
Wrangle, v. νεικέω, ἐρίζω, ἀμφισβητέω
Wrangler, ἐριστὴς, m.
Wrap, Wrap up, v. εἰλύω, ἐλύω, κατειλέω, καθελίσσω, ἐγκαλύπτω, συστέλλομαι: to wrap up in, ἐνείλω, ἐνειλέω: to wrap round, περιελίσσω, περιείλω, καθελίσσω: to wrap oneself in, ἐνελίσσομαι: to be wrapped in, ἐνελίσσομαι
Wrath, ὀργὴ, f. θυμὸς, m. χόλος, m. χολὴ, f. μῆνις, f. κότος, m.
Wrathful, θυμοπληθὴς, περίθυμος, χολωτὸς, ζάκοτος, βαρύμηνις, κοτήεις, ὀργίλος
Wrathfully, adv. ὀργίλως
Wreath, στέφανος, m. στέμμα, n. στεφάνη, f. στέφος, n. πλεκτή, f.
Wreathe, v. στέφω, περιστέφω, πλέκω,
Wreathed, πλεκτὸς [ἀναπλέκω
Wreck, ναυάγιον, n. (usually pl.), ναυαγία, f.: to be wrecked, ναυαγέω, φθείρομαι, ἐκπίπτω
Wrecked, ναυαγὸς, ναύφθορος
Wren, τροχίλος, m. ὀρχίλος, m.
Wrench, v. στρεβλόω

Wrest, v. στρέφω
Wrestle, v. παλαίω
Wrestler, παλαιστὴς, m.
Wrestling, πάλη, f. πάλαισμα, n.
Wretch, ἀλάστωρ, m.
Wretched, ἄθλιος, ταλαίπωρος, οἰζυρὸς, ἄνολβος, κακοδαίμων
Wretchedly, adv. ἀθλίως, λυγρῶς
Wretchedness, ἀθλιότης, f. ὀϊζὺς, f.
Wriggle, v. εἰλύομαι [δυσδαιμονία, f.
Wriggling, αἰόλος
Wring, v. συμπιέζω
Wrinkle, ῥυτὶς, f. φαρκὶς, f.
Wrinkle, v. κάρφω, ῥυσόω: to be wrinkled, ῥυσόομαι, ῥυτιδόομαι
Wrinkled, ῥυσὸς, ῥυτιδώδης, στρεβλὸς,
Wrist, καρπὸς, m. [φαρκιδώδης
Write, v. γράφω, συγγράφω, καταγράφω: to write in or on, ἐγγράφω, ἐπιγράφω: to write up or out, ἀναγράφω: to write under, ὑπογράφω: to write besides, προσγράφω, παραγράφω: to write in answer, ἀντιγράφω [συγγραφεὺς, m.
Writer, γραμματεὺς, m. γραφεὺς, m.
Writhe, v. λυγίζομαι
Writhing, λυγισμὸς, m.
Writing, γραφὴ, f. γράμμα, n. συγγραφὴ, f. σύγγραμμα, n.
Wrong, ἀδικία, f. ἀδίκημα, n.
Wrong, v. ἀδικέω, βλάπτω, βιάζομαι, κακουργέω, σίνομαι
Wrongful, ἄδικος, παράνομος
Wrongfully, adv. ἀδικῶς, κακῶς, ἐξημαρτημένως
Wroth, θυμοπληθὴς, ζάκοτος, βαρύμηνις, χολωτὸς: to be wroth, ὀργίζομαι, θυμόομαι
Wry, σκολιὸς, διάστροφος, στρεβλὸς

Y.

Yacht, κέλης, f.
Yard, (court) αὐλὴ, f. (sailyard) κεραία, f. ἅρμενα, n. pl.
Yard, (measure) πῆχυς, m.
Yarn, ἠλάκατα, n. pl.
Yawn, Yawning, χάσμα, n. χάσμημα, n.
Yawn, v. χαίνω, ἀναχαίνω, διαχαίνω.
Yea, ναὶ, μάλιστα [χάσκω, χασμάω
Year, ἔτος, n. ἐνιαυτὸς, m. λυκάβας, m.: of or belonging to a year, ἔτειος, ἐνιαύσιος, ἐπέτειος, ἐτήσιος, ἐπετήσιος: last year, πέρυσι or πέρυσιν: of or belonging to last year, περύσινος: next year, εἰς νέωτα: of two years, two years old, διέτης

Yearly, ἐνιαύσιος, ἐπέτειος
Yell, Yelling, ὑλακὴ, f. κλαγγὴ, f.
Yell, v. ὑλακτέω, ὑλάω
Yellow, ξανθὸς : light yellow, ὠχρὸς, χλωρὸς, ὑπόχλωρος
Yelp, v. ὑλακτέω, ὑλάω
Yes, ναὶ, μάλιστα
Yesterday, χθὲς, ἐχθὲς, χθιζὸν, τὸ χθιζὸν, χθιζὰ; adj. χθεσινὸς, χθιζὸς
Yet, ἔτι, πω: not yet, οὔπω, μήπω, οὐδέπω : and yet, καί τοι
Yew, σμῖλαξ, f. μῖλαξ, f.
Yield, v. intrans. εἴκω, ὑπείκω, συγχωρέω, προσχωρέω, ἐκχωρέω, ὑφίεμαι, παρίσταμαι, ὑποκατακλίνομαι, ἐπιτρέπω, (act.) ἐνδίδωμι, ὑποδίδωμι, ἐφίημι, παρίημι
Yoke, ζυγὸν, n. ζεῦγος, n. ζεύγλη, f.
Yoke, v. ζεύγνυμι, ὑποζεύγνυμι : to yoke together, συζεύγνυμι
Yolk, (of an egg) λέκιθος, f.
You, σὺ; pl. ὑμεῖς; dual, σφῶϊ, σφὼ : of or belonging to you two, σφωΐτερος : of you, of yourself, σεαυτοῦ, -ῆς
Young, νέος, νεαρὸς, νεανικὸς, νεανίας : young man, νεανίας, m. νεανίσκος, m. : young woman, νεᾶνις, f. : to act like a young man, νεανιεύομαι,

νεανίζω : to be young, ἡβάω, νεάζω : to grow young again, ἀνηβάω
Young, the, (of animals, &c.) τέκνον, n. νεοσσὸς, m. νεόσσιον, n. βρέφος, n. ἔμβρυον, n.
Your, σὸς, σὴ, σὸν; τεὸς ; pl. ὑμέτερος, σφέτερος ; dual, σφωΐτερος
Yourself, (self) αὐτὸς : of yourself, σεαυτοῦ
Youth, Youthful vigour or spirit, ἥβη, f. νεότης, f. ἡλικία, f.
Youth, (young man) ἔφηβος, m. νεανίσκος, m. νεανίας, m. μειρακίσκος, m. μειράκιον, n. [μειρακιώδης
Youthful, νεανικὸς, νεαρὸς, νεανίας,

Z.

Zeal, προθυμία, f. ζῆλος, m. σπουδὴ, f.
Zealot, ζηλωτὴς, m.
Zealous, πρόθυμος, σπουδαῖος, ἐπιμελὴς, ζηλοτικὸς : to be zealous, προθυμέομαι, σπουδάζω
Zealously, adv. προθύμως, σπουδαίως,
Zephyr, ζέφυρος, m. [ἐνεργὴς
Zodiac, ζωδιακὸς, m. ζωοφόρος, m.
Zone, ζώνη, f.
Zoophyte, ζωόφυτον, n.

THE END.

www.ingramcontent.com/pod-product-compliance
Lightning Source LLC
Chambersburg PA
CBHW032142230426
43672CB00011B/2424